Picasso

翻译主持

丁宁

启真馆 出品

启真·艺术家

毕加索传

1907-1916 卷二

[英] 约翰·理查德森 著

阳 露 译 邹建林 校

A Life of
Picasso

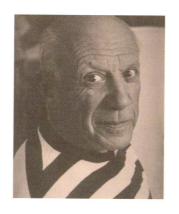

ZHEJIANG UNIVERSITY PRESS
浙江大学出版社

毕加索传

第二卷: 1907—1916

约翰·理查德森

玛丽琳·麦卡利　协助

目　录

约翰·理查德森曾撰写关于马奈和布拉克的著作，是《纽约书评》、《纽约客》、《名利场》等杂志的撰稿人。他的《毕加索传》第一卷荣获了惠特布莱德 1991 年度图书奖。1993 年，他被选为英国社会科学院通讯院士。1994—1995 年间，他曾担任牛津大学斯雷德艺术教授。目前他生活在康涅狄格州和纽约两地。

为原光生（Kosei Hara）而作

2

引言：毕加索帮

费尔南多和毕加索在蒙马特，1906 年，毕加索档案。

左页：毕加索，《自画像》，1907 年春，布面油画，56cm×46cm，布拉格国家画廊。

本书要讲的那个时代，1907 年 1 月，毕加索正与费尔南多（Fernande Olivier）生活在一起，这是一位有着褐色头发的女子，慵懒而美丽，人们都称赞她为 "*la belle Fernande*"（美丽的费尔南多）。他们的情事在三年半之前开始，并在 1906 年夏天达到顶峰。那时，毕加索带费尔南多去了比利牛斯山脉附近一个偏远的村庄，将她画成了一位光芒四射的女神。但是，在最近的几个月里，情形却发生了改变。费尔南多从她爱人最近的作品中唯一能得出的结论就是蜜月已经结束了，毕加索比以往更加沉迷于艺术创作中，为此他生命中所有的女人都终将被牺牲，因此他不再在她的身上花费更多的心思。现在，毕加索开始创作他革命性的作品——《亚维农少女》，他发现此刻费尔南多的存在只会使自己分心，但占有欲与猜疑却使他无法让她离开。因此尽管他发疯似的痴迷于创作，费尔南多仍被迫呆在洗衣船杂乱无章的工作室里，这间位于蒙马特高地上破破烂烂摇摇欲坠的出租屋，不管是正确还是错误，被说成是立体主义诞生的地方。当毕加索不画画的时候，他就会去好友那里放松片刻，这个联系紧密的小团体叫做 "毕加索帮"。就像他 50 年前告诉作家海伦（Hélène Parmelin）的那样："除了我们正在做的事以外我们没有任何事情……我们只跟自己内部的人玩而没有别人。阿波利奈尔、雅各布、萨尔蒙……现在想起来，都是精英啊！"[1] 毕加索是对的：他的小团体独一无二，居高临下，就像其他精英组织那样有着自己的准则。他们从不怀疑自己的命运："你们听说过拉封丹、莫里哀和拉辛吧？"雅各布宣称，"那么现在，我们就是他们。"[2]

而纪尧姆·阿波利奈尔（Guillaume Apollinaire），作为一名优

秀的诗人和短篇小说家，无疑是这个团队中的明星。用美国诗人格特鲁德·斯泰因（Gertrude Stein）的话来说，

> "阿波利奈尔是如此的天赋秉异，无论是什么事情，不管他之前对此是否熟悉，他都可以迅速理解并用自己的才智和丰富的想象力将其细致地描述出来，比任何了解该事的人还要充分，而且奇怪的是，他的想法总是对的。"[3]

尽管阿波利奈尔已经写了一些令人难忘的作品（例如《失恋者之歌》和《腐朽的魔术师》），但还不太有名。为了谋生，他除了在银行打杂外，还编辑和撰写色情文学：尤其是那本讲性虐待和性变态的滑稽书——《一万一千鞭》。书中的一些内容暗指他们共同的朋友，其颠覆性的性爱描写也跟《亚维农少女》的野性相同。为了继续他的事业而不是为了荣誉，阿波利奈尔向一个记者提出进行一次根本不必要的决斗。[4] 他选择马克思·雅各布（Max Jacob）这位与他保持着爱恨交织的扭曲关系的朋友作为他的帮手之一。为了使雅各布能给其他更为高贵的见证人留下好印象，毕加索借给他一顶大礼帽。[5] 可惜的是，当他将帽子从头顶脱下来的时候，聚在一起的帮手都能看见帽子里的大名字——毕加索。不过决斗并没有发生。

比起阿波利奈尔，雅各布处境更惨，不过是由另外的恶魔导致的：在他自己看来真可以说是活见鬼。他也是一个了不起的诗人。这个矮小的秃顶汉——出生在布列塔尼的一个犹太裁缝家庭——在他1901年第一次造访巴黎的时候就遇见了毕加索，并与他一见钟情；直到1944年，雅各布怀揣着这份爱（时而是恨）死在了法国的一个集中营里。他的好友艺妓利亚纳写道，"雅各布顽皮、肮脏、粗俗、刻薄、刚愎自用、狂妄、背信弃义、鲁莽，不一而足"[6]，但是他仍然拥有很大的魅力和一点点纯朴，这使得他作为俗人修士在圣伯努瓦修道院找到了一丝安宁。

毕加索并没有回报雅各布对他的迷恋，而是吞噬了这份感情。他开始依赖雅各布对法国文学的奇妙洞识和古怪热情，更不用说他笔下的无情嘲讽和尖酸刻薄以及那些不着边际的废话和耸人听闻而又声名狼藉的冒险了。当毕加索因紧张的工作而心

毕加索，《决斗》（*The Duel*）（阿波利奈尔的讽刺画），1907年，纸本石墨和彩色铅笔，18cm×13.7cm，私人收藏。

毕加索，《马克思·雅各布肖像》，1907年初。纸本水粉，62cm×47.5cm，科隆路德维希博物馆。

毕加索，《安德烈·萨尔蒙》，为雕塑所作习作，1907 年，纸本炭笔，60cm × 40cm，私人收藏。

玛丽·洛朗森，《路易斯·德·贡札格·弗里克》，纸本钢笔和墨水。P.M.A. 收藏。

情黯淡时，雅各布通常都会逗他远离这种情绪，就像他会惹阿波利奈尔发怒那样——他们两人都是极其敏感的。安德烈·萨尔蒙（André Salmon）就冷漠多了。他和其他两位诗人不是一类，而是一位更偏向于传统的文人，有些过于精明和殷勤。尽管萨尔蒙很快就离开了洗衣船，他仍和毕加索保持着亲密的关系，后者喜欢将桂冠拿在自己手中，以便更好地相互竞争。

三位诗人都很年轻，他们与毕加索同龄或是稍微年长，贫穷（尤其是雅各布）而不为人知，被迫在自己的作品堆积成山却无法出版的时候去炮制一些符合大众口味的粗劣文学作品。他们三人都喝酒，却从不饮酒无度；雅各布和萨尔蒙更喜欢嗑药（雅各布喜欢乙醚和莨菪；萨尔蒙喜欢鸦片，这种药品——连毕加索和阿波利奈尔这样喜欢美食的人也尝试过）。他们三人都是单身汉，没有约束，在性方面可以四处尝试。雅各布的私生活早已为公众所熟知：他总是徘徊于街上，干着最为粗劣的"买卖"。与此同时，多变的阿波利奈尔还没有从一位英语女家庭教师的拒绝中完全恢复，他接纳了一位英俊的比利时精神病患者作为同居的秘书，想碰碰运气。其后果对毕加索和他本人一样，都是灾难性的。萨尔蒙（阿波利奈尔并没有十分吃惊，这个故事就是从他那里来的）[7] 突然出柜了，还与其他的男同性恋厮混在一起。不过这个时期倒也并不长，因为几个月后，萨尔蒙就与一个跟他一样抽鸦片烟的人结婚了。这个小团体中的第四位诗人叫作莫里斯·西威尔（Maurice Chevrier），他蓄着胡子，光芒四射，也是一位同性恋者。白天，他为农业部工作；在夜里，他以克雷尼兹（Cremnitz）为笔名写诗，愉快地跟毕加索和他的朋友呆在一起。另一个也是由阿波利奈尔介绍进洗衣船的古怪文人是他的儿时伙伴——路易斯·德·贡札格·弗里克（Louis de Gonzaque Frick）。弗里克既是诗人，也是散文作家和戏剧爱好者，他住在巴黎的另一端，他称之为"塞纳河最左岸"。弗里克博学多知，精通文学，他一副世纪末的唯美主义者的派头。有一身显眼的装扮——戴上单片眼镜、大礼帽、穿上男士大衣，扣眼处佩一支玫瑰，手里也拿一支。他对阿波利奈尔照顾有加——医生曾嘱咐阿波利奈尔在早饭前要吃一个苹果，于是弗里克每天早上都会去商店为他买最新鲜的水果并亲自送到诗人手里。作为回报，阿波利奈尔会读他的卡片。

5

洗衣船的常客还包括聪明却缺乏魅力的莫里斯·普林斯特（Maurice Princet）：他是数学家和精算师，可能为立体派提供了数学上和理论上的支持（毕加索和布拉克激烈地否定了这一点；可是后来普林斯特的理论在杜尚那里得到了肯定）。在毕加索安排了他的前妻和德兰（Derain）私奔之后，这个被戴上绿帽子的精算师便疏远了这个组织。洗衣船中比较友好的是"男爵"让·摩勒（Jean Mollet）——阿波利奈尔的费加罗。在阿波利奈尔眼中摩勒是高贵的，他可以为他做任何事，其中最重要的就是把他介绍给了毕加索。同样不可跳过的还有思想进步而年轻的批评家莫里斯·雷纳尔（Maurice Raynal），他为立体派写了大量丰富生动的文章并与这群艺术家保持着一生的友谊；另外还有画家安德烈·邓尼可（André Deniker），他是巴黎植物园图书馆馆长三个天资聪颖的儿子中的一个。他能让毕加索在晚上进入动物园，因此毕加索就可以画他和阿波利奈尔都希望出版的动物寓言集。[8] 当然我们还必须提到下面三位艺演员，他们之后不久都成了明星：查理·杜兰（Charles Dullin），由街头艺人变成了法国前卫戏剧的鼓动者；哈里·鲍尔（Harry Baur）是受欢迎的当红演员，被毕加索称为"El Cabot"（蹩脚演员）[9]，也是雅各布的"ennemi intime"（亲密敌人）；马塞尔·奥林（Marcel Olin），这位好斗的和平主义者和无政府主义者在1916年死于沙场。[10]

毕加索通常将他的西班牙朋友放在首位——只要他们是加泰罗尼亚人。毕加索尤其欢迎来自巴塞罗那"四只猫咖啡馆"那帮人的到访，他跟他们第一次尝到了胜利滋味。毕加索在巴黎最亲密的西班牙朋友当属拉蒙·皮乔特（Ramon Pichot），他来自一个富有的家庭，毕加索在巴塞罗那贫困潦倒的时候，便寄身在他那里。在皮乔特第一次造访巴黎时，毕加索就把他介绍给了热尔曼（Germaine），后者虽然并不知情，却导致了毕加索的朋友卡萨吉马斯（Carles Casagemas）自杀。[11] 热尔曼就和皮乔特后来结婚了，并把他们离洗衣船非常近的房子玫瑰之家（La maison rose）变成了一个餐馆。毕加索还喜欢三位加泰罗尼亚雕塑家。其中的两位是加尔加略（Gargallo）和卡萨诺瓦斯（Casanovas），为了与毕加索保持接触，他们在巴塞罗那和巴黎之间奔波。但是毕加索最珍惜的还是其中的第三位——马诺罗（Manolo），他为了逃脱服兵役而定居巴黎。毕加索喜欢马诺罗的放荡不羁，跟他彬彬有礼的马约尔式的雕塑迥然不同。马诺罗在 1910 年搬去比利牛斯山脚下的塞雷小镇，他（和毕加索）的艺术赞助人哈维兰（Frank Burty Haviland）在那里定居。对此毕加索感到非常惋惜。哈维兰的经济状况在所有这些人当中是最好的一个，他非常崇拜毕加索。但是，在他力劝他的偶像毕加索去塞雷度过 1911 年和 1913 年的夏天之后，他发现毕加索的影响实在太大了，以至于他不得不强迫自己去清除脑海中残留的那些毕加索作品的印象，就像驱魔那样。

　　毕加索的"tertulia"（西班牙语中的茶话会，就是一群志向相投的人每天见见面，聊天）包括了讨人喜欢而又感觉敏锐的意大利画家兼作家阿尔登格·索菲奇（Ardengo Soffici）和一些各式各样的德国人。这些德国人属于一个德国先锋艺术文学组织"圆顶派（Dômiers）"：这个双关语在德语中指"大教堂"，也指他们的聚集地圆顶咖啡馆（café du dôme）。当然，还指画家杜米埃（Daumier）。以前，如果一个德国人用理论对他狂轰乱炸，毕加索会恨不得拔出手枪，而现在，由于看到圆顶派对现代主义有着比法国人更好的理解，于是毕加索非常欢迎其中有进取心和好学的人来他的工作室——威廉·伍德（Wilhelm Uhde）、理查德·戈兹（Richard Goetz）以及他的来自杜塞尔多夫的朋友弗莱希特海姆（Flechtheim）。他们三人都是从收藏现代艺术品开始，后来都从事这些现代艺术品的交易。伍德目光敏锐，有一个普鲁士人的头脑，他能理解毕加索的立体主义并引以为傲。尽管有的时候会花费一些时间，但是最后他总是能够把握最新发展的要点，并使他自己或建议年轻的收藏家中的一个又买上一幅绘画。伍德是一个同性恋者，就像圆顶派中的几个人那样。毕加索就是通过他遇见了长相俊美，吸毒成瘾的画家卡尔·海因兹·维格尔（Karl-Heinz Wiegels）。在安排维格尔搬进洗衣船后，毕加索就非常喜欢他，所以当维格尔 1908 年自杀后一度感到悲痛欲绝。维格尔是伍德带去洗衣船（也带他去斯泰因的沙龙）的一连串年轻漂亮的德国人中的一个，并教导他对毕加索产生热情。维格尔自杀之后，一位更加严肃的德国艺术家将他的工作室搬进了洗衣船，他就是奥托·弗伦德里希（Otto Freundlich）。关于毕加索与这位富有斗争精神的现代主义者之间的亲密关系，我们所知不多，只知道他大体

6

跟蒙德里安同时在探索抽象艺术。但是他们一直保持着联系；弗伦德里希在二战时死于集中营，他的死深深地影响了毕加索。[12]

格特鲁德·斯泰因，约1908年，耶鲁大学贝尼克珍本与手稿图书馆。

尽管毕加索还是会拜访他主要的经纪人，安布鲁瓦兹·沃拉尔（Ambroise Vollard）和丹尼尔·亨利·坎魏勒（Daniel-Henry Kahnweiler），而且毕加索大部分的时间都在巴黎，但是毫无疑问他们都没有加入他的茶话会。原因有二：其一他们俩既不是诗人也不是画家，他们是艺术品经纪人；其二，毕加索在早期曾被一些经纪人粗鲁地对待过，因此他很难把经纪人当朋友对待，除了像伍德和戈兹那样的业余收藏家。另外，沃拉尔太过傲慢而坎魏勒和他的夫人太过传统而无法忍受相互嘲弄、故意伤害、污秽不堪的洗衣船生活。因为同样的原因，毕加索早期的赞助人利奥（Leo）和格特鲁德·斯泰因也没有加入"毕加索帮"。利奥变得越来越吝啬。但是毕加索却十分依赖他预支的费用，也很想争取到他对《亚维农少女》的赞助。但他失败了：利奥看待现代艺术那双独特的眼睛再也没有从他所说的"可怕的混乱"中恢复过来。格特鲁德虽然不如利奥有眼光，但是她却比他更像一个现代主义者。毕加索与这位可敬的女人建立了非常亲密的关系——就像他与她的爱人艾利斯·托克勒斯（Alice Toklas）那样。托克勒斯于1907年9月从旧金山来。毕加索喜欢他在蒙马特的地盘，而斯泰因一家人更喜欢他们在巴黎另一边的房子，格特鲁德在那儿曾有过她自己的沙龙。斯泰因在每个星期六晚举办的聚会对于毕加索来说简直是一个噩梦，因为他的法语还很不流利，但不去又不行。他们的墙壁曾是毕加索作品最好的广告牌，格特鲁德总是不遗余力地劝说来宾去买这些作品。

格特鲁德在她的回忆录中低估和误解了毕加索的茶话会，这对小团体不够公平，也使她自己显得不那么可信。确实，滔滔不绝地谈到阿波利奈尔，但却把阿波利奈尔描绘为一个聪明有趣的人——"如此平易近人，以至于你都说不出来他在做些什么"[13]——却不是一个诗人，更不用说一个大诗人了。马克思·雅各布的情形也一样。在格特鲁德的回忆录里他就是一个轻浮的小丑而不是那个时代中的一个敏感而有预见性的诗人。至于萨尔蒙，他一直耿耿于怀，因为格特鲁德将他贬低成一个无足轻重的人。她看待布拉克也同样的苛刻，布拉克后来联合马蒂斯谴责格

左上：安德烈·德兰，约1908年，G.泰拉德（G.Taillade）档案。

右上：乔治·布拉克在他的工作室拉手风琴，约1911年，劳伦斯档案。

下：亨利·马蒂斯和他的妻子和女儿玛格丽特在科利乌尔，1907年夏，马蒂斯档案，D.R.。

特鲁德以天才自诩。如果格特鲁德学会说纯正的法语，或许这种针对她共同的反感会不那么强烈。据布拉克（Braque）说，她无法理解他和他的朋友们在说什么，而他们也不知道她写的是什么。

除此之外，还有一位重要的人物。这个人在毕加索的一生中占据了举足轻重的位置，他明显缺席了毕加索的茶话会，他就是亨利·马蒂斯（Henri Matisse）。这两位艺术家对彼此的作品都有强烈的兴趣，而且，正如他们的作品反映出来的那样，他们会定期去拜访对方的工作室。然而，他们的骄傲、对对方的不信任（随着相互关注的加重而越发强烈）以及争强好胜都使他们的关系极为微妙。尤其是当马蒂斯的两位最有天赋的追随者——德兰和布拉克与毕加索结成同盟后，他们的关系更难和谐。布拉克和德兰的改变对洗衣船产生了重要的影响：诗人的集结地变成了画家的集结地，茶话会更加雄壮。有人高马大的布拉克和德兰伴随左右，毕加索看上去就像拿破仑带着他的元帅——"每一英寸都是重要的"，格特鲁德·斯泰因说道。

毕加索洗衣船的工作室入口，多拉·玛尔拍摄。

除了费尔南多，在毕加索帮中活跃的几位女子中还有玛丽·洛朗森（Marie Laurencin）。1907年初，毕加索把她介绍给了阿波利奈尔，说为他找到了未婚妻。不久，洛朗森就抱怨毕加索帮太不怀好意和颓废。因为毕加索、费尔南多和其他成员也是这样看待她的，所以对这个抱怨就不需要太认真。但也无可否认，在这个男子中心的群体中，女人们不得不与一群自以为是、野蛮粗鲁的大老爷们竞争。传统上，女性被排除在茶话会之外，所以她们在毕加索那儿也只扮演了微不足道的角色。但要指望一个出身在19世纪末男性社会的男人做点其他什么，也是不现实的。在毕加索的童年时期，他拥有一个贤惠又溺爱他的来自安达卢西亚的母亲，他当然就变得如此任性而有控制欲。但是，每一个熟悉他的人都可以证实，他厌恶女性的另一面，是富有同情心、慷慨而有爱心的。对于他的朋友来说，毕加索拥有着不可言喻的坦荡和聪慧。没有人能够在描写毕加索时忽略这个矛盾。很多以"道德家"自居的人，用现在的时髦调子来判断这位出生在另一个时代，另一种文化的艺术家，对他进行攻击。正如我希望本书能够展示的那样，这位艺术家，至少在本书所涉及的早年尚不致于如此十恶不赦。

9

毕加索，1907年，毕加索档案。

*　　　*　　　*

　　在赏析《亚维农少女》之前，让我们简单了解一下在这件作品前后毕加索都在着手准备些什么。毕加索喜欢用一幅表明着他在工作和生活上变化的画来标记一个重要的周年纪念日。在他25岁生日（1906年10月19日）前后，他创作了一组油画和素描自画像，在这组自画像正如我们在本书上一卷的结尾看到的那样，展示的是一个全新的毕加索：一个穿着汗衫布满晒斑剪成平头的狄奥尼索斯（Dionysos，希腊神话中的酒神），这是在挑战和颠覆着欧洲的艺术传统，也包括塞尚，尽管该画的灵感部分源于塞尚的那幅有调色板的自画像。在他开始启动那救世主义式的任务之前，这位艺术家看上去是如此清爽精练。

　　几个月后（1907年2月或3月），毕加索拍的一张更为生硬的照片——穿着一件臃肿的人字粗呢冬大衣，看上去十分冷。据萨尔蒙说，毕加索变成了一位隐士；他实际上放下了油画，忙着在速写本上画，为《亚维农少女》作准备。描绘这些妓女对毕加索造成的身体和心灵上的紧张都反映在了他的作品中。从他的一张照片来判断（该画是对照片的反弹而不是顺应），毕加索是尽可能地使他的作品更有火药味。正如波德莱尔（Baudelaire）写的那样，"只有强者才沉迷于恐惧"[14]。

　　这张肖像（现藏于布拉格国家美术馆）的灵感并不来自于毕加索之前任何一位大师——格列柯、塞尚、高更——而是来自凡·高和一个全新的灵感源：电影。毕加索曾是一个自我戏剧化的大师，从他脸上显出威胁，至少有部分来自于默片中程式化的特写镜头，艺术家是一个默片粉丝：特写中的眼睛，非常突出，

《347组画》129号，1968年5月30日，蚀刻版画，22.5cm×26.5cm。

处在黑暗中，代替了沉默的双唇述说着英雄的镇定自若、罪犯的肆意狂欢，以及画家疯狂的决心。这件作品属于典型的安达卢西亚 *mirada fuerte*（强烈目光），毕加索将目光转向了他试图去征服、去诱惑、去占有，以及去震惊的那些人。所以，现在轮到《亚维农少女》了……

10

01

"现代生活的画家"

毕加索,《亚维农少女》习作,1907 年春,纸本炭笔,48cm×65cm,巴塞尔公共艺术藏品,美术馆,库珀捐赠。

左页:毕加索,《亚维农少女》,1907 年,布面油画,243.9cm×233.7cm,现代艺术博物馆,纽约:莉莉·P·布利斯遗赠。

在 20 世纪的作品中没有比毕加索那幅创作于 1907 年描绘妓院的作品更引人瞩目的了,它就是《亚维农少女》:五个挑逗的妓女在一个小小的舞台上搔首弄姿,她们的周围布置着帷幔,左边是深红色的,右边是蓝色的。在前景中还有一些水果静物,让人联想到男性生殖器。我猜测这大概是毕加索有意的嘲讽:男人去妓院可不是为了吃水果。这幅作品对如此震撼的主题采取了同样震撼的处理方式,整个画面充满了性欲,并且它的风格也不连贯,更不必说它是现代艺术运动的一件开创性作品,这一切让它赢得了空前的名誉,以及各式各样的风格分析和阐释。1988 年,《亚维农少女》在毕加索博物馆(Musée Picasso)达到神话的顶点:他们为《亚维农少女》举办的展览,包括了这幅伟大的作品本身和它的灵感来源格列柯,十六本大部分未出版的素描薄,以及其他媒介上的习作共有四五百项。[1] 除了复制所有这些作品外,两卷庞大的图录还提供了一个详尽的编年和参考文献,皮埃尔·戴克斯(Pierre Daix)对笔记本的巧妙分析,威廉·鲁宾(William Rubin)的一个大型的历史研究,并且重印了列奥·施坦伯格(Leo Steinberg)的文章《哲学妓院》(*Philosophical Brothel*)。[2] 从某些方面看,这些丰富的准备性素描也是一件好事:它鼓励学者们关注素描而不是绘画本身。素描草稿强调了两个光顾妓院的人,一个是水手,另一个则是拿着骷髅的医学院学生,暗喻厄洛斯和死神,因为分散注意力在最终版本里明智地被毕加索删去了。现在回想起来,我们才终于明白他之前为什么将这些准备性的材料都藏起来;以及他为什么宁可让人们误解《亚维农少女》而不是正确地解释它。正如他后来供认的那样:"你们不会总是相信我说的话。

康斯坦丁·居伊，《妓女》(*Prostitute*)，木版画，托尼和贾奎斯·贝尔特朗，来自古斯塔夫·吉弗鲁瓦（Gustave Geffroy）的《康斯坦丁·居伊》（1904 年）。

毕加索，《骑马的人》，署名为"Constantin Guis"，1905 年，速写本页上钢笔和黑墨水，17.5cm×12cm，毕加索博物馆。

毕加索，布洛涅森林习作，1907 年春，纸本炭笔，65cm×48cm，巴塞尔公共艺术藏品 巴塞尔美术馆，库珀捐赠。

上页：

（上）康斯坦丁·居伊，《妓院场景》（ *Brothel Scene* ）。木版画，托尼和贾奎斯·贝尔特朗，来自古斯塔夫·吉弗鲁瓦（Gustave Geffroy）的《康斯坦丁·居伊》（1904 年）。

（中）康斯坦丁·居伊，《布洛涅森林里的四轮马车》（ *Carriages in the Bois de Boulogne* ）。木版画，托尼和贾奎斯·贝尔特朗，来自古斯塔夫·吉弗鲁瓦（Gustave Geffroy）的《康斯坦丁·居伊》（1904 年）。

（下）毕加索，布洛涅森林习作，1907 年 5 月，速写本页上钢笔和印度墨水，10.5cm×13.6cm，毕加索博物馆。

问题只会引导你去说谎，尤其是在没有答案的时候。"[3]

为了证明我自己对《亚维农少女》理解的合理性，我需要回到这幅画。在 19 世纪 50 年代，我与英国美术史家和收藏家道格拉斯·库珀（Douglas Cooper）一起住在普罗旺斯的一座房子里。这座房子拥有世界上关于立体主义艺术的最全面的私人藏品。毕加索是那里的常客。由于他对于自己的作品从来都很慷慨，所以他几乎都没有空手来。1959 年 2 月 20 日，库珀 48 岁生日，毕加索给了他一张重要的素描，两面都画有《亚维农少女》构图。我那时虽然在美国，但随后就听到了毕加索对它的评论；重点与其说是在纸的正面倒不如说是在纸的背面：这是一张引人注目的费尔南多·奥利维耶的速写。毕加索那时的评论没有引起什么反响。当我后来关注《亚维农少女》的时候，我意识到他早已在不经意间提供了这幅画的钥匙。

素描的正面似乎和背面没有什么关系。背面画的是费尔南多的背面；她的躯干扭过来让人看到她的右胸；她的脑袋也转过来使人看到她的右侧面。她将自己束缚在一套紧身的女士套装里，看起来就像一个沙漏，臀部上方有两颗纽扣。她的右手握着什么我们看不见的东西；另外一件相关的手稿证明她手握的是一把洋伞。这幅画和《亚维农少女》有联系吗？毕加索给我们的回答和他给库珀的回答是一样的。当《亚维农少女》被搁置之后，毕加索开始想着画一张大的布洛涅森林构图：费尔南多在森林中散步，背景是一匹马和一辆马车。费尔南多显然是为独立沙龙展的开幕而买下了那套女式套装。毕加索很快就抛弃了这个替代方案，重新回到《亚维农少女》的艰难创作中。

明确这些细节是非常重要的，因为在施坦伯格那篇关于《亚维农少女》的著名阐释中，他质疑过这些细节，事实上，他指责库珀"明显不准确"。[4]这对库珀来说是不公正的，库珀只是忠实地记录了毕加索的原话，而这种做法恰恰为理解《亚维农少女》背后的观念提供了极其重要的线索。通过表明在《亚维农少女》的第一阶段的最后（也就是 7 月份），他构思过一幅有关布洛涅森林场景的绘画，毕加索为这幅画提供了新的解释，附加在其他解释之上，例如施坦伯格对性创伤的有力论证和鲁宾理解的爱神与死神以及对性病的恐惧。毕加索的作品变化多端又充满悖论，以

13

至于难以被限制于单一的解读。

或许想来令人诧异，不过在毕加索的"妓院"和布洛涅森林里的"四轮马车"之间却有着主题上的联系：康斯坦丁·居伊（Constantin Guys）。居伊擅长这两种题材——波德莱尔在他最有预见性的艺术批评中就称赞了这一事实，他那篇关于居伊的文章标题是《现代生活的画家》（1863）。在这篇文章中，诗人向艺术家提出了两个典型的"现代"主题：妓院和森林中行进的马车队伍。毕加索有意描绘这两个题材这一事实与其说他认为自己是像居伊那样的画家，不如说是像波德莱尔所说的"现代生活的画家"。他当然并不是第一个，马奈（Manet）也担当了这个角色，但是在这个世纪，毕加索比任何画家都更加适合这个角色。我们不知道毕加索当时是否看过波德莱尔的文章，尽管他后来给了它最高的评价。但我们却知道他对于古斯塔夫·吉弗鲁瓦（Gustave Geffroy）那本评论居伊的书非常熟悉。这本书在三年前出版，并且包含了摘自波德莱尔的长篇引文，以及爱德蒙·德·龚古尔（Edmond de Goncourt）《女孩埃莉萨》（*La Fille Elisa*）中关于下层妓院令人吃惊的现实描述。吉弗鲁瓦的插图已经启发毕加索画了一张带礼帽骑马的男人素描，打趣地签名为"Constantin Guis"（原文如此）。不仅居伊的画触发了毕加索布洛涅森林素描，而且吉弗鲁瓦书中的妓院场景——其中有些甚至还包括水手——也一再反映在《亚维农少女》的分组和姿势上。比如，居伊常常使用的淫荡慵懒的妓女形象启发了毕加索《亚维农少女》左边第二个形象：半躺半坐，双腿微开。然而，居伊对《亚维农少女》的影响却不如波德莱尔的文章大。"现代生活的画家"讨论的问题跟毕加索的《亚维农少女》相同，特别是波德莱尔所吹捧的"纯艺术……尤其适合于邪恶的美，可怕的美"，或者说他将妓女看作艺术家理想题材的想法。[5]

> ［波德莱尔说，妓女］是野蛮在文明中的完美图像，她有一种来自邪恶的美……我们不要忘记，除了自然美甚至人工美以外，所有人都带着他们的职业印记，一种可以表现为身体的丑，也可以表现为一种职业的美的……特征在这些（女）人中，有一些明显表现出无辜而畸形的愚蠢，在她们

毕加索，《闺房》（*The Harem*），1905 年，布面油画，154.3cm×109.5cm，克利夫兰美术馆：小伦纳德·C. 汉纳遗赠。

大胆抬起的脸和眼睛中，显然又带着生存的乐趣（确实，人们会问为什么？）。有时候，她们毫不费力就摆出了大胆而高贵的姿势，只要今天的雕塑家有勇气和才智在各处哪怕在泥泞中捕捉高贵的姿势，那么即使是最挑剔的雕塑家也会喜出望外。在这种烟雾缭绕，金光闪闪，肯定缺乏贞洁的混乱地方，令人毛骨悚然的美女和活玩偶在骚动，在抽搐，她们孩子般的眼睛中射出阴森可怖的光。（参见《波德莱尔美学论文选》，郭宏安译，人民文学出版社，2008 年，第 462—463 页。）[6]

波德莱尔向"今天的雕塑家"提出的挑战被明天的画家——毕加索接受了。当然这位艺术家并没有承认要去做这类事。来源越重要，他想要转移注意力的决心就越肯定。戴克斯（Daix）证实了这点：不管什么时候，只要波德莱尔的名字一出现在对话中，毕加索就会把交谈内容转向马蒂斯，就好像这位诗人是他对手的私有财产一样。[7]据我的经验看来，毕加索这类策略通常表明他有一些事想要隐瞒。

至于毕加索向居伊借鉴的其他"现代"题材：那些拿着洋伞斜倚在马车上，拥有车夫的轻佻女人，我们只要看看波德莱尔的描述就可以证明毕加索对这篇文章多么熟悉[8]——例如他对马车夫的描述："僵硬笔直，死气沉沉……单调无趣没有特点的雕像，满脸奴性……他们的特点就是没有特点"。尽管很轻微，这些布洛涅森林速写进一步表明毕加索把他自己看作是"现代生活的画家"——这种身份认同一直持续到他去世。不过，他们的缺乏热情，也同样揭示了毕加索为什么没有在这个替代方案上继续往前走。

*   *   *

毕加索在前一个夏天就开始思考去扮演波德莱尔所说的角色，那个夏天是在比利牛斯山的高索尔（Gósol）度过的。在这与世隔绝的荒原中，这位时常觉得自己是基督的艺术家，似乎觉得自己的时代即将来临。最终，作为马蒂斯这位主宰了一连串沙龙的艺术家的对手，毕加索准备成为现代艺术的救世主。在离开高索尔前，他创作了一副尺寸巨大但很粗略的闺房画，描绘费尔南

15

多的四个裸体，也即她在梳妆中的不同阶段。还有一个瘫软着的男性侍从，很大。毕加索在这个娘娘腔男人（marión）身上开了一个安达卢西亚特色的玩笑：他的一只手放在porrón（一种男性生殖器形状的酒瓶）上，并且，同样有意义的是，他的另一只手拿着花。他通过描绘这位男仆的午餐来组织他的简单玩笑：一根具有暗示意义的香肠和一些粉色的圆圆的东西。他的玩笑，也针对安格尔，安格尔的《土耳其浴室》启发了这幅漂亮而不无嘲弄的仿作。一幅相关的水彩画作《三个裸女》上写了大量注释（里面的文字说明了这些女人都在妓院里，其中一个还抽着烟），可见毕加索打算开始画一个更有野心的版本。但是他并没有画。回到巴黎，他继续关于女性裸体的研究，尤其是体格健壮的《两个裸女》（现藏于纽约现代艺术博物馆），这些裸女通常都用手抱着彼此的腰，是同性恋吗？不排除此可能：他那时正好刚完成格特鲁德·斯泰因的肖像，斯泰因还留在他的思想里。然而我们最好还是再看一下毕加索在那段时期完成的自画像，他将自己画成了巴库斯（Bacchus）。[9] 如果毕加索将自己视为巴库斯（或狄奥尼索斯），那么他就会将这些女性尤其是《亚维农少女》视为巴库斯的女祭司：这些女祭司（maenad）"奉狄奥尼索斯之命，撕碎了俄耳甫斯（Orpheus），因为他崇拜跟狄奥尼索斯对立的神阿波罗。"[10]

在1906年底，比利牛斯山的欢乐彻底蒸发了。据安德烈·萨尔蒙回忆，那时的毕加索"开始变得惴惴不安"。"他把他的画都背挂在墙上，把刷子都扔掉了。在很多个日日夜夜，他都在画……他工作时从来没有这么痛苦过，没有了以前的朝气和热情，毕加索开始画一幅大画，打算把它画成他的实验的第一个成果"。[11] 萨尔蒙宣称毕加索实际上在1906年底或多或少为了画素描而放弃了一些油画，直到这些上百张的准备性素描1980年后公布，萨尔蒙的断言才得到证实。

重要的是，《亚维农少女》最初的想法是在一本速写本中《两个裸女》习作的背面发现的，这意味着毕加索在1907年前就开始了《亚维农少女》的创作。在第一张习作中，五个裸体妓女环绕在一个男人周围——后来的素描表明那是一个水手——还有一个男人手里拿着书（有时是骷髅），从左边进入，据毕加索说是一个医学院的学生。在毕加索正式创作最后的作品之前，这两

埃尔·格列柯，《末日幻象》，1608—1614年，布面油画，224.8cm×199.4cm，大都会美术馆：罗杰斯基金，1956年。

毕加索,《亚维农少女》习作(《两个裸体》习作的正面),1906—1907 年冬天,速写本页上黑色铅笔,10.6cm×14.7cm,毕加索博物馆。

毕加索,《亚维农少女》习作,1907 年,纸本石墨铅笔和色粉笔,47.7cm×63.5cm,巴塞尔公共艺术藏品 巴塞尔,铜版画陈列室:艺术家遗赠给巴塞尔市。

毕加索,《亚维农少女》习作,1907 年 5 月。速写本页上钢笔和印度墨水,10.5cm×13.6cm,毕加索博物馆。

毕加索,《亚维农少女》习作,1907 年 6 月。纸本水彩,17.4cm×22.5cm,费城美术馆:A.E. 加勒廷收藏。

个妨碍者都被清除了：水手直接消失了；医学院学生的位置则让给了一个少女。[12] 这两个入侵者的寓意太过明显。他们使人想起毕加索 15 岁时，他的父亲强迫他在病床上画的一幅画，用医生和护士作为象征的《科学与仁爱》。毕加索讨厌隐射道德的东西，更不用说去讲道德故事了。

与此同时，毕加索又回到了他所尊崇的格列柯。一件重要的作品被从洗衣船的角落里找了出来，作品的收藏者是毕加索在巴塞罗那时候的老相识苏洛阿加（Ignacio Zuloaga）。他是一位画浮华西班牙风情的都市画家，以自己很有先见地发现了格列柯而感到自豪，后来终于得到了一件他最喜爱的艺术家的杰作。（这位鉴赏家手里的其他九件格列柯作品中只有一件现在被认定为真迹。）苏洛阿加在科尔多瓦一位医生的家里发现了这件祭坛画，它曾一度被误认为是《神圣和世俗的爱》（*sacred and profane love*），他买下后，认为是《揭开第五印》（*The opening of the fifth seal*），后改名为《末日幻象》（*Apocalyptic Vision*）。[13] 苏洛阿加花了一千比索买下这件作品，便将它挂在他位于科兰库尔大街 54 号的工作室的墙上。[14] 在之后的几年中，毕加索时常在那里看到它——这是唯一一个他可以去朋友家里而不是在博物馆或画廊自由学习的老大师；并且正如他在迷恋新图像时经常做的那样，他将它吞噬。

除了乞灵于格列柯的神圣之火，毕加索《亚维农少女》的尺寸（244cm×234cm）也以《揭开第五印》（225cm×193cm）为基础，并借鉴了它那独特而不规则的比例。在经历了几个世纪后，最初的立式祭坛画都已被损坏得面目全非。[15] 因此这件格列柯的作品就变成了奇怪的方形，但这种意外却帮助毕加索解决了困扰他已久的问题：在一个人物被拉长的构图中体现出张力和压缩。从《亚维农少女》的早期习作中可以看出，他尝试着用素描本上的形制放到画布上，但是一直未能成功，直到——伴随着《揭开第五印》进入他的视野——他开始将形制由矩形变为正方形，并使人物挤在一起，就像格列柯用那些扭曲的复活裸体所做的那样。既然他找到了满意的比例，毕加索可以根据它来对画布进行伸缩处理，真诚地推出他的末日妓女了。

＊　　　　　＊　　　　　＊

创作《亚维农少女》让 25 岁的毕加索不得不过着一种隐居的

皮埃尔·伯纳德，《沃拉尔肖像》（细节），约 1904—1905 年，布面油画，苏黎世美术馆。

毕加索，《水手》习作，1907 年 3 月，速写本页上黑色铅笔，24.2cm×19.3cm，毕加索博物馆。

生活。尽管朋友们都很支持他的抱负，但是却没有一个人能理解这一抱负所采取的图像形式。当他邀请萨尔蒙、阿波利奈尔和雅各布来参观他的这件作品时他们都感到困惑不已，尴尬地沉默不语或是勉强赞美几句。这帮朋友的支持对毕加索来说至关重要，结果他们却和他暂时断绝了来往。毕加索邀请的少数参观者中有一个就是艺术经纪人安布鲁瓦兹·沃拉尔，他在 2 月 4 日来到洗衣船并买下了毕加索蓝色时期和玫瑰时期的大部分作品，都是他前一年没有得到的。毕加索仍然希望与他一直很看重的沃拉尔合作，因此同意预付 1400 法郎，总价 2500 法郎，余额六个月付清。[16] 也要感谢列奥和格特鲁德最近的购买，这使得毕加索和费尔南多有足够的钱来维持生活。格特鲁德具有仁者之风，正忙于一个野心勃勃而有突破性的计划——《造就美国人》(*The making of Americans*)，一部冗长的成长故事。

斯泰因一家花钱为毕加索在洗衣船租下了第二个工作室。这是一间光线很暗的房间，位于他主工作室的楼下 [17]：从此它成为毕加索的避难所，他可以将自己锁在里面以避开包括费尔南多在内的所有人——如果需要的话，他也会将自己和一个模特一起锁在里面。从《亚维农少女》的素描本可推测出的一个可能性是他画过写生。他常常拒绝这样做，大概是为了表明这些练习不再必要，但是显然还是关注这个问题。美国记者吉利特·伯吉斯(Gelett Burgess)在 1908 年写道："当你问他是否需要模特时，他就会回你一个暧昧的眼神，接着嘿嘿一笑：'在哪里可以找到？'就像瞥见一个海上怪物一样。"[18] 事实果真如此吗？实际上，大量习作都画的很拘谨，这也是当有人为毕加索当模特的时候他的作画方式。我们从总喜欢吹毛求疵的列奥·斯泰因那儿得知，毕加索曾两次与人分享他的一个模特："但是模特对他来说也没什么用，这么说吧，他画了几张素描，但根本不看模特。"[19] 关于水手和他的丝质领带细节的素描似乎就是写生的结果。[20]

毕加索，《蹲着的亚维农少女》习作，1907 年 3 月，速写本页上钢笔和黑色墨水，24.2cm×19.3cm，毕加索博物馆。

尽管大量《亚维农少女》的习作跟毕加索为费尔南多所画的图像有关，但偶尔也有线索指向其他人。毕加索可以跟他的多数模特睡觉，毫无疑问，他也看了其他的女人。萨瓦特斯（Sabartès）通常是毕加索"随意上手"的缩影，她承认这位艺术家喜欢尝新。[21] 毕加索可能也恢复了他频繁去妓院的旧习。因为他的题材常常反映着他的日常生活环境。弗朗索瓦丝·吉洛（Francoise Gilot）曾声称毕加索承认过他在第一次结婚前得过一次性病并治愈，得病的时间和具体是什么病不详，鲁宾猜测这大概发生在这个冬天，"在《亚维农少女》的象征因素中有某种梅毒和淋病的恐惧。"[22]实际上大家都知道 1902 年，毕加索在巴塞罗那就感染了一次性病。他的朋友约瑟夫·冯特博纳（Josep Fontbona）医生曾医治过他，并且毕加索还用一幅美丽的蓝色时期作品作为回报，这幅画描绘了一个忧郁的妈妈徘徊在黄昏的沙滩上，怀中还抱着她的孩子，另一手拿着一支红色的花，红花是妓女经期或生病的传统象征符号。根据约瑟夫医生的侄孙所说，毕加索当时得的是某种尿道炎，但是他给医生的礼物则可能暗示着一种更致命的疾病。[23]在前一个冬天我们所知毕加索曾去拜访过当时巴黎圣拉扎尔监狱医院的性病专家路易斯·朱利安（Louis Jullien），表面上是去画他关心的那些感染梅毒的妓女，因此不排除他感染了梅毒的可能。[24]

　　既然现在没有证据表明又一次性病的发作，就可以更安全地将毕加索和费尔南多关系的冷淡归因于在最初的幸福之后，性关系的下降，或是她意识到自己作为艺术家的情人不如他的创作重要而带来的沮丧。费尔南多或许还因毕加索将她与众不同的形象用作妓女而感到丢脸。（右下角从后背到前面的妓女，既来源于坐浴的费尔南多的形象，也来源于塞尚蹲坐的《浴者》。）这些羞辱尤其让那些美丽却贫穷的私生女子烦恼，她们不得不出卖她们的身体去当模特，这是真的，但她们并非妓女，尽管模特某些时候需要出卖她们的贞操来获得或维持一个工作。毕加索喜欢经常说起这些——当然是"开玩笑"——对他的朋友来说费尔南多是他的妓院里的女孩。这种玩笑显然谈不上恭敬。

　　"《亚维农少女》——这名字实在太让人恼火，"毕加索说到，"这是萨尔蒙想出来的名字。你知道，它原本叫作《亚维农妓院》。"[25]萨尔蒙似乎还起了个备选名字，叫《哲学妓院》，他说已被"毕加索一家"——阿波利奈尔、雅各布和他自己——采用。然而，他们所写的任何著作都没有提到这个名字，毕加索也从没有采用过。他最终在法国现代艺术展中展出了这幅作品，展览于 1916 年 7 月在保罗·波列特（Paul Poiret）的德安丁沙龙

19

（Salon d'Antin）举行。毕加索对展览组织者萨尔蒙大发脾气，说他将这滑稽可笑的名字强加在了自己的杰作上：他如此怒不可遏，唯一的原因是用了一个双关语来代替"妓院"，以免冒犯一本正经的公众。毕加索勉强用了这个名字，不过他还有一个巧妙的西班牙语版本："las chicas de Avignon"（亚维农女孩）。"Chicas"比"demoiselles"更少一层滑稽，后者意思是"damels（女闺）"。

当他的一位密友，阿根廷摄影师罗伯特·奥特罗（Roberto Otero）问毕加索，这幅作品是根据巴塞罗那卡雷拉阿文尤一家妓院命名的事情是否属实时，毕加索断然否认。"我会如此可怜地去寻找灵感吗……真的在现实中……去一个城市中一条具体的街上的一家具体的妓院？"他接着说，把他的《少女》跟这家或那家妓院联系起来，就跟说他画的小丑来自梅德拉诺马戏团，或他所谓黑色时期的女孩是以圣丹尼斯大街的妓院招来的一样，都是误导性的。

> 最糟糕的事情就是当我被问及这些并否认的时候［毕加索继续说道］，"人们都会继续认为《亚维农少女》是来自卡雷拉阿文尤大道上的妓院。事实上，就像大家曾知道的那样，这个故事是马克思·雅各布或安德烈·萨尔蒙或我们团体中的其他成员编造的——不管是谁（实际上就是萨尔蒙）——这跟雅各布在亚维农生活的外婆相关，他的母亲也在那儿生活过一段时间……我们开玩笑说她在那里开了一家妓院……这跟其他很多故事一样都是编造的。[26]

无论如何，就像毕加索所坚持的和桑托斯·多罗艾拉（Santos Torroealla）最近确认的那样，在卡雷拉阿文尤大道上根本就没有一家妓院。[27] 这里曾是（实际上现在也是）受人尊敬的中产阶级的居住地，有一个乏味的绅士俱乐部和一些商店，其中一家店在毕加索住在附近的时候，为他提供了纸和水彩颜料。奥特罗认为，1950年代的某个时候，这条街上一家饭店的经营者为了推动他的生意，就编造过跟毕加索子虚乌有的联系。毕加索也反对把亚维农少女归到那些没有根据的假身份上，如马克思·雅各布的外婆，玛丽·洛朗森和费尔南多，这些都是他和他的朋友们为

毕加索，《费尔南多肖像》，1907年，纸本水粉，63cm×48cm，私人收藏。

《少女》编造的。[28] 他说："我的角色都是想象出来的。"[29]

*   *   *

费尔南多是毕加索的情人中第一个发生变化的人，用他后来的情人弗朗索瓦丝·吉洛的话说，她由基座变成了擦鞋垫（译按：指逆来顺受的人）。[30] 在高索尔山中的天堂里，费尔南多不仅被画成女神，更有着女神般的待遇。回到洗衣船以后，她就像一个奴隶，在画中也变成了妓女。因此在她的回忆录中关于亚维农少女一个字也没有提，尽管整个这段时间她都和毕加索一起生活。值得注意的是，作为她回忆录基础的日记在这一点上也保持沉默。

20   紧张的工作让毕加索比以往更加歧视女性。他怎能在他与欧洲传统艺术博弈的时候还忍受他的情人慵懒地睡在身边，成天顾着装扮，浑身洒满西普香水，也不做小家务（到访者都为这混乱的工作室感到恐惧），用她烦人的"小方式"[31] 使毕加索分散注意力？然后随之而来的是她的固执观念（ideé fixe）：他们应该要一个孩子。孩子将会让他们的关系复燃，变成一个真正的家庭（une vraie famille）。毕竟毕加索在前一个夏天将她作为未婚妻介绍给了自己的父母。

不管毕加索是否与别的女人睡过，费尔南多都有理由对《亚维农少女》怀恨在心，就好像她们之间有着不共戴天之仇。难道不是她们让毕加索离开了她吗？难道她们不该为他日日夜夜都不在她身边负责吗（毕加索喜欢在晚上画画）？皮埃尔·戴克斯认为费尔南多招致她的爱人愤怒可能是因为她为他好色的朋友凡·东恩（Van Dongen）当模特[32]，我不太确定。"美丽的费尔南多"是出了名的敏感，当她出现在公共场合就会非常有意识地转头看。她曾与一位叫简·佩尔兰（Jean Pellerin）的年轻有趣的诗人有过短暂恋情，安德烈·萨尔蒙对此表示："l'honneur de l'ecole fantaisiste（幻想派的荣耀）"。[33] 这次出轨似乎发生在 1907 年初。萨尔蒙记得佩尔兰拜访过洗衣船并对马克思·雅各布的做法感到吃惊：马克思·雅各布试图用一支装模作样的音乐厅似的小调让毕加索的心思从"埃及人"（《亚维农少女》的密名）那里移开[34]：

     Ah！ quell'joie
     啊！多么愉快

J'ai le téléphone ;

我有电话;

Ah！ quell'joie,

啊！多么愉快

J'ai le téléphone chez-moi !

我家有电话啊！

在毕加索创作《亚维农少女》这段黑暗时期，温柔的佩尔兰或许给了费尔南多几许安慰。她是那些相信"要留住爱人就要让他嫉妒"这一信条的女人之一。这也使得毕加索这一杰作充满了对女人的厌恶。不管有没有模特，还有比在地下室的工作室更好驱除这些情绪的地方吗？在这里毕加索可以将他自己锁在里面，远离人群，赤裸着工作，就像他在天气暖和的时候喜欢做的一样[35]，一遍遍创作和修改着那些比他自己都还要高很多的凶险的酒神女祭司。

    *   *   *

阿波利奈尔依旧时常造访洗衣船，但是他跟不上毕加索向前跃进的步伐了。这位画家早已不是"三倍伟大的小丑"（Arlequin Trismégiste）了，这是阿波利奈尔在玫瑰时期对他的戏称。他在1907年2月27日的一则日记显示出他的困惑："晚上与毕加索一同进餐，看了他的新作；粉色的花，粉色的肉体，等等，女人的头都相似，男人的头也很简单。一样的颜色，没有文学能描绘这种美妙的语言，因为我们的言辞已经注定（是这样了）。呜呼！"[36] 阿波利奈尔可能看过一些《亚维农少女》的早期习作，但是没见过大画，因为那时仍未完成。我们几乎可以确定他那时由一个叫盖里·皮耶雷（Géry Pieret）的年轻比利时骗子陪着，有时他还把他当做助手用。在2月早一些的时候，皮耶雷声称他第二天（2月4日）离开布鲁塞尔来巴黎；阿波利奈尔可能从他兄弟的壁橱里拿了一串硬领、一件衬衫和一条裤子去车站跟他见面。[37]

在2月27日的晚餐中，毕加索一定说了什么触动了皮耶雷去偷卢浮宫的两件伊比利亚雕塑——四年后这次偷盗引起了很大的麻烦，因而也在《亚维农少女》上留下了印记。他是否告诉过阿

21

01 "现代生活的画家" 23

波利奈尔他在这些神秘的西班牙手工制品中汲取了灵感？他有没有暗示过很想得到它们？皮耶雷一定用所有的借口来表明他的浪漫信仰，即盗窃是一门高尚的手艺。其中的一件可能是他为毕加索偷的。尽管毕加索会矢口否认，但他可能暗中参与了该计划，虽然他不一定是当真的。

奥诺雷—约瑟夫·盖里·皮耶雷 1884 年 10 月 22 日出生于安特卫普附近，他的父亲是一位杰出的大律师，但却在 1905 年自杀了。[38] 此外，他还有两个兄弟，都是败家子。据说，这个游手好闲的双性恋精神病患者是在 1904 年遇见阿波利奈尔的，那时他们都为一家叫《食利者指南》（Guide des Rentiers）的声名狼藉的财经杂志工作。但是，艾丽斯·阿丽卡（Alice Halicka）[波兰艺术家路易斯·马库西斯【Louis Marcoussis】那位消息灵通的夫人]曾透露这场相遇发生在阿波利奈尔经常去寻欢的某一个恶劣的地点（mauvais lieux）。[39] 这位诗人可能为他的新朋友找了一份工作。当皮耶雷因勒索杂志老板被辞退后，阿波利奈尔袒护了他。阿波利奈尔完全被皮耶雷吸引了，身材健美、外貌惹眼、充满了冒险精神，会说英语、西班牙语、德语、意大利语、佛兰德斯语和法语，并且宣称自己的希腊语和拉丁语也极为流利，却干起了盗窃勾当。皮耶雷告诉阿波利奈尔的朋友费尔南德·弗拉雷特（Fernand Fleuret）说他并不是为了显手段和财富去偷窃，他是为了"完成一件罕见而困难的事情，这需要勇气、敏锐的心理、丰富的想象力，以及过人的心理素质，在必要的时候杀人或从三层楼上跳下"[40]。

1905 年，皮耶雷不得不回到比利时的骑兵部队服兵役。虽然他精通骑术，但他还是开了小差（也有可能是为了去花他从父亲那儿继承的遗产）。之后，他重新回到了他的部队，仍然一再当逃兵。被抓回以后，他以精神病为由进行辩解并最终获得释放。他在信中称阿波利奈尔为 "mon meilleur ami"（我最好的朋友），阿波利奈尔给他寄钱，还将他从一系列小麻烦中解救出来；他的母亲再婚后让新丈夫给了他钱去加拿大。但是，这个败家子没有去过比巴黎更远的地方，在巴黎，阿波利奈尔把他当作他的 homme á tout faire（全能的人），"这份工作中烹调占了重要的分量。"[41] 他还把皮耶雷尊为"伊格纳茨·奥美沙男爵"（Baron Ignace d'Ormesan），这是阿波利奈尔为他的几个故事中的

亨利·弗里克，盖里·皮耶雷假扮成一个侏儒，1904 年，阿波利奈尔的记事本上的讽刺画，国家图书馆，巴黎。

主角想出来的名字（他的流浪汉小说《异端者》中的"伪救世主安斐翁"那一节）。皮耶雷曾当过骗子、拳击手、老千、毒贩、小丑、皮条客、诈骗犯，还蹲过监狱，这些经历可能为阿波利奈尔刚完成的色情小说《一万一千鞭》中那些奇异的同性恋事件（如肛交、虐待、吃粪便）提供了素材（毕加索曾称这是阿波利奈尔的杰作）。

毕加索和费尔南多都觉得皮耶雷有趣，在费尔南多心中他"疯狂、风趣、充满智慧而又放荡不羁"[42]——但并没有把他作为他们珍贵朋友的愉快伙伴来接纳。尽管皮耶雷有意不提关于性的那部分，但是他书信里的语气暗示出他和阿波利奈尔可能有过性关系。（皮耶雷第一次暗示这点是他责备阿波利奈尔问他有何"特别习惯"（mœurs spéciales）以及他对这位诗人的"想法、品味、偏好不敢苟同"。）[43] 毒品也是一条明显的纽带；有个记录记载了一个吸食鸦片酊的夜晚。有些报道"小雕像事件"（l'affaire des statuettes）的记者也倾向于认为皮耶雷和阿波利奈尔之间有性关系。[44] 不管他们之间的友谊是不是柏拉图式的，阿波利奈尔都需要逃离这个无可救药的恶棍，这个现代的维庸（Villon）、未来的让·热内（Jean Genet）。是时候给他介绍一位女伴了。相信毕加索有一个合适的人选：古怪的玛丽·洛朗森。

1907年3月初，皮耶雷第一次去卢浮宫。他在四年后写给《巴黎杂志》的匿名文章中声称他最初并没有在博物馆里"工作"（也就是偷）的意图。然而，玛丽·洛朗森记得那个下午他曾问过她："我要去卢浮宫，你有什么想要的吗？"[45] 洛朗森当时以为他是要在卢浮宫的商店里购物。这件事使人明白皮耶雷是在说谎，皮耶雷宣称，在进入博物馆并意识到其安全措施匮乏——尤其是古代文物部门——之前，他并没有起贼心。于是，就在那似乎命中注定的一天，他突然发现卢浮宫里只剩下他和一个打瞌睡的保安。他的文章接着描述了他是如何来到楼上，又是如何发现了一扇半开着的门，在这扇门通往的房间里装满了埃及文物。而这间屋子又连接着另一间同样没有安全措施的房间。

　　我在一个昏暗的角落里停停走走，抚摸着一个丰满的脖子或一个精致的脸颊……我突然意识到要拿起和带走一件尺寸不大的物品是多么容易。

那天我穿了一件箱型大衣，我身材很瘦，这使得我往衣服里加点东西也不会引起注意……之后我来到一个大约四平米的小房间，这是腓尼基文物展厅。

这时只剩下我一人，周围鸦雀无声，我便用这段时间来看了大约五十个头像……后来我选择了一个两边带锥形的女人头像。我把雕像放在我的胳膊下，把大衣领扣好……便走了出去，还向那个保安问路，他依然在那儿一动不动。

我把这件雕塑卖给了巴黎的一个朋友（毕加索）。他给了我一点钱——大概 50 法郎，当晚我就在台球室把它弄丢了。我对自己说，丢了也罢，所有的腓尼基雕塑都在等着我呢！"

第二天，我就拿走了一个有着巨大耳朵的男人头像，耳朵这个细节吸引了我。三天后，我又从腓尼基厅旁边的大展厅里拿走了一个写着象形文字的石膏残片，我的一个朋友花 20 法郎买下了它。

之后我就搬走了。[46]

伊比利亚人，《男人头像》，公元前 5—前 3 世纪
公元前石灰石，高度：46cm，国家考古博物馆，
圣日耳曼昂莱。

皮耶雷的声明并不是全都可信。他的偷窃是有计划的，鉴于这些雕塑很重，他肯定是有备而来。并且他完全了解他之后该如何处理。如果他承认这一点，他的故事就会不攻自破。没有人会相信他碰巧在卢浮宫里偷走的雕塑就刚好也是他的新朋友毕加索渴望拥有的。他一定是事先预谋好的。至于毕加索，就算他否认，他也明确知道皮耶雷这些雕塑的由来。在巴黎除了卢浮宫还能从哪里得到这些雕塑？他的视觉记忆很全面，自拜访了卢浮宫那所谓的腓尼基展厅后，他很难忘记这些小却精致的作品。但是，他是一个善于自欺欺人的老手，因此他骗自己相信了皮耶雷捏造的那些荒唐至极的故事。除此之外，毕加索也可以辩解说，就算是贼，那也是贪婪的考古学家，他们偷了西班牙的文物；就算有人收了赃物，那也是卢浮宫而不是他自己。作为一个安达卢西亚画家，在对待这些文物上，他难道不是比这家外国博物馆更具道德和艺术上的权利吗？而卢浮宫是如此不重视它们，连被偷了都不知道。

23

伊比利亚人，《女人头像》，公元前 5—前 3 世纪 石
灰石，高度：46cm，国家考古博物馆，圣日耳曼
昂莱。

四年后，当皮耶雷的偷窃行径被曝光时，阿波利奈尔被逮捕并短暂拘留。为了给自己开脱，他说曾力劝毕加索将这些头像归还卢浮宫，但他却拒绝了，因为"他在试图研究这些经典原始艺术的某些秘密时，已将它们损坏了"[47]。这简直是无稽之谈——大概是毕加索对待这些物品的态度让他想到了这个谎言。他确信人们的魔力和力量会散落在他们所制作或珍爱，穿过或用过的事物上。因此，不仅必须抚摸这些神圣的遗物，还必须将它们从政府的巨颚中强抢过来。它们所体现的稚嫩的原始风格——凸出的眼睛、巨大的耳朵、厚厚的下巴——为毕加索的风格实验提供了种族催化剂。更重要的是，这些"蛮族"物品实际上是西班牙对世界原始艺术的唯一贡献。也就是说，他们是毕加索艺术的根基。这些返祖特征的雕塑虽然并不特别，但是它们对于像科学怪人的毕加索来说，却是重要的力量源泉，激励着他完成《亚维农少女》。毕加索从这些偷来的头像中汲取过魔力后，就又重新将它们埋葬在有许多杂物的橱柜底部。

至于皮耶雷，在偷窃之后几天内他就回到了布鲁塞尔，并开始准备另一段冒险。在 3 月 15 日之前，他将自己装扮成药剂师，制作了一些香油，据说可以让筋疲力尽的马匹恢复健康活力。他写了一封信给阿波利奈尔，想要得到一份证明书。接着皮耶雷就声称他将和一位开烟草店的女人结婚。唯一的问题在于他无法为她买一件像样的订婚礼物。阿波利奈尔会帮助他吗？"请让亲爱的毕加索尽快为我画一幅最好的画，并在 25 号之前寄给我。告诉毕加索我在三月份会付给他 175 法郎。我打算在巴黎度蜜月。我甚至计划在老鼠成灾的避难所度过一个晚上以感受另一番惊悚的滋味。"[48] 阿波利奈尔并没有回信，他便又写了一封信，因他如此迫切地想要毕加索的画，他甚至在信里附上了一份合约。据我们所知，毕加索并没有创作这幅画。相反，阿波利奈尔走了一趟布鲁塞尔，去见他的宠儿皮耶雷，并给了他钱，还见了他的未婚妻保琳（Pauline），保琳有一匹赛马是皮耶雷帮她训练的。但是不久保琳就把皮耶雷甩了；因为他没能得到在马戏团的工作。于是，为了博得他母亲的同情，他狠狠抽打了自己的胳膊，假装这伤痕是他受到了致命攻击留下来的。在照顾他恢复健康之后，皮耶雷的母亲设法让他去英国一艘船上当船员。几个月后，他写信给阿

波利奈尔说他无法再忍受船上的小点心般的伙食。当船绕过了合
恩角，到达圣地亚哥，皮耶雷就跳船了，在这里他找到了一份牛
仔的工作。在接下来的四年中，皮耶雷没有再回到巴黎。当他再
次出现在巴黎时，惹来了一身的耻辱和灾难。

*　　　　　*　　　　　*

在这段时间中，毕加索占有了这些伊比利亚"头像"，也获得
了另一层顿悟。他去过一次观众很少、位于特罗卡德罗的民族志
博物馆（现在叫作人类博物馆）。此行他大受启发，就像他之后告
诉马尔罗（Malraux）那样：

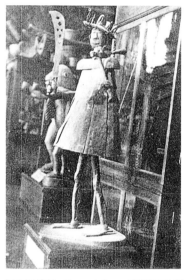

《丰族战神》（the Fon god of war，达荷美王国）照
片，特罗卡德罗的民族志博物馆某个展厅，1895
年，人类博物馆，巴黎。

> 当我来到破旧的特罗卡德罗，简直令人恶心。那脏乱的
> 跳蚤市场，那股难闻的味道。我当时是一个人，真想赶快离
> 开。但是我却没有走。我留下来了，我留下来了。我明白这
> 非常重要：某些事情正发生在我身上，难道不是吗？
>
> 这些面具与所有其他的雕塑都不一样，一点也不一
> 样。它们真是有魔力的东西。但是为什么埃及或迦勒底
> （Chaldean）的物品不是呢？我们还没有认识到这一点。那些
> 都是原始物品，并非魔物。这些黑人的作品是 intercesseurs，
> 也就是灵媒；那时我终于明白了这个法语单词。它们与所
> 有东西相对抗——对抗未知、对抗险恶的精灵……我明白
> 了；我自己也跟所有东西相对抗，我自己也相信一切都是未
> 知的，一切都是敌人！所有一切！我明白了那些黑人雕塑的
> 用途……这些神像是……武器。它们帮助人们免于被精怪影
> 响，帮助他们独立。精神，无意识（人们仍然很少谈及），
> 情感——它们都是一种东西。我明白了为什么我是一个画
> 家。我独自一人呆在那个破旧的博物馆，周围都是些面具，
> 印第安人玩偶，满身尘土的人偶。《亚维农少女》就在那一
> 天向我走来，但却完全不是因为它的形式；因为这是我的第
> 一幅驱魔画——绝对如此！[49]

很难确定这次重要的参观发生在什么时候。因为他自己的
原因，这位艺术家经常在改变他的故事。他最大的一次修正是
在 1939 年，那个时期研究毕加索最权威的专家阿尔弗雷德·巴尔

（Alfred Barr）声称，刚被他安排纽约现代艺术博物馆购入的《亚维农少女》是"毕加索黑色时期的杰作"。[50]毕加索非常生气。他让正在给他编 catalogue raisonné（作品全录）的克里斯蒂安·泽沃斯（Christian Zervos）发布了一条否认声明[51]：

> 最近，毕加索向我吐露（泽沃斯写道），批评家根本没有近距离认真地研究他的作品。如果他们注意到《亚维农少女》和伊比利亚雕塑之间明确的相似之处，尤其是头部的总体结构，耳朵的形状和眼睛的轮廓，他们就不会错误地说这一图像来自非洲雕像。艺术家本人向我保证，当他创作《亚维农少女》时，他对非洲黑人艺术一点也不知情。只是在之后他才从中得到一些启示。某天，当他从特罗卡德罗宫左侧的比较雕塑博物馆走出来，好奇心驱使他打开前这扇门，门后就是旧的民族志博物馆。即使现在，在 33 年之后，尽管当前的事令他烦恼至极，当说起那天发生的事，说起那些令他震惊的非洲雕塑，毕加索仍然激动不已。[52]

这份狡猾的申明造成了许多混乱。起初，皮埃尔·戴克斯根据毕加索向马尔罗的陈述接受了这个说法，并为此写了一篇《〈亚维农少女〉里没有非洲艺术》。[53]但是后来，他就改变了立场，转而接受鲁宾的观点，即毕加索在特罗卡德罗的顿悟发生在六月或七月，因此，在时间上早于毕加索以明显的方式对《亚维农少女》中右边两个少女的重绘。[54]这样的修正并没有走得太远。根据马尔罗的证词和一些零星的线索，毕加索肯定是在更早的几个月里就拜访了特罗卡德罗。他常常说那儿非常冷。除了光线暗、肮脏、有异味、杂乱不堪，毕加索还向弗朗索瓦丝·吉洛抱怨这座博物馆非常冷，没有温度。[55]"非常冷，没有火炉，"他也这样告诉多尔·德·拉·索切尔（Dor de la Souchére）[56]。所以，这一次拜访更可能是发生在三月初左右，那个时候德兰外出了一个月，才回到巴黎——他不仅是毕加索去特罗卡德罗的煽动者，（据吉洛说）也是他的同伴。

可以进一步证明他是在更早的时候去特罗卡德罗的证据是一

个专业的素描本（戴克斯笔记本 10），其灵感来自于大洋洲或原始部落，也因此一定是在拜访了特罗卡德罗之后完成的，而且又——其原因下面会交待清楚——是在毕加索开始画大画之前。[57] 在四月的某个时候，毕加索将这本素描卖给了列奥·斯泰因，他将它拆开了。因纸张很薄，很多页面都画有很重的墨水、水彩甚至油画颜料，斯泰因小心地把画得很厚的页面裱在油画布上。[58] 毕加索因斯泰因对这些素描如此珍视而感到震惊，所以他决定对《亚维农少女》做同样的处理。[59] 列奥·斯泰因证实了这点，但却带着特有的尖酸将这种小心谨慎归于艺术家的虚荣：

毕加索，《头像》，1907 年，蛋彩和纸本水彩于木头上，31cm×24cm，大卫·洛克菲勒收藏。这件作品和下面的习作来自斯泰因的速写本。

> 毕加索有时天真可爱。我给一些作品重新做了装裱，他也想把一幅画裱起来，像对待经典作品一样，尽管顺序颠倒了——他是先把画裱好然后在上面画。他裱的是一幅大画，画的是粉红色时期的一组裸体，然后他再一遍一遍地在上面画，最后就用一团糟结束了这次创作，并以《亚维农少女》命名——虽然我从未听说过名字的原由。[60]

毕加索从来不会为了"颠倒顺序"做事这种"天真"的快乐而去裱一幅画：他这样做是有实际原因的。显而易见的解释就是他需要增加撑度。为了这个大构图他选择了一块质量上乘的仿亚麻布。不管他有没有在上面开始画，他大概都推断出这块布太过精细而难以抵挡他刷子的攻击。所以他需要裱一下。他并没有将这个活委托给专业修补匠。那些必须要做的事——无非是把这块精细的画布重新绷在一个更有弹性的撑架上，甚至都不需要上胶——大概都是毕加索自己做的。斯泰因关于见过这块画布初始状态的声明是在 30 年后作出的，那时他对毕加索的忌恨早已发生了变化。自从《亚维农少女》在 20 世纪 20 年代或 30 年代早期重新裱过，具体的情况已经无从知晓了。

为什么毕加索要就曾参观民族志博物馆以及对他作品的影响一事撒谎呢？只需看《亚维农少女》一眼就可以确认，那个右边的头像——那个整幅画最突出的，甚至可以说令人震惊的图像——一切都可以追溯到毕加索在特罗卡德罗看到的东西；如果不是原始部落或大洋洲艺术中的某件具体作品，也是他在那里看

毕加索，《薄纱中的裸体》习作，1907 年，纸本水彩和铅笔，31cm×24cm，巴尔的摩美术馆：柯恩收藏。

26

方族面具（Fang mask，加蓬）。油彩木头，高：42cm（在弗拉芒克家之后成为德兰的收藏），蓬皮杜艺术中心，巴黎。

毕加索给列奥·斯泰因的复活节卡片，1907 年 4 月 27 日，耶鲁大学贝尼克珍本与手稿图书馆。

到的对于原始艺术的大致记忆。[61] 为了理解毕加索的修正主义，我们不得不回顾 1920 年他第一次公开否认《亚维农少女》中有非洲艺术，那时他拘泥于古典雕塑，相应地也就反对原始主义。他之所以采取反对态度，并不是因为部落雕塑，而是因为这些作品引起的潮流。作为一种装饰上的陈词滥调，这些巫术物品已经取代了塔纳格拉（Tanagra 古希腊城市名）雕像。精明的艺术品商人保罗·纪尧姆（Guillaume）被认为促使部落艺术成为 le dernier cri（时髦）而受到怪罪。价格不断飙升。因此当 1920 年弗洛朗·费尔斯（Florent Fels）请他为某个杂志的问卷调查，就这个主题提供 10 到 15 行文字时，毕加索突然打断道："Art négre？ Connais pas.（非洲艺术？我从来没有听说过。）"[62] 3 年后，毕加索表明自己的态度："事情的真相是，"他告诉费尔斯，"（非洲艺术）对于我来说太熟悉了；那些散落在我房子里的非洲雕塑与其说是例证，不如说是见证者。我喜欢流行的图像，如马戏团、美发师的头和帽子店上过色的假人图像。我现在对稀奇古怪的东西都有很大的兴趣。"[63]

我们也要体谅毕加索那与生俱来的狡黠——这种狡黠在他让不直爽的萨瓦特斯（Sabartés）1935 年做他的助理之后有更多的表露了。他很需要去 cacher son jeu——隐藏他的游戏——并且允许萨瓦特斯编造有关他的神话，最终他自己也开始相信了。（萨瓦特斯的授权回忆录保留了许多这类神话）毕加索在 1939 年坚持《亚维农少女》有伊比利亚传统，另一个原因与他被西班牙内战所激发的爱国热情有关。作为《格尔尼卡》的作者，他赢得了前所未有的名声和荣誉，且不谈他在普拉多博物馆的（缺席）领导职位，毕加索成了西班牙共和国最显而易见的象征。他的政治明星身份是他自负的源泉。在那种环境中，旅居国外的毕加索想使他自己和世界相信，他最具革命性的画作《亚维农少女》像《格尔尼卡》那样完全是西班牙的民族传统、精神和风格。

还有一个可以支撑毕加索对非洲的态度的原因。弗朗哥（Franco）的非洲军队在西班牙内战中犯下暴行后，一个西班牙共和主义者，特别是站在毕加索位置的人，可能会觉得有必要跟非洲的东西划清界线。这跟他在这段时间对格列柯保持距离有一致之处。在其宠臣苏洛阿加（Zuloaga）的怂恿下，弗朗哥发起了对格列柯的崇拜，格列柯的天才也因此被玷污了。毕加索直到1950年才让格列柯回到他的"万神殿"。

　　作为灵感的来源，伊比利亚雕塑在很大程度上是毕加索的发现，他以不止一种方式从这份独一无二的宝藏中汲取了营养。没有其他的画家把它标为自己的东西。相比之下，部落艺术倒是有人认领过。弗拉芒克（Vlaminck）从1904年开始收藏黑人艺术；在创作《亚维农少女》前几个月，马蒂斯给毕加索看了他的一件藏品；尽管毕加索可能会否认此事，他的确是在德兰的鼓动下去参观特罗卡德罗的——而不是他所声称的一时兴起。[64] 确实，他

毕加索在他洗衣船的工作室，1908年，毕加索档案。

比别人更加有想象力地利用了原始艺术，但很难说他是第一个这么做的，而这位好胜的艺术家耿耿于怀的，也是他在这个领域不算第一。 27

4月27日，毕加索给斯泰因一家寄了一张复活节明信片，邀请他们第二天来看"le tableau"（画）。[65] 格特鲁德在乡下，列奥大概还没有从罗马回来，所以他们直到五月中旬才见到《亚维农少女》。在这一阶段，这件作品在头年秋天的伊比利亚风格之外并没有推进多少，因此没能使列奥这个唯一考虑过买它的人感到吃惊。尽管毕加索开始将部落元素结合到他的一些习作中，但这时候他是否也运用到了《亚维农少女》当中却是有疑问的。无论如何，毕加索一次又一次地回到了民族志博物馆，有时一人，有时和马克思·雅各布、阿波利奈尔或萨尔蒙一起。毕加索越是认同部落艺术，他在《亚维农少女》的创作中遇到的问题就越多。为了发现部落面具和巫术是怎样与伊比利亚风格相协调，他将这件作品放到一边。与此同时，朋友们——还有以沉默表明态度的费尔南多——的不理解也加剧了他的苦恼。毕加索的妓女一时失去了锐气——因此，他转向创作布洛涅森林，这是波德莱尔认为值得"现代生活的画家"描绘的另一个主题。

02

雷蒙德

毕加索，《母亲和孩子》，1907 年春，布面油画，81cm×60cm，毕加索博物馆。

左页：毕加索，《雷蒙德头像》，1907 年 5—6 月。速写本页上钢笔和印度墨水，22cm×17.6cm，私人收藏。

在 1907 年春天，难得离开蒙马特一次的毕加索终于有了理由去参观布洛涅森林。他和费尔南多领养了一个年轻的女孩。不过去布洛涅森林是义务性质的。这一前途未卜的领养是费尔南多的主意。她在 1901 年流过一次产，大概难以再次怀孕。再加上她从法律上讲还是保罗·帕切隆（Paul Percheron）的妻子，但是她太害怕这个曾经虐待她的人，因此她无法要求离婚，这就使她的婚姻前景堪忧。但是至少她可以领养一个孩子。毕加索曾劝说他之前的情人玛德琳（Madeleine）去打胎，可能这份罪恶感让他动摇了。于是他抛开了他对孩子摇摆不定的态度——父亲般热情的慈爱随时会被孩子般的嫉妒和急躁所代替——也抛开了在他们关系如此紧张的时候愚蠢地去办理领养手续而不顾他的创作，毕加索最终对费尔南多的催促妥协了。

4 月 9 日，费尔南多和毕加索参观了蒙马特的一个孤儿院（科兰库尔大街）。"你想要一个孤儿，"孤儿院的妈妈起先跟她说，"那就选一个吧，女士。"他们后来挑选了一个叫雷蒙德的女孩，大约 13 岁。阿波利奈尔认为她只有 9 岁[1]，但是她在毕加索素描中看起来年龄要大得多。萨尔蒙把她描述为一个青春期少女，在他小说般的描绘中雷蒙德看起来有 13 岁。雷蒙德既幽默又聪明，还是 "d'une beaute grave（一个严肃的美人）"。[2] 她是突尼斯妓院一个法国妓女的女儿，曾被一个叫柯恩（Cohen）的德国记者和他的夫人解救。阿波利奈尔谴责柯恩夫妇是出于一己私利而不是真正的同情解救雷蒙德的：他们强迫孩子学习小提琴就是为了在年老时愉悦他们。当他们发现这个小女孩根本没有音乐天赋时，就把她抛弃了。[3] 萨尔蒙以雷蒙德为原型在长篇小说《圣心教堂

29

的黑人》（La Négresse du Sacré'Coeur, 1920）中塑造了一个蒙马特小女孩的形象（Montmartrooise Little Nell），在这部小说中，他也以毕加索为原型塑造了画家索尔格（Sorgue）。在萨尔蒙的小说中，雷蒙德叫作莱奥缇娜（Léontine），并扮演了中心角色：一个穿着由成人衣服改装的裙子的传奇孤儿，成为比特（Butte）诗人和画家的宠儿。当她掉进一个废弃采石场的竖井时，一个勇敢的德国诗人爬下竖井将她遍体鳞伤的身体带回地面。为了更真实地了解在洗衣船短暂而悲伤的经历，我们有必要看看萨尔蒙的《无尽的回忆》（Souvenir sans fin），尽管他写的真事看起来也像虚构。[4]

毕加索，《叠罗汉金字塔》，1907年5—6月，速写本页上石墨铅笔，22cm×11.6cm，私人收藏。

30　　　洗衣船的租客们都无比地溺爱雷蒙德。马克思·雅各布送了她一个廉价的小洋娃娃，萨尔蒙给她买糖果。费尔南多，因为自己是私生子，还有一个对待孩子异常严肃残酷的母亲，所以她对雷蒙德非常宠爱。她一直为雷蒙德梳头，并试着用绸带将她的头发束起来，每天都把雷蒙德打扮得漂漂亮亮的去上学。在《亚维农少女》的素描本上，有很多页都是毕加索用来逗雷蒙德开心的：有为他的狗——弗利卡（Frika）画的卡通素描，还有雷蒙德的小狗狗，还有一群有趣的加泰罗尼亚运动员在叠罗汉（Casteller）。（他们是来自乡下的运动员，一人踩在另一人肩膀上，组成一个多层次的金字塔形状，最上面是一个小男孩 anxaneta。）[5]毕加索青年时期在民俗节日上看到过叠罗汉表演，于是他将人塔是如何一层一层叠高和最后这个小男孩是如何跳下来的展示给雷蒙德看。[6]

　　尽管雷蒙德在工作室住了将近4个月，毕加索的作品却很少涉及她。唯一一幅油画是《母亲和孩子》，这幅作品将费尔南多和雷蒙德简化为两个怪异的面具，不仅如部落艺术一般原始，还像儿童绘画一般稚嫩。[7]这个新的发展应该根据马蒂斯给他女儿玛格丽特（Marguerite）画的肖像来理解，马蒂斯用这张肖像换了毕加索自己的一幅画。毕加索之所以会选择这幅画是因为它揭示了马蒂斯是怎样运用他孩子的绘画元素来简化自己的符号的。[8]毕加索显然是在学他。他以雷蒙德自己的画为基础为她画了肖像画，就像他将来在1950年代会做的那样，把他的小女儿帕洛玛（Paloma）描绘得就像她那软趴趴大眼睛的洋娃娃。还有一些关于雷蒙德的素描揭示出这个惩戒性的孩子无意中引出的是什么性质的麻烦。当费尔南多想让雷蒙德试一些新内衣时，就会让毕加索离开工作室。[9]《亚维农少女》素描本上有一页就描绘了一个坐着的裸体雷蒙德，她的腿分得很开，正在洗脚，这就解释了费尔南多的防范行为。甚至还有一幅油画，画上的女孩也是同样毫无遮拦的姿势，不可思议的是，她看起来就像是长大了的雷蒙德。[10] 年轻的女孩们让毕加索兴奋。她们也同样扰乱他；她们使他想起他死去的妹妹肯奇塔（Conchita）。所以费尔南多会异常警觉。七月下旬，费尔南多决定把雷蒙德送回孤儿院，这个决定虽违背了她的善良和热心，却不失为一个好决定。这个女孩是多余的。

马克思·雅各布的朋友亨利·赫兹（Henri Hertz）对雷蒙德和她的第二任继父母在一起的最后几分钟有过令人动容的描述。[11]他们聚集在阿波利奈尔的公寓里。雷蒙德闷闷不乐地坐在一个角落里，喜欢孩子的马克思·雅各布竭尽所能为她绑好一个盒子，里面塞满洋娃娃和一个球。马克思对毕加索和阿波利奈尔说了一些粗鲁的话之后，就牵着孩子的手——孩子另一只手拉着行李箱——"带着悲凉的微笑"，牵她走了。可是她能去哪里呢？大概只能回到她来的地方。萨尔蒙却讲了另外一个版本。（"我没有添油加醋，这种事没有什么好乱讲的。"）他声称是费尔南多想要把雷蒙德送回去——不过，并没有成功。"是你想要带走她的，就得抚养她，"据说，孤儿院的妈妈这样回答她。[12] 萨尔蒙说这个孩子最后被圣心教堂附近的看门人收养了。有一张签名为"雷蒙德"（1919 年 6 月 22 日）的明信片表明她还保持着联系。[13]

8 月 8 日，费尔南多写了一封信给她视为知己的格特鲁德·斯泰因：

> 我还没有见到雷蒙德，但是我打算下个月去看她。她在科兰库尔街上一家由修女经营的孤儿院里，我可以在每个月的第一个星期天去看她。似乎已找到她母亲的行踪，在修女们收养她之前，还需要法律判定她母亲放弃抚养权。[14]

费尔南多写这封信的时候，萨尔蒙和另外一个朋友也在工作室，所以她打断了描述："我不得不放弃我自己喜欢的写信方式。"

毕加索,《雷蒙德正在检查她的脚》,1907 年春,纸本石墨铅笔,22cm×17cm,毕加索后嗣。

毕加索,《正在检查脚的女人》,1907 年夏,木板油画,18cm×15cm,毕加索博物馆。

毕加索,《弗利卡和她的孩子们》,1907 年春,速写本页上黑色铅笔,19.3cm×24.2cm,毕加索博物馆。

速写本上的一列拼写的单词，1907 年 5—6 月，毕加索博物馆。

她才不会把这些丢脸的细节泄露给那些在她肩膀周围探头探脑的好奇的朋友，就像她不会把这些泄露给她回忆录的读者一样。

　　除了关于雷蒙德的素描，毕加索的素描本上还有一些耐人寻味的纪念物：一些教她写的词汇表；写着毕加索的数学家朋友普林斯特（Princet）名字的潦草乘法表；一些费尔南多写下的让毕加索为雷蒙德买的东西（"女童短裤，短靴"）；还有一些字迹，看上去像是孩子自己写的，尤其是第 8 册素描本的封面内页："Fernande（费尔南多）/Raymonde（雷蒙德）/Pableaux（帕布罗斯）/mimiche（乳头）/rouguin（红头发的人）/asphyxie（窒息）。"前面三个名字用线划掉了。皮埃尔·戴克斯认为可能是毕加索在几年之后划掉的：在他最终把费尔南多赶走后。[15] 双关语"Pableaux"让人想起了洗衣船里另外一个孩子——凡·东恩（Van Dongen）的女儿多莉（Dolly），她总是叫毕加索："Tablo"。但是我们应该怎样理解后面三个单词呢：乳头、红头发的人、窒息？大概把雷蒙德送回孤儿院还没有把她留在工作室残忍吧。

＊　　　　　＊　　　　　＊

　　毕加索没有像居伊或马奈那样一次次徘徊在布洛涅森林，又重新开始创作《亚维农少女》了。因为不曾有人费心地拍摄它的创作过程，现代艺术博物馆（Moma）也从没用 X 光线检查整个作品，[16] 我们只有从萨尔蒙和坎魏勒那变化不定捉摸不透的回忆中获得少得可怜的一手资料。最后一阶段涉及了右边两个头像的重绘。毕加索为左边那个站着的形象设计的综合——埃及式的正面眼睛，伊比利亚式的耳朵和非洲式的平面脸颊——太巧妙而难以重复。毕加索就是为了震撼的效果，如果有必要，越恐怖越好。因此，他为右边两个人的脑袋设计了格格不入形状怪异的恐怖面具。我们太过熟悉，所以无法感受到这两张脸的亚维农少女在将近一个世纪前第一次展出时制造的恐怖了。就好像毕加索放出了一种新的蛇发女妖到世上来。

　　有些学者将这些畸形的脸视作毕加索对梅毒恐惧的隐射[17]。他们或许有理；但是，如果只将这件多意义的杰作限于一个特殊的解释，它就失去了大部分的现代主义内涵。就像那段时期大部分性活动频繁的男性一样，毕加索对梅毒是恐惧的。不过，他的《亚维农少女》比起"躲避恶魔"，更是去"主动驱邪"的；它是

毕加索，《亚维农少女》（细节），1907 年，现代艺术博物馆，纽约。

要驱除传统概念上的"理想的美"。这些恐怖的面具所构成的攻击不仅是针对"美"的，也是针对女性的——加上毕加索的厌女症和波德莱尔的"忧郁（Spleen）"，其攻击效果就更强烈了。多年后，这位艺术家告诉我，他的一幅多拉·玛尔（Dora Maar）的猪鼻子肖像画的灵感——跟《亚维农少女》右上角的人物不无相似之处——源自他的阿富汗猎犬 Kazhek 的鼻套。"我想要阐释女性身上的动物本性，"他说道。还有什么比妓院里的马脸女人——她们体现了波德莱尔所赞颂的狂放大胆——更适合表现这个主题呢？我认为，我们应该这样来看待《亚维农少女》右边的形象，她在性交后蹲在坐浴盆上，扭过她美杜莎似的脸来使人不寒而栗，这种恐怖让人感到厌恶——对她，对她的性欲，以及对他自己。

这些吸引眼球的面具使人陷入窘境。毕加索是应该像右边的形象那样重新绘制中间的两个伊比利亚女孩，还是就这样不管呢？他再一次将它搁置：这一次，是一直搁了下去。他未曾在上面签过名。1924 年，杜塞（Doucet）在买下《亚维农少女》之后，要求毕加索在上面签名。但是毕加索却拒绝了，因为他觉得上了杜塞的当——杜塞曾暗示毕加索说《亚维农少女》应该最终留在卢浮宫，并给了他 25 万法郎，只有其真实价值的一小部分。毕加索拒绝了杜塞在《亚维农少女》"搬新家"时的邀请，并从此再没有跟他说过话。[18] 这些年，《亚维农少女》没有签名倒是引出一个有趣的问题：它是否真正完结？早些年的时候，毕加索毫不掩饰他没有完成《亚维农少女》。直到现代艺术博物馆买下这幅画，并将它视作现代艺术运动的伟大标志，他才坚决地宣称《亚维农少女》完成了。当他如此激烈地强调此事时，我们最好持保留意见——就像鲁宾当年做的那样。（施坦伯格后来劝他改变了主意。）"真叫人吃惊，"他说，"毕加索直接否认了《亚维农少女》没有完成的观点。不管他当时跟我说了什么——大概是'这是根本没有的事（C'est pas du dout ca）'之类——都让我感到非常疑惑，显然他并不想让别人逼他说什么。"[19] 对安东尼娜·瓦伦丁（Antonina Vallentin），毕加索则更愿意透露一些东西：他承认想过是否要"重新画这件作品。之后我告诉自己，'不，人们会明白我尝试表达的东西的。'"[20] 坎魏勒曾在 1907 年 8 月初看到过这幅画，

毕加索,《戴蓝帽子的女人》(多拉·玛尔),1939年10月3日,布面油画,65.5cm×50cm,毕加索博物馆。

后来也见过多次,他坚持认为这幅画还没有完成;尽管艺术家后来的说法跟他相反,这位艺术商人也没有动摇,正如他在许多事情上一样坚定。

毕加索重新画过右边的两个头像。正是这一举措使《亚维农少女》曾经充满了震撼的力量。经过充分考虑之后,毕加索没有把这场冒险贯彻到底,用他的话来说,他是希望人们"理解"——大概就是理解《亚维农少女》是已完成的,因此毕加索的革命性努力也是已完成的。实际上他的杰作并不会因其没有完成而贬低价值。相反,它的开放性正为它带来永恒的魅力。

*　　　*　　　*

这年初,毕加索送了一只小加斯科尼蓝犬给德国作家威廉·伍德,他也是业余艺术品经纪人,并发现了亨利·卢梭(Douanier Rousseau),同时也是在巴黎仅有的几个能够跟上毕加索创作步伐的人之一。伍德会立刻来看《亚维农少女》吗?那些来自毕加索所尊敬的人像沃拉尔和费内翁(Fénéon)的嘲笑已经让他灰心丧气,此刻他急于从一个他信任的眼光那里得到一份认可。伍德辜负了毕加索的重望;忍住没笑,却太过直爽而无法隐藏他的困惑。"几个星期过去了,(伍德在另外一些地方说的是几个月)这时我才意识到是什么让毕加索采取这个新方式。一旦我理解了这种新的语言,我就忠实地跟着他走上了这条新的道路。"[21] 在他转变了对《亚维农少女》的态度之后,伍德立刻催促他的新德国朋友丹尼尔·亨利·坎魏勒去参观这幅令人震惊的作品,这时的坎魏勒才刚刚开了一间画廊。伍德将之描述成埃及或亚述风格的作品。他没有陪他去。

坎魏勒第一次去洗衣船比大家一般认为的要晚很多。这位艺术经纪人曾在一些给格特鲁德的便笺里说明自己对她的著作《艾利斯·托克勒斯(Alice B. Toklas)自传》的一些观点,也提到他的画廊在1907年7月11日开张,并且还说道,"几个星期后,我在拉维尼昂街(rue Ravignan)见了毕加索,还买了三件他那段时间的水粉作品(蓝色、黄色和红色的风景……就像你藏品中的一件头像)。几天后我又买了同样风格的作品——'吊床上的女人(femme dans un hamac)'。"[22] 坎魏勒永远不会忘记工作室门上用粉笔写的话:"我去酒吧了";"费尔南多在阿桑(Azon)家";"马诺罗来过"。[23] 他也不会忘记毕加索光着脚，只穿着 T 恤，还慌张地一边穿裤子一边来应门，还有那肮脏的地下工作室：剥落的老墙纸，比火炉还高的灰烬堆成的小山，布满灰尘的画布，还有"雄伟庄严的非洲雕塑"（已经有太多毕加索的故事说他那时还没有觉察到部落艺术）。

当坎魏勒在 1920 年回忆起这次难忘的会面时，他对《亚维农少女》没有多少热情。他的印象是，这是一件"insuccés"（失败之作），他说：它没有完成，看起来也没有实现其目标。30 年后，除了关于该画的未完成性，他讲的是另一个完全不一样的故事[24]：他现在声称是"崇拜得不知所措"，后来他又加了一些细节。60 年代早期，他告诉布劳塞（Brassaï），他"没有从中找到亚述的艺术元素，找到的只有狰狞和恐怖……与此同时我也被画布上出奇的创新所迷住，感动甚至击溃……因此可能就使我对这幅画顿生好感，并决定要得到它"。[25] 当然，未完成的《亚维农少女》是不会卖的；相反，坎魏勒要买也是买水粉作品。接下来的一年里，他买下了大约 40 幅作品（尽管没有《亚维农少女》）。直到 1914 年，他才策划着使毕加索的名气上升。除了在 10 年裂缝期（在一战期间和之后），他们的交往一直维持到毕加索去世，这种交往给他们俩都带来了无数的荣誉和财富。据毕加索说，友谊在其中所起的作用微不足道——他们的性格难以共处——尤其是他对于他的一个侄子娶了卢西娅·坎魏勒的一个侄女非常不满。另一方面，他非常喜欢坎魏勒的继女和最后的帮手路易丝·赖瑞斯（Louise Leiris）。

＊　　　　＊　　　　＊

毕加索，《树叶》，1907 年夏，纸本水粉，65cm×50cm（坎魏勒的最早期的收藏之一）。伯尔尼美术馆：赫尔曼和玛格利特·鲁普夫（Margrit Rupf）捐赠。

35　　丹尼尔·亨利·坎魏勒（他的朋友称呼他为艾尼 Heini）1884 年出生于曼海姆（Mannheim）的一个富裕的犹太家庭。他 5 岁的时候，一家人搬到了斯图加特（Stuttgart）。他的父亲是一名银行家，也是其有钱有势的叔叔西格蒙德·诺伊曼爵士（Sir Siegmund Neumann）在德国的代理人，诺伊曼爵士曾去过伦敦，并在南非开采金矿和钻石，获得了无穷的财富。坎魏勒继承了家人在生意上的精明和谨慎；不然他就不会和他们一样了。他是一个聪明的有思想的进步分子——他一生都是社会主义者——并有着对文学、哲学和视觉艺术的狂热。他首先喜欢的还是音乐，最初还向

坎魏勒（坐着）和赫尔曼·鲁普夫，1904年，坎魏勒档案：路易斯·莱里斯画廊。

往着做一名指挥家。但是，他的父母对他们前途无量的长子有着另外的打算。（他们的二儿子古斯塔夫［Gustav］却是一个纨绔子弟。）他们想要他经营家族产业并与财阀联姻——如果可能的话，罗斯柴尔德（Rothschild）家族是最好的选择。所以他们把他送到了巴黎的塔迪厄经纪公司去当学徒。坎魏勒让他在学生时代遇见的瑞士人赫尔曼·鲁普夫（Hermann Rupf）与他同住，他家在伯尔尼（Bern）做男士服装生意，也非常富裕。他们是一生的好朋友。当坎魏勒的画廊开张时，鲁普夫是他的第一位客人并第一次买下了毕加索的作品。自那以后，鲁普夫每年都会去一趟巴黎并买一幅毕加索或者布拉克、格里斯、德兰的作品。他那些少而精的藏品现在已成为伯尔尼美术馆的荣耀之一。坎魏勒还有个朋友是他的同事，尤金·雷尼耶（Eugene Reigner），他鼓励他常去博物馆、画廊和拍卖行。

坎魏勒没有去找富家小姐，而是与一个来自卢瓦尔（Loire）的桑塞尔（Sancerre）的贫寒姑娘坠入爱河：她叫作莱昂蒂娜·亚历山大（卢西娅）·戈登（Léontine Alexandrine（Lucie）Godon）。[26]毕加索说她曾在坎魏勒住的地方当女仆，坎魏勒和她结婚主要是因为他为自己的性取向感到担忧。（据吉洛说，毕加索常常催促坎魏勒承认自己喜欢男人。）卢西娅有一个妹妹，是收养的婴儿，名叫路易丝（就是我们所知道的莎特Zette），坎魏勒和卢西娅抚养了她。在卢西娅死后，莎特就被证明是她的私生女；她的父亲是桑塞尔的一个钟表发条工。自由主义的原则显然给予了坎魏勒勇气去娶这样一个"堕落的女人"。他们这桩门不当户不对的婚姻激怒了他的父亲，但是这个有着强烈自我原则的儿子坚持自己的立场，在与卢西娅生活了两年之后，便于1904年完婚。卢西娅用她的冷静和积极方式证明她是一个模范妻子，而毕加索也喜欢拿这一点来笑话她。

一年以后，朱利叶斯·坎魏勒（Julius Kahnweiler）让他的儿子前往伦敦为他富裕的叔叔工作。西格蒙德爵士是英王爱德华时代的企业大亨，他那铺张浪费的待客之道——充满圃鹈、羔羊舌、鹅肝酱的晚餐，还有随之而来的雪茄和股票小费——使爱德华七世将他封为骑士并邀请他前往桑德林汉姆（Sandringham）打猎。在英王爱德华的社交圈里，诺伊曼夫人的傲慢就是一个天大的笑话。（一次，这位国王的秘书凯珀尔小姐［Keppel］刻薄地问她："亲爱的安娜，我能称呼您为诺伊曼夫人吗？"）对于坎魏勒这样的社会主义者，这些傲慢绝对不是笑话。他发现他的姐姐和叔叔的生活方式粗俗而应受到谴责。他们在皮卡迪利（Piccadilly）大街上如酒店般巨大的宅邸（在罗斯柴尔德家隔壁）里享受的所有事物、文化和社交生活，都是坎魏勒所憎恶的。对于他的工作也是一样：他讨厌它。只要有机会，不管何时，坎魏勒都会回到巴黎，和雷尼耶（Reigner）一起做画廊的事。他发现，这里就像是他的假期一样。当他告诉诺伊曼夫妇想在巴黎开一个画廊的时候，他们非常不高兴。他们想让他代表自己去约翰内斯堡（Johannesburg）。最终，诺伊曼夫妇心软了。在与他们的朋友亚瑟·韦特海默（Ascher Wertheimer）（萨金特［Sargent］的经纪人）商议之后，诺伊曼夫妇慷慨地借给他们的侄子 1000 英镑（相当于2.5 万金法郎），条件是：如果在一年之内他没能让画廊正常运转，就要回来为他们的家族事业工作。

1907 年 2 月，坎魏勒回到巴黎，租下一间公寓。他还从一个波兰水手那儿租下了一小块空间作为画廊——那是一个位于韦侬大街 28 号的一个小房间（4×4 米），临近玛德琳。在一个月之内他给地板铺上了地毯，在墙上贴上了粗麻布，并开始购买现代艺术家的作品。事实证明坎魏勒确实有不凡的眼光。独立画展在 3 月 21 日开幕时，他已有了马蒂斯的一幅素描，以及西涅克（Signac）、德兰、弗拉芒克、弗里茨（Friesz）、卡穆安（Camoin）的油画，大概还有布拉克的。在接下来的四个月，他建立了一支股票。不管何时他买下一件作品，他都会说服艺术家愿意由他独家代理。因为这位富于进取心的德国人没有克洛维斯·萨戈（Clovis Sagot）那么贪婪，比贝什·威尔（Berthe Weill）会经营，也比更多其他的艺术品经纪人开明，所以很多前途光明的年轻画家都到他的画廊并最终与他签约。尽管坎魏勒一直与钱打交道，对于合同契约也很在意——他难道不是受过银行家的训练？——但是坎魏勒却是一个非常有诚信的人。他一直非常渴望却没能签约的艺术家就是马蒂斯；因为他已经和著名的伯恩海姆画廊签约了，修拉那位天赋秉异的好朋友菲利克斯·费内翁（Félix Fénéon）就在那里负责当代艺术。

过后不久，大约七月份，毕加索去探访了这个新画廊，第二天又和沃拉尔一同去了。他们没有让别人知道他们是谁，坎魏勒一直将沃拉尔视为学习的榜样却没有认出他来；直到他去洗衣船，他才知道毕加索是谁。毕加索先前在德兰和布拉克那里听说了坎魏勒，他被他的机智和好眼光所折服。不过他仍然希望和沃拉尔合作；尽管他还是让坎魏勒当了他的主要经纪人，让他经管立体派的策略，却一直拖到 1912 年才与这位立体派的推手签约。

*　　　　*　　　　*

　　为左边第二个少女画的一幅重要习作的副产品，是毕加索在那个夏天完成的一幅壮丽的真人大小的油画。它就是《薄纱中的裸体》（Nu á la draperie），以前叫《纱巾舞》（La Danse aux voiles）（如今挂在艾尔米塔什博物馆［Hermitage］用的这个名字）。戴克斯认为最初的名字很"荒谬"，并没有被使用过，但是我记得毕加索曾用过；此外，"纱巾（Voile）"应该是这幅画的灵感来源的线索之一：在 1907 年 5 月，理查德·施特劳斯（Richard Strauss）为奥斯卡·王尔德（Oscar Wilde）谱写的歌剧《莎乐美》（Salome）在巴黎首演，在这期间，毕加索有了这个构思。这个戏剧引起了轰动，并产生了很多版本的"莎乐美"，其中也包括那年底，洛伊·福勒（Loie Fuller）舞蹈版"莎乐美"的复兴。（福勒"挥动她的纱巾……就像一个洗衣妇在胡乱挥着洗衣板……明快却不优雅，做着英国拳击手才会做的姿势，还有着跟王尔德先生一样的体格"，这是一位批评家对她初次扮演莎乐美时的评价。[27] 除了绚丽夺目的灯光效果和假装的裸体，新版本再也没有什么出色之处。）毕加索在 1900 年的世界博览会见过福勒，那时的她正和 Sado Yacco 一同演出（后来他有些未印制的海报，其中一张画的就是 Sado Yacco），因此他对她的创造力有一手经验：她是如何在玻璃板上一边舞蹈一边用藏在裙子里的手杖操纵她的薄纱，玻璃板是从下面照明的，闪闪发光。[28] 他玫瑰时期最好的版画作品之一，也使人想起莎乐美故事中隐含的主题：爱欲和死亡。[29]

　　为了激怒观众和故弄玄虚，毕加索还将这个看起来竖直的形象描述成"我床上的裸体"。[30] 这就证明了这个姿势的矛盾性，她

洛伊·福勒正在跳蛇形舞，1890 年。

左上：毕加索，《薄纱中的裸体》，1907 年，
布面油画，152cm×101cm，冬宫博物馆，
圣彼得堡。

右上：布拉克，《大裸女》，1908 年春，布
面油画，140cm×100cm，艾利克斯·玛
吉（Alex Maguy），巴黎。

马蒂斯，《蓝色裸体》，1907 年初，布面油画，92.1cm×140.4cm，巴尔的
摩美术馆：柯恩收藏。

毕加索，《站立的裸体和棍子》，1907年5月，速写本页上黑色铅笔，13.6cm×10.5cm，毕加索博物馆。

需要被看成是平躺的，但又是直立的：作为一个从上方看到的睡着的亚维农少女，但又能看到福勒的影子。毕加索的双关处理并没有起到实质性作用。他把这个女人的太多重量都放在了她的左脚上，以便使她看起来是平躺在那里。再者，如果跟这幅油画有关的30多张习作哪怕有一张没有强调垂直方向，我们大概也会更严肃地对待毕加索的悖论。尤其有一张，画着一个裸体站在一个小台子上，摆着一个不可能的均衡姿势——她的左脚需要拉长一倍才能摆出这个姿势——以至于只能依靠一根棍子来支撑。

马蒂斯在独立沙龙上的《蓝色裸体》（Blue Nude）引发的丑闻明显激励着毕加索去创作一个更好的作品，于是就有了这件似立似卧的形象。我们只需将马蒂斯的《蓝色裸体》倒转过来就可以确定这件事。布拉克也如法炮制。在毕加索的影响下，他在几个月后创作了《大裸女》（Large Nude），这也是一幅跟翻转的《蓝色裸体》相似的画。布拉克在让我们去接受他作品的竖直和斜倚上比毕加索还要失败。就像毕加索一样，他将裸体的重量集中在一条腿上，之后为了展现水平性，没有让她的脚落地。如此却并不足以建立起必需的歧义性。但是《大裸女》却用它的大胆和原始性为布拉克的早期发展奠定了里程碑。这是他和毕加索的立体主义中潜在的合作和竞争的第一步。

毕加索是在八月底完成《薄纱中的裸体》的，一张画在8月23日《老色鬼》杂志内页上的有关该画的（或是仿照该画的）习作可以证实这一点。[31] 斯泰因一家在9月从意大利回来后就购买了这幅油画；1913年他们将它卖给了谢尔盖·希楚金（Sergei Shchukin）。一直到1954年他都没有在俄国之外展出，所以，它没能得到应有的重视。还有一件相关的油画草稿也画有相似的形象，粗鲁地分开着双腿，它表明在这6个月左右的时间里毕加索跟非洲雕塑关系密切——该时期以前被称为黑色时期（Negro），现在大概应称之为图腾时期（Totemic）。否则我们该如何描述那令人生畏、受原始雕塑启发的《舞者》呢？——她似乎要抖落特罗卡德罗的尘埃，跟着丛林之鼓起舞。

由于毕加索原始样本——他称之为"调解人"（intercessor）或"目击者"（witnesses）——的力量在于它们是巫术物品，他同样渴望做雕塑：不是他之前做过的传统的、罗丹式的青铜雕塑，

毕加索，《头像》，画在《老色鬼》（Le Vieux Marcheur）上，1907年，新闻用纸上墨水，15.5cm×9cm，私人收藏。

毕加索，《舞者》，1907 年，布面油画，150cm×100cm，私人收藏。

右上：毕加索，《站着的人像》，1907 年夏，色粉笔，纸本水粉和水彩，63cm×48cm，毕加索博物馆。

右下：毕加索，《站着的裸体》，1907 年，着色木雕，31.8cm×8cm×3cm，毕加索博物馆。

毕加索,《黄色胸衣》(*Corsage jaune*)(穿黄色衣服的女人), 1907年春,布面油画,130cm×96.5cm,私人收藏。

毕加索,安德烈·萨尔蒙雕塑习作(一个女人体靠在后方), 1907年,纸本印度墨水,32.5cm×40cm(左边),毕加索后嗣。

而是要把它们刻得像图腾而不是艺术品。因为缺乏设备、工具、技术经验,又腾不出太多的时间,他开始用绘画来代替雕塑。为了赋予它们一层部落的气息,他用人字纹的阴影线来模仿疤痕和纹身:布满条纹的脸、楔形的鼻子以及樱桃小嘴,这些都是由他那次参观特罗卡德罗而激发的灵感。这一年晚一些的时候,毕加索得到了一些雕刻工具,他将柔软的木头树桩劈好并雕刻成图腾的雏形。与拼贴截然不同,这些雕塑只是大体跟大洋洲和部落制品相似,这些制品使得毕加索比以往更加沉迷于原始主义。是这位艺术家对他自己手工作品的信仰赋予了它们萨满力量。毕加索曾在人种志博物馆的标签上得知,拜物精神会赋予物品的制作者更多的创造力,并保护他对抗敌人、疾病和恐惧。他从来没有抛弃这些守护神的形象,正如他可敬的叔叔加农·帕布罗(Canon Pablo)也从来没有抛弃作为他的"调解人"的石膏圣徒像。

夏季期间,毕加索还完成了那个时期最令人难忘的画作之一,那就是《穿黄色衣服的女人》(Corsage jaune),他是从这年早春开始创作的。这个石头脸的伊比利亚形象(与部落艺术相对)嵌在一个有帘幕的背景上,像是嵌在基底上的浅浮雕。这个宽肩膀的健壮女人是谁呢?当然不是撩人的费尔南多。围裙和皱起的抹布,更不用说那坚毅又顺从的目光,似乎暗示着她就是那个帮助懒散的费尔南多干各种家务的女仆。毕加索还痛苦地画过80多岁的冯特维拉(Fontdevila)的裸体习作,她是一个走私贩,曾在高索尔做过他的模特,她那骷髅似的脑袋让毕加索明白了该如何去分解格特鲁德·斯泰因的肖像。他显然为冯特维拉构思过一个部落式雕刻,体现出他跟比利牛斯山农民深刻、幽暗的关联,并用一个真正原始的表现对象跟他日益增多的原始风格契合起来。最后他转向了安德烈·萨尔蒙这个时常和毕加索一起去特罗卡德罗的人。一些相关习作和一幅大尺寸的漫画式素描(p.5)表明,毕加索把萨尔蒙那下巴突出的脑袋比作部落面具,还计划着以此做一个"木制小雕像。"不过,也没有实现过。在这张萨尔蒙的素描背面,毕加索描出了他的手的轮廓——这是他在18个月以前做过的事,是为了展示他的《滑稽演员》中的形象是如何与他手指的外形一致。[32]难道毕加索也以同样的形式设想好他的五个"亚维农少女",用拇指来代表右边那个支撑着整个构图的蹲着的人?[33]

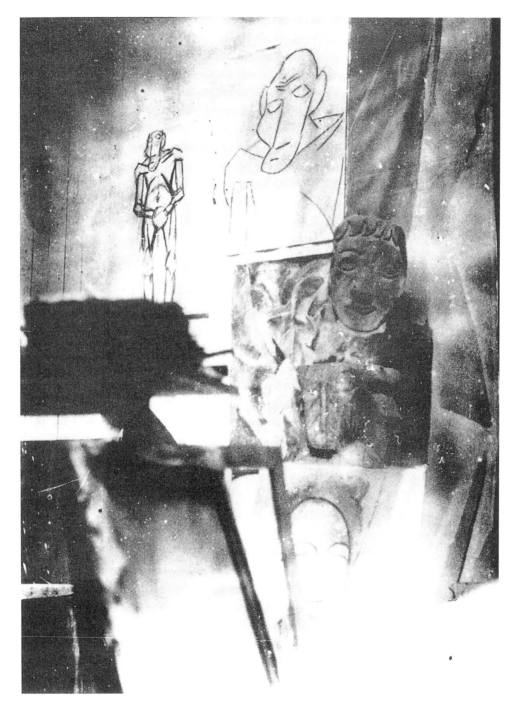

洗衣船工作室，1908 年春，毕加索拍摄。毕加索档案。这些作品包括 2 幅受冯特维拉启发的素描，1 幅站着的女性裸体习作，1 个男人头像和 2 个木刻。

毕加索，《收割者》，1907 年，布面油画，65cm×81.3cm，
提森－博内米萨基金会（Thyssen-Bornemisza），卡斯塔
尼奥拉。

毕加索，《风景》，1907 年，纸本水彩，17.5cm×22.4cm，
毕加索后嗣。

　　尽管毕加索"明确否认在那段时间抽出了哪怕一点点时间"[34]
去过乡下，但是他在夏天去过一次也是有可能的。萨尔蒙，这位
他在洗衣船的邻居曾写道："有一个假期打断了痛苦的实验"（也
就是《亚维农少女》）[35]，一个收获的场景和几张突然出现的风
景——看起来画的是某个特定的地方——大概能够证实萨尔蒙的
话。[36] 同样能证明这一点的是尤金·鲁亚尔（Engéne Rouart）发
出一系列去乡下玩的邀请（他是大收藏家亨利·鲁亚尔的儿子之
一），他刚刚买下一幅关于滑稽演员的画，也即 1905 年的《滑稽
演员》（Comedians）。[37] 鲁亚尔的首次邀请是在 4 月 27 日。两周
后，毕加索和鲁亚尔的一个作家朋友维克托·加斯蒂鲁尔（Victor
Gastilleur）写道："我们仍然希望你能前来共度夏季。"7 月 10 日，
鲁亚尔再一次写信给毕加索说他将要去图卢兹看《滑稽演员》是
否已经到达；他想要拿它给一直和他在一起的安德烈·纪德欣赏；
他因听说毕加索正在"辛勤而勇敢地"创作一幅大尺寸的作品而
感到振奋，并迫不及待地想去看它。"如果你要来南方的话，请
让我知道；我……将会非常欢迎你的到来。"[38] 根据尤金·鲁亚
尔的儿子奥利维耶（Olivier）所说，毕加索时常呆在格林纳达
（Grenade）的巴尼奥尔（Bagnols）[39]，这是鲁亚尔家族在上加龙省
的房产，所以这里大概就是他去的地方。[40] 这次旅行应该是在 7
月中下旬。到 8 月 8 日的时候，毕加索就已经回到了工作室——
"工作，"费尔南多如此写信给格特鲁德·斯泰因，这意味着他最
近并没有这样工作。

　　毕加索有各种各样的理由隐瞒他曾去过乡下这一事实：为了
遮掩他的行踪；为了暗示他的工作让他无暇度假；为了隐藏他短
暂的恋情；还有，最重要的一点，为了避免任何人以为他是为了
去室外写生——那是这位印象派的敌人所憎恶的。所以，这些
都是为了否认这张或那张画作跟这个或那个地方有关联（同见
p.114，毕加索同样还隐瞒了一个特定的主题的来源）。毕加索想
让我们相信，山岭与河谷能够用神秘的方式在工作室具体化。尽
管他坚持认为那件非典型的野兽派作品《收割者》（Harvester）是
在洗衣船创作的，但它很明显是以某些他最近亲眼所见的事物为
基础的。毕加索的作品中出人意料地出现的那些独特的乡村景

毕加索，《风景》，1907 年夏，布面油画，94cm
×93cm，毕加索博物馆。

毕加索，《大水罐、碗和水果碗》，1908 年，布面油画，81.9cm×65.7cm，费城美术馆：A．E．加勒廷收藏。

右上：毕加索，《有香蕉的静物》，1907 年夏，纸本水粉，62.5cm×47cm，下落不明。坎魏勒拍摄：路易斯·莱里斯画廊。

右下：毕加索，《玻璃水瓶和三个碗》，1908 年，纸板油画，66cm×51cm，圣彼得堡艾尔米塔什博物馆。

象，最明显的来源是格林纳达的巴尼奥尔，不过，即使在这个节骨眼上他没有去过那里，难道他和费尔南多就没有可能带着雷蒙德去枫丹白露森林或其他巴黎近郊吗？

只需瞥一眼乡村就可以明白为何毕加索会突然对树叶痴迷不已——这种痴迷体现在一系列叶片抽象作品中，并在毕加索博物馆保存的一幅大尺寸的树叶翻滚画作中达到顶峰。这些有节奏的巨浪代替了妓院的帷幔，使得毕加索可以将他的妓女们带到室外变成浴者。室外空间也带来一些他从来没有认真处理过的问题。塞尚将会告诉他怎么做。

*   *   *

这个夏季末，毕加索将《亚维农少女》搁置一旁——这次是一直搁了下去。直到 1916 年才拿出来展览，又一直到 1920 年代安德烈·布勒东（Andre Breton）将它发表才被承认是一个巨大的革命性的成就。1907 年，唯一意识到它的重要性的人只有艺术家自己。他证明了他想要证明的东西——他就是波德莱尔所说的现代生活的画家，但是他在这个领域走得太远而难以被大家跟上步伐，所以他所感到的痛苦多于喜悦。讽刺的是，最讨他喜欢的承认采取的是一种自相矛盾的形式，那就是来自他主要对手马蒂斯的谩骂和嘲弄。就像格特鲁德·斯泰因说的那样，这两个男人"既是朋友也是敌人"。[41] 大多数的星期五毕加索都会拜访马蒂斯的工作室；大多数星期六他们会在斯泰因家会面；1907 年他们甚至还交换过作品。[42] 但是，在看到《亚维农少女》的时候，马蒂斯愤怒地发现他那轰动一时的《蓝色裸体》，更不用说他的《幸福生活》（Bonheur de vivre）被毕加索那些"丑陋"的妓女超越了。他爆发出一阵大笑；更有甚者，他是在尖刻的费内翁面前笑的。实际上马蒂斯一点都不觉得好玩。尽管他假装真诚地说"在一件朋友作品中发现的稍许冒失已经被大家所知"，[43] 他还是尽力让人知道他将《亚维农少女》视为对现代艺术运动的嘲笑。他说，他会报复毕加索并让他求情。这一威胁导致了一些伟大画作的产生。就像《幸福生活》点燃了毕加索的竞争欲望一样，《亚维农少女》也点燃了马蒂斯的竞争欲望。现代艺术世界由此两极分化为空前愤怒的马蒂斯派和空前有攻击性的毕加索派。

坎魏勒曾说（毕加索）"[在《亚维农少女》]之后有一小段

毕加索，《贴花纸的静物》，1907 年春一夏。速写本页上水彩和贴花纸，22.4cm×17.5cm，毕加索博物馆。

毕加索，《亚维农少女》习作，1907 年 3 月。速写本页上色粉笔和黑色铅笔，24.2cm×19.3cm，毕加索博物馆。

枯竭时期"，这样的说法是不充分的。[44] 除了枯竭之外，毕加索还遭受着可怕的精神孤独。没有一个人能与他分享超越时代的欣喜和痛苦。萨尔蒙说，朋友们那时都尽量避开他。[45] 他们都觉得他疯了——就像巴尔扎克《不为人知的杰作》中的主人公画家弗杭霍夫（Frenhofer）一样，毕加索可能也会认为自己就是那样的人。令人沮丧的是，没有人愿意买这幅折磨了毕加索六个多月的画。唯一可能的买家列奥·斯泰因也同样发出大笑，就像毕加索模仿给安东尼娜·瓦伦丁那样，"捧腹大笑，笑弯了腰"。[46] 而分手后依然和他保持联系的费尔南多告诉格特鲁德，毕加索看起来已经"烦透了"。

为了将他的心思从《亚维农少女》上挪开，毕加索将他的注意力转到静物上——他在这个类型上的绘画已经非常深入了。这些阳具形状的双嘴酒壶叫作"porrón"（［西］，大肚水罐），它们在高索尔激发了一些隐喻性的静物画，艺术家本人还没有开始去探索静物画中的巨大可能性，直到他在一系列紧密排列的水果静物中发现了它们是如何为《亚维农少女》提供象征符号和支点。在 1907 年秋天到 1908 年春天期间，毕加索开始研究塞尚那些看起来很简单的实用物品画——碗、罐、茶碟、水壶——近距离的观察表明它们远不是实用物品而已。如果要让事物看起来更高，毕加索在他的对象顶上任意加一些累赘物，在色调和颜色上都稍微不同：例如，在艾尔米塔什静物中那个棕色的容器上就有一个小小的灰色高脚杯状的物体，再例如，在费城那幅静物里，也有一个卡在管子上的圆锥漏斗。他用其他一些双关手法来捉弄观众的眼光：画一些凹进去的部分让它看起来像凸出来一样，反之亦然。不管是嘲弄塞尚关于人体的格言还是沉溺于拟人双关语，毕加索都让这些平凡的事物如此强有力地充满戏剧化和个性——就像凡·高赋予《黄色椅子》（Yellow Chair）的力量一样——以至于它们迸发出的紧张感似也反映了其创造者生存上的紧张感。

03

塞尚和毕加索

塞尚的孙子——就是我 [1]

（毕加索）

费尔南多·奥利维耶，1908—1909 年，毕加索拍摄。毕加索档案。

左页：塞尚在他的作品《大浴女》前，1904 年，埃米尔·伯纳德拍摄。玛丽·路易斯·克鲁姆霖（Mary 路易斯·Krumrine）收藏。

1907 年 8 月 8 日，费尔南多写信给格特鲁德·斯泰因，那时格特鲁德正在菲埃索莱（Fiesole），向她抱怨这个夏天"对我来说尤其痛苦，从身心上都感到煎熬。我厌倦了，时常觉得精疲力尽。" [2] 以此暗示她和毕加索的恋情已进入尾声，她告诉格特鲁德不会出席秋季沙龙的开幕式。抛弃雷蒙德让他们曾为家庭生活的努力画上了一个句号。双方对彼此似乎都没多少依恋：费尔南多干脆让毕加索去画他的《亚维农少女》——当然只是暂时的。右边那两个头像的重绘让她对毕加索的狂怒毫不怀疑。两个星期之后（8 月 24 日），费尔南多再一次写信给格特鲁德：

> 你想听一些重要的消息吗？我和毕加索要结束了。我们会在下个月分手。他在等待沃拉尔还他钱，这样他就可以给我一些，我们还在等待……事情。这些事情将会发展成什么样，以及我该如何在最终分开后重拾我的生活，我都不知道。实在让人沮丧！
>
> 不要想着事情还有什么转机。不，巴勃罗"已经受够了"。这都是他的原话，尽管他说我没有什么错，他只是不适合这种生活。请原谅我让这些烦心事儿打扰了你，但是我实在需要倾诉，而你是唯一一个对我还有一点点兴趣的人，我心都碎了。想想我现在的生活都变成了什么样，尽管表面上看什么都没有变。我正尽我所能去隐藏我的绝望和痛苦，但是我自己知道我有多么地伤心，未来看起来毫无希望。噢，我已被彻底地毁灭了，相信我，真正地毁灭了！ [3]

费尔南多进而问格特鲁德能否帮她找一个想学法语的学生。（她为自己说着一口"漂亮的法语"而感到自豪。）除此之外，她还在找一个能住的地方。

当费尔南多再一次写信给格特鲁德时（9月2日），她的精神已经好多了，"尽管还是非常混乱"。她在吉拉尔东（Girardon）的死胡同里找到一个房间——就在洗衣船的转弯处——但是直到沃拉尔回到巴黎还给毕加索钱之前，她都无法承担搬进去的费用。与此同时，他们都非常缺钱。为了给她自己做好生活的准备，费尔南多重新联系了"我的一位婶婶"（那是一个"我年幼时非常喜欢的叔叔"的遗孀）。"我们之前没有相处得很好过，但是我这个冬天都将很无聊，所以我会很高兴去看望她。"[4] 比起那个可怕的养母梅尔维尔夫人——她曾在费尔南多幼年时虐待她，并强迫她去经历一段痛苦的婚姻——这位婶婶更像一位母亲。[5]

沃拉尔终于回来了（9月14日），他给了毕加索一张价值1100法郎的支票（收据上写的是"用于购买11张画"）。[6] 格特鲁德引用了这位艺术家的说法："如果你爱一个女人，就给她钱。现在，就变成当你要离开一个女人，你就得等到你有足够的钱给她。"[7] 感谢沃拉尔，毕加索终于可以"给她一半钱来离开她了"。[8] 毕加索从沃拉尔那里拿到的份额没有用很久。既然《亚维农少女》的出售没有什么问题，毕加索决定先抛售1905年那幅大尺寸的《滑稽演员》——这是沃拉尔唯一没有得到的早期作品，因为毕加索的要价太高了。这位艺术品商人打算做一个中介，将这件作品提供给他的一些德国和俄罗斯客户（可能也包括了希楚金）。画商萨戈（Sagot）一直在打听着这些事情，他听说了这些前奏，就告诉了安德烈·勒韦尔（André Level），熊皮公司（Peau de l'Ours）的创始人——这是在现代艺术中的第一个共建基金。[9] 当明白了《滑稽演员》的重大意义之后，勒韦尔就想要得到它。通过吕西安·莫林（Lucien Moline）这位极其可信任的经营者，他向毕加索出价1000法郎。最初毕加索拒绝了他；但是因为他破产了，他接受了300法郎的贷款。沃拉尔的客户一定是对这幅画毫无兴趣，两星期以后毕加索就答应了勒韦尔。然而熊皮公司的合伙人却因他们的第三年预算由于一幅画而紧缩感到不高兴，即使

安内特·罗森珊，1897年，阿诺德·盖斯斯拍摄，班克罗夫特图书馆，加州大学，伯克利。

哈丽雅特·莱维和艾利斯·托克勒斯，菲埃索莱，1909年，耶鲁大学贝尼克珍本与手稿图书馆。

价格并不高。勒韦尔没多久就争取到了他们的同意；这幅画将证明他有不俗的眼光。[10]

费尔南多不失时机地赶紧布置她的新卧室。她声称花了"一大笔荒唐的钱"去买了一些古董——"一张非常大的床和一架钢琴，还有一个小茶桌。"[11] 格特鲁德为她找了一个学生。这就是艾利斯·托克勒斯，她才从旧金山来（9月7日）。格特鲁德从来没有见过这个聪明沉静的女孩，后者跟她一样出生在犹太小康家庭（尽管她更多的是波兰血统而不是德国），但是她非常了解艾利斯，实际上早就爱上了她的思想。格特鲁德在征服艾利斯最好的朋友和表姐安内特·罗森珊（Annette Rosenshine）期间就得出了这个结论。安内特得过裂颚和兔唇，与艾利斯的自信和显眼相比，显得自卑和寒酸。到了巴黎以后，安内特本来是萨拉·斯泰因的女门徒，但是格特鲁德却诱惑她去做文学和心理学分析的实验品。每天下午4点，安内特都要去格特鲁德那里开分析会议，其中包括细读她定期从她典范似的表妹艾利斯那里寄来的信。有些时候还会去拜访艺术家的工作室。安内特记得格特鲁德在1907年夏初曾带她去拜访毕加索，那时他和费尔南多明显在吸食鸦片或大麻。[12]

在格特鲁德（有时还有列奥）并不专业的分析下，安内特的心理问题很快就恶化了，这使1907年夏季来到欧洲的罗森珊一家感到恐惧。除了恳求回到旧金山的家里，安内特坚持与格特鲁德保持近距离，她对她那迷人而成熟的表妹的称赞也一直激发着格特鲁德的情感。当艾利斯一出现，格特鲁德就抛弃了安内特。很快艾利斯也同样抛弃了她的表姐。

他们到达巴黎的那天晚上，艾利斯和她的同伴哈丽雅特·莱维（Harriet Lavy）就被格特鲁德的兄弟迈克尔夫妇邀请共进晚餐，这对夫妇住在卢森堡公园附近一个由新教教堂改装的房子里。格特鲁德坐在那里就像一只狩猎的大猫。这个了不起的女人出乎意料地安静而沉着："满身金棕色，就好像托斯卡纳艳阳（Tuscan sun）照射出来的，她那温暖的棕色头发间也闪烁着光芒。"之后列奥也进来了，但是"格特鲁德……引起了（艾利斯）的注意，她……摇响了她心中的铃铛，就好像遇到了天才"。[13] 尽管这两个女人在第二天的第二次见面时就大吵了一场——艾利斯迟到了半小时——她们却一见钟情。

毕加索也很喜欢艾利斯，到最后他实际上更喜欢艾利斯而不是格特鲁德。他说他很高兴看到艾利斯去费尔南多那里学习法语："噢，这位托克勒斯小姐，有着西班牙女人般的小脚，带着吉普赛女郎的耳环，有一个像波尼亚托夫斯基（Poniatowskis）的波兰国王父亲，她当然会来上课。"[14] 半个世纪后，毕加索取笑他未来的妻子杰奎琳（Jacqueline），说她就是艾利斯的替身。有一次，他甚至突然拿掉艾利斯头上的羽毛帽子来表示他的喜爱。"是的，巴勃罗，"杰奎琳生气地低声喃喃道，"除了我没有胡子。"在他们遇见不久后，毕加索甚至试着去挑逗这位格特鲁德的新欢。哈丽雅特·莱维描述了这件事：

艾利斯·托克勒斯，约1906年，阿诺德·盖斯拍摄，班克罗夫特图书馆，加州大学伯克利分校。

> "毕加索在桌子底下紧握住我的手，"艾利斯如实汇报。这时，格特鲁德放下她的叉子。"噢，"她看着艾利斯说，"还有其他的吗？""没有了，"艾利斯回答道，"他只是紧紧抓住我的手。"格特鲁德依然紧紧地看着她的朋友，试着分析这个手势，"这大概只是一个瞬间的偶然行为，"她思考着，"但是其中也可能有更重要的意思。如果在紧握她的手的时刻他体验到进入他想象的一种情绪，那就完全不一样了。那有可能是一种永久情感的开始……"面对这些话，艾利斯脸色开始苍白。"有可能是爱，"格特鲁德继续说。哈丽雅特觉得艾利斯看起来被吓坏了。"甚至有可能是爱。"[15]

艾利斯把感情转向格特鲁德，引起了她的表妹安内特的深度创伤性休克；就长远来看，这一次背叛却拯救了她。在萨拉·斯泰因的支持下，安内特进入了马蒂斯学院。之后，1908年底，她回到了旧金山，成为一名雕塑家。[16] 在这期间，艾利斯安定下来，并过上了40年的幸福婚姻生活。

格特鲁德一遇见艾利斯，就准备好接管她。费尔南多是一个有用的助手。像一个偶然享受过一次同性恋越轨行为的人一样，她准备促成这桩美事。1907年9月16日，她写信给格特鲁德，邀请她在次日下午顺便来访。艾利斯也会来，"并且将非常高兴能见到她"。[17] 她还邀请了杰曼·皮乔特（Germaine Pichot），后来导致

安内特·罗森珊。艾利斯·托克勒斯胸像，1928年，石膏。保罗·帕吉特（Paul Padgette）收藏。

了卡萨吉马斯（Casagemas）的自杀（由此导致毕加索进入蓝色时期，但仍有争论），另外还有艾利斯·普林斯特，她正想离开她的丈夫与德兰在一起。"这次交流并不活跃，"艾利斯／格特鲁德说，"那是一次愉快的聚会，甚至是一种荣幸，但也不过如此……最后［费尔南多］和我安排了法语课，我会付给她每小时 50 美分，她两天以后来我这儿，然后我们就开始。"[18] 艾利斯和费尔南多后来变成了密友。

当艾利斯的知心朋友对费尔南多非常有利。她和毕加索不久后和好，部分得感谢格特鲁德。格特鲁德和列奥第一次邀请艾利斯共进晚餐（9 月 28 日）时，这一对不再是夫妇的夫妇也收到了邀请。加上阿尔弗雷德·毛雷尔（Alfred Maurer），这位美国画家，艾利斯的同伴，共六个人。但晚餐后来成了斯泰因家星期六由各色人物参加的晚会的序幕："匈牙利人……所有身材和体型……一大帮德国人……几个美国人，"[19] 马蒂斯一家，还有马尔斯（Mars）小姐和斯基雷斯（Squires）小姐，格特鲁德后来让她们作为弗尔（Furr）小姐、斯基恩（Skeene）小姐"不朽了"（她的原话）。毕加索和费尔南多很奇怪地迟到了。"我很抱歉，巴勃罗说，但是格特鲁德你很了解我，我从来不迟到，不过费尔南多为（秋季沙龙）明天的开幕式（Vernissage）定制了一套礼服，还没有拿到它。"[20] 所以这对前恋人还是一起去参加了开幕式。这次纪念塞尚逝世一周年的回顾展引起了巨大的轰动，也将会掀起毕加索创作的另一次改变。

*　　　　*　　　　*

塞尚的逝世（1906 年 10 月 22 日）让许多进步的年轻艺术家期待着他的精神可以在自己的作品中继续存活。根据格特鲁德对哈罗德·阿克顿（Harold Acton）的评论，毕加索是从一个不同的角度来看待这位大师的遗产的，这则评论似乎跟毕加索相似："所有现代绘画都是基于塞尚没能做到的东西，而不是他几乎成功的东西。塞尚一直致力于展示他未能完成的东西，他的追随者也是如此。"[21] 为了纪念塞尚的逝世，伯恩海姆－热纳（Bernheim-Jeune）在（1907 年）6 月举办了一场展览，包括 79 幅水彩画，其中只有几幅离开过工作室。这是一次具有启示性的展览。毕加索尤其被那些未完成的水彩画和其"内在完整性"之间的悖论所打动。[22]

就像他后来评论这些极其优美的作品时说的那样："当他开始动第一笔的时候，这些图画就已经在那儿了。"[23] 塞尚确立了艺术家的权利，将画作表面限制在最少的几层色彩，利用大面积的白色来作为一个活跃的元素，让媒介的流动性唤起空间的流动性，从而使对象看起来像溶解在画面上。面纱一般的颜色让一切都变得均匀，并暗示着光线和空间都能被触摸。甚至罗伯特·德劳内（Robert Delaunay）也在他的一本素描本上记着："塞尚的水彩画宣告了立体派的出现。"[24]

水彩展是之后一个更加有里程碑意义的事件的先驱：10月1日开幕的秋季沙龙上的塞尚回顾展，以及同时（10月1—15日）在《法兰西信使报》（Le Mercure de France）上刊登的塞尚"写给埃米尔·伯纳德的信"（Letters to Emile Bernard）。这些信包括这位艺术家要用圆柱体、圆锥体和球体来表现自然的著名宣言——很少有立体主义者照字面意思将它实践。[25] 毕加索对塞尚的理论花费的时间少得惊人。他后来告诉弗朗索瓦丝·吉洛："我完全不同意（他的）根据自然改造普桑（Poussin）的想法。"[26] 他反对的不是"转变普桑"，他说——事实上他自己也是这么做的——只不过不是"根据自然"，而是用来改造他的（毕加索的）"活力"。这次秋季沙龙中塞尚的作品占据了两个展厅，包括了各个阶段的大约 56 幅作品。[27] 至少一半作品都是从塞尚的开辟性收藏家奥古斯特·佩尔兰那儿借来的；此外还向保罗·塞尚的儿子和莫里斯·冈纳（Maurice Gangnat）等人借了作品，以及—— 一个经常被忽略的事实——德吕埃（Druet）为塞尚的工作室和未展出的油画所拍的一系列照片。

德国诗人里尔克（Rilke）给他夫人的信中表达了这次"困难"的展览对有鉴别力的人产生的难以消散的激动。里尔克在沙龙举办的三个星期内多次参观了塞尚的展厅，就里尔克而言，这些房间"实际上已变成我的公寓"[28]，而艺术家则变成里尔克炽热的审美崇拜的对象。他坦白说，最初他也感到迷惑不解："第一次面对塞尚的作品，困惑和不确定感充满了心中，并且连这艺术家的名字也是新的。在经过长长的思考之后，仍是一无所获，之后却有一刻，突然领悟了其中奥秘。"[29] 他说，起先，他常常发现"那些徘徊在这些作品前的观众比这些作品本身还要引人注目"。在塞尚的展厅中这一点毫无疑问。"在这里，整个现实都偏向［艺术家］

塞尚，《树叶》，1895—1900 年，水彩和铅笔，44.8cm×56.8cm，现代艺术博物馆，纽约：莉莉·P. 布利斯遗赠。

赖内·马利亚·里尔克。

这边。"[30] 他发现有一些其他的德国进步人士在这片圣地顶礼膜拜：朱利叶斯·迈耶—格拉夫（Julius Meier-Graefe），哈里·凯斯勒伯爵（Count Harry Kessler），朱利叶斯·伊莱亚斯（Julius Elias）（易卜生的翻译者）和卡尔·恩斯特·奥斯特豪斯（Karl-Ernst Osthaus）（埃森州福尔克旺博物馆的创始人）。但在所有这些里尔克的同胞中，最为敏锐的还是他的画家同伴——玛蒂尔德·弗穆勒（Mathilde Vollmoeller），她后来嫁给了马蒂斯的学生汉斯·普尔曼（Hans Purrmann）。她将塞尚的写生（sur le motif）比作一只"只是在观望，没有一丝紧张，也没有任何居心"的猎犬；就好像他只是记录了"他所知道的东西，除此之外就没有其他的了"。[31] 弗穆勒敏锐地察觉到塞尚是根据颜色来权衡物品的，"这里有物品，也就有颜色；多一点少一点都会破坏完美的平衡。可能会多一点，或少一点，这要看情况，但都是跟物品精确对等的。"[32] 里尔克也机智地发现，尽管塞尚是先驱者，却"毫不关心是否具有原创性"。[33] 尽管塞尚的另一个具有自我风格的"儿子"乔治·布拉克或许也是这样，但这种说法完全不适用于毕加索。

里尔克将挑出来的这几个"默默地崇拜塞尚并理解了他的贡献与隐藏的荣耀"的人与那些傲慢的鉴赏家做了对比，后者也能在塞尚的展厅逛上一个星期天。

> 可笑、滑稽、恼怒、愤懑……这些先生们，他们站在这里，站在这世界的中心，感到可悲的绝望，你听，他们在说：il n'y a absolument rien，rien，rien（什么也没有，没有，没有）。还有这些女人，她们自己觉得多么美丽……她们并没有看这些作品，而是自以为是地带着脑中的镜像，站在一幅塞尚夫人的实验肖像旁，以便用画作的丑来衬托自己……站在（塞尚的）作品前，人们开始回想起，每一次认可，都会让人觉得自己的作品可疑。基本上，如果是一件好作品，人们难以活着看到它被认可，否则，它就是中等的作品，还不够超脱。[34]

里尔克和毕加索在这个展览中的足迹是否有过交集，展览是否又深刻地影响过他们，甚至让毕加索也怀疑过自己的作品呢？

答案应该是肯定的。他们都已通过他们共同的朋友见过了，那就是威廉·伍德，他曾把毕加索的《小丑之死》借给这位诗人。后来不久，毕加索玫瑰时期的杰作《滑稽演员》（Saltimbanques）也启发了里尔克最受赞赏的作品《杜伊诺哀歌》（Duino Elegies）。[35]

＊　　　　＊　　　　＊

"（塞尚）是我心中唯一的大师，"毕加索告诉布劳绍莱，"对于我们所有人来说都是这样的——他就像我们的父亲一样。是他保护了我们。"[36] 有时候所有这些未来的立体主义者都承认塞尚于自己如父亲，但是他们中却没有一个人像毕加索那样坚持，充满占有欲，偶尔带点怨恨。似乎他必须把这位埃克斯（Aix）大师看作自己的父亲，因为他对自己的父亲抱着爱恨交加的情感。的确，在这位父亲和父亲形象之间有着许多相同点。毕加索的父亲和塞尚都出身于美丽而落后的南方；他们差不多同时出生在偏僻而固执的家庭；都坚决、固执而骄傲地维护传统价值。在另一些方面，他们也有相同处。一个是无与伦比的天才，另一个是不容置疑的雇工。但是，正如毕加索一样，人们往往从反面教材比从正面教材学到更多。在毕加索生命的最后一刻，他曾再一次转向他的父亲，但并不是将他视作塞尚，而是受德加以妓女为主题的单幅版画启发，在一系列讽刺性的妓院场景中，把他描绘成德加。

毕加索熟悉塞尚的作品已经很久了：他 1901 年就在沃拉尔的藏品中第一次看到塞尚的作品，也在马蒂斯和斯泰因的藏品中，还有 1906 年的秋季沙龙也展示了塞尚的 10 幅画。如果他没有在着手创作《亚维农少女》之前就完全臣服于塞尚的魅力，主要是因为他正忙着探索高更的综合原始主义。之后他便被真实的事物所吸引——来自伊比利亚、大洋洲或部落的雕塑。在 1907 年底，毕加索已经从原始主义中吸收了太多以至于他已经可以转向全新的资源了。从此以后，绘画不仅要具有巫术力量，还要具有触觉感。塞尚是触知性（palpability）的大师。他也是一位纯粹的隐者，因此也是处于孤寂中的毕加索乐于认同的人。关于毕加索后来得到的塞尚杰作《埃斯塔克的风景》（View of L'Estaque），毕加索给海伦·帕尔梅林讲到"难以置信的孤独"：艺术家在开拓新领地时注定会遭受的孤独——既是祝福，也是诅咒。"还有比同情的理解

塞尚，《自画像》，约 1875 年。布面油画，66cm×55cm，私人收藏。

塞尚，《埃斯塔克的风景》，1878—1879 年，布面油画，73cm×92cm，奥赛博物馆，巴黎；毕加索捐赠。

右页下：塞尚，《大浴女》，1906 年，布面油画，209cm×252cm，费城美术馆；已购置，W.P. Wilstach 收藏。

右上：塞尚，《圣安东尼的诱惑》，约 1875—1877 年，布面油画，47cm×56cm，奥赛博物馆，巴黎。

左上：塞尚，《红色扶手椅中的塞尚夫人》，1877 年，布面油画，72.5cm×56cm，波士顿美术馆。

左上：毕加索，《友谊》，1907—1908 年，布面油画，
152cm×101cm，冬宫博物馆，圣彼得堡。

右上：毕加索，《站着的裸体》，1908 年，布面油画，
150.3cm×100.3cm，朱莉安娜·切尼·爱德华兹收藏：
波士顿美术馆提供。

下：毕加索，《浴者》习作，1907 年，纸本炭笔，
48cm×60cm，毕加索博物馆。

更危险的吗？"他问帕尔梅林，"尤其是当它并不存在的时候？这种想法几乎全错。你认为你并不孤独，而实际上你比之前还要孤独。"[37]50年过去了，因为他的诗人朋友——阿波利奈尔、雅各布、萨尔蒙——的目光迟钝引发的痛苦仍然刻骨铭心。

"重要的不是艺术家做了什么事，"毕加索对泽沃斯评论说，"而是他这个人。我们感兴趣的是塞尚的焦虑。这就是他给我们的教益。"[38]这个焦虑迫使艺术家把自己的目光放得比以往更高，因此画下的每一笔都成了从失败的反刍中获得的一次小小的胜利。毕加索曾说过，艺术家的能力越强，就越需要跟便利和熟练搏斗，以便让事物对他来说变得尽可能困难——当然，并不是让它看起来难懂。不管塞尚是什么时候开始创作一幅新的画，他都从涂抹中重新开始。有时毕加索也会这样。即使他在成百幅版画上签名时，他都会全神贯注，就好像每一次都是第一次一样。

塞尚在秋季沙龙展中对毕加索和他的新朋友德兰、布拉克有直接影响的作品是后来被称作《大浴女》（Grandes Baigneuses）的那两幅。[39]在接下来的六个月，这三位画家将互相争夺塞尚的衣钵。马蒂斯没有加入竞争。塞尚的逝世在某种程度上将他从大师的禁锢中解放出来，然而这次纪念展却给毕加索、德兰和布拉克相反的影响。他们比以往变得更"塞尚"（Cézanesque）。他们的反应都各自体现在一幅有三个裸体的大尺寸作品中。

秋季沙龙后毕加索立刻画出的素描表明，他又重新回到一种颇有渊源的策略，即创作一件野心勃勃的人物画，既显示出他的超凡技巧，又突出他的推进。他一开始想像塞尚那样画一排浴女（多达5个，某件作品中还有6个）——室外的"亚维农少女"，她们的脸像石头而不是部落面具。这一次，毕加索没有非要去引起震惊。他的目的是巩固他在《亚维农少女》中取得的巨大飞跃，尽管依然是现代主义的绘画，如果可能的话，能被斯泰因一家接受——甚至买下来。"人们不能用自己代替过去，只能在过去的长链上加入一个新的环节"：[40]塞尚的观察总结了毕加索在这个节骨眼上的态度。

毕加索将塞尚的浴者变成了中性的女人，身上除了一两条毛巾以外一丝不挂，她们有着健壮的体格，摆着健美比赛似的造型。他让她们靠在由树形成的拱形之下，用前景中的一艘船来表

毕加索，《浴者》习作，1907年，纸本钢笔和棕黑色墨水，20cm×15cm，毕加索博物馆。

55

示这是在河边或湖边。这些女人中的一两个正在登船，那些向前伸展的船头——就好像《亚维农少女》前景中的甜瓜切片——将她们与观者联系起来。但是尽管甜瓜切片让我们联想到《亚维农少女》是从哪里来的，这些船却使劲把我们向外推，并暗示着这些比塞尚的浴女更直接、更挑衅的可怕生物正要跨过水面，入侵我们的世界。"就好像艺术家是在画布后面而不是前面一样，把所有的东西推出来，"布拉克如此描述这些形象的手法，[41] 他也根据自己的需求使用了这一手法。的确，到夏末，在第一批所谓"立体主义"绘画中，布拉克将遥远的山坡，更不用说天空和海洋，似乎推到了我们面前。

出于对张力、统一和戏剧性的兴趣，毕加索抛弃了最初拉得很宽的形制，在接下来的六个月里，他将塞尚的条形构图切割成几组人物：高大的三个人组，匀称的两个人，以及高抬手肘的中性个体。素描左边的一对浴女激发了那件有两个浴女的伟大作品的灵感——它们紧密得就像连体双胞胎似的——被委婉地叫做《友谊》（Friendship）。这个敏感的名字源自它的第一个收藏者——拘守礼仪的谢尔盖·希楚金，大概是为了避免他的女儿有同性恋的嫌疑。格特鲁德·斯泰因对艾利斯·托克勒斯的热情可能重新唤起了毕加索对两个深情女性主题的兴趣。这个推测可以由格特鲁德想得到的一张关于《友谊》的习作所证实。毕加索为最初构图中右边一个单独的浴女又进一步创作了系列作品。另外，为了将性别合二为一，他把她变成高大的双性人，用曼荼罗状的隔膜同时代表阴茎和阴道。（在另一幅相关的素描中，他明确地描绘了一个女人在玩自己的阴茎。）[42]

毕加索的浴女在种族上就像她们的性别一样模棱两可。这些暗红和深棕的女人比起珊瑚色的《亚维农少女》颜色暗多了，但并不意味着她们就是印度人或非洲人。毕加索将他的浴女与高更的塔希尼女人和塞尚的浴女相区分，在这一点上，还有马蒂斯的宁芙和牧神。他想用无种族的女人合成一个新的种族—— 一个没有确定地点的土民族。她们会成为毕加索自己的弗兰肯斯坦，有一点这个民族，又有一点那个民族，通过超越时间、地点甚至性别，她们就可以用于将原始主义建立在现代主义的外观之上。W. H. 奥登（W. H. Auden）的诗很有启发性："林中妖女就意味着原始

毕加索，《友谊》习作，1907—1908 年，水粉和纸本炭笔，62.8cm×48cm（格特鲁德·斯泰因希望得到这张作品），毕加索博物馆。

森林中的野蛮人。"[43] 毕加索的野蛮人是隐喻性的。

在很多方面看来，《三个女人》（Three Woman）系列中最有魅力的是第一幅——《森林中的裸体》（Nudes in the Forest）。尽管用笔迅猛受到部落划肤刻法的启发，但它表现的并非真实或想象的物神，因此是在早期图腾绘画基础上的一个重要进步。这件作品曾挂在道格拉斯·库珀（Douglas Cooper）卡斯蒂亚城堡（chateau de castille）的墙上。这座城堡离亚维农很近，毕加索在1950 年代到 1960 年代时常去参观，并想将其买下。在库珀所收藏的众多毕加索的作品中，《森林中的裸体》是艺术家本人异常关心和青睐（mirada fuerte）的。"C'est bien fort（这实在是太棒了），一气呵成，就像凡·高一样。"——这是毕加索对他尤其看重的作品才会有的评价。跟往常一样，毕加索在谈论这件作品时，也好像是在说别人的作品。他说他喜欢这种粗糙——也就是它打开的可能性。除此之外，他总是喜欢一个系列当中的第一幅，还有倒数第二幅素描和油画，"我尝试用最终解决方案了断最初想法之前的那一幅。"[44]

在格特鲁德的《艾利斯·托克勒斯自传》中，她对艾利斯首次拜访毕加索的工作室有着详细的记述，甚至记录了她当时看到的作品——尤其是《亚维农少女》和《三个女人》。

靠在墙边的是一张巨大的画，有着奇怪的亮色和黑色……上面有一大人（显然是《亚维农少女》），它旁边是另一幅偏红棕色的三个女人的正方形画作，她们都有着刻意扭捏的姿态，很恐怖……我感觉到她们的病态和美丽，以及受拘禁的压抑。[45]

格特鲁德后来给我们讲到一件"小一点的画"，该画似乎很合她的心意："非常苍白，几乎是全白色的，两个人物，就在那儿，看上去没有完成也无法完成。毕加索曾这样说，但是他（列奥）却无法接受。'是的，我知道'，格特鲁德当时这样回答他。但还是那句话，它是唯一的，都在这里了。他回答，'是的，我知道。'之后便陷入一片沉静。"[46] 戴克斯认出了这幅"小一点的画"就是《友谊》的习作之一。[47] 这段令人不解的文字却暗示出

安德烈·萨尔蒙在《三个女人》前，1908 年，毕
加索拍摄。毕加索档案。

毕加索，《森林中的裸体》，1907—1908 年，布面
油画，99cm×99cm，毕加索博物馆。

格特鲁德的兄弟已经失去了对前卫艺术的鉴别能力（"他却无法接受"），而现在，格特鲁德却拥有着鉴别的眼睛。

格特鲁德又一次把她的日期弄错了。为了还原艾利斯第一次参观毕加索时的大场景，她将其他几次造访都聚集在一个特别的场合里。[48] 幸运的是，毕加索给他众多朋友像安德烈·萨尔蒙、塞巴斯蒂安·胡叶尔·比达尔（Sebastiá Junyer Vidal），小多莉·凡·东恩，在《三个女人》前拍过照片，这些照片帮助我们追溯它是怎样从部落划肤刻法发展到立体主义的块面塑造的。这幅画的第一个版本大概是在 1907 年底完成的。毕加索之后便将它搁置了几个月，不过他却试验了另外的方法去解决它。"1908 年春，"坎魏勒撰写了这个时期的改变，"毕加索解决了他的问题……他不得不开始做最重要的事，似乎就是对形式的再现。"[49] 塞尚给他做的榜样是最重要的。他跟布拉克和德兰经常在秋季沙龙的作品前进行无休止的讨论。部落雕塑在毕加索的艺术中仍暗暗发挥着精神方面的作用，而塞尚则左右着毕加索的主题选择，在某种角度上，还左右着他的句法。

画家聚集地

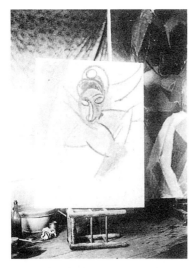

毕加索的《女人》，洗衣船工作室，1908 年夏，毕加索拍摄，毕加索档案。

左页：

左：德兰在他的工作室，约 1908 年，吉利特·伯吉斯拍摄，《建筑实录》，1910 年 5 月。

右上：布拉克，约 1908 年，吉利特·伯吉斯拍摄，《建筑实录》，1910 年 5 月。

右下：玛丽·洛朗森，约 1906 年，P.M.A. 收藏。

"诗人聚集地"（RENDEZ-VOUS DES POETES）是毕加索最初在他洗衣船工作室的门上用粉笔写的话。鉴于诗人的地位高于画家，这个地方无愧于它的名字。不过到 1907 年底，这间工作室已变成"画家的聚集地"，这要感谢他的两位有着巨大天赋的年轻画家朋友，一个是安德烈·德兰，他在 1906 年秋天遇见他，一个是乔治·布拉克，相识于 1907 年春天。（之后，同样有创造力的胡安·格里斯也加入了进来。）布拉克和德兰的父亲都是繁荣郊区的小商贩，但是两人却大相径庭：查理斯·布拉克是一名油漆工，也是一位业余绘画爱好者，对现代艺术有着巨大的爱好；路易斯·查理曼·德兰（Louis Charlemagne Derain）是一名甜点师，也是保守的市参议员，对现代艺术很不信任。父辈态度的不同将会折射在他们的儿子的事业上，也折射在他们对待彼此和对待毕加索的态度上。德兰，比毕加索长两岁，是第一个和毕加索结成团队的人，也是第一个放弃他而重新回到传统主义的人。但是布拉克，却在他的发展中扮演了决定性的角色。

几年后，布拉克回头看立体主义，发现它就像一次登山探险一样：[1] 他和毕加索紧紧绑在一起，在挺进未知高度的过程中小心地确定落脚点。没有人走过这条路；没有人会知道如何重走这条路。就像布拉克的夫人马塞尔（Marcelle）说的那样，要是毕加索独自攀登，这岩壁就太过陡峭了。[2] 如果这次探险让艺术家们察觉到这是一次全新的突破，那是因为他们传奇的精神领袖——最近逝世的塞尚，在他们前面开拓出大部分可知的表面。布拉克的类比抛开了曾与他们一同站在起点的德兰。德兰被证实缺乏攀登所需的信念和勇气：当路途一变得艰难，德兰就会迅速回到安全的

59

基地——他所崇敬的老领袖塞尚扎的营地。幸运的是，毕加索和布拉克比预想中还要契合。直到 1914 年，他们三人都还保持着朋友关系。过后不久，毕加索抛弃了德兰；布拉克则支持他走向艰难的目的地。

＊　　　　　＊　　　　　＊

布拉克在 1907 年 5 月的时候满 25 岁了。他比毕加索小 7 个月。作为一名艺术家，在某些方面他并不是很先进，在另一些方面，比起时时喜怒无常的少年天才毕加索，他就成熟多了。尽管他们最后抑制了自己的风格，并且有一两年还采取了同样的风格，但是这两个艺术家就像他们的体格不同一样，在性格上也相去甚远。就像伍德说的，布拉克是"阳光的、有分寸的资产阶级"，然而毕加索是"阴暗的、极端的革命者"。"在他们的精神婚姻里，"伍德接着说，"一个贡献了超强的敏感性（sensibility），另一个则具有了不起的造型意识。"[3] 布拉克的敏感性含有一种不可预料的宿命论色彩。"我没有下定决心去做一个艺术家，也没有下决心继续生活，"他曾说过，"实际上我并不认为我一生中有过深思熟虑的行动。我享受画画的过程并且很努力地去创作……但是我从来没有一个明确的目标。"[4]

布拉克来自一个经营颜料的漆工家庭[5]。他的父亲和祖父都是巴比松式的业余画家。（尽管查理斯·布拉克只是业余画家，但是却比毕加索的绘画教师父亲有天分多了。）他早年是在阿让特伊（Argenteuil）一个塞纳河边慵懒的小村庄度过的，雷诺阿和莫奈曾于 1874 年在这里一同画过画，风格相似，以至于无法区分，就像 1911 年的布拉克和毕加索一样。布拉克最早的记忆，是看见他的父亲为古斯塔夫·盖耶伯特（Gustave Caillebotte）装修别墅，后者是印象派画家的朋友和赞助人——当布拉克参观卢森堡博物馆时，这个人遗赠的印象派杰作让他激动不已。1890 年，布拉克一家离开了阿让特伊的老家，搬到了下游的勒阿弗尔，在这里他们的生意取得了一定的成功。就像克劳德·莫奈一样，布拉克逐渐爱上了这个美丽的港湾。不过学校，即便是绘画课也令他厌倦，他更喜欢玩游戏或者（还是像莫奈一样）制作漫画。"我早期的绘画没有什么值得注意的，"布拉克说，"即使有什么，老师也没有能力去察觉到。"[6]

布拉克和他的父亲，劳伦斯档案。

尽管敏感、情绪化和爱沉思，布拉克在某些方面仍是一个普通的孩子。他最喜欢的娱乐方式都是孤独的：他喜欢一连几个小时地眺望海面，"因为这让我与无限相连接"。[7]他还喜欢一个人骑车环绕村庄，在塞纳河口游泳和航行。但是最吸引他的还是在周末跟他的父亲一起外出写生，或是在晚上描绘讽刺报《布拉斯报》（*Gil Blas*）上的插图——有时候晚上还会去不远的专区政府，悄悄地撕掉它的墙上由斯特雷（Steinlen）和图卢兹－劳特累克（Toulouse-Lautrec）制作的海报。

当布拉克15岁的时候，他在当地的艺术学院上夜课。但是像毕加索一样，他从来没有狂热地追求完美的技巧。那将涉及难以想象的东西：行动计划。陈旧老套的学院教学仅仅让他对官方艺术与生俱来的厌烦得到进一步确认而已——这种态度导致他后来喜欢非官方的艺术。当地中学那些愚钝的课程也不能引起他的兴趣。当他在高中毕业会考失利时没有人感到奇怪，至少他的父母没有，他们把他送到当地一个装潢师兼画家那里当学徒。学习家族生意的技巧让布拉克很感兴趣：这让他有时间去画画、吹长笛和拉手风琴。（他的老师是迪菲兄弟中的一个。）每当休息日，他就会去巴黎参观卢浮宫和卢森堡博物馆。

在做了一年的学徒以后，布拉克来到巴黎，在一个装潢大师那儿学习以获得学位，这使得他能够在1901年将三年兵役变成一年。这次培训有着意义深远的影响。布拉克在刻字和装潢方面的技巧，例如对大理石纹和木纹的熟悉，有助于他用纹理来平衡色彩，以及创造一系列崭新的触觉感，从而丰富他的绘画作品。而他对颜料的内在感觉——他的大部分颜色都是自己磨的——让他能够利用油画颜料的固有品质，使他能够像历史上那些伟大的艺术家一样微妙和精致。布拉克把他的专业技术教给毕加索，那时的他还从未对材料感兴趣过。当他们开始交流思想后，毕加索的作品表面就开始变得精致了，他画面的颜色不再只是光源或图像增强的工具，而是一种结构因素。正如毕加索后来承认的那样，是布拉克教会了他如何在遇到困难时仍坚持 papiers collés（立体派的纸拼贴）。

在布拉克服兵役期间（他是一名士官生），他对漆房子兴趣大减。现在，他想要成为一名艺术画家，在布上创作而不是墙上。

玛丽·洛朗森，《自画像》，1905年，布面油画，92cm×73cm，格勒诺布尔美术馆：A. 罗文盖（A.Lowengard）捐赠 。

61

他的父亲后来在勒阿弗尔建立了一个进步的现代艺术圈子[8]，对他的这个想法很高兴，并给了他足够的钱在巴黎学习艺术。1902年，布拉克在蒙马特落脚，在接下来的两年里——除了在美术学院时，跟随过教条的博纳（Bonnat）一小段时间——他在"自由的"亨伯特学院自习，这里的"教授毫不计较，纪律也很松散"。[9] 在亨伯特学院，布拉克最好的朋友（并且是一生的朋友）是乔治·勒帕普，他在不久后就因为给保罗·波列特（Paul Poiret）和《文雅报》（La Gazette du Bon Ton）画时尚草图而出名。某天，勒帕普告诉布拉克来了一个新同学：一个奇怪的、面色偏黄、穿着朴素的 jolie laide（气质美人），她将头发编成粗辫子，带着一幅夹鼻眼镜，眼镜的带子绕在耳后，长相普通却也吸引人。颇有天赋，勒帕普如此评价道。[10] 他们发现她的名字叫作玛丽·洛朗森（"在家里时他们叫我 Coco"），她是一位叫阿尔弗雷德·图莱（Alfred Toulet）的社会主义者众议员的私生女，一个帅气的女人，出生卑微，不爱说话，传说是一个混血儿。玛丽被其他同学瞧不起，但却赢得了布拉克和勒帕普的重视。

母女俩跟一只猫住在一起，而且"对待彼此就好像一个年轻修女和一个老修女"[11]。这位母亲"安静、和蔼又尊贵"[12]，一边哼着诺曼小曲，一边用她女儿设计的图样刺绣。她鼓励玛丽跟她一样尊崇艺术和文学，但不要过分相信男人。因此，这个女孩显得十分矛盾：冰冷却又妖媚，粗俗却又讲究，天真却又认真，腼腆却又爱表现，她只顾自己的感受，所以当她成为阿波利奈尔的情人，马上就来了一个三级跳：再见！一会见！明天见！毕加索发现玛丽那女学者式的古怪派头让人恼火。然而，她的初恋情人亨利－皮埃尔·罗谢（Henri-Pierre Roché）（就是那个把斯泰因一家介绍给毕加索的人）却非常溺爱她，很快就跟他的德国伙伴弗兰兹·黑塞尔（Franz Hessel）与她气味相投了［在洛克的自传体小说《朱尔斯和吉姆》（Jules et Jim）里，黑塞尔相当于"吉姆"，跟"朱尔斯"及其同伴处于一种持续的三角家庭当中］，这使得两个男人通过共享一个情妇而紧密联系在一起。

布拉克1904年曾画过一张很时髦的石版画，上面是洛朗森与勒帕普（Lepape）在煎饼磨坊的露天舞会上跳舞，表明他们已经发明了一种样式精细、独特的裙子。勒帕普也在一幅布拉克的

布拉克,《玛丽·洛朗森和乔治·勒帕普在煎饼磨坊跳舞》,1904 年,私人收藏。

乔治·勒帕普,《乔治·布拉克》,约 1905 年,石墨纸本,13cm×19.8cm,私人收藏。

画像中表现了他那整洁的条纹西装。他是无产阶级时尚的早期代表:要么如画像中一样,是舞厅里一个衣冠楚楚的登徒子,要么穿他喜欢的工作服:诺曼乡下狭窄的黑绳领带,随便地打个结;水洗牛仔裤,只剩下微弱的颜色和纹路;各种各样的帽子和帽饰都可以戴。因为布拉克会打拳、骑自行车、划船、航行、击剑、滑雪、游泳和体操,所以他一直保持着他匀称健美的体格和极好的身材。不仅如此,因为他还会吹长笛和拉手风琴、唱流行歌曲,跳舞也很棒,甚至跟英国水手学过号笛舞,女人们都觉得他魅力非凡。费尔南多·奥利维耶出人意外地将布拉克描述成一个白色的"黑人",表情蛮横、声音和姿势粗鲁,在勒帕普的画中也可以得到证实,但是我认为这些性格外向的表现都是为了隐瞒一颗内向的、忧郁敏感的内心。在这些方面,布拉克总是像一个奇怪的混合物:固执、聪明、行动力强、节约、多疑——就像费尔南多说的一样,"一个典型的诺曼人"[13]——但也是一个梦想家。他的眼睛如毕加索一样大而充满魅力,但却没有侵略性的"Mirada fuerte"(强烈眼神);它们表明他是有手艺上的神秘感而不是幽暗的心理欲望。

洛朗森写给洛克(Roché)的信表明她成为布拉克的知己。1906 年 4 月 12 日,她写道:"我已经郁闷伤心了整整四天了。布拉克以为我是同性恋。"[14] 4 月 28 日,她又在给洛克的信中写道:"昨天布拉克和我在一起懒散了一天——除了吵架我们都懒得做其他的事了。但是我们也没有吵。我们都愚蠢地各自坐在一个沙发里,什么也没说。为了转移我的注意力,他戴上了他的蓝色眼镜。"[15] 六个星期后(6 月 13 日),洛朗森再次从巴黎写信过去:"布拉克说祝我好运……我常常想念他,因为他有着和我一样的忧愁。"[16]

在八月底一封给洛克的信中,洛朗森抱怨布拉克一些愚蠢的事,"他最近迷上了鸦片——这真叫人生气。"[17]这些故事并不都那么令人惊讶,布拉克那时正和臭名昭著的波莱特·菲力比(Paulette Philippi)交往[18],他曾经被阿波利奈尔的朋友雷内·达利兹(René Dalize)形容成 "Le Malberbe de la prostitution"(卖淫的马勒布)。不过波莱特并不是妓女。这个身材小巧,金发碧眼的女人有着"拿破仑一世"的精力,为她无数的爱人经营着私人鸦片窟。除了几个女"奴隶",其他几乎都是阳光的年轻男子。保护着她的政府官员显然并没有反对她跟一群画家和诗人浪漫,尤其是保罗·福特（Paul Fort）,他在他的诗歌和回忆录中称她为"玛农"（Manon）。[19] 阿波利奈尔也抽波莱特的大烟;似乎毕加索也抽。（从某个方面来说,甚至整个洗衣船都快成鸦片烟馆了;这真是堕落不堪——"一家为底层中国人开的鸦片馆。"[20]）萨尔蒙说,波莱特讨厌一个人吸烟[21],因此就通过风流发动许多"山上的波西米亚人"（"Boheme de la Butte"）吸毒,并且,有的时候还组织放荡聚会（partouses）。"有时候要呆上8天、10天,"摩勒"男爵"回忆说,"生命不存在了,再也没有白天和黑夜……只有一个条件……你来的时候必须带着一篮子的生蚝和两升混合酒（mélé-cassis）,……因为我是为阿波利奈尔工作,而不是找借口,我让他也加入了。那天我真是帮了他大忙!"[22] 费尔南多不喜欢波莱特,曾经和布拉克一起见过她。"尖酸又爱嘲讽,"她说,"典型的蒙马特机智,真是令人生厌。"[23] 大家赞美她的智慧（波莱特看过很多书）、独立,以及"殷勤"的冷酷理智——她告诉萨尔蒙,说比在工厂里工作好。

布拉克总是过分隐瞒他的私生活,当他知道洛朗森跟洛克讨论他对波莱特的感受时一定非常窘迫,毕竟洛克也和波莱特睡过觉。在洛克的日记中,波莱特就是"眼睛"（Opia）,洛朗森是"机翼"（Flap）,而布拉克是"驾驶室"（Cab）。比如,关于"四艺舞会"（Quat'z Arts Ball）的一条（1906年5月18日）:"我看见眼睛和驾驶室在一起,有力而多情……她邀请别人坐到他们的桌子边。她细心照看着驾驶室,显得有点欺压着他。机翼也迷恋着驾驶室。每个人都觉得他充满了魅力。"[24] 布拉克是否沉迷于鸦片,我们并不知道。但是洛克的日记证明"驾驶室"可是波莱特聚会上的常客;因为一些原因这些常客总是会让人觉得是抽鸦片大烟的。这些交往持续了多长时间还不清楚。波莱特将这片领域经营得十分公开。布拉克在1907和1908年的冬天,遇见了自己未来的夫人奥克塔薇儿·马塞尔（Octavie Marcelle）,但在那之后很长一段时间都仍去看波莱特。1909年4月22日,阿波利奈尔在独立沙龙做演讲后,布拉克和波莱特也跟一大群人（"萨尔蒙、毕加索、德兰几家人"）[25] 在一家餐厅共进晚餐。

亨利·皮埃尔·罗谢（H.-P. Roché）在海滩上练习挥高尔夫球杆，可能由弗兰兹·黑塞尔拍摄，哈利兰塞姆人文研究中心，奥斯丁德克萨斯大学：卡尔顿·莱克（Carlton Lake）收藏。

* * *

　　根据传言，毕加索在 1907 年 1 月或 2 月的时候，在萨戈的画廊接走了洛朗森。[26] 他把自己想象成塞莱斯蒂娜（Celestina，一部西班牙小说中的老鸨），当时就觉得这个奇怪的年轻女人很适合当阿波利奈尔的情人。同是私生子将会成为他们之间的黏合剂，而且她可能还会让他摆脱他母亲和盖里·皮耶雷。毕加索的"拉皮条"很有效果。"我为你找了一个未婚妻，"他告诉诗人，而诗人则高兴地答应朋友为他作的选择。阿波利奈尔终于有勇气离开他那声名狼藉的母亲。1907 年 4 月，他搬出去开始独居。现在，他可以在他的家里（chez lui）招待朋友了。

　　这段恋情几个月就达到了顶峰。阿波利奈尔遇见她（1907 年 2 月）时，玛丽有三个恋人：一个被洛克称作"布雷特"（Breté）的男人；洛克，答应对她越来越粗暴（"只要你不再嗲声嗲气地尖叫"他说）[27]；还有一个就是胖胖的年轻德国犹太诗人弗兰兹·黑塞尔（Franz Hessel，代号"Glob"），洛克的伙伴。玛丽和黑塞尔的恋情是从包括洛克在内的三角关系开始的，但是洛克抽身退出去了。玛丽令他感到恶心，他说，她能够恬不知耻地在他们两人面前蹲在坐浴盆上大笑，"就像一个男的"。1907 年 4 月，黑塞尔带洛克去了慕尼黑，"给了"他（据洛克的表述）两个情人，让他在路易丝·布金（Luise Bücking）和法兰西斯卡（Franziska）、格雷芬·冯·雷芬特洛夫（Gräfin von Reventlow）中挑两个，来交换玛丽。洛克说他很乐意把他所有的女人都跟弗兰兹分享。当他们在五月初回到巴黎后，玛丽声称她仍然爱着弗兰兹，尽管他的性欲来自他的脑袋或是洛克的生殖器而不是他自己的。之后她便把注意力转向了阿波利奈尔，但直到 7 月初才成为他的情人。"我终于找到了一个我真正爱的人，"她在 7 月 11 日告诉洛克。当他们的恋情发展了一个多星期的时候，玛丽让洛克猜她的情人是谁。洛克惊讶地发现是"波罗普（Pollop，阿波利奈尔的代号）"，于是他比以往更不喜欢阿波利奈尔，现在还要加上嫉妒了。"我在波罗普之前从未真正爱过任何人，"她告诉他，"他又害羞又保守，还很可爱又坚强。他为我感到自豪……我们在一起很快乐。他非常喜怒无常，我却一点也不反对。我再也不害怕怀孕了。"[28]（碰巧的是：玛丽马上就因流产过一次而被马克思·雅各布奚落。）阿波

64

利奈尔给了玛丽满满的狂热:"她令人快乐,她太好了,她如天才般机智!她就像一个小太阳。她就是女性版的我自己!"[29]

在阿波利奈尔的自传体奇幻小说《刺客诗人》(*Le poète assassiné*)里,他将自己称作克罗尼亚曼塔尔"Croniamantal",在故事里做了一些润饰。他也将毕加索写入小说中,他的名字叫"贝宁鸟"(the Benin Bird),是他的藏品中一个有着现代形象的长嘴青铜雕像,为他找到了妻子,"特里斯托斯·巴乐妮内特"(Tristouse Ballerinette)(这是在玛丽离开了他之后写的;因此很尖刻)。她是谁?克罗尼亚曼塔尔问贝宁鸟。

《鸟与蛇》("L'Oiseau de Bénin")。贝宁铜(阿波利奈尔的收藏),私人收藏。

> 她有着忧郁而天真的脸,注定要折磨男人。她优雅地伸出双手不让你接近,她没有令诗人望而却步的高贵,因为诗人一退下来就没有痛苦了。我看到了你的妻子,我告诉你,她既丑陋又美丽;她是我们现在所爱的一切;她的味道一定像月桂叶一样[阿波利奈尔名誉的象征]。[30]

洛朗森野心勃勃,充分运用她的新关系来推广自己,所以"毕加索帮"都不喜欢她,"她那边的人"也不喜欢毕加索他们。后来,她抱怨毕加索、阿波利奈尔和雅各布习惯性地争吵并互相辱骂和瞪视对方——他们的辱骂是一种艺术形式——然后下一分钟他们又变得充满了爱。

> 他们很少会喝醉——大概每两个月一次——之后他们就会表现得过度有礼貌。我从来没有特别注意他们;我会读爱情故事,像马里沃的《玛丽安娜》(*Marianne*),我对这群男人的感情只有厌恶,他们跟我很不一样,尤其是他们的黑人雕塑!它刺激着我的神经。[31]

洛朗森显然将大男子主义和部落艺术等同了。

毕加索开始为他的"拉皮条"感到后悔。洛朗森显得太过"précieuse ridicule"(矫揉造作而可笑)不适合他的茶话会(tertulia);她的存在只是在不断挑战他的厌女症。正如费尔南多说的,"玛丽最关心的是她在别人身上产生的影响。她会听自

玛丽·洛朗森,《纪尧姆·阿波利奈尔肖像》,1906年,纸本石墨铅笔,15.7cm×9.3cm,蓬皮杜艺术中心,巴黎。

己讲话，会在镜子里看自己讲话时故意装出的天真姿势……几乎不可能从这个做作的小人身上清理出她真正的个性和智慧。"有一次在毕加索的工作室，她坚持要四处搜寻并用她的长柄眼镜检查所有东西。最后她坐下来，看上去是想要加入对话，但突然就口齿不清尖声哭叫起来。"这是大喇嘛的哭叫，"她一边解释，一边松开她那大麻花辫，让一大团卷发散落在她的肩头。[32]

还有一次——是在德兰的乔迁聚会上——她一会儿小声唱着古老的民谣，一会儿又咕噜着"merde，merde，merde（屎，屎，屎）……"

费尔南多曾试过像玛丽那样画画，不过失败了，因此常常把玛丽画得有点滑稽。不过，当她描述玛丽和阿波利奈尔穿着衣服在椅子上做爱时，却没怎么夸张。阿波利奈尔的床是神圣不可侵犯的——没有人会被获准坐在上面，或是弄脏它。玛丽向妮可·克鲁尔证实了这件事，后者是波列特的妹妹，后来变成了她的情人。她说她喜欢玩他的领口。[33] 玛丽显然跟阿波利奈尔一样有施虐—受虐癖。他让她读萨克·莫索克（Sacher-Masoch）的作品（就像毕加索强迫他的情人们读萨德侯爵一样）就能说明这一点。尽管他自己会否认，其实阿波利奈尔非常爱玛丽——这个艺术家和女人——而玛丽则更爱这位诗人而不是这个男人。他们之间的关系就像风暴但却互相受益。玛丽的耳朵对诗歌特别灵敏，所以阿波利奈尔重新开始创作诗歌部分是因为玛丽。他将她身上时髦而古怪的东西转变成一种现代敏感性。只要她能靠着诗人为她做宣传和提供灵感，她的作品就很精彩。在他们分手后，她的作品变得矫揉造作（乔治·勒帕普的阴影），自我嘲弄，到了最后低俗不堪。

他们俩都急着结婚——这是他们双方父母都伤过脑筋的仪式。但是，阿波利奈尔那可怕的母亲不知道她的私生子会娶别人的私生女——而且，还身无分文。后来，玛丽那同样可怕的母亲拒绝了这桩婚事，出于道德理由，她不想让女儿嫁给一个有入狱前科，还满脑袋色情文学的人。结婚似乎不太可能让他们在一起。到1910年，他们已经慢慢地不忠于对方了——那个有窥阴癖的洛克给洛朗森提供了一系列情人——但是直到1912—1913年冬天他们才分手。18个月之后（1914年6月22日），玛丽嫁给了洛

玛丽·洛朗森，《保琳·洛朗森》，约1906年，布面油画，41cm×33cm，牛津阿什莫尔博物馆。

65

克为她挑选的一个求婚者——奥托·冯·沃特简男爵（Baron Otto von Wätjet），一个英俊的德国魔术师，他曾经想像基斯林那样画画但却失败了。玛丽很高兴能够成为一位男爵夫人，由于她有同性恋的倾向，她跟她的双性恋丈夫也相安无事。她说他可以代替她刚去世的母亲。"鸡奸者使这个世界有了最好的朋友和最好的丈夫，因为他们从不烦扰他们的妻子。"[34]［后来她为自己的终身伴侣苏珊娜·莫洛（Suzanne Moreau）找了一个同性恋丈夫。］阿波利奈尔为玛丽的婚姻伤透了心，也为两个人之后的宣战伤透了心，因为沃特简家族作为敌国公民，必须离开法国去中立国西班牙。这位诗人再也无法看到玛丽了。她去世的时候，她将所有他的信与自己合葬。

尽管洛朗森很做作，但鉴于后世对她早期作品的评价，她还是应该得到更多的承认，尤其是她在 1908 和 1909 年画的两件作品——画的是"毕加索帮"，虽然阿波利奈尔才是关注的目标。正如毕加索的《滑稽演员》（1905 年）反映了阿波利奈尔的早期诗篇那样，洛朗森的两幅作品也反映了他的神秘主义意识形态，一种象征意义糅合了新柏拉图主义，《翠玉碑》（*Tabula Smaragdina*. 卡巴拉（*Cabala*）），炼金术和一种信仰，即"爱情，以其融合一切的品质，代表着神圣的理解已达成。"[35]洛朗森给了《艺术家群像》（1908 年）中每个形象一个合适的标志。毕加索，是一个看起来像狗的小羔羊（暗指施洗者约翰，阿波利奈尔曾有一次将毕加索如此比喻："一个新的施洗者约翰用光为艺术做洗礼"）；阿波利奈尔，是一本金装的书；费尔南多，是艳丽的花丛（她和玛丽互相不喜欢对方）；至于玛丽自己，是一朵玫瑰——"rosa mystica"（神秘的玫瑰）在传统意义上与圣母玛利亚关联——因此玛丽的裙子也是纯洁的蓝色——这是阿波利奈尔倾向于把他的情妇看作圣母。

第二幅画是《野外团聚（阿波利奈尔和他的朋友）》（Réunion á la campagne，1909 年），这幅作品更大一些也更有野心。它包含了 8 个形象。[36]左边美惠三女神，分别是格特鲁德·斯泰因、费尔南多·奥利维耶和玛格丽特·吉洛，后者是一个美丽的金发女诗人，同时也是保罗·福特和波莱特·菲力比的朋友，不过很年轻就去世了。萨尔蒙引用吉洛的一个呼语片断来证明她众所周知的好酒量："La Terre！ /La Terre！ /Ivresse élémentaire！（人间啊！人

玛丽·洛朗森,《艺术家群像》,1908 年,布面油画,64.8cm×81cm,巴尔的摩美术馆,柯恩收藏。

玛丽·洛朗森,《野外团聚》,1909 年,布面油画,130cm×194cm,乔治·蓬皮杜中心国家现代美术馆,巴黎。

间啊！根本就是沉醉！）"[37] 阿波利奈尔恰当地被围在阿波罗式构图的中心，毕加索就在他的身后。右边一组是玛丽，有一个可能是她母亲的女人，还有诗人克雷尼兹（Cremnitz），他为玛丽创作了田园诗。如果说这个将自己视作 "la soeur des poétes（诗人的姐妹）" 的女人，漏掉了与阿波利奈尔最亲近的两个诗人雅各布和萨尔蒙还有她的前死党布拉克，大概是因为她和她的爱人没有打算让这些竞争者进入他们的万神庙。此后，这奇怪的众神会就挂在阿波利奈尔那神圣纯洁的床上边的墙上。

*   *   *

因为毕加索和布拉克之间的搭档关系引发了这个世纪最有影响的艺术运动，所以他们的首次相遇应该是很重要的，但是他们两人都一点也不记得了。他们在 1905 年夏听说过对方，那一年毕加索最亲近的朋友之一马诺罗与莫里斯·雷纳尔和布拉克在勒阿弗尔和翁弗勒尔度夏。[38] 萨尔蒙曾写过："布拉克永远都在寻找伙伴一同解决那些无法解决的问题。"[39] 奥东·弗里茨（Othon Friesz）是他的第一个 "同伴"。在他的协助下布拉克在这个夏天有些感觉了。他把在安特卫普画的明亮景色视作他的 "开始有创造性的作品"[40]：尽管它们受惠于马蒂斯和德兰的野兽派，更不必说弗里茨、马克特（Marquet）和杜飞，但它们再也不会与别人的作品弄混了。布拉克是在另一个北方的大港口长大的，因此他对北方的光线、船只与建筑的关系、在河口沿岸排成线的码头和起重机很有感情。布拉克那漩涡般的颜料画出了云和水的瞬息变化，但是他那大块的色彩，使人想到的既不是潮湿和灰色的北方，也不是热烈绚烂的南方。

9 月，布拉克回到了巴黎，但是这个冬天，他并没有在蒙马特的工作室尝试静物或人物画，他想继续到室外去创作。所以他跟随其他野兽派画家去了地中海。他在埃斯塔克（L'Estaque）落脚，这个地方是马赛的一个郊区工业园，是一个群山环绕的海湾，还有一个很好的酒店，因此他可以大大降低住宿费。这儿还是一个神圣的地方——塞尚曾来过，雷诺阿也画过，尽管不会一眼就看出是这里的景色。南欧的光给布拉克带来的震撼使他终身难忘。几年以后，布拉克说，当他回到南方的时候，他仍然经历着同样的震颤。"天空中出现的光让整个地中海的天空

奥东·弗里茨，《安特卫普港口》，1906 年，布面油画，60cm×81cm，私人收藏。

布拉克，《安特卫普港口》，1906 年，布面油画，49.8cm×61.2cm，加拿大国家画廊，渥太华。

68

看起来碧空如洗，比北方的天空要高很多很多。"[41] 这些光激发着布拉克去更加自由地处理自然的景观，并且，就像马蒂斯和德兰在南方做过的那样，短暂地涉猎过新印象派。但是，野兽派对他来说，太过兴奋，太过酒神（Dionysiac）。尽管他在颜色试验上取得了成功，1907 年 2 月他回到巴黎，他不知不觉地远离了马蒂斯。

布拉克实际上极其害羞——因此他靠近毕加索时也有些腼腆。有两张他的邀请卡—— 一张上写着"此致"（Regards），另一张写着"期望回忆"（Anticipated memories）——反映了他们初次联系的拘谨。他大概是在 1907 年的"独立沙龙展"（3 月 20 日—4 月 30 日）期间把这些卡片留在洗衣船的，在这次展览中他也展出了在埃斯塔克创作的六幅野兽派作品。其中五幅被毕加索的朋友威廉·伍德买走。《亚维农少女》在这个时间段内的一本素描本中记录了两条备忘录："给布拉克回信"和"布拉克，星期五"。他们的初次见面可能是在 5 月初，布拉克在那前后离开巴黎了。在布拉克回勒阿弗尔看望家人和在拉西奥塔（La Ciotat，土伦附近）度夏之前，坎魏勒造访了他，那时的坎魏勒正在为他尚未开张的画廊寻找艺术家。他从布拉克那里买了很多件作品。这年下半年，布拉克利用坎魏勒向秋季沙龙提交作品；但只有一件能被接受。在他 10 月回到埃斯塔克后，他的风格经历了重大变革。"我发现当我第一次去［地中海］的时候，狂乱欣喜淹没了我，于是我想要在画布上表现的东西再也不是一样的了。我在这里看见了更遥远的东西。比起继续保持我的本性，我应该去寻找自我表现的其他方式。"[42]

这次转变的催化剂是塞尚。对塞尚来说"绘画关乎生命或死亡，"布拉克在很多年后这样说道。"那就是我为什么从他而不是别人那里学到更多，并且我会继续这样做……当我还是非常年轻的时候，我只想像塞尚那样画画。幸运的是我的希望从来没有实现过，因为，如果那样的话，我就永远不会像布拉克那样画画了。"[43] 塞尚的影响为布拉克对毕加索的影响做了准备。不久，在 1907 年 11 月回到巴黎后，他在阿波利奈尔的陪同下去了洗衣船。于是，他和毕加索的交往可以说是从这个日子开始的。

*　　　　　　*　　　　　　*

布拉克的名片，献给毕加索 "et ses respects"（"致意"），1907 年，毕加索档案。

布拉克,《埃斯塔克的防波堤 》,1906 年 11 月,布面油画,
38.5cm×46cm,蓬皮杜艺术中心,巴黎。

布拉克,《埃斯塔克的高架桥 》,1907 年,布面油画,65cm×
81cm,明尼阿波利斯艺术学院。

安德烈·德兰在他的工作室，约1903年，米歇尔·凯勒曼收藏，巴黎。

德兰，弗拉芒克小说 *Tout pour Ça* 的封面，1903年。

德兰是在1906年夏末遇见毕加索的。[44] 这次相遇又是因为阿波利奈尔。他们的见面是在洗衣船，或阿桑饭馆：阿波利奈尔和德兰是邻居。这位诗人的母亲租了一栋郊区别墅——那是她违法聚众赌博的地方——别墅位于勒韦西内，与夏图相邻，德兰曾与家人生活在这里。阿波利奈尔在1904年结识了德兰（并且通过德兰结识了弗拉芒克），那时画家刚服完兵役。除了与阿波利奈尔狂欢痛饮，带他去当地的鸦片馆和妓院外，德兰还给他上了现代绘画的速成课（这大概就可以解释这位诗人的艺术批评何以有时无法区分立体主义和野兽派）。反过来，阿波利奈尔让德兰了解了现代诗歌，尤其是他自己的诗，这位画家一直都很钦佩他的诗。可能毕加索在他的诗人朋友介绍德兰之前很久就已经听说了他所有的事。当他们终于相见的时候，很快就成了朋友。

德兰是一个仪表堂堂的男人，这不仅体现在身高上——他比毕加索高——也体现在亲和力、魅力、非凡的智力和良好的性格上。克莱夫·贝尔（Clive Bell）尊敬他，当然还有他的妻子瓦内萨（Vanessa）和其他布鲁姆斯伯里的画家们，贝尔将他和约翰逊博士相比，"一个同时具有幽默感和悲剧性的发号施令者，但是，却又不像他，极其微妙。"[45] 不管是不是发号施令者，德兰都受到怀疑的折磨——"怀疑无处不在无处不有，"他如此写给弗拉芒克[46]——怀疑折磨着他，不像塞尚，他可以将疑惑转变成胜利的优势，德兰最终却成了怀疑的牺牲品。怀疑使他酗酒；怀疑让他注定浪费他那巨大的天分，徒劳地挽救现代艺术运动，用神圣的传统和古怪的原始艺术来跟现代艺术调和。德兰生来就是要从小资产阶级变成大资产阶级。[47] 那些对毕加索和马蒂斯直呼其名的人都称德兰为"先生"（Monsieur）。尽管德兰青年时玩世不恭和叛逆，但他毕竟是一个为繁荣郊区服务的富裕甜点师的儿子。在他的作品中总是有着美食的元素。父亲的手艺大概能解释儿子后来的创作倾向，他的作品总是点缀着令人愉快的高光，像加在糕点上的糖霜。

德兰平凡的父母期待着他们天资聪慧的儿子能够拥有一个比他们更好的人生。当他选择将父母的无沿帽（toque）用作艺术家工作服而不是他们早已决定好的法国军用平顶帽（képi）时，他们感到心中不快。他们更不快的是他们的儿子与莫里斯·德·弗拉芒克做朋友——一个声名狼藉的音乐教师和无政府主义者的儿子。弗拉芒克的父亲住在勒韦西内，他指定要用货车把自己搬运到坟地。这两位年轻的画家在他们的郊区火车出轨时相遇了。他们一同走回家。第二天清晨，他们便携手去画塞纳河。

最初是弗朗芒克领先，他的作品像是未完成，粗糙、大胆，更是偶像破坏者。在他的指导下，德兰采取了无政府主义的方式来对待生活和艺术。德兰可以远离他父母的保护而过得很滋润，即便他的父母并不同意。另一方面，弗拉芒克则要通过各式各样的方式养活自己，在吉普赛乐队拉小提琴，参加自行车竞赛，采写激进的新闻，还有撰写粗劣的文学作品（德兰为他的两部色情中篇小说画过插图）。[48]1900 年到 1901 年的冬天，这两位艺术家在夏图岛（Ile de Chatou）上一个破产的饭店里租了一间工作室，雷诺阿曾在夏图岛附近创作他的《划船者的午餐》（*Déjeuner des canotiers*），"夏图学派"也在这座小岛上诞生。他们为了给自己吸引足够的目光，总是穿着夸张滑稽的小丑服——这些服装像马鞍褡，戴着奇异的领带（弗拉芒克就有一根用木头做的领带），还有深黄色的"美式"皮靴，歪戴着圆礼帽，当然还有必不可少的大胡须和烟斗。晚上，他们就会抛弃夏图和勒韦西内附近的上流社交圈，前往塞纳河沿岸勒佩克（Le Pecq）区粗俗的咖啡厅，这里的妓院和大麻窟深深吸引着莫泊桑关于这条河的小说里写的那些"gens louche"（形迹可疑一族）。[49]在那些酒局里，盛装打扮的妓女们乘着开敞式马车款款而来，让邻居唏嘘不已；所以艺术家们也创作这个绝妙住宅区的"酒局"（德兰的话）画。

1901 年 3 月，凡·高的展览在伯恩海姆 – 热纳举行，这是吸引德兰和弗拉芒克用一种全新的鲜活方式来看待这个世界的催化剂，促使他们用未经调和的原色和粗厚的笔触来描绘这个世界。凡·高代替马奈成了他们的神。而德兰已从卡列雷（Carreière）工作室有所耳闻的马蒂斯也参加了这次展览的开幕式。德兰将弗拉芒克介绍给了他，并且在德兰去法国东部服兵役之前（1901 年秋—1904 年）他们还见了几次面。这份友谊中断了三年。为了在军队里保持头脑清醒，德兰不间断地给弗拉芒克写信——信中大多是关于他对艺术的高度理论性的立场。[50]他还设法在他的营房里画画，在离开他和弗拉芒克共用的工作室时也同样画。

德兰，《拉小提琴的弗拉芒克》，1905年，布面油画，110cm×68cm，私人收藏。

查尔斯·卡穆安，《马蒂斯夫人在做针线》，1905年，布面油画，65cm×81cm，斯特拉斯堡现当代美术馆。

在德兰退役时，他已经形成了一套成熟的美学系统和与之相应的风格。在他从军队解放出来后，他创作了一系列充满欢欣色彩的塞纳河风景画。弗拉芒克也是；并且当马蒂斯来夏图看他们的作品时，他激动得睡不着觉。他邀请他们参加春季独立沙龙展览；他还把沃拉尔介绍给他们。沃拉尔对德兰有着深刻印象，并且还买了德兰工作室的作品。[51]（沃拉尔到第二年都还没有买下弗拉芒克的作品权，以及毕加索的。）在独立展中，德兰卖掉他八件作品中的三件（如果相信弗拉芒克的话，他只卖了一件作品），但是主要的买家——勒阿弗尔的欧内斯特·齐格弗里德（Ernest Siegfried）不是一个现代艺术的爱好者，而是在开一个恶毒的玩笑：他挑选出那些最丑陋的作品作为侮辱性的礼物送给他所憎恶的侄子。[52]

那年夏季末，德兰在法国的"加泰罗尼亚"——科利乌尔（Collioure）加入了马蒂斯的队伍，并与他并肩作战。他不久就被当作这个家庭的一员。德兰常常将任劳任怨的马蒂斯夫人（她曾将他的一个设计织成挂毯）称作"圣艾米利亚，我们这个世纪最伟大的殉道者"[53]。马蒂斯在德兰身上激发出了许多品质，是才气较少的布拉克无法激发的——很多弗拉芒克的想法，特别是无政府主义，他现在都否认了。对马蒂斯来说，德兰帮助他摆脱了西涅克点彩法的束缚。的确，如果不是德兰的反复无常和傲慢阻止了他与另一位活着的艺术家共事，他和马蒂斯就会像毕加索和布拉克那样形成一种建设性的搭档关系。在德兰在科利乌尔度过的两个月里，他创造了一些最耀眼的作品——泊满小船的港湾风景和如凡·高的色彩般绚烂的比利牛斯山麓。马蒂斯锐化了德兰的视觉，提纯了他对颜色和设计的感觉。最重要的是，在他的作品中，燃烧着的南欧阳光直到第二年也没有熄灭。写给弗拉芒克的一封宣言似的信（1905年7月28日）总结了这种感觉，从这种感觉中萌发一种新的风格，就是野兽派："对光的全新观念……对阴影的否定。光在这里是强大的，就连阴影都闪耀着光。每一道阴影都是一个清晰和明亮的世界，跟阳光形成对比。"[54]

在科利乌尔的夏季期间，住在巴纽尔斯（Banyuls）附近的雕塑家马约尔（Maillol）带德兰和马蒂斯去拜访了丹尼尔·德·蒙特弗里德（Daniel de Montfried），他是高更的朋友和藏家。除了绘

72

画作品，蒙特弗里德的藏品还包括了很多雕塑、陶瓷、手稿和信件。这些雕塑在德兰那些笨拙的雕刻品上留下了痕迹。高更那些用西方象征意义、流行图像和民间艺术综合了秘鲁、埃及和大洋洲元素的作品启发着德兰，就像启发了毕加索那样。跟毕加索一样，德兰也被1905年秋季沙龙中的安格尔展览所震撼。安格尔、高更以及马蒂斯的《奢华、平静与享乐》是德兰《黄金时代》的灵感来源，德兰希望这幅巨大的阿卡迪亚场景重新激活夏凡纳那奄奄一息的古典主义。德兰学习的榜样和毕加索几乎一致，不过他从来没有想过去有效地同化他们，或是从中提取营养。

德兰，《舞者》，1906年，木板雕刻，各64cm×118cm，葛洛斯凡纳画廊，伦敦。

德兰作为马蒂斯的主要同伴在1905年的秋季沙龙上获得名声。当总统卢贝拒绝用传统的参观授予"如此拙劣的画"荣誉时，他们的作品出现在各大报纸上。马蒂斯和德兰画的科利乌尔的景色是批评家路易斯·沃克塞尔（Louis Vauxcelles）的主要攻击目标之一，他关于这次沙龙的批评文章创造了"fauves"（"野兽"）这个术语。他们对此比之前那个绰号"invertebrate"（软体派）更加喜欢。沃克塞尔的诽谤——例如他声称德兰的作品应该挂在幼儿园的墙上——却让他们一夜成名。沃拉尔，这个最为狡黠的艺商，决定向声名狼藉的野兽派投资。他前一年在杜兰·鲁埃（Durand-Ruel）成功推出了莫奈的37幅泰晤士河风景，受此鼓舞，他又将德兰派遣到伦敦（弗拉芒克谢绝了这次邀请）去画西敏寺（Westminster）和沃平（Wapping）之间的泰晤士河，就像他画勒韦西内和勒佩克之间的塞纳河一样。德兰用他那南欧的阳光般耀眼的画法描绘伦敦之秋，因此和实景几乎没有什么相似之处。显然这位艺术家想要把这个令他沮丧的城市描绘得更明亮一些。在他的信中，他抱怨"这令人伤心的伪善的可笑的英国精神"；即使在最拥挤的伦敦的饭店或是热闹的工作车间，他都只找到了无生气与死寂；尤其是"从雾中显现出来的那些物体模糊的轮廓。"[55]但所有这些都没有体现在他的作品中。没有画雾可以用他对透纳河岸景色的崇拜来解释，他新发现了透纳画的色彩丰富的河景并很崇拜。或者，沃拉尔（第一个发现毕加索蓝色时期的阴郁）可能规定了要使用明亮的色彩。德兰也希望描绘一个新的泰晤士河，跟莫奈那如水般的印象派毫无牵连，也与惠斯勒（Whistler）崇尚的贝特西大桥（Battersea Bridge）的夜景完全不同。因此，他的泰晤士河

德兰，《黄金时代》，1905年，布面油画，176.5cm×189cm，德黑兰现当代美术馆。

德兰,《勒佩克的桥》, 1904—1905年, 布面油画, 98.1cm×116.2cm, 私人收藏。

德兰,《黑衣修士桥》, 1906—1907年, 布面油画, 80.6cm×99.3cm, 格拉斯哥画廊。

极其夸张绚烂。但是，烟花总是稍纵即逝。德兰野兽派风格的尽头近在咫尺，"那是火烧的折磨，"[56]他后来这样写道。当与马蒂斯再次回到地中海（1906年夏）时，他再次被怀疑困扰。他不知不觉地远离了马蒂斯，就像他不知不觉地远离弗拉芒克一样，他与毕加索结盟了。

德兰，《科利乌尔港口》，1905年，布面油画，47cm×56cm，施塔茨画廊，斯图加特。

*　　　　*　　　　*

1906年8月底，德兰从南部回来后，便搬出了他父母在夏图的房子。10月，他在巴黎租了一间工作室。重要的是，他选择了毕加索的领地，蒙马特（徒尔拉格大街，rue Tourlaque），而不是马蒂斯的拉丁区（Quartier Latin），因此说明了他加入了毕加索帮。在德兰随后不久的一个笔记本的条目中，有一个能说明这次忠诚动摇的理由。德兰开始把马蒂斯看作"染工（the dyer）"："绘画真正的色彩不是从棱镜里折射出来的，而是来自精神……［精神］揭示自己……棱镜中的颜色是染工的颜色。马蒂斯就是染工。"[57]德兰不再赞成马蒂斯的"正统"观念，即认为画的色彩和谐、拜占庭式的装饰和马拉美（Mallarme）诗意般的象征主义，应该加强甚至纵容观赏者的感觉。正如他1906年夏天在给弗拉芒克的信中写的那样："在我们的趋势中……我看不到任何未来；一方面，我们尝试去摆脱这客观的世界；另一方面我们又把它看作……目的本身。"[58]

德兰对马蒂斯的背离正巧是毕加索召集他所有的资源去赢得他的竞争的时候。这两位艺术家在表面上是友好的，但是他们去对方工作室的参观与其说是出于友谊，不如说是出于好奇和竞争。他们都得看看对方在做些什么。他们都因竞争的动力而受益匪浅。他们都将对方磨得力量十足；他们都将对方的书撕下来重写。至于德兰，他的满腹心思都在听毕加索的安排。他对文学、哲学、神秘主义、比较宗教学、科学、数学、美学和音乐学的兴趣都与毕加索相投，因为它们都通向巫术和神秘。德兰的笔记本和信表明他研究过秘法、占星学、毕达哥拉斯、佛教、塔罗、查尔斯·亨利（Chariles Henry）的数学理论、命理学、瓦格纳（Wagner）的歌剧、尼采（Nietzsche）、普罗提诺（Plotinus，新柏拉图主义是德兰思想的一部分）。其中大部分的知识都通过阿波利奈尔和雅各布渗透给了毕加索，不过他们都是诗人。德兰的

德兰,《舞蹈》, 1906 年, 布面 油 画, 175cm×225cm, 弗里达基金会。

德兰,《浴者 I》, 1907 年, 布面油画, 132.1cm×195cm, 纽约现代艺术博物馆, 威廉·S. 佩利和艾比·奥尔德里奇·洛克菲勒基金。

长处在于能够将最丰富的哲学理论和神秘信仰吸收进他的个人美学，就像完全对立的风格可以焊接成一个综合图像一样。不仅如此，德兰对艺术史有着广泛的知识——西方的、东方的、古典的、原始的。就像弗拉芒克说的一样，"他参观了欧洲所有的博物馆"[59]——并且对于大英博物馆就像卢浮宫一样熟悉。的确，在这里，有一种精神——像阿波利奈尔那样广博，又有画家的敏感——让毕加索可以贪婪地吸收。

德兰，《浴者 III》，1908年，布面油画，180cm×231cm，布拉格国家画廊。

1906年的秋季沙龙包括了塞尚的10幅主要作品，和一个高更的纪念展（他于两年前去世），将这两位现代艺术家的尊荣推到了一个高度。就像毕加索，德兰追随着高更开创的神圣之林的痕迹，但是他现在突然转向塞尚那蒙塔尼的圣维克托山——这是毕加索在接下来的一年里都还没有做的事。一系列巨大的人物画反映了德兰的进步。在野兽派的《黄金时代》之后，他创作了《舞蹈》（La Danse）——一个高更式的丛林，包括一条高更式的大蛇和一组女祭司，混合了原始风格（包括了罗马式和厄比纳尔图像）——但是在1907年初，他又转向了一大群塞尚式的《浴者》。据汉斯·普尔曼（Hans Purrmann，马蒂斯的德国学生）说，其中的《浴者I》是为了与马蒂斯比赛看谁可以创作出最好的蓝色人物画。"当德兰看见马蒂斯的《蓝色裸体》，"普尔曼说，"他愿赌服输，并毁掉了他的画。"[60]实际上，德兰的《浴者I》保存了下来。它在1907年独立沙龙展出，并因被认为野蛮而引起了和《蓝色裸体》一样的轰动。[61]

即使德兰不是第一个"发现"部落雕塑的现代艺术家，那么他也是第一个发现它是潜在催化剂的人。但是，他有太多的怀疑而难以在接下来的一年中进一步研究部落雕塑。通过敦促毕加索参观特罗卡德罗的人种志博物馆，他放弃了主动权——我猜，他后来很后悔。六个月后当他回到巴黎，并且看见毕加索如何将《亚维农少女》中的两个少女转变成滑稽的部落风格时，德兰说自己感到惊骇；他惊骇毕加索借用的是怪异的野蛮性而不是那些面具和拜物的民族魅力；毫无疑问，也惊骇自己被打败了。"唯有自杀才能结束，"德兰警告坎魏勒，"会有一天，毕加索会被发现吊死在《亚维农少女》后面。"[62]然后，德兰再一次又转变了方向。他不仅转向了《亚维农少女》，而且用它重新使那些僵硬地模仿塞尚的浴女更加生动有活力。他还和毕加索一起，探索雕刻神物，他们希望通过这些东西彻底突破文明世界的艺术。[63]德兰那些敦实矮胖的形象虽然也具有神秘感，但却没有毕加索那种萨满巫师般的力量。

　　德兰在历史上的位置并没有因为阿波利奈尔一项充满诗意而又差强人意的有关立体派的研究而受益，阿波利奈尔声称，"这新美学最初是在安德烈·德兰的思想中形成的。"[64]这个恶作剧式的攻击性的声明是在阿波利奈尔背弃毕加索时写的。德兰第一次参观洗衣船后创作的作品——生硬的马尔蒂格（Martigues）景色，以及一些毕加索式的静物画——都是他最有力量的作品，但是它们的"新美学"还看不出立体主义的苗头。如果要说有什么的话，倒是立体主义害了德兰。毕加索和布拉克在1908年建立了立体主义的基础时，德兰却烧掉了他当时大部分立体主义的作品；他想要成为现代艺术运动先驱的渴望同样也化为云烟。

　　尽管毕加索与有抱负和技巧娴熟的布拉克很快建立了工作关系，但他偶尔仍然需要德兰。他非常喜欢德兰；也非常喜欢直言不讳，有着猫一样的脸的艾利斯·格雷，她曾经是他的情人，不过现在是德兰的。[65]当艾利斯和保险精算师莫里斯·普林斯特结婚时，他感到很不开心。普林斯特有时被认为是为立体主义提供了一些数学上的论证，这让毕加索和布拉克厌烦。为什么要为离婚而结婚呢？毕加索在他们的婚礼上（1907年3月30日）就这么说。这位艺术家希望他的预言能够成真。他们结婚之后，艾利斯告诉普林斯特说她想念洗衣船，那个她从1901年起就常去的地方。她坚持要从纳伊（Neuilly）搬回蒙马特，在这里她可以享受被雪覆盖的房顶，画这些熟悉的街道。又一次像塞莱斯蒂娜一样，毕加索组织了一次午餐让她可以遇见德兰。这是一场一见钟情的爱。因为嫉妒的怒火，普林斯特毁掉了艾利斯最值钱的财产——那件她为他们结婚而买的皮大衣。6个月后，她抛弃了他，住进了她情人在弗萨斯别墅（Villa des Fusains）的新工作室，这儿离洗衣船并不远。艾利斯离婚没有问题了，但是她必须要等到德兰的母亲在1926年逝世后，才能结婚。普林斯特在指导沙龙立体主义画家——格莱兹（Gleizes）、梅青格尔（Metzinger），以及马塞尔·杜

德兰，《穿绿裙子的艾利斯》，1907年，布面油画，73cm×60cm，现代艺术博物馆，纽约，匿名捐赠。

尚（Marcel Duchamp，如他自己一样，是一个热衷象棋比赛的选手）一方面比较顺手，而不是和毕加索、布拉克相处。后来他充分地管理他的数学能力而获得了巨大财富，最终转向了上帝。普林斯特将近活了一百岁。[66]

德兰变成了毕加索的尺度。直到一战爆发，他就是毕加索的标准，用以衡量他作为立体主义者的进步，以及他与再现主义之间不断增加的距离。如果毕加索走得太超前，他就会依靠德兰来敦促自己抑制——作为不太好用的规则。德兰是毕加索与传统之间的纽带：对毕加索这个把过去的艺术拆解并用自己的图像重组的艺术家来说，德兰是天赐之物。德兰的影子可以在毕加索 1909 年的杰作《桌上的面包和水果盘》（*Bread and Fruit Dish on a Table*, *pp.118-20*）里的圣餐潜台词中发现。同年过后不久，德兰还劝毕加索试试人物塑造（figuration）：以自然主义的方式画艾利斯的意大利女仆。1910 年，他去卡达凯斯（Cadaques）描绘塞尚式的城镇风景，毕加索也同行，不过他已在抽象的边缘徘徊。后来，在 1914 年，德兰也常常在亚维农周围活动，那时的毕加索正在另一种非常不同的风格边缘徘徊——安格尔式的人物塑造——同时也在尝试立体主义变形的极端形式。

战争期间，德兰被评为勇敢的人，他变得比以往更加像一个传统主义者，并且转向与立体主义苦战。"立体主义真是愚蠢的东西，我越来越觉得它令人恶心，"他在战壕里如此写信给弗拉芒克（1917 年 7 月 18 日）。[67] 在他的笔记本里，他控诉立体主义是"死亡的巫术"：就像"接木球游戏"（bilboquet，杯子和球的游戏）或"九柱戏"（quilles）那样的小把戏。他说，将直线和直角散布在各个地方，愚蠢得就像印象派将蓝、黄、红的小点散布各处的习惯一样。德兰还对现在叫作"注定过时"（built-in obsolescence）的东西表达了保留意见。他声称，所有前卫运动都孕育着自我毁灭的种子，就像所有时尚表现一样，注定会过期和死亡。至于原创性的价值，也不过"是 18 世纪一项不幸的发明而已"，应该被废止。

战后，这些观点使德兰对那些部分赞同现代艺术的富裕藏家有利。这位甜点师的儿子懂得如何满足公众。格特鲁德·斯泰因——她和德兰因为一些旧矛盾永远无法原谅对方——引用了海明威来抛弃他。不管是作家还是画家，她说，看起来像是现代主义者，却不过和博物馆臭味相投而已。古体（Archaism）是德兰的立体主义，阿波利奈尔好像这样说过。

德兰，《静物》，1914 年，布面油画，55cm×46.5cm，私人收藏。

三个女人

玛丽·洛朗森,《Pickaçoh 夫人》,私人收藏。

独自一人虽然愉快,但没有女人操持生活,毕加索还是遇到 许多困难。与此同时,费尔南多发现她的天分不仅限于装饰帽子和弹她租来的钢琴,她也可以画画。尽管她只有"可怜的品味"[1],但却有一种纯真的资质。多年之后,当毕加索提到费尔南多早期的作品集(现已遗失)时,他称赞她的良好感觉,即从玛丽·洛朗森(Marie Laurencin)而不是他自己汲取灵感。费尔南多的作品题材大多是她自己:大型的,简化的脸配上像猫一样的眼睛。但费尔南多由于懒惰而没有继续画画,很快便回到了无所事事的生活。即使毕加索给她的钱在 8 月用光了,但除了给艾利斯·托克勒斯(Alice Toklas)上法语课,她很少出去挣生活费。她只好把毕加索送给她的金圆耳环当了换取生活费。

> 它是一对简易的手工耳环,但是它真的很适合我,为我增色。即使在我睡觉的时候都不取下来。我睡觉时会将我的长发垂下来,虽然我脸色苍白,但栗色的头发和耳环的金色光泽,配上我斜向太阳穴的灰绿色狭长的眼睛,让我看上去像个来自东方古国的女人。[2]

通过《艾利斯·托克勒斯的自传》判断,费尔南多肯定是由于毕加索的原因才去的当铺:

> 我再次见到格特鲁德·斯泰因的时候,她突然问我费尔南多戴着耳环吗。我说我不知道。她叫我好好观察。之后见到格特鲁德·斯泰因的时候我说,没错,她戴着耳环呢。她

左页:毕加索,《三个女人》,1908 年,布面油画,200cm×178cm,冬宫博物馆,圣彼得堡。

说好吧，现在还什么都不能做，因为工作室没人，毕加索也不能呆在家里，真是烦人。之后一个星期我发现费尔南多的耳环不见了。好吧，因为她没有钱了并且一切都结束了……而一星期之后我和毕加索还有费尔南多一起在弗勒吕斯街共进晚餐。[3]

毕加索，《坐着的裸体》，1908 年，布面油画，150cm×99cm，冬宫博物馆，圣彼得堡。

他们在圣诞节前的两三个星期和好了。毕加索和费尔南多都没有找到新欢；当然他们之间还有共同的需求和残余的性吸引力。根据艾利斯·托克勒斯的观察，"费尔南多因为她的美丽吸引了毕加索。很久之后，当他们永久分开了，毕加索说他从来不喜欢费尔南多的其他地方，只是她的美丽吸引了他。"[4] 不知怎的，两人准备修复他们之间的关系并又在一起度过了尽管不太相爱但也算友善的四年。因此费尔南多坚持称自己为毕加索夫人。这也不算是自我夸耀，直到她被毕加索从未婚妻降为了情人。费尔南多唯一能得到尊重的希望是借用一个她知道永远不属于她的头衔。

在毕加索对费尔南多的诱惑中，鸦片扮演着春药的作用，也许是鸦片帮助他们恢复关系。毕竟这是费尔南多特别使用麻醉药的一个时期："那时我们很想体验新奇独特的感觉，想在药物的驱使下度过一些奇妙的夜晚。"[5] 毕加索很喜欢鸦片——他说它有种聪明的味道——但不能吸食大麻。根据费尔南多的描述，它出现在 1908 年一个春天的夜晚，当时她和毕加索、阿波利奈尔、玛丽·洛朗森、保罗·福特（Paul Fort）、萨尔蒙、马克思·雅各布还有普林斯特（Princet）在阿桑饭店（Azon's）吃晚餐，其间分享了大麻"药片"。毕加索在那里变得歇斯底里，吼叫着是他发现了摄影；他因为没有可学的东西而想杀了自己；有一天一堵墙会妨碍他的发展，阻止他理解和洞察"他想创作的新颖艺术的秘密"。[6] 艺术家的焦虑反映了他的抱负。

现在她回到了洗衣船，虽然变了很多，美人费尔南多发现她被供奉在毕加索的画布里。毕加索不再把她想象成 1906 年时的质朴美人，或是 1907 年的狗脸女人，而是把她想象成纪念碑雕塑的形象，像他给格特鲁德·斯泰因的肖像一样神圣——是女性，但不阴柔，因此描绘的是她那迷人的、女性自我的反面。［之后的几年，毕加索将玛丽－泰蕾兹·瓦尔特（Marie-Therse

塞尚，《那不勒斯的午后》，约 1875—1877 年，布面油画，37cm×45cm，澳大利亚国家画廊，堪培拉。

毕加索，《奉献》习作，
1908 年，速写本页上铅笔，
各 13.5cm×21cm，毕加
索博物馆。

毕加索，《奉献》，1908
年，纸本水粉，30.8cm×
31.1cm，毕加索博物馆，
巴塞罗那。

毕加索，《奉献》，1908 年，
木板油画，36cm×63cm，
毕加索博物馆。

Walter）、多拉·玛尔（Dora Maar）、弗朗索瓦丝·吉洛和他的第二任妻子杰奎琳都变形为类似的巨兽。] 看起来画家又动了搞雕塑的念头。画中的头部和人物似乎被构思为石头雕塑。毕加索的素描本中有个在巴黎雕塑家中知名的采石场的地址，这证实了毕加索想用一种比他自己做的木头物件更具挑战性的材料来创作。如果他用粗壮的木柱来表现他情妇的腿，他并没有丑化她：《艾利斯·托克勒斯自传》中写道，费尔南多是个穿短裙像灾难的女人。[7]

　　一系列题为《奉献》（*L'Offrand*）的习作——似乎是为一件大作品准备的——庆祝费尔南多重返洗衣船。这一次毕加索更多地是尊敬她而不是羞辱她。最终，他将题材限定在两幅卓越的水粉画和一幅小型拉长的木板画上。[8]《奉献》的灵感来源于塞尚表现"永恒女性"（l'eternel feminin）的情色画——如《现代奥林匹亚》（*Une Moderne Olympia*）或《那不勒斯的午后》（*L'Apres-midi a Naples*），一个男仆拉开窗帘露出一个裸体的女人，有时是一个裸体的男人懒懒地躺在凌乱的床上，而一个显然是作者的爱慕者着迷地看着。这个题材是为毕加索定做的。最先的想法中有一个大的带翅膀的天使，但这个闯入者没有再出现。后来画上的西班牙语题词解释了主题："她躺在床上，他掀起床单发现了她。后面是窗帘和卧室。他手中拿着一束花。"

　　除了塞尚，毕加索自己的作品也为《奉献》提供了蓝本。早在四年前，在他逼迫费尔南多搬来跟他同居时，他就画过两张相似却又形成对比的她睡觉的画像。在其中一张里，她当时的情人，暴烈的德比尼（Debienne），对她怒目而视；在另一张里毕加索则温柔宠爱地看着她。[9] 毕加索清楚地说明选择权在费尔南多，他希望能诱劝费尔南多离开德比尼而投向他的怀抱。四年后的现在，在他们和好的情况下，毕加索在两幅《奉献》水粉画里加入了自己的化身：一个警惕又恭敬的大汉（因为他像复活节岛的巨石，所以显得更加高大）。在左边，像塞尚作品里的男仆，他掀起了帘子；在右边，他笨拙地献上花束，象征着他复苏的爱情。（Gage d'amiti'e ——爱的标记——总会出现在毕加索的作品里。）为了让躺着的费尔南多靠近一点，毕加索把他自己放在画布后面，将她连人带床推向我们。因此，费尔南多看起来既是躺着的又是直立的，有些距离却又触手可及。艺术家不是想让我们猜测，而是不想让一个我们先看见脚的斜卧人物在透视上往后退，因此产生一种意料之外的幻觉深度。

《奉献》不是这个时期仅有的木板画。接近 1907 年底时，毕加索拥有一个大衣橱，他把衣橱拆成了 40 块板子。除了两幅大裸体画和《奉献》，这些板子实际上都是同样的大小：27cm×21cm。尽管有少数描绘人物和风景的作品，大多数都是静物画。这些注重细节的微型画，让毕加索陶醉于自己的精湛技艺，看似是为了满足自己，实际上涉及早期立体派主题、题材和风格等各个方面。可惜没有人按照顺序来展览或出版这些板子。

*　　　　*　　　　*

尽管他的情妇回到洗衣船让他很高兴，毕加索还是很感激艾利斯·托克勒斯"让费尔南多离开他"，因为费尔南多还要给艾利斯上法语课。[10] 艾利斯说这些课程包括关于帽子、香水和皮草的对话：

> 我们其他的对话是关于当时流行的狗的描述和名字……虽然她非常漂亮，但是上课有些沉重和单调，于是我建议我们在外面碰头，在茶馆或者在蒙马特散步。那样更好……我遇见了马克思·雅各布。费尔南多和马克思在一起时两人非常逗趣。他们认为他们是第一帝国里谦和又威严的一对，他是旧侯爵亲吻她的手并赞美她，而她作为约瑟芬皇后接受这一切。真是滑稽又美妙……马克思·雅各布解读我的星座。这真是我的荣幸，因为他会把它写下来。[11]

在别处艾利斯告诉我们她发现星座的结果让人吃惊：据说她有"偷窃的倾向"。[12] 她还告诉我们她"带费尔南多逛街，去猫展和狗展，去任何能给她聊天主题的地方"[13]。多亏了这些外出，艾利斯成了毕加索喜爱的人。毕加索甚至为她画了肖像。尽管那幅画从未被认出来，但在私人收藏里，一幅名为《有刘海的女人》（*A Woman with a Fringe*）的水粉画和艾利斯有着惊人的相似。那个女人在前额留着头发，就像艾利斯为了遮挡囊肿而留的那样。据我所知，毕加索从未说过那幅水粉画是艾利斯的。也许他怀疑格

毕加索，《有水果和玻璃杯的静物》，1908 年秋，木板坦培拉，27cm×21.1cm，现当代美术馆，纽约，约翰·惠特尼所有。

83

特鲁德不会同意他这么做。

＊　　　　＊　　　　＊

在 1907 年末，布拉克造访时，据说被他看到的作品吓坏了。
戴克斯（Daix）纠正了这种误解，他指出经常被引用的布拉克对
毕加索近期作品的评论——"说起你的作品，就好像你想让我
们吃屑粗麻并且喝煤油"——被误解了。[14] 即使是布拉克评论时
在场的费尔南多，也没有意识到布拉克指的是露天市场吃粗麻
和煤油来喷火的吃火艺人。戴克斯的解释证实了布拉克曾经说
的：毕加索是着手于让人震惊，但是（像马奈在《奥林匹亚》受
到批评之初那样），他没有准备好迎接后果。"我们都是朝着同
一个方向，"布拉克说，但毕加索推动了节奏，他跟随了自己的
直觉。[15] 能够肯定的是，不出一两个月，布拉克也会成为"吃火
艺人"。[16]

毕加索，《有刘海的女人》，1908 年，纸本水粉，
31cm×24.5cm，私人收藏。

造访了毕加索的工作室之后，布拉克开始创作一幅
有三个裸体的大画——同一个模特的三种姿势，就像修拉
（Georges Seurat）的《摆姿势的人》（*Les Poseuses*）——标题为《女
人》，后来在接下来的独立沙龙展出。费尔南多坚持认为毕加索对
布拉克准备的这个作品不知情，尽管他俩已经去过对方的工作室
了。[17] 这让人难以相信，尤其是因为它来自费尔南多，布拉克曾
经在她和毕加索分手的时候站在毕加索一边。毕加索不但不怨恨
布拉克展出他的三个人物作品《女人》，反而很高兴他的新朋友公
开从帮马蒂斯宣传变到为他做宣传。除此之外，马克思·雅各布
指出，毕加索是因为策略原因而让布拉克当自己的"追随者"。他
需要布拉克来做诱饵。

如果说雅各布把毕加索看作神通广大的基督，那么他将他的
嫉妒对象布拉克视作毕加索的圣彼得。为阐明他的观点，他引用
了《圣经》中的名句："'你是彼得'，我们的主说，'在这巨石之
上我将修建我的教堂'"；"圣－彼得－布拉克会暂时肩负起神的，
也就是造物主的工作"。[18] 雅各布解释道，毕加索需要布拉克来
分担他作品带来的丑闻。通过退却和让年轻可靠的布拉克来展示
第一幅立体派作品，毕加索希望让自己置身于批评之外。学术权
威，良好的识别力及正直的品质，更不用提这"古代下士和阿
让特伊的法国人"宽阔的肩膀可以让这位具有颠覆性的年轻西

84

班牙人免遭沙文主义的威胁。尽管他在工作室内有无限的勇气，毕加索还是生活在排外的恐惧当中。确实，这也说明了他为什么会听从坎魏勒的话，从来不参加沙龙展览。随后而来的所谓爱国者的抨击证明了毕加索的担心是正确的。

毕加索以能帮他的朋友找情人为傲。在帮了德兰和阿波利奈尔之后，他提出帮布拉克也找个情人。事实上，布拉克有一个分分合合的情人，波莱特·菲力比（Paulette Philippi），但他不得不和一位上了年纪的保护人，以及保罗·福特，亨利－皮埃尔·罗谢（Henri-Pierre Roché），还有那些跟她一起抽鸦片的画家和诗人一起分享她。也许是为了让布拉克离开这个处处留情的女人，毕加索建议他去追求一个合适的女孩:马克思·雅各布一个表亲的女儿，那位表亲在蒙马特区开了一家叫"虚无（Le Neant）"的餐馆。为了去见她，毕加索帮租了一些正式的晚礼服。高帽子，斗篷，手杖给马克思的表亲留下了很好的印象，但好景不长。这次会面很快变得喧闹混乱，他们被赶了出来。他们认不出哪些是自己的衣服，便在衣帽间随便找了几件穿走。这事儿就算落空了。

马塞尔·布拉克，1911 年，劳伦斯档案。

最后毕加索给布拉克找了个更合适的人选:他和费尔南多的朋友，马塞尔·拉博（Marcelle Lapré）。[19] 马塞尔并不漂亮。她有些矮胖并有一双凸出的蓝眼睛:因此马克思给她取了个外号"小海怪"。[20] 但是她却富有魅力又机智，是一位全心奉献、忠诚、周到的模范妻子，以至于让她的丈夫放弃了外面的花花世界，而回归到他神秘的工作室中。坎魏勒说，人们叫他佛万夫人（Madame Vorvanne）。因此，他可能和一个叫佛万的结过婚或同居过，[21] 至于布拉克，他仍不时和波莱特·菲力比见面，直到 1909 年他转而爱上马塞尔。他们 1911 年才搬到一起，1920 年代才结婚。[22]

*　　　　*　　　　*

1908 年独立沙龙在 3 月 20 日开幕，比以往引来了更多的憎恨和嘲笑，一位来巴黎报道此次事件以及在艾利斯·托克勒斯的帮助下采访了一些艺术家的美国幽默作家，吉利特·伯吉斯（Gelett Burgess，他是以前在旧金山认识托克勒斯的[23]）在一篇文章中写道:"我刚刚进入沙龙……听见旁边传来尖锐的笑声。我沿着笑声走过去……直到我看到一群衣着光鲜的巴黎人在嬉笑……突然间，我感觉自己进入了一个丑陋的世界。"[24] 大多数笑声是由布拉克和德兰的两幅画着三个裸体的大画引起的。消息灵通的参观者把这两幅画视作一种征兆：他们说明布拉克和德兰"已变为毕加索一派而非马蒂斯一派"。[25] 格特鲁德说，他们间接代表了毕加索："毕加索第一次在公众面前展览就是布拉克和德兰展出他们画作的时候，他们完全是受毕加索近期作品的影响。"[26]

85 在艾利斯·托克勒斯的自传里，格特鲁德用了好几页描写1908年的独立沙龙。她详细叙述了艾利斯和她的同伴，哈丽雅特·莱维，逛了许多展厅后坐下来休息：

德兰，《梳妆》，1908年，布面油画（已毁），根据坎魏勒的艺术家集复制（1920年）。

> 这时有人从背后拍我们的肩膀并放声大笑。那是格特鲁德·斯泰因。你们坐在这里真是太妙了，她说。我们问她为什么这么说。
>
> 因为你们面前的东西说明了一切。我们只看到两幅差不多却又不完全相同的画。一幅是布拉克的，一幅是德兰的，格特鲁德解释道。那是两幅人物画得像木块的奇怪的画，如果我没记错的话，一幅画着男人和女人，另一幅画着三个女人。好吧，她笑着说。我们糊涂了，我们已经看了许多奇奇怪怪的东西，不知道这有什么好惊讶的。[27]

德兰的是一幅竖着的画，叫作《梳妆》（*La Toilette*）。它画着三个敦实的裸体，跟德兰的情妇艾利斯·普林斯特（Alice Princet）有些相像。中间那人在装饰她同伴的头发，左手边那人透过她的肩膀在偷看。德兰聪明地把这幅画毁了。[28] 他越是想画得现代，它就变得越生硬。从黑白照片来看，《梳妆》是做作、不自然的——随后三十年中，欧洲那些自命进步，自命有原始风格的绘画，就是这个样子。德兰应该留在马蒂斯那边。

布拉克的大型方形作品《女人》里也有三个女人，或者说是同一个女人的三种样子。（模特是一个脸很白的失聪女孩，名字首字母 L.M，毕加索可能也画过。）[29] 吉利特·伯吉斯引用了布拉克对这幅画的解释："描绘这一题材的各方面需要三个人物，就像再现一栋房子需要平面、立体和剖面。"[30] 在我看来，这些话更像是伯吉斯说的，因为他的副业是地景画，而不像是布拉克说的，因为他总是为艺术中的计算痛惜不已。跟德兰一样，布拉克也想把

布拉克，《女人》，1908年，纸本墨水。下落不明。

这幅《女人》毁掉，像毁掉他的早期作品那样。幸好他把该画的素描（已遗失）给了伯吉斯。素描作为插图发表在"巴黎的野人（*Wild Men of Paris*）"一文中，所以我们可以粗略地看出它和毕加索的《三个女人》很像。像毕加索预见到的那样，庸人们开始抨击布拉克。《笑》（Le Rire）的批评家如此批评《女人》："我特别推荐这幅画，《饥，渴，淫荡》画的是一个女人——如果能称之为女人的话——那个女人在吃自己的右腿，用左手喝自己的血……不，我甚至不知道她的左手在哪里。"[31] 这些都是毕加索想避免的骂声。

伯吉斯想采访所有臭名昭著的独立展艺术家。为了讨好蒙马特区的当地人，他开始分发礼物：例如一个新发明，打火机，被费尔南多称为"点烟的小盒子"[32]。这个"小美国人"的活泼亲切和打火机一样，很受欢迎。回到波士顿之后，伯吉斯因一首出名的四行诗《紫色奶牛》和他发明的词语"护封简介"（blurb）而成为幽默作家。（伯吉斯的书中有《你老套吗》和《安吉不让人烦吗》这样的标题。）他还因和比他大的女人范妮外遇而出名，范妮是罗伯特·路易斯·史蒂文森（Robert Louis Stevenson）的遗孀。说起现代艺术，伯吉斯唯一的凭证是他关注"第四维度"这一时髦观念。他志同道合的朋友伊内兹·海恩斯·埃尔文（Inez Haynes Irwin）和他一起巡视了工作室。伊内兹是先锋女权主义的先驱（《女孩的好习惯》和《梅达的小营地》的作者），她也对现代艺术一无所知，她对去毕加索工作室（1908年4月29日）的描述可以佐证：

> 原来毕加索是如此可爱、年轻，淡褐色皮肤，清澈明亮的双眼里住着魔鬼，直直的黑发，穿着斯泰因从旧金山带给他的大衣和蓝色毛衣。这是我见过的最脏乱的画室，到处都是酒瓶子、破布和草稿，还有很多未完成的画，画架上满是颜料，靠墙反着放的油画，炉子前面有一堆灰；肮脏不堪的地上到处是画笔和装水的碗，一片狼藉。原来他画的是斯泰因家的两个怪物，一个是睫毛长在鼻子上的女人，另一个长着脸颊凹陷的头。两幅大画，其中一幅画着两个头像，长着百叶窗一样的鼻子——另一幅画中有错乱的眼睛——明显是

阿兹特克人或埃及人；一个呈钻石形状的女人；一张黑白速写，画的是高度模式化的男人；第二张大画上画着三个砖红色的人，形状也是高度模式化的，是其中最疯狂和可爱的作品。他给我们看了一个刚果面具和他自己做的古怪图腾柱。[33]

吉利特·伯吉斯，《伯吉斯废话书》（*The Burgess Nonsense Book*）的卷首，纽约，1901年。

他是第一个拍摄并发表毕加索的《亚维农少女》和《三个女人》以及毕加索和其他现代主义者的作品和陈述的美国作家，因此肤浅话多的伯吉斯备受重视，但他实际上不值得如此认真对待。他承认他的法语很蹩脚并且完全不懂现代艺术，所以他对艺术家见解（尤其是布拉克）的转述不足为信。马克·吐温（Mark Twain）可能也曾描述过洗衣船的生活。伯吉斯问道，"毕加索到底是疯子还是罕见的吹牛大王？让其他人诚挚地看待他残忍的油画吧，我只想看他咧嘴大笑。"至于《亚维农少女》——"冰冷僵硬地立着，用畸形的眼睛盯着画外，没有鼻子和手指"——让这个浅薄的中年人想起了一首五行打油诗："有一个拉合尔女孩 / 身形跟以前一样。"他还把德兰的画室描述为"适合美梦的疯狂地方，但没有母亲的位置"。[34]

第一轮采访之后，伯吉斯出发去了英国。5月23日他返回巴黎进行第二轮采访，他乐观地说，"我和预想的一样，和他们相处得很好。"[35]而他在毕加索那里碰了壁。"他的乐趣已经消失了，"他对伊内兹·海恩·埃尔文如此说道（5月29日），"很幸运我根据我的第一印象写出了文章，因为我没有发现他的幽默感而且和他聊天非常难受。"[36]可怜的毕加索！伯吉斯的诙谐可能让人难以接受，但毕加索的忧郁还有其他原因。有毒瘾的德国画家卡尔·海因兹·维格尔（Karl-Heinz Wiegels），伯吉斯在5月29日见过他，给毕加索和其他朋友敲响了警钟。这个看起来像双性恋，穿着怪异的年轻人——朱勒·帕斯金（Jules Pascin）给他画过一张戴着圆顶高帽，穿着苏格兰裙子的画像——做过马蒂斯的学生鲁道夫·莱维（Rudolf Levy）的男朋友。[37]他和莱维分手后，在毕加索的建议下搬到了洗衣船。毕加索很高兴得到了这样一个落魄的信徒。（维格尔不是第一个也不是最后一个在毕加索全盛时期奉献忠诚的信徒。）然而德国人小团体"圆顶派"（domiers）坚信毕加索的这

毕加索在理查德·戈兹的阳台上，约 1908 年，毕加索博物馆。和他在一起的基本可以确定是维格尔和德兰（后）。

毕加索，《有骷髅的静物》，1908 年，布面油画，115cm×88cm，冬宫博物馆，圣彼得堡。

种接纳会让他们的同志走向自我毁灭。事实上，摧毁维格尔的不是毕加索可怕的影响力，而是由毒品引起的精神分裂。"在一个充满变故的夜晚"，费尔南多写道，"他接连服用了乙醚、大麻和鸦片，之后他就失去了自己的意识，尽管我们照顾着他，几天后，他还是上吊自杀了"——那是在 6 月 1 日。[38]

他是第二天早晨被邮差发现死亡的。毕加索正在拆下的衣柜门板上画真人大小的裸体画。他匆忙赶到维格尔的画室时，看到他悬挂在窗子上。费尔南多说，"那段时间他去世的那个画室会让我们很害怕，我们仿佛随处都能看到那个可怜的人上吊的样子。"[39] 毕加索再一次因为死亡而心烦意乱[40]，维格尔的死让毕加索想起了六年前，同样孱弱而性别莫辨的瘾君子卡莱斯·卡萨吉马斯（Carles Casagemas）的自杀，这让他更加忧心忡忡：卡莱斯是毕加索在四只猫咖啡馆期间最亲密的朋友。维格尔就像卡莱斯的替身，毕加索蓝色时期的忧郁也跟后者的死有关。更糟糕的是，"圆顶派"认为毕加索应该为这一悲剧负责，尽管他已竭力去阻止。就像毕加索用死亡纪念系列（临终前的肖像和葬礼场景）去纪念卡莱斯的自杀一样，毕加索用一组"虚妄"题材的静物去纪念维格尔的自杀，同时也用于驱邪，画里有人的头骨，一块映着维格尔近期作品的镜子，以及五根插在调色板上的画笔，以此纪念维格尔的五根手指。[41] 此后毕加索几乎一直用痛苦强烈的色彩来表达他的悲伤[42]。

维格尔荒谬可怕的葬礼更加重了他死亡的恐怖，葬礼在"圣欧安（Saint-Ouen）"墓地举行，该墓地已在第一卷有过详细描述。[43] 之后，费尔南多和毕加索去了"狡兔酒吧（Lapin Agile）"——"那能让我们打起精神，"费尔南多说，"我们开始忘记逝者。没人去扫墓，但那之后再没有人吸食鸦片。"[44] 简直是胡说。事实上除了毕加索和费尔南多，他们的朋友都继续在吸鸦片。费尔南多的回忆录暗示了戒鸦片的痛苦："吸食鸦片却不中毒——因为那很危险——比你想象中容易，然而大自然也会通过戒鸦片的痛苦来报复你，不管自愿与否，戒掉它都只有依靠强大的意志力。"[45]

焦虑驱使毕加索在接下来的两个月里疯狂地创作。这个夏天非常闷热，洗衣船就像一个烤炉。因为太热，毕加索经常光着身子画画。而费尔南多只穿一件衬衫走来走去，我们在那时期一

毕加索,《拿扇子的女人》("舞会之后"), 1908 年,布面油画,
152cm×101cm,冬宫博物馆,圣彼得堡。

毕加索,《森林女神》, 1908 年,布面油画,185cm×108cm,冬宫博
物馆,圣彼得堡。

件著名的作品中可以看到，费尔南多拿着扇子，露着一只乳房。1913年开始，这幅写实的画到了俄罗斯之后，作为《舞会之后》（*After The Ball*）被那里的人们熟知，让人联想起夏日的闷热。这个名字可能是它的第一位收藏家希楚金（Shchukin）想出来的。费尔南多从没去过舞会；即使她去过，毕加索也不会容忍这种放浪。

夏天还渗透进了另一幅杰作，《森林女神》（*The Dryad*），也是毕加索在那时开始创作的，最后被楚希金收藏。这个似乎是站着的健壮赤裸的人物垂头丧脑地走出森林，向我们走来，这说明毕加索再一次想画像站着又像坐着的人物了。在一张预备素描中，这个人与其说是坐在高背椅上，不如说是向地上滑落。毕加索再一次想模糊水平和垂直的界限；在第二幅素描中他把椅子去掉了，这样就让这个人物介于站立和坐着之间。[46] 在一幅密切相关的水粉画里，毕加索让她进入了森林，并且在旁边加了几个仙女。最后，他将作品简化至一个人物推向我们，让她的腿弯曲成穹顶的样子，吸引我们进入画面。出现在毕加索作品里的这个奇怪的姿势和其他的风格手法，有个著名的先例就是著名解剖版画家安德烈·维萨里（Andreas Vesalius）的一幅木刻画：在他1543出版的《人类身体构造》（De Humani Corporis Fabrica）第二卷（专门介绍肌肉组织）的第七图。这幅木刻画描绘的是绳子穿过头骨的洞，把一个被剥了皮的尸体吊起来。维萨里描述过他是如何完成这个任务的：

> 我想过让这个尸体的头直立着或是垂着。我将绳子长的一端挂上滑轮固定在横梁上……我把尸体升高又降低，让它按我的需要向各个方向转动……最后这个尸体就这样挂着……就像在图七展现的那样，但是当我开始勾画时，绳子因为那明显的颈部肌肉而缠到了枕骨。

这位偷尸体的解剖家认为他的插图可以让画家、雕刻家还有内科和外科医生受益。毕加索是如何发现这人的作品的，我不得而知。最大的可能就是阿波利奈尔，他是一个喜欢古文医学书籍的藏书爱好者。也和西班牙有关：维萨里是当时查理五世（Charles

V）和菲利普二世（Philip II）的宫廷医生。尽管他在救国王的儿子唐·卡洛斯（Don Carlos）时起到了作用，但他的学问技能遭到了保守派西班牙医生的嫉妒，以及审讯机构的愤怒。维萨里委婉地辞行去了圣地（Holy Land）朝圣。当他准备回帕尔马（Palma）接受教授职位时，却离奇地死了。以他的创造性和想法，维萨里可能对毕加索也有吸引力，跟菲利普二世宫廷的样式主义画家埃尔·格列柯（El Greco）一样。为证实这种假说，我必须指出在之后的一年多时间里，毕加索画的脸部和颈部肌肉，以及手臂和大腿的肌肉组织都和维萨里的非常相像。[47]

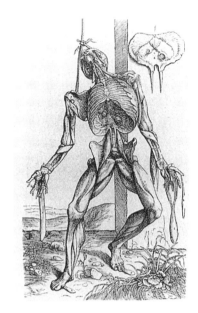

维萨里，《人类身体构造》（De humani corporis fabrica）第二卷的第七插图，1543。

＊　　　　＊　　　　＊

独立沙龙展在 5 月 2 日关闭后，毕加索专心地准备完成他几个月前中断的《三个女人》。戴克斯察觉到了这幅作品创作分三个阶段，也许是对的[48]，但我们也说不准毕加索分了几次来完成这幅画。在最后的阶段中，他运用了他的替身布拉克和德兰在他们的《三个女人》里的想法。毕加索也想挑战一下马蒂斯——不是《有乌龟的浴者》（Bathers with a Turtle）的作者[49]，他很崇拜并且借过这件作品，而是作为校长的马蒂斯。马蒂斯在萨拉·斯泰因（Sarah Stein）的劝说下开办了自己的学校。学校在 1908 年 1 月开学，吸引了很多学生。之后的秋天，马蒂斯在"秋季沙龙"上办了一个回顾展，并发表了他的"画家笔记"。毕加索对马蒂斯的这种自我推销感到了挑战。当他准备继续画《三个女人》的时候，他把它作为一种宣告而推出，不是当作立体派的宣言，而是当作他自己，作为"现代生活的画家"这一角色的宣言，立体派作为一个概念在当时还不存在，更不用说作为一个流派了。创作的痛苦跟之前一样漫长且难以忍受。然而这次，毕加索会小心地让斯泰因一家介入到计划的执行中。5 月 26 日，毕加索写信给斯泰因说已开始那幅大作品的创作，[50]还说弗利卡生了十只小狗（根据一本《亚维农少女》的速写簿判断，这是那一年的第二窝幼崽）。6 月 14 日，他又向他们保证"那幅大画正在进行中，但非常困难；而且我还要做其他事情。我很高兴也很平静"。他还说到维格尔自杀的事，最后说"所有独立沙龙的画家都已去了南方"[51]，所以他和费尔南多独自留在了巴黎。月底的时候他会去看望他们的兄弟，"我需要他的帮助"。[52]毕加索想从迈克·斯泰因（Michael

毕加索，《森林女神》习作，1908 年，速写本页上石墨铅笔，钢笔和黑色墨水，19.2cm×13.3cm，毕加索博物馆。

Stein）身上得到什么不得而知。但肯定不是经济上的帮助。列奥（Leo）和格特鲁德显然定期预付了毕加索的薪酬，用于日后购买他的作品。[53]毕加索毫不怀疑格特鲁德对《三个女人》的喜爱。列奥则比较难捉摸。《亚维农少女》让他对毕加索的能力产生了怀疑；毕加索必须非常努力才能重新赢得这个含糊多疑、眼光大胆且不再偏好现代艺术的人的心。列奥和格特鲁德购买了《亚维农少女》的这件后续之作，并展示在他们颇有威望的墙上，这让毕加索和马蒂斯平起平坐。——这些墙比那些短命的沙龙更加有威望。毕加索的策略最终奏效了。列奥和格特鲁德资助购买《三个女人》，跟沙拉和迈克让马蒂斯成为校长扯平了。

在重新思考《三个女人》的过程中，毕加索反复画了许多着色习作。这些习作表明，除了把三个身体简化为一个整体外，毕加索还想在他的创作中加入一种运动——跟他其他有野心的作品的静态感形成对比。为了达到这个目的，他参考前一个夏天画的旋转的叶子的水粉画，并想象这三个洗澡的女人也在摆动。他把脸、身体和四肢简化为同样的曼陀罗形状，并使她们和毛巾激烈地纠缠在一起，就像他是有变形法术的朱比特，将三个达芙妮变形为被风吹的灌木丛。毕加索的灵感可能再一次来自洛伊·福勒（Loie Fuller）。它们大胆自由的形状和色彩以及若有若无的具像塑造，这些节奏感强的习作很接近抽象了。康定斯基（Wassily Kandinsky）还要用两年才能达到这种水平，德劳内（Delaunay）则会更久。

一如往常，毕加索从非具象的边缘撤了。他摒弃了洛伊·福勒的阿拉伯图样，而将《亚维农少女》的静态感加入了《三个女人》。这样他将他的女人们变成了石头。这幅画最终变成了一幅概念雕像—— 一幅大型的，淡红色和像拉什莫尔山的浅浮雕，有意或无意地变成了一件讽刺女性特质的作品。（伯吉斯称这幅画为《女人》，像他称呼《森林女神》和布拉克的作品一样。）如果我们拿它和那些令人如痴如醉的速写作比较，我们会发现毕加索在有意或无意地迎合他的赞助人，对现代作品逐渐失去兴趣的列奥。就连塞尚最后都被他拒之门外。和《亚维农少女》相比，《三个女人》缺乏喜悦和尝试的勇气，而素描实际上已经给人这样的期待。不过，它仍是目前为止毕加索的作品中可以和塞尚的《大浴

毕加索，《三个女人》习作，1908 年，纸本水粉，33cm×25cm，毕加索博物馆。

塞巴斯蒂安·胡叶尔·比达尔坐在《三个女人》前面，1908年，毕加索拍摄，毕加索档案。

毕加索，《三个女人》习作，1908年，布面油画，91cm×91cm，施普楞格尔博物馆，汉诺威。

女》（*Grandes Baigneuses*）相媲美的最大的、学术上最重要的作品。而且它仍是一个流派的基石，该流派在当时还只是一种趋势，几个月后才被称为立体派。

06

布瓦街

毕加索，《有人物的风景》，1908 年，布面油画，
60cm×71cm，毕加索博物馆。

"我生病了，非常不安，"毕加索写信给斯泰因一家（8 月 14 93
日），他正在菲耶索莱（Fiesole）的一栋别墅里度夏，"医生告诉
我来这里住一段时间。去年冬天我在巴黎工作得太累了。夏天在
工作室太热了，又有这么多工作要做，最后我终于病了。我已经
来这里好几天了，已经好多了。可能当你们回巴黎后我还在这
里。我也在工作而且非常快乐；我的地址是瓦兹省韦尔纳伊位于
克雷伊的布瓦街（La Rue-des-Bois par Creil，Verneuil，Oise）。"[1]

尽管他只在这里度过了一整个月（八月初到九月初），毕加索
完成了大约一打作品——人物画、静物画，尤其是风景——还有
一些纸本作品，这构成艺术家发展中一个小小的、独立的篇章：
一段"绿色时期"，那时他的作品流行绿色调。在布瓦街的作品
体现了这个偏僻的河边村庄的安详宁静，正如前两个夏天在高索
尔的作品体现了高大山岭的兴奋。正如他在高索尔做的那样，毕
加索运用了当地居民的形象—— 一个高大的乡下女地主——作为
这个地方的标志。因为他在描绘任何事物时都带有某种程度的认
同，毕加索在首次持续面对自然时所画的风景画中，便以地方守
护神的角色自居。他把自己的生命力注入这些树木当中，就好像
他是一个用自己的图像来重组宇宙的神。"我想看见我的枝桠生
长，"他告诉马尔罗，"那就是为什么我开始画树；但我从不对自
然写生。我的树就是我自己。"[2]在离开巴黎前不久，毕加索画了
一幅《有人物的风景》：在画的右边有一个男人正在变成树干；
左边有一个女人正变成树根。他在布瓦街的风景画中完成了拟
人化的过程，抛弃了人物并让这些树充满活力，似乎它们都是
自画像。

左页：毕加索，《布瓦街的房子》，1908 年 8 月，
布面油画，73cm×60cm，冬宫博物馆，圣彼
得堡。

布瓦街是他的医生或某个朋友告诉毕加索的。"它就在那里，它还可以在别处"都是当问起布瓦街时，毕加索说的。[3]这真是一个奇怪的选择。费尔南多发现这个地方极其美丽，但是在类似的地点中，它太过于平坦而毫无特色。布瓦街除了能在最大的地图上找到以外，别的地图上甚至都没有。要是你开车经过了这里你都不会有所觉察。这里没有咖啡店、商店或可看的景色，甚至连三岔路口都没有，只有十来栋毫无特色的房子和谷仓，散布在与乏味的瓦兹河平行的乡村公路两旁，阿拉特森林（Forêt d'Halatte）的边缘就在河的另一边。尽管离巴黎北部只有大约 40 英里，离克雷伊的瓷器制造镇只有 5 英里，但在世纪之初，布瓦街依然就像一滩死水。一个绷得很紧的艺术家要寻找平和与安静的隐匿之地，没有比这里更好的了，正如费尔南多叙述的那样：

普特曼夫人的晚年，老韦尔纳伊之友（Amis du Vieux Verneuil）考古和历史协会 。

> 我们在一个农场里租了一间外屋。这里没有任何设施，在我们周围全是各种各样的动物，和无知的村民，跟我们两年前遇见的一样，……他们还问我们法国皇后的名字。[4]我们不得不像野营一样生活，但是巴勃罗享受着这片平静与安详，尽管他并不喜欢这里的风景。周围的森林倒是很壮观，但是我发现毕加索在这个法国乡下格格不入。他觉得这里太过潮湿和单调。他曾说这儿"闻起来像蘑菇一样"。他更喜欢……他家乡的迷迭香、百里香和柏木的味道。
>
> 虽然如此，他还是愿意在布瓦街修养身心。他带来了他的狗和快产仔的猫，还有一个巨大的奇形怪状的行李包。我们在一个闻起来像马厩一样的地方用餐，在从森林传来的轻声低喃中入睡。我们起得很晚，清晨 4 点整个农场就醒来了，我们就在农场嘈杂的欢迎中继续睡觉。[5]

一个名叫普特曼（Putman）的寡妇深深吸引了毕加索，她就是他那高大的女地主——她大概有 6 英尺高，300 磅重，他为她画了很多的油画和素描。出生在 1850 年的弗兰德斯，玛丽·路易丝·考库特（Marie-Luise Cukuyt）一生中大部分时光都是在法国度过的。在欧马公爵（Duc d'Aumale）的一处房产里做过厨子之后，她嫁给了布瓦街的牧羊人约瑟夫·普特曼，他们养育了七个孩子。

左上：毕加索，《农妇》习作，1908 年 8 月，纸本黑色粉笔，48.2cm×62.8cm，毕加索博物馆。

右上：毕加索，《农妇》习作，1908 年 8 月，纸本炭笔，62.5cm×48cm，毕加索后嗣。

毕加索，《农妇》，1908 年 8 月，布面油画，81cm×65cm，冬宫博物馆，圣彼得堡。

毕加索，《农妇》（头和肩膀），1908 年 8 月，布面油画，81cm×65cm，冬宫博物馆，圣彼得堡。

在普特曼死后，这位高大的女主人接管了农场、耕地，照看家畜还出租房屋。她一直活到 1939 年（她的孙女在她死后接管了这一切）。毕加索喜欢高大健壮的普特曼夫人。这高大的血肉之躯就是他在画中梦想已久的。吸引他的不仅是这大地母亲般的形象。就像冯特维拉，那个在高索尔令他着迷的高龄走私贩，她就是他追求的原始主义活生生的体现。她完全没有经过开垦（inculte），不会认字也不会得体地写或说法语。

普特曼夫人从来没有像冯特维拉那样为毕加索摆过造型；他直接观察她处理自己的工作，为她画出粗略而简单的图像。这次的灵感来源并非伊比利亚、部落艺术或罗马式艺术，而是民间艺术：这些乡下风格的矮小敦实的小木雕也可以在欧洲的各个旅游商店找到。毕加索将普特曼夫人变成一个巨大的看似木质的雕像。她的脑袋就像从她那粗大的脖子上延伸出来的圆柱体，她的脸平得就像拦腰截下的木桩，五官很简略——楔形的鼻子，细小的眼睛（没有嘴巴）——嫁接在脸上。向上的脸来自毕加索为萨尔蒙肖像设计的部落公式，但是其风格源自民间艺术，以及毕加索的新爱好，"海关职员"卢梭那天真质朴的画作。在为她创作的大油画所画的一份预备素描中，普特曼夫人提着两个水桶，但是在最终作品中，毕加索省略了它们，这跟他在 1906 年创作的《牵马的男孩》（Boy Leading a Horse）中省略缰绳是同一个理由。这个女人沉重的僵硬的胳膊和紧握的双手就能自我说明。

毕加索在 1901 年 5 月第二次去巴黎时就熟悉了卢梭的作品，那时他可能已经参观了独立沙龙并看过卢梭展出的七幅作品。卢梭的拥护者古斯塔夫·柯古特（Gustave Coquiot）曾为沃拉尔举办的毕加索展撰写了前言，他可能将卢梭推荐给了毕加索。最初，毕加索对卢梭的作品兴趣不大，因为卢俊甚至被他自己的支持者都当作某种笑话。传言卢俊画过《睡着的吉普赛人》（The Sleeping Gypsy），这可能是雅里（Jarry）或毕加索实施的一个骗局。[6] 多亏了伍德的劝导（他对卢梭的专题研究出版于 1911 年），毕加索才开始认真地对待卢梭的作品。但直到他完成对伊比利亚和部落雕塑可能性的探索之后，他才开始专注于现代的原始艺术形式。布瓦街全然普通的景色要求一种卢梭式的表现方法。因此，在毕加索布瓦街的风景画中，有着玩具似的房子和大得不可能的树

卢梭，《耍蛇者》，1907 年，布面油画，169cm×189cm，奥赛博物馆，巴黎。

叶——当然还有狡猾的简化、透视的缺乏和故意的笨拙。

那幅使毕加索感受到卢梭力量的画看来应该是不朽的《耍蛇者》（Snake Charmer），它也在 1907 年秋季沙龙中展出。《耍蛇者》是由德劳内（Delaunay）的母亲罗斯伯爵（Comtesse de la Rose）订制的，并与《亚维农少女》同时期创作。这件杰作表明卢梭再也不是一个业余画家而是一个天才，一个有魔力的魔术师。于是毕加索开始将卢梭那与生俱来的魔力用于自己的作品中。为了驱除盖土和蘑菇的潮湿气息，他赋予阿拉特森林以卢梭的异域阿卡迪亚所具有的神秘和魔力。卢梭完成得天真朴实；毕加索却精巧华丽。毕加索还被卢梭强烈的现实感所欺骗——他的房子和篱笆、电线杆和飞行器仿佛都摆在那里。就像阿波利奈尔写的那样，"卢梭对现实有着如此强烈的感受，因此当他描绘一个奇异的主题时，他有时会受到惊吓并发抖着打开窗户。"[7]卢梭还满足了毕加索对于艺术家的一个原则性标准："你应该去创作不存在的东西，从没被创造过的东西。那才是绘画。"[8]

卢梭对毕加索纠正塞尚的影响也非常有用，他代表了图像光谱完全相反的另一端。卢梭在方法上是观念先行，而且几乎和杰洛姆（Gérôme）一样追求高度的完整性，塞尚则完全依赖感知，并把未完成性作为一个积极元素用于作品当中。任何未完成（non-finito）的东西都让卢梭烦恼，他告诉马克思·韦伯（Max Weber）——除了在 1907 年的塞尚回顾展还会在哪里？——他可以为他完成塞尚的作品。[9]毕加索的目标与其说是在他的作品里面调节塞尚和卢梭，不如说是让他们产生冲突，从"混血"的结果中获益。索尼娅·德劳内的传记作家建议卢梭在夏季参观布瓦街。不幸的是，没有证据来证明这个吸引人的可能。[10]

毕加索，《布瓦街的风景》，1908 年 8 月，布面油画，78cm×60cm，米兰当代艺术博物馆，尤克尔收藏。

*　　　　*　　　　*

与此同时，布拉克也在画风景，他正在埃斯塔克度夏，这是马赛的一个小港口，塞尚也曾在此创作过——布拉克的风景画改变了现代艺术的进程。这是他第三次来这里了。他在 6 月 1 日写信告诉坎魏勒："在一次很好的穿越之后我安全地靠岸了。"[11]所以他一定是从勒阿弗尔坐船绕过西班牙经过直布罗陀海峡来到马赛的。"当我第三次回到南方，"布拉克告诉多拉·瓦利耶（Dora Vallier），"我发现第一次来时吞没我的那种欣喜和我放进我的［野兽派〕画作中的东西已经不一样了。"[12] 他还告诉让·鲍尔汉（Jean Paulhan）："我应该顺势到塞内加尔（Senegal）去感受同样的结果。你不能指望热情能超过十个月。"[13]

布拉克对塞尚的激情——是从他在沃拉尔那里看到塞尚的绘画时产生的——在 1907 年 10 月的展览中大大地加强。现在他回到了塞尚的国度，他发现"在他的作品中有更多的秘密"[14]。在立体主义萌芽的那个夏天，他继续探索着这个"秘密"。他抛弃了野兽派最后残余的色彩，并将他的颜色限制在塞尚式的绿色、赭石、灰色和黑色。同时，他竭尽全力从传统透视铁一般的约束中解放自己，在此之前他和毕加索都从未完全成功地做到这一点。

塞尚，《埃斯塔克和伊夫堡的风景》（*View of L'Estaque and the Chdeau d'If*），1883—1885 年，布面油画，71cm×58cm，私人收藏，菲茨威廉博物馆，英国剑桥。

你看，整个文艺复兴传统对于我都格格不入。那些成功地强加在艺术上的固定不变的透视规则是一个可怕的错误，用了整整四个世纪来纠正：这在很大程度上要归功于塞尚以及他之后的毕加索和我。科学的透视就是愚弄眼睛的幻觉；就是简单的小把戏——一个坏把戏——它使得一个艺术家能够传达对空间的全部体验，因为它强迫画中的对象从观赏者的视野中消失，而不是带到他的接触范围之内，像绘画应该做的那样。[15]

在将自己从透视点中解放的过程中，布拉克颠倒了古老的格言：距离赋予风景以魅力。相反他的埃斯塔克风景画表明：接近使风景变得可信。

塞尚还是"过渡"（passage）这种融合平面的绘画手法的来源——布拉克用这种方式去构造空间而不需求助于透视。[16] 布拉克在运用"过渡"时比塞尚还多几步；在一两年内，毕加索又推得更远了。阿尔弗雷德·巴尔将"过渡"定义为"通过留一条边不画或调子较浅来把各平面融合进空间。"[17] 这种"过渡"在立体主义的产生中发挥了核心作用。它使得布拉克通过将边缘开放、折射着光线的平面彼此融合、汇入周围空间，从而使得他所说的"一种新的空间"得以产生。他说，这种"空间研究"是立体主义的主要事业（"fut la direction maîtresse"）。[18]

对"过渡"的微妙使用让布拉克能够抢先毕加索一步。如果

布拉克，《埃斯塔克风景》，1908 年，布面油画，81cm×65cm，美术馆，巴塞尔。

乡村小路，布瓦街，老韦尔纳伊之友考古和历史协会。

将布拉克那个夏天创作的埃斯塔克风景画和毕加索的布瓦街风景画相比较，就会发现后者缺乏空间——毫无空气感，整个画面密不透风。比起空间，毕加索对团块更加感兴趣，并且他最初练习"过渡"只是因为它有助于使人物的体块更加均匀和有力——尤其是《三个女人》。与布拉克不同，毕加索从来不是也不会成为一个风景画家，在运用卢梭来平衡塞尚的过程中，他将自己置入困境。边缘的精确、细节的雕琢，这种素朴画的典型特征跟"过渡"互不相容，所以也和布拉克视为立体主义基本元素的"新空间"互不相容。当毕加索回到巴黎看见布拉克在埃斯塔克取得的成果，他一定意识到他自己的风景画毫无空气感，犹如挂毯上的布景。自此以后，他也用"过渡"来增强体块和空间。卢梭不久就从作品中消失了，但是毕加索还会继续探索卢梭那天真的视像，甚至某些时候，还有他的硬风格。

98

　*　　　　　*　　　　　*

　毕加索在布瓦街呆了3—4个星期，完成了大量作品，大家可能会认为他和费尔南多过着隐居生活。事实并非如此。当他不画画的时候，他喜欢活跃，如果可能的话就会去消遣玩耍。因为这里没有什么地方可去，也没有人能够交谈，他就会怂恿巴黎的朋友们来玩；不过这里只有一间有着一个单人床的空房间，他们不得不同居一室。每隔几天，这儿都会有新访客。据费尔南多说，有时会出现很多问题。某天晚上，一个从巴黎来的老熟人，荷兰诗人兼小说家弗里茨·范德比（Fritz Vanderpyl）来到这里，与他同行的还有他性欲旺盛的情人奥雷利（Aurelie），她是一个乡下姑娘，为自己能够在阿尔比（Albi）为图卢兹－劳特累克（Toulouse-Lautrecs）工作而自豪。这两位因为步行了最后那整整7千米的路而疲惫不堪。

　费尔南多发现奥雷利"太过放荡不羁"。

毕加索，《阿波利奈尔肖像》，1908年春，两层纸上炭笔，50cm×32cm，毕加索博物馆，毕加索后嗣。

　当她看见我们对他们的黑表示惊讶时，她用她那纯正的南方口音告诉我们她需要一桶水来清洗她脚上"在路上染上的灰埃"。他们真是一对精彩的怨偶；他是荷兰人，身材高大、沉着温和、聪明而有生活品味——艾米丽（Amélie）[原文如此]知道如何满足那种品味——他总是习惯性地无情打消他同伴的活力。她却精力旺盛充满激情，总是抱怨他的性冷淡。她常常在午夜叫醒我们来抱怨此事。她总是用自己的方式来到我们的卧室，半裸着敞开她的蓝色睡衣，然后坐在床尾，用手触摸着嘴唇倾诉她的烦恼，这时，范德比就会用疲倦的声音叫她："艾米丽，你打扰到他们了。快回床上来。"她直到他答应满足她的欲望才肯回去。然后她回到他身边，但是隔天早上她就会用一种充满蔑视的声音告诉我们这个可怜男人的努力没有成功。所有这些都很有趣，充满了欢乐，还帮助我们克服令人担忧的紧张和压力。[19]

德兰也和艾利斯来过几日。她也制造了一些麻烦。"她的脸苍白动人，有着漂亮的前额，可爱的眼睛和好肤色，但是她无法控制她好斗的本性，而这点又让人极其难以容忍。"[20] 在德兰夫妇走后，马克思·雅各布来了，这意味着傍晚再也不会枯燥无味了。之后阿波利奈尔也打算来。

因为马克思已经到这里了［费尔南多提醒他］，你不得不与他共享一个房间直到八九天后他离开。然后如果你想要节省点儿——我的意思是，不比在巴黎的开销多的话——你得和我们一起吃饭；不然，这里只有当地酒贩，他根本就是个贼。我负责做饭，从农场里买我们所有的必需品。这里的种类并没有很多，但是食物却也很好，我买的鸡蛋都是刚从鸡圈里捡的，蔬菜也是从地里现摘的……我是看着牛奶从奶牛身上挤出来的。

包括房费在内，你一天的花销不会超过三法郎，有时候还会更少。我说的"包括房费"是因为我们只租了一间，那个经营农场的女人租出了另一间。

我们周围都是森林，在一个只有十座房子的村子里……真正的乡下。离瓦兹河只有十分钟路程……巴勃罗和我都非常高兴，以至于我们决定要在这里定居。我们甚至已经找到了一个我们想要租的房子……非常漂亮，是一间古老的狩猎小屋，菲利·福尔（Felix Faure）都去过。它非常大，非常舒服，在后院还有一片极好的菜地，草地就在前面，马厩、谷

毕加索，《布瓦街上的房子》，1908年8月，布面油画，92cm×73cm，普希金美术馆，莫斯科。

仓、狗舍都是我们想要的。

无论如何请务必到来。我们将会非常开心……你还可以工作，我保证这儿一点噪音都没有……安静得以至于马克思说这寂静好像被放大了。[21]

费尔南多让阿波利奈尔给毕加索带一瓶缬草油（Valerian），那是一种传统治疗紧张的物品；还有一些毛巾，因为普特曼夫人不习惯人们用太多。在信上签名时，费尔南多和雅各布都用阿波利奈尔的习惯公式取开心："la main amie de..."（友谊之手……）费尔南多写道："农场主普特曼夫人［原文如此］致以友好的握手。"[22]这个让两位老朋友共享一张床的想法让毕加索十分感兴趣，他们都爱着彼此，时而又讨厌彼此，而且两人对对方的性取向都十分了解。

在费尔南多的回忆录中，她认为自己就要能说服毕加索租下那个狩猎小屋了。租金一年只要400法郎。"但是在我们呆在那里的末期，当他感觉不到那些曾经折磨着他的痴迷时，他不准备在这个遥远的角落定居了。这里太潮湿太绿了，而且离巴黎太远了——那是他在法国唯一一觉得习惯的地方。所以我们回到了那个城市，留下了四五只小猫在布瓦街，因为我们只有一个篮子来装一只猫，而母猫在整个旅行中都独占着那只篮子。"[23]9月初，他们便回到了巴黎。毕加索终于完全从他的crise de nerf（焦虑危机）中恢复过来，尽管他后来抱怨对太多绿色植物消化不良。[24]

在毕加索和费尔南多回来后的第二天，他们打了两次电话给斯泰因；不过两次他们都不在家，我们从一张明信片上得知，他的签名是"Picasso peintre amateur"（毕加索，业余画家）。一两天之后（9月13日星期天），他又寄了一张卡片——"工作室已准备好。我所等待的就是您的到来"；之后又寄了第三张卡片——"作品在星期四中午之前才会准备好，所以我将会在那个下午开幕（vernissage）。敬请光临。"[25]我们能够知道为什么这位艺术家如此强烈地渴望向斯泰因一家展示他最近的作品：他们购买了三张布瓦街的风景画和一张静物画；坎魏勒购买了剩下的大部分（两张风景画，两张静物画和两张普特曼夫人肖像画），后来将它们卖给了希楚金。最合适不过的是伍德，他比所有人在推广卢梭时都要做得多，他买下了静物画中最像卢梭的画。

毕加索，《有花束的静物》，1908年夏天，布面油画，38.2cm×46.5cm（以前为德国伍德公司收藏），私人收藏。

立体主义的到来

路易斯·沃克塞尔；安德烈·鲁韦尔所作讽刺画。

如果毕加索急着从乡下回去，首要的事是跟布拉克交换意见，更不用说比较对方的画了，因为布拉克在 9 月 9 日之前一定在巴黎，那是秋季沙龙截稿的最后一天。为了尽最大的可能进入沙龙，布拉克提交了 6—7 幅埃斯塔克的风景画给沙龙评审团，这个评审团包括了马蒂斯、马克特、鲁奥（Rouault）、查理斯·介伦（Charles Guérin）。令布拉克气愤的是，他们拒绝了作品。但是，这一个自命为进步的沙龙里的每一位评审都有权利去恢复一件被拒绝的作品；马克特和介伦都行使了这项权利，并投票保留两件布拉克的作品。但是这位艺术家却撤回了他所有的作品，尽管这违反了沙龙的规定。

不管是对是错，布拉克感觉这次打击是马蒂斯主导的，他仍为自己的前追随者转向毕加索而伤心，他也能轻易让评审团都站在他这边。值得永久表扬的是坎魏勒，他出来救布拉克了。他起初计划了一个 11 月展，包括了皮埃尔·吉里欧（Pierre Girieud）那些单调的高更式的绘画，以及帕科·杜里奥（Paco Durrio）那些同样单调的陶瓷作品。他现在有了第二个想法。因为沙龙的拒绝不仅让剩下的作品可用，还产生了争论，坎魏勒决定展出布拉克的作品而不是吉里欧和杜里奥的。[1] 因为他有布拉克作品的少量储存，他现在又增加了 15 幅埃斯塔克的风景画。就他而言这是一次机智的尝试：这次展览将他的画廊顺利推向一个新起点。从现在起，他颇有道理地把自己看作是一项新运动的指挥和战略家，而不仅仅是另一个 dénicheur de la jeune peinture（幼稚绘画的寻觅者）。

坎魏勒举办的布拉克最近作品个人展触发了"立体主义"这

左页：布拉克，《埃斯塔克的房子》，1908 年，布面油画，73cm×59.5cm，伯尔尼美术馆，赫尔曼和玛格利特·鲁普夫捐赠。

个词的出现。是路易斯·沃克塞尔（Louis Vauxcelles），这位给马蒂斯和他的追随者起名"野兽派"的批评家将之传播出去的。他说这是马蒂斯的主意。马蒂斯为他画过一幅小素描——"两条上升合并在一起的线，中间有着一些小方块，那是在暗示布拉克的埃斯塔克"——用以说明这些画是如何用"petites cubes"（小方块）来构成的。[2]后来，马蒂斯开始对被问及这些"小方块"感到厌烦，于是他否认曾提到过它们。由于这个术语首先用在布拉克身上，又因为布拉克不像毕加索，而是继续参加公共展览，于是他被独自认作立体主义者——不过，时间并没有太长。

这并没有令通常都很争强好胜的毕加索沮丧，布拉克的展览激起的虚名和争论对他有利，使他远离了世俗的攻击。他很适合被看作影子般的学派领袖（chef d'école），秘密地工作，并以迅速增长的价格卖掉作品。布拉克的谦逊保证了毕加索永远不必害怕黯然失色。吉利特·伯吉斯说，当有人想为布拉克拍摄一张照片时，布拉克还因要摆姿势而脸红。"在这段时间我都很害羞，"布拉克承认，"去看我的展览时我都非常谨慎。我只在某天傍晚的时候去，那时已经没有人在了。"[3]

坎魏勒的布拉克展是这间画廊的第三个也是最后一个展览（第一次是为凡·东恩，第二次是为卡穆安［Camoin］），这次展览组织得十分匆忙。展览从9月9日持续到20日，包括了27幅作品：19幅风景画，6幅静物和2幅裸体画。因为画廊十分小，他们不得不将作品摆放得极为紧凑，这大概就是坎魏勒再也没有举办任何展览的原因。坎魏勒建议阿波利奈尔撰写目录前言；布拉克也赞成，但是结果却没有那么令人满意。这位诗人对这些从未曾见过的画感到十分疑惑，他用诗歌的涌现来回避："在他的山谷中，年轻的蜜蜂，在低吟，在争夺；纯洁的幸福，倚靠在他那文明的台阶上。"更糟糕的是，阿波利奈尔无缘无故地扯到了玛丽·洛朗森。毫无意义的语句，布拉克如此评价。阿波利奈尔在随后发表的文章中试着表现得好像明白了他所谈论的东西，但却更令人尴尬：文章谈论的都是像"几何协调"和"装饰意图"等品质，与艺术家的观念相差十万八千里。[4]"阿波利奈尔是一个伟大的诗人和一个我深深依恋的人，"布拉克说，"但是，让我们直面问题，他不能明白拉斐尔和鲁本斯之间的差异。"[5]

102

Galerie Kahnweiler
28, Rue Vignon, 28

Exposition
≡ Georges
Braque ≡

Du 9 au 28 Novembre 1908

布拉克在坎魏勒的处所所作展览的目录，1908年11月，坎魏勒档案：路易斯·莱里斯画廊。

"立体主义"这个词一开始是一个毫无意义的称号，它不过是对幽默杂志上发表的作品的丑化，跟用它来指称的那种艺术家没有什么关系。但是，它却受到公众的欢迎；甚至布拉克和毕加索，他们本不喜欢这个并没有表达出他们所做的词，但不久就被迫接受了。这些年来，"立体主义"得到了广泛的认可，因为它指的是

> 文艺复兴之后最重要、当然也是最完全和最根本的艺术革命……［没有什么］比立体主义更彻底地动摇西方绘画的根基和原则的了。事实上，从视觉角度看，更容易把印象主义和文艺复兴盛期之间的这 350 年连接起来，而要把印象主义和立体主义之间的这 50 年连接起来却更困难。一幅雷诺阿的肖像画比起毕加索的立体主义肖像画，看上去离拉斐尔的更近一些。[6]

毕加索，《有巧克力罐的静物》，1909 年春，纸本水彩，61.3cm×47.5cm，私人收藏。

除了毕加索和布拉克，坎魏勒唯一接受的稳定专一的立体主义画家是胡安·格里斯，还有费尔南德·莱歇（Fernande Léger）。正如我们将会看到的，毕加索和布拉克即使对他们也敬而远之。不过这个流派的两位创立者尤其蔑视的，是所谓的沙龙立体主义艺术家［参加过这个大沙龙的理论跟风者：如勒·福柯尼耶（Le Fauconnier）、格莱兹（Gleizes）和梅青格尔（Metzinger）］，他们跟得太快，尝试将他们的发现转变成基于准科学计算的作画程式，不过失败了。毕加索和布拉克对理论极度不信任："数学、三角函数、化学、精神分析学、音乐和其他什么东西，"毕加索说，"都和立体主义相关联，就是为了给它一个简单点的理解。所有这些都是纯文学，就算不是废话，也只是用理论把人们的眼睛弄瞎而已。"[7]

103

在解释立体主义的立场之前，让我们来看看它反对的是什么。对于毕加索来说，立体主义反对的首先是印象派，它的两位伟大的杰出人物，雷诺阿和莫奈，工作十分努力，并且迄今为止，仍为那些曾嘲笑过他们的大众所崇拜。毕加索对待印象派的态度即使不算偶像破坏，那也是不敬和讽刺的。他对待雷诺阿的矛盾心理从他在雷诺阿临死前画的那些怪物似的充气裸体的购买

布拉克,《小提琴和调色板》,1909 年,布面油画,91.7cm×42.8cm,古根海姆博物馆,纽约。

毕加索,《拿次中音管的男人》(*Man with tenora*),1911 年,布面油画,105cm×69cm,方达西翁基金会(Fundación Colección)收藏,蒂森·波尔内米萨(Thyssen-Bornemisza),马德里。

上有所反映，"远不是他最好的作品，"毕加索会这样去激怒那些为自己的鉴赏力而骄傲的人们。他对莫奈有着强烈的保留意见，尤其是《睡莲》（Nymphéas）：那些他在 1902 年就开始创作的巨大而奢侈的睡莲装饰绘画，在他 1926 年去世时仍在修改。（当美国博物馆在 1950 年代和 1960 年代大量地买下这些作品时，就好像为抽象表现主义提供一个示例性的先例一样，毕加索一定会感到极其可笑。）《睡莲》提醒了他，毕加索说，令他想起曾在妓院里看见的一件装置：一卷无尽的风景，它让一个老女人点亮着转过四轮马车的窗户来给里面交欢的顾客以运动的错觉。一想到纳比派（Nabism）、野兽派、立体主义、未来主义、表现主义和达达主义，在这块一直展开却从未改变的睡莲背景面前起起落落，毕加索就觉得好笑。

但是，毕加索和布拉克反对的并不是这些老一辈的印象主义者，而是过时的印象派观念；在这个术语里缺少固有的实质性的东西；反对的是在印象派的光色效果中有为艺术而艺术的微弱光芒。立体主义也反对印象主义的追随者：反对新印象派的方法论，野兽派的华而不实；以及，在毕加索这里，还反对他非常厌恶的伯纳德（Bonnard），"优柔寡断的大杂烩"就是他对他的形容。[8]他说，他从伯纳德那里感到的恐惧是，害怕像一块肥皂溶化在浴缸里。[9]

毕加索决定往另一个方向走得越远越好，并创作那些会"非常霸悍"（bien couillarde）的作品——这是塞尚最喜欢的一个短语，字面意思是"有胆量的"。"绘画需要种（balls）"成为一句警示语。毕加索和布拉克出了名地有胆量，在赋予作品这个词所隐含的力量、物质性和重量方面也毫无问题。正如批评家罗杰·阿拉德（Roger Allard）所目睹的，早在 1912 年，立体主义就意味着"团块、体积、重量"。[10]从此以后，所有事物都变得可触和可感，不再限于空间。可触性有利于制造真实，而且毕加索追求的都是真实而不是逼真。杯子、罐子或望远镜不是事物的摹本，它甚至不需要看上去像真实事物；它直接和真实事物一样真实。所以，不会再有虚假；不会再有三维模拟，不会再有巧妙的欺骗眼睛（trompe l'oeil）效果，除了布拉克在不止一幅他 1909 年的静物画中添加的欺骗眼睛的钉子，这是为了用传统手法愚弄眼睛的谎

毕加索，《建筑师的桌子》，1912 年，布面油画，72.6cm×59.7cm，纽约现代艺术博物馆：威廉·S. 佩利收藏。

105

言与立体主义对空间形体的逼真处理作对比。

"我们创造立体主义时，"毕加索在很多年后谈论道，"我们并没有打算要创造立体主义什么的。我们只是简单地想要表达内心的东西。"[11] 布拉克或多或少也说过同样的东西。"立体主义，或者说我的立体主义，是我为自己所用而创造的手段，它的首要目标是让绘画适应我自己的天赋。"[12] 两位艺术家都不情愿为他们的立体主义究竟是什么给出一个真正的定义。然而，他们曾经都作出过解释。正如人们所料，毕加索的宣告有些自相矛盾："没有立体主义这种东西。"他告诉一个采访者，并借口说要喂他的猴子而离开。[13] 不过，布拉克更为有料和清晰，为了理解立体主义和他们在立体主义初期所谓分析阶段所使用的技巧，我们需要转向他。关于他如何抛弃透视，布拉克是这样解释的：

> 传统的透视并不能满足我。它太机械，所以不能让人充分掌握事物。它基于一个单一的视点，并且从不会远离它。但是这个视点根本不重要。就好像某个人都在画侧面像，并且相信人只有一只眼睛。当我们得出这个结论，所有事情都已经变了，你不知道究竟变了多少。[14]

由此可知，如果某个艺术家要"充分掌握事物"，他必须能够同时从任意多数的视点呈现对象。各种形态的多重视野贯穿整个立体主义；但是，它们只是布拉克和毕加索激进的革新中的一个。同样具有革命性的是他们把科技元素还原为不断变浅的后退；这让他们能够将所有事物都尽可能贴近画布表面，也离我们尽可能近。布拉克将这种空间处理方式描述为"触觉的"（tactile）或"手工的"（manual），因为这让他能够"使人们在观看的同时想要触摸画上的事物"。[15] 这是对建立距离和让事物远离我们这一长期受尊重的系统的彻底颠覆。为了使事物能够被我们把握，布拉克（和毕加索）开始分割和打破形体，因为"这是一种可以通过绘画接近对象的手段。打碎形体让我可以建立一种空间元素和空间运动，直到这一切完成之前，我都无法将对象引入我的图像当中"[16]。同样，分割让艺术家（跟切割宝石的工匠一样）用折射光来使他的画面到处都可以闪光。相对于传统单一光源的设置来说，这是一个巨大的进步。

布拉克的埃斯塔克风景开启了一项进步，将会完全改变艺术家再现事物的方式：这个进步使布拉克和毕加索推出一种艺术，"既是再现性的又是反自然主义的"[17]，这就使现代主义成为可能。多年来，这种艺术被分为两阶段：分析立体主义和综合立体主义（在发明了纸拼粘贴之后）。鉴于他们对美术史家的极其不信任，毕加索和布拉克从来没有十分认真地对待他们的分类。然而，立体主义这个词用起来却很方便，尽管是有些武断的分类方式，但我们还必须使用。分析立体主义允许这两位艺术家将事物分解："用一个优秀的外科医生经过训练和有技巧的手"解剖它们（这是阿波利奈尔口中的毕加索）。[18]它让他们的追随者进行更深远的突破：进入抽象的领域——这个突破连他们自己都鲜有涉足。分析立体主义成就了风格派（de Stijl）、构成主义甚至极少主义。另一方面，综合立体主义让毕加索和布拉克将事物再次聚集在一起，选择各种各样的材料用一种全然革新的方式去创造图像和事物。因此，它为达达主义、超现实主义，甚至波普艺术的出现带来可能。毫无疑问，立体主义引发了每一个主要的现代主义运动。

106（页码标注，位于右侧页边）

*　　　　　*　　　　　*

在布拉克的展览开幕之前，他允许毕加索借走一幅埃斯塔克的风景画（显然是被坎魏勒的瑞士朋友赫尔曼·鲁普夫买走的那个版本）。马蒂斯说看见它"在毕加索的工作室，毕加索正和朋友们一起谈论这幅画"[19]。马蒂斯从来不否认他不喜欢被称作立体主义的东西——这份不喜欢还随着嫉妒而加剧。毕加索已经彻底地改变了游戏的规则，在这点上马蒂斯更是不可能做到。在接下来的三四年里，他们都彼此针锋相对。马蒂斯表现得好像他是受伤的一方，但是实际上是他反立体主义的立场——他对毕加索《三个女人》的嘲笑，他对布拉克埃斯塔克系列的拒斥——时刻擦出敌意的火花。布拉克是一个拥有冷静头脑的人，对马蒂斯的怨恨默不作声。毕加索却喜欢嘲笑这位"cher maître"（亲爱的导师）的新学校和教授口吻。然而，毕加索和马蒂斯还是随时注意着彼此的成就，并且采取"不管你做什么我都可以比你做得更好"的方针。三四年之后，马蒂斯才改变对立体主义的看法，这时双方的怨恨已让位于谨慎，彼此之间的尊重也不失真诚。

马蒂斯，《谢尔盖·希楚金肖像》，1912 年，纸本炭笔，48.3cm×35cm，私人收藏。

因为仇恨，马蒂斯不可能帮毕加索把他最大的藏家希楚金带到洗衣船这个大忙，费尔南多以为是马蒂斯在1908年秋天带来的，并且说他买了两幅毕加索主要的作品。[20]费尔南多一定是记错了。抛开马蒂斯不可能向一个他想留给自己的藏家推销来自竞争对手的他所谴责的作品不说，也没有任何证据证明希楚金当时在巴黎，或是他在1909年之前买过毕加索的画。[21]费尔南多至少把两次到访看成了一次。马蒂斯可能真的有带希楚金来看毕加索，但那是在1907年，或者最晚不超过1908年春，那时，这位俄国人正从贝什·威尔（Berthe Weill）、德吕埃或马蒂斯本人那里购买他的作品。[22]比起想买任何毕加索的作品，希楚金正如想象中那样被眼前所见吓坏了，这也是马蒂斯希望的。"这真是法国艺术的堕落！"他这样告诉斯泰因一家。还早些时候，毕加索为这位俄国人画过像猪一样的漫画，就好像在说，真是一头猪！如果

107 希楚金会最终改变心意，超过斯泰因一家成为毕加索早期作品的最大赞助商，不是因为马蒂斯，而是因为他的家人遭受了一系列灾难。希楚金发现毕加索充斥着焦虑不安的画布和他的悲伤不幸一致。他最早购买的毕加索作品是两件他缅怀维格尔自杀的痛苦的作品。（pp.87，306）

　　除了尽可能买下布拉克最近的大部分作品，坎魏勒在1908年还买下了大约40件毕加索的作品，包括斯泰因一家在布瓦街绘画中挑选后剩下的。坎魏勒"总是处于警觉状态，"费尔南多说，"常常准备好出高价竞争过对手"[23]——这些贪婪的人在毕加索初到巴黎时欺骗了他。现在他有了更高明的手段，这位艺术家让画商们互相竞争，就像他后来也喜欢让斯泰因家和克罗默尔（Kramár）和希楚金互相竞争对抗一样。为了知道正在展览些什么作品，收藏家们在哪里徘徊，卖出了什么作品，又有什么作品没有卖出，毕加索开始走访画商。每天傍晚，当天色已晚到无法再作画，他就会开始走访周围的人。因为对这些事情有强迫症，他会首先拜访布拉克，并回顾他做的事情；然后他们就会一起去巡游，通常在萨戈、沃拉尔或坎魏勒那里结束行程。

　　费尔南多说，哄骗坎魏勒是一件轻易的事。"只要有人指着一幅画然后说：'不是那一幅，我亲爱的朋友，我已经或多或少将它许诺给谁谁谁……'然后他一定会作出牺牲（就像他喜欢的那

凯斯·凡·东恩，《D.-H.坎魏勒肖像》，1907年，布面油画，65cm×54cm，小皇宫，日内瓦。

样）去得到它。"[24] 但是这只是开始。费尔南多开始抱怨（就像多拉·玛尔、弗朗索瓦丝·吉洛和毕加索的第二任妻子杰奎琳会抱怨的那样）"坎魏勒常常讨价还价几个小时，直到……画家把价格让到他心里的范围内才肯罢休。坎魏勒很清楚他这样令毕加索困顿后会出现什么情况"。毕加索也会还价，但是坎魏勒更有耐心："最终毕加索会感到筋疲力尽，如果他是一个人，没有人来帮助他，他就会白白地放弃一切，如果不是将这位画商用力地推到街上，就和他成交。"[25] 在晚年，毕加索称赞坎魏勒为最初十分难以卖出的作品建立市场的勇气和坚持。但是讨价还价仍令他难以释怀，所以在他心中这位画商除了画商以外还是画商。杰奎琳说坎魏勒"错误地将自己视为巴勃罗的朋友"。[26]

现在他再也不用担心财政问题了，毕加索终于有能力离开肮脏的洗衣船：没有天然气和电，全楼只有一个水龙头和一个简陋的厕所。但是，出于对朴实或原始生活的自负，他又回来了。钱多也像缺钱时那样给他内心的宁静带来阻碍。毕加索在对待他的作品上十分慷慨，极大地帮助了比他贫穷的朋友们；不过，他在把钱分给身边的人时也会反复无常和有控制欲。像乡下人一样，他把钱包藏在夹克内层的口袋里，他还用一个非常大的锁针扣在上面。

> 每一次他要从中拿取钞票，他都会尽可能地不让人注意到；然而这都是无用功，只会让所有人都发笑而已［费尔南多说］。他的疑心时而闹些笑话，时而又让人极度恼火。我记得有一天，他发现这个锁针并没有像平常那样紧锁着，他抬头环顾每一个人，依然坚信有人胡乱地动过了他的"保险箱"。[27]

毕加索有一个嗜好是在洗衣船外面租一个工作室。他发现他想要的就在科尔托街（rue Cortot）的一个花园尽头：在这里他可以绷画布和做前期准备。是布拉克敦促毕加索在颜料的质量上多费点心思；是布拉克敦促他去搜寻那些编织紧凑细密的画布——因而加强了他的作品表面的质量和种类。他像布拉克那样研磨过自己的颜色吗？毕加索说，有时候会，但是他很少有时间或耐心

108

去做这事儿。在科尔托街的工作室也让他能够在这里玩女人。费尔南多因嫉妒跟他吵架——部分是为她自己的越轨行为辩护，她声称这是出于"好奇心"。从此以后，他们对彼此都不再有信任。

在冬季期间，费尔南多开始遭受肾炎的折磨，这大概从少见的几幅毕加索给她的画像中得到解释。还有一些画作中的人体看上去消瘦而腿长，意味着这位艺术家用了另一个更加有活力的模特。毕加索用比以往更加粗暴和放肆的方式来处理人体。来自费城所谓的《站着的女性裸体》（*Standing Female Nude*）与维萨里式的《森林女神》一样有着矛盾的姿势：明显地坐在一个不存在的椅子上，跨坐着一个不可能的空间跨度。然后是两个杰出的入浴者：小一点的坐着的那个浴者（藏于冬宫博物馆；p.119）的右半身看上去像要跟左半身过不去似的；另一个大一点的站着的浴者拿着一条毛巾。两幅画中，女人的左臂都被粗暴地扭动过，装在一个错位的套口上——就像一个外科手术，突出了手臂，也强化了我们对其存在的感知。在毕加索的工作室里一定有一个清晰的形象让他能够尝试这些扭曲的人体。在两个浴者形象中更为霸悍的那一张（藏于纽约现代博物馆）里，毕加索与在1909年初看见过的马蒂斯的《有乌龟的浴者》（*Bathers with a Turtle*）相竞争。像马蒂斯一样，他将他的形象放在三条水平的色彩带中（天空、海和沙，跟马蒂斯的天空、海和草地相抗衡）。这样的做法暗示了空间的无限压缩，如果不是两位艺术家都为他们的人物画了投影，好像后面的空间是一块画出来的背景幕布一样，人物的背景原本是可以无限后退的。毕加索还喜欢戏仿马蒂斯画脚的独特手法；他还用丰满的臀部重新拼凑在人体一侧，来嘲弄马蒂斯臀部扁平的女人。

毕加索也继续肖像画的创作。因为第一幅肖像画描绘的是贪婪而不讨人喜欢的画商克洛维斯·萨戈，我们能够想象是他说服毕加索画的。为了避免让萨戈一直在身边，毕加索为他拍了一些照片——这将会是他越来越频繁使用的手段——并且这次离他的照片太近。最后的成品是一张像地图一样平淡的脸，跟其余部分的立体主义处理不协调。同时期完成的费尔南多坐在椅子上的肖像就复杂多了，但仍有一点做作（p.309）。不过，毕加索很高兴

克洛维斯·萨戈，1909年春，毕加索拍摄，毕加索档案。可以看到的油画是《站着的女性裸体》和《丑角一家》。

毕加索，《克洛维斯·萨戈肖像》，1909年，布面油画，82cm×66cm，汉堡市立美术馆。

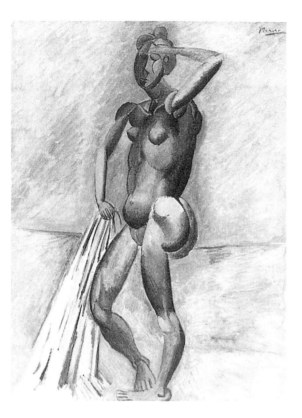

右上：毕加索，《站着的女性裸体》，1909 年春，布面油画，116cm×89cm，费城美术馆：路易斯和沃尔特·阿伦斯伯格收藏。

左上：毕加索，《浴者》，1909 年初，布面油画，130cm×97cm，纽约现代艺术博物馆：路易斯·莱因哈特·史密斯遗赠。

左下：马蒂斯，《有乌龟的浴者》，1908 年初，布面油画，179.1cm×220.3cm，圣路易斯美术馆：小约瑟夫·普利策夫妇捐赠 。

他的画做成了一批明信片，他还寄了一张给斯泰因一家[28]，可能是想让他们买下这件作品而用的策略。但是迄今为止，这段时间最好的"肖像画"是藏于普希金博物馆的，所谓《拿扇子的女人》（Woman with a Fan, p.307）。实际上这并不是一件肖像作品。毕加索告诉我尽管不是写生，但"在工作室里"被认为是埃塔·柯恩（Etta Cone）的肖像。就像他后来说那些可能是也可能不是肖像的绘画时说的："Lo hice pensando en..."（我在创作的时候心里想的是……）。

马克思·韦伯在他巴黎的工作室，贝洛尼街，1906年，私人收藏。

＊　　　　＊　　　　＊

　　快十一月底的时候，毕加索对卢梭作品的兴趣有了很好的回报。在走访当地画商的过程中，他发现了一件印象深刻的卢梭创作的肖像画：一个面色严峻的女人（被认为是与艺术家相恋的波兰教师，贾薇娅）。[29] 她站在一副华丽的窗帘前，拿着一根倒着的树枝，没有注意到背景上还有一只小小的俯冲的鸟。毕加索在佩雷·苏利埃（Père Soulié）的画店里，在一大堆画中发现了这幅画。佩雷·苏利埃是一个时常醉酒的床垫商人（mattress-seller），刚从他那儿买了几幅素描，每幅50生丁（水粉画每幅3法郎）。买这幅卢梭的画花了5法郎。"你可以在它上面画，"苏利埃说。毕加索一直都很珍视这幅画。他赞扬它的"穿透力、清晰和果断"，他告诉弗洛朗·费尔斯（Florent Fels），并认为它是"最能揭示法国人心理的肖像画之一"。[30]

　　因为像阿波利奈尔和伍德那样亲密的朋友认识卢梭很久了，所以毕加索可以轻易地与他见面，甚至参观他的工作室。但是他看起来并没有这样做。声称介绍他们相互认识的人是一个叫做马克思·韦伯（Max Weber）的年轻俄裔美国人，他近三年都在巴黎学习——最近是在马蒂斯那里。韦伯遇见毕加索是在1908年10月斯泰因一家的某一个星期六晚上。因为刚结识了卢梭，并软磨硬泡地向他要了四幅小画和两件素描，这个身无分文的美国人希望从毕加索对待其他艺术家著名的慷慨中有所受益。在与毕加索见面后几天，韦伯又去了他的工作室，与他一同前往的还有画家朱尔斯·弗兰德林（Jules Flandrin），并且这次来"爱上了"一件木板静物画。[31] 尽管他一分钱也没有，他却承认要买下它；之后，为了能以更低的价格，或者说作为礼物得到这件作品，他寄了很

亨利·卢梭，《缪斯启迪着诗人》，1909年，布面油画，146cm×97cm，巴塞尔公共艺术藏品，巴塞尔，美术馆。

亨利·卢梭在他的工作室，1910年，毕加索拍摄，毕加索档案。

多纠缠不休的信。这次毕加索没有答应他。韦伯没能把他的绘画带回美国。

在展示他最近的作品时，可以看到毕加索从那件买来的卢梭画的肖像画中收获了不少。韦伯已经"鬼迷心窍"了，他邀请毕加索来参观"他拥有的"卢梭的作品。这次回访透露出毕加索从来没有去过卢梭碰巧就在贝内蒂街（rue Pernety）附近的工作室。"我们当然可以过去，"韦伯说。"［毕加索］穿上他的大衣，那是一件松软的旧外套，然后我们就走了。"他们发现阿波利奈尔也为卢梭当过肖像画模特——卢梭确实为他和玛丽·洛朗森画过一两幅画，叫作《缪斯启迪着诗人》（The Muse Inspiring the Poet）。毕加索"仔细观察着［卢梭］的每一笔"。后来他们去了一家咖啡厅，但是阿波利奈尔坚持要玩"刺耳而烦人，还跑调的［自动点唱机］……实在是太吵了，就算我们尖叫……也一个字都听不清。"[32]

为了庆祝新收获，更不要说他对卢梭的朴拙形象的开发以及接受他弹奏小提琴的建议，毕加索决定在洗衣船组织一个"宴会"向卢梭致敬。这场宴会的日期并没有记录，但是它有可能发生在11月21日星期六。多年后，当这个宴会成为传奇，有两个 111 早已被毕加索终止了友谊的人吹嘘说，他们俩为这个宴会作出了贡献。刚和伍德结婚的索尼娅·泰克（Sonia Terk，后来被称为德劳内），自欺欺人地认为这个宴会也是顺便庆祝她和伍德的婚礼。[33] 列奥·斯泰因声称卢梭实际上为了他才去拉小提琴的："要不是我在那个昏昏欲睡的午后让卢梭演奏，就不会有什么宴会和后来制造的所谓对此的解释了。"[34] 列奥那双对待现代艺术了不起的眼睛开始欺骗他自己。他甚至根本不喜欢卢梭的作品："我不想这种样子的东西挂在我的墙上，时时刻刻盯着我的脸。我喜欢和乡下来的人交谈，但我并不想和他们一起生活。"[35]

列奥从来没有原谅他的姐姐在其著名传记《艾利斯·托克勒斯自传》中把这场卢梭的宴会变成一个呆滞、可笑、虚伪的事件，充斥着当地色彩和异想天开的观察。他控诉她将它都变成了对她自己永恒有利的东西。实际上，格特鲁德对这件事并没有什么特别的看法，只认为它"非常可笑（rigolo），这是一个典型的蒙马特词汇，意思是一个充满玩笑的消遣而已"[36]。后人却很在意这件事。用格特鲁德的传记作家之一，詹姆斯·R.梅洛（James R.

Mellow）的话来说："她把一场临时拼凑的聚会变成了一个传奇，成为一战前十年巴黎随心所欲的波西米亚生活的一个象征。"[37]罗杰·沙特克（Roger Shattuck），《宴会时代》的作者，这本书对那段时间有着最有说服力和有趣的研究，他进一步指出这个宴会"现在对我们来说，几乎是一种超凡入圣，在那个炫目的晚上它可能也是这样"。沙特克还认为：

亨利·卢梭，《自画像》，约1900—1903年，布面油画，24cm×19cm，卢浮宫，毕加索捐赠。

> 这场宴会被人解释成对卢梭的讽刺，是一场每个人都享受着拿卢梭开玩笑的华丽闹剧，［但是更精确地说，这件事］是对艺术中出现了意料之外的新资源的庆祝，……包括卢梭在内的每一个出现在聚会里的人……在自发地展示他们的昂扬的精神，欢迎每天发掘出来的观念……宴会庆祝的是整个时代。[38]

不过，宴会的主人和女主人最强烈地反对这个结论。大约四十年后，毕加索向他后来的情人吉纳薇·拉波特（Geneviève Laporte）承认，那次宴会"uraiment une blaque（真的是一个玩笑）。没有人相信他的天分。只有［卢梭］严肃对待它。他高兴地哭了。"[39]至于费尔南多，她负责了那次宴会的绝大部分程序，尤其是她在西班牙学会做的paella（海鲜饭），她描述了毕加索和他的团队是怎样"喜出望外地期待着开卢梭的玩笑"[40]。不管我们读到关于这次宴会的报道说什么——格特鲁德的、雷纳尔的甚至萨尔蒙的——都没有理由去怀疑毕加索和费尔南多。还有什么比 dans le style concierge（以看门人的方式）嘲弄性地神话一个人更恶作剧的呢？根本不是"超凡入圣"或对那个世纪最有创造力的十年的庆祝，这场宴会看来更像是对一个神圣傻子的乡村式愚弄。客人们匪夷所思的行为——萨尔蒙和克雷尼兹拿肥皂往嘴里塞，假装癫痫，萨尔蒙还醉醺醺地吃掉了艾利斯·托克勒斯帽子上的装饰花，阿波利奈尔请求艾利斯和哈丽雅特·莱维唱"印第安本地歌"——似乎让人们看不到宴会的贵宾毫无尊严的窘境，这位白痴的艺术大家，喝醉后对愚弄性的奉承高兴得落泪，东倒西歪地坐在一个颤颤巍巍的"王座上，王座是用椅子做的，放在行李箱上，靠着有旗子和灯笼的背景，……［而且］一面大旗上

亨利·卢梭，《他妻子的肖像》，约1900—1903年，布面油画，22cm×17cm，卢浮宫，毕加索捐赠。

亨利·卢梭，《自画像》，1890年，布面油画，143cm×110cm，布拉格国家画廊。

写着'向卢梭致敬'"[41]。特别是，格特鲁德还忘了记录下她兄弟醉倒的情形。列奥那天喝得太多了，以至于他把克雷尼兹纽扣服上农业勋章（mérite agricole）的绸带扯了下来。[42]

宴会开头是为这个场合准备的歌唱和演讲：克雷尼兹创作的一首愚蠢的歌，阿波利奈尔写的、优雅又带点不屑的祝酒词，外加一个叠句："Vive！ Vive Rousseau！（万岁！卢梭万岁！）"，30来位客人都加入了呼喊。[43]然后，卢梭拿起了他的小提琴——据雷纳尔说，那是一个儿童型小提琴——并且并没有人要求，他就根据自己的喜好，拉起了他会的滑稽曲目，包括他最喜欢的："Aïe，Aïe，Aïe，que j'ai mal aux dents.（哎呦，哎呦，哎呦，我的牙真疼）。"他还演奏了自己所作的一些曲子，尤其是一首叫《克蕾芒丝》（Clémence）的圆舞曲，是纪念他夫人的。这首曲子让人们开始跳舞，玛丽·洛朗森因为太过入迷而不小心掉进果酱馅饼的托盘里，受到阿波利奈尔的责罚。这时，灯笼里的蜡烛油滴下来，在卢梭那秃顶的脑袋上形成一个金字塔。某一刻，灯笼着火了，"卢梭以为那是他的圣光，"费尔南多说。[44]毕加索躺在许多红酒瓶上；除了美国的女士们，格特鲁德、艾利斯和哈丽雅特，就像大部分客人一样，卢梭也喝醉了。他含着眼泪，打着瞌睡，轻声打着呼噜，突然醒来，唱了一会儿歌，又再次睡着了。两三对穿着晚礼服的美国情侣，"碰巧来到这里，挣扎着保持一副正经面孔。"[45]直到斯泰因一家带着卢梭离开后，客人们才开始放松和玩乐。

我们能够看到为卢梭的事业做得最多的画家罗伯特·德劳内为什么坚持不参加这个宴会。他怕的就是发生这种情况。马克思·雅各布虽然允许将他隔壁的工作室当成厨房，但因为其他一些原因——其中之一是他经常跟毕加索争吵，他告诉每个人，没人能让他出现在这个宴会上。但是，就像他后来承认的那样，好奇心占了上风，于是他在晚宴的最后"去拿了一些面包片"。[46]至于毕加索，他享受这一整晚的黑色滑稽戏。他几乎是全场唯一一个真正推崇卢梭作品的人。看起来是嘲弄，但实际上不妨说是他对卢梭表示敬意和回报的一种方式，不管卢梭有没有认识到毕加索受惠于他。对于毕加索来说这场宴会自始至终都是一个 blaque（玩笑），它所体现的醉意和虔诚也同样如此，要说情感的夸张会让这种轻松又不乏卑劣的活动变成他那群集体天才的神圣化，这本身也是一个玩笑，最后让自己也变成了胡扯。

一个月后（12月19日），卢梭为马克思·韦伯准备了一场道别晚会，他马上就要回去了。这个据说把卢梭介绍给毕加索的人并没有被邀请去洗衣船的宴会。难道是卢梭想要安慰他？这次的宴会包括了许多上次宴会的客人，包括毕加索和费尔南多，阿波利奈尔和玛丽·洛朗森，但是这次更为高雅得体，因此很少有描述。出于对韦伯的尊敬，卢梭和他那些笨学生穿着最好的礼服，表演了一种美国人叫"Tam-Tam"，以及其余他们会的节目。韦伯曾经是他父亲教堂的合唱指挥，大声唱了好几段韩德尔（Handel）的《弥赛亚》。回到纽约后，韦伯与毕加索、马蒂斯、阿波利奈尔和卢梭的交往让他俨然继承了先知的衣钵。促成韦伯崇拜的主要是摄影师兼前卫艺术经纪人阿尔弗雷德·斯蒂格利茨（Alfred Stieglitz）。韦伯告诉他的所有东西，斯蒂格利茨都深信不疑；而且可能是在韦伯的推动下，1911年3月斯蒂格利茨在他的291画廊第一次展出了毕加索的作品。

那次洗衣船宴会在毕加索的生命中造就了一个小小的，并不完全让他欢迎的变化。卢梭变成了洗衣船的常客。"我们是这个时代最伟大的两个画家，"卢梭告诉他的新朋友，"你是埃及风格，我是现代风格。"[47]——这对毕加索来说真是一个可笑的见解，尽管他并不太确定其中的含义。实际上，传说中的"绅士卢梭"常常一点儿也不绅士。费尔南多倒是很喜欢他，说他"一旦遭受挫败或烦恼，脸就会变紫"[48]。还有一个对他抱善意的人，古斯塔夫·柯古特抱怨说："他对任何事情都可以粗暴。"[49]又如沙特克（Shattuck）说的那样，顽固是"他天才的核心"[50]。实际上，正是这种顽固和偏执而不是他神话般的优雅和天真（naïveté）让他深受毕加索的喜爱。不像他另外那些有名的粉丝——比如雅里（Jarry），他烧掉了所有卢梭的作品，除了他给他画的肖像；还有阿波利奈尔，他不过当卢梭是个笑话——毕加索尊敬他的作品，并用嘲弄的方式尊敬这个人。马克思·雅各布说过，阿波利奈尔不敢在毕加索面前嘲笑卢梭，"因为他不会允许他那样"[51]。嘲笑是崇拜者的特权。关于嘲笑，费尔南德·莱歇（Fernand Léger）喜欢讲下面这个故事。他和一些画家朋友在蒙帕纳斯（Montparnasse）的一家咖啡厅里，当卢梭突然起身准备离开，他们就以此拿这个老男人取乐。他不愿意告诉他们他要去哪儿，所以莱歇一行人决定跟踪他，看看他到底要做什么。令他们惊讶的是，卢梭突然进了卢森堡博物馆。他们跟着他上了楼，并看见他正狂喜地凝视着一幅他们所讨厌的布格罗（Bouguereau）的作品。当他们嘲讽他的时候，卢梭说道："看看指甲上那些高光。"莱歇坦白说，当他后来开始画所谓"管道主义"（tubist）作品的时候，脑海中都想过这些高光。[52]

随后几年，毕加索购买了更多卢梭的作品：不失魅力的浮夸之作《外国列强代表抵达，向作为和平标志的共和国致敬》（包括共和国的六位总统和欧洲主要君主的头像），以及卢梭和他妻子的一对漂亮的小头像，其影响可以从一些多拉·玛尔的肖像中看出来。二战期间，他还从马丁·法比亚尼（Martin Fabiani）那里得到了另一件作品，《异域风光》（Exotic Landscape）[53]，法比亚尼是一个流氓画商，他与德国和维希（Vichy）当局相勾结。毕加索一定对这幅画的出处有所怀疑；他意外地执意要拿到这幅画的证明文件。果然，这幅画是纳粹从韦特海默（Wertheimer）的收藏中掠夺来的。毕加索立刻将它归还。法比亚尼后来因为通敌和相关罪名而进了监狱。

*   *   *

1909 早春，毕加索创作了一幅非常漂亮的画，名为《有桥的风景》（The Landscape with a Bridge）。并且这不是第一次也不是最后一次，他将场景神秘化。当皮埃尔·戴克斯问他时，他说他是在巴黎的工作室画的这幅画，好像这样就回答了问题似的。[54]他暗示说他是从想象中的场景画的这幅画，实际却并非如此。毕加索在他的风景画中表面上采取了很随意的方式，但是在他的脑海中几乎总有一个具体的地点。《有桥的风景》也不例外。这个方形的钟塔被一群常常出现在德兰和弗拉芒克关于塞纳河谷的野兽派绘画中那些高度倾斜的房顶所包围，说得更确切一点，是布拉克1909 年10 月的风景画中出现过的场景。这个神秘的地方是圣丹尼斯采石场（Carrière-Saint-Denis），夏杜旁边的一个小镇，德兰和弗拉芒克在这里第一次成为野兽派画家。在毕加索的画里只有座桥有些异常：因为圣丹尼斯采石场根本就没有桥。毕加索简单地将

114

下游几里开外的桥引用过来，改变了夏杜。尽管这位艺术家可能去侦查过这个山区，但这幅画确实是在工作室里画的，大概是通过明信片的方式。[55] 以其俯视水面的景色，立体主义式的建筑群，绿色拱顶的树冠（早已没有了），圣丹尼斯采石场为毕加索在巴黎郊区提供了和布拉克的埃斯塔克一样的东西。如果说这位艺术家在该画的母题上闪烁其词，无疑是因为他不想被抓住把柄，说他在野兽派的保护区里狩猎。

圣丹尼斯采石场因为有着被雕塑家所赞赏的软石而闻名，同样也因为它的风景被画家们所赞赏。"这是我们［母题］的狩猎场，"弗拉芒克后来写道，"我们时常去圣丹尼斯采石场的山腰，那里还在种葡萄，在这里你可以看到整个塞纳河谷的景色。"[56] 这些年来，野兽派在采石场的作品——有一两件是和毕加索一样的视角（当然没有桥）——都被错误地认为是在夏杜创作的。

在蒙马特落脚后，德兰仍然喜欢回到他的家乡去。因为他和艾利斯并没有结婚，他们不能一起住在夏杜的老家中，所以他们在采石场租了一座房子或几间屋子。1909 年春天，他们似乎和布拉克一起去过这里，布拉克当时正在寻找有个地方能让他画画和度过夏天。最后，布拉克在上游更远一点的吉庸岩（La Roche-Guyon）落脚，这是离他出生地阿让特伊不远的一个风景如画的村庄，在这个村庄的最高处有一个城堡的废墟，显眼地矗立在被树林环绕的屋顶丛上（p.303）。这里的另一个可取之处是，就像埃斯塔克一样，它也被塞尚描绘过。与此同时，德兰在离加来（Calais）很近的蒙特勒伊（Montreuil）度夏。当他 10 月重新回到采石场时，布拉克也再次跟他一起，就像毕加索做过那样，描绘钟塔风景群。

毕加索似乎是在早春去的采石场——可能是布拉克第一次去那里的时候。好奇心可能是他去的理由。坎魏勒为了让自己往出版家方向发展，他委托德兰为阿波利奈尔那本美妙的亚瑟王式的大杂烩——《腐朽的魔术师》配插图。艺术家在夏季所作的 32 张木刻版画使这本小小的（27.5cm×20cm）、看起来很一般的出版物，成为那个时代最好的插图书之一。而木刻经验不多的毕加索还没有答应坎魏勒让他为书籍配插图的请求，很希望看看德兰做得怎么样。他大概还想去参观一下当地的采石场（这些采石场的

117

上：德兰，《圣丹尼斯采石场》，1905 年（被他人重新画过）。
布面油画，70.5cm×110.5cm，收藏沃斯堡金贝尔美术馆，得
克萨斯州。

右：布拉克，《圣丹尼斯采石场的公园》，1909 年，布面油画，
115cm×146cm，方达西翁基金会收藏，蒂森·波尔内米萨，
马德里。

上：毕加索，《圣安东尼的诱惑》习作，1909 年，纸本棕黑色墨水，
12.4cm×9.5cm，原作者的收藏。

左：毕加索，《圣安东尼的诱惑》，1909 年春，纸本水彩，62cm×48cm，
斯德哥尔摩现代博物馆。

毕加索，《丑角一家》，1909 年春，布面油画，100.5cm×81cm，冯德海伊特
博物馆，伍珀塔尔。

毕加索，《两个裸体》，1909 年春，布面油画，100cm×81cm，私人收藏。

德兰，《腐朽的魔术师》插图，1909年，木版画，书籍插图，私人收藏。

毕加索，《圣安东尼的诱惑》，1909年，樱桃木块上铅笔和墨水，18.5cm×25.7cm，毕加索后嗣。

名字都被他记录在1906—1907年的两本素描本上）[57]，并为原始雕塑采集一些石头，就像他和德兰在前一年实验的那样。德兰在夏末（8月27日）给坎魏勒的信中写了一句有隐含意义的话："我要提醒你那桩原始主义的事，你应该和毕加索摊牌。"[58]大概这些项目在这两个朋友之间引起了一些问题。

德兰对自己的小块樱桃木圆雕十分自豪，他走到哪都把它们揣在兜里好给朋友们看。果然毕加索占有了其中的一块，尽管并没有雕刻出来，他把它画在《圣安东尼的诱惑》中。在看见德兰因为给阿波利奈尔的象征主义著作画插图而感到兴奋之后，毕加索决定也要创作一幅象征题材的画。圣安东尼的传说中色情和邪恶的部分总是令他着迷：早在1900年，这位艺术家就在他位于加百利街（rue Gabriel）工作室的墙上绘制了一个《圣安东尼的诱惑》的饰带；1901年，当他和皮乔特为他们最喜欢的酒吧——苏特酒吧（Le Zut）绘制壁画时，他又回到了这一题材。[59]毕加索是否想过为阿波利奈尔有关圣安东尼的作品配插图呢？这就可以解释毕加索何以会转向这个阿波利奈尔式的主题，以小丑形象结束。也可能是这位诗人突然造访了采石场。他一定是好奇他的插图完成得怎样来了。

塞尚也是一个榜样，因为，他也在他早期版本的《诱惑》中（一共两个版本，这指1907年回顾展中的那幅）包含了一幅自画像——作为圣徒，不像毕加索那样作为魔鬼。为了给《诱惑》的场景（几幅素描和一幅大水粉）增加即时性，毕加索把人物放在采石场钟塔和房顶的前面。好几张精心酝酿的有关圣人（戴着修道士的头罩）、丑角和裸体的水粉画，表明毕加索在构思这件作品的一个重要版本。不过，最后，他放弃了这个计划：它的内涵太过文学化，太有象征性，并且也太使人错愕。这个可怜的圣人现在要与两个恶魔作斗争：一个是以女人的形式出现，另一个是以丑角的形式出现。（拟或毕加索指的是一种邪恶的信仰：当两个人做爱时，总会出现第三个人，也就是恶魔？）同时，就像这些素描揭示的那样，毕加索并没有成功地使这种戏剧性的冲突具有图像上的张力。这些形象并没有对彼此有所注意；他们的问题视乎是彼此疏远，而不是魔鬼的诱惑。所以他把这个充满负荷的主题修改得面目全非。最后的结果是两幅相同尺寸（100cm×81cm）的人物画：一幅是《两个裸体》（Two Nudes，1909），其中在预备性速写里十分显目的教堂在这里已经被简化成一个空白底子上幽灵般的白色轮廓；另一幅是《丑角一家》（Harlequin's family，1909），在这幅画里，三个人物形象都被同化成如同《三个女人》那样雕塑般的一团，丑角的小丑帽和其配角科隆比纳三角形的手肘代替了钟塔的房顶。

为了弥补立体主义强加在主题范围方面的限制，毕加索赋予他的裸体和静物主题一个额外的意义维度。按照他的行事方式，他在此方面做得非常隐秘，不露声色，经常使用代码（code）。因此会出现拟人（anthropomorphism）、萨满主义（shamanism）、亵渎神明（sacrilege）和巫术（magic）等因素。举例来说，《在风景中拿着书的女人》（Woman with a Book in a Landscape）被证明是在旷野中的玛格达林的戏仿版本——这是西班牙在17世纪一个非常流行的主题。为了使这个主题妖魔化，毕加索在其中加入了亵渎神明的潜台词，这使得他又挖苦了费尔南多一次。这位圣洁罪人拿着的书本从尺寸上看来是虔诚的，但是毕加索却让它的形状暗示成女人的阴道；而插在这本弥撒或祈祷书中的手指看上去是在标明书的位置，但它实际上又是另一个毕加索式的双关语——暗示自慰。画面左上角的山和三棵平行的树暗指毕加索这年去度夏的奥尔塔（Horta），因此它并没有出现在春天所拍的这幅作品的照片中[60]，它们一定是在毕加索从西班牙回来后加上去的，以便将赤裸的费尔南多置于苦行赎罪的野外而不是洗衣船。

作为一个身体力行的天主教徒，布拉克更喜欢避免这些黑暗地带。德兰也是，他可是毕加索的画家朋友中，最重视心灵和哲学的人。德兰也和毕加索一样，喜欢模糊神圣和亵渎之间的边界，以及将宗教艺术的张力用于世俗主题。（宗教时常能够增加张力，奥登［W. H. Auden］观察到。）[61] 在德兰的某些祭坛味道的静物画中，日常餐具的摆放是根据宗教仪式而不是一般家庭习惯布置的，就是有意识地指圣餐。毕加索作品中的圣餐，更多地是自我指涉而不是虔诚，就像在圣洁而内涵丰富的静物画——《桌上的面包和水果盘》（Bread and Fruit Dish on a table）中表现的那样。于是出现了《酒吧的狂欢》（Carnaval au bistro），像是洗衣船版本的 "以马忤斯（Emmaus）的晚餐"：桌子四周有一组寓意人物，

埃尔·格列柯，《悔罪的抹大拉》，1580年，布面油画，156.5cm×121cm，布达佩斯美术馆。

洗衣船工作室，1909 年，毕加索拍摄。画架上的《在风景中拿着书的女人》、《女裸体和吉他》（未完成）和藏起来但可看到局部的《坐着的浴者》，毕加索档案。

毕加索,《酒吧的狂欢》习作，1909 年，纸本蓝色墨水和铅笔，24.1cm×27.4cm，毕加索博物馆。

毕加索,《桌上的面包和水果盘》，1909 年，布面油画，164cm×132.5cm，巴塞尔公共艺术藏品，巴塞尔，美术馆。

其中一个还有光晕。毕加索看上去想要包含在画中的寓意（就像他在《亚维农少女》中做的那样），会把这幅画限制在一个非常具体的、一对一的解读之中。为什么不将这件作品变成静物画呢？这将会开启一种亵渎神明的解释，并让艺术家能够施行一个奇迹。

如果我们不考虑两个招待员，《酒吧的狂欢》最初的素描稿中的人物跟《圣安东尼的诱惑》基本相同：有光晕的圣人，丑角、荡妇，加上一个神秘男人（也可能代表恶魔）。在页面边缘，毕加索画了一张粗糙的速写，想看看这如何作为静物来表现。事实证明效果很好。所以他也将《酒吧的狂欢》的构图粗略地勾勒在一张大尺寸的画布上，然后借助素描的帮助，将他风格化的人物转换成一组拟人的，甚至有男根形状的大块面包和一个装满乳房状梨子的水果盘，像宗教仪式那样摆放在圣餐台似的桌子上（半圆形的折叠板很明显是暗示祭坛罩）。艺术家用艺术奇迹般地将肉体变成了面包。除了嘲弄面包变成肉的圣餐变体（transubstantiation）观念，毕加索也调侃了基督。至少我是这样解释这幅画的。

威廉·鲁宾则用不同的方式去理解[62]。正如他研究《亚维农少女》那样，他将注意力放在预备性素描而不是最后的杰作上，并认为静物画开始是一种万神殿：丑角是毕加索，他旁边的那个女人是费尔南多，有着光晕的人物是卢梭，而带着喀琅施塔得（Kronstadt）帽（一种有卷曲边沿的平顶帽）的人是塞尚和布拉克的合体。我并不赞同鲁宾将卢梭追封为圣人的看法。但是，我很肯定，《酒吧的狂欢》的素描是以画家聚会地为背景的圣安东尼的诱惑这个题材——如此解读便可与从圣餐角度解释最终作品相匹配。

另一幅差不多同时的静物画也有着相似的淡绿色调和嘲讽性的虔诚精神，其中还运用了塞尚著名的喀琅施塔得帽子来对这位艺术家致敬。戴这种帽子的人物形象也出现在《酒吧的狂欢》的一张素描草稿里。毕加索成功地在这幅画里用了同样的把戏：用能够引起联想的物品替代人物。喀琅施塔得帽被表现得像一个祭坛上的神圣遗物那般恭敬；或者，鉴于其象征性的形状——一个还愿的男性生殖器像，前面还摆放着水果贡品。

一年后，毕加索再次将喀琅施塔得帽融入绘画中，这次是一

毕加索,《布拉克肖像》,1909—1910 年,布面油画,61cm×50cm,海因兹·伯格曼(借给国家画廊,伦敦)。

个吸着烟斗的男人。"这是在工作室里创作的,并没有模特,"毕加索说,"不过,我们跟布拉克说那是他的肖像。他戴着帽子有点像那幅画。"[63] 他也抽同样的陶制烟斗。布拉克喜欢把自己装扮得像一个花花公子,他愤怒地否认了他是那幅画的模特。他说,这只是毕加索工作室里的玩笑之一。唯一与他相关的是那顶他戴着的破旧的帽子,那是出于对塞尚的尊敬。[64] 尽管布拉克坚持这一点,但没有其他人跟这幅画有关了。并且,正如巴达萨里(Baldassari)指出的那样,这幅画和毕加索那段时间为布拉克拍的一张照片有太多的相似点,所以才会认为是跟布拉克有关——这跟肖像不是一回事。[65] 喀琅施塔得帽还出现在毕加索另一幅更加神秘和私人的寓意画中:《读信》,该画是毕加索在 40 岁生日(1921 年 10 月)前后画的,并在他有生之年都隐藏起来,因而具有额外的意义。这件"mezzo del camin(人生中途)"的作品描绘两个年轻男人亲密地坐在一起读信。在地上,他们的脚边就有这顶标志性的帽子,代表布拉克和塞尚,另外还有一本书,可以想象是代表阿波利奈尔。[66] 我相信喀琅施塔得帽是一个加密符号,指的是老毕加索帮的友谊和他们对塞尚的尊敬,也是一次悲伤的告别。毕加索显然重新考虑过如何公开他的告别。

　　这位艺术家尝试为自己的作品附加一个额外的意义维度,可能是在回应所有关于第四维度的思辩性谈话,他抱怨不得不在洗衣船和斯泰因家星期六晚会上忍受这类谈话。争论可能是由莫里斯·普林斯特引起的,这位数学家的妻子最近跟随了德兰。但是阿波利奈尔,这位普林斯特一度的积极信仰者,成了第四维度的主要发言人。他对此十分着迷,随后(1910 年底)还翻译了马克思·韦伯在《摄影作品》(camera work)杂志上发表的相关文章:《从造型的角度看第四维度》,并于 1911 年在伯恩海姆-热纳画廊(Bernheim-Jeune)所做的演讲中挪用了韦伯的许多观念。[67]

　　毕加索和布拉克准备接受普林斯特在财务方面的建议,但是他们并不打算支持他的理论,或是阿波利奈尔对此的推演。他们俩始终坚持,不管是四维空间还是其他什么数学理论都不会在立体主义的发展中扮演任何角色——那是他们俩的立体主义。他们会不留余力地嘲笑沙龙里那些利用四维空间的立体主义者:"在欧几里得的三维空间之外,我们又加上了一维,变成了四维空

毕加索,《读信》,1921 年,布面油画,184cm×105cm,毕加索博物馆。

121

间，这是对空间的形象表达，是对无限的丈量。"这是格莱兹的说法。[68] 但是，尽管毕加索和布拉克抵制一切将立体主义几何化的尝试，他们并不必然反对第四维度（只要不提可怕的词本身）这种观念，该维度可以是精神而不是科学上的，是形而上学而不是欧几里得的。的确，他们出于对平面图像二维性的尊重，在能力范围内尽可能地在作品中抑制三维，他们可能感到有义务用其他维度的方式来补偿。阿波利奈尔的朋友加斯顿·德·帕沃夫斯基（Gaston de Pawlowski）对四维空间有着最有说服力和流传甚广的言论，他对第四维度的定义是："当一个人进入四维空间……他就永远地摆脱了空间和时间的概念……他将会发现自己与整个宇宙混为一体。"[69] 这听起来与布拉克对"poésie"（诗歌）的定义不无相通之处。"我所理解的诗歌是什么？对于我来说，它是一种和谐、一致、有韵律感的东西，并且正如我自己的作品中最重要的东西一样——是'变形的'（of metamorphosis）。"[70]

毕加索,《有帽子的静物》,1909 年,布面油画,60cm×73cm,彼得·亨利(Peter Henle),鲁尔的米尔海姆(Mühlheim an der Ruhr)。

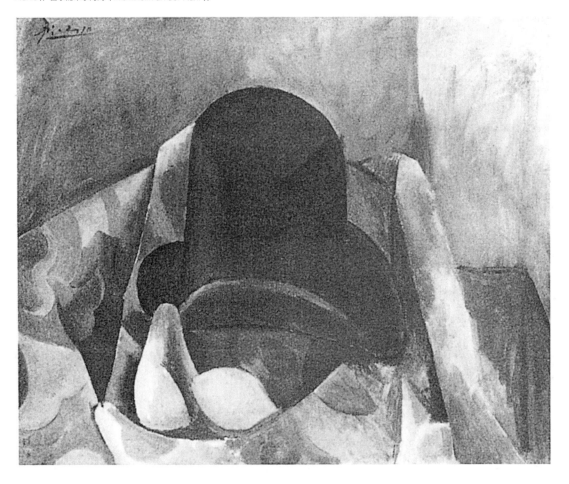

08

重游奥尔塔

杜埃罗侯爵（Marqués del Duero）街道明信片，费尔南多和毕加索从巴塞罗那寄给艾利斯·托克勒斯，1909 年 5 月，耶鲁大学贝尼克珍本与手稿图书馆。

如果毕加索决定在加泰罗尼亚度过 1909 年的夏天，那部分是因为他家里人的要求。在订婚 10 年之后，他的姐姐罗拉（Lola）终于嫁给了有一半加泰罗尼亚血统、一半安达卢西亚血统的神经专家胡安·比拉托·戈梅兹（Juan Vilató Gómez）医生。婚礼将在 8 月份于马拉加举行。这场在出生地的家庭团聚可不对毕加索的胃口。但是，他的父母不明就里仍然认为，只要他在西班牙，就可以劝说他参加。对于毕加索来说，他只是想把自己藏在某个更偏远的堡垒里集中工作，就像他前面三个夏天那样，哪里都好，就是不能是安达卢西亚。在他懦弱地逃离伤寒后，再回到高索尔（Gósol，指西班牙）就会显得尴尬了。那个和毕加索有着原始关系的年迈走私贩冯特维拉还活着——他到次年才死去——但是谴责这些半截身子都在土里的老年人将会很痛苦不说，还可能毫无意义。还有一个选择是帕利亚雷斯（Pallarès）提议的村庄，它在埃布罗河畔的奥尔塔，沿着"高地"（Altaterra）往上走，临近阿拉贡（Aragon）：他年轻时期的另一个神圣的地方。毕加索说他在奥尔塔学到了所有他知道的东西，他第一次在 1898 年就去过了。

当毕加索和费尔南多在 5 月 11 日抵达巴塞罗那的火车站时，15 个老朋友——"一个名副其实的代表团"[1]——都来到这里欢迎他们的英雄。费尔南多因为第一次接受加泰罗尼亚的欢迎而窘迫不已：她想要直接回巴黎去。在之后的两个星期里，她不断地写信给格特鲁德·斯泰因，那时她正和列奥在罗马，她也写信给艾利斯·托克勒斯，她和哈丽雅特·莱维仍待在巴黎，信的内容主要是抱怨"这个见鬼的城市"：糟糕的天气（热而潮湿），围观的

123

左页：毕加索，《埃布罗奥尔塔的蓄水池》，1909 年夏，布面油画，60cm×50cm，大卫·洛克菲勒收藏。

人群（"我每次出门都会引起骚动"），[2] 巴塞罗那的丑陋（尤其是晚上；"只有在太阳完全落山后才能忍受"），缺乏优雅，这使得这儿"极其粗野"，诸如此类。[3] 她还希望这两位女士可以加入他们。在这封埋怨的信尾，毕加索挖苦地加上一句："Bonjour mes chers amis，Spain awaits you（我亲爱的朋友们，你们好，西班牙在等待你们）。"[4]

有一个像杰曼·皮乔特那样的好朋友伴随左右，费尔南多大概觉得好多了。但是除了这个浪荡公子般的"新世纪主义"（noucentista）雕塑家，她再也无人可依了。缺乏女性伙伴让她在毕加索的全男性世界里处于不利地位。更糟糕的是，她在巴黎染上的肾病突然复发了，并且开始出血。于是等到费尔南多稍微好些，他们就毫不犹豫地开始了去奥尔塔的艰苦旅程（最后的 25 英里路不得不骑骡子）。一个医生朋友（估计是雷万托）告诉她要卧床休息——这让毕加索感到恼火。他可没有耐心来处理女人的麻烦。更何况，帕利亚雷斯的姐夫奥诺弗雷·戈德斯（Onofre Godès）为他们在这个迷人的小村庄里找了几间屋子。艺术家没有在乡下给他的精神充电，而是把自己关在离父母的公寓不远处一家宾馆的房间里，度过了两三个星期。与此同时，他的家人也变得不可理喻。他们不再认为费尔南多是一个合适的未婚妻，而是一个不合适的情妇，并拒绝接纳她。再加上他的父亲并不喜欢他的作品，这就让毕加索不愿多去看望他们。

毕加索在巴塞罗那还有一个约定要完成：那就是给介绍他去奥尔塔的老朋友曼纽尔·帕利亚雷斯（Manuel Pallarès）画一幅正式的肖像。显然，帕利亚雷斯并没有引起毕加索的兴趣。他为他画的肖像是折中塞尚风格的：一个传统的神情暗淡的男人，几个漫不经心的立体主义小块面。因为没有什么可塑造的，毕加索充分利用了他的面部毛发：两撇厚厚的雪茄似的小胡子让这位艺术学校的老师有了些许派头。除了在帕利亚雷斯的工作室完成这幅肖像画，他还和比达尔·本托萨（Vidal Ventosa）的番石榴群体（Guayaba group）共度时光，他们常在一个名为 Lyon d'Or on Rambles（漫步金里昂）的著名文学和艺术咖啡厅见面。[5] 尽管毕加索现在觉得他的加泰罗尼亚朋友粗野得无可救药，他还是很喜欢和他们团聚，尤其是安赫尔·德·索托，他以前经常和他一起去

毕加索，《帕利亚雷斯肖像》，1909 年 5 月。布面油画，67.9cm×49.5cm，底特律艺术学院：亨利·福特二世夫妇赠。

右页：4 幅毕加索的素描作品，描绘的是巴塞罗那的一个庭院，1909 年 5 月，速写本页上钢笔和黑色墨水，各 17cm×13cm，毕加索博物馆（上左和右，下左）；私人收藏（下右）。

印有托尔托萨景色的明信片，毕加索从奥尔塔寄给德奥达·德·塞弗拉克，1909 年 7 月 5 日，私人收藏。

124

巴里·西诺（Barri Xino）的妓院。费尔南多的抱恙很可能促使他重拾旧欢。《青年艺术》（Arte Joven）的新主人请求毕加索帮助他重振这本杂志，他和索莱尔（Soler）曾在八年前于马德里编辑过这本杂志。奥布赖恩（O'Brian）声称这让他"异常忙碌"。[6]实际上，毕加索所做的一切就是授权他们使用他的旧信头。[7]

毕加索在巴塞罗那最大的成就就是一系列钢笔小画：描绘了从他的酒店窗户看出去的一个庭院，背景里有一些棕榈树和一个拱形建筑。从相对具象到相对抽象（与它们创作的先后顺序并不必然一致）——这些一步一步画出的素描表明它们是立体主义表达法的一种推进，跟次年做的一切事情一样。[8]毕加索向戴克斯证实了这点："一切都是从它们中……来的。我明白了我将能走多远。"[9]这个系列进一步的发展表明毕加索将塞尚式的过渡（passage）手法推进了一步，并开始去"打碎封闭的形式"——这是坎魏勒归于1910年的发展。[10]不仅如此，这个成绩是在一个紧张的创造力受挫的时候取得的，当时他和他生病的情人一起关在一个令人窒息的宾馆卧房里。

*　　　　*　　　　*

6月5日或6日，费尔南多觉得已经足够强壮，可以进山了。为了不使她过度劳累，在第二天起身前，他们在托尔托萨（Tortosa）的一家小旅店休息。毕加索对作为成年画家回到这个高地感到欣喜若狂。"这个乡下棒极了，"他写信给斯泰因一家。[11]他说这里让他想起了"陆路"，就是那条他从"西方"知道的横跨大草原的铁路［两年后，美国旧西部启发了一张水牛比尔（Buffalo Bill）的立体主义头像; p.319］。奥尔塔重新点燃了孩子气的冒险精神，这种精神曾使他前一次的造访充满活力。毕加索把雅里的左轮手枪带在身边，像牛仔那样挥舞它。为了展示自己的枪法精准，他借来一杆枪，动身去了大山里，就像他在1898年做过那样，带着一只野兔回来。最初，他们向多比斯·梅布拉多（Tobies Membrado）租了几间屋子[12]；毕加索不得不在一个小棚里工作。几天后，他们搬去了奥尔塔唯一的一家旅店——安东尼奥·阿尔德斯客栈（Antonio Altès）。这里的面包师乔奎姆·安东尼奥·维维斯（Joaquim Antonio Vives）租给了毕加索一个房间可以作为工作室。

美莎广场（Missa），埃布罗奥尔塔，1909年，毕加索奥尔塔中心，十字架后方是市政厅，这是监狱的所在地，波萨达·安东尼·阿尔特斯（Posada Antonio Altès）在右边。

这里的村民对两位造访者漂亮的衣服感到惊奇，尤其是毕加索的天鹅绒长裤和费尔南多的帽子。因为从来没有见过面纱，他们以为那是面部蚊帐。1000比塞塔的面钞和毕加索的相机也没少让他们吃惊；当他们发现费尔南多和毕加索还没有结婚时也是震惊不已。凭借出众的外表和魅力，费尔南多赢得了大部分村民的喜爱——不过，除了清教徒帕利亚雷斯一家。他们以前对待毕加索可能像儿子一样；他们只会把费尔南多视为放荡的女人。如果曼纽尔·帕利亚雷斯能回到奥尔塔反驳他家人的偏见，费尔南多大概还能拥有一段好时光，但是他回到了巴塞罗那的约特哈（Llotja）艺术学院帮助毕加索的父亲，他们俩都在这里教学。幸运的是市长堂·佩皮托·特拉斯（Don Pepito Terrats）是一个"会毁灭所有忤逆他的人的暴君"[13]，他像中了费尔南多的咒语般，变得不那么吹毛求疵了：她和毕加索曾花了很多个夜晚陪他的女儿玩多米诺牌，还喝"令人恶心的咖啡"。[14]国民警卫队（Guardia Civil）的队长同样很友好，并为他们提供护卫。正如费尔南多自豪地写给艾利斯·托克勒斯那样："你能想象我们出行时都有五位英俊的武装警官跟随吗？他们穿着带有红色、白色和黄色肩章的黑色制服……其中一个还长得像阿波利奈尔。"[15]费尔南多获得的很多好处（"比起巴黎，我在这儿更为成功。"她炫耀道）[16]让村里的老女人们心生反感。一天晚上，那些好战的正经女人向她那不贞的卧房窗户扔石头，被毕加索用雅里的左轮手枪吓跑了。

费尔南多写给艾利斯·托克勒斯那些长长的描述奥尔塔生活的信都是预先想好会出版的。"继续并把它们翻译了，"她7月的时候告诉艾利斯，"然后让它们在美国出版。我会试着写得更好一点。"[17]尽管拼写得马马虎虎，费尔南多是一个自己好玩也让人觉得好玩的观察者——用心去通过毕加索的眼睛看待事物。她觉得这里这些可怕的妇女们十分有趣：首先是面包师的妻子，有着暧昧的过去；"学医的夫人"（la segnora[sic]medecine），会说法语但却令人生厌，以至于费尔南多都尽量避开她，因此她都在傍晚散步时遥远地问候她；然后是那个男教师令人讨厌的配偶，一点儿时间都不给她；那个人品很好的女教师就会给她时间；德国人"阿图罗·乌尔里奇"（Arturo Ullrich）离开莱比锡（Leipzig）就是为了逃兵役，最后作为药剂师留在这里。不过他最喜欢的还是这里的孩子们，其中有一个 7 岁的聋哑儿童还送了花给她，为她完成了好多"小服务"。

　　费尔南多写下的最令人感动的小插曲是当地的"tonto"（村里的傻子）：他是一个 20 出头的人，根据沙文主义传说，他是在跨越边界的时候，被一些恶毒的法国人喂了毒草才精神错乱的。最初，这个精力旺盛的大个子男人闯入她的房间并发出一些奇怪的声音把她吓坏了。但是当她意识到他是在尝试对她说法语时，她就开始怜悯他了。因为她也不能听懂他的"法语"，所以他认为费尔南多也是一个"tonta"（傻子）。他变得忠心耿耿，乃至当她和毕加索要外出去野餐时，他似乎更疯狂了。晚上，当费尔南多发现这个疯子被关在当地监狱（就在他们的旅店隔壁）时，感到毛骨悚然，因为他的叫喊和歌声让整个村庄都睡不着觉；同样令人恐怖的是，因为害怕他发怒和打碎玻璃的习惯，没有人给他一杯水。令她沮丧的是，没有任何举措能帮助他。[18]

　　因为在奥尔塔没有任何娱乐项目，毕加索安排修理了当地酒吧的自动钢琴，这样他们就有跳舞的伴奏了。他答应艾利斯，如果她和格特鲁德到来，就为她们弹奏"英雄的片段"。费尔南多写过，她打算在毕加索的宗教节日（圣彼得和圣保罗），为他伴着自动钢琴跳舞。"这是在这里我唯一能给他的礼物，而这又是丰厚的……因为我还没有为他庆祝过圣徒纪念日。"[19] 接着，她继续描述了那个最为异教徒的狂欢日——圣约翰日，或者说，仲夏日。那时，村庄里到处都会点燃篝火，就像欧洲其他地区那样，用这种方式去重新点燃熄灭的太阳。孩子们在燃烧的稻草旁跳来跳去，还拿着火把穿越街道。广场上，农民们跳起了霍塔舞（jota）："一种阿拉贡的舞蹈，如果大家都没有漂亮地醉倒，那这个舞蹈就会变得冗长而无聊。"[20] 一个年轻的男人想要教费尔南多霍塔舞；不过她拒绝了，这个男人就告诉毕加索他宁愿丢掉两杜罗（duro）也想跟她跳舞，那可是几个星期的开支，费尔南多补充道。毕加索还帮助当地的校长翻译法语版的《拿破仑一世思想录》（Les Pensées de Napoléon I）。她还问艾利斯是否愿意把绣花丝巾寄给她，作为她正在制作的一件胸衣的装饰；以及寄一些狄更斯的译本（《巴纳比·拉奇》、《马丁·翟述伟》、《艾德温·朱特》）和萨克雷的《名利场》？当肾痛的时候，她躺在床上需要书来打

费尔南多和一个埃布罗奥尔塔女孩，1909年夏，
毕加索拍摄。毕加索档案。

发时间。

费尔南多给格特鲁德的信却讲了一个完全不一样的故事，肯定是不准备出版的。当她写信给这位她视为良师益友的人时，她的幽默让路给了自怜。如果她对自己少一点懊悔，那么费尔南多这些悲伤的故事就会引起更多的同情。奥尔塔是一个可爱的地方，这里的人们对她都很好，但是"生活太糟糕了"。她的肾病因为去西班牙的旅程而大大地加剧了。如果他还在巴黎的话她就可以得到更好的治疗。在天可怜见的奥尔塔，所有她能做的就是休息和少吃东西。坐着就会痛得难以忍受，所以大部分时间她都躺在床上，无聊得流泪不止，甚至无法缝补。

无时无刻我都在遭受肾痛和腰疼的折磨；痛得好像我就要如此凄凉地死去。虽然这种情况只发生过两次，但是这让我非常虚弱而筋疲力尽。我开始便血，有时候几乎全是血。巴勃罗因此尤其恼火……我希望在这里看到你，以便你自己作出判断一下吗……我们会在巴塞罗那接你，如果我病得厉害，巴勃罗就会独自来接你。

巴勃罗的脾气很暴躁［费尔南多的长信继续写着］，我在他那儿没有得到任何精神或物质上的安慰。当我被病痛折磨时，他所做的一切只是脸色苍白，然后变得跟我一样病快快。如何是好？……你是唯一一个我能诉说我有多么沮丧的人，我已经要失去希望了。在这世上我期望的最后一件事就是让巴勃罗知道我是真正地不堪一击了。你看，我从来没有真正地生过病，但在西班牙的这两个月，我没有得到一刻喘息。

在巴黎的时候，我已经很糟糕了，但还有力气撑得住。在这里我实在太寂寞了。如果再持续一个月，我保证那是最后的一个月，我将会死去。巴勃罗没有任何帮助，他不想知道任何事。他太过于以自我为中心，无法明白现在是我需要他。他要对我的情况负责，是他迫使我在去年冬天来这里的。他完全地挫败了我。所有这些都是神经过敏，我知道，但我已没什么脸面了，我扛不下去。该如何是好？如果我表现得伤心，他就会大发雷霆。我还有一些其他的事要告诉

128

你，虽然还不确定，但是我好像怀孕了……离我第一次有迹象已过了八天。但是怀着孕又生着病的我要怎么办呢？

原谅我告诉你所有这些事……我并非想要有意但却又不能自已。尽管我相信他是爱我的，但是我感到太悲惨，太寂寞。巴勃罗将会毫不注意我的病情而让我死去。只有当我太过难受时他才会停下片刻为我费心……你会说我自己承担得太多，但你是唯一一个我可以吐露心声的人。太悲剧了，可能很滑稽，不过这可以让我平静下来。[21]

毕加索，《费尔南多肖像》，1909 年夏，布面油画，60.5cm×52cm，汉诺威斯派格尔当代艺术博物馆。

可怜的费尔南多。如果要衡量她失宠的程度，我们只需比较毕加索在 1906 年于高索尔画的那个美丽姑娘和现在在奥尔塔画的这个哀怨的形象就可以看出了。在可能是在奥尔塔画的第一幅画中，尽管她戴着巴黎帽子，穿着扇形胸衣，看起来已经疲倦不堪又充满怨恨。女人的病痛会引起毕加索的恼怒；他继续把她描绘成后来他所说的"一个受苦的机器"。[22] 这不是第一次也不是最后一次让"女人的麻烦"引发他的恼怒、敏感和内疚，从而激发他最有力量和令人不安的肖像画。多拉·玛尔和他的第二任妻子杰奎琳（Jacqueline）将会遭受比费尔南多还要多得多的痛苦，但是她们从来没有提及。至于费尔南多的怀孕最后也被证实仅仅是幻想而已，是对同情的绝望请求。

＊　　　　＊　　　　＊

至于毕加索，他对能够回到奥尔塔欣喜不已。只要他探索出如何将费尔南多的痛苦搬入他的视觉，他的作品都会极其优秀。他还想尝试风景画，特别是创作一幅比布拉克去年画的埃斯塔克的风景更好的画。6 月 24 日他就已经写信给斯泰因一家，说他已经"开始创作两幅风景画和两幅人物画，它们通常都是一样的"[23]。这两件风景画借鉴了他在两三个月前创作的圣丹尼斯采石场的景色。就像他在那幅画中把别的地方的桥移过来一样，毕加索又将在巴塞罗那酒店庭院看到的棕榈树移到了它们不可能生长的奥尔塔[24]，他还把燃烧废弃橄榄树的烟囱从田野移到了村镇上[25]。这种把不同地方的场景元素放到另一个场景的移接法在榨油工厂的风景里更为突出，这是一幅在奥尔塔构思但（根据坎魏勒的记录）在巴黎完成的作品。这次毕加索一反常规地将一条河连同

毕加索，《油井》，1909 年夏，布面油画，38cm×46cm，私人收藏。

131

上：毕加索，《埃布罗奥尔塔山上的房子》，1909
年夏，布面油画，65cm×81cm，现当代美术馆，
纽约：纳尔逊·A. 洛克菲勒捐赠。

下：毕加索，《埃布罗奥尔塔的工厂》，1909 年夏，
布面油画，53cm×60cm，冬宫博物馆，圣彼得堡

130

左上：埃布罗奥尔塔景观，1909 年夏，毕加索拍摄。毕加索档案。

右上：埃布罗奥尔塔拿着吉他的人，1909 年夏，毕加索拍摄。毕加索档案。

左下：埃布罗奥尔塔的屋顶，1909 年夏，毕加索拍摄。毕加索档案。

右下：《自拍像》，毕加索拍摄，1909 年夏，毕加索档案。

毕加索,《运动员》, 1909 年夏, 布面油画,
93cm×72cm, 圣保罗圣埃里斯皮里图美术馆。

帆船一起置入了这个大山的风景中。奥尔塔离河最近的是连绵不
断的山脉, 他前一次造访此地时差点丧命, 幸亏帕利亚雷斯来救
了他。将连绵山脉变成可航行的河流, 这种手段是典型的毕加索
式的幽默变形, 他在去奥尔塔的路上经过这两条河: 玛塔拉玛河
或埃布罗河。

　　那些费尔南多描述的当地人都出现在毕加索的奥尔塔照片
里。"尽管他还不能很熟练地使用相机," 费尔南多写给艾利斯,
"但是巴勃罗通过给当地村民拍照赚了不少钱。"[26] 幸存在毕加索
画纸中的 24 张棕色照片反驳了费尔南多的断言。这位艺术家本能
地知道怎样将相机变成他工作的助手。因为这些照片都没有说明
文字, 所以也不知道照片上都是谁, 除了令费尔南多非常自豪的
穿着制服的国民警卫队员。[27] 有张照片上有一个头发修剪得很整
齐、身材匀称的年轻人, 他拿着一把吉他, 和一幅奥尔塔绘画中
的形象相符, 画中那个人没穿上衣, 抱着胳膊。[28] 毕加索还给穿
着暴露的紧身裤的自己拍了照片, 照片中的他明显沉醉在自我迷
恋中。

　　除了给当地居民拍照, 毕加索也将他的镜头对准当地景色。
不过与一般度假快照不同, 艺术家用相机帮助他计算调整, 比如
色调对比、形式重点、反转透视等, 这让他能够将自然景色转换
成他的立体主义视觉。[29] 毕加索使用相机还有另一个更加世俗的
理由。他需要将它们寄给格特鲁德·斯泰因。他想用奥尔塔的蛮
荒美景吊起她的胃口, 希望她和艾利斯能够来看望他。最重要的
是, 他想让格特鲁德和越来越难对付的列奥融入立体主义的发展
过程中来, 这样他们就可以继续收藏他的画了。

　　毕加索的计策得逞了。格特鲁德和列奥后来购买了两件奥尔
塔风景画——就是所谓的《蓄水池》(reservoir) 和《埃布罗奥尔
塔山上的房子》(Houses on the hill)。此后格特鲁德将永远表现得
就像拥有这些关键作品使她成为立体主义的高级女祭司。在她关
于早年的记述中, 她力图将布拉克遗忘, 她和她兄弟也从未有过
收藏布拉克的慧眼。她坚持认为毕加索在奥尔塔的风景画不仅仅
是"立体主义真正的开端", 也是"立体主义是一个纯粹的西班牙
概念, 并且只有西班牙人能够成为立体主义者, 也就是说只有毕
加索和胡安·格里斯才是真正的立体主义者"的证据, "毕加索创

造了立体主义，而胡安·格里斯用自己的清醒和兴奋参透了它。为了明白这点，人们只能去看格特鲁德·斯泰因写的胡安·格里斯的传记"。[30] 将布拉克在立体主义中的合伙关系置于考虑之外，使得格特鲁德那些荒谬的言论同时在观察和判断方面都不合格。

当法语译版的《艾利斯·托克勒斯自传》在 1934 年出版时，布拉克被这位作家的恶意和错误吓坏了。难道他在 1908 年所作的风景画还不如毕加索在 1909 年所作的，成为"立体主义的开端"吗？马蒂斯、萨尔蒙和特里斯坦·查拉（Tristan Tzara）也觉得被格特鲁德蔑视了，因此他们联合起来还击她。他们采用发表特刊的方式，题目为《抗议格特鲁德·斯泰因》（Testmony against Gertrude Stein），发表在 1935 年 2 月份的《转型》（Transition）上，这是尤金（Eugene）和玛利亚·约拉（Maria Jola）创办的先锋杂志。约拉说斯泰因的回忆录是"华而不实的玩世主义和自我中心的扭变形"。布拉克则表现得尊重又有力量："斯泰因小姐并不明白她身边在发生些什么……很明显，她从来没有很好地理解法国，而这是个永远存在的障碍。但是她只从人员的角度来理解，完全误解了立体主义。"[31]

除了将她的奥尔塔风景画错误地评判为高于布拉克的埃斯塔克风景外，格特鲁德还喜欢挥舞毕加索寄给她的照片并同样错误地宣称，这些画就是"对自然的照片式临摹"：

> 当［奥尔塔的风景］第一次挂上了墙时，自然而然地每个人反对……当人们说风景画中的那些小方块除了方块，什么也不是时，格特鲁德·斯泰因就会笑着说，如果你说这些风景画太过真实，那么你的反对还有一点道理。然后她就会给他们看这些照片，而这些作品就真的像她说的一样，可以说就是对自然的太过写实的照片式临摹。[32]

这实在是太曲解毕加索的立体主义手法和这些照片了。相机是通过调整自然的外观，使之符合他的立体主义的视觉，让他知道如何去传达更高的自然经验，而不仅仅是模仿。就像毕加索说的那样，"［艺术］是帮助我们了解真相的谎言。"[33]

*　　　　*　　　　*

毕加索，《圣芭芭拉山》，1909 年夏，布面油画，54cm×65cm，丹佛美术馆，查尔斯·弗朗西斯·亨德里纪念馆收藏。

毕加索，《有山的女人头像》，1909 年夏，布面油画，65cm×54.5cm，国家艺术学院，法兰克福。

毕加索,《松树下的裸体》,1959 年 1 月 20 日。
布面油画,182.9cm×244cm,芝加哥艺术学院:
格兰特·J. 匹克收藏。

在他前一次去奥尔塔的时候,毕加索描绘了圣芭芭拉山,它在村庄后面骤然而立。他也曾到过山顶,描绘过山顶上圣安东尼·德·朵萨的隐居之地,这个景色帕利亚雷斯也曾画过,最近他用这幅画来交换毕加索为他画的肖像。毕加索把帕利亚雷斯的这幅画挂在他位于穆然(Mougins)的起居室里,直到他去世。为了让圣芭芭拉山和圣维克托山有所相似,毕加索准备采用塞尚晚期风景那种带有小面的、略微不聚焦的手法。尽管他有能力利用好塞尚对形式的掌控能力,在让画面折射出塞尚的那种光线方面还是有个问题——西班牙画家的传统用色擅于提高情绪而不是产生光。毕加索那两个灰色的圣芭芭拉山峰渐渐融入小块面组成的天空中,和布拉克在 1908 年埃斯塔克风景中的突破如出一辙,但却少了布拉克那种美妙的光辉。但是我们应该记住,自然场景,尤其是那种壮丽如画的景色令毕加索感到乏味。他更喜欢对自然的再次创作,并且不久就把塞尚式的山转向成了塞尚式的村落。他的奥尔塔风景最后看起来更像那位画埃克斯(Aix)的加尔达纳(Gardanne)的大师。

毕加索并没有完全抛弃自然,而是用它来处理肖像画,并把他那个遭受痛苦的情人依照圣芭芭拉的陡壁描绘下来,将她隐藏在一个模仿山岩裂口的大块织布之中。[34](这种依照女人来观看山脉的倾向——一个拟人而非立体主义的问题——并不仅限于奥尔塔。50 年后,当毕加索买下沃维纳格城堡(Vauvenargues),包括圣维克托山相当大的一块土地时,他感到塞尚的一些最爱的母题已属于他了。随后他将这座山"毕加索化"画成斜倚的杰奎琳,她的右手构成最西面的悬崖。)受难的费尔南多被设想成受难的芭芭拉所在的山 [他当然知道,芭芭拉是平庸画家(pompiers)的守护圣徒],这种浪漫主义绘画跟毕加索分析性的村景形成了对比,除了一个方面:房子几乎都是没有窗户和门的,就像一个坟冢,没有人们的生活痕迹。通过将奥尔塔看作是无窗高墙的迷宫,毕加索把这座熙熙攘攘的农业村庄变成了一个大墓地(necropolis)。

随着圣芭芭拉山——费尔南多系列作品的推进,毕加索在长镜头和大特写之间变换着前景和背景。他将费尔南多的前额分开成一些锯齿形状,就像许多山顶尖嘴。正如他将小块面的脑袋和小块面的山融合在一起一样,他也将小块面的山和小块面的天

毕加索,《女裸体》,1909 年夏,布面油画,
92.5cm×63cm,下落不明。

133

空融合在一起。最后，天空、山脉、幕布、女人凝聚成一个有机体——这是毕加索三年前在高索尔创作的《卖花盲人》（Blind Flower Seller）中曾尝试过的东西。现在，埃尔·格列柯扮演了决定性的角色：准神圣的指涉对象，忧郁的样式主义姿势，以及统一的块面分割。毕加索狠心地不仅将他的情人与圣芭芭拉等同起来，还将她与被放逐的人等同起来，就像格列柯那些好哭的玛格达琳在野外赎罪，将痛苦的眼神投向天堂寻求解脱。毕加索回到巴黎后，就把《在风景中拿着书的女人》变成了对某一玛格达琳的戏拟。这个费尔南多经过削减、放大、分解和重构处理之后，被神化、充满色情、极度野蛮，这已不仅仅是分成小块面，而是剥皮了。维萨里（Vesalius）又重新进入画面。在他的帮助下，毕加索渗透到肌肤之下，这不是因为他对解剖学的特别兴趣，而是因为他不仅想要协调前面和后面，还有里面和外面。

这些解剖图（écorché）绘画 除了是痛苦的费尔南多的写照，也被说成是遭受磨难的西班牙的写照。在这点上我们必须格外小心。从毕加索所写的信来看，更不说费尔南多了，这位艺术家对那个夏天摧毁加泰罗尼亚的悲剧周（Setmana Tràgica）过问极少。一个想当然的作者最近声称："毕加索对工人起义的关注以文字的形式尤其表现在他写给斯泰因的信里。"[35] 他会用"文字的方式"表达这类事情吗？当我看到这些信时惊讶地发现，它们根本不关心事件的缘由或受害者，更不说那些还处于危险之中的他心爱的家人、朋友或城市了。毕加索主要担心的是他寄走的会经过巴塞罗那的底片。它们才是真正重要的。毕加索将费尔南多系列作品在他的工作室一件接一件地架起来拍照，这样他就可以一次曝光与另一次曝光叠加起来，以获得一种立体镜效果。[36] 这些照片的命运才是他唯一真正关心的问题，他指望这些照片对他的立体主义画法有帮助。想象这位艺术家的心在为马德里反加泰罗尼亚镇压中的牺牲者而流血，或许是有益的，但却没有理由这样做。要等到毕加索从私人创伤的角度去关心政治、面对公众灾难，还有20年的路要走。

在奥尔塔更加痛苦的费尔南多系列中，有这样一件作品：毕加索通过将费尔南多头巾边缘的锯齿状韵律描绘成山的锯齿形态，使费尔南多西班牙化了；并且，他把她闪闪发光、杏仁般的

毕加索在他奥尔塔的工作室拍摄的2张作品图片，1909年夏，毕加索档案（私人收藏）。清楚可见的这几件油画 是《扶手椅中的裸体》（私人收藏）和《拿梨的女人》。

在埃布罗奥尔塔工作室的油画，1909年夏，毕加索拍摄，毕加索档案（私人收藏）。这两幅油画是《一个女人的头和肩》（费尔南多）（芝加哥艺术学院），《女裸体》（私人收藏，芝加哥）和《女人头像》（国家美术馆，贝尔格莱德）。

眼睛描绘得深陷而无神，只是徒有钻石的形状而已。他运用了我们能在村庄里发现的建筑元素来塑造她的脸，举例来说，那个代表鼻子的楔形物其实是房顶的形状。在他的《有莫罗茴香酒瓶的静物》（*Still life with Bottle of Anis del Mono*，1909）中，毕加索模糊了静物画和人物画的边界，戴克斯称之为"chosification"——变形为物。[37] 他将费尔南多变形为一个各种物体的综合物。他把她的脑袋变成一张折叠的餐巾；她那小块面组成的躯体被变成一个胖肚罐（botijo，一种形状像公鸡一样的罐子）；而作为背景的风景被变成一个绿色的帘幕。他巧妙地把在西班牙最为熟悉的东西也包含进去，那就是瓶身由小块面组成的茴香酒瓶；这使得这幅分块面的作品的其余部分也成了一种图像上的双关语。[38]

毕加索，《披着头纱的费尔南多》，1909 年夏，布面油画，39cm×30cm，私人收藏。照片发表在《摄影》（*Camera Work*）杂志中，1910 年 12 月。

最后，没有一个毕加索的朋友去了奥尔塔，除了曼纽尔·帕利亚雷斯在毕加索将要离开的最后一两天来过。帕利亚雷斯带毕加索去了马埃斯德拉特港（Ports del Maestrat）的一个洞穴，他们在石头上涂抹，像野蛮人一样生活，无聊得可怕。[39] 但是这并没有令毕加索烦恼，相反，他偶尔向他的老朋友回忆童年和那些宗教仪式，一讲就是一个钟头。"我永远不会忘记你是怎样拯救了我的生命，"毕加索每次和帕利亚雷斯在一起的时候都会这样说，他们两人都活到了 90 岁。[40] 如果有人在场，就会知道他们在用加泰罗尼亚语进行无尽的对话，毕加索因为自己的加泰罗尼亚语很差而感到自豪——"就像国民警卫队一样，"他告诉奥特罗。[41] 因为非常喜欢帕利亚雷斯，毕加索会让他和他那沉闷的儿子住在酒店而不是住在他的别墅。他不想看到这位老人在他面前去世——那是坏运气。死亡是会传染的。

＊　　　　　＊　　　　　＊

这个夏季的高潮是去马德里和托莱多的旅程，这样他就可以再次刷新他对埃尔·格列柯的记忆了。"我已经想再看一眼格列柯很久了，"他在 7 月的某个时候这样写信给斯泰因一家。他甚至说服当地医生，让他劝费尔南多陪他去。但是直到最后他们还是没有去：巴塞罗那和大部分加泰罗尼亚地区都突然爆发了革命。这一年的早些时候，革命的苗头就已出现在了摩洛哥，失业的暴民袭击了位于里芙山（Rif）上，大概是耶稣会所有的矿产公司的西班牙雇员。在前去镇压的军队被伏兵（7 月 9 日）大批杀害之后，

毕加索，《有莫罗茴香酒瓶的静物》，1909 年夏，布面油画，81.6cm×65.4cm，现代艺术博物馆，纽约：西蒙·古根海姆女士资助。

士兵在悲剧周期间守卫着巴塞罗那烧毁的艾斯拉比
奥斯（Escolapios）的女修道院，1909 年 7 月，
市政历史研究所，巴塞罗那。

西班牙政府召集了 9 万后备兵——首先就是从巴塞罗那召集的。
这使得怀恨在心的当局向加泰罗尼亚青年进行报复，他们中的大
多数都因为是分离主义者、和平主义者、社会主义者或无政府主
义者（通常四个都具备）而缺少途径花钱让自己不去军队。7 月
11 日，军务部开始将后备军运去摩洛哥，当地的领导者则开始组
织大罢工。巴塞罗那随后的反抗是自发的骚动。"没有人发起！
也没有人领导！"无政府主义领导者，安塞莫·洛伦佐（Anselmo
Lorenzo）在 7 月 21 日曾写过这样的信，"不是自由主义者，也
不是加泰罗尼亚分离者、共和主义者、社会主义者或无政府主义
者……一周的狂欢，一周的神圣怒火，见证了因几百年来所遭受
的痛苦、迫害、忍耐而爆发的群众狂怒。"[43]

　　暴民的主要目标是古老的教会。工人阶级的妇女对女修道
院——在巴塞罗那有 348 座——发起了攻击，因为修女们对她们
实施压迫。当她们攻破四只猫咖啡馆背后的圣马格达琳修道院
时，最坏的怀疑得到了印证，发现了酷刑室——一个藏于地窖中
的"殉难室"。在隐修会修道院（Hieronymite Convent）的地下室
里，她们发现了更恐怖的东西：这里有 25—30 具修女的干尸，它
们的手和脚都被绑起来，曾被残忍地鞭打过。为了撕开神职人员
的伪善，暴民们拖着这些尸体游城，还将其中一具尸体立在一座
教堂门口，而这座教堂的看司事还是毕加索父亲的朋友比达尔·文
托萨（Vidal Ventosa）。他们在一具干尸的嘴里点上烟，让它看起
来像妓女一样。一个浑身都是煤渣的年轻人还夺过一具干尸，跟
它一起跳舞，一直跳到这个城市里最讨厌的人——富豪科米亚斯
（Comillas）侯爵的大门口。[44] 总之，大约 70 座教会房产被烧毁和
洗劫，包括一座委托 14 岁的毕加索创作了两幅祭坛画的修道院，
我们只能从素描上得知其内容。[45] 更多的教堂被严重损坏。这次
的报复行为甚至比 1904 年发生"大麻烦"后更为野蛮暴力。大约
2000 人被捕，其中的大部分都被审判；另外还有 2000 人逃亡到法
国。175 人在街斗中丧生。尽管有世界性的抗议，仍有五人，包
括那个和干尸一起跳舞的煤矿工人和根本没有参与此次叛乱的圣
洁的无政府主义者弗朗西斯科·费尔（Francisco Ferrer），被交予
军事法庭，并于 10 月 13 日枪决。更多的暴力接踵而至。

　　毕加索才不会让这些野蛮事件使他在创作上分心。"我之前从

136

没有给你写过这些，"毕加索在 7 月底写信给斯泰因一家，"因为看起来在西班牙的我们正因革命而遭受着剧痛……今天报纸开始重新发售，他们说革命结束了。"[46] 在另一封几天后的信中，他反写道："我们在西班牙爆发了一场大革命。现在已经结束了，恐怕我们在西班牙的逗留要提前结束了。"[47] 在另一封信中，费尔南多说："这个事件将我们与世界隔离开来差不多十天。"[48] 接着她揣测她之前的信有可能被当局拦截了。以上也就是毕加索全部的革命热情了。

实际上，暴民们炸毁了很多铁路桥，以至于答应要来奥尔塔看望毕加索的朋友们，像格特鲁德、艾利斯和皮乔特都不得不被隔离在外。同样，马诺罗和弗兰克·博蒂·哈维兰本来正在法国边界的马达姆镇（Bourg-Madame）度夏，想要来奥尔塔看望他们的，但是费尔南多告诉格特鲁德："他们不敢来，因为害怕打扰到巴勃罗。"[49] 不过事实并非如此，马诺罗不来的原因是他害怕惊动当局而不是害怕打扰巴勃罗。他在 1901 年为了逃避兵役而逃离了西班牙。现在，加泰罗尼亚青年正被征集运往摩洛哥，如此再冒险回西班牙实在是太疯狂了。

男人和狗，埃布罗奥尔塔，1909 年夏，毕加索拍摄，毕加索档案（私人收藏）。

悲剧周为毕加索提供了一个不参加他姐姐在马拉加婚礼的绝佳借口。虽然他还是很喜欢他姐姐罗拉，但是他害怕看见他那些乡下亲戚。"巴勃罗的姐姐在几天前结婚了，"费尔南多在八月初这样写信给斯泰因一家，因为婚礼是在马拉加举行，所以"巴勃罗因为不参加婚礼还有些小麻烦。"[50] 八月底的时候，他也没有去安达卢西亚，而是在巴塞罗那待了两周。那时候整个局势已经稳定下来，那些被报纸比作宗教审讯的政治迫害已经进行；毕加索的父母也从安达卢西亚回去了。费尔南多一回到巴塞罗那的东方大饭店（Grand Hotel de l'Orient）就又发病了。"我明显病得很严重，"她在9月7日写信给格特鲁德，"在这儿的一个医生朋友建议巴勃罗立刻带我回巴黎。我已经筋疲力尽而无法再写什么了。"[51] 但是她接着又写了关于肾病和出血的细节。两天后，她写信给艾利斯·托克勒斯告知他们将会在星期五从巴塞罗那动身，在11日星期六早上9点就回到巴黎，他们会坐快车头等车厢，这样她会舒服些。她保证当天下午就会去拜访格特鲁德。那时，将会有专家为她治疗，并且在克里希大街（Boulevard de Clichy）的新公寓已备好，还有一个合适的女仆早已就位。生活将会彻底改变。

137

138

09

告别波希米亚

毕加索，《坐着的绿衣女人》，冬天，1909—1910年，布面油画，100cm×81cm，市立范阿贝博物馆，埃因霍温。

左页：毕加索，《费尔南多头像》，1909年，铜，高：40.5cm，斯蒂格利茨拍摄，发表于《摄影》，1910年12月。

毕加索在他蒙马特的新工作室里创作的第一幅画是《坐着的绿衣女人》（*Seated Woman in Green*），这是一幅费尔南多的半身裸体画。它那充满深绿、灰色和赭色的冷色调和小块面组成的脸和上半身都可以追溯到奥尔塔时期，除了这位模特不再是痛苦的表情。另一件他专心完成的作品是相似的费尔南多的头像雕塑；这也可以回溯到奥尔塔时期。他在山区度过的夏季期间，毕加索常常找一些木头和石头准备做雕塑。在高索尔，他还让人找来凿子。他并没有在奥尔塔操这个心：他为费尔南多画了好些素描作为他最重要的立体主义雕塑的草稿。他一回到蒙马特，就去了他的雕塑家朋友马诺罗的工作室，并用陶土为头部建模，就像圣芭芭拉山那锯齿状的山顶一样——他没有去帕科·杜里奥那儿，他曾于 1906 年在那做过关于冯特维拉（Fontdevila）的陶艺作品；[1]但杜里奥无法容忍立体主义。在翻成石膏之后，毕加索用刀片将它切成一个个小平面，就像钻石切面一样。这个头像证实了他在几年后的一个声明：在立体主义绘画中有足够的规范来完成一个实在的三维物体。[2]

尽管毕加索已从原始主义走了出来，但是费尔南多的头发被隆起成一小团一小团的，就像一丛热带水果，其中包含了部落艺术的影子，特别是方（Fang）族面具。（毕加索常常为女人的头发设计出奇怪的形状：发饰像一串香蕉、乳房或臀部。）发饰可能也有史前渊源：巨大的、臀部肥大，象征丰产的莱斯皮盖的维纳斯（Venus of Lespugue），这种像充气似的特征也留在毕加索 20 年后的玛丽－泰蕾兹（Marie-Thérèse）雕塑上。[3]当然也不能排除维萨里。这位佛兰德斯解剖学家的人体解剖图继续启发着毕加索去剖

139

解费尔南多：去掉面部表皮，揭示皮下的肌肉系统；塑造了颈阔肌，也即从肩膀和锁骨一直延展到头部那组肌肉的柱基。耐人寻味的是，在这件雕塑完成之后不久，费尔南多就接受了手术。毕加索大概会认为自己就像先知一样。

1912 年春，未来主义者博乔尼（Boccioni）来巴黎，毕加索在这个由小块面组成的头部中注入的活力吸引了他的注意。他大概是在沃拉尔的画廊看见这件雕塑的，之后便留下了深刻的印象，甚至一度抛弃绘画进行雕塑创作。[4] 他首次尝试"超越"（surpass）毕加索立体主义的作品是他母亲的一个头像，块面分割华丽，离心扭曲，名为《反优雅》（Antigrazioso）。立体主义特征很明显，但却一点也不像其他头像作品那样华丽和繁缛［如《头与窗的融合》（Fushion of a Head and a Window）和《头 + 房子 + 光》（Head+House+Light），都已被毁］，他在那些作品中预演了他的"物理先验论"（physical transcendentalism）。博乔尼之后的雕塑作品更好一些。尽管它们不乏未来主义的动态（dinamismo）——立体主义中掺杂了电影同时主义（cinematic simultaneism）、新艺术生物形态主义（nouveau biomorphism）和使人想起 1950 年代汽车的尾翼——但这些作品都有一种静止的运动感（static movement），跟迈布里奇（Muybridge）对跑步者拍摄的照片一样。博乔尼这些受立体主义启发的绘画作品就用无序的风表示速度，但也因此而大打折扣。坎魏勒反对他的画家们在未来主义旁边展出自己的作品，因为它们太过嘈杂。

毕加索看中青铜的耐久性和可塑性——他还可以如何浇铸和出售他的雕塑呢？——但是青铜对于他来说太过贵重和宏大。他后来经常在上面加彩绘。他更喜欢原初的石膏而不是来自铸造厂看起来很贵重的青铜——石膏没有光泽和中色调的表面就像立体主义绘画一样。[5] 他在同一时期，作为费尔南多的头像而创作的两件小一点的雕塑——一个苹果和一个头像——毕加索自己保留了它们，从未浇铸。[6]《苹果》是 1909-1910 年间许多静物画中水果的二维版本，它们小块面的圆形和无处不在有着方形小块面的盒子形成对比。再一次，毕加索在这个石膏苹果上动了刀，并将它切成很多个棱面。它尽管很小，却令人印象深刻：它是对一个苹果的纪念，也是其肖像。［毕加索将他声称是他所描绘的那个苹果

翁贝托·博乔尼，《头 + 房子 + 光》，1912 年，雕塑（已毁）。

140

右上：毕加索，《费尔南多头像》，1909 年，石膏，高度：42cm，恩沃伊
（Envoy）和莱特尔（Latner）家族收藏。

左上：毕加索，《费尔南多头像》习作，1909 年，水彩墨水和纸本，33.3cm×
25.5cm，芝加哥艺术学院：阿尔弗雷德·斯蒂格利茨家族收藏。

左下：毕加索，《苹果》，1909—1910 年，石膏，高度：11.5cm，毕加索
博物馆。

赠给了捷克藏家弗朗兹·克罗默尔（Vincenc Kramář），后者将这个干枯的纪念品保存到死为止。] 另一个小而有点呆滞的女人头像很可能是为一件大点的作品所作的草稿[7]，但是我相信它同样也是一件实验模型，如此，毕加索便可以像他在石膏苹果上所做的那样，转换方式，观察他的绘画中分成小块面的形体能够如何承载光线，以及与其他元素相互作用。

"继续做这种雕塑是无意义的。"毕加索如此评价他有突破性的费尔南多头像。[8] 我们能够知道其中缘由。在奥尔塔时，这位艺术家找到了一种办法，让对象在油画上看似有触觉感。既然他在二维上达到了这个目标，为何还要继续让它变成三维的，尤其是在他缺少必要工具不得不在朋友的工作室完成的情况下？但是，这并不意味着毕加索停止去构思雕塑般的事物。很多在 1909 年和 1912 年之间的素描都可以像画成油画那样用黏土、金属、木头进行制作。在某点上，他尝试将一个三维元素（如石膏烛台）融合进静物画里，进一步模糊雕塑和绘画之间的界限。这个实验显然失败了[9]，由此出现的混杂物不是丢失就是被摧毁了。过了 3 年，毕加索才重回到绘画表面的平面性与浮雕之间的协调问题。拼贴艺术将会引领他向前。

*　　　　*　　　　*

在一次夏季旅行后，毕加索喜欢召集那些他信任的、可以检验和讨论最新作品的朋友。从奥尔塔一回来，他就邀请他们参加被他戏称为"开幕式"（vernissage）的活动——说戏称是因为法国传统的仪式对毕加索和布拉克来说就像诅咒一样。他们的作品绝不可能需要如此亮堂。毕加索强烈地感受到这点，因为有一次，他威胁要收回两件没有经过他允许就被斯泰因一家喷漆的作品。他"脸色苍白，强抑着怒火"离开了他们的房子，并拒绝再次去他们家，直到他们保证再也不这样做了。[10]

开幕式也让朋友们去参观了毕加索在克里希（Clichy）林荫大道的新公寓。为了安抚费尔南多，租赁方写的是她的名字。斯泰因一家和其余潜在藏家一开始都被邀请在 9 月 15 日星期三的下午来参观，不过后来推迟到了第二天，因为还没有准备好。开幕式的真正意图当然是尽可能多地卖掉作品，以补偿搬迁的费用和费尔南多的医药费。奥尔塔的风景是当时最受大家喜爱的：斯泰因一家买了两件，还有一件费尔南多系列。弗兰克·哈维兰买下了有棕榈树的砖厂，并随后卖给了希楚金。[11]沃拉尔买下了余下大部分的作品。

在前一年就购买了大量作品的坎魏勒尝试着大砍价，不过并未达到目的。他在这一时期的库存表上只有几幅水粉画和素描，其中很多都是更早时期的作品。后来毕加索认为这位画商不够支持他——这当然是不公平的。斯泰因一家抢先到了毕加索那里，因而得到了"优先挑选权"（"droit de première vue"），这让坎魏勒高兴不起来。他不得不让那些和他签约的艺术家首先索取他的有限资源，尤其是在夏季末，当他们回到巴黎时，满载着新作品，并急需要钱。他为何要特别地对待一个拒绝和他签约的艺术家呢？对毕加索来说，他需要依赖坎魏勒来负担费尔南多的医药费，但却失望了。以后，当他生这位画商的气时，他就会疏忽怠慢，以此为借口不跟他交易。

位于克里希大街 11 号的工作室。

大概应该感谢沃拉尔，毕加索才能够为费尔南多提供最好的治疗。1 月的时候，费尔南多接受了一次手术。[12]这次手术结束了她的肾病，但不代表结束了她和毕加索之间的问题。她继续挑起的愤怒超过了同情。从洗衣船搬出来是一件喜忧参半的事儿。尽管他在接下来的 10 年里搬家超过 5 次，毕加索还是不喜欢将自己连根拔起。晚年，他将在洗衣船度过的无拘无束、污秽不堪的五年看作他人生中最快乐的日子。那是他最先取得可能是他最大突破的地方，是他第一次坠入爱河的地方，是他树立起自己在现代艺术中叛逆领袖标志的地方。搬到克里希林荫大道意味着他那轻松自由的友情岁月的结束，这是大部分敬业的画家都要完成的仪式。名声正渐渐展露——大好前程正扰乱着毕加索平静的内心。还有另一个无穷无尽的烦恼在困扰他：他那个并不打算和她结婚的情人，不仅仅将签名变成了"费尔南多·毕加索"，她还扮演起一个有着许多传统家务要做的传统少妇。格特鲁德·斯泰因曾描述过一次在星期六晚宴上，毕加索和费尔南多的争吵。为了激怒她的情人，费尔南多宣称连痞子也比艺术家强。

      毕加索说，是啊，痞子当然有他们的大学，艺术家却没 143
有。费尔南多生气地摇着他，说，你认为你很风趣，但是你只是很蠢而已。他沮丧地表示她已经摇落了一颗扣子，费尔南多很生气，并说，你，你唯一自称的特点就是你是个早熟的小屁孩儿。[13]

费尔南多和毕加索，1910年，

*　　　*　　　*

"这些人一定是中了头彩，"一个打包的工人这样告诉莫里斯·雷纳尔，后者当时在帮助毕加索和费尔南多搬家。[14]的确，在他们愉快的新居和洗衣船之间有着巨大的差别：它在一座建筑的顶层，泰奥菲勒·德尔卡塞（Théophile Delcassé，法国前外交部长，曾策划了《英法协约》）是这儿的主人，并曾住在这里。毕加索在资产阶级的骄傲和波希米亚的羞耻之间受折磨——毕竟，这间房子也是他成功的标尺。在放弃欲求之时，成功打开了名誉的大门。毕加索和费尔南多都把资产阶级化的责任推卸到对方身上。双方都有责任。在养母手里经受了虐待和拒绝后，"美丽的费尔南多"渴望安全——尽可能结婚。而毕加索在经历了寒酸儒雅的少年时期和初到巴黎时的贫穷不堪后，他想要一种平静的生活方式，让他能够忘记物质烦恼而安心工作——"就像一个乞丐，"他曾这样说，"但却有很多钱。"在他的余生，他都有混乱、不便和尘埃（从来没有脏过：毕加索是要求绝对干净的），这些都曾让上流社会的访客对洗衣船感到恐惧。与此同时，他还指望他生命中的女人来完成简单的家庭仪式，以及他勤劳的母亲提供的那种支持。就算尽他所能，毕加索既不能甩掉资产阶级出身的烙印，也不能甩掉天主教信仰的烙印。这种进退两难不是真正的问题。他也不能甩掉的反讽感让他能够去利用这些烙印，并把它们颠覆性地扭在一起。因此，新公寓的装饰也显得有一点儿自嘲。

毕加索将洗衣船的家具放在女仆房，并在当地的旧货商店买来一些古怪的家具替代它们。他被费尔南多琐碎的摆放方式给足足地逗乐了一番。比如说，他在餐厅里挂了一套彩色石印画，被费尔南多责备说它们更适合门房包厢。某天，他回到公寓里，后面跟着"一个背着豪华而巨大的路易斯·菲利普沙发的男人，沙发跟那把用黄金纽扣装饰的天鹅绒椅子倒也相配"，这些形象曾出现在很多的立体主义作品中。[15] passementerie（流苏和饰带）——根据当时照片中的织物可以联想到的那种类型——总能特别吸引

静物，毕加索拍摄，1911年，毕加索档案。

毕加索；还有很多丑陋的机器编织的挂毯，陈旧得不像它的真实年份，被挂在工作室的墙上，并启发了1909—1910年很多作品中有着美丽图案的织物。在非常重要的作品中，他也同样使用各种各样的小古董——粗糙的装饰品、路边摊的战利品、愚蠢的纪念品。"如果这些廉价的东西很贵，"毕加索曾说，"我不久就会发现自己身无分文，因为它们是我唯一关心的东西。"[16]

并不是所有的家具都是玩笑。毕加索为他父亲从巴塞罗那寄来的东西感到非常自豪：一件镶有象牙、珍珠母和贝壳的意大利橱柜，一套赫波怀特式椅子的一部分，这是他的祖父在马拉加一个英国酒商那儿打折买来的。毕加索一生都保存着这些椅子。他还拥有同行画家的画作和不断增多的非洲和大洋洲雕塑。原始艺术除了为毕加索和他的朋友们提供无限灵感来源，它跟艺术家彼此的作品一样，是在他感兴趣的东西中唯一"可收集的"；它也产生强烈的竞争。费尔南多描述过新公寓是怎样充满面具和祭祀形象的，它们大部分都和"用少量玻璃装饰的念珠、项链、手镯、护身符一起悬挂在墙上，被艺术家的女朋友们顺走了不少，拿去当"[17]。

因为公寓位于顶层，有着绝佳的视角欣赏圣心大教堂，这启迪了艺术家在次年春天创作的一幅微微发光的银色画作。这间工作室最主要的优点在于宽敞、通风，并拥有北侧的光线：

> 没有人能够不经允许而进入，这里的一切都不可以触碰，并且，跟平常一样，混乱……不得不被尊重对待……女仆没花多少时间就摸清毕加索的性格特点，并学会不去激怒他或讨他厌烦。如果毕加索没有安排，那么工作室永远都不需要收拾……扫是不允许的，因为他无法忍受灰尘飞扬。空气中的灰尘会粘到他的画上，这使他抓狂……他常常在两点甚至更早的时候把自己关进工作室，工作到黄昏。在冬季时，才会允许别人进去查看火炉的情况。[18]

只有他那只肥大的狗，温柔的弗利卡（买自雷纳尔），以及从洗衣船带来的三只暹罗猫和最近刚买的猴子莫尼娜（Monina）拥有在工作室里任意走动晃荡的权利。莫尼娜喜欢毕加索。她坚持与他共食，从他指间偷走水果和烟，戏弄马克思·雅各布，他对

145

左页：毕加索在工作室（地址：11, boulevard de clichy）的照片，1910—1911

上左：《自拍像》

上右：弗兰克·博蒂·哈维兰

下左：马克思·雅各布（挨着毕加索的一把赫波怀特式椅子）

下右：纪尧姆·阿波利奈尔，毕加索档案。

毕加索，《扶手椅中的女人》，1909—1910 年冬，布面油画，81.3cm×63.5cm，下落不明。

动物感到恐惧。"我们必须非常小心，害怕她弄碎任何东西，"费尔南多说，"纯粹出于作恶，[莫尼娜]会把她所有······偷来的宝贝撒在地上。"[19]令人惊讶的是，莫尼娜从未出现在这位艺术家的作品中。

每两三个月，毕加索就会整理他的作品和财产，并将它们藏在巨大的壁橱里。这使得打扫工作室成为可能——那就是没有什么好整理的。一个戴着帽子穿着围裙的女仆负责在这间小小的愉快的餐厅准备餐点，在这里往外望去是弗洛克特林荫大道（avenue Frochot）上的树林。[20]费尔南多在 25 年后回忆道，阳光点亮了樱桃木餐柜，胡桃木的橱柜里堆满他们的发现——青铜、白蜡、瓷器——还有一架小小的胡桃木教堂风琴，无论何时，当人们抽动风箱的时候，它那迷人微醺的香味就会随风而来。[21]尽管毕加索常常抱怨客人们，他还是喜欢打开房门，那个只能坐四五个人的椭圆型餐桌常常满座超出负荷。

艾米塔基酒馆（Taverne de l'Ermitage）不久就开在了毕加索公寓的对面，每天生意满堂，代替了挤满游客的狡兔酒吧（Lapin Agile）。这个活力四射的酒吧迎合了皮条客、运动界、娱乐行业的人，同样还有小丑、杂技演员、女骑手和走钢丝者，他们重新点燃他在马戏团的快乐。他们都成为要好的朋友。费尔南多曾告诉过格特鲁德·斯泰因，有一个擅长表演黑人音乐和舞蹈的旧金山人是怎样让他们开怀不止。[22]另一个剧团的杂技演员，大概叫莱奥妮（Léonie），答应为毕加索当模特。她那女流浪者的形象和苗条瘦弱的身体激发了一组人物画，和费尔南多的截然不同。

格特鲁德·斯泰因很有兴味地观察着毕加索环境的变化。现在，费尔南多拥有了一间体面的公寓和一个体面的女仆，她为他们提供舒芙蕾（soufflés）点心，因此，她应该比以往更快乐，但是事实却并非如此。毕加索也一样。不仅仅是他们对彼此的感觉早已消耗殆尽，这跟毕加索对社会成规的心理矛盾有关。他不愿出门却经常会出去；他不愿招待人们却不停地邀请他们。他甚至向费尔南多妥协并答应设立一个会客日，就像斯泰因一样。"他选择了星期天，"她说，"通过这种方式，让我们能够在一个下午内处理完必要的社交。毕加索通常都会出现并很高兴看见他的朋友们······尽管他也常常想看见他们下地狱。"[23]根据格特鲁德，"那

146

时，那里就会有很多人，甚至一起喝下午茶。"[24]这些会客的星期天渐渐减少了。为了庆祝他们在新公寓的第一个圣诞节，格特鲁德寄来一棵圣诞树，毕加索亲自装饰了它。蜡烛已要燃尽，得赶紧熄灭。格特鲁德收到一封感谢信，信中包括了克雷尼兹和皮乔特的圣诞祝愿，并署名为"费尔南多·毕加索。"[25]

根据自己作品的进度，毕加索在反社交的愠怒和合群之间来回变化。他很喜欢在家里用餐，但也喜欢参加慷慨的朋友准备的晚宴，像凡·东恩、保罗·波列特、理查德·戈兹、弗兰克·博蒂·哈维兰，这样就可以向他们诉苦了。同样地，他开始害怕斯泰因家越来越拥挤的星期六晚宴，但是很少错过它们。他能够偶尔保持心情愉快，但是通常表现得孤僻而沮丧，也因那些非要把他拉到人群里，让他用并不流畅的法语去解释那些他不想解释的事情而烦恼不已。后来斯泰因一家常常带一些美国人来：很想要到一幅画的马克思·韦伯；提出过办展览的斯泰肯（Steichen）和斯蒂格利茨（Stieglitz）；还有一些富裕的女同性恋者，格特鲁德会带她们去工作室，而她们则会买一两幅素描，有时候甚至一扫而空。从这些毕加索通过斯泰因结识的朋友们中，费尔南多挑选出"非常有才华的波兰雕塑家埃利·纳德尔曼（Elie Nadelman），他的作品现在已经加入斯泰因的丰富藏品之列"[26]。

现在，毕加索帮的大部分人都开始为自己赢得名声，在他们之中有一层不断增加的嫉妒和怨恨，这是毕加索无法消除的。费尔南多曾写过，尽管他那辛辣的机智，

毕加索，《莱奥妮小姐》（Léonie），1910 年，布面油画，65cm×50cm，私人收藏。这个名字很可能是根据马克思·雅各布的《圣马托雷》中的角色而来。

　　　　能够让他一时扫净工作和烦恼在他脸上留下的痕迹；尽管年少轻狂给［这个团队］带来活力，我已经能够在他们的友谊中感到一丝提前老化和细微的衰落，时而还会出现罕见的不合（当然很快被压住），他们真是厌倦了每天看到同样的脸、讨论同样的想法、批评同样的天才并嫉妒同样的成功。这个隐藏在表面之下，并仍未被人察觉，逐渐瓦解的过程……在这些曾经是一个联盟的艺术家之间造成裂缝——而再想隐藏这个裂缝，已是徒劳。[27]

147　　　1909 年之后，毕加索再也不用担心钱的问题了。这让他的

马克思·雅各布，《费尔南多头像和戴着帽子和围裙女佣》，纸本钢笔。毕加索后嗣。

生活变得简单；在另一个层面来讲，它又让生活变得复杂。费尔南多发现自己除了打扮、缝纫、八卦，还有等待她的爱人从工作室出来——很少带着友好的情绪——以外，简直无所事事。不管什么时候她问毕加索怎么了，他是否累了或病了，他都会向她瞪着愤怒的眼睛并说，"不，一丁点儿也不，我只是在思考我的工作。""在进餐时他也很少说话；有时他甚至从头到尾都一言不发。他看起来十分烦恼，其实他只是沉迷在思考之中。"[28] 费尔南多再也不能让毕加索放松了。只有阿波利奈尔或马克思·雅各布能够打断他对创作的思考。马克思能够激怒马塞尔·奥林（Marcel Olin），后者很快成了一位著名的演员。在把杯子里的水泼向对方之后，这两个男人就会歇斯底里地和解。毕加索对此乐在其中。

因为担心自己的健康状况，毕加索断定自己在搬家期间生病了，并需要节食。他的病到底如费尔南多猜测的那样，是身心失调或忧虑过多，还是他已经得了胃溃疡，我们都无从知晓。无论如何，在接下来的几年里，他都不能"喝除了矿泉水和牛奶以外的任何饮料，也不能吃除了蔬菜、鱼、大米布丁和葡萄以外的东西"[29]。费尔南多补充道，大概这就是节食使得他伤心而脾气暴躁——除了对待诗人朋友和宠物。不过也有可能，比起费尔南多，他们似乎在毕加索的情感中占据了更牢固的位子。

*   *   *

毕加索从洗衣船搬走让马克思·雅各布感到失去亲人一般，被他在这世上最爱的人抛弃了。没有了隔壁工作室来让他晃悠和放松，没有了争吵和嘲弄，没有了费尔南多对他溺爱和鄙夷的眼神，雅各布开始寻找毕加索的替身。只有上帝能做到了。由此出现了这位诗人最大的一次显圣：基督的异象，异象达到高潮时，他皈依了基督教，从而改变了他的整个人生，就像一个类似的异象也改变了另一个犹太背宗者：塔尔索的保罗。

在他对异象领悟的矛盾叙述中，雅各布时常编造或掩盖记忆。1909 年 9 月 22 日下午 4 点，是他第一次看见异象，但他在其他地方又篡改了日期：9 月 28 日和 10 月 7 日。亨利·迪翁（Henri Dion）查阅了记录，一家公司在他第一次看见异象前一两天，在他的房间里装了一扇新窗户，他由此声称异象不可能在 12 月 2、3 日之前发生。这位诗人的传记作者之一，安德鲁（Andreu）的结论是九月底是最有可能的日期。[30] 考虑到雅各布的病情和诗人的任性，我勉强可以接受是在十月初——部分是因为这是犹太人的赎罪日（Yom Kippur），诗人曾经看过。

雅各布在描述他看见异象时并没有什么矛盾。在国家图书馆的工作需要耗费他一天中的大部分时间，他不得不回到他臭熏熏的房间打一小会儿盹——"里面散发着乙醚、煤油味儿和不新鲜的烟草味儿，还有从窗户下方的垃圾筒里传来的腐臭味儿"。[31] 他不得不弯下腰穿上他的拖鞋，然后向上瞥一眼：基督正现身在他床上方红色的挂毯上，那是一个优雅得难以言喻的形象，穿着有淡蓝色贴边的黄丝绸长袍。背景是一个他在几个月前画过的有运河的风景。雅各布痛哭着跪倒在他的膝前，泪流不止，但却充满了一种神秘的幸福感："闪电剥夺我的衣服……我已如同动物。此刻我重生为人。"[32] "在圣像消失后，我听见一些细碎的声音，其中一些字眼非常清晰、尖锐、明智，让我整夜睡不着。我眼前滚动着一段连续的形式、颜色和场景，我那时并不明白，但是后来才知道那是一段预兆。"[33] 这就好像已经离开他的毕加索，作为基督又回到了他的生命中。正如雅各布在几年后告诉科克托（Cocteau）那样，从那以后，他就像抹大拉的玛利亚爱着耶稣那样爱着毕加索。"你是我在这个世界上最爱的人，"雅各布在他对《伪君子的防守》（La Défense de Tartuffe）的致辞中，如此直呼这位艺术家，"在上帝和圣徒之后，圣徒也视你为他们之列。"[34]

在雅各布看见异象的第二天，他在一位神父那里进行了告解，神父带着怀疑的假笑听完他的告解，并答应把他的事反映给上司。雅各布没有听到进一步的消息，很痛心。他抱怨时，这位神父才承认他之前将这整件事误以为是新闻界的骗局。雅各布的朋友们也没有过多相信他的异象：他们认为这不过又是他的一个恶作剧罢了。他那些恶意的邻居都将其归咎于他的同性恋嗜好或是莨菪的副作用（"这种植物让人能够看见恶魔"），或者，既然乙醚中还有熏香的味道，他们甚至把异象归结为撒旦崇拜。毕加索开过这类黑色玩笑，但还是选择了相信他。正如诗人后来确认的那样："当上帝允许我接近他，你是第一个知道的人；你是唯一一个没有嘲笑我的忏悔的人。"[35] 毕加索对巫术的信仰太过强大，这令他无法质疑雅各布。毕竟，是雅各布指引他进入神秘学；是雅

马克思·雅各布，《十字架受刑罚》，1913—1914年，纸本色粉笔，23cm×15cm，约瑟夫·奥托尼亚全宗。

148

各布尽其所能地让他成为神，也让他成为魔鬼；是雅各布将圣马托雷（Saint-Matorel）"献给了毕加索，以便我知道他知道；以便他知道我知道"。[36] 实际上，同样易于引起争论的文字在他的自传体小说中再次出现。除了撒旦之外，马托雷也就是作者，还能向谁说这番话呢？雅各布喜欢沉迷于罪恶，喜欢用自己对毕加索的想法来自我兴奋，毕加索就是他的教父，犹如邪恶的基督。

雅各布与异象联系起来的第二个事件是，出现异象的第二天，坎魏勒前来买《圣马托雷》的著作权，这是他第一部出版的作品，也是他事业的里程碑。因为《圣马托雷》似乎在第一版之后被重写或是修订过，所以这件事可能是后来发生的。雅各布对这件事的说法一直在变，这使得我们更为迷惑。他告诉另一个传记作家吉耶特（Guiette），"M. 坎魏勒花 150 法郎买走原稿版权。此外，他坚持要我给他一个由毕加索绘制的四页屏风"[37]——据卡尔科（Carco），那是一个画在稻草色背景上的画，有一个微红的裸体和其他一些母题，因此大概作于 1906 年。[38] 萨尔蒙宣称坎魏勒不仅买走了这个屏风，还有诗人的所有手稿，包括用来放手稿的 "malle de bonne-á'tout faire"（女仆的手提箱）。[39] 雅各布对他的一些朋友说，他非常感谢坎魏勒；他又对其他人说，他觉得被骗了。这件屏风是毕加索让雅各布用来挡住他没有窗帘的房间的，它的命运也是一个谜。在坎魏勒的藏品簿里没有关于它的记录，在毕加索的朋友埃拉苏里斯夫人（Madame Errazuriz）那儿也没有找到它，这可能是它最后存放的地方。[40] 毕加索时常责备雅各布将这件礼物卖掉，而这位诗人大概尝试将责备转移到坎魏勒身上。难道说，坎魏勒自己保留了屏风？

*　　　　*　　　　*

直到 1914 年毕加索都会去参观每一届秋季沙龙（包括独立沙龙），去观察其他画家的进展，也参观更为进步的老艺术家和现代艺术家（埃尔·格列柯、安格尔、夏凡纳、马奈、塞尚、高更）的回顾展，这种回顾展是沙龙的常规项目。尽管这些回顾作品都是小规模的，但是它们都对现代艺术运动发挥着影响，甚至可以说，如果不参照它们，20 世纪初的艺术发展就很难把握。1909 年秋季沙龙的轰动事件是展出了 25 件柯罗（Corot）的人物画。此前这位艺术家通常被认为是风景画家。"柯罗发现了清晨，"毕加索

卡米耶·柯罗，《拿曼陀铃的吉普赛女孩》[克里斯蒂安·尼尔森（Christine Nilsson）]，1874 年，布面油画，80cm×57cm，圣保罗圣埃斯皮里图美术馆。

149

曾这样评论过他的早期意大利风景画，[41] 似乎想要忘记柯罗后来在朦胧的仙女飘过雾中水草地的柔和场景中发现的薄暮，这使他在世纪末（fin-de-siècle）声名大振。另一件作品描绘一位手握曼陀铃、沉思的吉普赛少女，柯罗是为自己创作的，很少展览，因此鲜为人知。据布拉克所说，这些作品的庄重、严谨，还有其工作室的布置对毕加索、德兰和他自己都有启示。他说："它们都是关于绘画的绘画。"[42] 布拉克喜欢柯罗的模特们总是拿着一把乐器却很少弹奏的样子，这样就能够建立起一种寂静：这种寂静，我记得他说，就如同柯罗的空间一样能够让人察觉。再者，要画坐着的女人，曼陀铃和吉他比普通的小道具，像针线活、阅读（情书、翻开的书）之类的，更有一种神秘感，而比小孩或宠物又少了一层伤感和轶闻的意味。就像老时代的摄影师一样，毕加索仍将他坐着的费尔南多系列那尴尬的空荡背景填满环形的装饰物，再加一瓶鲜花或是一盆植物。只有当他描绘男人时才会将工作室的凌乱囊括进去：层层堆积的画布和书，非洲面具的残骸。感谢柯罗，毕加索和布拉克才能看见一个弦乐器是如何赋予一件人物画以静物（nature morte）的品质。柯罗为立体主义画家提供了完美的人物题材。

自从毕加索和索莱尔在马德里编辑的《青年艺术》（Arte Joven）杂志发表尼古拉斯·玛利亚·洛佩兹的文章《吉他心理学》（La Psicología de la guitarra）后，乐器能够有所寓意的可能性就已令他着迷。洛佩兹将吉他比作女人：供男人玩乐的被动乐器。像女人一样，吉他给人叛逆的印象，却又"如奴隶般屈服"。无数吉他作品中的拟人化调子和图像双关手法，证明了毕加索对这种情感的肯定。自相矛盾的是，他也将一个猥亵的吉他（ithyphallic guitar）用作一个有攻击性的男性的标志——有时实际上代表他自己——而不太常用有暗示性发音孔的曲线曼陀铃来代表他的情人。[44]

150　　布拉克也喜欢描绘吉他，不仅仅因为它的寓意或拟人化的可能性，而是因为，不像毕加索，他是热爱音乐的。布拉克不仅是技艺纯熟的手风琴师，会弹奏许多民间小调和流行音乐，他还对古典音乐（尤其是巴赫）和现代音乐（尤其是萨蒂）有浓厚兴趣。对于布拉克来讲，绘画和音乐互相启发。静物画中的花瓶可

布拉克，《拿曼陀铃的女人》，1910年，椭圆形，布面油画，91.5cm×72.5cm，巴伐利亚国家绘画收藏馆，慕尼黑。

以描绘空虚，就好像音乐中的乐句描绘寂静一样。他也因为乐手在拉拨乐器时的触感而着迷。正如他在很多年后说的那样："我十分沉迷于乐器，因为它们一旦被触碰就会充满活力。"[45] 对于布拉克来说，立体主义的首要目标——他自己的立体主义——就是要使对象和物品触手可及。布拉克的"音乐家"系列作品刺激着观众的触觉和听觉。它们可能看起来与毕加索的"音乐家们"有些相似，但是它们就像木管乐器和黄铜乐器的不同一样，调子是不一样的。

毕加索开始对柯罗感兴趣的第一个线索是他为德兰的意大利模特（也是他的女仆）画的传统肖像画，模特身穿农民装，不参照这根线索，整幅画就让人迷惑不解。毕加索是在德兰的工作室里完成这幅画的。（德兰大概也在同样的情况下创作了一幅画。）戴克斯相信这幅画反映了毕加索"想与德兰竞争的欲望"[46]。事实确实如此，但难道他就不是为了和柯罗竞争吗？除了这个《乡下少女》（ *Peasant Girl* ），在这期间还有一些其他的实例——立体主义静物画中的写生和自然主义的片段——暗示在毕加索内心中有一种欲望，去与传统的再现方式建立联系，同时也测试立体主义与其对抗的程度。他不止一次这样做过，并且通常都有德兰陪伴左右。当他确定自己在立体主义的攀登当中并没有丢失任何传统的技法后，毕加索就能安心地投入立体主义创作当中：这一次要完成一件重要作品，其主题来自他在秋季沙龙中看到的柯罗的作品。那就是我们知道的《拿曼陀铃的少女》（ *Girl with the Mandolin* ），也叫《范妮·泰利耶》（ *Fanny Tellier* ），它们将改变立体主义的进程。

毕加索曾告诉罗兰·潘罗斯（Roland Penrose，这件作品的前藏家），范妮·泰利耶是一个专职模特，他很多画家朋友都知道。她先联系了他，并坚持要做他的模特。"他发现她的存在让他感到有些不自在，甚至有些尴尬，但是他并没有让这份尴尬干扰他创作时的专注。"[47] 这听起来并不靠谱。毕加索在创作时是无情的，无情地对待蛮缠的女人，无情地对待模特，他在雇用她们时可一点也不会"不自在"。这段时间他都在创作《范妮·泰利耶》，他还让莱奥妮（Léonie），一个马戏团的姑娘，以及沃拉尔和伍德为他做模特。为什么范妮干扰了毕加索的专注呢？可能毕加索不想

毕加索，《拿曼陀铃的女人》，1910年春，椭圆形，布面油画，80cm×64cm，私人收藏。

承认甚至是对自己承认立体主义需要模特。一个传统的画家需要知道他离外表有多么接近；一个立体主义画家则需要知道他离外表有多么遥远。否则，为什么毕加索最接近抽象的作品恰好是三幅肖像（伍德、沃拉尔和坎魏勒）呢？这跟他画的格特鲁德·斯泰因一样，这种肖像画也是要坐很久的。

毕加索声称范妮·泰利耶为他"坐了很久，超过她为一单张画摆的姿势"[48]，这也是不可信的。专业的蒙马特模特通常都喜

毕加索，《范妮·泰利耶》(《拿曼陀铃的少女》)，1910 年，布面油画，100cm×73cm，纽约现当代美术馆，纳尔逊·A. 洛克菲勒捐赠。

欢有规律的工作，并对布上画了些什么并不在意。难道说，她在
某个方面来说并不是专业的模特而是一个妓女（从她给自己起的
那莫泊桑式的名字大概能看出）[49]，或是毕加索的外遇，但出了
问题或被费尔南多发现并制止了？这是最有可能的解释。据说范
妮宣称自己身体不适，第二天不能来工作室。"我意识到她根本没
有想要回来的意思，"毕加索告诉潘罗斯，"随后我决定我必须让
这幅画保持未完成的状态。但是谁知道，这已经是它最好的状态
了。"[50] 未完成？这张画布上的每英寸都处理得如此精细巧妙，以
至于难以看出他还能再往上面添一笔。几年后，这位艺术家在上
面签了名和日期，因此可以假定，《范妮·泰利耶》是"已完成"
了的。她那平斧一般的脸是如此超前，这让卡梅尔（Karmel）误
以为他是在卡达凯斯（Cadaqués）度夏之后完成的。[51] 大部分学者
都不同意。我觉得这很难决断。

10

卡达凯斯，1910 年

玛利亚·盖伊，约 1910 年，私人收藏。

立体主义在起步的几年发展迅速，在夏季到来之前，毕加 153
索再次准备回到西班牙寻找营养。前一次旅行的痛苦回忆将奥
尔塔排除在外——对于费尔南多来说尤其如此。相反，洛尔卡
（Lorca）所说的"拉丁波浪的低语"引诱着他回到地中海。他
起初打算在法国和加泰罗尼亚交接处的科利乌尔（Collioure）度
夏，这里是野兽派常出没的地方，但是据费尔南多说，这里实在
是有太多的画家了，马克特（Marquet）、马恩（Manguin）和布
伊（Puy）都在这儿。（她却没有提到真正有威胁的人：马蒂斯也
在科利乌尔。）² 因为对西班牙还有难以割舍的依恋，于是他便
在位于巴塞罗那东北方海岸线上的卡达凯斯落脚。拉蒙·皮乔特
和他的妻子杰曼（Germaine）曾在前一年毕加索和费尔南多从奥
尔塔返程时，就怂恿他们来这里了，但是他们不得不赶回巴黎并
搬进他们的新公寓。今年，毕加索接受了拉蒙的邀请并加入了他
们。这个长长的低矮的家庭别墅是大约十年前他在索特尔（Punt
del Sortell）修建的，别墅穿过那个荒凉的白色渔村，还有十分有
用的印刷厂。皮乔特将他的船"尼布甲尼撒号"（Nabucodonosor）
停在这里。另一个让毕加索来的原因是：拉蒙的妹妹，有名的歌
剧演员玛利亚·盖伊（Maria Gay，被称为 Nini）和她同样著名的
加泰罗尼亚导演胡安·盖伊刚好完成了在法国的巡演。照她的话
说，如果有人愿意陪她一起去卡达凯斯，就可以随剧团免费旅行
（她称之为"马戏团补贴"）。陪伴她的已经包括几只狗和一只鹦
鹉，还有 18—20 个人，其中包括了化妆师、伴唱、家人和朋友。
毕加索和费尔南多，加上他们的女仆和狗——弗利卡，都被承诺
了一次免费旅行。他们于 7 月 1 日星期五动身。

左页：费尔南多寄给格特鲁德·斯泰因和艾利斯·托
克勒斯的明信片，明信片上可以看到卡达凯斯的景
色，1910 年 7—8 月。右下图中的"X"标出了他
们的住所博爱街 162 号，耶鲁大学贝尼克珍本与
手稿图书馆。

在动身前，毕加索捎给阿波利奈尔一张便条："星期五我就要动身回我出生的美丽的国度了。如果你可以的话请前来与我握手言别。"[3] 他渴望讨论一个计划，后来在夏季还通信讨论：阿波利奈尔负责翻译塞万提斯（Cervantes）的《玻璃学者》（*El licenciado Vidriera*），而毕加索负责配图。毕加索将《玻璃学者》称为"西班牙最本土的文学作品之一"[4]。它的反讽式幽默和情节都很华丽张扬。该计划的某些方面反映在艺术家于夏天创作的作品中。故事讲述了一个出身农民的害羞却充满才智的年轻学者，叫托马斯（Tomás），他没有回应来自一位多情的贵族的求爱。为了诱惑托马斯，她给了他一种爱情毒药。但这并没有治好他的害羞，反而让他相信自己是玻璃做的，尽管在其他方面还拥有他的能力。托马斯避免任何人接触他，并骑驴旅行，他用稻草把自己裹得很严实，就像一个宝瓶似的。终于有一位神父治好了他，但是人群依旧让他苦不堪言。最后，这位学者投笔从戎，拿起剑在弗兰德斯参加了战斗。毕加索为这个奇怪的故事配图的事没有任何结果（在 1910 年没有，1917 年阿波利奈尔提议恢复这个项目时也没有）。不过，玻璃身体的概念大概能够解释在卡达凯斯所创作的那些透明和疏离形象，也有助于解释版画《圣玛托雷》中的人物形象。

*   *   *

尽管布拉瓦海岸（Costa Brava）已成为地中海沿岸最繁荣的地方之一，卡达凯斯还是保留着它的独有特色，这部分要感谢皮乔特，他掌握着当地势力。拉蒙的母亲就出生在这里；因为她非常富有和慷慨，对艺术有着巨大的兴趣，她和她的儿子们将这座村庄变成了艺术家的聚集地。在世纪之交的时候，四只猫餐厅（Els Quatre Gats）的成员都开始去卡达凯斯。一战期间，来自巴黎的难民，包括皮卡比亚（Picabia）、格莱兹和玛丽·洛朗森都发现了此地；达利也在 1920 年代怂恿洛尔卡（Lorca）来过此地；马塞尔·杜尚在 1958 年至 1968 年期间每年都来这儿。卡达凯斯的优势在于进入的通道如此困难——它被一个陡峭的两千英尺高的山脊骤然切断，因此，当地的方言接近马略卡（Mallorcan）的加泰罗尼亚语而不是大陆地区的语言，这就造成了疏远和孤立：卡达凯斯就好像一个孤岛一样。直到 1910 年后修了一条正式的路，总的来说进入该地区走海路都要容易。港口里停满了渔船，包括一

索斯·毕托（Sos Pitxot），约 1910 年，私人收藏。

正在卡达凯斯石头上腐烂的大主教。《黄金时代》中的场景，1930 年，萨尔瓦托·达利编写和路易斯·布努埃尔拍摄。法国电影资料馆（Cinémathèque Française）

右页上：皮乔特一家，1908 年，拉蒙·皮乔特躺在前面；位于他身后的（从左到右依次是）理查德·皮乔特，杰曼·皮乔特，路易斯·皮乔特，玛利亚·盖伊，爱德华·马基纳，梅塞德斯·皮乔特和安东尼·皮乔特；在这些人的右边，坐着皮乔特一家的父母和玛利亚·盖伊的女儿们，佩皮托·皮乔特坐在前面；在右边远一点的地方是路易斯的妻子，安吉拉，抱着另一个孩子。私人收藏。

右页下：拉蒙·皮乔特，《卡达凯斯的萨达纳舞》，布面油画，125cm×191cm，私人收藏。

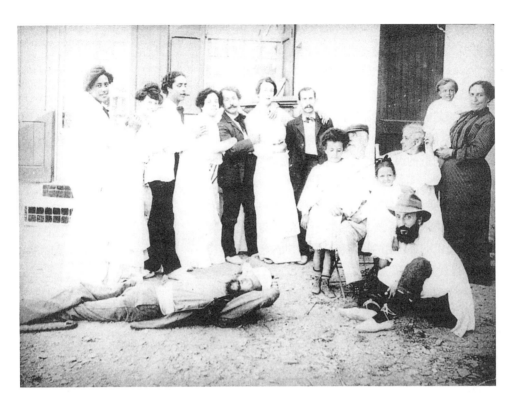

些会远航到古巴的三桅帆船，很多当地人都觉得这儿离哈瓦那比离马德里要近得多。奇怪的地质形态也是一种当地现象。这里的石头们都有名字：骆驼、老鹰、亡女、僧侣、狮子头还有砧骨。达利在他的一些最好的杰作中，将它们用作"妄想狂的变形"的场景，例如《永恒的记忆》（The Persistence of Memory）。他和布努埃尔（Buñuel）将它们选作他们的电影《黄金时代》（L'Age d'Or）的拍摄地。后来谈及附近的海角——"克雷乌斯海岬"，时常也是皮乔特游船的目的地——时，达利形容它为"史诗般的地点，在这里可以看见比利牛斯山脉与海洋相接，一种雄伟的、地质上异常壮观的景象"。[5]19世纪末，蚜虫摧毁了所有的葡萄藤，在这片景色上留下了一大片块面分明的灰黑色乱石，使它显得更加荒凉。如今橄榄树丛已代替了葡萄藤。

玛利亚·盖伊也渴望回到卡达凯斯，因为她的哥哥拉蒙为她在后院里修了一个大亭子。她迫不及待地想要将自己藏起来，休息和安静地练习，所以他们没有在巴塞罗那多待一个晚上。去卡达凯斯有90英里路程，这得花费整整一天的时间。菲格拉斯（Figueres）离巴塞罗那有4小时火车车程。接着，他们换乘圆篷马车（Covered Wagon）来穿越险峻的地形，这趟艰苦跋涉要花费整整7个小时，并且需要换两次马。他们到达时，天已经黑了。对于费尔南多来说，这里没有在高索尔或奥尔塔感受到的那种振奋。她发现这个地方令人失望得可怕。

156　　　像往常一样，皮乔特的房子早已住满。除了盖伊夫妇，这个家庭还包括大提琴家里卡德（Ricard，达利在早期为他画过一幅肖像）；佩皮托（Pepito），一个非常喜欢艺术的律师；还有另一个妹妹梅赛德斯（Mercedes），和她的丈夫爱德华·马基纳（Eduard Marquina）（毕加索的一位老朋友，那时西班牙文坛的一个主力人物）；更不说各色各样的食客了。每个人都在餐厅聚餐，马诺罗用了一个漂亮的壁炉（现已不见）装饰这里。为了有一个隐秘的地方让毕加索工作，他租下了村里的一个家具很少的房子，位于海湾北边的博阿尔街162号（carrer de Poal，现在是11号）。[6]费尔南多对这个房子嫌弃不已。她向格特鲁德·斯泰因抱怨道：

我们每个月要为一所只有两间卧室、两张桌子和一些椅子的房子付 100 法郎房租。尽管我并不无聊，但我发现这里相当恐怖……弗利卡倒是很开心，女仆也习惯了这儿的一切，她负责了所有的家务，尽管她并不会加泰罗尼亚语，但她还是找到了用法语来理解的办法……我不知道我们是否会长留此地。[7]

这所房子虽然简陋，但却能看到海。离村里的广场也不远，村民们常常在广场里跟随约瑟夫·玛利亚（佩普）·本杜娜（Josep Maria Pep Ventura）的曲调跳萨达纳舞（sardana），本杜娜是一个受欢迎的萨达纳作曲家，那时刚去世不久。广场不远处是米拉玛酒店［Hotel Miramar，后来改成了卡普·德·克雷乌斯（Cap de Creus）；再后来变成了达利博物馆］，德兰一家就住在这里。这里由一个叫做莉迪亚·诺古尔（Lídia Noguer）的古怪的女士经营，她爱上了之前的房客之一——欧金尼·迪·奥尔斯（Eugeni d'Ors），他是一个著名的加泰罗尼亚艺术学者，曾发起过新世纪主义（Noucentisme）运动，在写了一本关于毕加索的书之后，就开始反对他。诺古尔的众多幻觉之一是迪·奥尔斯通过他的书悄悄地给她传达讯息。她在达利的父亲把他撵出家门后收留了他；后来，是她给达利找到或是卖给了他位于邑格港（Port Lligat）的小棚屋，达利将这座房子变成了一栋超现实主义的浮夸建筑。"她简直是令我疯狂的教母，"达利写道。[8]而爱上了达利，并于 1925 年前往卡达凯斯与他的家人呆在一起的洛尔卡，则记得"这位女人滔滔不绝地交谈，喷射出非凡的洞见和玄妙的断言"[9]。

萨尔瓦多·达利和佩皮托·皮乔特在菲格拉斯的第一次飞行表演，1912 年，加拉－萨尔瓦多·达利基金。

达利的父亲是一个易怒但很友好的律师，他来自菲格拉斯，他在离皮乔特家不远的沙滩上有一座桉木建造的遮光别墅："在风平浪静的日子里，海湾上一个涟漪也没有，这座别墅就好像倒映在镜子里"（洛尔卡）。[10]毕加索来到卡达凯斯的这年，萨尔瓦多·达利已经 6 岁了。他穿着水手服，头发散发着香味，让他有着令人不安的早熟和爱出风头。他说自己是在这段时间遇见毕加索的——通过佩皮托·皮乔特，他是达利的父亲一位特别的朋友，但是毕加索并不记得曾在那时与他见过面。是佩皮托安排了小萨尔瓦多在皮乔特位于菲格拉斯附近的莫利·德·拉·托雷（Molí de la Torre）庄园里治好咽喉感染的（这年或次年）。拉蒙创作的点彩派绘画布满了这座房子的墙面，这让这个孩子更加坚定了自己的艺术使命。佩皮托给了他画布和工具，教他画画。

在55年之后，毕加索85岁生日时，达利在发自加泰罗尼亚的一封长长的电报中回忆起了这个夏天，电报是用当地一个说法开头的："Pel mes de juliol, ni dona ni col ni cargol"（7月的时候，没有女人，也没有卷心菜和蜗牛）。毕加索告诉帕劳（Palau），这指的是，在卡达凯斯的时候，玛利亚·盖伊经常把她的丈夫关在她的工作室外面，他的朋友们常用这事取笑他。达利还说，他过去每年7月都会给毕加索寄信，说"7月，没有女人和牡蛎"，但是毕加索博物馆对此却没有任何记录。[12]达利可能指的是一个从皮乔特那里听来的故事，那就是毕加索喜欢躲开他的夫人。

在卡达凯斯，毕加索的生活几乎就跟他在这里画的画一样与世隔绝。不工作的时候，他们就会乘皮乔特的船出海钓鱼或是潜水寻找海胆，但也只能在风平浪静的时候：这位艺术家可不是最好的水手。某次他们准备出海时，毕加索的狗弗利卡因为没带上自己而生气地跟在船后面游泳。为了让弗利卡跟上，皮乔特就把船停泊在了咕咕噜噜岛（Cucururú）。[13]

毕加索一开始专心地画当地的渔船——比毕加索更迷恋船只的布拉克，早在两年前就将这个题材引进了立体主义的图像志。毕加索似乎心里想着布拉克在1909年创作的《海港风景》（*Harbor Scene*）。就像布拉克一样，毕加索也喜欢描绘搁置的船只，正如费尔南多向格特鲁德·斯泰因描述的那样，"在海湾里，搁置的船只堆积在一起"，[14]而不是漂浮在难以描绘的浪涛里（立体主义者总是要避开大海）。起初，这些画作是有一些颜色的——几处群青色的海洋和天空——但是不久就全部改成了传统立体主义的灰色调和赭石色调。毕加索为了画女性身体还抛弃了船只，但是他继续创作他经验中的船型结构——楔形榫和细木工卯接。卡达凯斯裸体和吉他手的扁平形式看起来都像是很多厚木板斜接起来的。

木工活般的卡达凯斯作品系列也是毕加索采用正交网格的结果。这种网格最初是由布拉克发明的，于几个月前出现在毕加索的作品中。网格的使用有着非常悠久的历史，人们用来将初稿放

布拉克，《海港风景》，1909年，布面油画，92.1cm×73.3cm，休士顿美术馆：约翰·A.和奥黛丽·琼斯·贝克（Audrey Jones Beck）收藏。

毕加索，《卡达凯斯的海港》，1910年夏，布面油画，37.8cm×45.5cm，布拉格国家画廊。

157

大到画布上，毕加索和布拉克早在艺术学院时期就学会了。放大当然不是立体主义使用网格的意图；不过，就像布拉克说的那样，这种方式同样有助于艺术家调整画面的张力、韵律和结构。[15]的确，就用德加来说，难道艺术家就不会让网格透过颜料显现出来，使构图具有某种艺术上的"编织"，使松散的整体具有一种虚幻的严密性？布拉克比起毕加索在立体主义上发展得更为成熟，他认为网格帮助他去规划空间，使其更有生气，强化结构性。

网格在静物画中的效果更为明显，毕加索看上去是一个区域一个区域地构建的：布料被褶皱成一排风琴管的形状，在背景中形成了垂直网格。毕加索一步一步往前推，把这些管子简化成香槟酒杯的形状［卡梅尔称之为"茎杆加弧形母题"］。[16]后来他将把它们进一步简化——直接变成 T 型，其"功能是形成一个不连续的网格碎片，有节奏地反复重申画面的垂直和水平轴线"[17]。这种网格被蒙德里安（Mondrian）挪用，他于 1911 年来到巴黎，也被凡·杜斯伯格（Van Doseburg）和马列维奇（Malevich）挪用，不久就成了现代主义的商标。但是毕加索和布拉克在春季和夏季的作品才应该被视为最初的现代主义的图像：除了用油画在画布上创作，这些作品跟先前图像再现的形式没有一点相似之处，甚至可以说，它们已将艺术家从依赖视网膜印象中解放了出来。

除了网格之外，在卡达凯斯的作品中还有另一种革新：那些透明或不透明的大块平面是毕加索用来构建他的幻影人物的方式。塞万提斯那个关于玻璃学者的故事是这次发展的灵感源头之一，但是另一个因素也应该加以考虑。正如他用维萨里的版画让费尔南多的身体看上去像人物解剖图，他现在正实验着一些更有侵略性的东西：X 射线照片。[18]伦琴（Röntgen）在 1897 年 11 月发现了 X 射线，立刻抓住了公众的想象力。毕加索对射线照相术可能性的兴趣可能是被未来主义者激发的。《未来主义绘画的技术宣言》（Technical Manifesto of Futuristic Painting）在他前往卡达凯斯不久前就发表了。这部宣言包括如下挑战："在我们的创作中，为什么要忘记视觉的双重力量呢？它能给出和 X 射线相似的结果。"[19]毕加索可能也和阿波利奈尔讨论过这种新射线，阿波利奈尔为自己精通科学和巫术相交的领域感到十分自豪。更有可能，费尔南多 1 月在医院治疗期间，毕加索曾看见过她的 X 影像图。鉴于他对摄影和任何巫术般的科学发现的好奇，毕加索必然会被这种新射线吸引——它进入身体内部和揭示穿透形式的能力；将不透明的平面变得透明的能力；模糊二维和三维的界限并产生一种看起来抽象却又并不抽象的图像的能力。在卡达凯斯的一些素描里，体现出光与影的作用，这些有斑点的片段，类似 X 射线的斑点区域，同样是未经训练的眼睛无法解读到的。即使是让毕加索的作品不至于完全难以辨认的东西，如按钮、钥匙和指甲，也像 X 射线的探测下的外来物（吞下的安全别针、忘记拿出的钳子、致命的子弹）。几年后（1917 年），毕加索在一个素描本里写下一条笔记，证实了他对伦琴发明的持续兴趣："有人将三棱镜放在 X 射线前面吗？"[20] 他问道，就好像他还没有做过这类事似的。

*　　　　　*　　　　　*

不管喜不喜欢，毕加索生命中的女人总是出现在他的作品当中。卡达凯斯的作品却是一个例外。和以前的度夏之地如此密切相关的费尔南多显然缺席了。那些占领了毕加索这个夏天作品的曼陀铃弹奏者和裸体，都因为太没有个性而难以辨认出是哪个特别的个体。这一次，女人对毕加索的艺术毫不重要。要创作出一个有表现力的女人肖像，他需要那种迎接新爱的剧痛、性痴迷或是充满愤怒、怨恨或罪恶感。在卡达凯斯，他却感受不到其中任何一样东西。费尔南多确实比起以往来说是一个更加有活力的同伴——在健康和心情上都好多了，我们可以从她写给格特鲁德和艾利斯的信中得知。即使她并不喜欢这个地方，但是她感到放松，周围充满了她可以依赖的人：轻浮而会说法语的皮乔特一家和他们的女人，尤其是杰曼，她同样来自巴黎暗娼阶层。有了杰曼可以信赖，费尔南多也不怨恨毕加索把她扔在一边了。她最终接受了"她的情人的工作比起自己更重要"的观点。

在卡达凯斯，毕加索沉迷在他的工作室里，他忘记了一切，一心想着让立体主义重生的任务尚未完成，唯恐它与现实一丝瓜葛也没有，或是沦为为艺术而艺术，或是固化为作画公式，像不入流的作品一样。他的工作进展十分缓慢，不如前一个夏天在奥尔塔，费尔南多的痛苦让他文思泉涌。这次，痛苦的是他而不是她，而这完完全全是因为他的工作。他要做一个"现代生活的画家"的信仰促使他走在了抽象的边缘——那是他永远没能跨过去

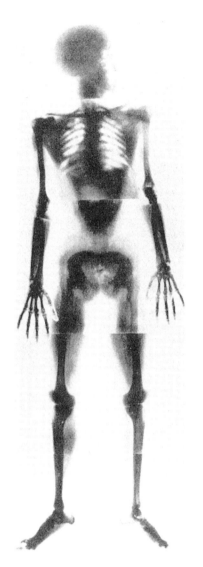

伦琴的人骨架 X 射线，约 1900 年。

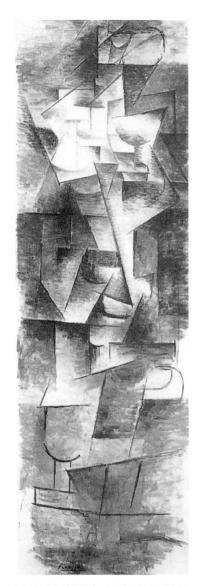

毕加索，《女性裸体》，1910 年夏，布面油画，
187.3cm×61cm，国家画廊，华盛顿特区，艾尔
萨·梅隆·布鲁斯基金。

的卢比孔河（Rubicon）。卡达凯斯的图像是如此难以解释，甚至
艺术家自己有时都忘了到底表现的是什么。其中一幅经常展出的
作品仍然被当作《桨手》（Rower）收入目录，尽管这件作品画的
是一个坐在桌子旁读书的人。[21] 毕加索运用了相同的符号来表示
不同的东西，让人难以区分人和物体、乐器和船。的确，在卡达
凯斯的一些作品中，尤其是室内物品被如此精确地描绘然而又难
以解释，乃至这位艺术家看起来正是在测试他的知觉也在测试我
们的知觉。泽沃斯非常明智地不写大部分目录条目的题目。《伯灵
顿杂志》（Burlington Magazine）的一位投稿者让我们相信国家画
廊（National Gallery，位于华盛顿）的杰出的《女性裸体》（Female
Nude）画中抱着一个孩子。[22] 我无法赞同。我看见的是一个断然
抬起的肩膀，这位作者却视之为婴儿的头部。即使有一个婴儿在
周围，这位艺术家也未必会对它感兴趣。婴儿和他的极简概念相
左。帕劳的解释性标题也是有问题的。他要么两边下赌注——如
《苹果和杯子（海洋景象）》，《船 – 曼陀铃》，《海洋 – 风景》——
要么作纯想象的猜测。[23]

　　拉蒙·皮乔特的印刷厂被证明极其有用。4 月份，在德兰拒绝
为马克思·雅各布的自传式幻想小说《圣马托雷》配图后，坎魏
勒邀请毕加索来做这件事。（"这本书太过荒谬和令人不安，"德
兰如此跟坎魏勒解释道，"这会让里面的配图都看上去像讽刺漫
画。"）[24] 7 月 28 日，毕加索写信给坎魏勒说他和雅各布在小小的
争吵后达成了一致，他已准备开始工作。[25] 不像德兰为《腐朽的
魔术师》配的插图那样紧随阿波利奈尔的文本，毕加索为《圣马
托雷》画的版画反映的更多是他对立体主义的关注而不是雅各布
的文字。毕加索对于故事本身并不感兴趣，只是草草了事，他只
将自己限制在自己关心的地方。这些插图构成了这个夏季全部作
品的一个微观世界，只要稍作变化——比如，莱奥妮（Léonie）小
姐的性——它们也可用于为塞万提斯那个关于玻璃学者的故事。雅
各布正在悄悄地尝试彩色速写，希望能够像变成天主教徒那样变成
立体主义者，对于毕加索为他所作的事感到高兴。但他对结果可能
并不满意。实际上，图片和文字之间的脱节对书是有好处的。[26]

　　就版画《莱奥妮小姐》来说，毕加索将他在卡达凯斯所画的
形象推进了一步，使形式互相开放——在第二个，也更加精致的

版本《躺椅上的莱奥妮小姐》(*Mademoiselle Léonie in a Chaise Longue*)中,他继续进行这一操作。为了"阅读"(read)这幅铜版画,我们需要明白莱奥妮并不是斜倚着,而是(轻微向我们别过脸)坐在贵妃椅的一侧,我们可以从右上侧看到贵妃椅的后背,在左下角能够看见它的正面延伸和椅腿。关于巴塞罗那圣泰瑞莎(Saint Theresa)的遣使会修道院(Lazarist monastery,这是马托雷死去的地方——"一种哈姆雷特式的……在神的恩典中死去")[27]的插图出现的问题较少。毕加索回顾了他去年夏天在巴塞罗那的酒店里创作的那些预兆般的素描。但是这次他使用了过渡(passage)的手法将建筑溶解在空间中——唯独除了作品中间那个奇怪的肚脐似的莲座。这并不是一个脱离肉体的莱奥妮,就像帕劳认为的那样[28],而是修道院喷泉的速记符号。

毕加索为《圣马托雷》画的两幅版画静物作品(只有一件被使用)是他从来到卡达凯斯后创作的两件静物画提炼而来的。相对容易解释的一件是竖立的《梳妆台》(*Dressing Table*)——因此,这件大概是第一件。最顶上是悬在两个柱子间的可调节的那些镜子中的一面;在前景里是一系列的卫生间用品:一个装着一只牙刷的玻璃杯,旁边是费尔南多的瓶瓶罐罐。后退不是根据透视来进行的,而是通过后面抽屉上的小钥匙和前面抽屉上的大钥匙自己的对比清晰地暗示出来。将注意力引向我们熟悉的,本能地想要抓住的东西——一把钥匙、一个把手或一把小刀——而这种手法源自布拉克。通过邀请我们去触碰它,这把钥匙引诱我们进入布拉克所说的"触空间"(tactile space)。毕加索让这一手法跟拟人化的手法扭结在一起。有着生殖器形状的钥匙和钥匙孔被布置在梳妆台的两腿之间,镜子侧放着以照出人的脸,暗示着这个梳妆台同时也是作为一个人物来构思的。另一件静物画就更难理解了。靠在一个风琴管似的网格上,毕加索将物品融合在一起,让人急忙想要辨认出来——可能是一个杯子、水果盘、有影子的灯或是一个曼陀铃。其中有两个可识别的细节,一个是写实的却又像影子似的把手,它被放在桌子最右边的表面上——让人觉得那是一个抽屉,否则就不会这样描绘。另一个可识别的细节是,在作品中间是一个有辐条的柠檬切片,像螺丝一样尽可能紧地把所有的物品都拧在一起。

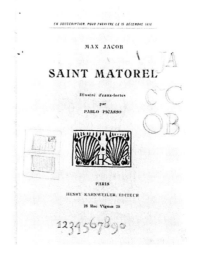

坎魏勒的小册子宣告马克思·雅各布的有毕加索蚀刻版画插图的《圣马托雷》的出版,1910 年,毕加索博物馆。

右页:《圣马托雷》中的毕加索的蚀刻版画,1910年,毕加索博物馆。
左上:《莱奥妮小姐》,20cm×14.1cm。
右上:《梳妆台》,20cm×14.2cm。
左下:《躺椅上的莱奥妮小姐》(*Mademoiselle Léonie in a Chaise Longue*),20cm×14.2cm。
右下:《修道院》,20cm×14.1cm,毕加索的 4 幅蚀刻版画发表于《圣马托雷》,1910 年,毕加索博物馆。

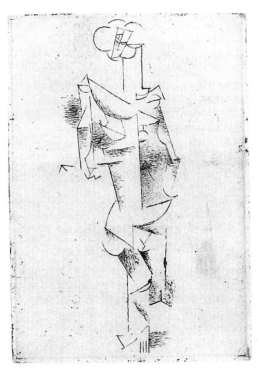

右下：毕加索，《记事簿》，1910 年夏，纸本印度墨水冲洗，24cm×
31.5cm，毕加索后嗣。

左上：毕加索，《玻璃杯和柠檬》，1910 年夏，布面油画，74cm×
101.3cm，辛辛那提美术馆；玛丽·E. 约翰斯顿遗赠。

左下：毕加索，《梳妆台》，1910 年夏，布面油画，61cm×46cm，私人
收藏。

卡达凯斯的村庄。

德兰,《卡达凯斯》,1910 年夏,布面油画,
60.5cm×73cm,私人收藏。

这些单色调系列作品在构造上的严格和清晰被认为是反映了卡达凯斯极简的白色房子,以及灰黑色的石头和海湾的白色宁静(calma blanca)。但是,这也反映出另一种风平浪静。此前,毕加索的艺术都是他贪婪的性本能,他的温柔和厌女症,他的幽默、忧伤和愤怒的出口。正如他为了立体主义的需要而牺牲了颜色,毕加索现在发现自己有义务戒除掉他在奥尔塔时期赋予费尔南多系列的那种强烈的情绪色彩。隐居或立体主义的"白色宁静",正如这个短语有时所形容的那样,削减了这位艺术家本能的、发自内心的对生命的感觉。

*   *   *

智力上的孤独是立体主义一个重要的操作赌注。在他的作家朋友中,就算是阿波利奈尔和格特鲁德·斯泰因这种视自己为忠实的立体主义者的人也无法跟上毕加索脚步。只有布拉克和德兰可以减轻他在卡达凯斯遇到的困难。布拉克不愿意也不能离开巴黎。德兰倒是可以加入他,但不是说他能够提供更多的艺术上的安慰。如今,他比以往更加被塞尚所束缚,并且那些老一辈的艺术家开始把他哄骗回古典主义。德兰的欲望是去改造传统艺术,毕加索对此毫无响应:传统艺术是一种拿来嘲弄,对着干的东西,态度好一点的话,也是拿来重组和掠夺的东西。不过,他还是很开心他的朋友准备离开位于里维埃拉的卡涅(Cagnes on the Riviera)前往卡达凯斯。[29] 他喜欢和他争论,也喜欢艾利斯,这使费尔南多越发不平衡。

德兰和艾利斯在 7 月底到达卡达凯斯。他们坐船前往旺德尔港(Port Vendres),希望在这里找到另一艘船去卡达凯斯。最终,他们踏上了巴塞罗那去菲格拉斯的火车,在这里他们换乘了篷车。坐上篷车时天已经黑了。当艾利斯划掉一根火柴来点烟时,她被同车的一个戏弄她的大胡子吓了一大跳。看清后才发现他是毕加索伪装的。向来对老朋友精密细心的毕加索前来迎接他们。德兰夫妇在米拉玛酒店住了两个星期,由莉迪亚·诺古尔(Lídia Noguer)照顾。这次造访是成功的。除了德兰和皮乔特的兄弟们和姐夫,还有来自巴塞罗那的朋友可以让他交换想法——这在奥尔塔是绝不可能的事。而且这里还有当地的渔夫,为毕加索讲述那些和他们的弗里吉亚帽(Phrygian Cap)一样古老的故事,给

163

了他很多的乐趣。人们会纳闷，他是否邂逅了那个叫做恩里盖特（Enriquet）的渔夫？这位渔夫在几年后告诉达利，他更喜欢他画的海而不是真实的海，"因为在这里你可以数清那些海浪"。[30]

　　德兰在卡达凯斯没有充足的时间来创作。安德烈·萨尔蒙声称他创作了几幅关于这个地方的作品，但是只有一对作品有记录：这两件作品都是描绘堆积在碉堡似的教堂脚下的村庄。就像1909年毕加索创作的奥尔塔风景一样，他们都借鉴了塞尚的加尔达纳（Gardanne）风景画。[31] 画布上留白的地方都是为了表现光。这一次，德兰的出现没有诱惑毕加索回头看具象艺术。他们各走各的路。皮乔特组织的非正式的音乐会比起吸引毕加索更合德兰的胃口，毕加索喜欢跟随有节奏的音乐跳舞，但只能跟上最简单的曲子［比如"蒂珀雷里（Tipperary）"］。[32] 而德兰就喜欢："大键琴、小型立式钢琴、长笛、管风琴、非洲乐器，以及阿拉伯、中国音乐的唱片，总之一切陌生而未知的音乐。"[33] 他甚至自己制造原始乐器。晚上，如果他们运气好的话，玛利亚·盖伊还会唱歌，她的丈夫或兄弟也会为他们演奏；德兰也会加入，而毕加索则会跳起弗来明戈。毕加索的作品中，那些受柯罗启发的演奏吉他和曼陀铃的人似乎表明有一个吉他手在那里。每个周末，科布拉（cobla，一种加泰罗尼亚乐队，其中包括叫做tibles的琴乐器和有鼻音的男高音歌手，这种管乐器常常出现在毕加索的作品里并被错认为是单簧管）都会来村里的广场演奏萨达纳舞曲。毕加索喜欢这种舞蹈。50年后，布劳塞问起他关于"那些粗糙苦涩的音乐……手提袋和外套都被堆在地上，每一堆衣物四周都围满一圈跳舞的人，前后穿梭……还有他们脸上的表情——严肃、紧张到几乎绝望。没有笑声，甚至也没有微笑"[34]。毕加索哼着调子，演示了步法的复杂性：

布拉克，《埃斯塔克的里奥廷托工厂》，1910年夏，布面油画，73cm×60cm，现代美术馆，阿斯克新城。

　　　　这真是一件非常严肃的事，萨达纳舞！［他说］并且非常难！每一步都要经过计算。在每一支队伍里，都会有一个人来为所有人做这件事。这种舞是灵魂的共享……它消灭了所有的阶层差异。不管是贫穷还是富有、年轻或年老，都在一起跳舞：邮差与银行经理，仆人和主人手牵着手跳。[35]

            *   *   *

　　这位艺术家的出现加剧了紧张。费尔南多留意到他忽略了她并没有让皮乔特一家无动于衷。她准备争取他们，尤其是拉蒙，当毕加索在1912年春天抛弃她独自出走时，她成功地让拉蒙站在她一边。就像很多其他的女性一样，费尔南多也迷恋拉蒙的哥哥理查德，他用他的大提琴为她和他的孔雀弹奏小夜曲。德兰也与这个团体融为一体，但是费尔南多和艾利斯在一起就浑身不舒服，她是如此地下流、美丽和爱争吵——还是毕加索的知己：因此产生某种嫉妒，不过后来又变成了惺惺相惜。这个艺术家享受着与以前的情人们玩暧昧游戏的乐趣。还有一件更复杂的事情：玛利亚·盖伊准备离开她的导演丈夫和一个意大利男高音在一起。

　　毕加索以送走德兰夫妇为借口，8月6日去了一趟巴塞罗那。除了想让朋友看看景点，他还不得不去看看他的家人。他可能还需要更新关于圣泰瑞莎修道院的回忆，这是为《圣马托雷》最后作的配图。拉蒙和杰曼陪同他们一起前往。女士们的目的是要寻找廉价首饰和老勋章，但是这里非常热，并且一直下雨，于是她们一会儿就筋疲力尽了。毕加索带德兰去拜访了雕塑家加尔加略（Gargallo）和卡萨诺瓦斯；并且，像往常一样，他也强迫朋友们坐缆车游览蒂维达沃山（Mount Tibidabo）。某天晚上，他们看了表演弗来明戈和深沉之歌（Cante Jondo），他们对此非常享受；星期天，他们看了斗牛——非常扫兴。费尔南多记得住过一家海滨客栈，他们会提供一种非常咸的餐前小吃（tapas）来下酒。[36] 德兰夫妇因为太爱争吵而被赶了出去。在回到巴黎一两天后，德兰去看望了布拉克并告诉他在卡达凯斯发生的事。布拉克立刻写信告诉了毕加索说德兰是如何享受这次旅程的，而且他也想在月底时来卡达凯斯度几天假。[37] 最后他还是没能来——可能是因为毕加索提前回到了巴黎。于是布拉克就回到了埃斯塔克，并创作了两幅几乎完全一样的里奥廷托（Rio Tinto）工厂的风景画，优雅地回应了毕加索在1909年创作的奥尔塔风景，正如后者也是对布拉克1908年埃斯塔克风景的回应。

　　安赫尔·德·索托（Angel de Soto）陪他们从巴塞罗那到卡达凯斯，可以从毕加索在那里给他拍的一张值得注意的照片上得以确认。[38] 另一个出现的朋友是弗兰克·博蒂·哈维兰。整个夏天都在他塞雷市的房子里度过，位于法国加泰罗尼亚的边界处。他需要讨论一个为毕加索争取到的大委托：为一个布鲁克林的图书馆制作一组共 11 块大装饰板，这个图书馆属于哈维兰的美国侄子——汉密尔顿·艾斯特·菲尔德（Hamilton Easter Field）。7 月 12 日，菲尔德从纽约写信给毕加索，确认这个委托，并告知了精确的尺寸和房间的高度，但是他直到 8 月 2 日才到达卡达凯斯。在毕加索从巴黎写来的回信中（9 月 7 日前），他告知菲尔德他尚未开始此事。几年后，他向戴克斯担保他实际上在卡达凯斯时就在着手做其中一个窄一点的镶嵌板：华盛顿的高高的《女性裸体》。[39]另一件符合菲尔德规定尺寸的作品（后来可能被重画过或是被毁了），也能在一张卡达凯斯工作室里拍的照片中瞥到。除此之外就没有时间创作更多的作品了。在巴塞罗那将德兰夫妇送走后，毕加索就回到了卡达凯斯（8 月 12 日），他决定缩短他们在这里停留的时间。他大概迫不及待想要回到巴黎，在一个更宽敞也更合适的工作室里创作那些巨大的镶嵌板。

尽管有热心朋友的陪伴，毕加索和费尔南多玩得并不开心。费尔南多将她的感受坦白给格特鲁德：

> 冒着冒犯皮乔特一家的风险，我还是要承认，这个地方真是可怕。这儿什么都没有，除了茫茫无际的大海、一些可怜的小山，还有看起来像硬纸板做的马，当地居民没有任何特色，他们可能是渔民，但是和工人一样毫无魅力……这里的女人就跟其他任何一个地方的女人一样，除了更朴素一些，尤其是妓女……这里唯一的沙滩都是那样小而狭窄……除了鱼以外什么都不能吃，他们还提醒我，这里的水果稀少且质量平平，消费还和巴黎一样贵。[40]

8 月 26 日，毕加索回到了巴黎，他对自己在卡达凯斯的进展感到失望，坎魏勒以为他带回来的大部分都是未完成的作品，这尤其让他感到失落透顶。这位画商只买了一幅：其中最没有挑战性的一幅——布拉克式的蓝色调的《船》（Boats）。再一次，沃拉尔出面拯救了他；他并不能理解这些画，但是他买下了剩余的大部分作品。后来，坎魏勒改变了心意。当他在 1916 年开始撰写立

毕加索拍摄的油画作品，在他卡达凯斯的工作室，1910 年夏（毕加索的初版已毁），毕加索档案（私人收藏）。最大的那件油画是为菲尔德图书馆开始创作的，其余分别是《划手》（Rower）（上左）、《吉他手》（下左）和《卡达凯斯的海港》（下右）。

165

体主义史时，他将那些他没有买下的作品抬高到历史的高度："在极度痛苦地挣扎了几个星期后，毕加索不满地回到巴黎……带着他那些未完成的作品。但是他却在其中完成了前进的一大步。他打碎了封闭的形式。"[41]

实际上毕加索在他 1909 年巴塞罗那的旅馆素描中"已经打碎了封闭的形式"；布拉克也在他 1909 年的风景画中做了同样的事情。卡达凯斯的作品的确是一个里程碑，它们构成了一直困扰艺术家心中的难题，那就是到后来真正变成现代主义最核心的问题：具象与非具象的对抗。如果说最终毕加索没有走到抽象，不是因为紧张而失败，而是因为他坚信艺术——他的艺术——必须要和真实的东西一样真实。对于毕加索来说，真实（作为写实的对立面）是他的作品永远追求的东西。立体主义是加强真实的手段，而不是为了驱散真实。他不想一件作品变成抽象，这跟他不想作品变成摹写是一样的。他想让它建立一种事实，一种非常具体的事实。如果有人因为抽象艺术是音乐的图像对等物而催促毕加索更偏抽象一点，毕加索会对他说："那就是为什么我不喜欢音乐。"

11

立体主义的订件与肖像

汉密尔顿·艾斯特·菲尔德，约 1915 年，阿尔曼公司拍摄（Alman & Co），私人收藏。

左页：《自拍像》，毕加索拍摄，展示了其中一张为汉密尔顿·艾斯特·菲尔德所画的油画（现已遗失或已被油画颜料覆盖）在他的工作室，1913 年，毕加索档案。

回到巴黎后，毕加索就开始了菲尔德图书馆的工作。当这些装饰做好后，它们就会构成这位艺术家职业生涯中最野心勃勃的项目——也就是分析立体主义的神化——这样一来，菲尔德位于布鲁克林的房子将跟希楚金的莫斯科宫殿不相上下，一起成为现代主义的丰碑。[1]毕加索除了继续他在卡达凯斯做的镶嵌板，现在他也开始忙着做一块门头饰板，水平的《长沙发椅上的女人》（*Woman on a Divan*）：这是少数几幅他因满意而保留着原初状态的绘画之一。为什么这个令人看好的菲尔德项目（在 1912 年之前至少有一半的作品或多或少已完成）最后还是失败了？直接原因是立体主义并不适合用来创作一个大尺寸的装饰方案；并且菲尔德的规定（8 件不同宽度的镶嵌板，几乎都有 6 英尺高，还有 3 块门头饰板）难以符合毕加索的设想。更重要的是，菲尔德对这个项目只有少得可怜的热忱。据我们所知，他从来没有回到巴黎去审阅过这个项目，也从来没有好奇要拍张照片，因此他没能把由他的委托启发的杰作付诸实施。也好，这些作品不太可能会取悦他。

汉密尔顿·艾斯特·菲尔德实际上是一个友善而神经质的唯美主义者，他更多地是在理论而不是实际上喜欢现代艺术，并且对艺术家应当如何活动有着傲慢而不成熟的见解。在几年后的一篇文章当中，他吹嘘说告诉过毕加索：

> 他犯了一个只存在于架上绘画的错，因为抽象艺术需要一整间房子，最好是一整栋房子，其中的家具都必须服从覆盖墙面的装饰。他应该接受一整栋建筑的订单。我不能为他

提供一座房子来让他装饰，但是我有一个图书馆，里面没有一件家具，除了书架和几张矮椅。[2]

毕加索对于他的赞助人的理论一定感到极度蔑视。

菲尔德出身在一个教友派信徒（Quaker）家庭，他们经营着繁荣的干货生意，并买下布鲁克林的老罗布林（Roebling）别墅。他在选择艺术前学习过采矿和建筑。在阅读了杜穆里埃（du Maurier）的《爵士帽》（*Trilby*）之后，他便于 1892 年前往巴黎的克拉罗斯艺术学院（Académie Colarossi）学习，先在杰洛姆（Gérôme）门下，后来转投法丁·拉图尔（Fatin Latour）。尽管在美国长大，菲尔德仍然通过他母亲的叔叔大卫·哈维兰（David Haviland）和大卫的儿子查理斯（Charles）获得了进入巴黎艺术世界的许可证，大卫去了法国并成为利摩日（Limoges）瓷器的领先制造商（哈维兰集团）。查理斯娶了费利佩·贝蒂（Philippe Burty）的女儿为妻，费利佩是一个有名的批评家，还是德拉克洛瓦（Delacroix）和雷诺阿的朋友，雷诺阿为他画过一幅值得纪念的肖像。查理斯的儿子之一就是毕加索的朋友——弗兰克·博蒂·哈维兰，他想成为画家，但一直缺钱。查理斯的另一个儿子保罗是一个摄影师和批评家，他后来成为斯蒂格利茨的搭档并入赘莱俪（Lalique）家族。菲尔德家和哈维兰家的关系非常紧密。

菲尔德有足够的方法来实现他的精英信念，即收藏是内在于艺术家教育的。"我徘徊在塞纳河畔，"他后来写道，"拿起一本瓜尔迪（Guardi）的画册，一本祈祷书，或是一幅弗拉戈纳尔（Fragonard）的画，又或一张 16 世纪的挂毯，适当的时候我就有了收藏。"[3]他拥有克劳德（Claude）、蒂耶波罗（Tiepolo）和夏凡纳（Puvis de Chavannes）等大师的素描，还有杜米埃（Daumier）、惠斯勒（Whistler）、雷东（Redon）和卡萨特（Cassatt）的许多版画，但是他最热衷的还是日本艺术。后来，菲尔德开始对野兽派和立体主义感兴趣，但是从来没有收藏过一件作品，除了一件毕加索的素描。至于他自己的画，是文雅的惠斯勒风格，隐约受到他的朋友沃尔特·盖伊（Walter Gay）和古斯东·拉·图什（Gaston la Touche）的影响。他的私生活可没有这么高尚。有一个夏天

由罗伯特·劳伦特在汉密尔顿·艾斯特·菲尔德家雕刻的壁炉台，哥伦比亚高地，布鲁克林，约 1913 年，私人收藏。

右上：马蒂斯的《音乐》和《舞蹈 II》，1910
年，冬宫博物馆，圣彼得堡。

右中：毕加索，《长沙发椅上的女人》，1910
年秋，布面油画，49cm×130cm，私人收
藏，借给苏黎世美术馆。

右下：毕加索，《管子，杯子，咖啡壶和玻
璃水瓶》，1911 年夏，布面油画，50cm×
128cm，私人收藏，纽约。

（大约是 1900 年），他在布列塔尼（Brittany）的一处房产里度假。这里的门房夫妇名叫劳伦特（Laurent），当他们 11 岁大的儿子成功俘获了这位友善又富有的房客时他们倒没有不高兴。菲尔德的解决方式是收养这个家庭和这个孩子，并给了他教育。他打算在适当的时候，将小罗伯特培养成一位画家和雕塑家——部分是通过他的侄子弗兰克的帮助，后者在 1906—1907 年把这个年轻人介绍给了毕加索。

　　尽管在 1910 年之前，菲尔德大部分时间都在罗马，但他也频繁来往巴黎。在毕加索搬出洗衣船之后，他作为客人之一被劳伦特（劳伦特时常宣称如此）[4] 带去拜访毕加索。哈维兰很可能一直陪着他们。菲尔德对毕加索的作品理解有限，他后来如此描述道："通过对自然形式的变形来表达情感"[5]，但是他决心让他和劳伦特正准备返回的布鲁克林的家尝试一个新特色：一个毕加索的图书馆，并且他向艺术家本人保证，这个图书馆在夜间照明。这个图书馆的想法看上去更像是一个现代主义原则问题而不是现代主义品味问题，可能是由哈维兰提议的，他在这件事中扮演着中间人的角色。哈维兰可以毫无困难地让毕加索集中注意力到这个项目上。菲尔德却是一个问题。他一回到布鲁克林，就将他的赞助投向了美国艺术。他和劳伦特一起找到了两所艺术学校——一所属于他的家族在布鲁克林的资产，另一所在缅因州奥甘奎特市（Ogunquit，Maine）的艺术区，他在这里有一栋避暑别墅，由罗伯特的父母照看。如果菲尔德回到美国后才确认这个图书馆的委托，他肯定会选择一个美国艺术家。直到 1922 年他去世，他的收藏包括了一大批美国艺术作品，但是只有一件毕加索的素描和一套为《三角帽》（Tricorne）设计的模版复制品。

　　菲尔德的委托在这个时候交给毕加索，其时机是再好不过了。这让他去再次挑战大尺幅作品，也让他和马蒂斯展开竞争；后者已经完成了两件杰出的装饰镶嵌板——《舞蹈 II》（Dance II）和《音乐》（Music），这是为希楚金的莫斯科宫殿的楼梯间所创作。（最初本来有第三件，描绘"休息的场景"，后来在 1913—1916 年间，马蒂斯将它变成了他最大的成就之一:《河边浴者》。）毕加索在走访马蒂斯的工作室时得知了这些作品；他还在 1910 年的秋季沙龙上看到它们，它们在这里引出了一个大丑闻（唯一的

安德烈·沃诺德（André Warnod）。秋季沙龙开幕式，《滑稽》杂志上的漫画，1910 年 9 月 30 日。

170

好评实际上是阿波利奈尔写的），使得希楚金来到巴黎为了看一眼他的装饰品，但却拒绝接收它们。[6]当马蒂斯从德国被召唤回去见他父亲最后一面时，公众的强烈抗议和他赞助人的拒绝传到他耳朵里。要感谢的是，希楚金在回莫斯科的路上改变了他的主意并同意接受这些杰作，但要求这些生殖器隐晦一点。毕加索嫉妒着马蒂斯和他的丑闻，他毫无疑问将把自己的《亚维农少女》视作《舞蹈 II》的猛烈和狂放的源头，并且，他会将菲尔德的委托看作是天赐的工具用以与他的主要竞争对手抗衡。

当开始处理这些大尺幅装饰画时，毕加索很少有马蒂斯的优势。立体主义涉及比例的大幅度缩减，这让毕加索无法舒服地在比他还高的画布上画画。在立体主义的高潮期，他的尺幅很少超过一米高或一米宽，通常更小：标准的 20F 或 30F 画布，相当于他喜欢的惯有尺寸的一半或四分之三。[7]虽然的确可以在他的立体主义素描中找到很多全开的人物像，但是它们很少能从纸上转移到画布的过程中幸存下来。尽管毕加索大概在尝试去确保它们的大多数都能成功，但是成功依然在躲避他。如果为菲尔德图书馆做的四五个站着的裸体只有一个能够完整幸存，那可能是因为他对他的赞助商那种完美主义的规定不满。毕加索对于自己高度的不足非常敏感，所以并不喜欢太高的型制。为了加强巨大体型，他喜欢把头部画得像冒出画布顶部一般。

立体主义的冲劲也会制造许多麻烦。鉴于毕加索描绘事物的方式永远在变，这个项目的长期性让它的风格不可能完全一致。到 1911 年夏季，早期镶嵌板的相对抽象已成为过去；到 1912 年，毕加索虽然放慢了另一条路径的速度，但他 1910 年的最初观念看起来已像时代错位了。讽刺的是，当他一停止为这座图书馆工作（1913 年初），立体主义就开始有了更多的装饰形式。如果不进行彻底的重绘，想要解决风格差异的希望就十分渺茫。相反，马蒂斯的镶嵌板就是一个整体——因此加强了它们的冲击力。

和毕加索比，马蒂斯在装饰性和色彩上更胜一筹。马蒂斯对拜占庭镶嵌画和伊斯兰装饰画有着长远而深刻的了解，而毕加索却对装饰的了解甚少。这个词此前对他来说也是诅咒一般。这是真的，他和布拉克不久就会开始用大理石纹和颗粒纹来创作图像，但是他们只是用这些来嘲弄优美绘画的圣洁，是用纹理来活

毕加索，《拿曼陀铃的人》，1911 年，布面油画，
158cm×71cm，毕加索博物馆。

跃绘画表面而不是装饰。在缺乏任何装饰经验的情况下，毕加索不得不去做菲尔德建议而他反对的事：将这个项目构思成一系列架上绘画。从那些幸存的图像中得知，这些镶嵌板从来没有作为装饰起作用：它们太过于紧密而错综复杂。但是作为架上绘画，它们堪称完美。

塞尚，《沃拉尔肖像》，1899 年，布面油画，100cm×81cm，小皇宫博物馆，巴黎。

171　　　　至于另一种基本元素，颜色，毕加索仍然处于立体主义的困惑当中。他渴望废除单色调并让色彩扮演一个更积极的角色，但是却在让色彩和立体主义的形式观念相统一上遇到了困难。据坎魏勒所说，只要毕加索想要把颜色引进分析立体主义的作品中，他早晚都会将它抹掉。[8]唯一的例外是一个有着亮红色帷幕的小尺幅人体作品，但是这件作品同样消失了。直到 1912 年春天，这个困境才开始得到解决，那时毕加索和布拉克准备使用固有色来描绘他们引入自己的静物画中的标签、包装物和小册子。但是要将布鲁克林项目从菲尔德特别指出的唯一一趋势中拯救出来还是太晚了，他在信中谴责道："色彩对比太过柔和。"

　　　　之后的问题在于报酬——这件事在菲尔德的来信中从来没有提过。这些条款在后来制定了吗？或者他们通过哈维兰这个中间人解决了此问题？因为这件事情将占据毕加索长达两年的时间，在此期间内毕加索的价格正稳定地上升着，不管最后的条款制定得怎样，它似乎都需要调整。这会带来许多困难。尽管菲尔德有博爱的冲动，他也是一个极度吝啬的人，他的一位批评家朋友亨利·麦克布莱德（Henry McBride）将他形容成"可笑的吝啬鬼"[9]。而且他似乎配得上吝啬的名声，没有付这个项目的定金。他要是这样做了，毕加索就会欠他一两幅画。可这件事似乎并没有发生。这位艺术家因此有足够的理由感到他被推进了很少或根本没有报酬的巨大麻烦中。

　　　　除了从哈维兰得到消息（还有斯蒂格利茨，他于 1911 年底在毕加索的工作室看见过这些镶嵌板），[10]菲尔德回到布鲁克林后，对毕加索项目的进展一无所知。现在他变成了美国艺术家的积极赞助人，菲尔德开始对图书馆失去兴趣。如果他通过坎魏勒来协商这个项目，结果可能就不一样，但是毕加索 1912 年与这位画商签订的合约中特意排除了"大型装饰作品"。[11]因为得不偿失，坎魏勒很有可能不鼓励毕加索花太多的时间去冒一个没有任何报酬

右：毕加索，《D.-H. 坎魏勒肖像》，1910 年，布面油画，100.6cm×72.8cm，芝加哥美术学院：吉尔伯特·W. 查普曼女士（Gilbert W. Chapman）捐赠，以纪念查理斯·B. 古德斯皮德（Charles B. Goodspeed）。

左上：毕加索，《威廉·伍德肖像》，1910 年，布面油画，81cm×60cm，私人收藏。

左下：毕加索，《沃拉尔肖像》，1910 年，布面油画，92cm×65cm，普希金美术馆，莫斯科。

的险。值得注意的是，在与这位画商签约之后，这位艺术家就失去了为菲尔德工作的兴趣。

在所有影响完成图书馆装饰的理由中，最重要的就是菲尔德的老母亲。在他的传略中，亨利·麦克布莱德陈述了只要他的母亲还活着，菲尔德就不会将毕加索的作品安置在家里。这位旧派贵格会女信徒支持"她儿子的赞助活动……勉强能接受莫里斯·斯特恩（Maurice Sterne）、朱勒·帕斯金（Jules Pascin）、基约曼（Guillaumin）等人的作品，这些都开始出现在她的房子里，[但是]让她接受[毕加索的]杰作恐怕还是非常困难的"[12]。菲尔德夫人明显发现，比起接受立体主义罪孽深重地入侵她儿子的图书馆，还不如对去她儿子那臭名昭著的桑拿室嬉戏的年轻人睁一只眼闭一只眼。因为菲尔德非常崇拜他的母亲，所以他并不急着取走这些镶嵌板——他甚至害怕它们的到来。这个项目缺乏紧迫性，又有很多其他的问题，最后它真的被抛弃了。如果这位老妇人在战争前死去而不是在 1917 年，菲尔德可能就会拥有他的图书馆了。几年后，毕加索将已完成的其中三件镶嵌板[有可能是通过皮埃尔·勒布（Pierre Loeb）]卖给了意大利实业家费鲁瓦·德安格力（Frua de'Angeli）[13]；过后不久，他重新画了另外三幅；另外还有两幅以上一直保持着未完成的状态（现藏于毕加索博物馆）；并且扔掉了最大的一件作品。

*　　　*　　　*

一个非常不同但最后证明更成功的委托是一系列画商的肖像画——伍德、沃拉尔和坎魏勒，毕加索在他去卡达凯斯之前就开始创作了，并在他回来后继续创作。[14] 如果说毕加索画得最好的肖像是献给了画商们而不是阿波利奈、萨尔蒙、雅各布这群作为他最好朋友的诗人，那是因为他对画商的需要就算没有超过，也和诗人是同等的。在巴黎的早年间，当他不得不为了少得可怜的施舍而用甜言蜜语哄骗毫无远见的威尔（Weill）或令人恶心的里保德（Libaude），这让毕加索永远都惧怕贫穷，永远都警惕画商。不过，他还是足够精明地发现，他的面包，他的资产阶级生活方式，更不要说名誉，都依靠和这些购买、出售或展出他作品的人保持密切的朋友关系。在这里我们应该记住，在给他们画肖像的过程中，伍德为毕加索在德尚圣母院（Notre-Dame-Des-

Champs）举办了一场展览（1910年5月），沃拉尔正准备在他的画廊举办一场1900—1910年的作品展（1910年12月20日—1911年2月），坎魏勒也为他的同胞在慕尼黑和其他德国艺术中心举办的展览提供作品。在画商们坐着以便为他们绘制立体主义肖像画的过程中，毕加索与他们的联系也明显得到了加强。

这些画商的肖像画实际上始于1909年，从克洛维斯·萨戈（p.108）开始，毕加索鄙视他"简直是放高利贷的"，但却也敬佩他充满冒险精神的眼光。几乎可以肯定是克洛维斯·萨戈建议画一幅肖像画的，但更多是作为礼物而不是一个委托。其结果是一个综合体：由塞尚的《玩牌者》（Cardplayers）变化而来，也向凡·高的《唐吉老伯》（Portrait of Pére Tanguy，印象主义者的佩内·萨戈）致意。跟一两个月后在毕加索为他的朋友帕利亚雷斯所作的不起眼肖像画一样，脸部是整幅画中立体主义元素最少的地方，比起同时间创作的费尔南多肖像，不怎么分面，也没有那么扭曲。然而这个老顽童对毕加索为他创作的平淡形象而自豪不已。这变成了他的"Enseigne de Gersaint"［热尔桑招牌，即华托（Watteau）为他的画商绘制的商标］。萨戈将这件作品在每一个他能够借出的现代主义展览中都借出了，像科隆、慕尼黑、伦敦、阿姆斯特丹，直到1913年他去世后，他的遗孀将这件肖像画和一大堆毕加索的素描一起卖掉［有很大一部分卖给了阿尔伯特·巴尔内斯博士（Dr.Albert Barnes）］，价格很便宜。

伍德、沃拉尔和坎魏勒的肖像就复杂多了。他们的扭曲变形反映了艺术家对待这些非常不同的人的非常不同的态度。让我们从伍德开始。尽管他的肖像画是在沃拉尔之后开始的，但却比沃拉尔完成得早一些。[15]伍德现在拥有了自己的画廊，但是他仍然偶尔做一个业余画家而不是一个职业画商，对于毕加索来说，他更像是一个醉心于现代艺术的作家而不是生意人。这个不同之处——毕加索对此非常尊重——大概能够很好地解释为什么他可以自由地嘲弄伍德而不是他更加讲求实际的同行。这一点，以及身为同性恋的伍德对毕加索十分迷恋这一事实给了毕加索不少好处，所以他也毫不犹豫地利用了这一好处。

在毕加索为伍德所作的肖像中有一种温和的辛辣——这个普鲁士人的严肃谨慎被具化在微微干瘪的弓形嘴唇上；有翼衣领的

174

硬尖圈与他高高的前额上的两个三角形相呼应；尤其是它那看起来像烟熏玻璃块般易碎的垂直结构。毕加索画得巧妙、细致、机智，其性格刻画反而更尖酸。伍德不喜欢这件作品。他在著作中几次提到该画，其中一次违心地拿它与沃拉尔的肖像作比较，称赞沃拉尔的肖像是伦勃朗般的巨作。[16] 至于他自己的肖像，采用的是柯罗最丑陋的小人物画（如果是柯罗的话）形式。这个丑陋的作品深受毕加索喜爱：他声称非常珍惜它。

艺术家对待他下一个对象沃拉尔时就恭敬多了。沃拉尔接受他但又放下了他，后来又一次接受了他，但是从来没有用一份合约报答他。毕加索更想要与沃拉尔搞好关系，因为他不但已成为巴黎最重要的后印象派画商，而且为当时每一个杰出的艺术家都当过模特。

卡米耶·柯罗（？）。《女孩珍妮特》（*La petite Jeannette*），约1848年，纸本油画装裱在布面上，30cm×27cm（德国伍德公司交给毕加索），卢浮宫，毕加索捐赠。

> [毕加索告诉弗朗索瓦丝·吉洛] 就算是世上存在过的最美丽的女人也不会像沃拉尔那样频繁地让画家们用油画、素描、版画为之画像——塞尚、雷诺阿、鲁奥、伯纳德、福兰（Forain）等等，几乎每个人，实际上我认为他们为他画像有一层竞争的含义，每个人都想比别人画得更好。他有着和女人一般的虚荣心，雷诺阿把他画做斗牛士，这是偷走我的东西，真的。但是我为他创作的立体主义肖像是它们之中最好的。[17]

毕加索一件为沃拉尔创作的画像可以追溯到他在巴黎的第一次展览（1901年），那件作品失败了，所以这一次更加用功。[18] 除此之外，他仍然希望这位为塞尚做了很多事的画商转向立体主义。如果沃拉尔能够回头支持据说受塞尚启发的作品，他就可能再一次订下毕加索的全部作品或与他签约，而不是零零星星地购买，尽管买的也不少。

毕加索的肖像画既没有嘲弄也没有奉承沃拉尔；它是尊重他的。前额被分块，层层铺排，就像三重冕（Papal Tiara）一样，下面是一个粗短得像蒸汽机一样的鼻子，这个图像令人生畏却又模棱两可。"你想知道沃拉尔真的看上去是怎样的吗？"毕加索在多年后如此询问了一大群朋友。（我们那时正在工作室吃午餐）然

毕加索,《沃拉尔肖像》,1937年3月4日,来自《沃拉尔组画》(*Vollard Suite*)。凹版腐蚀制版法,34.8cm×24.7cm,私人收藏。

毕加索,《学生》,1910—1911年,布面油画,46cm×33cm(已毁)。坎魏勒拍摄,路易斯·莱里斯画廊。

后他拿起一块舌头,演示这位画商不均衡的前额是如何与舌头这肥胖的部分相似的,他其余五官就像揉成一团的皮下软骨组织。"这就是沃拉尔了。"[19] 根据费尔南多所说,毕加索花了几个月的时间创作这件肖像。[20] 对于这个虚荣的人来说,要当模特是一件简单的事,他总喜欢用过豪华午餐后在地下室里打个长盹。果然这幅肖像画看起来就像是他睡着的样子。尽管这件杰作继承了塞尚的衣钵——就像继承西班牙大师埃尔·格列柯和里维拉(Ribera),后者如普拉多的《德谟克利特》(Democritus)——它却没能使这位画商喜欢。一两年后,沃拉尔以3000法郎卖给了俄罗斯藏家伊万·莫罗佐夫(Ivan Morozov),大概是作为优惠转让的。

沃拉尔对立体主义一直保持着矛盾的态度。他时而有零星的夸赞——尤其在1909年秋和1910年,那时坎魏勒正畏缩不前——但是他觉得展示立体主义作品的时机尚未成熟;准确地说,直到坎魏勒为它们建立起有利的市场,他才打算把这些作品拿出来卖。因此他决定1910年的展览只展出蓝色时期和玫瑰时期的作品,这个决定曾有人(可能是毕加索)劝他改变:开幕三天后,阿波利奈尔在《强势报》(*L'Intransigeant*)中宣布,一些有"特点"(也就是立体主义)的作品补充到了这场展览。[21] 不过,因为阿波利奈尔抱怨这场展览并未制作任何目录、邀请函,也没有提供任何外框("尽管伟大艺术家的作品不需要外框的帮助,这种彻头彻尾的简单却也太过分了")[22],我们只能推测沃拉尔这个声名狼藉的小人,大概只想以最小的成本安抚毕加索。

沃拉尔仍会偶尔购买毕加索的作品,但谈不上全心全意地喜欢。他们的合作是在20多年后,那时这位画商的兴趣在于出版精装书,正好赶上毕加索对刻制版画的热情。他们合作的成果是毕加索刻版的89张版画精装本,名叫《沃拉尔组画》(*Vollard Suite*,1930—1937)。据多拉·玛尔说,沃拉尔对毕加索刻制版画的精湛技巧十分着迷,他甚至喜欢在拉古里埃(Lacourière)的工作室徘徊,就是为了看着他工作。[23] 毕加索对这位画商从来都很尊敬,所以他从未取笑或折磨他,就像他对待坎魏勒那样。沃拉尔的葬礼是少数几个毕加索压制着对死亡的恐惧而坚持参加的葬礼之一。

坎魏勒的肖像画是毕加索主要的立体主义男人肖像画的最后

一项。因为这个系列是在五六个月之前开始的，所以艺术家有时间靠近抽象又退了回来——这个变化让坎魏勒明显不支持毕加索走向抽象，正如我们在前一章节看到的那样。坎魏勒因为没有买几幅他最近的作品，再一次让毕加索失望了，这样做可能是因为他想操控他与自己签约，这也解释了他的肖像画在性格刻画上强度不够的原因。坎魏勒的肖像大概需要坐 20—30 次，还要拍照，并非总是支离破碎的。毕加索之后跟弗朗索瓦丝·吉洛说，它最初看上去"似乎要在烟雾中升起。但是当我画烟的时候，我想让你伸手摸到他。所以我加上了这些特质：对眼睛的暗示、头发的波浪、一个耳垂、紧握的双手。所以现在你能做到了"[24]。毕加索接下来把立体主义等同于向孩子作冗长而困难的解释："你加上某些他能立刻理解的细节，鼓励他去理解更难的部分。"他说，"通过混淆他们知道的和他们不知道的。然后……他们就会认为，'噢，我知道那个。'紧接着的下一步就是，'噢，我知道全部'"，这样你就教给人们一些新的东西。[25] 他也告诉过泽沃斯："没有什么抽象艺术。你必须从某个东西开始。然后你可以移除所有现实的踪迹。之后就不会有什么风险……因为对这个事物的想法将会留下难以磨灭的印记。"[26]

这次没有塞尚或雷诺阿来挑战毕加索了；只有凡·东恩为他创作的野兽派艳丽的肖像挂在他的餐厅，该画让这个一点也不戏剧的男人看上去像是为了上舞台化了浓妆一样。毕加索的坎魏勒完全相反：低调、理智、冷静。里面没有伍德肖像中的那种嘲笑的意思，不过大概要除去强调表链的双弧线，这是象征坚固体面的徽章。［完全相同的双弧线在《学生》（The Student，毁于 1940 年代）中象征了一个发型或一个头带，大概是为坎魏勒肖像或根据它而画的习作。］肖像中也没有沃拉尔肖像的那种敬畏，实际上没有流露出个人感情。这件肖像中的疏离是毕加索想要在他和他的画商之间保持的距离。在毕加索帮里，一个人给另一个人写信一般用亲密的第二人称单数，但艺术家和画商之间的通信一般用第二人称复数，并用正式的方式对待彼此。画廊之外他们就很少社交了。如果毕加索大多数时间都要去画廊，那是（他告诉多拉·玛尔）"出于习惯，像西班牙人每天都去修理头发一样"[27]。

穆库伊面具（Mukuyi mask）（蒲奴，加蓬）毕加索收藏。猴面包树木头和高岭土粉，高度: 28cm，毕加索博物馆。

在坎魏勒肖像左上角有一个神秘的物体，一般认为那是一个新苏格兰的提基（一种屋顶杆）。[28] 事实上，那是一种源自加蓬的穆库伊（Mukuyi）面具，[29] 在一些毕加索为朋友们拍的照片中可以看到它被挂在工作室的墙上。加入部落面具的做法比我们所想象的更加传统。庞培奥·巴托尼（Pompeo Batoni）曾为一位英国绅士画像，在背景里画了一件罗马半身像来体现他收藏古典雕塑的高雅品位，同样，这件穆库伊面具体现了坎魏勒作为一名先锋者，跟大多数立体主义的鉴赏家一样，会收藏（偶尔也经营）原始艺术。这种手法也让艺术家能够将人的头像与雕塑头像做对比；将现代主义观念跟另一个时代、另一种文化的观念做对比。毕加索将坎魏勒简化成一个偶像（fetish）：一撮头发，一条表链，一个领结，肢体的各部分，还有一些勉强可以辨认的色块都被放在立体主义网格当中。剩下的部分都被融进了触觉空间，就像雪人，它什么都不会留下，除了它的"属性"：他的烟斗、帽子、围巾，还有曾经是他眼睛的两块煤。

*　　　　　*　　　　　*

1910 年秋天是一个重要的时间点，我们应该考虑到这时会有一个年轻的西班牙人注定要成为立体主义核心的第三个人。他就是天赋秉异的漫画家胡安·格里斯，他在 1906 年为了躲避西班牙兵役逃到了巴黎，并用全新的名字在一个全新的国度开启了全新的生活。4 年后，这个与情人和婴孩住在洗衣船里的谦虚的马德里人放弃了他漫画家的事业（为《奶油盘》（L'Assiette au beurre）、《嘈杂》（Charivari）和其他一些巴黎和巴塞罗那的杂志作画），成为一名立体主义者，让邻居们大吃一惊。他的催化剂是他的邻居：毕加索总是护着他这位同胞，带领他走进立体主义的神秘中。此后，格里斯非常尊敬毕加索，在署名中称自己为"ton elève et ami"（你的学生和朋友）。他写给毕加索的信都使用一种尊敬的语调，尤其是在 1917 年毕加索在马德里时，格里斯请他"cher maître"（敬爱的老师）去看看他的母亲，他母亲当时在帮他带儿子乔治。格里斯后来才知道毕加索曾试过这样做，但却发现家里没人。[30]

格里斯出生于 1887 年，是何塞·维克托利亚诺·卡梅洛·卡洛斯·冈萨雷斯·佩内兹一家（José Victoriano Carmelo Carlos

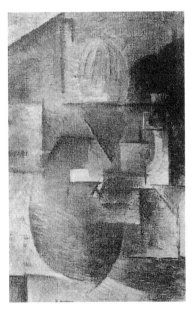

毕加索，《坎魏勒肖像》（细节）。芝加哥艺术学院。

González Pérez）14 个孩子中排名 13 的孩子，这个家族曾经是马德里非常富裕的商人家族。他曾跟着学院派画家莫雷诺·卡波内罗（Moreno Carbonero）学习画画，就像毕加索早年间那样。（然而毕加索总是抱怨这位老师刻板公式化的作画方式，格里斯却从中受益匪浅。）格里斯 18 岁时就在《白与黑》（Blanco y Negro）杂志上发表过作品，毕加索 12 岁时也在这本杂志上以大幅版面发表过他的家庭肖像。一年后（1906 年），他还为秘鲁诗人何塞·桑托斯·桥卡诺（José Santos Chocano）的作品——《美洲舞女》（Alma America）作插图。在转变到青年风格上，威利·盖革（Willy Geiger）帮了他不少，盖革是居住在马德里的一个年轻德国插画家，他教会了格里斯如何简化复杂对象，比如将在一扇向风景打开的窗户前的静物画转变成简洁却意味深长的装饰图案。我指出格里斯是怎样将约瑟夫·霍夫曼（Josef Hoffmann）和亨利·凡·德·费尔德（Henry van de Velde）那样的青年风格运用在他后期的立体主义作品中，为此受到坎魏勒的斥责。对于格里斯早年的"低级"艺术和他成熟期的"高级"艺术之间有联系，以及新潮的青年风格和神圣的立体主义之间有联系的说法，他大为震惊。坎魏勒坚持认为早期的插图不过是"gagne pain"（饭票）而已 [31]，还坚持说立体主义唯一可承认的生父只能是塞尚。坎魏勒在这点上的坚持就好像一个贵族声称他的血统来自查理曼大帝一样。

毕加索为格里斯安排的洗衣船的工作室是凡·东恩不到一年前转交给贾奎思·韦朗（Jacques Vaillant）的那一间，萨尔蒙总是反复强调这个韦朗是"疯子"。格里斯在这里度过了随后十年的大部分时光，起初甚至比其他租客还要穷。不久他就有了一个傻乎乎的情人露西·贝林（Lucie Belin），并在 1909 年有了一个儿子乔治，他被送到马德里由格里斯的家人抚养。后来（1914 年）他拥有了一个美丽的妻子，名叫乔瑟特·埃尔潘［Josette Herpin，她的丈夫时而称呼她为格里赛特（Grisette），意为年轻女工］，她在高档时装商店做女店员。

毕加索帮的成员们难得对格里斯热情。"我们从来没有觉得胡安·格里斯的工作室有趣过，"萨尔蒙说。[32] 除了他华丽的外表以外，格里斯其实是一个害羞、缺少魅力和机智的人，比起放荡不

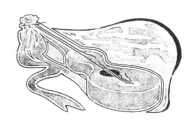

胡安·格里斯，《吟游诗人的灵魂》（El Alma del Payador）（from Alma America），1906 年，亚瑟的收藏。

胡安·格里斯，《自画像》，1910—1911 年，纸本铅笔，48cm×31.2cm，私人收藏，苏黎世。

胡安·格里斯,《向毕加索致敬》,1912 年,93cm×74.1cm,芝加哥艺术学院:李·B.布洛克(Leigh B. Block)捐赠。

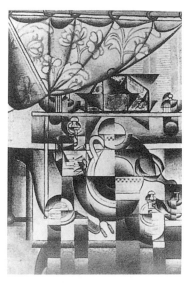

胡安·格里斯,《盥洗间》(*Le Lavabo*),1912 年,布面油彩和镜子碎片,130cm×89cm,私人收藏。

羁更喜欢穷讲究。他的信揭示了这位杰出的画家心中有一位资产阶级勇士,并且太容易自怜和自以为是(因此他变成共济会会员也就不惊讶了)。他有个优点是对韵律的感觉。韵律将他的作品从刻板僵化中拯救出来;这也能够解释他至少有一项社交才能,那就是交际舞。当他将自己置身于探戈那错综复杂的节奏中时,碎屑从这位西班牙人严肃的肩膀上滑落,而当他回到工作室,这些错综复杂的东西才会被他转变成与立体主义相对应的东西。

如果格里斯不足以称为与毕加索和布拉克一样的先驱(他总是羡慕和尊敬布拉克的"法国"画家味道),至少他是立体主义核心的第三个人。通过研究他的两位榜样所做的每一步(这在洗衣船里是很容易的事儿),格里斯很快就学会了立体主义中最隐蔽和核心的东西。1910 年夏,他对尝试水彩静物已感到自信十足,不过实际上他把它们都毁掉了。但是一些素描却幸存下来,这些素描揭示了格里斯是如何迅速而有效率地转变他自己的,在毕加索的帮助下,从一个漫画家变成了一个崭露头角的立体主义者。在一年之内,他发展成为除了莱歇以外的第二代立体主义画家中最有深度和独创性的画家。为了在他的同僚中建立起个人形象,格里斯有策略地将他的早期作品作为礼物送给杜尚、皮卡比亚(Picabia)、雷纳尔和马库西斯(Marcoussis),后者也为《奶油盘》工作。剩余的大部分他都卖给了佩内·萨戈。之后在 1912 年 1 月,他开始忙着创作他"老师"的肖像。 178

> 在赢得了毕加索的友谊之后[塞维里尼(Severini)写道],[格里斯]就将他作为能画真正油画的艺术家天才发挥出来。但是这件将他引进艺术舞台的肖像并没有助长[他们之间的]友谊。用黑白几何形组成的毕加索的轮廓看起来是灰调的,并给人以冰冷的印象。格里斯将之取名为《向毕加索致敬》(*Hommage à Picasso*),以此确认他对立体主义的忠诚,但是毕加索不仅一点也不高兴,还为之大动肝火,这让格里斯十分窘迫。[33]

格里斯这件肖像比起毕加索自己在 1910 年的立体主义肖像,更加受益于梅青格尔(Metzinger)那件在 1911 年秋季沙龙引起轰动的、像是假笑的《下午茶》(Le Goûter, p.209)[34]，毕加索对此一定更为生气。

坎魏勒常常把那些尝试挤进立体主义的人视作不速之客；但是他却将格里斯视作例外并还欢迎和保护他。这倒并非因为他是毕加索的门徒才有所区别对待。格里斯向 1912 年 10 月鲍埃西画廊(Boëtie)的展览提交的作品让他印象深刻。[35] 其中包括从未展出过的第一批立体主义拼贴画:《盥洗间》(Le Lavabo)，里面有一些镜片，以及《手表》(La Montre)，贴在一摞纸上，纸上印着阿波利奈尔关于时间的忧郁诗——《米拉波桥》(Le Pont Mirabeau):"vienne la nuit sonne l'heure/ les jours s'en vont je demeure"(让黑夜降临，让钟声敲响 / 时光流逝了，而我依然在这里)。格里斯很明显已经越过了布拉克和毕加索。这些原创作品所爆发的力量让媒体评论不断，坎魏勒于 1913 年 2 月与格里斯签约(两个月前刚和毕加索签约)，这份合约是买断他所有创作的，每月结算一次。这个白手起家的艺术家和这位白手起家的商人后来成为一生挚友。再也没有一个和坎魏勒签约的艺术家像格里斯那样与他亲近。毕加索对这份亲密感到怨恨。

马克思·雅各布也同样支持格里斯，雷纳尔也是，但是阿波利奈尔却一点也不赞扬他。这点与萨尔蒙相同，尽管后者还曾为格里斯的烟草系列漫画配文字。他"从来没有在这个年轻的帅小伙身上寄予什么希望。我们中的一些人总是觉得他的层次顶多就是为《奶油盘》努力工作的艺术家而已，绝不会更高了"[36]。布拉克对这位新房客也是好恶参半。他不能因为更喜欢双人组而不是三人组就怪他，尤其是这第三位入侵者对毕加索还如此感恩戴德。的确，从多年后一次午宴的对话中看出，他们对这位年轻漫画家闯入立体主义的怨恨从来没有停止过恶化。毕加索用极度夸赞的方式去刺激布拉克，作为回应，布拉克对科克托(Cocteau)说:"为什么有这么多的漫画家最后都变成了立体主义者? 那是因为他们如果想要摆脱不光彩的过去就需要亚里士多德纪律般的精密和严格(rigueur)。"[37]

布拉克之所以如此厌恶格里斯之前的职业大概是因为他也曾沉溺于幽默画(dessin humoristiques)。当然，他描绘勒帕普与玛丽·洛朗森跳舞的时装画式的素描太过于完美而难以认为是唯一

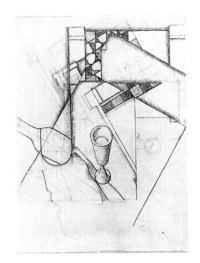

胡安·格里斯,《有玻璃杯和棋盘的静物》,1913 年,纸本黑色粉笔和铅笔,63cm×47.7cm,版画博物馆(Graphische Sammlung),施塔茨画廊,斯图加特。

的失足。大概也因为对曾涉猎这种"低俗"风格感到耻辱,布拉克才大量销毁他早年的作品;也可以解释他在之后的那些年都不指名地贬低格里斯——这种贬低很有杀伤力,因为它意味着,格里斯引以为豪的"严格"是用漫画公式人为打造出来的虚假的艺术身份标记。对于布拉克苛刻和诗意的心灵来说,这种花言巧语就好像数学上的黄金分割制图一样与艺术格格不入。

毕加索和布拉克对格里斯的态度有何不同,只要把前者对格里斯的评论与后者最喜欢讲的一个故事作对比就能总结出来——毕加索曾评价过"格里斯对立体主义心里有数"[38]以及"他的语法已经学好了"。[39]布拉克在拜访洗衣船看他最近作品时(大约在 1914 年),他告诉格里斯说一幅静物画的一角"不着边际"。格里斯伤感地接受了。在查看了他的工作素描后,他承认"在我的计算中出了错"。"细心点,"布拉克回答说,"不然你就会发现你正在试着将两个水果盘塞进一个苹果里。"[40]布拉克的玩笑一定压在格里斯心里。格里斯明显感到他用尺子、圆规、量角器和分割器所作的素描是一种可耻的——欺骗!他要求他的遗孀和画商在他死后销毁所有证据——那是几百张手稿。从极少的幸存素描来看,这次毁灭使我们无从去研究唯一成功地将数学计算处理成艺术表现的立体主义画家的工作方法,也难以获得无法估量的洞见了。

*　　　　*　　　　*

这个时候,毕加索帮助另一位漫画家成为立体主义者:路德维克兹·卡西米尔·拉迪斯拉斯·马库斯(Lodwicz Casimir Ladislas Markus),也就是路易斯·马库西斯(Louis Marcoussis)。他于 1870 年出生在波兰华沙一个富裕的地毯商人家庭,并在波兰完成了他大部分学业。马库斯定居巴黎时,已经 33 岁了,比起他在朱利安学院(Academie Julian)的同学们来说,他更为年长和熟练。后来他发现这个"自由的"学院似乎有点太过自由,于是他离开这里前往卢浮宫和卢森堡学习。1905 年前后,由于家道中落,马库斯不得不自己赚生活费,所以他开始为《巴黎生活》(La vie Parisienne)和《奶油盘》画幽默画。由于他有一双批判而讽刺的眼光以及画肖像的诀窍,他的作品很受出版方青睐。同时,他渴望以画家身份而出名,并为了与最新的发展并驾齐驱而作艰苦的斗争。然而，作为漫画家所拥有的机敏终结了他崇高的愿望。在从印象派到分离派、从纳比派到野兽派之间来回转折后，他意识到他只是一个有才能的模仿者而已。带着绝望（1907 年）他放弃了画画，并且在他漂亮的情人马塞尔·汉伯特（Marcelle Humbert）的怂恿下，开始投身于漫画。

马塞尔是一个野心勃勃的小资产阶级——也希望自己的丈夫和她一样野心勃勃。按照她的标准，一个成功的漫画家比起一个就算有才华但还需要奋斗的艺术家来说好多了。在接下来的三年，马库斯遵从了她的指令——自我评价也越来越低。通过大量炮制漫画的收入，他们终于能够搬到德兰布尔大街（rue Delambre）上一间大公寓里，连同一系列象征上流社会身份的迪法耶尔家具（Dufayel）。马塞尔后来证明是一位家庭主妇典范，她谨慎而体面地组织愉快的小晚宴以欢迎造访的波兰人和更加受人尊敬的蒙马特波西米亚人。她那大胆的美丽和他机敏的才智与魅力让他们在包括马克奥兰（MacOrlan）、沃诺德（Warnod）和卡尔科（Carco）在内的作家圈里成为备受欢迎的一对。毕加索帮直到马戏团将他们带到一起之前一直对他们很冷淡。某天晚上在马戏团里，马库斯和马塞尔加入了布拉克和阿波利奈尔的谈话中。这次交谈将他们引向了毕加索，他将改变他们的人生。

感谢阿波利奈尔，马库斯得以将自己的名字法国化为马库西斯（Marcousis）并转向立体主义。马克思·雅各布第一眼看到这对夫妻就很喜欢他们，格特鲁德也渴望见见他们并邀请他们参加晚宴。在 1910 年至 1911 年的冬天，他们加入了这个圈子，还一起逛了艾米塔基（l'Ermitage）。毕加索喜欢这个来自波兰的犹太人，喜欢他的精明伶俐，最重要的是，喜欢他的情人。马库斯钦佩毕加索并嫉妒他拥有如此美丽的情人。对费尔南多来说，她要认同马塞尔毫无困难，他们都决心要嫁给她们希望中的男人。后来，斯泰因或托克勒斯提醒我们，这两个女人之间有着更深远的联系："费尔南多心中的女英雄是娇小而消极的伊芙琳·索尔（Evelyn Thaw）[这个女人的丈夫那时刚谋杀了斯坦福·怀特（Stanford White）]。[马塞尔]有一点像法国版的伊芙琳·索尔，娇小而完美。"[41] 这两个女人互相交心：费尔南多告诉马塞尔毕加索是多么冷酷和难懂，大概她寻思着另寻情人。马塞尔就会告诉

路易斯·马库西斯。P.M.A. 收藏

胡安·格里斯，《拉维尼昂（Ravignan）广场》，1911年，纸本炭笔，43.5cm×30.5cm，私人收藏。

费尔南多她和马库斯正迫于家庭压力准备结婚。她不会泄露她也寻思着另寻情人——费尔南多的情人。

*   *   *

与此同时，马克思·雅各布也令人担心。在意识到有一段时间没有看见马克思后，毕加索担心他可能陷入了某种麻烦中，并从洗衣船他隔壁那间屋里把他找出来。马克思的确情况不妙。他因为沉溺在乙醚和茛菪中，在绝望中昏迷。有人把他带回了家，但是他仍然，如费尔南多所说，"à moitié empoisonné"（一半已中毒）。[42] 毕加索将他的老朋友放到床上，并叮嘱看门人时刻关注他。他们不能叫医生：医生只会让这个病人戒毒，而雅各布不会喜欢这样做的。他为自己是一个像魏尔伦（Verlaine）那样的诗人而自豪，他们同样神经脆弱，也是"先知"（pythia）。毒品让他对诗的敏感度越发敏锐，以及加强他的预知洞察力，这为他赚取生活来源并加强他影响朋友的力量——至少他自己是这么说的。费尔南多在不讨厌马克思后就非常爱他（她甚至偷偷给他钱买毒品），于是毕加索与她讨论后，决定让马克思搬到克里希大街的公寓来。他们为他在工作室里准备了一张床，并让他住到恢复为止。

据费尔南多所说，雅各布如此恶化全都是因为他那些阴险的新朋友，尤其是一个才华横溢却令人厌恶的记者德尔斐·法布里斯（Delphi Fabrice），他给雅各布分享了他对毒品和粗鲁性爱的恶趣味。[43] 费尔南多还提到一些凶险的暴徒，他们躲藏在雅各布的阴暗房间的角落里，抽着烟，把巨大的白手放在膝盖上，耐心地（费尔南多说的是"恬不知耻地"）等待星期一晚上聚会的客人离开（"家庭聚会"，跟毕加索的星期天聚会和斯泰因的星期六聚会都不相同）。这完全是颓废而病态的，是彻底的"意外"，费尔南多说——那里的氛围是匪夷所思的业余爱好者的口味，尤其是毕加索"总是溺爱地笑话他的朋友荒淫得离谱，这倒还鼓励了他。"[44]

"尽管雅各布缺乏科学常识，"费尔南多说，"但人们对于他通灵般的占卜能力会情不自禁地留下深刻印象。"[45] 这位诗人也通过给朋友们占卜赚钱。据费尔南多，这些包括了：

布满奇怪象形文字的黑羊皮纸，一些铜、铁或银，他会

上：从洗衣船的屋顶看向奥坎普特街（Rue d'Orchampt），毕加索拍摄，毕加索档案。

下：毕加索，奥坎普特街，1911—1912 年，椭圆形，布面油画，24cm×41cm，下落不明。坎魏勒拍摄，路易斯·莱里斯画廊。

用我的帽针在上面刻上占卜者的星座……我都一直好好珍惜一块刻着我的星座符号——双子座的铜，并不是作为一个灵物，而是马克思送给我的礼物，它为我带来好运。[46]

　　不论毕加索说马克思要住在克里希大街的公寓一事是否是一种托辞，他都决定找一个更大的工作空间。所以，他回到了洗衣船的一间工作室，这里正好位于他以前工作室楼下。"他在那里工作状态更好"[47]——这样，他就可以远离那些来访者们，这些人通常都是格特鲁德·斯泰因的朋友，他们都希望显得合乎潮流。同时，他也可以借此远离费尔南多。这间工作室除了为他提供空间以创作菲尔德那些大尺幅的镶嵌板外，他还能暗地里在这儿和情人约会，同时还能创作一些作品间接向另一些女士献殷勤。这些作品如果被费尔南多看到，她很容易就能看出其中用意。回到洗衣船这一举动体现了毕加索对他早年在蒙马特地区放荡不羁的友情岁月的怀念，这是萦绕在他心中的情愫。同样，此举也是他与费尔南多之间的裂痕日渐深化的佐证。他们没有像前两年那样在西班牙共同渡过 1911 年的夏天，而是各自做着独立的计划。"巴勃罗过几天就要去南方（指塞雷）了，"费尔南多在给格特鲁德·斯泰因的信中这样写道，后者当时正在菲耶索莱（Fiesole）避暑。"我现在还在巴黎，我也许会去荷兰"——和凡·东恩一起[48]。事实上最后费尔南多并没有去荷兰。从七月初到八月中旬，直到最后她孤身前往塞雷之前，她在巴黎始终是独自一人。虽然无聊、失落，但她仍然是一位美人。她开始寻找一个爱人，然而找到这个人以后，她将陷入永恒的懊悔。

12

在塞雷的夏天，1911 年

马诺罗，《肖像》，弗兰克·博蒂·哈维兰，约 1908
年，纸本石墨铅笔，20.8cm×18.3cm，私人收藏。

左页：毕加索，《风扇》(*L'Indépendant*)，1911 年夏，
布面油画，61cm×50cm，私人收藏。

前两年夏季，毕加索答应过弗兰克·博蒂·哈维兰和雕塑家马 183
诺罗要去法国和加泰罗尼亚边境拜访他们。两次他都让他们失望
了。1911 年夏季可就不一样了。再也没有特别的理由回到西班牙：
他可不想解释为什么是一个人回来，再说，他的父母去了梅诺卡
岛（Menorca）和他们的女婿比拉托医生度假。于是毕加索决定去
塞雷试试，塞雷位于比利牛斯山脚，哈维兰和马诺罗及其家人前
一年就在此定居。他们说，这里的生活开销并不大，并且风景如
画，质朴自然，大海和山脉触手可及。当地人说加泰罗尼亚语，
也跳萨达纳舞，举行斗牛比赛，所以来这里跟去西班牙加泰罗尼
亚一样好。毕加索可以在平静中创作，最重要的是，菲尔德的那
些装饰品的细枝末节就可以和哈维兰商定了。同样重要的是，答
应要陪他度过这个夏季的布拉克也喜欢这个地方。

毕加索大约在 7 月 10—12 日期间抵达塞雷，因终于回归单身
还感到很愉快。他入住了卡尼古酒店［Canigou，由小镇后面的山
得名，布拉克、格里斯、埃尔班（Herbin）、苏汀（Soutine）、夏
加尔（Chagall）都曾描绘过这座山，除了毕加索］。哈维兰将他的
大房子里的一间屋子租给毕加索作为工作室。毕加索刚到不久，
热浪就爆发了，这足以解释为什么在他的静物画中有大量风扇。
这些风扇不仅让工作室里的空气流通，也交代了画作中的空间。
尽管炎热，毕加索还是喜欢塞雷的，并且他的作品不久就形成了
一种多产的新模式。为了有个伴，他新领养了一只猴子，这次是
一只雄性猴子："它有两个高贵的球。"他这样写信给阿波利奈尔；
[1] 并花整天的时间在一个锡罐顶上自我欣赏。[2]

让毕加索感到欣慰的是，一封信在 7 月 16 日来到他的手中，

告诉他布拉克将在不久后加入。布拉克随后还寄了一包德比帽，那是他在勒阿弗尔拍卖场上花了每顶20苏买来的，为了送给他的朋友们，比如马克思·雅各布。"（据萨尔蒙说）那是一些从布满灰尘的老橱柜里拿出的全新却过时的老帽子，本来是出口到非洲的，因为黑人们不感兴趣而退回勒阿弗尔。"[3]毕加索必然对此相当高兴（他可不是被帽子所吸引的唯一的大人物）。7月25日，他给布拉克写了感谢信："真是个惊喜，你无法想象我笑得多厉害，尤其是裸体时……昨天晚上我们和马诺罗一起戴着它们去了咖啡厅，但是也戴着假胡须，画着络腮胡。"[4]这种粘上的意大利式胡须，毕加索也用在他的《音乐家》和《诗人》上。布拉克回信说他将会在两周后来到塞雷，并希望住在郊区而不是镇中心，还希望毕加索来车站接他时可以戴着一顶帽子。

在等待布拉克到来的同时，毕加索继续创作布鲁克林装饰品，他在这里能够与菲尔德的侄子弗兰克讨论。因为总是对周围环境敏感，毕加索打算就地取材，也就是说，创作加泰罗尼亚趣味的作品，对此他并没有写信告诉布拉克和坎魏勒。尽管他列出的这些富有想象力的主题并不能从它们本身辨认出来，但却可以看出它们与菲尔德的项目之间的联系。最有野心的作品是一件大尺寸绘画，描述了"镇中心一条有许多女孩游泳的小溪，一些有着圆窗的房子，有透亮的黑色区域，有圆的房子，和一些十分方正的房子（但这是什么语言！）"[5]毕加索还提到其余三个主题："鲁西永（Roussillon）珍珠"，"诗人与农民"，以及大概正在受难的"基督"。

奥古斯特·埃尔班，《塞雷风景》，1913年，布面油画，94cm×91.5cm，现代美术馆，塞雷。

除了毕加索给布拉克信中的描写，关于这件大尺寸作品，我们所能知道的就是几个月后，在毕加索在巴黎工作室里给自己拍摄的照片背景里，可以看见那件挂在墙上的未完成的作品的一部分。因为照片并没有聚焦在这件作品上，所以上面的对象难以辨认，但是似乎符合他在信中的描述。据我所见，它描绘了将会成为这位艺术家最喜欢的母题之一：窗户内摆放着静物，窗户外框着风景——在这件作品中，窗户外的风景是从哈维兰家看出去的泰什河畔。[毕加索在洗衣船的邻居奥古斯特·埃尔班（Auguste Herbin）在两年后租下这间房子，并创作了两幅关于该风景的作品。]前景是一片立体主义的混乱之物，画的是一把摆在流苏布上

184

上:《自画像》毕加索拍摄，他和他为菲尔德项目所做的最大的一幅作品（遗失或已毁），1911年，毕加索档案。

下: 毕加索，《塞雷风景》，1911年夏，纸本钢笔和棕黑色墨水，19.4cm×30.7cm，毕加索博物馆。

12　在塞雷的夏天，1911年　　235

的吉他和一些摆放在桌子上的物品（可以从错视画法的抽屉把手上辨认出）。为了统一内外部空间，毕加索使用了一个环圈形的窗帘；它同时框住金字塔型的静物、室内以及室外的镇上风景——由圆形和方形的房子组成的聚合体，正如毕加索在信中描写的那样。我们还可以一瞥魔鬼桥（Pont du Diable）的一部分，它在相关风景画中也出现过［藏于古根海姆博物馆的《塞雷风景》（*Landscape at Ceret*）］，并未发现其中有浴者。

如果我对这件"装饰品"的理解是正确的话，它可能是用以作为菲尔德图书馆窗户的替代品——为了使一间没有过多自然光线的房间明亮一些。知道布鲁克林旧房屋的哈维兰一定记得前任主人，曾设计过布鲁克林大桥的约翰·罗布林（John Roebling），当他躺在楼上一间房间等待死亡时，目睹了这个伟大工程的实现。或许是他提议用魔鬼桥的风景与他侄孙的房子建立象征性的关联？如果这件作品完成，它将是毕加索立体主义作品中最大和最具交响意味的——从他逐渐喜欢的室内乐规模复化而来。这件大作品的最终命运已成为谜团。旧习总难改，毕加索就算有过也是很少毁掉他搞砸的画布。出于尽可能节省的原则，他常常再利用他们。X 射线或许能够揭露出这件作品隐藏在后来作品的表层之下。

这是否是菲尔德镶嵌板中最大的一件我们无从知晓。这项计划要求三种相当大的横向尺寸：185cm×230cm、185cm×270cm、185cm×300cm。其中一个尺寸大概是为"诗人与农民"保留的，对于这幅画我们除了知道它让毕加索陷入麻烦以外别无所知。"我决定要完全重新创作《诗人与农民》，"他写信告诉布拉克，"我已经抛弃了另一个。"[6]这个题目可能指弗兰兹·冯·苏佩（Franz von Suppe）同名的著名音乐会序曲，世界各地的军乐队都演奏过这个曲子。[7]但是这幅画究竟表现了什么呢？音乐台？参考苏佩写这首曲子时的场景？画两个对比性的人坐在咖啡桌的两边以暗示题目？最后一种可能性是最大的。《士兵和女孩》（*Soldier and Girl*，1912 年春）相对于菲尔德镶嵌板来说不够大，但它可能是其中一幅的草稿。那些被立体主义神秘符号化的主题——一个初级肩章，一小束女孩的头发（这些标记在作品中并未发现，只出现在前期草稿中）——都可以轻易地转化，用来指诗人和农民。

毕加索，《乐队》（Cobla），1912—1914 年，纸本钢笔和棕黑色墨水，10.5cm×13.5cm，毕加索博物馆。

杜特思乐队（Doutres）在韦尔内的圣萨杜尔尼达狂欢节中表演，1908 年 11 月。

在塞雷画的唯一可以组成系列的素描描绘了一支 cobla（乐队），这支乐队是在一个临时搭建的高木台上为跳萨达纳舞的舞者们配乐的。这些音乐家高居在架起的乐台上，站在架起的乐谱架前吹响管乐器的场景——所有这些骨架可以为大尺寸的立体主义表现提供一个合适的母题。这种水平格式符合菲尔德镶嵌板较宽的比较，主题也适合总体作品，尤其是，假设远一点，毕加索有可能将《萨达纳舞》和《乐队》构思为一对作品。他可以像马蒂斯的《舞蹈 II》带点萨达纳舞味道那样将音乐和舞蹈寓言化。

在塞雷，毕加索一定将马蒂斯挂在心上。他在几公里外的科利乌尔度夏。讽刺的是，两位艺术家都在创作大型装饰画。当毕加索挣扎在菲尔德的镶嵌板创作中时，马蒂斯也为一组东方风格作品《有茄子的室内》（Interior with Aubergines）而苦恼，这件作品证明了他对此类型的精通。这两个相互不信任的艺术家在这个夏天都没打算要去探望对方。只有在毕加索离开后，布拉克才去了科利乌尔，并"偶然碰见了马蒂斯"。[8] 与此同时，阿波利奈尔一直在传播关于这个情形的谣言。当马蒂斯在他科利乌尔房子的墙上看见 KUB 三个字母时，据说他怀疑这是立体主义画家们的恶作剧，直到他意识到这其实是一张方块肉汤冻的广告。

至于毕加索告诉坎魏勒他正在创作的"基督"，还有什么比十字架上的人物在结构上更适合这一阶段的立体主义呢？鉴于他对弥赛亚身份的认同和年轻时作为宗教画家的训练，毕加索肯定能意识到他的立体主义作品中频频出现的十字架结构具有一种微妙的情感，能够使人想起西方艺术中画得最多的图像，哪怕其程度非常微弱。尽管强调轴线的结构非常适合立体主义的构图——尤其是垂直构图——一个十字架上的人物大概对于菲尔德那样的教友派信徒来说太过天主教了。这段时间内没有一件素描是关于基督或受难的，也没有任何关于此类油画的记录。然而，它也可能在另外一幅画下面被发现。

在塞雷的作品中也没有一件是关于"鲁西永珍珠"的。我们所知道的就是这个主题来自一首当地诗人胡安·阿曼德（Joan Amade）歌颂这个地区及其美丽少女的歌。在毕加索到达前几天，阿曼德在塞雷斗牛场组织了一场精妙的民俗音乐会。指挥是德奥达·德·塞弗拉克（Déodat de Séverac），他为阿曼德的一些歌谱

187

曲。在一张咖啡店信笺上，毕加索记下了一些阿曼德小曲相关的歌词："朋友们，来赞美大海，它通往塞雷姑娘的卡尼古。让我们一起歌颂加泰罗尼亚！她就是鲁西永的珍珠。"唯一一件相关的主要作品是藏于古根海姆博物馆的杰作《手风琴师》(Accordionist)，毕加索曾告诉布拉克，他在来到塞雷不久就开始了这幅画的创作（"用一种非常流畅的方式开始，[然后]运用西涅克般系统的处理方式——只在最后[采用薄涂]"）。[9]《手风琴师》这样的作品，以及相同尺寸的《诗人》，画中那个大胡子的男人难道就是阿曼德？他嘴里叼着烟斗（还有几只挂在墙上的架子上），他手中像拿着一卷手稿；还有由伍德买下的《拿次中音管的男人》(Man with Tenora)，毕加索后来发现挂在库珀的墙上——这些作品都是分析立体主义的高潮。

毕加索，《塞雷女人》，戴着"鲁西永的珍珠"制成的项链，1911年夏，钢笔和棕黑色墨水画于塞雷格兰咖啡馆（Michel Justafré）的信纸，26.8cm×21.4cm，毕加索博物馆。

　　这些画作神奇的美，如它们的微妙、沉重和神秘，都是不言而喻的。但是它们的意义并非如此。像《手风琴师》这样的作品，明显是艺术家自身睿智和技艺的产物，比起沙龙里刻板的立体主义作品，要求我们有更加敏锐的知觉和机巧。它同样也挑战着我们对构图、触觉、幽默、诗意（包括所有的韵律和双关语）以及对性的感觉。如果毕加索总是坚持他的《手风琴师》是一位女性，那是有充分理由的。就像他常常说的那样，绘画的主题是最重要的。这幅画里，放在生殖器部位的"鲁西永珍珠"的乐器就是线索。手风琴俗称"挤压盒"，这种挤压盒，以及它的小按钮和按键，更不用说控制声音输出的缩放，就是这件画作要表现的东西。这一手法也暗中指向马蒂斯：《手风琴师》中的三角形结构是毕加索借用自他的竞争对手的杰作《马尼拉披肩》(Manila Shawl)，这件作品描绘了作为弗来明戈舞者的马蒂斯夫人披着一件花披肩，在几月前于独立展览中展出。这个"挤压盒"与马蒂斯那个用鲜花遮挡的阴部完好对应。

*　　　　*　　　　*

　　毕加索与这位魅力十足的作曲家德奥达·德·塞弗拉克的友谊还要追溯到洗衣船的日子[11]。比他的好朋友，非常受欢迎的民乐家康特卢贝（Canteloube）少出镜且几乎被人们遗忘的塞弗拉克曾被视作与德彪西（Debussy）和拉威尔（Ravel）齐名的音乐家——就像亨利·索格（Henri Sauguet）说过那样，"le trio de la jeune

德奥达·德·塞弗拉克坐在魔鬼桥上，塞雷，约1911年。

左上: 毕加索,《士兵和女孩》,1911 年,布面油画,
116cm×81cm,私人收藏,巴黎。

右上: 毕加索,《诗人》,1911 年夏,布面油画,
130cm×89cm,古根海姆基金会,佩吉·古根海
姆家族收藏,威尼斯。

右下: 德奥达·德·塞弗拉克(站在左边)和科尔蒂
耶·马特斯(Cortie-Mattes)乐队合影,1911 年,
德奥达·德·塞弗拉克档案。

musique（青年音乐三剑客）"。世纪交接之时，塞弗拉克经加泰罗尼亚钢琴家里卡多·比涅斯（Ricardo Viñes）被介绍给"阿帕契人"（Apaches）——一个蒙马特的作曲家、作家和画家团体：拉威尔的门徒。通过比涅斯，塞弗拉克认识了哈维兰和马诺罗，并通过他们认识了毕加索。会为自己的歌剧亲自画水彩画并设计服饰的德奥达特（Déodat）认为，每一件乐器都唤起不同的颜色：比如，科布拉（cobla）乐队的次中音管就是"红的，红的——太阳光"。

另一个当地的杰出人物是路易斯·柯德特（Louis Codet），他是一个长着大胡须的吟游诗人，大概也启发了毕加索的《诗人》。他是伏尔泰（Voltaire）的曾侄孙，也是阿波利奈尔的朋友，对鲁西永有着强烈的自豪感，并在劝说马诺罗和哈维兰定居于此功劳重大。所以逃脱兵役的马诺罗才得以瞥见西班牙，这两位好朋友原本定居在边陲小镇马达姆堡（Bourg-Madame），毕加索曾在1909年答应会在从奥尔塔回去的路上去看望他们，但是因为要乘坐几小时的马车而放弃了。塞弗拉克进入他的地方并在那里润饰完成了他的第一部歌剧《磨坊心》（Coeur de Moulin），该歌剧将在滑稽剧院（Opéra Comique）上演。马诺罗和哈维兰继续停留在马达姆堡，直到12月到来，他们才去班努斯（Banyuls）拜访马约尔（Maillol）。比利牛斯山脉上的寒风迫使他们在阿梅利莱班（Amelie Les Bains）中断旅程，这里有太多的残疾人和痰盂，实在难以忍受。在决定让班努斯还是塞雷成为下一站时，他们抛了硬币。塞雷赢了。他们徒步来到这里，并投宿于卡尼古酒店。3天后，塞弗拉克加入了他们，塞雷也变成了一个艺术村。毕加索和布拉克将成为第二批到达者，接着，1912年是基斯林（Kisling），1913年是胡安·格里斯、马克思·雅各布和埃尔班。在1920年代，马宋（Masson）、苏汀（Soutine）、夏加尔（Chagall）和达利（Dalí）都会在这里工作。再后来（1953年），当地的爱国主义者将会竭尽所能怂恿毕加索回到这个地区，甚至向他承诺一处古迹让他安静作画。这位艺术家婉拒了他们的好意。

出生于图卢兹，塞弗拉克在塞雷感到宾至如归。他和亨丽特·塔尔迪厄（Henriette Tardieu）一起在此定居，他最终娶了这个女人，并写下了清唱剧（Oratorio）——《埃拉伽路斯》

毕加索，《大胡须的人和次中音管》（Mustachioed Man with Tenora），1911年夏，纸本钢笔、印度墨水和黑色粉笔，30.8cm×19.5cm，毕加索博物馆。

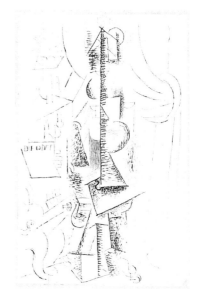

毕加索，《德奥达·德·塞弗拉克的钢琴家和音乐》（Pianist with Music by Déodat de Séverac），1912年春，纸本钢笔、印度墨水和铅笔，34.2cm×22.2cm，毕加索博物馆。

（Héliogabale），这部歌剧在 1910 年第一次公演时用了 400 名音乐家、160 位歌唱家和 40 位舞蹈家，公演地点是贝塞尔（Bézier）的露天场所。后一年当他用自己和阿曼德的民乐《巴耶斯皮尔之歌》（Cant de Vallespir）首演来庆祝塞雷音乐社一周年时，成为当地的英雄。受萨达纳舞启发，塞弗拉克创作了更多，"小笛子"（cobla's flabiols），"乡村双簧管"（tibles），"次中音管"（tenores）的干燥、鼻音调曲子，而这些乐器我们有时候可以在毕加索在塞雷创作的作品中找到。[12] 如果这些神秘的乐器吸引了毕加索，那也是由于它们的地方性而不是它们的乐感。它们象征着脆弱的加泰罗尼亚文化，这些在毕加索心中是永远虔诚对待的。

为什么对音乐并不熟悉的毕加索画了那么多乐器和演奏家？是因为他想要用他那双好玩的眼睛去弥补他迟钝的耳朵吗？毕加索对自己这个缺点非常明白。他从来不去音乐会，他告诉塞弗拉克，因为害怕无法感知到正在演奏的乐曲的内在品质（费尔南多将这种害怕归结为毕加索的自尊情节："他说他只会被他感到优越的事物所打动"）。[13] 在他塞雷作品中频频出现的音乐家们大概可以很好地说明他和塞弗拉克关系亲密。正如毕加索曾说过的那样，亲密伙伴的性格、职业和语言都在不断地影响他。比起乳臭味干的哈维兰或古怪的马诺罗，在塞雷的生活更是围绕着这位魅力十足而成功的作曲家的。于是他开始用铅笔为这位音乐家创作立体主义肖像画，但是最后变成了女人裸体的钢笔墨水画。哈维兰在一张又一张素描中出现。他很容易辨认，因为有着独特的标志：两纽发卷从中间分开。就像卡梅尔指出的那样，毕加索最近为哈维兰拍了照片，大概是为了创作一幅肖像画但一直没有完成。[14] 但是，还有一些关于这位男人的漫画素描，在其中那特殊的发型被画成两片瓦，建立起一种双关：屋顶 = 头发。其中一些素描展示出另一个毕加索式的发明：照片中的哈维兰所握住的那个象白色的圆润的突出物被变成一个勃起的生殖器。[15] 有可能是毕加索想把哈维兰用作菲尔德镶嵌板的主题之一吗？

哈维兰在他的一生中从没有成功过，但是他乐于帮助他的朋友们成功，只要不用花费太多。除了帮助马诺罗和他那滑稽的妻子，当过女仆的珍妮·德·拉·罗谢特（Jeanne de la Rochette，被称作托托特，Totote）在塞雷安全定居，他还自我牺牲般地尊敬

190

着毕加索。为了重建他作为艺术家的身份，哈维兰最终除了清除掉他风格中无处不在的毕加索痕迹并降低画价以外别无选择。因为没有把握，哈维兰在阿尔科菲（Alcouffe）大厦画画的时候，可能度过了一段困难的日子，毕加索就在他隔壁革新艺术。这样的安排并没有持续太久：毕加索不久就搬到了自己的工作室。40年后，这位艺术家带着一群朋友，包括我，参观塞雷和后来由哈维兰做馆长的博物馆。紧跟后面的是寡居的托托特：她声音沙哑而皮包骨头（太瘦了，毕加索说："她不得不柱着一根扫帚来让自己看上去有点体积"），他还觉察到，她在玩塞莱斯蒂娜（Celestina）一套把戏，让他在她的养女和一个当地女伯爵当中做选择。相比之下，另一处立体主义过去的遗迹，像鬼似的哈维兰，看上去就和他住过的阿尔科菲（Alcouffe）老屋一样摇摇欲坠。然而，魔鬼桥仍然优雅地横跨在泰什河谷，从未变过。这座桥是魔鬼建造的，那是一个漆黑的夜晚，加泰罗尼亚的神秘歌声在镇上回荡，四处弥漫着硫磺的味道。毕加索是这样告诉我们的。他嘲笑神话故事；却又留心着它们。[16]

毕加索，《头像》（弗兰克·博蒂·哈维兰肖像习作），1912年夏，纸本墨水，毕加索后嗣。

在他第一天到达塞雷时，毕加索自己就工作得像魔鬼似的。布拉克的即将到来是一个刺激。在巴黎的时候，这两位画家尽可能地亲近彼此。就像毕加索告诉弗朗索瓦丝·吉洛那样："几乎每个傍晚，要么我去布拉克的工作室，要么他来我这儿。我们两个都必须要去看看彼此在白天做了些什么。我们互相评论对方的作品。直到我们俩都赞同之前，一幅画是不会完成的。"[17]春季期间，布拉克稍微领先。他开始使用椭圆形画布来强调垂直和水平的构图，并解决了画布四角空白的问题；他还开始用字母模板来装饰画面（"这个形式是在外部空间的，并因此可以避免变形"）。[18]这些创新在《葡萄牙人》（Le Portugais，如此命名以区别于其他相同题材的作品）中到达高潮，这幅画描绘了一个手握吉他坐着的人。这件作品除了是这个时间段里最神秘美丽的作品之外，还激励着毕加索创作出他在这个夏季最杰出的作品，尤其是《诗人》和《手风琴师》，它们可以说是对《葡萄牙人》的回应。

通常认为《葡萄牙人》是在1911年春天于巴黎创作的，是对毕加索在那个冬天所创作的系列弹曼陀铃的人的回应。1989年在MoMA展出的先驱性立体主义展览的目录却持另一说。在一封

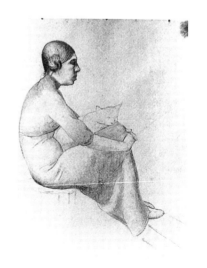

马诺罗，《托托特和猫》（ Totote with Cat ），约1910—1914年，石墨纸本，35.3cm×25.3cm，马诺罗·胡格博物馆，卡尔德斯·德·蒙特维。

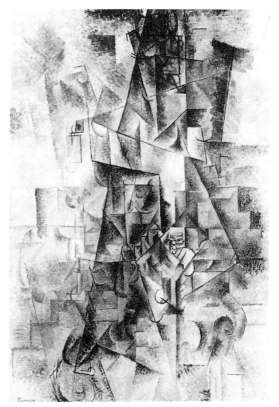

布拉克，《葡萄牙人》，1911—1912 年，布面油画，117cm×81cm，美术馆，巴塞尔，拉乌尔·拉·罗什捐赠，1952 年。

毕加索，《手风琴师》，1911 年夏，布面油画，130cm×89.5cm，古根海姆博物馆，纽约。

布拉克写给坎魏勒的信中（没有时间，但是大概写于9月底或10月初）谈及了一幅画，它描绘了"一个意大利移民站在一座船桥上，背景里有一个港湾"，基于这一证据，布拉克的立体主义杰作的主题被误认了，并被重新归属到了10月。[19]问题不在于《葡萄牙人》是不是信中提到的那幅画，而是在于，在他们关系中最具竞争性的阶段，究竟是毕加索还是布拉克冒险走在前面。我认为是布拉克。因此确定实情是重要的。坎魏勒的记录证实布拉克是首先这样做的人。研究这位画商存货簿的卡梅尔报告说，《葡萄牙人》和画廊春季收藏的作品列在一起，而不是和1912年1月布拉克交出的一批在一起。[20]存货簿里并没有关于意大利移民的绘画；大概这件作品被涂掉或毁掉了。该题材也不能等同于坎魏勒春季获得的作品：藏于MoMA的《拿曼陀铃的人》（*Man with Mandolin*），后者是《葡萄牙人》的变体画，背景中也有一个系船柱。我认为，这两件作品都应该看作是布拉克的"小港记忆"（*Souvenir du Havre*）主题作品，就像毕加索后一年会做的那样。布拉克创作《葡萄牙人》前不久去了勒阿弗尔看望他的家人，在这里，我们知道，他晚上喜欢在海滨酒馆唱歌、跳舞、拉手风琴。

假定《葡萄牙人》很难读懂：它充满了布拉克后来描述的"碰巧满足了我的目的的意外……这些韵律和其他形式相呼应……有韵律的母题有助于整合一件作品并赋予它动感"[21]。然而，仍然有可能认出它是在描绘一个男人坐在一个海滨酒吧的窗户前弹吉他[22]，而不是一个男人站在船桥上。正如我们所见，这个窗户用字母和数字装饰着，是印上去的。这个结构（右上方）表明了布拉克在双关语上和毕加索一样熟练：它可以被读作是在很多毕加索的立体主义作品中可以找到的沉重而束着流苏的幕帘之一或是一个缠绕着绳索的系船柱。因此，分不清是室内还是室外。至于白色颜料描绘的小云朵（顶部中间），可以被读作是从烟囱里飘出的白烟，或者，更像是，有着纯粹图像功能的东西。

毕加索挪用了布拉克的字母模板和锥形结构，尽管他也有简略和变形，但他在消除面部特征这点上从来没有走得像布拉克那样远。描出《葡萄牙人》的五官是个没有人（即使艺术家本人）能够完成的任务。他那年之后创造的作品更令人困惑。你认为布拉克最明确不过的地方，却是他最隐晦的地方。当问及1911年一

布拉克，《拿曼陀铃的人》，1911—1912年，布面油画，116.2cm×80.9cm，现代艺术博物馆，纽约：莉莉·P.布利斯遗赠。

布拉克在他的工作室，正在创作《葡萄牙人》，1912年，画架上方的椭圆形画布是创作中的《桌子与笛子和小提琴》（Table with Pipe and Violin）；右边的是《拿曼陀铃的人》。劳伦斯档案。

马诺罗，《费尔南多·奥利维耶肖像》，1911 年，纸本铅笔，33.5cm×29cm，马诺罗·胡格博物馆，卡尔德斯德蒙特维。

塞雷的大咖啡馆，约 1910 年，私人收藏。

1912 年的核心作品中的异常区时（它们通常被提亮了色调），布拉克谈到他需要"foyer d'intensité"（强焦点）：一个形式溶解或消失的中心。毕加索在他的《诗人》的中心尝试了类似的效果，但是通常情况下他的图像不会被蒸发掉。他的诗人、吸烟者、音乐家跟接下来的一年中他的结构一样，都有物理存在。不仅如此，它们还投射出一种性格上的嘲讽因素，而布拉克的作品中则没有。不过那时，布拉克对肖像没有兴趣。即使有一些画作是关于马塞尔的，也因为太过概括而难以看作肖像。

8 月 8 日，毕加索写信给费尔南多，说他希望她和布拉克一起来塞雷。[23] 她的缺席明显让他更加饥渴：他说爱她；她不需要担心钱的问题，只需带一把洋伞。他们的经济看上去取决于坎魏勒，后者正在科西嘉岛（Corsica）度假。现在他回到了巴黎，有了资金，她和布拉克就可以离开了。最后他们还是分开旅行。费尔南多在巴黎坐了直达火车，于 15 日到达。布拉克花了几天时间在沿途上，分别在奥尔良、盖雷（Gueret）和里摩日（Limoges）逗留，他可能是骑自行车旅行的，所以晚了一两天。夏季某个时候，布拉克的情人马塞尔·拉博（Marcelle Lapré）也来到了塞雷，之后（10 月 13 日）布拉克写信让她再次来这里。[24]

布拉克的到来比费尔南多对于毕加索来说更有意义。"布拉克非常高兴来这里，"他写信告诉坎魏勒，"我已经带他逛完了塞雷所有地方，他心中已经有了想法。"[25] 毕加索在信中对费尔南多只字未提，她显然也没有出现在他的作品当中。别无他法，她成为马诺罗的模特。对此她的爱人并没有反对；他需要马诺罗来陪着她。毕加索离开哈维兰家，住进了戴尔克洛斯别墅（Maison Delcros）二楼的房间，这是一栋有着花园的大房子，他挪了一间给布拉克。他们在这里将自己与外界隔绝，专心创作。晚上，他们在米歇尔·尤斯塔弗莱（Michel Justafre）的大咖啡馆（Grand Café）休息，塞弗拉克曾在这里建立他的茶话会。相传，毕加索晚上会在大理石桌面或铺在桌面的纸上画画，讨论形而上学和美学并听塞弗拉克弹钢琴直到天亮。这不可能常常发生。从所有他在塞雷创作的作品来看，先不说他讨厌讨论理论和音乐，这位喜欢在夜间创作的艺术家更有可能会在晚饭后回到工作室花上几个小时进一步画素描。（在没有电灯的时代，当光线暗下去以后，油

194

左上：毕加索，《塞雷风景》，1911 年夏，布面油画，65cm×
50cm，古根海姆博物馆，纽约。

右上：布拉克，《屋顶，塞雷》，1911 年夏，布面油画，88.2cm×
64.8cm，私人收藏。

右下：戴尔克洛斯别墅，约 1910 年，现代美术馆，塞雷。

布拉克，《狐狸》，1911年，铜版画，54.8cm×38cm，私人收藏。

毕加索，《有一瓶果渣酒的静物》，1911年，铜版画，50cm×30.6cm，私人收藏。

画也必须停止。）

　　尽管他们在一起不超过3个星期，这两位艺术家互相竞争取得了很好的效果，回到布拉克关于登山的说法，他们最后到达了巅峰。在后来3年，毕加索和布拉克，时而单独，时而一起，利用他们非凡的资源——他们不同的技巧和创造力、想象力，且不谈西班牙人的魅力和法国人的诗意——以共同进步时，越过了一座座山峰，但是都没有超过他们在塞雷的成果。正如戈尔丁所说，这是"一个势均力敌的时刻"。[26]艺术之巅的胜利旗帜既要归功于其中一个人的内心冲动，也要归功于另一个人的不屈精神。

　　毕加索可能有时候画得像布拉克，而布拉克有时画得像毕加索，但是他们都坚定地相信他们永远不会创作对方的作品。比较一下他们或多或少有些相似的融入空间的塞雷屋顶是有启发性的：布拉克是更为自由的一方，他创造出的尖锐而强聚焦的图像总能使我们联想到毕加索；当毕加索用软聚焦描绘这些房顶时，总能使我们想到布拉克。鲁宾相信这种变化是有意识的，他认为他们两人在塞雷所创作的最出色的作品是用彼此的手法画的。[27]比起声称自己从来没有过这种自愿行为的布拉克，这对毕加索来说更像真的，因为他总是擅于偷走别人的创意，如果有必要的话，还会运用到他自己的作品上。如果从1910年起，毕加索将颜料涂到画布上的绘画手法一直扮演着积极的角色并比以往变得越来越动人、微妙和多变，那大部分都多亏了布拉克。毕加索对布拉克的促进作用要小些。这更多地是一个渗透的问题。毕加索帮助他摆脱了法国传统学院的理想风格，并赋予他的作品一种更加尖锐、有棱角的图像特点。布拉克最好的作品都是在靠近毕加索时完成的，这显然并不是偶然。当他们在塞雷一起工作的时候，两位艺术家都忙着做坎魏勒委托的大型静物铜版画。在主题和构图上，他们都非常相像；在精神上却截然不同。毕加索的铜版画很容易读懂：一瓶老马克渣酒（Marc），一个杯子和三张纸牌（一张红心，一张梅花和一张方块）。它的视觉效果也非常直接。相反，布拉克的画含有更多暗示并且更难读懂。其中的题字"Fox"指的是巴黎圣拉扎尔车站的狐狸酒吧，这是阿波利奈尔喜欢去的地方。单独的红心牌不像毕加索，而是代表布拉克生命中只有一个女人。另外还有一些物件，看上去似乎是一个瓶子，一些杯子和

195

左上：布拉克，《柱脚桌》（Pedestal Table），1911 年秋，布面油画，
116.5cm×81.5cm，乔治·蓬皮杜中心国家现代美术馆，巴黎。

右上：布拉克，《有小黄瓜的静物》，1911 年夏，布面油画，65cm×
54cm，雅克和娜塔莎·格尔曼收藏。

右下：毕加索，《西堤岛一角》（ La Pointe de la Cité ），1911 年，椭圆形，
布面油画，90cm×71cm，诺顿西蒙公司基金会，洛杉矶。

一个标明饮酒价钱的小碟子，它们无非是鬼影般的线条骨架上的一片片阴影。[28] 布拉克并未提高他的声音；毕加索却发布了宣言。

毕加索多年后编过一则笑话，说布拉克是他的妻子或前任妻子。人们对这则笑话太当真了。这是为了影射布拉克的作品跟毕加索的比起来太女性化了，坎魏勒对于这个观念很容易就在他的《立体主义之路》（*Weg zum Kubismus*）中相信了（是在原文而不是最终版本中）。[29] 把毕加索的嘲弄当真的问题在于他常常颠倒他们。[他曾经告诉我他再也想不起他说的是"Je ne cherche pas，je trouve"（我不获而劳）还是"Je ne trouve pas，je cherche"（我不劳而获）——"（他补充说）这没有什么不同"]。在这种情况下，多拉·玛尔站在一个可以纠正的位置。当布拉克在1930年代住院时，毕加索第一时间冲过去看他。"护士不让我进他的病房，"他回去时愤怒地说，"她说布拉克夫人和他在一起。她没有意识到我就是布拉克夫人。"[30] 显然布拉克将立体主义看作是登山探险，而毕加索将之视作一场婚姻。

后来几年，是布拉克用他冰冷的心来对抗毕加索而不是反过来。毕加索取笑布拉克的代价是激化了后者战略性地疏远他——这完全是出于一种自卫本能。根据多拉·玛尔，布拉克对于毕加索来说是除了加泰罗尼亚的青年时代的朋友外，最重要的人。出于同样的原因，他也是少数几个能够伤害他的人。拒绝是布拉克的武器，加上马塞尔对他默许的鼓励（"对于毕加索你永远不能承担一英寸的让步，"她曾这样告诉我），他时而会拿出他的武器。例如，毕加索为他提供在加利福尼亚（La Californie）的住宿，这是毕加索在1954年在戛纳买的一栋别墅，他怀着可以再次共同工作的希望，就像在塞雷时那样。布拉克没有表现出兴趣。在他一年一度去蔚蓝海岸（Côte Azur）的旅程中，布拉克和他的经纪人艾梅·马艾特（Aimé Maeght）一起度过。而厌恶马艾特的毕加索则十分受伤。

*　　　　　*　　　　　*

8月23日，新闻报告说《蒙娜丽萨》在两天前从卢浮宫被盗。毕加索根本没有想到过跟自己有关，他只当这是个笑话。他更关心8月24日将出版的意大利杂志《美声报》（La Voce），他的老朋友，作为画家、诗人、作家的阿尔登格·索菲奇（Ardengo

街头歌手和歌曲"L'as tu vu la Joconde？"（你看见焦孔达了吗？）1911年。

魔鬼桥，塞雷，约1910年，现代美术馆，塞雷。

Soffici）发表了第一篇将毕加索和布拉克作为立体主义之父的文章，并谴责了沙龙立体主义者的"畸形、几何化、立方化……希望用此来隐藏他们的……三角形和其他形状背后，致命的平庸和学院派"[31]。尽管这篇文章是写在立体主义进行到一半的过程中，但是索菲奇的文字比起萨尔蒙、阿波利奈尔、雷纳尔的早期评论却非常精确和有远见。不像他们，索菲奇有着不仅是画家的优势，还被毕加索帮所接受，又不图私利：因此显得有洞察力和超然洒脱。"尽管在揭示历史方面不及坎魏勒后来的文章，"鲁宾写道，"［索菲奇］把 1910 年至 1911 年分析立体主义描述为一种抒情性和诗意韵味加以调和的神秘的精神创造，比起之后坎魏勒的正式偏哲学的解读在某些方面更加确切。"[32]

8 月 29 日，毕加索可怕地发现他可能牵连进《蒙娜丽莎》事件了。雇用了萨尔蒙作为其艺术评论员的《巴黎报》（Paris-journal），发表了一篇匿名文章，毕加索立刻就认出作者是他和阿波利奈尔的仇人——盖里·皮耶雷。刚从美国回来的皮耶雷，仍然爱自我吹嘘，承认他曾经从卢浮宫偷过东西。这令毕加索感到惊慌。他将他的猴子交给当地可靠的朋友照顾后，就和费尔南多一同返回巴黎。布拉克在塞雷一直待到 1912 年 1 月 19 日，并为自己现在有了三间空旷的工作室而欣喜若狂。在他们分开的四个月中，他和毕加索创作了一些他们最为杰出的立体主义作品——是他们在 8 月相互影响的结果。

13

小雕像事件

阿波利奈尔和盖里·皮耶雷寄给毕加索的明信片，1907年4月13日，毕加索档案。

毕加索正处于精力高峰期，在不到一个月就30岁时，他就发现他被卷入了被称作"小雕像事件"（L'Affaire des Statuettes）的旋涡当中。因为他和另一个头号嫌疑人阿波利奈尔的警方档案都是外国的，十分害怕被驱逐出境，他们很容易慌乱。他们被传唤到地方法官面前，供认了对他们的指控，不知不觉地归罪于对方，对卷入过程的陈述又不完全相同。要弄清这小雕像事件的全部过程是困难的。盖里·皮耶雷向报纸泄露的故事散布了更多的混乱。小雕像事件为这个自恋狂精神病患者提供了他所渴望的臭名昭著，而给阿波利奈尔带去的恶名促使他加入军队并最终导致了他的英年早逝。毕加索得以幸存——即使有疤痕，但在其他方面毫发无损。

在美国西部待上四年后——皮耶雷称之为"le pays des bucks et des Squaws,"（雄鹿和女人的国度）[1]——他在4月某个时候绝妙地重现巴黎。"任何一个劲头十足的年轻人都会暗自希望和他一样，"阿波利奈尔一个叫费尔南德·弗拉雷特（Fernand Fleuret）的诗人朋友如此说。[2]皮耶雷拥有拳击手的发达肌肉、卷曲而红棕色的头发，他的头巾上插着一根鹰的羽毛，看起来就像是印第安人的苏族武士（Sioux Warrior）。他戴着一个松垮垮的牛仔帽，穿着雪茄色的美国"羊绒外套，就和他的丝绸衬衫一样精致"[3]，不留余力地展现着他的身材。他一到达就联系了阿波利奈尔，他向他吹嘘他有钱得"令人恶心"，拥有许多大金币、大额现金和大量铜币。[4]他还写过一部小说叫作《埃莉诺·蒙提》（Eleanor Montey），正在准备出版。这部小说从来没有出版过，那些钱也一会儿就蒸发在了跑马场和台球室。弗拉

左页：戴着手铐的阿波利奈尔（左）和他的律师（右），1911年9月，P.M.A. 收藏。

199

雷特说皮耶雷渴望在博斯托克（Bostock）的马戏团当胸前挂广告牌的三明治人。他打算只穿着一双皮革绑腿、一个牛仔帽和一对广告板，骑着一匹由鸵鸟羽毛装饰的成年公马，挥舞着他的水牛皮鞭，围绕巴黎狂奔。（毕加索让《游行》中的一个"经理"穿成一个三明治人爬上一匹装满羽毛的"马"时，可能利用了这个奇幻的场景；不过在彩排中这匹"马"和骑手都受伤了，于是被排除在剧本外。）

伊比利亚人，《女人头像》，石头（以前为阿波利奈尔所有），圣日耳曼昂莱国家考古博物馆。

1911 年 5 月 8 日，皮耶雷只是让阿波利奈尔给他找一个工作；他说否则他就会自杀。[5] 这个诗人试着和朋友尤金·蒙特福特（Eugene Montfort）一起治好他。失败后，他把他安顿在自己的住处当秘书。与此同时（5 月 7 日）皮耶雷重新讲述了他突袭"他的"卢浮宫腓尼基展厅，正如他向《巴黎报》描述的那样：

> 尽管当我离开时，有超过了 40 个头像，我现在只看到 20 或 25 个。一想到可能是我的模仿者拿走了它们让我就愤愤不平。我拿走了一个女人头像，并把它塞进我的裤子里。我那天穿的外套很厚实而且很宽大，但是雕像对于我来说太重了，即使我穿着雨衣，尽管我是男人，也会很明显看上去像怀孕了一样。
>
> 这让我至少花了 20 分钟离开博物馆。这件雕像（重 13 斤 150 克）不停地左右晃动，我很害怕它滑出来，重重地摔碎在地上。当然这并没有发生，但是它把我的衣服绷得好紧，于是我决定推迟我的盗窃行动，直到几星期后我为自己准备了一双皮绑腿和一些特别的背带。不幸的是，我很容易分心，我去做其他事了，这使我的文物盗窃计划推迟了几个月。
>
> 现在我的一个同僚因为在绘画部制造骚乱而破坏了我的所有计划。我对此极其后悔，这真是奇怪，盗窃艺术作品有着让人欲罢不能的魅力，我可能要等上好多年才可以重新实施我的行动了。[6]

路易斯·马库西斯，《纪尧姆·阿波利奈尔肖像》，1912年，蚀刻版画，凹版腐蚀制版法和铜版画，49.2cm×27.8cm，伯格鲁恩画廊，巴黎。

皮耶雷一搬到阿波利奈尔那里，就把他从卢浮宫偷来的伊比利亚头像放在壁炉架上一个显眼的地方。这位诗人随后完全否认对此事知情。但是，皮耶雷是在"大约十来个作家和艺术家"的面前放的雕像，当告诉他们这是从卢浮宫偷来的，他们还大笑不已。[7]这个皇冠似的发型让他们想起了象征主义诗人——卢齐厄·德拉吕·马尔德吕斯（Lucie Delarue-Mardrus）。

阿波利奈尔喜欢听皮耶雷讲他们穿得像戴着金属或黑绸缎面具的幽灵（Fantomas）或——没人能认出的两位年轻绅士——从事"艺术品"盗窃的冒险，但是当皮耶雷提议将这个幻想变成现实时，阿波利奈尔就害怕了。这位诗人将他的处境吐露给身为同性恋的纪德（Gide）：他说自己救了一个老朋友，这位老朋友最近刚从美国贫民窟回来，但是他的行为举止有些疯狂，甚至诗人还常常被赶出自己的工作室。[8]皮耶雷显然重新掌控了阿波利奈尔；但是是否如索尼娅·德劳内所说，他为诗人提供毒品或一些性癖好或他的冒险项目？我们无从知晓。诗人不仅没有让皮耶雷滚蛋，还在 Bois de Cise，一个位于英吉利海峡（the Channel）旁的小海边度了 10 天假。他回来几天后就写信告诉还在塞雷的毕加索，说："男爵（指皮耶雷）工作得很认真，但是我希望他能另外找份工作……男爵向你问好。"[9]

如果相信阿波利奈尔的话——这实在有些困难——他最后在 8 月 21 日把皮耶雷赶了出去，而这天正好是《蒙娜丽莎》丢失的那天。[10]作为补偿，他给了这位擅长道德和其他各种敲诈的宠儿一些版画作品来让他离开，并且可能的话，让他闭嘴。阿波利奈尔有一万个理由害怕皮耶雷将当局引到他家里，不管他是有意或是无意。果然，当报纸开始刊登巨额悬赏《蒙娜丽莎》的广告时——《巴黎报》就为此悬赏 50000 法郎——这个自恋的贼会不顾一切地抓住这个机会。他去见了编辑，这大概是通过萨尔蒙，他是这家报纸的艺术评论员，而且最近和阿波利奈尔的关系紧张，把他的故事卖给了他（这件事在第一章具体提到）。皮耶雷将事实描绘成他盗窃的主要动机是为了揭发卢浮宫安全系统的过分缺乏。他还将他最新盗窃的赃物，也就是藏在阿波利奈尔壁炉架里那件，卖给了这家报纸。《巴黎报》向皮耶雷保证这一切都将是匿名的，他的落款仅仅是"盗贼"（The Thief），被描绘成"年龄在 20 岁和 25 岁之间，是一个举止优雅的时髦美国人，他的脸、外表、举止都透露着善心和缺乏顾虑"[11]。

意识到这篇文章是对他们所有人的威胁后，阿波利奈尔建议毕加索和费尔南多赶紧回巴黎。9 月 3 日或 4 日，他前往奥赛火车站与他们见面。费尔南多对随后闹剧的叙述比较接近真相：

> 我看得出他们两人现在都像懊悔的孩子，惶恐着考虑逃到国外。多亏我他们才没有惊慌失措；他们决定待在巴黎并尽快摆脱这两个麻烦的雕塑。但是要怎样做？他们最后决定把这两件雕像放在一个手提箱里，并在晚上把它扔到塞纳河里。在草草吃过晚饭和漫长的等待后，他们在午夜开始了行动；大约凌晨两点十分，他们筋疲力尽地回来了，还带着那个装着雕像的手提箱。他们徘徊在街头却从未找到一个合适的时机，也未曾鼓起扔掉这个箱子的勇气。他们总觉得自己被跟踪，并在脑海中幻想了一千种可能……尽管我分担着他们的恐惧，我在那天晚上近距离地看着他们。我很确定他们不自觉地有些表演成分：乃至在等待"犯罪那一刻"，尽管他们俩都不知道该怎么做，他们还是装作在玩纸牌——毫无疑问他们在模仿成他们从书里看到的盗贼的形象。最后，阿波利奈尔在毕加索这里度过了这个夜晚，然后在第二天去了《巴黎报》，在发誓保密的情况下上交了这两件雕像。[12]

那天是 9 月 5 日。尽管费尔南多说他是独自一人去的，但是阿波利奈尔说是毕加索和他一同去的《巴黎报》。这不太可能，因为他没有这种勇气。《巴黎报》在 9 月 6 日的报道称"那是一个神秘的来访者……一个业余艺术家，相当富有，他的最大乐趣是收藏艺术品"[13]。很明显那就是阿波利奈尔。第二天，永远不会闭嘴的皮耶雷再次突然出现在报纸上，题为"A LEA FROM OUR THIEF TO HIS COLLEAGUE"（我们的盗贼向他的同僚发出的恳求）：

> 我只能敦促那个拿着达·芬奇杰作的人完完整整地把自己交到你[《巴黎报》]的手上。他的同僚保证……你的真诚

无可置疑。

再见了，我要离开巴黎继续写我的小说了。[14]

实际上，阿波利奈尔用了 160 法郎作为这个"盗贼"的封口费，并把他送上了去马赛的火车，这样他就可以前往国外了。

9 月 7 日，这场闹剧开始变得严重了。为了让对《蒙娜丽莎》事件毫无头绪的警察们安心，有人向他们告发阿波利奈尔。最终他们看起来就像找到了嫌疑犯一样。于是警察局里最有威信的侦探，留着夸张的大胡子的罗伯特检察官带着他的搜查令将阿波利奈尔的公寓彻彻底底地翻了一遍，后来这位诗人告诉萨尔蒙，"要不是罗伯特的帮助，我的信件恐怕永远都归不了档。"[15] 皮耶雷寄回的信证明了阿波利奈尔窝藏窃贼并接受赃物。他被带走接受审讯。在审讯室，他歇斯底里地证明自己的清白变成了歇斯底里地承认自己的罪过——毕加索的和他自己的。阿波利奈尔被正式指控并关进了监狱。警察等待了一天之后，宣布他们"破获了一起国际盗窃团伙案件，他们的目的就是来法国洗劫博物馆"[16]。

阿波利奈尔不断改变故事对自己的案件没有帮助。他一度告诉警方是皮耶雷偷走了《蒙娜丽莎》；后来又提供了他的不在场证明。"盗贼"另外一封寄给《巴黎报》的信也没有任何作用，这封信声称是从法兰克福寄来的，但实际上是从马赛寄来的，署名为"伊格纳茨·迪·奥尔梅沙男爵"（Baron Ignace d'Ormesan）。为了洗脱诗人的罪名，这个盗贼更彻底地毁掉了自己的名声。讽刺的是，皮耶雷从来没有被绳之以法。（1912 年 5 月，他被缺席审判并判处 10 年有期徒刑，但从来没有服过刑。）在马赛的码头观察许久后，他发现了两条逃走的路线：一条是去纽约，另一条是去亚历山大。他抛了一下硬币：亚历山大赢了。于是他立刻迷惑船长让他作为私人管家和英语老师带走他。皮耶雷的流浪事业要开启新章节了。

毕加索有一万个理由害怕他也会被指控。果然，8 日早上 7 点整，可怕的传唤终于来了。警察将他带走预审。费尔南多说那天他浑身抖个不停以至于她不得不帮他穿衣服。他永远不会忘记在警方监护下耻辱地坐上巴士前往警察局（嫌疑犯不允许乘坐出租车）。在预审前，有着一段长长的沮丧至极的等待。他和戴着手铐的阿波利奈尔面对面："[阿波利奈尔]面色苍白、头发散乱、胡子拉碴，他的衣领也没扣，衬衫在脖子处开着……在收监两天后，他被当作罪犯一般不停接受审讯，他供认了一切让他供认的事。事实却是他坦白中最少的一部分。他只想一个人静静。"[17]为了救他的情人和家庭，尤其是他那个令人害怕的母亲不被警察纠缠，他没有选择只好供出毕加索。

后来到底发生了什么？在费尔南多去世后出版的回忆录里，她写了冗长的一段伤感的文字，可能是毕加索为她编造的。她描述了这两个悔悟的小男孩是如何痛哭流涕地在"慈祥的法官面前，这位法官面对两人幼稚的伤心时很难保持严肃的表情"[18]。潘罗斯（Penrose）有着相同故事的不同版本。[19]立体主义画家阿尔贝特·格莱兹（Albert Gleizes）让阿波利奈尔的临时保释减免为释放，他和安德烈·比利（André Billy）也坚持认为毕加索通过否认认识阿波利奈尔而背叛了他们的英雄。在这件事过了差不多55年后，吉尔伯特·普鲁托（Gilbert Prouteau），曾带毕加索看过他为阿波利奈尔所拍摄录片的人，提供了一份材料，《巴黎快讯》（Paris-Presse）声称是这位艺术家的忏悔。内容如下：

> ……我现在能看见[阿波利奈尔]在那里，他戴着手铐，看上去就像一个安静的小男孩。当我走进来时他对着我微笑，但是我却没有回应。
>
> 当法官问我："你认识这位绅士吗？"我突然感到异常恐惧，都不知我在说什么，我回答道："我从来没有见过这个人。"
>
> 我看见纪尧姆的表情瞬间变了，涨红了脸。我现在仍感到羞耻。[20]

这个"忏悔"听起来一点也不毕加索；然而，这样的事一定发生过。在谴责这位艺术家否认认识他的老朋友之前，我们应该还记得阿波利奈尔表现得也十分懦弱。毕加索绝对有理由为他的归罪声明怨恨他，这能轻易地让他被驱逐出法国。我们还应该考虑到毕加索将自己视为一个救世主般的艺术家，他的唯一使命就是创作他的作品。这是神圣不可侵犯的，因此这也是他的幸福。

盖里·皮耶雷写给《巴黎报》编辑的信，落款为"法兰克福市，9月9日，"开脱阿波利奈尔盗窃伊比利亚雕塑。

玛丽·洛朗森，《自画像》，1912年，纸本墨水冲洗，14.2cm×10.2cm，蓬皮杜艺术中心，巴黎。

阿波利奈尔，安德烈·比利和玛丽·洛朗森在维利奎尔，1913年，巴黎历史图书馆，阿波利奈尔全宗。

如果有朋友和家人在某些时候必须要牺牲的话，那就太糟糕了；对于他们来说太糟糕，对于毕加索来说也太糟糕：他不会喜欢这些牺牲承载的罪恶感。

比起毕加索否认认识阿波利奈尔，更为令人迷惑的是他竟然可以逃脱收买赃物的指控。令人更为吃惊的是，他连一个律师都没有雇用，尽管他完全能够承担其费用。有人怀疑，他会不会去恳求了奥利维耶·桑赛热（Olivier Sainsère）？他是当时的国务委员，过去是强有力的保护者，那时依然可以在背后操作。从官方得到的帮助大概能解释为什么，在审讯之后，毕加索就和警察再无纠葛。另一方面，阿波利奈尔就回到监狱，接受进一步的审讯，更不说还遭受到反犹分子的诽谤，在他们看来，所有的波兰移民都是犹太人。莱昂·都德（Léon Daudet）甚至否认在前一年当他的书《异教创始人》（L'Hérésiarque，部分情节基于皮耶雷的故事）提名龚固尔文学奖（Prix Goncourt）时给他投过票。

直到9月12日阿波利奈尔才被释放，而且也只是暂时的。他的释放卷入了更多公开的侮辱。他被关在一个臭气熏天的监狱里——"Souricière"，意为老鼠夹，是人们为司法宫所属监狱所起的诨号。当时他戴着手铐由一个警察看守，展示在一大群摄影记者、满怀好奇的跟踪者和支持者面前，然后被关进一个牢笼送往桑代（Santé）监狱，这次是用警车押送，去等候释放的命令，按照法律，该命令是步行传达的。

"小雕像事件"给阿波利奈尔短暂的余生都留下了阴影。尽管他才华横溢和故作勇敢，他还是出人意外地脆弱：因为对他私生子的身份、他那悍妇母亲、他忽左忽右的性取向的偏执，尤其是他在这个国家不稳定的外籍身份引发了沙文主义。如果不是一群著名的作家为他辩护，他大概早就被驱逐出境了。正如毕加索告诉戴克斯那样，阿波利奈尔在1914年从军的一个主要原因就是为了抹去这个污点。[21]

这个丑闻也给他和玛丽·洛朗森之间摇摇欲坠的关系一个致命的打击。她不那么爱他已经很久了，在洛克1910年春天的一则日记中记录道：

看望"Flap"……她想要与"波洛普"（Pollop）和他那

放荡不羁的圈子保持距离：克雷尼兹、毕加索帮、萨尔蒙。她发现他们太吵闹也太像女人，尤其是他们没有一个人能够依靠。

她每天仍然和"波洛普"共进晚餐——但是他们分开睡已经有一段时间了——［她］发现他很好但也很困惑，不像他之前那么固执己见了。

她有了新爱人：尤金·蒙特福特。[22]

阿波利奈尔在以笔名"路易斯·拉兰（Louise Lalanne）"创作时，拍于尤金·蒙特福特的公寓，1909 年，P.M.A. 收藏。

204　　　蒙特福特是阿波利奈尔的一个好朋友，是他劝说后者为他的杂志《边际》（*Les Marges*）写女性专栏，笔名为路易丝·拉兰（Louise Lalanne）。为了让他假扮的女性身份更加可信，阿波利奈尔劝说玛丽为他的专栏创作两首合适的"女性"诗歌。一年后，"路易丝"决定脱掉"她的假发、胸衣和短裙"以及女诗人的身份并宣布"她"就是阿波利奈尔。[23] 这次揭面发生在 1910 年《边际》的 1 月刊上，这期间玛丽正与蒙特福特纠缠在一起。

玛丽那尖酸刻薄的母亲是无法容忍她优秀的女儿将自己抛给一个写色情文学的囚徒的。她坚持让玛丽离开他，但是这几乎花了她一整年的时间来分手。1912 年夏季的某一天，玛丽没能遵照诺言帮纪尧姆的客人准备一顿丰富的午餐。客人之一的谢尔盖·费哈特（Serge Férat）前去查看并发现玛丽在家里缝东西。去对他说"呸！"就是她的回复。当费哈特传达了这条消息，阿波利奈尔瞬间脸色苍白。"那请你告诉她同样的话"是他所能做到的还击。[24] 据谢尔盖所说：

> 可怜的纪尧姆遭遇了如此可怕的心悸……乃至他突然决定要搬出他的公寓：他最后四天都和我们待在一起，其中还有一个叫马克·巴西（Marc Brésil）的年轻作家，他非常友善也很有热情……就是明显没有什么才华……当我们都走了，阿波利奈尔还留在这儿。他打算寻找另一所公寓并开始一段新生活。根据他所说……玛丽的控制让他十分厌烦，她就像一个看门人或是一个裁缝。[25]

据谢尔盖所了解，巴西有一位做知名记者的父亲，其兄弟是著名的音乐剧演员马格利特·巴西（Marguerite Brésil）。据谢尔盖说，巴西太蠢，无法填补洛朗森的离开。

　　阿波利奈尔在监狱里创作的诗歌和为《巴黎报》写的短文《我的监狱》（Mes prisons）在《巴黎报》发表，表明了他被伤害得多严重。在极大的痛苦当中，他似乎认同奥斯卡·王尔德了，他肯定知道这个王尔德的《瑞丁监狱之歌》（*Ballad of Reading Gaol*）简直就是他此刻的心声。像王尔德一样，他开始转向宗教和诗歌写作来自我安慰。在那之前，他的虔诚时常混杂着亵渎神明的矛盾形式；现在，他向上帝哭诉着请求原谅："主啊，接受我的敬意／我相信您，我真的真的相信您。"（他后来便压制了这种平庸的诗节。）有些诗句他并没将其包含在《境地》（Zone），这首杰出诗作的潜台词使人想起各各他（Golgotha），在最终没有收入该诗的一些诗句中，阿波利奈尔将这段时间的自己视作是耶稣在两个贼之间死在了十字架上：坏贼是玛丽·洛朗森，"她偷走了我的一生，真是一个无耻的贼"；另一个是"好贼，他将会永生不幸并死在监狱里"，毫无疑问，他就是皮耶雷。[26]

　　那些聚在一起为阿波利奈尔的释放而焦虑的朋友们现在可以轻松地取笑阿波利奈尔所受的折磨了。保罗·莱奥托（Paul Léautaud）常常直截了当地问他，"Comment va la santé？"（你还好吗？）[27] 萨尔蒙讲述了有一次去看望阿波利奈尔时，羡慕他的新猴子，那是一只猕猴，大概是他母亲的。"你看，它真没有必要呆在它的笼子里，"阿波利奈尔察觉到这个猴子调皮地在家具之间跳来跳去。萨尔蒙对此不友好地回答道："至少它可以暂时被释放。"毕加索生气地抓住这个动物蓝色的臀部，并把它扔进了它的笼子。这位诗人一点一点地重新拾回他的幽默感。只可能是他将之写进《行人》[Le Passant，署名为"戴面具的萨提尔"（Le Satyre masque ）]，《蒙娜丽莎》才能以立体主义的形式重新浮出水面。[29]

　　至于皮耶雷，他继续和阿波利奈尔保持联系，继续给他讲自己或真或假的冒险故事。在去亚历山大的途中，他一路依靠一个肥胖的老妇人，她肮脏的手指上戴满了戒指。她曾是一家埃及媒体老板的奶妈，现在是他的厨师。根据阿波利奈尔提供给弗拉雷特的信息，一到开罗，这位厨师就安排她英俊的宠儿在她老板的

205

一个杂志下做编辑。[30] 又一次皮耶雷的强迫犯罪行为把他卷入其中。在他的报纸的赞助下，他为英国和美国殖民地居民举办了一场圣诞狂欢。客人都被鼓励盛装出席。狂欢快结束时，灯光也灭了。"只是短路！灯光马上就来，"皮耶雷向客人们保证，但在这期间他搜索了他们的口袋、偷了他们的钱包，还顺走了他们的珠宝。据说，他还在另一个地方故技重施，并被抓住了。1912 年9 月 6 日，他被移交比利时领事馆法庭，并接受了精神检查，发现他有天生的精神疾病。他本该在比利时领事馆的保护下留在开罗。但是在 12 月底他经希腊逃到了土耳其。接下来我们将听说阿波利奈尔的这位克星是在 1917 年受的惩罚：弗拉雷特乘坐的一辆火车被命令停下让给一支比利时军队让路。弗拉雷特探出头观

《阿波利奈尔肖像》，被误认为是盖里·皮耶雷所画。

望；在人群中，他看见了一个年轻的比利时士兵不停地挥舞着他的军帽：皮耶雷！在这次战争的最后一年，他仍继续写信给阿波利奈尔，但是他们再也没有见过面。

这并不是我们听说这个贼的最后一次。在阿波利奈尔去世的那天，蒙特福特收到一封来自皮耶雷的信，信中说他一直战斗在西面战线以赎回他的罪过，他一直都很担心阿波利奈尔。"几天前，"他写道，"我坐在窗前，有一只大乌鸦突然飞进了房间。那时我总觉得，我感受到了来自纪尧姆·阿波利奈尔的讯息。我非常担心他，并请求你们告诉我他是否还活着？"[31] 后来，差不多 20 年后，弗拉雷特的朋友艾利斯·阿丽卡（Alice Halicka）为纽约一家百老汇音乐剧团做场景和服装设计的工作。剧团的服饰供应商（叫作 Eaves 的公司）雇用了一对年轻的英国夫妻，他们是身无分文的画家。他们告诉阿丽卡，他们从一个叫做杜邦（Dupont）还是杜瓦尔（Duval）的先生那儿听说了关于她和马库西斯的所有事情。这一对画家说这位杜邦还是杜瓦尔先生在小雕像事件时是一位无政府主义者，是阿波利奈尔的秘书，阿丽卡一瞬间就明白他是谁了。

14

其他立体主义者：披着孔雀羽毛的乌鸦

马克思·雅各布，《阿波利奈尔和他的女神》，约1910年，纸本水粉，21.5cm×15.5cm，奥尔良美术馆。

尽管阿波利奈尔是一个温和的人，他也尚未做好原谅毕加索"背叛"的准备。他默许两个主要的"沙龙立体主义画家"（意思是在秋季沙龙和独立展上展出的画家）——阿尔贝特·格莱兹和罗伯特·德劳内来煽动他的怨恨。现在阿波利奈尔作为现代主义的领导者出现，而野心勃勃的这两人决定让他变成他们的发言人。格莱兹已经表明他对诗人非常有用。1911年9月，在玛丽·洛朗森的建议下，他利用了他与"代理检察官格兰涅（Granié）"的友谊——格兰涅是一位开明的地方官员，他曾以阿洛伊修斯·迪拉韦（Aloysius Duravel）为笔名写过同情现代艺术的文章——他让阿波利奈尔的暂时释放变成了永久释放。[1] 格莱兹并没有超脱到在这件事情上不要求阿波利奈尔的报答。

要弄清阿波利奈尔忠诚的改变程度，我们只需比较他在入狱前后对沙龙艺术家的评论便可知晓。1910年，他说他们在秋季沙龙上的展览"是对某些作品毫无创意的奴性的模仿，这些作品未在沙龙展出，是由一个具有强烈个性和秘密的艺术家创作的，而这些秘密他并没有向任何人透露过。这位伟大的艺术家名叫巴勃罗·毕加索。而秋季沙龙上的立体主义，则是披着孔雀羽毛的乌鸦"[2]。26个月后，阿波利奈尔就开始赞美作为毕加索和布拉克对立面的"乌鸦"。他们的立体主义是"高贵而内敛的艺术，是准备好承担印象派遗留给艺术家们的巨大课题的……立体主义是当今法国艺术中最高贵的事业"[3]。

除了报复以外，自我营销也在阿波利奈尔的思想转变中占据了一部分。不管洗衣船作为"诗人的据点"这种观点是他的、雅各布的还是毕加索的[4]，它都鼓励着阿波利奈尔将自己视为现代作

左页：让·梅青格尔（？），阿波利奈尔的《立体主义画家》一书的封面，1913年，巴黎历史图书馆：阿波利奈尔全宗。

家和现代画家之间的关键纽带。因为毕加索和布拉克太过于了解这位诗人而难以让他成为他们的发言人，或是因他们的成果而出名，他们让他不得不依靠沙龙立体主义者的领头人——格莱兹、梅青格尔、德劳内和勒·福柯尼耶（Le Fauconnier）。通过策划一场文化革命，阿波利奈尔就能够加强他作为诗人、小说家和批评家的名誉，并为他和安德烈·比利准备发行的杂志《巴黎之夜》（Les Soirées de Paris）招揽订阅者。他也可以一洗他之前罪犯和色情文学作家的身份，并安慰他吓坏了的母亲。他的政策与其说是分而治之，不如说是怀柔——安抚毕加索和布拉克，并设法让他们和那些野心勃勃想要劫持立体主义的年轻画家和解。坎魏勒为阿波利奈尔的变节胆寒不已。

毕加索，《沙龙开幕式》（Au Vernissage du Salon），1911年，钢笔和印度墨水和水彩作于一叠纸和棕色信封上，30cm×14.5cm，私人收藏。毕加索把这位戴高帽子的人看作是"Lombar"（阿尔弗雷德·朗伯德）。

1911年春季独立展的沙龙立体主义者大量地涌现，勒·福柯尼耶、德劳内、格莱兹、梅青格尔、莱歇和（应阿波利奈尔的要求）玛丽·洛朗森的作品第一次一同展出。这次展览开幕式于5月一个明媚的日子里举行，引起了巨大的轰动。立体主义作品的41号展厅面积虽然较小，但是却最为热闹，人们在这里大笑、哭泣、抗议、争论、狂喜。快5点时，《强势报》（L'Intransigeant）就刊登出阿波利奈尔谨慎的支持文章。这一次他巧妙地将毕加索的角色定位留给了未来的美术史家，却争辩说"来自法国和意大利艺术中的高贵时代"[5]的影响并无损于他的新朋友的作品的质量，其实是明显有损的。传统主义是未来主义对抗沙龙立体主义者的主要指控之一："他们膜拜普桑、安格尔、柯罗的传统主义，并将他们的艺术定格为过去的顽固附属品，这对我们来说简直难以理解。"[6]

第二天，萨尔蒙发表了一篇很有激情却不十分有启发的评论，然而沃克塞尔却比以往更加尖刻。毕加索也参加了这次开幕式，莱歇的《森林中的裸体》（Nudes in the Forest）给他留下了深刻印象，沃克塞尔称之为"管道主义"（Tubist）："这孩子一定有些东西，"毕加索告诉陪他一同前往的坎魏勒，"他们甚至都给他起了另外的名字。"[7]这两人显然对41号展厅的核心作品没有印象——勒·福柯尼耶的纪念碑似的作品（长宽超过十英尺和六英尺）《充裕》（Abondance），描绘了他的俄罗斯女巨人般的妻子（一位名叫马罗西亚［Maroussia］的画家），正在搬着一大

右上：让·梅青格尔，《下午茶》（Le Goûter），1911 年，布面油画，
75.9cm×70.2cm，费城美术馆，路易斯和沃尔特·阿伦斯伯格家族收藏。

左上：亨利·勒·福柯尼耶，《充裕》（Abondance），1910 年，布面油画，
146.5cm×98cm，斯德哥尔摩现代博物馆。

下：玛丽·洛朗森，《少女们》，1910 年，布面
油画，115cm×146cm，斯德哥尔摩现代博物
馆，罗尔夫·德·马雷捐赠。

14　其他立体主义者：披着孔雀羽毛的乌鸦　　267

210

费尔南德·莱歇,《森林中的裸体》，
1909—1911年，布面油画，120cm×
170cm，科勒·米勒博物馆，奥特洛。

阿尔贝特·格莱兹,《收成打谷》，
1912 年，布 面 油 画，269cm×
353cm，下落不明。

筐水果，旁边有个痴呆的胖童——即使上面有再多的小方块也没有办法把它从学院派中拯救出来。凭借《充裕》，这位现在已被遗忘的艺术家当时登上了新学派领袖的位置——不仅是在法国。勒·福柯尼耶之前就在慕尼黑的第二届新美术家协会（Neue Kunstlervereinigung）展出过一件早期版本，他是该协会的会员（毕加索和布拉克作为特邀艺术家参加展览），反响不错，因此在第二年被邀请加入青骑士社。在慕尼黑、柏林、布拉格、布达佩斯、苏黎世办过一系列个展之后，勒·福柯尼耶不久就在中欧地区的名气超过了毕加索。他留着红色的扇形的胡子，身材魁梧，气派庄重，勒·福柯尼耶看上去就是一个魅力十足的学派领袖。如此，他在俄罗斯受到极度欢迎［参加过"金羊毛"（Golden Fleece）和"方块丁"（Knave of Diamonds）群展］。在荷兰也是如此，他在这里抛弃了立体主义，在整个一战期间，沉浸于神秘主义和回归自然的表现主义。当他在战后重新回到巴黎后，这位曾被格莱兹尊为"新一代大师"的艺术家发现自己已被人遗忘。

*　　　　　　*　　　　　　*

阿尔贝特·格莱兹的一生都有一种抬杠式的幻觉，认为是他和让·梅青格尔，作为毕加索和布拉克的敌对方，创造了立体主义。他们俩互相支持对方并不可信的声明，比如梅青格尔修改了自己早期作品的日期。梅青格尔甚至坚持说"格莱兹在 1906 年预言了立体主义"[8]。一个叫作卡塞温特（Chassevent）的批评家说梅青格尔和德劳内的新印象派色块就像是小方块，比马蒂斯和沃克塞尔用同样的词语形容布拉克的埃斯塔克风景要早两年。卡塞温特所说的这些非原创的作品是来自西涅克；马蒂斯说的这些高度原创性的作品是以立体主义为根基的。尽管如此，格莱兹仍坚持说"立体主义"这个词在 1911 年独立展之前从未被使用过，也从未用在毕加索和布拉克身上。在这个可疑的词源问题上，就好像一个葡萄园主推广他的"名称管理"（appellation contrôlée）一样，他坚持认为立体主义这个名称是"41 号展厅的画家专有的"。"一夜之间我们就出名了。在这之前我们几乎默默无闻，现在整条街都在讨论着我们的名字，不仅在巴黎，而是所有的省市甚至国外。"[9]

带着名声大噪的兴奋，这些 41 号展厅的画家们成为秋季沙龙

211

的主宰。当9月份开展时，他们重复着他们"丑闻的成功"。萨尔蒙称"这些立体主义者曾经像散兵一样孤立，现在他们集合在一起投入他们的第一次激战。"[10] 的确，秋季沙龙小小的8号展厅比起独立沙龙的41号展厅更加臭名昭著。毕加索和布拉克像往常一样，无视这些沙龙立体主义者，将他们视为 "les horribles serre-files"（可怕的流浪者），淡然处之，将战场留给勒·福柯尼耶、格莱兹、梅青格尔和莱歇。（拉·弗雷斯内依（La Fresnaye）、塞贡扎克（Segonzac）、洛特（Lhote）、马塞尔·杜尚也参与了此次展出）只有德劳内放弃了：这个有评委会的展览曾拒绝过他的作品。作为前数学家的梅青格尔凭借《下午茶》(le goûter) 成为这一刻的英雄（他曾被称为"立体主义的帝王"）。《下午茶》是一件十分讨巧的作品，描绘了一个裸体的女人正在搅拌分为两部分的茶杯。80年后，在我们看来《下午茶》除了是对传统沙龙主题优雅的几何化以外，什么也不是。但是，在那时候，它被奉作一个突破，并且它的图形组织（四维空间在其中可能扮演了一定角色）为胡安·格里斯打开了数学方面的眼界。多亏了毕加索作为导师，格里斯超越了梅青格尔的故弄学问和数学演算。他独创性的作品和1913年的拼贴画让《下午茶》中的立体主义看起来像个恶作剧。毫不奇怪，梅青格尔的作品那时在公众中是很受欢迎的，被称为立体主义的《蒙娜丽莎》。

除了索菲奇（Soffici），唯一一个敏锐地写过立体主义冲突的批评家是一个年轻的德国人，名叫马克思·拉斐尔（Max Raphael），他是伍德的好朋友，常常去毕加索的工作室参观他的创作过程。在一封公开信中（1912年5月），他抨击了表现主义画家马克思·佩希斯坦（Max Pechstein）所写的关于立体主义的愚蠢的东西。拉斐尔将他的火力集中在梅青格尔和德劳内（被认作是西涅克的追随者）身上：

……［沙龙］立体主义者是创作上的无能却又雄心勃勃的人的尝试，他们从毕加索那里学会了"咳和吐"，用招揽公众和做生意的方式来动员媒体，是美国主义的艺术。他们告诉自己："目前为止，我一直像新印象派那样创作着。这已经不行了，因为人们都很熟悉西涅克。现在毕加索有了最

罗伯特·德劳内，《让·梅青格尔肖像》，（或《男人和郁金香》），1906年5月。布面油画，73cm×49cm，私人收藏。

罗伯特·德劳内，《自画像》，1909年，布面油画，73cm×60cm，乔治·蓬皮杜中心国家现代美术馆，巴黎。

直接的小立方。这可能才会更有效。毕加索没有展出他的作品，如果他知道的话，那么，我，梅-青-格尔先生，诅咒他的存在。"[11]

毕加索显然向这位德国批评家吐露了一些想法，那是不能和阿波利奈尔或另一亲切的背叛者安德烈·萨尔蒙说的。在1911年的独立展时，萨尔蒙提醒他的读者——跟往常一样，事实观点和行文都很紊乱——立体主义是"经过漫长的审美偏离之后，由一位西班牙画家，跟哲学家、诗人和数学家一起，在五年前发明的。起初它看起来像无害的精神杂耍。但是毕加索奠基了第一块石头，那是立体主义神庙的第一块立方体，这并不是他所做的最值得赞美的事"[12]。

在之后的文章中，萨尔蒙制造了更多的混乱："虽然立体主义诞生于毕加索的投机之中是事实，他自己却从来不是一个立体主义。立体主义最初的证据，难保不是……来自乔治·布拉克……更加出色的是，让·梅青格尔将立体主义散开的元素聚集在一起，勾勒出一门学科，或者至少勾勒出一个理论；所以虽然立体主义真的来自毕加索，梅青格尔自称为立体主义领袖是实至名归。"[13]不管这些无稽之谈是否就是原因，毕加索都不想看见萨尔蒙。这位前密友之后恳求着要低头赢回毕加索的信任，就像阿波利奈尔时常想做的那样，却从未成功过。纵使坎魏勒专横，格特鲁德·斯泰因极端利己，但是至少他们从来都狂热地支持毕加索。比那些据说是毕加索拥护者的巴黎诗人，他们更明白他所到达的成就，以及他要走向何处。

＊　　　　＊　　　　＊

阿波利奈尔的误入歧途甚至被搬到了报纸上，而且，搬到了他自己的报纸《强势报》（*L'Intransigeant*）上。他的一个感觉敏锐的同僚，亨利·吉尔波（Henri Guilbeaux）也责备他在1911年秋季沙龙的开幕式上的行为：

> 阿波利奈尔先生赞美立体主义……对许多人，尤其是我，阿波利奈尔先生对待立体主义的态度是非常严肃的。我在8号展厅开幕之前遇见了他。陪伴他的是绅士而严肃的巴

让·梅青格尔，《阿波利奈尔肖像》习作，约1911—1912年，粉色纸面铅笔，42cm×30cm，蓬皮杜艺术中心，巴黎。

勃罗·毕加索先生，他作为一名画家，作为一名真正的画家，
其天赋是无可否认的。这两位先生都蔑视那些堆满立方体、
锥形和管道的作品，并表达了颇为不屑的观点……有人崇拜
阿波利奈尔先生把事物神秘化的天赋，但是我并不是其中之
一。我承认纪尧姆·阿波利奈尔的教育和努力，但是我质疑
他伪造价值的权利。[14]

吉尔波并不知道，至少并未说出那个下午随后发生的事。在格莱兹和梅青格尔的作品前，毕加索遗憾地说他希望能够欣赏它们，但是他只是觉得无聊而已。因此阿波利奈尔劝他加入他所嘲笑的目标——勒·福柯尼耶、格莱兹、莱歇，大概还有梅青格尔和德劳内——和他们一起在安亭街（rue d'Antin）的酒吧喝一杯。在毕加索的建议或是阿波利奈尔的要求下，他们随后去了坎魏勒的画廊参观他和布拉克最近的作品[15]——大概是夏天在塞雷创作的人物和静物画。我们不知道勒·福柯尼耶对毕加索的态度；却知道莱歇非常崇拜他的作品。至于梅青格尔，他通过马克思·雅各布熟悉毕加索已经有一段时间了，尽管他有观念上的偏见，他还就毕加索的作品也写过热情的文字。（"毕加索向我们展示了他作品的真正表面。作品拒绝了所有装饰、轶事或象征性的意图，他达到了迄今为止不为人知的绘画纯粹性……过去没有一件作品……像这件那样清楚地属于绘画。毕加索并不否认对象；他用他的理智和感觉阐释对象。他将视觉和触觉相结合起来。"）[16]

另一方面，格莱兹坚持说他从来没有见过毕加索，从来没有见过他的作品，从来没有去过坎魏勒那儿。不然，他要怎样才能装作是立体主义的创始人呢？格莱兹不是在说谎，就是非常健忘：坎魏勒说，他曾去过他的画廊[17]，因此也见过经常挂在那里的毕加索和布拉克的作品。他还能在 1910—1911 年在伍德和沃拉尔的画廊看见这些作品。关于格莱兹从来没有见过毕加索和布拉克的立体主义作品先说到这里。还有关于沙龙立体主义的一个传说，大意是说坎魏勒很怨恨他们，因为他们没有与他签约，关于这个神话，坎魏勒的态度很坚决：只有莱歇让他感兴趣，因为他并没有像其余人那样将艺术理智化。坎魏勒说，让勒·福柯尼耶以立体主义的名义夸夸其谈，而没有让格莱兹和梅青格尔互相鼓

让·梅青格尔,《阿尔贝特·格莱兹肖像》,约1911—1912年,布面油画,65cm×54cm,罗得岛设计学院美术馆,美术馆购进。

路易斯·马库西斯,《立体主义者》,发表于《巴黎生活》的漫画,1912年3月2日。

励着说"发明"了它,这真是糟透了。这对他所代表的伟大艺术家简直是无法容忍的侮辱。

还有一点也让坎魏勒十分不开心:阿波利奈尔正在危及他为毕加索和布拉克建立起来以与沙龙立体主义者分开的"封锁线"。现在,既然后者让这场运动变得臭名昭著,纵容它变成报纸的亮点和音乐厅的笑话,"封锁线"比以往更有必要。1911年10月2日发行的《精益求精》(*Excelsior*)杂志不就声明说"梅青格尔和毕加索,这两位新派绘画的领袖现在却是被称为'立方体大师'"?[18]"立体主义"这个词变成了可疑或堕落的同义词。更糟糕的是,它很快就会变成过去式。[19]

坎魏勒将矛头直指沙龙立体主义者足以证明他的机灵。这些罪人必须为坎魏勒所说的"欺诈"付出代价。[20]如果他们想要让自己被看作是这场运动的发起人,那就让他们去当吧。正好可以用他们来抵挡那些马上就要弥漫开来的恶劣抨击,否则这些抨击可能也会损害坎魏勒的艺术家。这位精明的画商敦促毕加索和布拉克保持低姿态,以免别人将他们和格莱兹-梅青格尔群体混为一谈;他还敦促他们花足够时间远离巴黎,去鲁西永或普罗旺斯,更好集中精力在真正的事物上。

阿波利奈尔与毕加索的峰会并没有调和先锋们和这些"冒充者",而是使两者更加极端化,这点让坎魏勒十分满意。他们的不同在于背景、气质和意识形态。除了身为诺曼木材商儿子的莱歇,其余沙龙立体主义者都是资产阶级和循规蹈矩的人,正如他们的绰号所暗示的那样。梅青格尔有足够的理由怨恨南特(Nantes)的上流资产阶级,他就是在这里出生的——他曾征服了马达加斯加的祖父、虚伪和同性恋的双亲——但是他的作品反映了这一阶层的习惯和僵硬。勒·福柯尼耶出生在加来海峡省,他的父亲是一位医生。勒·福柯尼耶十分聪明,在成为画家之前,他学过法律和政治科学。格莱兹同样聪慧,他的父亲是一位成功的设计师,他还有一位上流社会的学院派画家叔叔。在涉猎和平主义和社会主义事业之后,他加入了亨利-马汀·巴尔尊(Henri-Martin Barzun)的社会主义共产村庄,克雷泰伊修道院(Abbaye de Creteil),其中的成员都是想要逃离大城市的物质主义和贪污腐败,向往乌托邦的理想主义者。鉴于格莱兹有着嫉妒和自以为是

214

的性情以及浮夸的行为举止（他时常穿着礼服大衣），很明显他当
然会将粗俗的毕加索视为魔鬼，不喜欢他和他最近的作品。克雷
泰伊修道院的另一个关键人物是年轻而优秀的作家和策展人——
亚历山大·梅塞雷（Alexandre Mercereau）。因为他是沙龙立体主
义者的一位雄辩的发言人，也是他们的作品在东欧（尤其是莫斯
科和布拉格）的持续推广者，他曾招致坎魏勒的愤怒。但是，比
起阿波利奈尔，梅塞雷对先锋艺术有着更加敏锐的直觉，并且在
1914 年前就展出过蒙德里安（Mondrian）和布朗库西（Brancusi）
的作品。

马吕斯·德·萨亚斯，阿尔贝特·格莱兹的讽刺画，
约 1912 年。

在去过坎魏勒的画廊之后几个星期，格莱兹发表了一篇赞美
梅青格尔的文章，名为《艺术及其代表》（L'Art et ses représentants），
实则在谴责毕加索（并暗中谴责布拉克）。在屈尊地承认毕加索、
布拉克和德兰的"努力"——这种努力虽然合乎时宜，但也是"可
以讨论的"——之后，格莱兹搬出了塞尚，他用这个神圣的名字
来控诉印象派。在经过一系列曲折的论述后，他在结尾处继续用
反印象主义的笔调玷污着他竞争对手的分析立体主义。他在坎魏
勒画廊看见的那些作品中感到震惊的是"缺乏可读性"和"印象
主义的形式"——这是对塞尚犯下的罪过。"印象主义的形式"的
意思是一件作品缺乏真正的结构和稳定性——格莱兹称之为"体
积关系"——以及题材陈腐，只关心短暂的事物而不关心高尚的
主题。相反，梅青格尔（也暗指格莱兹自己）远离了印象主义的
污染，因为，不像毕加索和布拉克那样"背叛了"塞尚，他遵循
着这位大师的教诲，作品达到了严肃、真理和均衡，都有"严格
而精确的方法……完全是建设性的，是完整的综合，并对匆忙和
草率的画法毫不留情"。[21] 莫非是像《下午茶》那样的作品？

格莱兹继续谩骂那些"漠视过往时代的巨大主题"的画家[22]，
因此暴露了他和梅青格尔那种将历史画用现代模式加以重铸的尝
试是空洞的，以及他们想要成为大卫、安格尔和库尔贝的野心也
是没有希望的。他没有意识到，立体主义——毕加索的也好，梅
青格尔的也好——不会导向意识形态的主题，全景式的题材，交
响乐般的效果，形而上学的宣言。格莱兹的立体主义杰作《收成
打谷》（Harvest Threshing, 1912）证明了他的不协调。作为苏维
埃式乌托邦的宣传画，这件"由高山、山谷、云层还有烟雾、小

阿尔贝特·格莱兹，《尤金·菲戈尔肖像》（*Eugène Figuière*），尤金·菲戈尔是《立体主义者》（*Du Cubisme*）的出版商，1913 年，143cm×102cm，里昂美术馆。

镇、劳动者和小麦构成的史诗般的全景图，以及同时对处于理想和谐中的丰收、自然和人的歌颂"非常出色；但作为立体主义，就太过勉为其难。毕加索为沙龙立体主义者想到了一个绝妙的墓志铭："他们一旦找到自己，就没有更多的话可说了。"[24]

"人们开始定义立体主义的那一刻，"布拉克在许多年后告诉多拉·瓦利耶，"开始去建立一些限定和原则时，我就离开了。"[25] 他和毕加索对理论和基本原理都感到恐惧。当梅青格尔问及脚应该被描绘成圆形还是正方形时，毕加索回答说："在自然中根本没有脚。"[26] 沙龙立体主义者崇尚而布拉克和毕加索厌恶的理论主要滋生地就是寿命短暂的克雷泰伊修道院社团（1906—1908），这些理论包括非欧几里得几何学、伯格森的理智时间概念、四维空间等。除了格莱兹和梅塞雷，共产村还包括儒勒·罗曼（Jules Romain）及其追随者，以及梅青格尔、勒·福柯尼耶和阿波利奈尔及其支持者。他们理论的最终出版物是《立体主义者》（*Du Cubisme*），由格莱兹和梅青格尔于 1912 年出版。《立体主义者》就算不教条，也是一种意识形态的分析，其目的是要将作者的立体主义以"绘画本身"的先验表现来使其具有合法地位。[27] 尽管这本书对毕加索的成就说了点话，但是毕加索还是将《立体主义者》视作垃圾。同样，布拉克也说："看看它导致的乱涂乱画。"[28]

在坎魏勒的艺术家和沙龙立体主义之间的裂痕太大以至于阿波利奈尔都难以跨越。尽管他向老朋友表明了他的永恒支持——在 1912 年夏天，他告诉毕加索，只有他和布拉克是"他无保留地赞赏的艺术家"[29]——但他还是继续去歌颂他们的敌人。当索菲奇质疑他的标准时，阿波利奈尔试着证明自己能够为两边发言：

> 要让一个新的艺术观念流行起来，你难道不觉得让平凡在崇高边上占有一席之地是很必要的吗？要让这样，你就可以估量这种美有多宽广。由于这个原因以及对像毕加索那样出色艺术家的尊敬，我在文章中支持布拉克和其他的立体主义者，因为要是站在对［这些立体主义者］的谴责一方，那就是在诽谤一位只值得鼓励的天才。……我们肯定会同意这一点，尤其是对勒·福柯尼耶而言。[30]

强词夺理还是天真？大概两方面都有。阿波利奈尔决定让每个先锋艺术中的小帮派都站到他这边。因此他明显不诚实；同样，混乱和对好朋友的偏袒也是他关于立体主义叙述的缺陷，他于1913年出版了《立体主义画家：美学的沉思》（*Les Peintres cubistes：méditation esthétique*）一书：作者声称这本书是一项全面研究的第一部分（毫无疑问为了解释为何书中没有德劳内、勒·福柯尼耶和其他人）。尽管其中有诗意的洞察力，机智的讲解技巧和固执的想象，我们还是能够明白为什么毕加索如此欣赏作为一个男人和作家的阿波利奈尔，但从没有认真对待过他对绘画的看法；以及为什么布拉克痛惜他对艺术的每一条评论；还有为什么坎魏勒赞扬他的诗歌，却一度威胁着，禁止他来画廊。

＊　　　　＊　　　　＊

阿波利奈尔和毕加索的另一个嫉妒的敌手——罗伯特·德劳内以及他从伍德那里引诱来的富裕的妻子索尼娅·泰克（Sonia Terk）结盟，其基础也同样是感激中夹杂着报复。1912年秋季，索尼娅刚生下一个儿子不久，德劳内夫妇就邀请诗人与他们同住在他们位于奥古斯汀大街3号的宽敞工作室里（这里离毕加索1937年搬去的工作室只隔着几扇门），这时的阿波利奈尔正从和玛丽·洛朗森的分手中恢复过来，正在寻找一个新公寓。德劳内对毕加索的讨厌和反对是一辈子的事，[31] 正着手把阿波利奈尔拉到自己一边。这不是他第一次尝试去破坏毕加索帮的成员。在和索尼娅结婚之前，他曾催促她让伍德也反对毕加索：伍德的立场却很坚定。德劳内在劝说格特鲁德·斯泰因时也失败了，斯泰因对他的作品可是一点儿兴趣也没有。（"他的作品不过是大而空或小而空。"她说。）[32]

<blockquote>
我们最近都没有怎么看见德劳内家［格特鲁德写信给梅布尔·道奇·鲁汉（Mabel Dodge Luhan）］。这里发生了一些争执。他想要我和阿波利奈尔都反对毕加索，这简直是一个可笑的阴谋。纪尧姆·阿波利奈尔真是棒极了。他瞬间就动摇了，和德劳内夫妇住在一起很方便，他只用付自己的伙食费就好。他为立体主义写了一篇文章，为德劳内说了不少漂亮话，说他具有……"某种关于纯色的东西。"
</blockquote>

索尼娅·德劳内穿着她为布列尔舞会（Bal Bullier）设计的服装，约1913年，盖蒂研究所：馆藏。

罗伯特·德劳内，《窗》，1912 年，布面水粉粘贴于硬纸板上，45cm×37cm，格勒诺布尔美术馆。

现在德劳内正把自己构思成一名伟大的隐士，事实上他是一个不断发言的人，并且不分白天黑夜，非常乐意谈论自己和他的价值，而且他总是兴高采烈，他的朋友们也是。阿波利奈尔做这些事可擅长了。他是如此温和娴雅，你都没法儿说出他在干嘛。[33]

的确温和娴雅。1910 年，阿波利奈尔将德劳内的作品描述成"有一种不幸的气氛，似乎在纪念一场地震"[34]。在接受了这位画家的好客之后，他的态度转变成了狂想曲："《巴黎市区》不止是一个艺术宣言；［它］标志着一种艺术观念的来临，这种艺术观念已经随着伟大的意大利画家失落了。"[35]1913 年 1 月，阿波利奈尔和德劳内一同去了柏林，因为德劳内正在斯图姆画廊（Sturm gallery）办个展，这件事对克利（Klee）、马尔克（Marc）和马克（Macke）有着令人震惊的影响，他们后来前往巴黎朝拜德劳内的工作室。为了配合这个展览，阿波利奈尔作了一次关于现代艺术的讲座，特别提到德劳内。这让坎魏勒大为震怒，他怀疑斯图姆那位魅力老板艾沃斯·瓦尔登（Herwarth Walden）是跟德劳内和阿波利奈尔合伙，为了抢毕加索首个大型回顾展的戏，这个展览将于下个月在慕尼黑的汤豪赛画廊（Thannhauser gallery）开幕。

德劳内名声的急速上升并没有治好他对毕加索偏执的嫉妒。相反，嫉妒把他推向了他的成功之路，助推他成功的还有他坚强的母亲，她是一位娇小而活泼的女冒险家（在某些方面和阿波利奈尔的母亲一样），她称呼自己为贝尔特罗斯女伯爵（Comtesse Berthe de la Rose），没有人知道为什么。在和出身名门的乔治·德劳内离婚后，据说她和一个政客在一起了，这位政客死于精神病。贝尔特罗斯有"艺术味"：人们知道她为自己裁剪奇怪的帽子，画水彩花卉，其中有一些是点彩。她为了让自己的儿子出名而不择手段，格特鲁德·斯泰因曾如此说过。阿波利奈尔记得她曾为她的罗伯特大办过一场盛宴。他们用塞夫勒瓷器餐具在卢梭的《耍蛇者》（Snake Charmer）旁边用餐，这位喜欢旅行的女主人声称该作品是由她的印度童话启发的："有时［它］感觉像一个有毒的天堂，"她曾这样告诉卢梭；那里盛产"能让响尾蛇跳舞的吹笛人"[36]。

德劳内"时常问及毕加索画某件作品时年纪有多大，"格特鲁德·斯泰因写道。"当他被告知时，他常常说，'噢，我还没有那么大，当我那个年龄时我也可以创作那么多的东西。'"[37]并且他向他的妻子保证："我已经超越了毕加索和布拉克。我不只是分析几何形式。我正试着掌握现代生活的节奏，试着破坏线条和建筑。"[38]"解构"（Deconstruction）是他杜撰来描述这个过程的词汇。[39]德劳内还坚持说他在创作立体主义作品《埃菲尔铁塔》（*Eiffel Tower*）时就超过了毕加索和布拉克。对于他来说，这个主题不仅象征着现代技术，也象征着男权主义的力量（phallocentric power）——根据他为了向索尼娅求爱而在埃菲尔铁塔作品上的题词"法俄深层运动"可以判断出。不管他知不知道，早在 1906 年毕加索就计划着将埃菲尔铁塔引入他的比利牛斯牧歌——《卖花的盲女》（*The Blind Flower Seller*）[40]，德劳内都向索尼娅保证，这座铁塔比起毕加索那些平凡的吉他和水果盘更值得引起现代艺术家的注意。

阿波利奈尔缪斯般的注意力现在成了德劳内的特权，这让毕加索极度恼怒，尤其是，因为德劳内不像格莱兹和梅青格尔，是一个需要对付的原创者。除了莱歇，他是唯一一个明白毕加索和布拉克是如何革新传统意义上的形式和空间的沙龙立体主义者，也是唯一一个在光学合成方面有一定成就的人。不仅如此，德劳内是通过借助色彩而不是忽略它来达到这个成就的。"他们用蜘蛛网在画，这些家伙，"[41]当坎魏勒向他们展示一系列毕加索和布拉克的单色作品时，德劳内如此向莱歇评论道。

在对抗"蜘蛛网"立体主义者时，德劳内的反应是进一步强调亮的调色板，并且在 1912 年夏季，创作了一系列眼花缭乱的"窗户"，他形容此为"simultanéiste"（同时主义）——这个术语是未来主义者创造出的，用以形容他们作品中形式和空间、时间和运动的融合。然而，德劳内的同时主义与未来主义几乎没有任何关系。它首要关心的是颜色，并发源于米歇尔-欧仁·谢福瑞（Michel-Eugene Chevreul）的理论[42]，修拉和分离派都采用了其观点。德劳内的谢福瑞式同时主义涉及色彩并置，在远处看来这些色彩也不会融在一起，就像在新印象主义中那样；相反，他们保留了它们的独立身份，不仅产生光，还留下了绘画的形式和空间，据说甚至会产生音乐般的和谐。德劳内的《窗》是一个重要的突破："在我之前，色彩只是着色而已，"他自我吹嘘道。[43]《窗》让他远离了《埃菲尔铁塔》时代的"装饰"立体主义，继续向"纯色"和抽象迈进，渐渐显露出一个新运动的领袖的角色，阿波利奈尔立刻接了它过去，命名为"俄耳甫斯主义"，以纪念他刚出版的《百兽集》(Bestiaire)，其副标题为"Cortège d'Orphée"(俄耳甫斯的随从)。

俄耳甫斯主义不仅是文学运动，还是艺术运动。除了莱歇、皮卡比亚、马塞尔·杜尚，以及根据阿波利奈尔所说，毕加索（他倒是坚定地否认与其有任何关系），它还包括瑞士诗人布莱斯·辛德拉斯(Blaise Cendrars，本名 Friedrich Sauser)、富有的社会主义者巴尔尊(Henri-Martin Barzun)，以及意大利先锋派批评家里乔托·卡努杜(Ricciotto Canudo，俄耳甫斯杂志《蒙特茹瓦》[Montjoie]的编辑)。因为他自私地想要把立体主义对立的小帮派联合的想法最终化为泡影，马里内蒂(Marinetti)又阻止了他向未来主义进军的尝试，阿波利奈尔需要一个运动来巩固自己的平台，并将自己推到文化集大成者的位置。正如他曾将毕加索尊为赫耳墨斯和小丑之间的中间物一样[44]，现在他将德劳内（也可以延伸到他自己）尊为俄耳甫斯的化身。阿波利奈尔宣布，俄耳甫斯主义是同时主义的同义词。这让追溯艺术标签的人们感到困惑，它表明阿波利奈尔是一个装神弄鬼的人，俄耳甫斯主义脱胎于未来主义，就像未来主义脱胎于立体主义一样。这些剽窃者越是互相控告对方剽窃，毕加索和布拉克就越是远离这种纷争。

1905 年，是阿波利奈尔让毕加索注意象征主义在绘画上的可能性。现在，诗人和画家颠倒过来了。这一次，是德劳内让阿波利奈尔注意同时主义在诗歌上的可能性，他向他展示了诗人的耳朵是怎样与画家的眼睛相联合的。一个俄耳甫斯画家或诗人能够将图像转化成文字，将文字转化成图像，如果有需要还可以引入音乐泛音。在此方面的首次表现是色彩饱和的诗歌《窗》，这是在向德劳内致敬，是阿波利奈尔在这位艺术家的工作室为他撰写斯图姆展览目录时创作的。它开头是这样的："从红到绿，黄色隐退了"，结尾是："窗户敞开着，如同一个橘子 / 的光的美丽水果。"阿波利奈尔对于这种视觉和听觉上的狂想非常满意，于是他用一

罗伯特·德劳内,《埃菲尔铁塔》(附有写给阿波利奈尔的题词),1910—1911 年,布 面 油 画,130cm×97cm,弗柯望博物馆,埃森市。

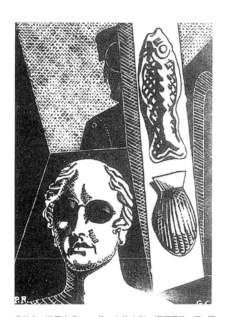

皮埃尔·诺伊(Pierre Roy)的木刻,根据乔治·德·籍里科《阿波利奈尔肖像》(1914 年),来自阿波利奈尔的小册子,《我也是画家》(*Et moi aussi je suis peintre*)。

马克·夏加尔,《向阿波利奈尔致敬》,1912 年,布面油彩与金、银粉,200cm×189.5cm,市立范阿贝博物馆,埃因霍温。

德劳内在他的俄耳甫斯油画《第一圆盘》前,在柏林秋季沙龙上展出,1914 年,P.M.A. 收藏。

个明确的俄耳甫斯标题来宣传他即将出版的诗歌集——《我也是画家》(*Et moi aussi je sui peintre*)。[45]

尽管阿波利奈尔在卡努杜的《蒙特茹瓦》(1913 年 3 月 9 日)里宣布:"俄耳甫斯的统治"才刚刚开始,俄耳甫斯主义已经结束了,葬送在阿波利奈尔和德劳内之间关于名称的这个棘手问题的争论之下。为了和未来主义者和平相处,阿波利奈尔承认同时主义是他们发明的,而不是德劳内。德劳内对此火冒三丈。对俄耳甫斯主义的控制权转交给了辛德拉斯,他与索尼娅·德劳内合作创作了一首野心勃勃的同时主义诗歌——《泛西伯利亚散文》(*Prose du Transibérien*),这是一首几乎两米长的折页诗。此后,阿波利奈尔的战斗口号变成了"新精神"(l'exprit nouveau),这是一个为多方面的新奇运动而创造的模糊不清的杂凑词汇,他还仍想把自己看作其代表。与此同时,他又开始在常规的基础上来看待毕加索了。1913 年初,这位艺术家同意为他刻一尊肖像版画,作为他即将出版的诗集《醇酒集》(*Alcools*)的扉页,但他却很悲伤地通过马克思·雅各布——一位擅长挑拨和撮合的老手——发现阿波利奈尔在打印清样时让印刷厂将它印成了蓝色。1913 年 2 月 27 日,毕加索给诗人写了一张扼要的便条,让他除了黑色以外什么颜色都不要用。[47] 他并不赞成"我也是特殊的画家"之类的谬论。阿波利奈尔大概不知不觉地让毕加索进行了类似的思考。25 年后,这位艺术家拿回了自己的东西并激怒了他的文学界朋友——尤其是格特鲁德·斯泰因和保罗·艾吕雅(Paul Eluard)——因为他敢于宣布"我也是诗人"。

15

我的小美人，1911—1912 年

翁贝托·博乔尼，《艾尔米塔什酒馆桌前的人》(*Man at a Table at the Taverne de l'Ermitage*)，约 1912 年，横格纸上钢笔和棕黑色墨水，20.5cm×13.5cm，私人收藏。

左页：毕加索，《女人和吉他》("*Ma Jolie*")，1911 年秋，布面油画，100cm×65cm，纽约现代美术馆，莉莉·P. 布利斯遗赠。

小雕像事件加快了阿波利奈尔和玛丽·洛朗森关系的急剧恶化，也给毕加索和费尔南多的关系带来了致命一击。费尔南多说，毕加索永远不能原谅她眼睁睁看着他陷入无限的恐慌中，他的骄傲都零落成碎片。[1] 他显得如此猜疑，乃至于他们晚上外出时，他会换几次出租车来甩掉那些根本不存在的"跟踪者"；他如此蛮横，乃至将一个撞上他的当地的皮条客打翻在地；他又如此难处，以至于费尔南多喜欢自己一个人外出。她通常不过就在艾尔米塔什酒店（L'Ermitage）的路口停住脚步，这对于独自外出的女人可不是一个明智的选择，何况她的爱人既暴躁又嫉妒心强。费尔南多看起来并没有计较。她正在寻求某种冒险也有可能是报复，因为她很快发现自己比第一次遇见毕加索时更有魅力了。

1911 年 10 月中旬，未来主义到巴黎进行了一次侦查式的造访。塞维里尼（Severini）作为向导，博乔尼（Boccioni）和卡拉（Carrà）在巴黎呆了两个星期，为伯恩海姆 – 热纳组织的未来主义集会在次年 2 月的到来铺路。他们尤其渴望看看立体主义者在做些什么。除了考察秋季沙龙 8 号展厅中的竞争外，他们还坚持让塞维里尼带他们去见毕加索、布拉克、莱歇和勒·福柯尼耶，还有阿波利奈尔，后者记录过他们的造访。[2] 费尔南多说他们是"充满激情的先知，梦想着未来主义可以驱逐立体主义"[3]。她能够知道：她在艾尔米塔什酒店看见过他们，那里是他们每天晚上碰头的地方。他们的随从中有一个长得很好看约摸 20 出头的波伦亚（Bolognese）画家，叫作乌巴尔多·奥皮（Ubaldo Oppi）——"非常谦逊和聪明"——总是吵着要塞维里尼把他介绍给毕加索。

221

［塞维里尼写道］一天晚上，在我们彼此更加熟悉之后，我错误地带奥皮加入了艾尔米塔什酒店的核心圈，对此我真是后悔不已。美丽的费尔南多，她总是那么轻佻，半开玩笑半当真地引诱着这位来自他乡的小男孩，而我那位年轻的朋友根本无法拒绝。于是他们去做了一些激情的事情。[4]

乌巴尔多·奥皮，《自画像》，1911年，纸板油画，60cm×40cm，阿法尔，罗马。

塞维里尼随后就为这后果而自责，但是"毕加索从来没有为此责备过我"，他在他的回忆录中这样写道："最后费尔南多变成了敌对方。我从来都没有弄明白是怎么回事。"[5]因为这件事让毕加索摆脱了费尔南多，他再也不必左右为难了。

222　　因为奥皮对塞维里尼和索菲奇都十分友好，所以他一般被认为是未来主义者。实际上他并不是。作为克里姆特（Klimt）的学生，他更像是一个维也纳分离主义者[6]；回到意大利以后，他变成了安格尔式的古典主义者，但又有些区别，最后成了隐居的画家，创作一些传统手法的宗教主题作品。他通常情况下是一个反动分子，奥皮后来描写他在巴黎的日子时，说卢浮宫的早期意大利学派"补偿了我在精神上的混乱和对一切主义的漠视"[7]。

在永远保持警戒的毕加索眼皮底下做事是极其冒险的。费尔南多需要一个中间人，没有人比她的新知心女友马塞尔·汉伯特（Marcelle Humbert）更合适了，这位女子后来被称为伊娃·高埃尔（Eva Gouel），是路德维克兹·马库斯的美丽情人。毕加索非常喜欢马库斯和伊娃。因为这两对情侣互相看望对方非常频繁，所以秘密的约会就容易安排了。如果有什么地方出错了，伊娃理应包庇她的朋友，但是她却有了其他想法。以中间人作为借口，伊娃设法让费尔南多妥协，并自己抓住了毕加索。他便默认了。

伊娃·高埃尔，毕加索档案。

除了毕加索，在蒙马特似乎没有人特别喜欢伊娃。这位看上去十分好脾气的女人实际上是两面派并精于算计。像费尔南多一样，她用了不止一个名字，并隐藏了过去。在本地，她马塞尔·汉伯特的名字更为人们所熟悉，但是正如她声明的那样，她并不是一个叫作汉伯特的人的前妻。[8]至于毕加索坚持说是自己让她改名叫伊娃——"他想表明对他来说，她是他的第一个女人。……他一心想要宣布［她的名字］，载入后人的史册"——这个神话是艺术家乱说的，不过被记录下来了。[9]"伊娃"（Eve）是她在万森（Vincennes）的父母阿德里安·高埃尔（Adrien Gouel）和玛丽-路易丝·赫罗泽（Marie-Louise Ghérouze）为她起的名字。毕加索确实将她的名字西班牙化为伊娃（Eva），但是如果他停止叫她马塞尔，主要是便于和布拉克的马塞尔区分开来。然而，这个编造的神话有一个要点。如果毕加索的情人是夏娃（Eva），第一个女人，那么他就是亚当，第一个男人。

因为伊娃很狡猾，所以很难判断毕加索是从什么时候和她在一起的。费尔南多的越轨行为并没有促发毕加索的越轨行为。这位艺术家的著名言论："我非常爱［伊娃］，而且我要把这份爱画进我的画中"[10]，是次年6月（12日）才说的，但是从他的作品所显露的该言论的内容已经至少有6个月了。第一件显露其爱恋关系的作品是藏于MoMA的《我的小美人》，通常被认为是在1911年秋天画的，但吐露心思的文字可能是后来加上去的。这个阶段大部分的主要作品为了跟上不停变化的立体主义句法，都改过两三次。为了不惊动费尔南多，这些有着恋爱印记的作品有时候会运用流行歌曲的名字，就像"我的小美人"那样，这就难以辨认出：比如，竖着的裸体画上就在模特的大腿根部写着"J'aime Eva"（我爱伊娃），就像一个文身一样，写在毕加索用来表示阴毛的立体主义符号旁边。

15年后，当毕加索爱上玛丽-泰蕾兹·瓦尔特时，他也使用了同样的手法。因为那时他已经结婚了，而且玛丽-泰蕾兹还不到婚嫁年龄，他就通过代码的方式同时表露和隐藏他的新情人——伪装首字母、采用双关语或是有寓意的图像（一碗桃子代表她，用一个有着大喷嘴的水壶代表自己）——于是每个人，尤其是他的妻子和玛丽-泰蕾兹的母亲都被蒙在鼓里。这个招数始于伊娃（Eva）。尽管毕加索不会和她私奔另外三四个月，这些编码并没有引起费尔南多的怀疑。她那冷眼嘲笑的爱人知道她正在做什么，并通过伊娃的帮助继续放松绳子，让她自讨苦吃。

毕加索对于伊娃非常保密。那些对他的私生活像监视器一样勤勉的人，像格特鲁德·斯泰因和艾利斯·托克勒斯都没有发现他找到了新爱，直到她们在1912年2月去洗衣船的工作室拜访他时才发现。那时他正好出去了，格特鲁德开玩笑地留下了她的来访卡片。当他们这周晚点儿再来时，发现毕加索将这张卡片画进了最近的一幅静物画中——《建筑师的桌子》（*The Architect's Table*，见 105 页）。他还谨慎地加上了文字"Ma Jolie"（我的小美人）：这个短语来自一首流行歌曲："O Manon ma jolie，mon coeur te dit bonjour（噢，玛农，我的小美人，我的心向你问好）"，这是在梅德拉诺马戏团（Cirque Medrano）的乐队最近常常弹唱的一首歌。[11] "费尔南多绝对不是'我的小美人'，"格特鲁德在他们离开后说道，"我很好奇她究竟是谁。"[12] 由于毕加索将她的来访卡画进画中并达到了她虚荣心的预期效果，她就更加好奇了。她觉得自己不得不买下这幅画。当询问价格后，这个精明的画家写信告诉她（3 月 19 日）说他刚去看望了坎魏勒，不能以低于 1200 法郎的价格卖给她。这超过了格特鲁德能够承担的价格。在第二封信中，毕加索告诉格特鲁德，克罗默尔（Kramár，一位重要的立体主义收藏家）看过了他的《我的小美人》静物画后"非常喜欢它"[13]，于是格特鲁德就买下了它。关于来访卡的意义就说到这里。

毕加索的小伎俩有效地让格特鲁德在两年的间隙后再次收藏了他的作品，毕加索创作得非常好，于是他对她紧追不舍。知道她和艾利斯将会在 5 月初离开去西班牙度夏，他寄了一张马克思·雅各布的立体主义素描，并告诉她"我有一些自己很喜欢而你却没看过的东西"。[14] 再一次，她又中了圈套。两天后，在 3 月 3 日，毕加索和她约定在下个星期天见面。格特鲁德买下两件尺寸较小但却十分优秀的静物画:《小杯子》（*The Little Glass*）和《有报纸的静物》（*Still life with Newspaper*）。毕加索像平常对待斯泰因一家那样一丝不苟地写信感谢她的赞助:"因为你将会在西班牙收到这封信，向我的家乡问好，我爱我的祖国。我认为你对我的作品作了很好的选择，我非常高兴它们能让你满意。"[15] 在接下来的两年半中，格特鲁德购买了 7 件以上的立体主义作品。它们都是非常棒的作品，其中有一些极好，但是她自己买的毕加索的（总共 10 件）和胡安·格里斯的作品在重要性上无法与她和列奥在他们收藏的全盛期买到的毕加索杰作（更不说塞尚和马蒂斯）相比。尽管如此，格特鲁德继续将她的画作为自我推销的手段，这是传播毕加索名气的关键因素。

＊　　　　＊　　　　＊

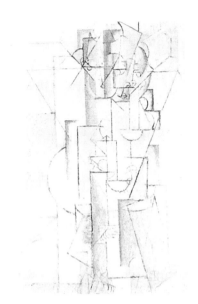

毕加索，《女裸体》（*J'aime Eva*），1912 年，布面油彩、沙和炭笔，98.5cm×63.5cm，哥伦布美术馆，俄亥俄州，斐迪南·霍华德（Ferdinand Howald）捐赠。

毕加索，《裸体》女人（*J'aime Eva*）（细节）。

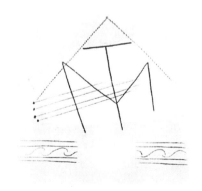

毕加索，《吉他》（有大写字母 MT），1927 年 4 月 27 日，布面油彩和炭笔，81cm×81cm，毕加索博物馆。

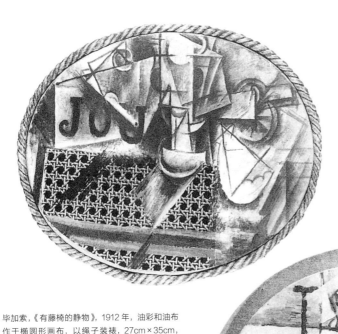

毕加索，《有藤椅的静物》，1912 年，油彩和油布
作于椭圆形画布，以绳子装裱，27cm×35cm，
毕加索博物馆。

布拉克，《柱脚桌》（*Pedestal Table*）（有文字"Stal"），
1912 年，椭圆形，布面油画，73cm×60cm，弗柯
望博物馆，埃森市。

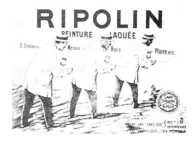

立泼灵油彩广告。

毕加索发誓要将色彩引入自己的作品中。迄那时为止，他将
颜色引入几乎单色的作品中的尝试都失败了。1912 年初，他解
决这个问题的方式是通过运用固有色而不是合理色调，用立泼灵
（Ripolin，一种颜色靓丽的墙漆）代替艺术家的油画颜料。立泼灵
给了毕加索足够的空间去开发亮度，如果有必要的话，还会采用
纸牌、旗帜、衣布、海报、标签、包装以及家用器具这些流行文
化中的东西。这是印象派那种"美的绘画"的对立面——所有这
些点彩、斑纹、虚化都采用了互补色——毕加索对此的采用恐怕
是对"正统印象派"指控的回应，这是格莱兹和梅青格尔攻击他
最近作品的言词。几年后，格特鲁德·斯泰因说毕加索"花了很
长时间谈论立泼灵油漆。他很严肃地说，它们是健康的颜色，那
就是为什么它们是健康油漆的基础。那些日子（1912 年起）他用
立泼灵油漆画图画和一切东西，就像他还在做的那样，也像他的
众多新老追随者做的那样"[16]。

对立泼灵的使用是对传统绘画媒介的完全突击。甚至通常对
他最支持的伍德也被震惊了。通过坎魏勒，毕加索得知伍德不喜
欢"最近那些用立泼灵画着旗帜的作品，"毕加索说，"大概我们
会成功地使整个世界都感到恶心，而且我们还有很多手段没使出
来。"[17] 毕加索使用立泼灵的同时还使用了另一种国外的工业元素：
一种印刷出来之后像藤制品的油布，他将其编入了他的《有藤椅
的静物》（ Still life with Chair Caning，1912，其中包括报纸、玻璃杯、
柠檬切片、扇贝壳），这就是著名的第一件拼贴立体主义作品。藤
编似乎表明毕加索是将静物放在椅子上，但是艺术家加上的绳索
框架让一些学者认为静物是被放在桌子上。"一把厨房椅和一把藤
椅"就是毕加索向弗朗索瓦丝·吉洛描述用来支撑静物的东西[18]，
但是这种模棱两可很可能是故意的。

除了将立体主义开放到一系列新的图像可能性，拼贴画还让
毕加索夺回布拉克在唤起空间方面的进步。他最近的作品充满了
银色和丝绒式的片段，这使得这些物体，甚至脸部都被蒸发、融
化或是变成一些具象或非具像的东西：隐约可见的木纹，一团粉末
状的白色，上面印有一些字母，指向构图中的其他区域。这些创
新看上去使毕加索意气风发。多亏了拼贴，他能够再次走在前面。
6 个月后，布拉克在毕加索暂时往回看的情况下重回首位，推出

布拉克在毕加索的工作室，1909 年，毕加索拍摄，
毕加索档案。

了第一件贴纸作品（papier collé）。毕加索又用布拉克想不到的方式开发这一发现，如此等等。在这个友好却致命的攀比游戏中，很难说到底谁更胜一筹。从立体主义的高度看来，令人惊奇的是，是活泼善变、喜怒无常的毕加索反复促使更加冷静沉着的布拉克来同他一起工作。后来，毕加索将会独自走在前面。但是，在情感上，通常是他需要布拉克胜过布拉克需要他。只有毕加索那位高大、谨慎、公子哥般的父亲何塞（Jose）先生，教会他的东西才和这位高大、谨慎、公子哥般的诺曼人一样多。

1912 年 5 月 18 日之前一个月左右，是这位艺术家私生活和立体主义发展的关键点，前者再一次反映在后者之中。不管是不是巧合，毕加索从分析立体主义转向综合立体主义，刚好与他抛弃代表早期风格的费尔南多，转向代表后期风格的伊娃相一致。这幕戏的最后一场始于 4 月 25 日前后，其时布拉克说服毕加索跟他去诺曼底，以远离费尔南多 / 伊娃困境。两位艺术家在鲁昂停下了，去看弗拉芒克，但没有找到他，因此他们就去勒阿弗尔看布拉克的家人。几天以后，他们经过翁弗勒尔回到巴黎。据戴克斯说，这次行程表面上的目的是布拉克要带马塞尔·拉博去见他的家人。[19] 不过这次她没有跟她的爱人去，1912 年布拉克另几次去勒阿弗尔时，她也没去。布拉克的资产阶级父母知道她是他们儿子的情人，也知道当时不可能谈婚论嫁。他们可能不会欢迎她。

布拉克最想让家人见的人就是他在"立体主义婚姻"中的搭档。去勒阿弗尔是一次成功的旅行，它让毕加索开始怀恋故乡巴塞罗那。他告诉让·卡索（Jean Cassou），将勒阿弗尔的贝壳引入他的静物画中真是太合适了，"这让我突然想起了巴塞罗那的港口"。[20] 布拉克向马塞尔传送了快乐的简讯："今天早上，"他在 4 月 27 日写下，"我用留声机叫醒了毕加索。这真是令人愉快。"[21] 在他回到巴黎后——"那个从勒阿弗尔的著名回归，"阿波利奈尔在他的《立体主义画家》（*Les Peintres Cubistes*）中曾提到过[22]——毕加索用一个椭圆形的静物画来庆祝这次值得纪念的旅行，画中一条错觉式的带子上写着"阿弗尔的纪念"（Souvenir du Havre），还画过一些相关的素描。塞维里尼声称"纪念"这个想法来源于他：

226

我向［毕加索］展示了我的作品,《旅行纪念》（Souvenirs de Voyage），他非常喜欢……我在画中聚集了一次我去意大利旅行中所有吸引我的作品……没有过多考虑时间和地点的一致……很快……［毕加索］向我展示了他的作品,《阿弗尔的纪念》, 和我的完全不一样。[23]

为了唤起海上生活,毕加索嘲弄而深情地运用了庸俗的海边形象——陶制烟斗、锚、救生圈、三色旗、绳索、扇贝壳——就像他的朋友萨蒂（Satie）嘲弄地运用流行旋律去唤起马戏团或大众舞厅一样。这些画作和第一件拼贴作品（有扇贝壳和藤条的那件作品）开启了毕加索下一个杰出的创作阶段: 综合立体主义。

当毕加索向布拉克展示这件从勒阿弗尔回来后创作的作品时,布拉克不是很高兴。除了借用了布拉克最近探索的作品中极富想象力的字母模印和木纹,毕加索还超越了他,通过立泼灵解决了明亮色彩的问题。当布拉克第一次看见这件作品时,塞维里尼也在场,他引用了布拉克 "d'un ton moitié figue, moitié raisin"（一半甜,一半酸）的评论: "On change son fusil d'épaule"（字面意思: "我们换了肩膀来打枪"）。[24] 对此,毕加索什么也没有说,但是继续微笑着填充他的烟斗,就好像在说: "不错的玩笑。"塞维里尼没有意识到布拉克指的是最近一篇关于独立展的评论,说沙龙立体主义者: "勇敢地换了一个肩膀来打枪并清除了他们最后的立方体。"换句话说,布拉克在暗指毕加索最近的作品可能是对立体主义的背叛。[25]

一件有三个版本的静物画取名为 "notre Avenir est dans l'Air"（我们的未来在空中）, 形成了一个系列作品。这三件作品都是椭圆形的（其中一件还加了外框,就像第一件拼贴作品那样）, 它们的主要图像是法国政府为了普及军用航空于 1912 年 2 月 1 日发行的红、白、蓝封面的宣传小册子。使用小册子的警句式标题是暗中向布拉克致敬。毕加索把布拉克视为威尔伯·莱特（Wilbur Wright, 在法国进行过许多次试飞的先锋飞行员）, 还在他 1911 年的纸雕上给布拉克起了个绰号叫 "威尔伯格", 这些纸雕据说是组装的模型飞机,现在已遗失。富有挑战性的小册子标题可能还是对未来主义者机智的反击,他们最近突然出现在巴黎,在伯恩海

胡安·格里斯,《飞机》(*Les Aéroplanes*);《奶油盘》(*L'Assiette au beurre*) 封面, 1908 年 11 月 14 日。

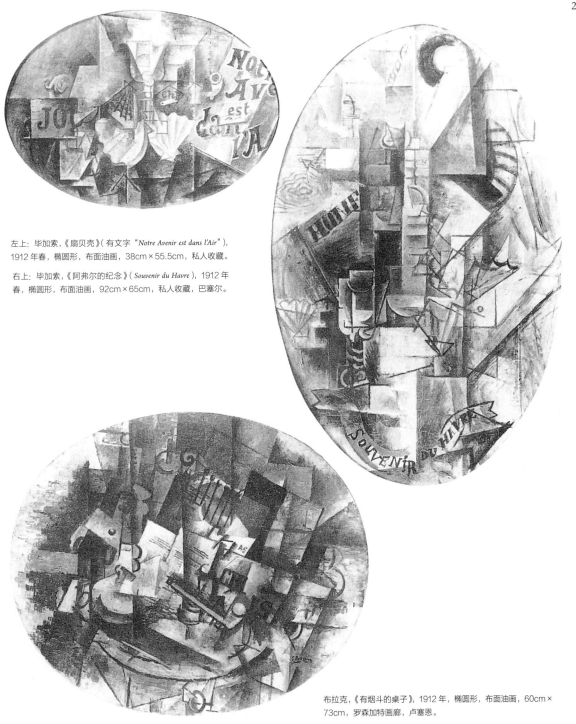

左上：毕加索，《扇贝壳》（有文字"*Notre Avenir est dans l'Air*"），1912 年春，椭圆形，布面油画，38cm×55.5cm，私人收藏。

右上：毕加索，《阿弗尔的纪念》（*Souvenir du Havre*），1912 年春，椭圆形，布面油画，92cm×65cm，私人收藏，巴塞尔。

布拉克，《有烟斗的桌子》，1912 年，椭圆形，布面油画，60cm×73cm，罗森加特画廊，卢塞恩。

姆－热纳画廊进行多媒体展示运动。在他们引诱立体主义的目录前言中，这些未来主义者鼓吹机械时代的"动力学"主题，如博乔尼的《心灵状态》（states of mind）三联画，优于立体主义者对事物的静态处理方式。通过援引"l'Avenir dans l'Air"（未来在空中）这句话，毕加索用典型的毕加索式嘲讽痛击了"跟他们自己玩现代性游戏的"未来主义者。[26] 再一次，就像这些风格上模棱两可的作品表明的那样，毕加索的未来的确在空中。他准备抛弃单色的分析立体主义，转向以三色小册子为代表的色彩和装饰性，但分析立体主义仍保留在这些画中的贝壳上。[27] 布拉克将会成为他的飞行同伴。伊娃也会伴他左右。"AVE EST DANS L'A"就是毕加索透露的标题。我们只需要颠倒开头的三个字母就可以得知他的用意。

未来主义者在巴黎：卢索洛，卡拉，马里内蒂，博乔尼，塞维里尼，1912 年。

*　　　　*　　　　*

要理解毕加索为什么从费尔南多转向伊娃，记住这一点是有帮助的：这位艺术家到十月就三十岁了。在"小雕像事件"的撼动之后，他想要淡出万人瞩目的中心，而与一个有着适当吸引力和比较和顺的女孩安定下来，甚至结婚。他永远不会娶费尔南多作为他的妻子：她没有生育能力。除此之外，她太过软弱和懒惰，而且怕得不敢找她的前夫帕切隆（Percheron）离婚。另一方面，伊娃不停地证明自己是一个完美的小妻子，她有足够的天分来打理好家庭上下。在这个层面上，毕加索心底那点残余的资产阶级倾向对此非常着迷。她同样非常漂亮，是活泼直率的巴黎风格——这和慵懒的犹太人费尔南多是完全相反的。伊娃尽管柔弱，但善于经营。她很快就用性掌控了这位艺术家。因此，在毕加索作品中所有关于她的性器官都如此明目张胆，以至于它们通常都被忽视了。与此同时，伊娃也很低调，如果一个人想要远离放荡不羁的喧嚣而专心工作不去担忧家庭纷争，她将是完美的同伴；如果一个人越来越关注自己的健康而想要保持严格的饮食，那么她也是完美的同伴。（艾利斯·托克勒斯说他喜欢她为他做的菠菜羹和小牛腰肉。）[28] 布拉克已经和那个叫马塞尔的女人幸福快乐地生活在一起了，毕加索不也到了这么做的时候了吗？

乍暖还寒之际，伊娃继续玩着这两面派的危险游戏——一边为冒险出轨的费尔南多担当中间人而去做马库斯的模范情人，一

毕加索和伊娃，约 1912 年。

路易斯·马库西斯，《有棋盘的静物》，1912年，布面油画，217.5cm×147.5cm，乔治·蓬皮杜中心国家现代美术馆，巴黎。

边又要做毕加索的秘密情人。5 月 18 日，一切就位，毕加索发起了突袭；他告诉费尔南多，他已经发现了她和奥皮的所有事情，他和她已经结束了。他为了伊娃离开了她，并且什么都没有给她；他希望永远都看不到她。他却不能把她从公寓赶出去，因为公寓写的是她的名字。坎魏勒将会从她那儿转租这间公寓。为了生计，费尔南多不得不卖掉毕加索给她的一些作品小样本。

毕加索的朋友都不知道发生了什么。起初大家还以为塞维里尼跟这件事有关。

在知道伊娃和我之间有着某种友情之后 [他在回忆录中写道]，马库西斯和其他一些蒙马特的伙伴们都以为我抢走了她，实际上这是费尔南多和她的男朋友想要的，从他们的所作所为可以看出些端倪。当费尔南多的身影在这个年轻的意大利人的工作室越发频繁地出现，而伊娃则跟毕加索走了，我们才渐渐弄明白事情的真相。作为这场狗血剧的结果之一……我继承了一只漂亮的暹罗猫，它曾属于毕加索，现在却被抛弃了。它没在我的工作室待多久，因为我想赶紧摆脱它，给杜飞或布拉克都可以。[29]

除了坎魏勒，毕加索只给布拉克讲了自己的计划："费尔南多跟一个未来主义者跑了。准备暂时离开巴黎一段时间。我请求你帮我照看弗利卡 [他的狗] 几天。"[30] 这些泄露出来的事情中最可信的版本是迈克尔·斯泰因从马蒂斯那儿听来的：

迈克尔，列奥和艾伦·斯泰因骑马，1912年，耶鲁大学贝尼克珍本与手稿图书馆。

我认为我有巴勃罗故事的真实版本 [迈克尔·斯泰因1912年6月19日在费索尔（Fiesole）将这些写给了他的姐姐，格特鲁德] ……昨天早上，我和利奥一起去罗宾森骑了两个小时的马。那时非常热，森林里的味道真是棒极了。我回到家洗了个澡并吃了午饭，后来马蒂斯来了，他想和我一起去罗宾森。当我告诉他我已经骑过马时，他看上去很沮丧，我只好跟他再骑一次。在路上，他告诉我他有了一位新模特，她和一位文学家生活在一起，这位文学家属于蒙马特圈，她告诉他所有的事情。看起来 F. 和那个未来主义者已经在一起一段时间了，她有一个一直为她传达消息的女朋友，这位女朋友把一张她给那个未来主义者的小纸条给了 P.，因为她自己想得到 P.。所以 P. 找到 F. 对峙，最后他们便分手了。P. 去找了 K.，K. 给了 P. 一笔钱，P. 就把他在拉维尼昂（Ravignan，指洗衣船）的所有东西都清除干净，并解雇了女仆，把其他地方都锁上后就和朋友一起去了塞雷，他在那里继续工作着。这个未来主义者没有钱，所以 F. 只好为电影院［电影？］作模特，还说她将会上台演出，并和皮乔特一家一起生活，等等等等。[31]

列奥·斯泰因也将自己得知的版本写信告诉了格特鲁德，这个版本来源于波兰雕塑家纳德尔曼（Nadelman），他从同胞马库斯那儿得知其中一二；还有美国同步主义者帕特里克·亨利·布鲁斯（Patrick Henry Bruce），他从他的朋友兼老师德劳内那儿知其二三。马库斯告诉纳德尔曼他幻想着毕加索的"妻子"，并且对方对他也有意。这两个波兰人再次碰面时，马库斯说巴勃罗超越了他，并抢走他的妻子去了布列塔尼（Brittany）。[32] 德劳内的消息更加精确："巴勃罗［已经］和那个时常相伴费尔南多左右的小女人去了比利牛斯山。"[33]

毕加索自己关于这个故事的版本，如差不多 40 年后，他告诉他的情人吉纳薇·拉波特（Geneviève Laporte）那样，比起遵照事实，更多是偏离。[34] 他受够了费尔南多，他告诉吉纳薇，但是他不知该如何与她分手。幸运的是，洗衣船的一位画家爱上了费尔南多，并给她写了一张示爱的小纸条。费尔南多眼中只有自己，毕加索吹嘘道，所以她将纸条扔进了厕所。可是当时的厕所是"土耳其式"的（只在地上有平铺的排水管，而没有基座），然后这张纸条就卡在了排水管边缘。毕加索说他发现了这张纸条，假装大吵了一场，把她赶出去了。因为他心中的大男子主义作祟，他情愿被认为是怪兽而不是乌龟。这个厕所版本解释了毕加索可能想让费尔南多相信，至少是暂时相信，是她自己不小心被发现的而不是她最好朋友的背叛——她告诉过伊娃她扔纸条的地方？

至于马库斯，不管他有没有说出真相，他都声称很好地处理

路易斯·马库西斯,《四艺舞会的天方夜谭》(*Schéhérazade au Bal des Quat'z' Art*)卡通细节,刊登于《巴黎生活》(La Vie Parisienne),1912 年 6 月 15 日。和伊娃一起"前往一千零一夜宫"的三个男人被描述为"丧失幻想的绅士","快乐的单身汉"和"新婚的人"。

tiste merveilleux qui la détaille avec un art
unique : voilà ce qui explique le succès qu'obt-
tient *Fragson* tous les soirs à l'Alhambra dans
la romance *Dernière chanson*. La musique est

哈利·弗拉格森(Harry Fragson)的《最后一首歌》(*"Dernière Chanson"*):"O Manon, ma jolie, Mon cœur te dit bonjour ! ..."(噢,玛农,我的小美人,我的心向你问好!……)

了伊娃的事情。在伊娃私奔后一个月,他在《巴黎生活》(*La Vie Parisienne*)发表了一篇卡通嘲弄这次分手。这件卡通作品是对《天方夜谭》(*Schéhérazade*)的幽默讽刺,那是那年春天在巴黎引起轰动的一出芭蕾舞剧,由尼金斯基(Nijinsky)和伊达·鲁宾斯坦(Ida Rubinstein)担当主角。马库斯颠倒了情形。苏丹马库斯发现对他不忠的苏贝达(Zobeida)在金奴的臂弯中时,他没有进行报复,反而欢乐地跳着舞,挣脱了绑在他脚踝上的铁链。一边,戴着头巾式帽子的伊娃正挽着毕加索的胳膊,而毕加索则穿着有着许多小方块图案的巴克斯特式外套。现在,甜蜜的脚链缠绕在他的脚踝。18 个月后,在毕加索为《扶手椅中的女人》(*Woman in an Armchair*)所画的素描中,伊娃那张小脸重新露面。

当毕加索被戴克斯问及这些作品中的脸是否就是伊娃时,他耸耸肩闪烁其词:"似乎就是……当然,伊娃那时在那里。"[35] 看起来这位艺术家想要将这个命中注定的女人向全世界隐瞒,想把她珍藏在他扮演她的亚当的神话中,用一系列"涂鸦"来纪念她——"我的小美人"、"我爱伊娃"、"美人伊娃",它们就像是军营或牢房墙壁上能找到的图案一样。这些题词中更感人的一个却没能保留下来。我们所知道毕加索给伊娃唯一的一件作品是《吉它》(*Guitar*),上面装饰着一颗姜饼状的心,心上写着"我爱伊娃";现在,这个爱情印记再也找不到了,除了那颗心曾粘贴过的地方留下的空白。如果伊娃没有在 1913 年患上癌症的话,毕加索一定会娶她的。在 1915 年 12 月前,她便去世了。

就算毕加索否认,他把伊娃画进素描和作品中的次数也比被普遍认为的还要多。这是事实,虽然她没有像毕加索其他情人那样极多地弥漫在毕加索的图像中,但是,她统治了毕加索最没有代表性阶段的作品。正如 1911 年的哈维兰素描表明的那样,肖像画难以与那时立体主义的发展相符合。甚至人物也很少出现。在 1912 年和 1914 年之间,物品在毕加索的作品中出现的频率大大高于人物,而人物只占其中十分之一。

但是,对立体主义的苛求也不能解释毕加索不愿意画伊娃的原因,因为他曾为费尔南多创造过有着超凡表现力的作品,这些作品囊括了从最初的迷恋到最后虐待般的操控。人们大概会觉得毕加索至少会在他的安格尔式素描中安排她当一次模特。因为一

232

毕加索，小提琴（"小美人伊娃"），1912 年，布面油画，
60cm×81cm，施塔茨画廊，斯图加特。

毕加索，吉他（"我爱伊娃"），1912 年，布面油彩和
拼贴，41cm×33cm（拍照时心形姜饼仍在原处）。
坎魏勒拍摄，路易斯·赖瑞斯画廊（Gaierie Louise
Leiris）。

费尔南多在狡兔酒吧，约 1915 年，私人收藏。

些新古典主义大师们似笑非笑的安吉莉卡（Angelicas）、安德洛墨达（Andromeda）、斯特拉托妮可（Stratonice）都很像她，主题和风格可以说很相配。想要避开可预测的东西和漂亮，也能解释为什么毕加索的第一批安格尔式的肖像描绘的是马克思·雅各布、沃拉尔和莱昂斯·罗森伯格（Léonce Rosenberg）而不是大宫女一样的伊娃。或者是她"娇小而玲珑，像个中国女孩"（塞维里尼语）[36] 致使她的美丽不能被画出来？

＊　　　　＊　　　　＊

费尔南多的生计开始有了困难。她和奥皮最多在一起了几个星期。她的新情人没有办法满足费尔南多早已习惯的小奢侈，所以她就和他分手了。因此，她开始了另一段不尽人意的恋情。费哈特（Férat）说，她用对待毕加索的方式对待奥皮。"她带走了她所有的钱，甚至没有回复他用自己的血写的信。"现在，费尔南多孤身一人，"看起来她要放弃自己去糟蹋自己了。"[37] 费哈特自从上次毕加索回巴黎后就再也没有看见过他；但是他充分地接近了阿波利奈尔和其余毕加索帮的幸存者，并在他们那里得到了足够的消息。费尔南多最不可能去做妓女。如果她这么做了，她就不会在圣诞节时破产，而不得不去请求格特鲁德·斯泰因的同情帮她付房租了。她还恳求阿波利奈尔为她写一封推荐信——她能说她曾为他工作过吗？——以便她能够得到一份秘书的工作。[38] 大概是通过马塞尔·奥林，她在一个话剧或是电影里得到了一个跑龙套的角色。最终，保罗·波列特拯救了她，为她提供了一份女店员的工作。保罗·波列特破产以后，费尔南多又为一个古董商工作；当古董商店倒闭后，她就在狡兔酒吧作诗朗诵者。费尔南多还照看过孩子、在一个肉店当收银员、经营过夜总会、为人们看星盘，这还是她在马克思·雅各布那儿学到的本事。1918 年，她成为罗杰·卡尔（Roger Karl）的情人，卡尔是一个很有天赋且十分英俊的演员，路易·茹韦（Louis Jouvet）曾说过，如果他能再努力一点，少喝点酒，就会成为那个时代最杰出的悲剧演员。[39]1933 年，费尔南多出版了一部回忆录，叫作《毕加索和他的朋友们》（Picasso et ses amis），毕加索曾尽最大可能去打压这本书，但随后又承认它抓住了他早年在巴黎的"气氛"——他的情绪。除了有做画家的少量天分，费尔南多证明自己天生是一个作家。

费尔南多·奥利维耶和罗杰·卡尔，约 1933—1935 年。私人收藏。

在 1938 年与罗杰·卡尔的关系破裂后，费尔南多以教女孩们画画和说漂亮的法语为生。1957 年，她已经 70 多岁了，并且身无分文。勒索上流社会是她唯一的选择：她写信给毕加索，恐吓说要出版另一卷回忆录。[40] 作为中间人的马塞尔·布拉克轻松地说服毕加索给费尔南多 100 万旧法郎以协商不让她的"亲密的纪念品"出版——至少不要在他尚在世的时候。毕加索根本不需为此担心：费尔南多这部遗作的四分之三都是关于她遇见他之前的事。在 1912 年分手后毕加索就再也没有见过她，只有在 1956 年，她接受蒙马特早年采访时，才在电视上看到过。他说，真是令人作呕的表演。她又老又肥，还没牙齿以至于谈不上出丑；曾在他

233

毕加索，《费尔南多肖像》，1906 年，纸本炭笔，61.2cm×45.8cm，芝加哥艺术学院：赫尔曼·瓦尔德克捐赠。

早期作品中如此美丽的她就是对他的愚弄。这个女人，出身时叫做艾米丽·朗（Amélie Lang），曾是短暂的保罗·帕切隆夫人，称呼她自己为费尔南多·梅尔维尔（Fernande Belvallé），更不用说毕加索夫人了，又作为费尔南多·奥利维耶通过毕加索而永垂史册，最后于 1966 年 1 月 29 日去世，享年 85 岁，比那个费尽心思取代她的女人多活了 50 年。

16

索尔格，1912 年

毕加索，《有一串钥匙和名片的静物》，1912 年春，
蚀刻版画，21.8cm×27.8cm，毕加索博物馆。

1912 年 5 月 19 日，毕加索和伊娃一起逃离巴黎。他如此匆忙，235
以至于留下了他大部分的财产在克里希大街的公寓里，包括他十
分珍爱的相机，他大部分目前的作品和工具都留在了洗衣船工作
室。他一到达塞雷，就告知了坎魏勒他想做什么：

> 因为很担心狗狗们，所以我已经让布拉克把弗利卡寄给
> 我。至于其他的动物，猴子啊、猫啊，皮乔特夫人会带走
> 它们……把洗衣船卷好的画布打包，连同镶嵌板一起寄给我
> （由马诺罗转交）。让那些只是用炭笔画的……画布……由胡
> 安·格里斯修复。至于其他的画我不得不交给你……我得想想
> 怎么办……马诺罗工作得很努力，就像德奥达·德·塞弗拉克
> （Déodat de Séverac）说的那样。他有一座棒极了的房子，房
> 子的金属大门就像内政部的大门一样……他还有一个手术台
> 和很多外科设备……这次请不要把我的地址给任何人。[1]

在接下来的三个星期，毕加索将每隔几天就写信给坎魏勒让
他转寄他的作品材料：

> 洗衣船的画笔，有脏的也有干净的，那里的绷布器……
> 还有调色板……是脏的。把它和绷布器字母和数字［的模
> 板］和用来做假木纹（faux bois）的［金属］梳子包在纸里。[2]

他接着索要他所有的颜料，不管是公寓的还是工作室的：

左页：毕加索克罗切别墅的壁画：《吉他，法国绿茴
香酒瓶子和玻璃酒杯》，1912 年夏，油彩作于粉刷
墙壁上后转移到画布上，104cm×89cm，下落不
明。坎魏勒拍摄，路易斯·莱里斯画廊。

管装的白色、象牙黑、深褐色、祖母绿、佛罗纳绿、群青、赭石、茶褐、朱砂、镉黑色，或是镉黄色。我还有蓝色、秘鲁赭色……我想在这里有我的所有颜料……我需要把它们放在身边。

最后一幅蚀刻版画在工作室……我还在考虑在到访卡上刻上名字。但是你应该把两张印样中的一张寄给我，这样我就可以画出精确的位置，你应该叫一个专业的刻工——专门刻到访卡的刻工把字母刻在那里。

把每个颜色都寄三四支给我，但是我想要所有的白色……还要一瓶干燥剂和一包炭笔……我还在酒店里，但是我已经租下了去年布拉克和我一起租的那间房子。[3]

现在，毕加索有了一座房子，他需要更多居家用品："床单、长枕、毛毯、我的亚麻布，还有我那件带花的黄色和服。我不确定你要怎么安排所有这些东西，但是我相信你胜过我自己。"[4] 毕加索有理由担心运寄他需求品的可行性：他可能已经让费尔南多离开了克里希大街的公寓，但是它仍然是写的她的名字，她对闯入公寓，令她讨厌和搬走东西的坎魏勒一点儿也不高兴。当她威胁要控告这位画商"强闯私宅"时，他劝她把房子转租给他。这样他就不会被告以非法入侵了。

另一个唯一让毕加索信任的人是布拉克。他写信给他跟写信给坎魏勒一样频繁，大部分都是关于将弗利卡运到塞雷的事。（当她安全到达，他写信告诉布拉克"她已经变成镇中头条话题啦"。）[5] 他也坚持让他为行踪保密。他很想念布拉克，毕加索说："我们的行踪和我们的情感［交流］怎么了？我都写不出我们对艺术的讨论了。"[6] 布拉克因为侄子初领圣体而回勒阿弗尔去了。他告诉毕加索他在港边的酒吧度过每一个晚上（斯堪的纳维亚酒吧和圣约瑟夫酒吧），他喜欢和水手们一起跳舞，英格兰角笛舞。

毕加索在 6 月 1 日写信给坎魏勒，他还在等他的绘画材料，尤其是颜料；与此同时，他不得不凑合着用"钴蓝、棕色和镉黄"调成绿色[7]。6 月 5 日，他写信详细说明他巴黎工作室的哪些画"还不能见人"，又有哪些已经完成以及这些作品的价格。[8] 他还列出了他想要的衣服。女仆路易丝很明显偷了东西；但是毕加索非常

带注解的作品清单,遗留在洗衣船工作室,毕加索
写给坎魏勒的信,1912年6月5日。坎魏勒档案:
路易斯·莱里斯画廊。

清楚地记得每一件他留下的物品分别在哪里,比如哪件衬衫在哪
把椅子上。至于洗衣船的工作室,他让坎魏勒去"叫看门人把出
租启示贴出去"[9]。6月7日,他感到已经可以搬进塞雷工作室,
并开始创作作品:"我在星期天看见一个在奏风笛的男人。"[10]可之
后并没有什么作品出现,除了一些素描。在塞雷的这个月,他都
致力于静物画。他还谈到要创作一件大型的版画;以及他想知道
那个叫做比尔(Bill)的美国女孩是否就是水牛比尔(Buffalo Bill)
的女儿,这个女孩子是一位艺术批评家的女儿,想来看望他。

毕加索刚在塞雷安顿好,他就惊骇地听说费尔南多和奥皮分
手了,并在找他。他和伊娃可能不得不继续搬家了。一家巴塞罗
那的报纸(《广告》,5月29日刊)宣布他在那里[这是费尔南
多的一个嫉妒心强的前男友华金·苏涅尔(Joaquim Sunyer)泄露
的消息],还有"那个愚蠢的皮乔特"写信给某人(可能是马诺
罗)确认毕加索的位置:"这真是白费力气,因为没有人会回信给
他。"[11]毕加索最害怕的事情不久就发生了:

> [他于6月12日写信告知坎魏勒]布拉克昨天写信告诉
> 我他在微普乐[Wepler,蒙马特的一家咖啡厅]遇见了皮乔
> 特。皮乔特告诉他,他、他的妻子和费尔南多打算在塞雷度
> 夏……对所有这一切我真是恼怒极了,首先因为我不想我对
> 马塞尔的爱被他们有可能制造的麻烦所扰,我也不想她被
> 打扰;最后,我必须在平静中才能继续我的工作。我渴望这
> 份平静已久。[12]

接下来,毕加索开始描述他想如何把对马塞尔的爱融进作
品里。

> 我已经画了好几幅素描了,开始画八张油画。我相信我
> 的画已经更加坚定和清晰……为了处理所有这些复杂的情
> 况,我可能需要……(我们永远不知道将会发生什么)1000
> 或2000法郎留在身边。我不想万一要走身边没钱……如果
> 你看见费尔南多,就告诉她不要想从我这儿得到任何东西,
> 以及我会很高兴再也看不见她……如果格莱兹和梅青格尔讨

238

毕加索，《小提琴和葡萄》，1912 年春一夏，布面
油画，50.6cm×61cm，纽约现代艺术博物馆：大
卫·M.莱维（David M.Levy）女士遗赠。

毕加索，《静物》（塞雷宗教节），1912 年春，布
面油画，27cm×41cm，私人收藏。

毕加索,《西班牙静物》,1912年春,油彩和立泼灵于椭圆形画布,46cm×33cm,现代美术馆,阿斯克新城,吉纳薇和让·马苏雷捐赠。

论绘画的书出现了请告诉我一声。[13]

坎魏勒按时给他寄了1000法郎。

毕加索试着让坎魏勒相信费尔南多的迫近没有打扰他。"我一点也没有被布拉克的信打扰,"他于6月17日写道,"相反我因为他如此担心而很感动。"[14]这纯粹是故作镇定! 48小时后,他就开始准备逃走了。

> 已有可靠消息说费尔南多将会和皮乔特一起来这里,无须说什么了,我太需要平静了。所以我准备离开。我脑中有很多去的地方。我讨厌离开;能在一座为我提供平静的大房子里住下是再好不过的事了,我也很喜欢这个乡村。我的作品也进展顺利。[15]

第二天,他确定于21日动身去佩皮尼昂(Perpignan),"但是不要告诉任何人,任何人我在哪里。"[16]动身前,毕加索让哈维兰和马诺罗寄三张刚完成的静物画给坎魏勒。因为这三张画都没有签名,所以这位画商让他的助手博伊斯查得(Boischaud)在画的背面冒充毕加索签名(博伊斯查得也会帮布拉克做同样的事),这样就不会破坏画面本身或是让人们把它同别人的作品相混淆了。两位艺术家都想保持作品匿名。布拉克对此解释说:"我们倾向于抹掉我们的个性来找到独创性。"[17]这是一个不可能的愿望,他们不久就会把自己的名字重新加上去——通常以非个人性的错视小斑块的形式,就像骄傲的收藏家在画框上做的那样。在适当的时候,毕加索和布拉克会把原则放一边,采用立体主义的签名方式在前面签名以满足藏家或主顾的要求,以解决归属和真实的问题。

在这些最近的作品中,有几件作品是倒着和侧着画的,因为笔触的走向相反,轴向也不明确。如此便使观众的知觉有点拧,增加了歧义。我们随时都可能觉得一把小提琴或吉他是竖直而不是横卧的,反之亦然;不得不承认第一眼看上去正确的东西其实是错的。通过将形象的正面和反面相结合,巧妙处理的画家使人在知觉事物时产生另一种眩晕。"我明白了! "他好像等着我们这样说,而我们则没有把握地在对立的阅读中不停地转动,大脑和脖子都似乎要痉挛了。毕加索有些时候会告诉一个朋友这件静物画是水平的，对另一个朋友说是垂直的，又相对正确地告诉第三个朋友说该画的要点在于矛盾，从而把问题弄得更加复杂。

　　这种重绘作品的特殊方式是毕加索不断搬迁的结果。在1912年，他不得不让自己适应了4个不同的工作室。这对于一个对周遭环境十分敏感，并通常被习惯、强迫、迷信和仪式（比如他声称有一连串冗长的朋友的名字，他每天都要背一遍）所捆绑的人来说，实在太难了。就像他告诉布拉克那样，他受够了在一个接一个新的地点重新画那些还没完成的画。因此就有了这个阶段里画过很多次的作品。[18]绘画之后的重绘表明是两到三个阶段的活动，每个阶段在风格和用色以及笔触和排线上都不一样。与其他夏季创作的作品相比，那些作品都是在平静中创作的，而这个夏季的作品显然很驳杂。

*　　　　　*　　　　　*

　　在逃离塞雷后，毕加索和伊娃在佩皮尼昂度过了一个晚上，之后便乘火车前往亚维农，在安德烈·萨尔蒙用之为他的妓院作品取了昵称之后，他一直都想去那儿看看。"你看，我去了亚维农，塞雷什么意外都没有发生，"毕加索告诉坎魏勒时顺便提到了《亚维农少女》。[19]毕加索四处找寻住处，在一两天内找到一个沉闷的带花园的房子，叫作铃铛别墅（Villa des Clochettes），位于丑陋的索尔格（Sorgues）小镇里，离城区有11公里远。如果毕加索在普罗旺斯最没有特色的市区定居，那是因为他喜欢将他的情人和自己都藏起来，不让爱管闲事的朋友们发现。在亚维农，他作为名人而引人注目；不久消息就传回了巴黎，于是蒙马特那些爱八卦的人们很快就发现了他的所在地。索尔格郊区可以让他和伊娃消失不见。除此之外，这个地方彻底的平凡深深吸引了他。索尔格跟常常被视为普罗旺斯特色的古雅和民间魅力一点儿关系也没有。

　　生活的不便从来没有让毕加索困恼，并且由于他十分爱他的"美人"伊娃，他并不打算纵容她的矜持。他用当地家具商提供的基本的床、桌子和椅子来装潢他的乡下别墅。事实如此。家具摆好后，他们就住进别墅里。没想到这所房子装修得很糟糕。暴风雨来临时，房顶就漏水了，毕加索和伊娃不得不在睡觉时撑一

铃铛别墅，索尔格。

皮埃尔·吉里欧，《伊娃肖像》，1911 年，下落不明。

把伞，即便如此他们也心醉神迷地快乐着。除了弗利卡，其余那些毕加索形影不离的"小伙伴"都被留在了巴黎，让他的兽医照顾它们，那个兽医也为米德拉诺马戏团工作。某天夜里，毕加索带伊娃去看了68岁的莎拉·伯恩哈特（Sarah Bernhardt）主演的《茶花女》，这出戏他回想起来总是带着恶意的喜悦；40年后，在看了嘉宝（Garbo）的电影版本后，他还能模仿伯恩哈特的可笑的做作表演。一个蒙马特的朋友把他介绍给了一群意趣相投的朋友，这位朋友的名字他早已忘记；之后，在一家餐馆里，他偶然遇见了皮埃尔·吉里欧（Pierre Girieud，同样也是伊娃的朋友，他在前一年还画过她的肖像）、德奥达·德·塞弗拉克，以及"我们认识的其他人"。[20] 为了隐藏恋情以及害怕被追逐，毕加索告诉所有人他正在前往卡尔卡松（Carcassonne）的路上。唯一能够知道他行踪的人是坎魏勒，他再次敦促他："千万不要把我的地址给任何人。"[21]

甚至布拉克也有好几天不知道他的行踪。6月27日，毕加索终于忍不住写信给他抱怨奔波途中的艰难创作，还一边吹嘘他开始了一些新作品。他打算让布拉克来索尔格加入他而不是在塞雷，就像他们最初计划的那样，也期待布拉克给他写信。就好像他是亡命小孩（Sundana kid）似的，他如此签名，"你的伙伴，毕加索"[22]——讽刺地承认他们之间的男子情谊，和他们先锋性的亡命精神。

两天后，毕加索写信给坎魏勒说他已经开始创作三件作品了，其中的两件我们可以分辨出来。它们和他在塞雷创作的有很大不同，这两件作品彼此也非常不一样。其中更传统的一件是戴着头巾的阿尔女孩（Arlésienne），这种头巾现在的普罗旺斯妇女依然在使用，毕加索从高更的阿尔老鸨肖像中已经非常熟悉了，那些作品还启发了一些圣拉扎尔车站作品。[23] 他看起来像是要重新考虑把他不能画的美人伊娃限制在歌名和陈腐的爱情宣言中的决定，用平和的阿尔女孩（可能是来自一张明信片）作为她肖像的一个试验。非常确定的是，它为一些复杂的素描和一件大尺寸的水彩画做了铺垫，戴克斯辨别出它们是为伊娃的一张当地服装的全身像所作的草稿。[24] 这些草稿还为一件叫做《我爱伊娃》的女性裸体画做了铺垫，这件作品创作于当年秋天。在毕加索以后

241

240

左上：毕加索，《阿尔女孩》（*Arlésienne*），1912 年，纸本水粉和墨水，拼贴于画布上，66cm×23cm，选单收藏，休斯敦。

右上：毕加索，《阿尔女孩》（*Arlésienne*），1912 年夏，布面油画，73cm× 54cm，科特斯·托马斯·阿曼美术，苏黎世。

右下：毕加索，《7 月 14 日的舞者》，1912 年 7 月，纸本钢笔、印度墨水和铅笔，34.2cm×21.7cm，毕加索博物馆。

左下：毕加索，《有海报的风景》，1912 年夏，布面油画，46cm×61cm，国家美术馆，大阪。

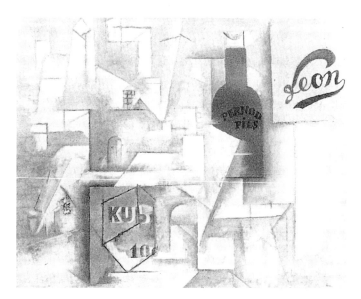

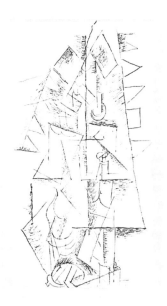

毕加索，《李·米勒扮作阿尔女孩》，1937年9月
20日，布面油画，81cm×65cm，黑阿杜博物馆，
阿尔勒。

的生活中，他还在一遍又一遍地重提这个主题。1937年，他创作
了一些李·米勒（Lee Miller）的肖像画，这些肖像中的李·米勒看
起来很疯癫，她那分裂的头上楔入一根普罗旺斯头巾，看上去就
像切肉刀；还有一件保罗·艾吕雅（Paul Eluard）的超现实主义"肖
像"，画中的艾吕雅反串着阿尔女孩，在给一只小猫喂奶。再一
次，在1958年，那时他正定期参与阿尔（Arles）的斗牛，毕加索
至少画了8件穿着阿尔服装的杰奎琳肖像，其中一幅是如此精雕
细琢以至于它有22个分开的日期。[25]

　　另一件可以认出画于索尔格的作品表现了每一次毕加索乘坐
索尔格到亚维农的有轨电车时都会看到的沿线的工业风景（这种电
车在当地被称作"水牛"，得名于夏天使用的美国风格的车厢）[26]：
一座铁路高架桥、从罗马式房顶伸出来的工厂烟囱，还有难以避
免的广告牌。这些广告牌都在宣传一个叫作莱昂（Léon）的产品；
还有块装（Kub）浓缩肉汤冻，这让毕加索能够制造一个立体主
义的双关语（一个透视的立方叠加在字母KUB上面）；那种叫作
潘诺（Pernod）的受欢迎的普罗旺斯开胃酒用了巨大的酒瓶形状
的广告牌——这是另一个立体主义玩笑：它误导漫不经心的观赏
者将一幅风景画看成静物画。毕加索没能成功地追踪这个"流行"
（pop）实验。他和布拉克更喜欢画那些与他们画布尺寸相称的东
西。那些有着巨大规模和视野的主题最好留给沙龙立体主义者。
明亮的色彩终于开始在毕加索的一些立体主义作品中显露出来，
但是通常都是以立泼灵的形式，就像《有海报的风景》（Landscape
with Posters）中的广告牌或《我们的未来在空中》中的小册子。愚
弄眼睛的光线效果走的是愚弄眼睛的透视之路。从一张描绘着两
个正在庆祝法国国庆节的舞蹈者的素描来看，毕加索设想过另一
个运用固有颜色（所有旗帜）的理由。但是这一切都没有将综合
立体主义带到室外。相反，这些旗帜都被用在静物中。

　　　　　　　＊　　　　　　＊　　　　　　＊

　　早些日子，毕加索忙着装饰这间借来或租来的房子，他在墙
上画了很多寓言故事，通常都采用滑稽的形式。大概是从他为汉
密尔顿·艾斯特·菲尔德做的镶嵌板上得来灵感，他现在继续装饰
着铃铛别墅的一块白色墙壁，为此他画了围绕着《我的小美人》
歌谱的静物画；他也在墙上画了带有寓意的伊娃肖像，三个月后，

28 EN PROFENCE. — *Arlésienne* — LL

阿尔女孩；在伊娃从塔拉斯孔寄给艾利斯·托克勒
斯明信片上，1914年6月18日，耶鲁大学贝尼
克珍本与手稿图书馆。

242

他在即将离开时，非常珍惜地将这幅献给伊娃的画完整地从墙上移下来。这个细心的任务被委托给了布拉克，并托他将它运回巴黎。[27] 随后，毕加索将它卖给了埃拉苏里斯（Errazuriz）夫人，他的下一任大恩主。在它幸存了 50 年之后，它因为十分脆弱而价格骤降。1961 年，道格拉斯·库珀（Douglas Cooper）买下它以填补他的立体主义收藏空白。当这幅画开包时，毕加索正好在场。我也是。让每个人惊恐的是，装载的箱子被破坏了：这件"壁画"碎成了几块。毕加索说："Il ne reste plus rien de moi（我什么都没有了）。"一两年后，当他的碎片又被重新组装好并重新放回市场时，他的表现就更沮丧了。

能够观看斗牛是塞雷的一大优点；这可能也是影响毕加索选择亚维农作为藏身之处的因素之一。亚维农当地缺少斗牛场，但是尼姆市和阿尔市的罗马竞技场只在半小时路程之外，它们现在是法国的斗牛中心。夏季期间，在复活节和葡萄酒丰收节之间，这里将会有一连串斗牛比赛，届时会有受尊敬的西班牙斗牛士与真正的西班牙大公牛表演斗牛。7 月 7 日，毕加索在尼姆市观看了他的第一次斗牛（50 年后，他仍然会去那里）。就像他告诉坎魏勒那样，"能够找到一种本身就很聪明的艺术是很稀罕的。只有马赞提尼托（Mazantinito）还挺不错。不过不管怎么样，斗牛还真是一饱眼福，天气也很美好，我喜欢尼姆。"[28] 第二天他告诉布拉克（在这封信中，他签名为"你的毕加索，西班牙艺术家–画家"）斗牛是多么有趣，不仅竞技场中的表演有趣，而且在斗牛前后跟斗牛士和他们的随从人员的接触也都很有趣。这样的接触将会让他重新充满西班牙灵魂（alma española）。

毕加索继续说他"把已经开始画的男人［塞雷的吹风笛人（Bagpiper）］变成了《斗牛迷》（Aficionado）。我认为他拿着斗牛短标枪的样子看起来挺不错，所以我正试着给他一张好看的南方脸"[29]。这张《斗牛迷》需要很多初步的草稿；而这张"好看的南方脸"需要一个大胡须和一张肉欲的嘴，我们能够从画的裂缝中看到，那张黝黑的脸之前是粉红色的，那顶高顶宽沿的科尔多瓦帽子也是后加的。不要把这个男人跟一个具体的人联系起来，他在这两年一遍又一遍地突然出现，我们应该把这张"好看的南方脸"看作是一个典型的地中海类型：地中海形象在毕加索作品

《自画像》毕加索拍摄于《斗牛迷》前，1912 年，毕加索档案。

右：毕加索，《斗牛迷》，1912 年夏，布面油画，135cm×82cm，巴塞尔公共艺术藏品，巴塞尔美术馆。

左上：毕加索，《斗牛迷》习作，1912 年夏，纸本墨水，30.3cm×19.2cm，下落不明。

左下：毕加索，《斗牛迷》习作，1912 年夏，纸本墨水和铅笔，30.5cm×19.5cm，毕加索后嗣。

中的作用就像玩牌者在塞尚作品中的作用一样。从塞雷的《吹笛者》到《斗牛迷》的转变是又一个毕加索巧妙而满心欢喜地改变形象角色的例子，他展现着几乎不能辨别的符号——简化的流苏或胡须，肩章或三角披肩，烟斗或中音管，风扇或斗牛标枪——所有这些都以模棱两可的方式出现。如果这些符号混合着神秘与矛盾，那就更好了。

244　　像往常一样，布拉克并不忙着来毕加索这儿，可能因为和费尔南多分手的事，马塞尔没有那么想要加入毕加索。"我已经在等待你到来了，"毕加索在 7 月 7 日写信给他的伙伴——他将会带来毕加索留在克里希大街公寓里的相机和他们最喜欢的那套美国风格的蓝色"新加坡"外套。[30] 然而，布拉克和马塞尔在差不多一个月后才现身。毕加索和布拉克在矮灌木中散步了好几天，讨论他们获得的进步，之后他们决定将伊娃和马塞尔带到马赛住几天。布拉克因为在马赛附近的埃斯塔克旅居过，所以对这座城市非常熟悉，他想让毕加索领略这座城市的赏心悦目，它是巴塞罗那最主要的对手，与其说是作为文化中心，不如说因为它是地中海最有活力和最开放的港口。它也是通往非洲的关口。

　　这四个人逛遍了马赛大部分旧货商店寻找部落艺术。因为这里有经常来往两地的殖民地官员，所以这座城市是这些手工制品的主要进货港。如果布拉克说的话可靠的话，他们尽可能买下了所有黑人产品。凭借一张毕加索画的关于他们带着所购物品坐在咖啡桌旁的潦草素描，爱德华·弗莱（Edward Fry）声称认出了其中一件小物品是毕加索收藏的两张格雷博（Grebo）面具之一。[31] 其中一件物品启发了索尔格作品中的一些圆柱形的眼窝，以及稍晚一点，在硬纸板上的圆柱形洞和金属薄片吉他，现藏于MoMA（见 156 页）。这是一个大胆的推测，但是弗莱很有可能是对的。毕加索承认在旅途中买过"一个很好的面具，"还有"一个有着大胸的女人和一个年轻的男孩"。布拉克买了什么我们不知道。多年后，毕加索告诉马尔罗（Malraux），布拉克并不真正懂黑人艺术，"因为他不迷信"[32]。这件事透露出的信息更多地是关于毕加索而不是布拉克。布拉克很懂部落艺术，但是他没有像毕加索那样迷信萨满主义。"非洲面具为我打开了新视界，"他告诉多拉·瓦利耶，"它们让我能够与本能的东西相连接，它直接的表

毕加索，《马赛纪念》，1912 年夏，纸本印度墨水，13.5cm×9cm，毕加索博物馆。

格雷博面具（象牙海岸），毕加索收藏，木头，白色油彩，植物纤维，高度：64cm，毕加索博物馆，玛丽娜·鲁伊斯·毕加索捐赠。

马塞尔·布拉克和土耳其其玩偶，约1912年，劳伦斯档案。

现形式与我所厌恶的虚假传统主义相对立。"[33] 他的收藏中精细的部落雕塑证实了他的眼力。

布拉克去马赛另有动机：他和马塞尔想要为在埃斯塔克或是马赛周围度夏而租一间房子。毕加索留意到他们并没有充足的时间去搜寻。回到索尔格，他想说服"威尔伯格"（Wilbourg）改变心意住在他的附近。在一两天之内，布拉克在索尔格郊区找到一间质朴的房子，叫作贝尔艾儿别墅（Bel-Air），他是这样向坎魏勒描述的："这是一个日式农场，有着法国那样好看、老式的白墙壁。"[34] 布拉克对日式农场一无所知；但是他可能听说过，25年前在此生活过的凡·高相信普罗旺斯是最像日本的地方。不管是不是日式，贝尔艾儿别墅直到1920年代都是这位艺术家的度夏之地。像毕加索一样，布拉克也通过直接在客厅白色墙壁上创作立体主义静物画来留下他的印记。不幸的是，他从来没有为这些画在原地拍过照片。在马塞尔生命的最后几年，在她重新漫游到那些她与布拉克曾一起住过的地方期间，她再次来到这间房子。根据陪伴她的克劳德·劳伦斯（Claude Laurense）所说，这些壁画已经破碎不堪了。[35] 后来，其中一幅壁画在巴黎拍卖，但已被完全翻新。

到1912年夏季，毕加索和布拉克开始有些微妙的分歧。布拉克的诺曼人的谨慎被马塞尔变得更加显著了，她总是对她爱人和毕加索密不透风的关系感到不满。然而，这两个男人继续"一起下了很多次厨"。布拉克向坎魏勒汇报道（8月24日）： 245

> 另一天晚上我们一起做了香蒜杏仁冷汤（ajo blanco，其中包含杏仁、大蒜、面包和葡萄），这是一种西班牙菜……没能与你分享这种甜点般的汤我们真是感到万分可惜……香蒜杏仁冷汤真是一种有力的杀虫剂。[36]

几年后回想起在索尔格的日子，马塞尔·布拉克，这位敏锐的观察者，想起这段充满紧张的友情精神的生活。她对毕加索的喜爱常常是矛盾的，并且无法避免地对他的幼稚迷信和他对当局、危险或逆境的恐惧感到不耐烦。为了阐明她的观点，她描述道，当干冷的风吹过索尔格，他们是怎样以单行队列散步的：强壮的布拉克牵着毕加索送他的狗图尔克（Turc）在最前面开路，

布拉克，《单簧管："圆舞曲"》，1912年，椭圆形，布面油画，91.3cm×64.5cm，古根海姆基金会，纽约：佩吉·古根海姆收藏，威尼斯。

后面跟着马塞尔和伊娃，最后是挤成一团的毕加索和他的狗弗利卡。作为费尔南多的老朋友，马塞尔并不想和伊娃很亲密，与她在一起的时候，她只是在义务上表现出比她所感到的多一点的友谊，伊娃是立体主义的殉道者——其原因马塞尔凭本能就明白，但是伊娃却时而感到困惑。1912年夏季异常的热。这也没有让作为马拉加人的毕加索烦恼，但是却让来自诺曼的布拉克大为恼火，因为要是可能的话，他总喜欢在室外工作。他的阁楼工作室就像一个火炉。通往阁楼的梯子是这座房子唯一通风的地方。在这里，马塞尔一坐就是几个小时，等待她的爱人完成一天的工作。她说她感到十分孤单，当这两位艺术家把自己关起来去苦苦思考那些立体主义问题时，就像布拉克告诉多拉·瓦利耶那样（"他的声音顿了一下"），[37] 除了他们没有人能够明白。

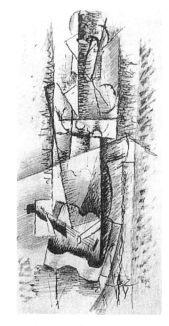

毕加索，《女人和吉他》，1912年，钢笔，纸本印度墨水和铅笔，21.2cm×13.2cm，毕加索博物馆。

尽管毕加索和布拉克比起往常更加紧张地一起工作，他们的动力却再也不一样了。毕加索的目标是要让他静物画里的物品继续分散，然而布拉克将他的形式溶解在空间中，从某种程度上讲，已经接近抽象了，就好像他想要笑不露齿。鲁宾机智地总结了他们的不同点："当面对一个标记、一个污渍、一小块颜料、一种肌理，或是一小片材料，毕加索会本能地想要用其创造一个形象或物体。布拉克可能会更愿意将一个小提琴的琴栓从一个符号融解成一个记号，由此变成'画'，而毕加索会把它转换成一张脸或一个形象的符号。"[38] 布拉克的方法有时会有些问题，就像毕加索告诉弗朗索瓦丝·吉洛那样。在探访布拉克的工作室时，他注意到"一张大尺寸的椭圆形静物画，画上有一小包卷烟，一个烟斗和所有那些立体主义常用的随身用品"，他突然间后退了一些，说他看见画中有一只松鼠。"'那不可能，'布拉克说。"但是，在非常仔细观察后：

> 他也看见了这只松鼠，因为那个挥之不去的幻想极易传达。日复一日，布拉克都在与那个松鼠作斗争。他改变了结构、光线、构图，但是这个松鼠……总是会回来。在8天或10天之后，布拉克终于能够达到目的，然后画面上又重新变成了一包烟草……尤其是一幅立体主义绘画。所以你知道我们曾多么亲密地一起工作。那个时候，我们的作品是一种实验探索，完全没有自负或个人的虚荣心。[39]

毕加索，《吉他手》，1912年夏，纸本墨水，31cm×20cm，毕加索博物馆。

246

因为害怕唤起的感觉会打扰他的空间概念，布拉克仍然只谨慎地使用中性色。相反，他借助曾经受过的手工艺人训练，尝试让物质与颜色平衡。与木纹和大理石纹的运用一样，他现在将沙子也运用到画中。（"工作进展很顺利，"他在 9 月 27 日写信告诉坎魏勒，"沙画给了我更多满足。我因此正考虑再在这里呆上一个月。"）[40] 然后，他用煤渣、木屑、金属屑，甚至咖啡渣和咖啡粉做实验，这样便创作出了如此精妙而富有独创性的作品，还无人超越。布拉克为那时神圣的油画媒介带来的自由惊骇了传统主义者，他为绘画外表所带来的自由也同样如此。的确，布拉克对肌理的探索会在某些时刻扩展了法国传统理想绘画，但是除了赞扬他为艺术家博得了使用任何材料的权利以外，他还值得更多的荣誉；还应该赞扬他把他的技巧和洞察力分享给了毕加索，并用自己对材料的激情和把材料视为色彩伴随物的观点来慢慢感染毕加索。

布拉克还抛弃了强制性地使用上光油的传统。他和毕加索都讨厌这种材料，坚决不在他们的作品上使用。他们抱怨说这会使色调变得虚假，尤其是黑色调，并会使作品显得俗不可耐。（基于同样的理由，他们也不喜欢有光纸彩色印刷品，尤其是斯基拉［Skira］关于现代艺术的著作中那些彩色复制品。）如果布拉克想要用一种特定方式使画面更亮，他会把上光油与颜料混合起来。这样他就可以使同一种颜色的色相和色调产生对比：例如一个有光泽的白色罐子和一块无光泽的白色桌布。笼统地罩一层上光油会破坏这种微妙的差异。

毕加索和布拉克立体主义之间的风格差异，比起油画，在素描中更容易辨别。与毕加索相比，布拉克太容易作为一个不充分的绘图员而被打发掉。的确，他有很多局限性，但是，布拉克是将素描视为达到目的的手段——油画是目的——而毕加索则为他的绘图能力而狂喜，通常会将素描作为目的本身。布拉克在一战受伤以前，（不像毕加索）他从来没有使用过速写本而是在纸上记下他的想法，其中的大部分都扔掉或是不见了。只有在康复期间他才开始随身带着速写本，并使用它们，他说，它们就像他在画画的想法"饥饿"时的"菜谱"一样。

布拉克的立体主义素描非常稀少。它们一点儿也没有毕加索那种图形上的穿透力，更不用说无穷的创新了，但它们是更加私

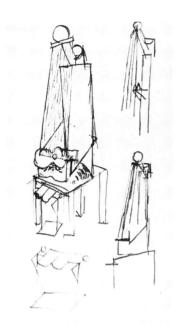

毕加索，《吉他手》（构图习作），1912年，纸本钢笔和墨水，21.2cm×13.2cm，毕加索博物馆。

布拉克，《双簧管、活页乐谱和朗姆酒瓶子》，1912年春，纸本炭笔，48cm×63cm，巴塞尔公共艺术藏品，巴塞尔，美术馆，铜版画陈列室，拉乌尔·拉·罗什捐赠。

毕加索，《女人和吉他》，1912年夏，纸本墨水，31cm×20cm，毕加索后嗣。

布拉克，《有一串葡萄的静物》，1912年，布面沙和油彩，60cm×73cm，私人收藏：路易斯·莱里斯国家画廊。

人化的，为了他自己的目的或兴趣，并不是为了展览或出售。布拉克喜欢使用深黑色的色粉笔（很少使用钢笔、墨水或铅笔），概括而沉思默想地演习它们在油画上的效果。另一方面，毕加索为自己的立体主义素描直白的性质而自豪。冒着过分单纯化的危险，我们可能说毕加索的素描主要是雕塑性的，而布拉克主要是绘画性的；毕加索是形式的操控者，而布拉克是空间的操控者。

在毕加索的速写本上，他通常会产生比起他搬上画布的更多的想法。在 1912 年尤为突出，那时，立体主义不断增加的复杂性迫使他比往常更加缓慢地作画。只有钢笔和铅笔能够跟上他的想象力的倾泻。任何不畏麻烦想要理清泽沃斯那混乱目录下的素描顺序或最近刚出版的素描页的人都会为其丰富而持续不断的创新吃惊。在列奥纳多之后还有谁完成过如此壮举（列奥纳多是毕加索所赞赏的少数意大利大师之一）？这些素描同样说明了毕加索也是一个雕塑家，即使只是概念上的，只有一些无尽的图像和巧思。尽管这些素描很多都启发了最终的作品或是促发作品的改变（如《斗牛迷》），但是其中一些素描的结构更是错综复杂——尤其是那些描绘一个将要变成吉他的吉他手，都被明显地认为是雕塑概念而不是绘画。在紧接着的冬天他将会创造出更加杰出的结构，它们将改变 20 世纪雕塑的面貌。

*　　　　　*　　　　　*

如果还可以租到德克洛斯（Delcros）的房子，费尔南多再也不是威胁了，毕加索非常想在冬天的时候回塞雷，因为他在索尔格乡下住了三个月。他没有续约。这种走投无路的生活并不是他想要的。他真正需要的是一个永久的巴黎基地，但是首先他不得不和过去做个了断。回到克里希大街公寓就跟回到那个女人身边或是回到和它相关的绘画风格一样难以想象。所以他写信给坎魏勒说他准备去巴黎解决一切，最重要的是摆脱这间公寓。"你不觉得是时候解决我那些问题了吗？"他问道。[41]

9 月 1 日，毕加索在伊娃的陪伴下抵达巴黎。他们用了接下来的两个星期打包克里希大街公寓的东西，并检查存在洗衣船工作室的作品。毕加索环顾四周以寻找一个地方落脚，但是直到他离开这间老公寓都没能找到。坎魏勒虽然是名义上的转租人，但是这间公寓的租赁权仍是费尔南多的。现在她被抛弃了，不得不

毕加索自拍于他的拉斯帕伊大街工作室，1913 年，毕加索档案。

向她付清。毕加索和费尔南多不可能再坐到一起商量此事。戴克斯建议让吵闹的路易丝·勒努瓦（Louise Lenoir，即奥德特 Odette）来当中间人，她是毕加索第一次来巴黎时的情人，也是杰曼·皮乔特（Germanine Pichot）的密友。[42] 租赁权的问题很快就得到了解决，毕加索便回到索尔格腾出了铃铛别墅。"毕加索告诉我所有他去巴黎的旅程和他的遭遇，"布拉克告诉坎魏勒，"所有事情看起来都进展得很顺利，我为他感到高兴。"[43] 其中有个遭遇与希楚金有关，毕加索在坎魏勒的画廊无意中遇见了他。希楚金买下了1907—1908 年的优秀作品《友谊》（Friendship），"但是他并不能理解最近的作品，"毕加索告诉格特鲁德·斯泰因。[44]

不顾令人畏惧的严寒，毕加索将其归结于强烈的地中海北风，他还在索尔格住了差不多一星期。他告诉坎魏勒，只要克里希大街公寓的看门人一告诉他公寓空了，他就会立马回巴黎了，他要"找另一个住处。我不能再拖下去了"。[45] 坎魏勒抢先下手，回信说他已在拉斯帕伊大街 242 号为他租下一间工作室公寓。这个地方在蒙帕纳斯（Montparnasse）心脏地区，在跟紧凑的蒙马特相对的城市另一边，他第一次在巴黎定居就是住在那儿。蒙马特到处都充满着费尔南多的身影和洗衣船的零乱不堪——所有这一切都是毕加索想逃离的。还多亏了狡兔酒吧的弗雷德（Frédé），现在这个地方已经变成了观光景点。蒙帕纳斯那时是自重的现代艺术家群居唯一的地区。9 月 23 日，他发电报给坎魏勒说他将会在明天早上抵达。尽管伊娃也很想要一个合适的家，但是她和毕加索都对这个新工作室不太满意。这间工作室在一楼，因此非常的黑暗阴沉：你都可以从后窗触摸到蒙帕纳斯公墓里的坟冢。

离开铃铛别墅回到万物中心真是令人欣慰；我猜测，离开布拉克也令他欣慰。月初布拉克独自在索尔格时，他比他的"伙伴"更胜一筹。在一件亚维农墙纸商店里，他发现一卷模仿木纹的墙纸（令人想起毕加索第一件模仿藤纹的拼贴油布作品）。通过巧妙地运用三条墙纸，布拉克完成了第一件拼贴作品：一个水果盘里装着一串葡萄，旁边有一个玻璃杯。的确，这件油布拼贴作品为之后的发展铺平了道路，但是毕加索没能完全看到他的手工作品的意义。现在布拉克做到了。正如他承认的那样："在做好［第一件］拼贴作品后我感到十分震惊，当我给毕加索看的时候，

布拉克，《水果盘和玻璃杯》，1912 年，纸本炭笔和木头、纹理纸拼贴，62cm×45cm，私人收藏，第一张纸本拼贴画。

他比以往受到了更大的震惊。"[46] 毕加索立刻意识到这件拼贴作品为绘画的发展开启了无限的新可能。一件物品现在可以通过一些跟图像相反、等同于它自身的外在元素来呈现。比如，一小片报纸可以代表一整张报纸；它还可以表示任何艺术家想要它表示的东西。图画就可以同时而独立地表现体积，并将真正的元素（这一小片报纸或墙纸）结合到整个构图中来。不仅如此，通过让色彩独立于形式而运作，拼贴艺术让毕加索和布拉克更容易地将色彩引入立体主义作品当中。并且，因为剪刀比起刷子让边缘更加锐利，他们就可以使色彩、色调和肌理的对比更加明显。

　　布拉克解释说，拼贴艺术的发明给了他"一种底气"。[47]它让他能够"确立"事物。它也加强了他与毕加索竞争中的位置。我在40年后得到一个他们竞争的回声，那时我正在去参观库珀的立体主义藏品，看见毕加索对布拉克这件著名的第一件拼贴作品嘲笑而怨恨地瞥了一眼。"真是坏蛋，"他大大地耸了一下肩。"他一直等到我转身。在我回家的路上［库珀的别墅离亚维农很远］，我要去那家墙纸商店看看他们留下了什么。"然后他迸发出了他那安达卢西亚式的大笑。如此日常得刚好合适的墙纸显然很难找到。朋友们都力所能及地前来帮助，正如年轻的英国画家邓肯·格兰特（Duncan Grant）在他给克莱夫·贝尔的信中描述的那样：

　　　　［格特鲁德·斯泰因］带我去见了毕加索，这让我十分高 250
　　　　兴。我答应给他一卷我在我的旅馆橱柜里看见的老墙纸，这
　　　　让他十分兴奋，因为他常常用这样的墙纸，而且又很难找
　　　　到。他说他有时会从墙上撕下一些小碎片。我都不知道说什
　　　　么好，如果我一个人去，就需要依靠罗杰［弗莱］的舌头或
　　　　是格特鲁德的胸部了。[48]

　　现在毕加索再次在一间公寓里安定下来，带着他那些神圣的垃圾和财富（餐厅堆满了他的收藏，还包括一件布拉克的立体主义作品），他准备开始将拼贴运用进他的作品里。"我正在用你最近的薄纸和粉末的方法，"毕加索在10月9日写信告诉布拉克，"我正在完成一个吉他的图像，我在我们可怕的画布上用了不少泥土。"[49]泥土、粉末、砂砾或石膏的添加将会解释《挂在墙上

毕加索，《挂在墙上的小提琴》，1913年，布面沙和油彩，65cm×46cm，伯尔尼美术馆：赫尔曼和玛格利特·鲁普夫捐赠。

251

右上：毕加索，《吉他、活页乐谱和玻璃杯》（ "La Bataille s'est engagé [e]" ），1912 年末，裱糊纸，水粉和纸本炭笔，48cm×36.5cm，马里昂·库格勒·麦克尼遗产，麦克尼美术馆，圣安东尼，得克萨斯。

左上：毕加索，《桌上的瓶子》，1912 年末，新闻用纸上裱糊纸，墨水和炭笔，62.5cm×44cm，毕加索博物馆。

下：毕加索，《吉他和活页乐谱》，1912 年末，裱糊纸，纸本色粉笔和炭笔，58cm×63cm，私人收藏。

的小提琴》（*Violin Hanging on a Wall*）中，那些厚涂的大而坚硬的结疤，这件作品是这个阶段最好的作品之一，坎魏勒很快就将它卖给了他的瑞士朋友赫尔曼·鲁普夫（Hermann Rupf）。至于毕加索的第一件纸张拼贴作品，日期最早的是 1912 年 11 月 10 日的报纸。[50] 这就能够说明他实验这种新媒介至少已经有一个月了。与此相关的作品《吉他、活页乐谱和玻璃杯》（*Guitar、Sheet Music and Glass*），其画面简洁而直接，其感情复杂而矛盾，可以说非常完美，在它的背后必然有大量的预备性习作。

这件拼贴作品因为嵌在其中的大标题而著名："LA BATAILLE S'EST ENGAGÉ（E）"（"已经加入战斗"），也引起过许多争论。报纸条带被水平放在左下角，暗示它代表着自己（即报纸本身），也代表了静物所放置的桌面。但是这个新巴尔干半岛的进攻宣言要如何解释？雷顿（Leighton）认为大标题反映了她所相信的在毕加索艺术中，明显的反军国主义和反民族主义的无政府主义主题。[51] 她太看重毕加索潜在的社会良知了，并没有充分估计他也喜欢反讽、谜语和神秘化。

这是错误的，唯一让毕加索痴迷的就是立体主义。在前文所述的那几个星期里，引发了多起冲突。秋季沙龙的立体主义展厅激发了反动的市政委员皮埃尔·兰普（Pierre Lampué）向美术部提出公开抗议。兰普质问政府怎么能允许一群乌合之众玷污像巴黎大皇宫那样的公共纪念碑呢？几个星期后，一个社会主义者议员朱尔斯－路易斯·布雷顿（Jules-Louis Breton）在议会中发起了同样的攻击，被马塞尔·桑巴（Marcel Sembat）狠狠地反击了，桑巴是一个有激情的收藏家和现代艺术的捍卫者。[52] 但是，黄金分割（Section d'Or）展览（10 月 10—31 日）激起了更多的争论，这个展览由杜尚的兄弟们［马塞尔（Marcel）、雅克（Jacques）和雷蒙德（Raymond）］组织，在鲍埃西画廊（Galerie la Boëtie）举办，展览包括了几乎所有巴黎现代主义艺术运动。[53] 毕加索和布拉克并没有参加。温和的"黄金准则"对于习惯打破旧习的人毫无吸引力。之后，再一次，格莱兹和梅青格尔的《立体主义者》和安德烈·萨尔蒙不可靠的《立体主义轶事》（他的《近期法国绘画》（*Jeune peinture française*）的一部分，也是最早发表的对该运动的报道）的出版，让立体主义者及其支持者与当权方发生争吵，在内部彼此也发生争吵。毕加索不能置身事

252

外。比如，当他在 10 月 31 日写信给布拉克感谢他帮他把索尔格的
"壁画"《我的小美人》移下来时，他忍不住揭露萨尔蒙的书是对他
的"背叛和不公平"，[54] 因此揭了布拉克的伤疤，因为萨尔蒙把布拉
克描绘为"亦步亦趋地跟随毕加索"的复制品。萨尔蒙同样让阿波
利奈尔不满，作为反击，他发表了一篇文章讽刺地赞扬这本书，说：
"出现在这儿的想法都是我自己的。"[55] 阿波利奈尔还写了一封言辞激
烈的信给他的老朋友，斥责他从头到尾都没有提过自己。[56]

因此，究竟是跟谁加入这场战斗？跟好战分子和民族主义
者？像布雷顿和兰普那样的俗人和反动分子，又或更近一点，黄
金分割展和沙龙立体主义者？还是毕加索向他唯一欣赏的在世艺
术家马蒂斯和布拉克发起的讽刺的挑战？由于毕加索最近突袭进
装饰，这让他重新进入了与马蒂斯的对话或是斗争中，杰克·弗
拉姆（Jack Flam）相信对手一定是马蒂斯。[57] 由于拼贴艺术的发现
鼓舞了毕加索的竞争精神，布拉克在我看来是较有可能的候选者，
尤其是当报纸出现在毕加索的拼贴画中的日期早于布拉克回到巴
黎几天。毕加索喜欢用编码提示作为与他的同伴艺术家的沟通工
具。那么，要和他的"伙伴"打成平手，除了用他的"贴纸"手
法，顽皮而充分地针对他，同时又制造反讽的笑话，还有什么更
有效的方式呢？毕加索可能也意图让他的拼贴画中的大标题拥有
更广泛的含义：那是对争强好胜又不无苦恼的现代画家——未来
主义、俄耳甫斯主义、同时主义以及立体主义的反讽性评论。

*　　　*　　　*

1912 年 10 月，毕加索开始创作拼贴画，他用硬纸板创作了一
个吉他。它的开端可以追溯到这年初他创作的成百上千的吉他手
或有关吉他的静物画。几个月后，巴黎进入了早春，毕加索设想
着一个大型的组合：他将完成一个真人大小的弹吉他的人，在这
件画布上，他附上了一把真吉他，两只由报纸做成的手臂和一个
真瓶子和真桌子。这个吸引人但似乎很脆弱的东西最终散掉了。
幸运的是，它的照片幸存下来。接着，毕加索又组建了一幅静物
画——《桌上的吉他和瓶子》（Guitar and Bottle on a table）。照片显
示出，他将瓶子扔掉了，但是留下了硬纸板做的吉他。

这件作品让人想到布拉克在 1911 年夏创作的纸雕作品。"我
利用待在乡下的好处，"布拉克从索尔格写信给坎魏勒，"做着在

约瑟夫·艾马德，《M. 阿玛德·法耶雷斯肖像》，
M. 兰普（M.Lampué）收藏。《小杂志》（Le
Rire）的封底，1912 年 10 月 26 日。简·沃里斯·斯
莫里（Jane Voorhees Zimmerli）美术馆，罗
格斯，新泽西州立大学。法耶雷斯是法兰西共和国
总统，1906—1913 年。

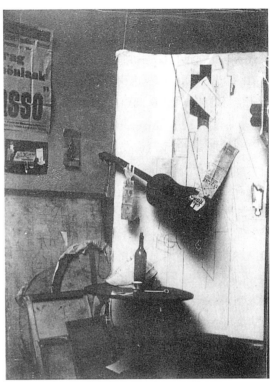

右上：毕加索在他拉斯帕伊大街工作室的构图组合照片，《吉他手》，1913 年，毕加索档案（私人收藏），在 248 页同样可见。

左上：纸雕塑，布拉克作（拍摄于他罗马酒店的工作室），1914 年 2 月之后，劳伦斯档案。

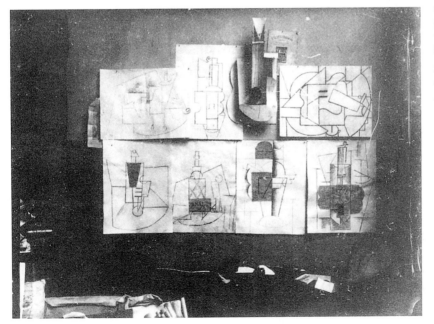

下：毕加索的纸质构件的照片，在他的拉斯帕伊大街工作室，1913 年，毕加索档案（私人收藏）。

巴黎不可能做的事，比如纸雕，这些事儿给了我极大的满足。"[58]
这些纸雕没有一件幸存，除了一张照片。当我问起它们的事，布
拉克告诉我"它们都是用纸和硬纸板剪切和折叠做成的，其中一
些有颜色。"[59]但是，他并不看重它们，允许它们被摧毁。它们几
乎不能帮助他解决图像问题，他说，如果说它们为拼贴艺术做了
准备，"tant mieux : il n'y avait rien de voulu dans mes idées."（好极了：
没有一点我想要的东西。）[60]我相信他。不仅如此，布拉克对雕塑
形式的感觉是有限的，实际上他所有的三维作品都是剪贴的，他
肯定有必要看看他的形式是怎样在空间中起作用的。因此，尽管
纸雕的原始想法和技术是布拉克的，它的正式实现却是毕加索。

　　毕加索也可能从一个非常不一样的来源得到技术支持：一个
蒙马特的邻居，他就是有名的吉他制作家胡里安·哥美兹·拉米列
兹（Julián Gómez Ramírez）。由于在罗迪尔街（rue Rodier）上的房
子太小，他都在大街上做吉他。[61]这位艺术家同样也研究在吉他
商店展示在墙上的不同设计和成品的图稿。根据考林（Cowling），
另一个毕加索剪切技术的来源是裁缝的纸样：这种图案"顾名思
义是为具体的三维物体服务的抽象和二维的蓝图"[62]。这位艺术
家因为童年的家中充满女性，而且他的第一间工作室是在卡多纳
的"保健"胸衣工厂里，他那时就常常画女裁缝，因此他对这些
图纸都很熟悉。[63]后来，他遇见了费尔南多和伊娃，她们都很喜
欢缝纫和剪切图案。伊娃为自己的时髦和持家之道（尤其是家庭
财政）感到十分自豪；她也做刺绣，毕加索为她画图案，所以我
们可以推测她将其中一些做成了自己的衣服。除了伊娃还能有谁
教他把他用硬纸管做的凸出的音孔舒适地结合进他的作品里，就
像袖管连接进夹克里一样？

　　毕加索同样借用了伊娃的缝纫针来尝试各种剪纸的方法。他至
少有 30 次插入了裁缝针；其结果是纸张别住而不是粘黏。在这里，
毕加索表现出他能力的不足但善于掩饰。恰如其分地粘住纸张确实
是个问题，因此他不得不向布拉克寻求帮助。更有可能的是，他需
要伊娃帮助他构造更为复杂的吉他。原始的手法加强了它的外观。

　　阿波利奈尔不久就在 1913 年 11 月的《巴黎夜谈》（Les Soirees
de Paris）公开了四件毕加索用木头、硬纸板、纸和绳子做成的作
品，立刻引起了轩然大波。除了革命性的观念，创作的粗劣惊骇

吉他制作师的手绘，19 世纪早期，水彩和纸本墨
水，38cm×26cm，亚瑟的收藏。

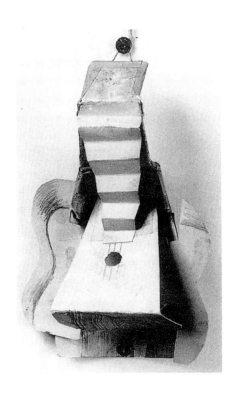

上：毕加索，《吉他》，1912 年秋，纸质构件，24cm×14cm，毕加索博物馆。

下：毕加索，《乐谱和吉他》，1912 年秋，纸胶粘、针别于硬纸板上，42.5cm×48cm，蓬皮杜艺术中心，巴黎。

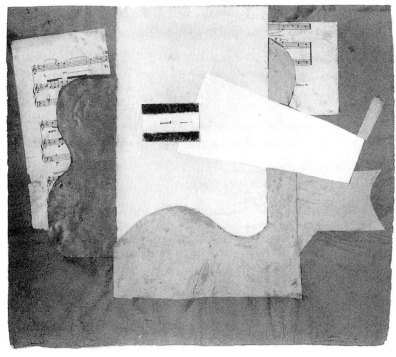

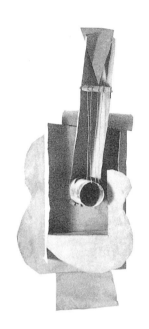

毕加索，《吉他》，1912—1913 年，金属薄片和琴弦的构图，高度：77.5cm，纽约现代艺术博物馆，艺术家捐赠。

256

了杂志的读者。"这是什么鬼？它能有基础吗？难道这是要挂在墙上的吗？这到底是什么鬼，是画还是雕塑？"以上问题都由萨尔蒙转述自那些困惑不解的公众。

　　毕加索身穿巴黎工匠的蓝色外衣，用他漂亮的安达卢西亚口音回答说：

　　"它什么都不是，它就是吉他！"

　　的确如此。那个密不透风的障碍已被打破。现在，我们从绘画和雕塑中解放出来，它们自己也从愚蠢的体裁专政中解放出来。它不是一件东西或其他什么。它什么都不是。它就是吉他！……

　　既然我们已经不再尝试让生活融入艺术，那么，艺术终将融入生活。[64]

　　一年半以后（1914 年春），毕加索用金属丝和金属薄片制作了另外一个版本，这个更耐用的版本将会改变现代雕塑的进程。"你会看到，"这位艺术家告诉萨尔蒙，"我将会坚持做这件《吉他》，但是我会推广它的计划。每个人都能够为自己做一个。"[65]

　　《巴黎夜谈》采用口头宣传和图片的形式传播了毕加索打破旧习的新作的名声。来自欧洲各地富有进取心的年轻艺术家都叫嚣着要看一眼。毕加索巴不得他们这样做。这些作品最重要的皈依来自俄罗斯雕塑家弗拉基米尔·塔特林（Vladimir Tatlin），他大约在 1914 年 4 月 2 日到 15 日期间来到巴黎，利普希茨（Lipchitz）是他的翻译。他回到俄罗斯后便到处传播毕加索的信条。甚至那些胆小的英国现代主义者"布卢姆斯伯里派（Bloomsberries）"都对毕加索的硬纸板吉他印象深刻。邓肯·格兰特（Ducan Grant）在二月和格特鲁德·斯泰因一起拜访了这位艺术家。邓肯的挚友瓦内萨·贝尔[Vanessa bell，克莱夫·贝尔的妻子，维吉尼亚·伍尔芙（Virginia Woolf）的姐姐]也如法炮制，由罗杰·弗莱和格特鲁德陪同。

　　[瓦内萨回去后向邓肯报告道]整个工作室看起来已经堆满了毕加索的东西。所有这些木头和框架都变得像他的画一样。其中最新的一些我认为非常可爱。人们很难从照片中看

不知名的人和石膏模型《埃尔切夫人》（La Dame d'Elche），约 1908—1909 年，毕加索拍摄，毕加索档案。

出什么，照片不能说明哪些是画哪些不是。它们都由彩色的纸片和小木片完美地编排而成，这让我感到十分满意。他想把它们做成铁的。罗杰［·弗莱］建议用铝，这个主意让他非常喜欢。当然这些呈现的东西并不是永久的……于是我能得出一个结论，他可能是在世的最伟大的天才艺术家之一。[66]

瓦内萨和罗杰·弗莱匆匆去了坎魏勒的画廊，买了除弗拉芒克在 1909 年的一件风景画以外的作品。"可能你会觉得我们有点笨，"她愧疚地补充道。[67]瓦内萨的证据非常管用，它证明了金属版本的硬纸板吉他最可能的日期：在 3 月和 6 月中旬之间。

*　　　　*　　　　*

在毕加索的雕塑项目中，一件更有想象力和颠覆性的东西只存在于速写本素描里。这位艺术家显然在思忖着与伊比利亚最有名的雕塑《埃尔切夫人》（*La Dame d'Elche*）相竞争。这个半身像于 1897年在加泰罗尼亚的埃尔切被发现，并一度引起了轰动。它被认为是公元前 5—前 4 世纪的产物；但是它却没有十分老旧，很古典且完美地保存了下来。很多考古学家都怀疑它的真实性——这个怀疑最近被证实了。但是，卢浮宫的专家皮埃尔·帕里斯（Pierre Paris）是得到这组原始的伊比利亚雕塑（其中两件最终落到毕加索手里）的人，他站出来买下了这件雕塑。它看起来如此俗气，太好而有失真实的外表加上萨朗波（Salammbo）的头巾却也颇具吸引力。弗朗哥将军（General Franco）坚信这个"国家宝藏"属于西班牙，他在1941 年让维希（Vichy）政府将它交给普拉多（Prado）博物馆。30年后，普拉多将它捐献给了马德里的考古博物馆。

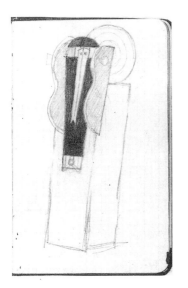

《头》（构造计划），1913 年，速写本页上石墨铅笔，13cm×8.5cm，毕加索博物馆。

毕加索大约在 1908—1909 年拍过一张照片，上面是他的一位朋友斜靠在埃尔切夫人的石膏像上。[68]不管他是赞扬还是贬斥它（二者并不互相排斥），这位艺术家都对这件著名的手工制品有着浓厚的兴趣，并将之画在他早期的一些立体主义素描中。之后，1913 年春天，在他的父亲去世之际，他有了一个恶搞"埃尔切夫人"的想法。为了模仿这位"夫人"华丽的耳罩，他打算在盒子般的头部两侧都粘上一个 B 形的凸缘（受吉他启发，用以表示耳朵和身体的其他部分），像是马的眼罩一样。不幸的是，他从来没有抽出时间做这件作品。

257

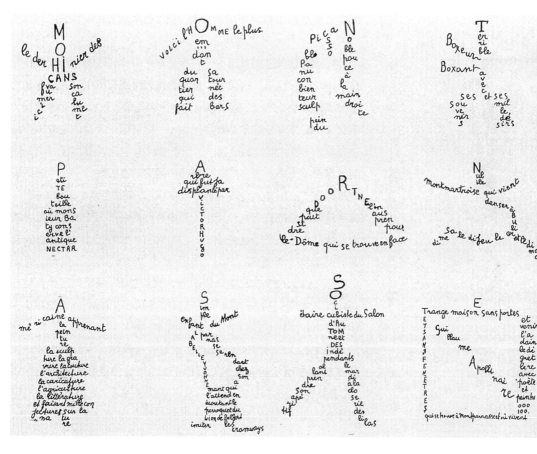

17

蒙帕纳斯的生活

吉诺. 塞维里尼（Gino Severini），《北南线》（*Nord-Sud*），1912 年，布面油画，49cm×64cm，米兰布雷拉宫美术馆，耶西收藏。

左页：阿波利奈尔，《蒙帕纳斯》，1914 年，图形诗。

在毕加索搬到蒙帕纳斯之前不久，巴黎地铁新开通了 12 号线，就是后来著名的北南线，连接着蒙马特和蒙帕纳斯。尽管在两地只需几分钟就可以到达，但是它们在氛围和风俗上都大相径庭。蒙马特仍然是个自足的村落，由两帮人统治：一是艺术家群体——培育的是郁特里罗而非毕加索那样的人——在街角到处涂鸦；另一群是巴黎痞子，他们沿街售卖，到处拉皮条，还把女孩们扔过歌舞餐馆的地面，由此构成一种地方色彩。以前，毕加索喜欢回忆他在那里的早年时光，在他心中那是一段纯洁的友情岁月。但是 1912 年，他对蒙马特已经厌倦了，于是他离开了那儿，再也没有回去过。后来，不管什么时候提到这个地方，他都会嗤之以鼻地喃喃说道："Napoli（那不勒斯）。"[1] 阿波利奈尔解释道，蒙马特已经被蒙帕纳斯替代了，因为山山相连，那儿更难攀登并且

> 充满了虚假的艺术家、古怪的实业家，还有肆无忌惮的瘾君子。相反，在蒙帕纳斯，你能够找到穿着美式衣服的真正艺术家。你可能会发现他们中有些人热衷于可卡因，但是这无关紧要；你会发现大部分帕纳索斯人［Parnassois，如此称呼是为了与高蹈派（Parnassians）相区别］的原则不管在外形还是形式上都和人造伊甸园的消费相反。[2]

蒙帕纳斯可不是一个风景如画的地方，它从 19 世纪中叶起就和现代息息相关。在 1890 年代，当象征主义将丁香园咖啡馆（Closerie des Lilas）作为他们的活动场所时，就将它放在了波希米亚人的地图上。1900 年以后，位于蒙帕纳斯大街和拉斯帕伊

（Raspail）大街十字街口的咖啡馆——圆顶咖啡馆、穹顶咖啡馆和园亭咖啡馆——成为各国艺术家的集结地，起先是德国人和奥地利人（"圆顶派"），但是不久就有了俄国人、斯堪的纳维亚人和美国人。库律维（Klüver）和马丁（Martin）告诉了我们原因：

> 法国带着对艺术家的尊重和对他们魅力的理解，让蒙帕纳斯发展成一个"自由区"，比起巴黎其他地方，这里有着较少的警察监督，并且能够接受更多不传统的行为和生活方式。蒙帕纳斯的警察维持着蒙帕纳斯的洁净，让它远离蒙马特的肮脏：妓院和有组织的卖淫是不允许的，犯罪率也极低。[3]

260　毕加索安顿自己的位于拉斯帕伊大街的地段历史不超过 1902 年。242 号是一座叫作尼古拉·普桑的居民楼的一部分。[4] 毕加索从来没有想过要在这里长久定居，他在一年后租赁期结束后就搬走了。尽管现在那里是一所护士学校，这间工作室很小，但是这并没有阻挠这位艺术家在这里创作杰出的立体主义作品。在布拉克的贝尔·艾尔别墅时，他可能就学会了拼贴画的技术；于是在拉斯帕伊大街公寓期间，拼贴画的时代到来了。

　　这是第一次多拉·玛尔的格言能被引用："不论何时，只要有一个新的女人进入毕加索的生命，所有事都将随之发生改变。"风格变了，生活方式也变了，伊娃尽她的努力去改善生活水平；同时，他们的朋友圈子也变了。搬到蒙帕纳斯最终将毕加索帮打散了。甚至布拉克也不像之前那样容易找到了，他继续住在盖勒马〔Guelma，就在皮加勒（Pigalle）附近〕。毕加索也不能像以前那样频繁地看到他的"学生"，胡安·格里斯，他正浮现出前途无量的立体主义接班人的光芒：格里斯不能承担离开他在洗衣船的"茅屋"（坎魏勒的词）的费用。在毕加索其他的画家朋友当中，德兰和马蒂斯是唯一住在左岸的人。在他的作家朋友当中，马克思·雅各布再次成为他最亲近的一位，尽管直到 1930 年代他才搬去了左岸。萨尔蒙已渐渐疏远。他在艺术批评上的愚蠢和啰嗦让毕加索烦恼，让布拉克震怒。

　　至于阿波利奈尔，他继续和德劳内保持亲近。他对毕加索的冷淡反映在小雕像事件之后他写给毕加索的少量而简洁的便笺

拉斯帕伊大街 242 号尼古拉·普桑楼的工作室，
1912 年，

海伦·奥丁根和谢尔盖·费哈特，P.M.A. 收藏

中。毕加索那些大量的长信都揭示着他为了继续这段持续的友谊有多么的焦虑。"Je pense à toi"（我想念你）；"je t'aime, mom cher Guillaume"（我爱你，我亲爱的纪尧姆）；"tu sais comme je t'aime"（你知道我爱你）；"tu ne m'écris pas"（你都不写信给我了）——所有这些都是画家追求诗人的示爱和责备的信，但是诗人对他的兴趣，至少暂时看来，只是想要他最近作品的照片用于自己即将出版的关于现代艺术的著作，或他的杂志《巴黎夜谈》而已。在 1913 年期间，毕加索至少给阿波利奈尔写了 11 次信（其中一封信包括了一件立体主义素描），但却没有记录说明有任何回复。

*　　　　*　　　　*

毕加索的新茶话会的中心是一对神秘而奇异的俄罗斯情侣，海伦·奥丁根女男爵（Baroness Hélène d'Oettingen）和她的"哥哥"，谢尔盖·雅士德布佐夫（Serge Jastrebzoff）。（实际上，海伦是谢尔盖父亲的情妇。）[5] 两人都迷信笔名。谢尔盖用亚历山大·鲁德列夫（Alexander Rudniev）的笔名画画，后来又改为谢尔盖·费哈特（Serge Férat）。毕加索发现他的真名难以发音，就常用 G. 省略号（"G.Apostrophe"）来提及他。海伦的画很糟糕，她的笔名是弗朗索瓦·安吉伯特（François Angiboult）。她的写作水平稍好一点，写作时又会签名为"Roch Grey"（洛奇·格雷）或"Léonard Pieux"（莱昂纳德·皮厄）。当他们合作时，他们会称呼自己为让·赛罗斯（Jean Cérusse）：双关"ces Russes"（这些俄国人）或"C'est Russe"（这是俄国人）。谢尔盖是雅士德布佐夫伯爵的第二个儿子，据说他父亲是莫斯科省的统治者；海伦声称自己是皇室私生女，可能是来自哈布斯堡王室（Hapsburg）——"我的母亲曾将她赤裸的胳膊伸进放满巨大红宝石的保险箱，"她告诉马克思·雅各布。[6] 她还声称是布拉索夫伯爵夫人（Countess Brassov）阿德莱德（Adelaide）的侄女，后者是大公爵米迦勒（Grand Duke Michael）贵贱通婚的妻子。布拉索夫伯爵夫人据说是从俄罗斯逃出的，带着 60 提箱的珠宝。这些带着阿波利奈尔式轻率调子的故事顶多有部分是真的——就像海伦那糟糕的自传体小说中混乱的贵族一样。

"这些俄国人"保密了他们的年龄。谢尔盖可能出生于 1878 年，海伦大概在 1875 年出生。作为社会主义原则问题，他从来

261

没有用过他的头衔，声称自己缺乏财产并喜欢简单生活。另一方面，她既世俗又势利，充分利用其男爵身份，其结果是，跟一个继承了古老的瑞典头衔的爱沙尼亚人有过一段短暂的婚姻。因为谢尔盖和海伦作为哥哥和妹妹而被接受，并被猜测关系暧昧，所以乱伦关系让他们看起来更加奇异。不管事实是怎样，海伦控制着谢尔盖，只要谢尔盖一带来情人，她都表现出强烈的占有欲。对他来说，他并不怨恨她的情人们；他与他们一同交往，尤其是阿尔登格·索菲奇（Ardengo Soffici），他 1908 年在意大利和海伦结束一段长长的关系后，成为他最亲密的朋友。

阿尔登格·索菲奇，《Yadwigha 肖像》（海伦·奥丁根），1903 年，索菲奇档案。

　　谢尔盖和海伦准备慷慨赞助先锋派，只要先锋派看起来是在认真对待他们的作品。迄今为止，他们主要的艺术赞助都花在购买卢梭的遗产上，他们最早就认同了卢梭的天才。尽管他们不曾变成毕加索的主要赞助人，毕加索欢迎他们有辨别能力的支持，以及他们同样有辨别能力的对沙龙立体主义者的蔑视。这两个家庭——毕加索的和"这些俄国人"的——在一战爆发前后变得十分亲近。就像毕加索很多的朋友那样，当他和费尔南多疏远后，和海伦有过一段短暂的恋情。她坚持称呼毕加索为她的"吉普赛人"，如果有人对这个昵称有意见，她就会变得很生气。费尔南多将她描述为"她周围的女性中，最奇特最异想天开的人（至少针对她的思考方式）"，穿着皮草和黄金，堂而皇之地走进艾尔米塔什酒店，"可是她又是很好且有趣的人，当她想要离开时，她令我们着迷。除此之外，她还很漂亮、优雅而高贵。"[7] 费尔南多可能还会加上，非常开放。波罗的海的大亨喜欢让她为他的朋友们表演脱衣舞。她是一个暴露狂；几杯之后，她就会抖动她的蓝色天鹅绒吊带袜来吸引注意。

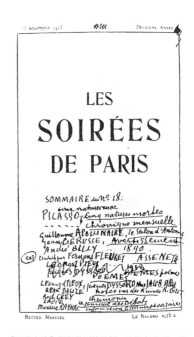

《巴黎夜谈》新版首刊的计划，1913 年 11 月，阿波利奈尔手稿，P.M.A. 收藏。

　　1911 年某个时候，海伦在位于贝尔捷大街的特别酒店扣押了阿波利奈尔。诗人告诉费尔南多，这个"监狱"真是太舒服了[8]，他希望他被判处终身监禁在此，看书和写诗给她，让她为《巴黎夜谈》投稿，以此巴结她。一年后，他和玛丽·洛朗森分手了，便和海伦同居，并在她离开的夏季期间住在她的房子里。在她回来后，他和新朋友皮卡比亚等人开启了一场前往侏罗省的豪华汽车之旅，结束后，他便搬到了德劳内家。因此他对谢尔盖和海伦避而不见，他说他们让他想起与洛朗森的分手。[9] 事实是谢尔

卢梭,《婚礼》,1904—1905 年,布面油画,
163cm×114cm,巴黎橘园美术馆。

谢尔盖·费哈特,《书》,1913 年,纸板油画和粘
贴的书页,39.5cm×28cm,私人收藏,巴黎。

盖和海伦不信任德劳内:德劳内操纵阿波利奈尔将他而不是毕加索作为先锋艺术的领导者。海伦的第一次投稿《巴黎夜谈》("排炮," 1912 年 7 月刊)也是她一年多时间里的最后一次。在该年年末与德劳内发生争执后,阿波利奈尔重新和这两个俄国人在一起。他需要他们重新为这个境况不佳的杂志投资,并以 200 法郎的价格将版权和订阅者名单卖给他们。有了谢尔盖和海伦作为支持人和合编者,在前五个月都没有出现过的《巴黎夜谈》现在可以承担插图的费用了。[10] 新系列的第 1 期(1913 年 11 月 18 日)用毕加索最新的四件作品作为专题。第 3 期(20 号)的大部分内容在赞扬卢梭。这些配图让这本杂志死而复生。尽管每期都会出现难以读下去的"洛奇·格雷"那些浮夸的文字,《巴黎夜谈》与公众保持着联系,也为阿波利奈尔提供了一个掌控巴黎先锋艺术的平台。马克思·雅各布称之为:"我们蒙帕纳斯人的官方刊物。"[11]

在战争爆发前的 9 个月,《巴黎夜谈》的办公室占用的是谢尔盖位于拉斯帕伊大街 278 号一楼的旧工作室。谢尔盖和海伦离开了贝尔捷大街的特别酒店,并租下了拉斯帕伊大街 229 号 7 楼的公寓,这间公寓不久就因为它的"桌子为俄国人敞开"而出名。马克思·雅各布再次用滑稽舞蹈,就像他在洗衣船做的那样娱乐同伴,他描述了在一个早上去拜访女男爵的事,她当时在她的工作室隔壁的音乐学校里。[12] 她穿着黄色条纹状的睡衣和很高的高跟鞋,她在家庭主妇和杂志编辑之间变换角色,监督她的女仆缝纫(更多的睡衣)和烹饪,对某某人的书却轻蔑地不屑一顾。晚上,女男爵会穿上波列特(Poiret)服装,高高盘起她的红头发,主持有可能失控的聚会。对于未来主义者和基里柯(Chirico)兄弟(她是在做索菲奇的情人期间遇见他们的),她为他们提供水饺、葡萄酒和噪音——噪音音乐淹没了《我的太阳》(o sole mio)。如果有客人的穿着不得体,她就会给他一件她"哥哥"的外套和一双新的黄色皮鞋,要是谢尔盖反对的话他就大难临头了:她就会问他究竟在哪儿长大的。

在这本杂志的办公室里举办了更多的公众娱乐活动。毕加索出席了其中最狂欢的一次(1914 年 5 月):这个晚上充满了未来主义音乐,以基里柯的兄弟萨维尼奥(Savinio)狂暴的钢琴弹奏

263

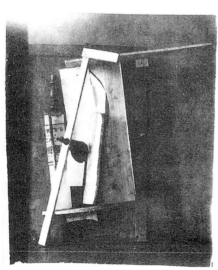

《巴黎夜谈》中的两张构造物插图，no.18，1913 年 11 月 15
日，毕加索档案。

左上:《头像》，琴弦，铅笔和纸板油画，于墙纸上 (拆卸的; 部
分保存在毕加索博物馆)。

左下:《瓶子和吉他》，木头，裱糊纸和橡皮泥球 (已毁)，

毕加索，《 女人和吉他 》，1913—1914 年，布面油彩、沙和炭笔，
115.5cm×47.5cm，现代艺术博物馆，纽约，大卫·洛克菲勒捐赠。

作为结束，最后他砸坏了钢琴把自己弄得全身是血。阿波利奈尔激动地说道："他砸坏了钢琴！那才是我想要的音乐家！"[13] 没有人能够忍受，尤其在晚会危险地结束后，格特鲁德不喜欢竞争，尤其是这种危险的近距离竞争，她用略带表扬的语气责备了谢尔盖和海伦："他们并非一点儿也不好玩，"她写道。"毕加索从他们那儿学会了俄语字母，并开始将它运用到他的一些绘画里。"其中一件被格特鲁德买下。[14]（坎魏勒对这些西里尔字母有着另一番解释：是毕加索从他用来包裹借往莫斯科展览作品的海报上复制下的。）[15]

差不多有一年时间，赛罗什卡（Seroshka）和利亚勒兹那（Lialezna，他们这样互相称呼对方）都是蒙帕纳斯的时尚巅峰。他们是佳吉列夫（Diaghilev）在巴黎释放的粗俗夸张的典范；也体现出希楚金引进莫斯科的立体主义的口味。海伦的沙龙跟几个街区之遥的格特鲁德不一样，并没有这么严肃，他们的立体主义作品往往是他们自己的而不是毕加索的。但是他们的派对要丰富好玩得多。只要他们在巴黎，毕加索和伊娃就绝不会错过。"这些俄国人"第一次提供了让他想主动参加的社交活动。

就像大部分跳上了立体主义花车的有能力但却不是原创者的画家一样，谢尔盖是一个模仿者，但却比大部分人要好得多。他的很多立体主义作品都是在玻璃上创作的，这大概能够解释毕加索在这段时间实验玻璃画的原因。[16] 毕加索被它的偶然性潜力触动了。他将大部分玻璃的表面都留白，这样，静物画就会根据它所放置的背景而改变其特征和含义。谢尔盖对玻璃画的装饰性更感兴趣。的确，他在装饰方面的天分在俄国革命中断他和海伦的经济来源时证明很有用。此外，他还能够为剧院工作。在他们结束了对卢梭大量的收藏之后，他们据说伪造了一些卢梭的作品。如果相信毕加索的话，谢尔盖也伪造了一些他的作品。

蜂巢（La Ruche），约 1913 年，

*　　　　*　　　　*

蒙帕纳斯以有自己的"洗衣船"而自豪，那就是蜂巢公寓（La Ruche），容纳了差不多两百个"蜜蜂"。蜂巢公寓于 1902 年建立，它的建立者是一个博爱的雕塑家（雕过豪华公墓的纪念像），叫做阿尔弗雷德·布歇（Alfred Boucher），他的目标是减轻许多贫穷的画家、作家和演员的负担。这个圆形建筑曾于 1900 年的世界

博览会上做过酒文化馆。布歇用英属印度馆的女像柱和女性文化馆精致的铁门装修了它。那里还有各种各样的辅助建筑——在花园里散落了一大片。实际上任何与艺术相关的人都能选择一间狭窄的分割出来的工作室；没有人因为付不起租金或其他什么费用而被赶出来。最后，这个地方很快就变得破旧又肮脏，还染上了虱子。（苏汀的耳朵里曾长了一个很痛的脓包，最后证明是臭虫的巢穴。）

马勒维娜，《巴黎加伊特路的游行：莫迪里阿尼，苏汀，里维拉，马勒维娜，沃洛申，爱伦堡，毕加索，马克思·雅各布》（ *Parade, rue de la Gaieté, Paris : Modigliani, Soutine, Rivera, Marevna, Voloshin, Ehrenburg, Picasso, Max Jacob* ），约 1916 年，素描，梅·玛丽卡·里维拉（Mme Marika Rivera）收藏，伦敦。

除了费尔南德·莱歇和布莱斯·辛德拉斯（Blaise Cendrars），大部分有天分的"蜜蜂"都来自东欧地区，像夏加尔、苏汀、利普希茨（Lipchitz）、阿基本柯（Archipenko）、撒丁（Zadkine）等等，或是像莫迪里阿尼（Modigliani）、索菲奇和卡努杜（Canudo）那样来自意大利。照索菲奇记得的，那里还有来自"法国、斯堪的纳维亚、俄国、英国、美国和德国的雕塑家、音乐家，意大利建造师、版画家、哥特式雕塑的伪造者，来自巴尔干、南美洲和中东的各种各样的冒险家"[17]——更不要说他们的女人了。来访者不得不避开裸体模特们，她们被好色或嫉妒的画家催促着闯过走廊；或是与约翰·诺伯（John Noble）作斗争，他是靠汇款侨居的美国人，老是醉醺醺地从圆顶咖啡馆和园亭咖啡馆走出来。夏加尔的回忆录描述了这里的氛围："当不舒服的模特在俄国人的工作室哭诉时，意大利人正在高弹吉他、放声歌唱，犹太人就相互讨论，我就独自一人和我的煤油灯一起呆在工作室里。"[18]

毕加索是在奥丁根女男爵的沙龙认识这些艺术家而不是在蜂巢。他感到和意大利人呆在一起是最轻松的：他们有着跟他一样的地中海根基。毕加索比通常所认为的还要重视莫迪里阿尼一些，但是最后发现他注定是一个沉闷糟糕的画家。在那些俄国人中，他喜欢利普希茨和他的作品，但并不欢迎其他人。而他们对这个"神秘的恶魔般的毕加索"也极度不信任[19]，他的作品对他们来说就像高塔一样只能仰望。毕加索认识夏加尔，但对他的态度很冷淡，可能是因为他将自己和德劳内、梅青格尔看作一路人。他后来的作品太过异想天开和民俗化而难以吸引毕加索，当夏加尔提出要交换绘画时，毕加索表现出莫大的恼怒（约 1960 年）。

二流艺术家对毕加索作品的愤恨让他远离蜂巢。但不管何时他进入蒙帕纳斯的哪家咖啡馆，一些较友好的"蜜蜂"都会

毕加索，《拳击手》，1911 年，速写本页上钢笔、印度墨水和黑色粉笔，16.9cm×24.3cm，毕加索博物馆。

265

围绕在他周围：一个众人瞩目的焦点，当他挑战性的眼神望向别人，他那双强烈的黑色眼睛就会睁得好大，瞳孔周围的眼白都会露出来。那些更多剽窃别人的画家往往指责别人剽窃；他们声称要将作品藏起来不给毕加索看，因为害怕他偷窃他们的"小感觉"。他们没有什么值得被偷窃的。确实，毕加索会偶尔抄袭一些不重要的画家的想法，但是他通常会用得更好。毕加索用费哈特（Férat）的玻璃画做实验就是一个例子；同样他也采用迪亚戈·里维拉（Diego Rivera）的方式来画树叶（见第 412 页）。

在蒙马特，生活围绕马戏团旋转；在蒙帕纳斯，生活围绕拳击台旋转。拳击手取代杂技演员和小丑，成为毕加索和布拉克最喜欢的表演者，在男孩幻想这个层面上，也成为他们的榜样。离毕加索的工作室不远处就是美国人俱乐部，在这里，业余者和职业者都会在观众面前训练或拳斗，观众中上流社会的妇女、同性恋者、画家和诗人多于流氓或其他传统拳击爱好者。毕加索对这项运动有着持久的激情，正如费尔南多的回忆录里确认的那样："他喜欢看拳击比赛，并且非常热心地追随它们……让他犹豫的只是身体条件……拳击的美感就像艺术一样打动着他。"[20]1911 年 4 月，费尔南多写信给格特鲁德·斯泰因（她曾参加过拳击课程），问她是否看过"有色全球快手"——她的同胞黑人山姆·马克维亚（Sam MacVea）和山姆·朗福德（Sam Langford）之间的比赛。"巴勃罗去了。"[21]他认识这两个拳击手："我没有在我们的朋友山姆·朗福德家看到你，"他在 4 月 7 日写信给洛克（Roché），可能说的就是这次比赛。[22]这种联系启发了 1911 年的三幅关于拳击比赛的素描和 1912 年一件名为《黑人拳击手》（*The Negro Boxer*）的油画（唯一指涉拳击的是一丛短卷发和单词"onces"：指的是拳击手套的重量）。1912 年 7 月，毕加索在索尔格时，他写信给坎魏勒说他看了一部关于拳击比赛的影片（可能是有关几星期前美国人弗兰克·克劳斯［Frank Claus］打败法国冠军卡尔庞捷［Carpentier］的影片）。[24]如果说毕加索没能充分利用对他来说十分重要的主题，并且这个主题的张力和韵律可能看起来适合立体主义的表现手法，那是因为比起运动，他更喜欢静止。对速度的巧妙模拟就留给未来主义者吧。

毕加索的熟人山姆·马克维亚是首批在巴黎定居的黑人拳击

手，也是 1914 年之前这项狂热运动的核心选手。他在巴黎开设的拳击学校鼓舞着其他职业拳击手的加入。不久就形成了"黑人拳击手村"，他们在这里和谐共处。除了山姆·马克维亚，还有威利·里维斯（Willie Lewis），他们被卡尔庞捷认为是"将拳击艺术的意义灌输给〔法国〕运动员"的人。[25] 卡梅尔（Karmel）认为，毕加索与布拉克于 1912 年造访勒阿弗尔之后创作的静物《小提琴与锚》（Violin and Anchor）上的文字"BOX…WI…S"可能与一张威利·里维斯的拳击比赛海报相关。[26] 因为布拉克比毕加索对拳击比赛还要狂热，并且《小提琴与锚》也是从他那里得到灵感启发的，所以卡梅尔很可能是对的。正如萨尔蒙在 1911 年写的那样，布拉克"非常乐意练习摔跤、滑冰和秋千杂技，每天早上画画前，他都会用打沙袋来放松"[27]。据洛克的日记记载（1909 年 4 月 25 日），他与布拉克和德兰在蒙马特一起练习拳击："然后一起打了台球，还与布拉克共进晚餐（在酒鬼与奥斯汀〔Franc Buveur and Austens〕餐厅）。"[28] 奥斯汀餐厅就是有名的"福克斯（Fox's）"餐厅，它是一家在圣拉扎尔车站附近的英国酒吧，也是毕加索和阿波利奈尔第一次相遇的地方——1904 年 10 月。[29] 那里成为毕加索帮最喜欢去的地方之一，还启发了布拉克最精致的立体主义静物铜版画——《福克斯》（Fox，1912 年，见 195 页）。洛克形容布拉克有着"滴水不漏的英式防守。他的拳击手套就像两只巨大的蝴蝶一样围着他的脸不断挥舞，他的手肘灵活地从胸部滑到两侧。我迅速地把我漂亮的拳头向他挥去——全部都被挡住了。最后，我只能任他摆布"[30]。对于布拉克还有毕加索来说，拳击艺术显然是立体主义引发出来的激烈打斗的范式。

这项运动在新一代的作者中极受欢迎，比如阿波利奈尔、辛德拉斯、柯莱特（Colette）、科克托、洛克和格特鲁德·斯泰因，因此《巴黎夜谈》一直由创办者之一的雷内·达利兹经营拳击文章。达利兹说柯莱特在"黑人美男子"、"像来自东非的立体主义狗"的乔·珍尼特（Joe Jeannette）和像"一个骷髅，偶尔有蜡烛在其中闪烁"的山姆·朗福德那 20 个回合的比赛中获得了怪异的乐趣。[31] 科克托就更为狂热了。他形容稍晚些出名的"巴拿马"阿尔·布朗（Al Brown）为"用黑色墨水写的诗，力量精神的颂歌"[32]。这首"诗"也回报了考克特的赞美：他说，他爱考克特，

毕加索,《黑人拳击
手》,1912 年春,布面
油画,46cm×27cm,
布拉格国家画廊。

马克思·雅各布,《拳击手 》,1914 年,纸本钢笔、墨水和水粉,
34cm×26.5cm,约瑟夫·奥托尼亚全宗。

左下: 山姆·马克维亚,
约 1912 年。

右下: 山姆·朗福德,
约 1912 年。

因为考克特喜欢跟着他进入浴池，浸泡在他的池水中。[33]

　　不过，在所有这些巴黎的年轻作家当中，亚瑟·克莱文（Arthur Cravan）是最专注的拳击狂热分子，他是奥斯卡·王尔德夫人的叛逆侄子，用他那达达主义的杂志《现在》（*Maintenant*）震惊了蒙帕纳斯。1914年，这位前美国业余中量级拳击冠军在蒙帕纳斯做了一些列拳击讲座（同时还有舞蹈和诗歌）。除了编辑《现在》，他还将精力投入到推出著名的黑人拳击手杰克·约翰逊（Jack Johnson）上。克莱文还得设法认同约翰逊在妓院臭名昭著的超凡技术和拳击一样精熟。"最近的激情就是让别人把我看作黑人，"克莱文在《体育回声报》（*L'Echo des sports*）上如此声明。[34] 他肯定在脑海中想到了布拉克和他自己。布拉克不仅看起来像"一个白种黑人"，而且也喜欢别人把他看作一个职业拳击手。克莱文也是如此。1917年，他最终实现了和约翰逊来一次职业拳击比赛的梦想。这次比赛发生在巴塞罗那，克莱文输了。不久后，他就去了墨西哥并消失了，达达主义者将他奉为圣徒。

布拉克拳击，约1904—1905年，劳伦斯档案。

268　　除了和洛克练习拳击，布拉克还喜欢和古怪的德国画家、画商兼藏家理查德·戈兹（Richard Goetz）摔跤，后者是毕加索在洗衣船时代的好朋友，也是圆顶派的最初成员之一。戈兹最近搬到了圣母院路58号（离拉斯帕伊大街不远），在这里他继续慷慨地举办波希米亚派对。为了拥有更多的空间，他将几间房连成了一间。他在碎片堆上摆出一些裸体模特，拍成照片，说他们是墨西拿地震的受害者。在幸存的墙上，戈兹展示着他非凡的藏品，包括三件修拉的作品；最重要的一件是《喧嚣》（*Le Chahut*），戈兹于1912年在德国美术史家迈耶-格拉夫（Meier-Graefe）那儿买下的。这件作品不管从哪个方面看来都是立体主义者的偶像。阿波利奈尔在他的《立体主义画家》（*Peintres cubistes*）中复制了这件作品。毕加索的德国崇拜者马克思·拉斐尔（Max Raphael）在同年出版的《从莫奈到毕加索》（*Von Monet zu Picasso*）中也同样复制了它。这件作品也在某种程度上影响了毕加索1913—1914年的作品。对修拉的新印象派的蔑视突然就转向了接受。毕加索不只是从《喧嚣》借鉴，还有修拉其他的素描（毕加索还因为太过倾慕而收藏了三张），他借鉴的是这位伟大的点彩派画家将形式和光线相互融合却没有任何实质性损失的技巧；以及他将人物嵌入绘

杰克·约翰逊和亚瑟·克莱文拳击比赛的海报，1916年4月，私人收藏。

画表面的方法，这种方法使人物周围的基底冒出来，就像枕头包围着一个睡着的脑袋。对于毕加索（某种程度上也有布拉克）来说，《喧嚣》包含的教益不是体现在光学融合上，而是可以使立体主义空间获得一个统一的表面。

*　　　　　*　　　　　*

感谢坎魏勒，毕加索的作品卖得非常好，尤其是在德国。因为沃拉尔对跟艺术家们签约并不感兴趣，毕加索最终决定和坎魏勒签约。他可能是故意要等到布拉克和这位画商签约以后才这样做的。这让毕加索的情形更加有利。布拉克在 11 月 30 日签约，就在他从勒阿弗尔回来的第二天——像往常一样，他没有带上马塞尔——可能是就他的下一步行动去咨询他的父亲。他从勒阿弗尔寄了一张粗俗的明信片给坎魏勒，上面是一个画着港口的画板，画架上缠绕着玫瑰，题目写着"阿弗尔留念"。布拉克的合同只签了一年：他很确定他能够在一年的时间内重新签约。合约规定以相互达成的价格，布拉克出售而坎魏勒买下他的整个作品：素描：40 法郎；"木浆纸、大理石或其他附件"：50—75 法郎；布面油画根据尺寸为 60—400 法郎不等。一周后，坎魏勒和德兰也签订了一个新的合约，内容与布拉克相似，条款更为概括。

毕加索收到坎魏勒在 12 月 17 日寄给他的合约信件后觉得不满意。所以在收到信的当天，他自己重新起草了合约。合约的有效期为三年，比起布拉克或是德兰的条件要丰富五倍，原因是他最近的作品比任何一人都要卖得贵些。毕加索的信如下：

> 我同意只将作品卖给你。唯一免除此条件的作品是我之前的绘画和素描。我有权利接受肖像或是特定空间的大型装饰委托。你购入的作品，复制权归你。我同意以固定的价格卖给你我全部的油画、雕塑、素描、版画，我自己每年至多保留五件油画。如果我认为某些素描对我的创作是必需的，我有权利保留这些素描。你将允许我自己决定一幅画是否已完成。在这三年内，我没有权利出售我为自己保留的作品。对你来说，你得同意这三年期间都以固定的价格购买我创作的油画、水彩以及至少每年 20 件素描作品。在协议持续时间内，我们同意的价格如下：

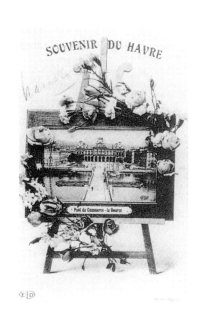

"阿弗尔留念"（"*Souvenir du Havre*"），布拉克给坎魏勒的明信片，1912 年 11 月 27 日，坎魏勒档案，路易斯·莱里斯画廊。

269

269

德兰，《D.-H. 坎魏勒肖像》，1913 年，钢笔和纸本印度墨水，32.5cm×15cm，乔治·蓬皮杜中心国家现代美术馆，巴黎。

素描……	100 法郎
水彩……	200 法郎
油画 6 号框及以下……	250 法郎
8、10、12、15、20 号……	500 法郎
30、40、50 号……	1500 法郎
60 及以上……	3000 法郎

雕塑和版画另议。[35]

几周后（2 月 20 日），坎魏勒和胡安·格里斯也签约了。毕加索对此感到极为愤怒，因为觉得他只是个学徒和江湖术士。"在同一间小画廊里有两个西班牙人实在是太多了。毕加索毫无怜悯之心。格里斯剩下的一生都在为这场竞争付出代价。"[36] 同年晚些时候，坎魏勒又和另外两个画家签约：7 月 2 日与弗拉芒克，10 月 20 日与莱歇——至此，他的合伙名单也完备了。他唯一感到遗憾的是没跟马蒂斯这位重要艺术家签约。但是，如果将马蒂斯也纳入怀中，毕加索不太可能同意与他分享同一个画商。没有人会取代他成为坎魏勒的明星。他比他的朋友得到多得多的报酬这一事实，是他至高地位的确凿证据。[37] 合约中有一点没有提及：坎魏勒的利润百分比。征得他的艺术家同意，他直接以两倍于他的买价出售。画商和一些优惠藏家允许享有百分之二十的折扣。毕加索喜欢这种简单明确的安排，二战后，当坎魏勒再次成为他的经纪人时，他们又恢复了这一合约。

从此以后，毕加索将变得更加富有。尽管他没有什么理财头脑，但他像一个乡下农民那样强烈地捍卫他的财产。1914 年之前，安德烈·勒韦尔（熊皮收藏的策划者）将毕加索介绍给了他的表兄弟之一马克思·佩尔格尔（Max Pellequer），他是一位银行家，后者在毕加索的余生好好地打理他的财产。这位艺术家比以往更需要钱。伊娃追求的生活方式比费尔南多更奢侈。除此之外，如果我们相信八卦成瘾的格特鲁德·斯泰因的话，他们将要结婚了。

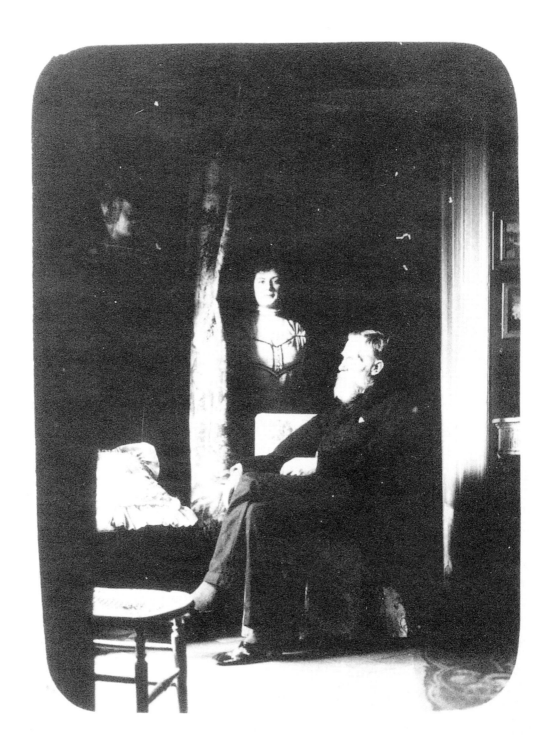

18

塞雷与巴塞罗那

"我们常常看见［毕加索和伊娃］，"1912 年，圣诞节前几天，格特鲁德·斯泰因告诉梅布尔·道奇·鲁汉（Mabel Dodge Luhan），"他们住在这个街区，关系非常亲密。这位新女士是一个非常讨人喜欢的女主人，也是一个愉快的人。逝者已逝。我对她一无所知。巴勃罗倒是十分开心。他们在巴塞罗那过圣诞节，虽然什么也没有对她说，我认为她会被正式介绍给他的父母。"[1] 关于费尔南多，格特鲁德说了谎——收到她的一封请求信——但关于毕加索的说法是对的。现在他已经 31 岁了，经济比较充裕，感谢坎魏勒，他终于可以准备结婚了。但是首先他得将未婚妻介绍给他的家里人：介绍给苛刻而身体不好的堂·何塞（Don José），他不久就要过世了；介绍给整天都很忙的母亲，她渴望她崇拜的儿子结婚已久，但是太了解他而不能在这方面有更多信任；还要介绍给随和的姐姐罗拉，她现在已经和神经外科医生胡安·比拉托（Juan Vilató）过着幸福的婚姻生活。

毕加索和坎魏勒刚签完约，就和伊娃去了巴塞罗那。途中经过塞雷时，他们逗留了几日，与马诺罗和哈维兰共同度过了平安夜，之后，再到巴塞罗那与家人过主显节（Epiphany，相当于西班牙的圣诞节）。毕加索也想要预订戴尔克洛斯公寓（Maison Delcros）作为夏季之用，并和哈维兰讨论菲尔德项目。（鉴于在与坎魏勒的合约中排除了这个镶嵌板项目，他想要的报酬与坎魏勒的价格一致。毕加索在此项目上很少做工作的事实表明菲尔德并不准备出这么高的价钱。）从伊娃不断寄给艾利斯、毕加索不断寄给格特鲁德的明信片（"你将会成为美国的荣耀"）[2] 中，我们能够追踪圣诞节前后在巴塞罗那的伊娃和毕加索的踪迹，他们似乎

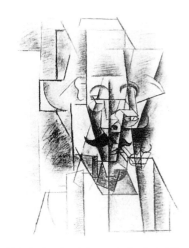

毕加索，《西班牙人》，1913 年春，纸本炭笔，62.5cm×47cm，私人收藏。

左页：何塞·鲁伊斯·布拉斯科和他的女儿罗拉，约 1913 年，私人收藏。

在巴塞罗那停留了至少两个星期，有可能是一个月。

这次逗留的记录是支离破碎的：没有记录说明毕加索和伊娃住的地方，见了哪些人以及他的家人是怎样看待伊娃的。我们也不知道毕加索和父亲是怎样相处的，他们已经有两年半没见了。现在，堂·何塞已经非常虚弱，几乎失明了，所以他平日里对现代主义罪过的攻击就少多了。毕加索在这次旅行中并没有工作，除了在一个画有方格的速写本中的一些笔记，这些笔记可以追溯到这一年的早些时候。佩佩·卡梅尔（Pepe Karmel）认为其中一些页面跟一件大尺寸的头像素描相关，那就是《西班牙人》（The Spaniard）；很有可能那几张三角形的鸟的素描是受堂·何塞的鸽子启发的。[3] 还有另外一张这个时段的素描上用西班牙语做了批注，表明它是在西班牙完成的。

在 1 月 7 日到 21 日之间，毕加索和伊娃回到巴黎并在这儿呆上了两个月。[4] 尽管没有任何申明，如果堂·何塞的健康状况允许的话，他们显然期望在春季或夏季举办一个婚礼，他们打算到时候在塞雷举办，那儿可以轻易地到达巴塞罗那。由于他父亲恋母情结阴影的刺激，毕加索带着狂乱回到工作中。西班牙或对它的接近激发出他的幽暗和悖论精神，从他手中涌出的素描分成了两种截然不同的模式：把无生命之物描绘成人，把人描绘成无生命之物。这些模式都有一种阴森的调子，跟后来的超现实主义相通。六个月前做结构的经验似乎让这位艺术家困在了两种不同的维度当中：因此素描中的东西看起来像雕塑：它们的脸以一种大的方孔的形式呈现，像井口那样被支撑着；它们的身体就像是用木板草草做成的，或是被削减成一张金属丝网。顶端带弓形的直线为脸或躯干提供轴线，在发际线或眉线、肩膀或锁骨的曲线中终止。其中的一些创意在油画中达到了高潮，大部分都是一些小型作品，但是这些油画都缺乏素描中拥有的自发的活力和创造力。[5] 成系列的习作表明，它们是这个阶段的立体主义中最值得赞颂的东西之一。毕加索的眼睛从来没有停止过探索，他的思维在不断地跟别人赛跑。这让他画油画的冲动大为减少。

他显然不愿意只将伊娃描绘成歌名或代码符号，这就不可避免地给一个总是为生命中的女人改变心意的艺术家制造了不少麻烦，这位女人为他提供了永无止境的灵感。因为肖像画跟立体主

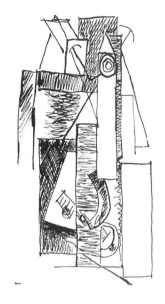

毕加索，《吉他手》，1913 年，速写本页上铅笔，13cm×8.5cm，毕加索博物馆。

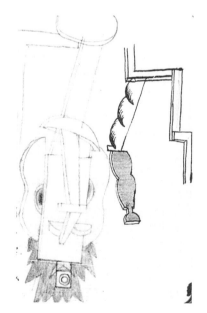

毕加索，《头和手臂》（Head and Arm），1913 年，速写本页上钢笔和墨水，13cm×8.5cm，毕加索博物馆。

义隐秘的本质很难调和，于是毕加索不得不依靠文字作为手段来帮助他表达对新情人的爱。但是文字太过于表面，在图像志层面有很多局限性，难以表现不受图像志限制的情感。所以他不得不四处寻找其他的解决方式。为了表达他的爱的肉体性，毕加索需要把伊娃隐喻成一个小提琴或吉他。把伊娃比作乐器，的确比一首歌名或一个口号要生动多了。人们必然会想起尼古拉斯·玛利亚·洛佩兹的文章——《吉他心理学》（见第九章）。为了避免有任何对这些乐器的真正身份的怀疑，毕加索有时会标注它们。例如，他将伊娃的名字写在小提琴的一侧，微小得几乎看不见。这个题名被忽略了几乎 80 年，直到艾尔米塔什博物馆（Hermitage）中一位眼尖的策展人——亚历山大·巴宾（Alexander Babin）指出了这点。[6] 毕加索把他的情人藏在画里来保守秘密，与此同时，他又把她转换成一个物体来将她曝光给世界，这再次表明他有难言之隐。毕加索同样用编码来描绘自己，在一件油画作品和一件相关的水彩画中，他就将自己描绘成一个挂在奥尔灯（bec Auer）下的拟人吉他，那是当时最受欢迎的煤气灯，在艺术学院里随处可见。"Je suis le bec Auer,"（我就是奥尔灯）毕加索曾如此宣布。鉴于其猥亵的形状和发光的功能，我们就能明白为什么这位艺术家选择用它来标志自己。

在毕加索离开巴黎前，坎魏勒参观了工作室，并以 12 月签订的合同中的价格（27250 法郎）进行了大宗购买。这位画商购买了 23 件各个尺寸的最近作品，3 件早期作品、22 件水彩作品（包括拼贴画），46 件最近的素描和 4 件早期素描。[7] 此外，坎魏勒付给这位艺术家 1000 法郎来重画《索莱尔一家》（*The Soler Family*）[8] 的背景，这是他在 1903 年为巴塞罗那裁缝一家人创作的群体肖像，坎魏勒从索莱尔（Soler）手中买到这幅画。毕加索对这件索莱尔的委托感到无聊，因此他从来没有完成背景里的风景，最后，他那位毫无天分的朋友塞巴斯蒂亚·胡叶尔·比达尔（Sebastià Junyer Vidal）提供了一个粗野的森林场景。现在这个场景需要被替代。据说毕加索在选定蓝色时期风格的背景之前，还构思了一个立体主义的背景。坎魏勒不需要在 7 月 1 日前拿出这笔钱，所以这更可能是之前的交易。[9] 否则，毕加索不大可能有充足的钱来负担这个夏天的费用。画商及时为这些油画和水彩画拍了照片（但却没

274

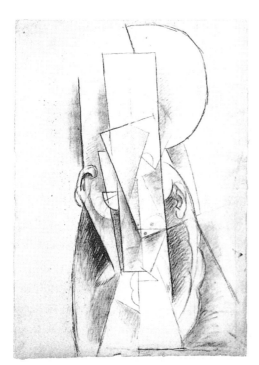

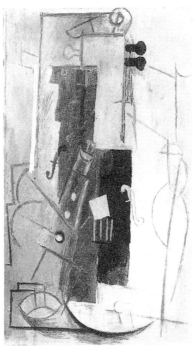

左上：毕加索，《头像》（*Head*），
1913 年，纸本炭笔，66cm×
51cm，毕加索后嗣。

右上：毕加索，《小提琴和次中
音管》（*Violin and Tenora*），1913
年初。布面油画，55cm×
33cm，艾尔米塔什博物馆，圣
彼得堡。

左下：毕加索，《吉他、煤气喷
嘴口和瓶子》（*Guitar，Gas Jet and
Bottle*），1913 年初，布面油彩、
沙和炭笔，68.5cm×53.5cm，
苏格兰国家现代艺术画廊，爱
丁堡。

右下：毕加索，《小提琴和次中
音管》（*Violin and Tenora*）（左上
方的细节 刻着 "EVA"；放大
2.4 倍）。

毕加索，《头像》，1913 年，布面油画，22cm×
18cm，下落不明，坎魏勒拍摄：路易斯·莱里斯
画廊。

三个加泰罗尼亚的农民（其中一个被毕加索标注为
"马蒂斯肖像"）；寄给格特鲁德·斯泰因的明信片，
1913 年 3 月 12 日，拜内克古籍善本图书馆，耶
鲁大学。

有素描，他说过："这样会超过我能卖出它们的价格"），[10] 照片冲洗后便寄给了毕加索。在承认这些照片的时候，毕加索说其中两张照片都不见了；他说他需要它们，因为他喜欢看他的作品变成黑白的样子。[11] 他会尽可能地细细检查他的作品，就好像它们是一系列连续印刷的版画。

3 月 10 日，毕加索和伊娃从巴黎出发前往塞雷，他们已经在这儿租下了戴尔克洛斯别墅。两天后，他尽职地给坎魏勒和格特鲁德·斯泰因寄了明信片，每一张上都是三个加泰罗尼亚农民，其中最丑的一张上标注着："马蒂斯的肖像"；17 日他寄给了格特鲁德另一张明信片来庆祝圣格特鲁德日（Saint Gertrude's day）。远离巴黎日益增加的小派别艺术世界并回到值得信赖的老朋友身边，毕加索很开心地立即投入了工作。他将注意力集中在拼贴画上，不断地扩展和锤炼技巧的可能性。这时，坏消息从巴塞罗那传来——他父亲的健康状况恶化，迫使他停止工作立即回到他身边。"我已经在这里呆了好几天了，"他在 3 月 29 日写信给坎魏勒，"我想我会在星期一［3 月 31 日］回到塞雷。"[12] 回到戴尔克洛斯别墅，他把一张在火车上看过的巴塞罗那共和报派报纸 *El Diluvio*（洪水）的头版，用在一张吉他的拼贴画中。这张版面上充满了医生和专利药品的广告，并因此与他的慈悲差使有了联系。作品中还有在失去亲人时家属会在袖子上佩戴的黑纱。预料到父亲将会去世给毕加索造成了极度的焦虑。

> ［他在 4 月 11 日告诉坎魏勒］我在所有的朋友面前都表现得非常糟糕。我不会给任何人写信，但是我还是在进行相关项目……的工作……并且没有忘记任何人还有你。马克思［雅各布］将会来塞雷。你可以好心给他一些旅途费用……和一些零花钱吗？这些都记在我的账上……我还在耐心地等待德雷堂（Délétang）答应要拍的最近作品的照片……你给我的关于绘画讨论的消息实在是令人伤心。至于我，我已经得到了阿波利奈尔评论立体主义的书。我对这种瞎扯非常失望。[13]

＊　　　　＊　　　　＊

马克思在四月中旬抵达塞雷，他之前为搬家的事感到精疲力　275

尽——他搬回到洗衣船角落的那个房间里，这个房间因为被臭虫打了很多洞而不得不重新粉刷。"我想要改变我的生活方式，"他写信给一位朋友，"我就要去塞雷和毕加索度过几个月了；在回来的时候，我会结婚。"[14] 在那儿他举行过一场订婚宴（dîner de fiançailles）——雅各布大概是这样告诉阿波利奈尔的[15]——他在多年后向另一个朋友吹嘘他曾在 1913 年和一个印度支那女人一起生活了几个月。不管他说的是不是真的，这次冒险都没有让他变成异性恋。一两周之后，他写信给坎魏勒说他解除婚约了。[16] 如果有人能够使毕加索从由他父亲的病引起的阴暗中振作起来，那个人就是雅各布。他同样能够在这位嫉妒心强的艺术家把自己关在工作室的时候，让伊娃有伴并处于监视当中。马克思曾和费尔南多非常亲近，但是他不会为此对伊娃产生偏见，她很快就变成了他最好的朋友。马克思因为再次与他心爱的毕加索同住而带来的快乐体现在他写给坎魏勒的一封信里：

毕加索，《吉他》，1913 年春，裱糊纸、炭笔、粉笔和纸本印度墨水安装在破布浆纸板上，63.5cm×48cm，现代艺术博物馆，纽约，纳尔逊·A.洛克菲勒捐赠。

> 我的一天从 6 点开始。几乎就是一首散文诗。8 点的时候，穿着深蓝色或斜纹布晨衣的毕加索先生就会给我带来可可茶（phosphococoa）和一个厚实柔软的羊角面包……我巨大的白色房间里的窗户是个观赏卡尼古峰（天哪，下雨）的好地方……每天我都学着仰慕毕加索先生伟大的灵魂，他品味的真正独创性，他感觉的精妙……以及他真诚的基督教谦和。伊娃处理日常家务的能力真是令人钦佩。她喜欢写作也很容易笑。她对人也很温和，她总是注意让那位天生邋遢迟钝，有时甚至会又疯又傻的客人满意。[17]

马克思·雅各布，《塞雷》，1913 年（签署为 1912年），纸本钢笔和彩色铅笔，27.5cm×21cm，约瑟夫·奥托尼亚全宗。

马克思的确是一个野蛮的客人。根据常常和他在一起的利亚纳·德·普吉（Liane de Pougy）所说，他常将东西倒在桌布上，在被单上烧洞，在床单上做标记，还在每天早上 6 点制造很多噪音把全家人吵醒。[18]

这里潮湿的气候并没有令马克思烦恼。他并不想去山里散步，尽管那儿充满了百里香、薰衣草和蔷薇的香味。他也不喜欢青蛙、蛤蟆和夜莺的叫声，它们吵得他整夜睡不着觉。"我们各自住在宽敞而独立的单间中，"他告诉阿波利奈尔，"从来没有远足过。"[19] 当他没有写诗的时候，他就会看他的每日祈祷书和灵修书，或是帮当地人占星或读牌来赚钱，当地人都觉得他比那些统治这个小镇的画家们"口才好多了"。现在，马克思和毕加索在同一个屋檐下，他决定从另一条道路走向立体主义，这是他在1909—1910年第一次想要跟随这位大师的脚步之后就忽略掉的东西。在他上述写给坎魏勒的信中，他说毕加索会宽容地对他那些"立体主义文章"（essais cubistes）瞥一眼，然后小心翼翼地退出房间。在同一封信的末尾，他承认它们"并不合我老师的胃口，[并且]我其他的尝试也不能让我满意"[20]。实际上，这些马克思在塞雷画的两本立体主义素描（油墨和黑色粉笔，用水粉或水彩强调），比他画的平庸街景更为可取，尽管后者更出名。的确，这些立体主义习作是实验性的和业余的，谈不上漂亮；与此同时，它们显然是一位抒情诗人的作品，而且是在毕加索影响下的作品，就此而言，比一些沙龙立体主义死板的学院练习更为灵动。马克思为它们感到自豪：他甚至尝试让儒勒·罗曼（Jules Romains）相信毕加索曾从他的一件水彩作品中提取想法，用于他自己的一件立体主义作品；[21] 为了支撑他原创性的幻觉，他接着把他1913年在塞雷画的作品标上1912年的日期。在后来的10年中，他将会不时地涉足立体主义——例如，他在1923年用了28幅水粉和水彩作品装饰他的《骰子盒》（Cornet á dés）手稿，但是最后，他丧失了信心并重新去创作容易的现代生活的畅销速写。正如马克思向一个做信件分类员的年轻粉丝解释的那样——他有13个好理由来解释他为什么不是立体主义者，一些重要理由如下："因为我想成为首创人但是这却不可能"；"因为毕加索选择了布拉克而不是我作为学生"；"因为从心底来说我是一个作家而不是一个画家"；"因为立体主义讨我的脑子欢喜而不是我的手，况且我是一个感性的人"；"因为我时常觉得立体主义看上去很丑陋，但是老天，我喜欢漂亮的东西"；"因为我是一个古老的维吉尼亚诗人"；最终是因为"所有这些都是毕加索的错"。[22]

这时的布拉克都在做些什么呢？根据《吉尔·布拉斯》杂志（Gil Blas），"在亚维农附近，这个优雅的巨人……正画着小立方并教当地的小孩拳击。"[23] 毕加索想念他吗？根据一封写给这位老朋友的信可以判断出，他并没有这么想念。"如果我的来信减少请不要沮丧；我对我父亲的病情十分担心。他的状况不太乐观。尽管如此，我仍在工作。"毕加索想念他们关于绘画的交谈："你那儿的电话不能通到塞雷实在是太糟了"[24]——这一类的谈话他们一定有过。但是他并没有强求布拉克加入他。他们再也不会如此需要如影随形。从 6 月 15 日开始，布拉克就和马塞尔住在索尔格。他在这儿额外租下一个小房子并建立了一个合适的工作室，在整个夏天，他见他之前的野兽派同僚弗拉芒克和德兰的次数比毕加索还多，他们俩骑车从巴黎去海边。布拉克随后在马尔蒂盖（Martigues）拜访了他们，并拍了很多照片。

马克思·雅各布，《静物，塞雷》，1913 年，红色洗涤剂，27.5cm×21cm，约瑟夫·奥托尼亚全宗。

*　　　　　*　　　　　*

在五月初，堂·何塞的状况突然恶化。5 月 3 日，毕加索匆忙回到巴塞罗那他既爱又恨的父亲的床前：这位父亲不恰当的教育方式释放了他对绘画的激情，父亲的失败激起了他大部分的力量。尽管感到内疚和痛苦，毕加索珍惜着他父亲遗赠的黑色幽默。当他弥留之际，这个中世纪侠义骑士堂·胡安·德·莱昂的落魄后裔说了一句轻蔑的讽刺话，他在马拉加的咖啡馆曾以说这类话而著名。当一个好管闲事的门房尽可能地靠近他时，他用尽了全身的力气问全家人，"事情会变成怎样？已经没有边界了吗？"这是堂·何塞·鲁伊斯·布拉斯科说的最后一句话。[26]毕加索将他的悲伤隐藏得如此成功，以至于他被指责冷漠无情；据伊娃所说，他被打击了。他怎会不？他在 16 岁的时候就大声宣布："一个人要在艺术中发展就得杀了自己的父亲"，这是个他做得最有效的壮举，他后来也认为堂·何塞缺乏技巧，并在图像中让他复生。"在我作品中的所有男人都是我的父亲，"毕加索将会这样说。[27]他还声明在他作品中无数的鸽子都是一种对他喜欢鸽子的父亲的偿还。尤其讽刺的是，后来，在已经 90 高龄、虚弱无力的毕加索的后期版画中，他将堂·何塞伪装成德加（Degas）画在一个妓院中，观察并描绘这些妓女，但是从来、从来没有碰过她们。

在毕加索去世多年后，我问起他的遗孀，他是怎样回忆父母的。她说，他对他可敬的母亲的态度就是你能从一个出生在 19 世纪末安达卢西亚资产阶级家庭的男人所期待的那样。他毫无疑问非常喜欢她，但同样也为她矮胖的主妇的外表感到有点难为情。他显然把她的爱和抚育当做理所当然——拥有很好判断力的玛利

277

亚女士对这种态度并没有质疑——并且"看起来他们之间的关系单纯得有些出乎意外,但是谁知道呢?"[28]毕加索对他父亲的看法就矛盾多了。一方面,他近乎势利地为堂·何塞的家族举止、风格和身高(尤其是身高)感到骄傲,这一切都是他母亲所缺乏的。另一方面,他对他父亲的古板感到羞耻,觉得尽管他很出色,但毕竟是一个"资产阶级,资产阶级,资产阶级"(杰奎琳的原话)。她认为这个遗传下来的污点或许能够解释毕加索对伊娃这个小资产阶级的爱,以及他和沉闷可敬的奥尔加(Olga)的婚姻。是超现实主义者把他从奥尔加的手中解救出来。在挣扎着摆脱同样的烙印之后,借助萨德侯爵(Marquis de Sade)的些许帮助,布勒东、阿拉贡(Aragon)、艾吕雅和其他人都很好地向毕加索展示了,资产阶级的价值是怎样被颠覆和翻转的。

　　堂·何塞的死间接终结了毕加索想与伊娃结婚的打算。作为迷信的殉道者而不是风俗习惯的殉道者,毕加索不会想在整个家庭都笼罩在深深的哀痛之中时举行婚礼,来展示他缺少对他父亲的尊敬或是他母亲和姐姐的感情。他和伊娃不得不推迟行动。在服丧期间,他们遭遇了更加沉痛的打击,这个打击永远地取消了这场婚礼。伊娃生病了。她在5月14日写信告诉了格特鲁德:"很抱歉没有写信给你,但是我们有很多不快乐的事,然后……我得了Angine并发高烧,由于常常如此,我不得不保持安静。"[29]

堂·何塞·鲁伊斯·布拉斯科在约特哈(La Llotja)美术学校上课,约1910年,私人收藏。

　　"Angine"是一个含糊的术语,意思是扁桃体炎、支气管炎、或一种传染性咽喉炎。根据伊娃随后的病历,这个诊断是错误的,或是为了掩饰一个令人不快的真实。当她准备在春天接受手术时,伊娃可能已经得了将会要了她命的病:不是肺结核,而是癌症。猜测到伊娃的病可能威胁到生命让毕加索对他们的婚姻望而却步。至少这次,这位曾经那样无情地对待他的情人的疾病(与费尔南多在奥尔塔的时候)的艺术家,并没有将她的病痛置之不理。他一定爱她爱得很深,因为他一意识到伊娃的病情有多么严重时,他就陷入了深深的同情之中,这是他在大约20年前,他的妹妹肯奇塔(Conchita)得了绝症时才有的。

　　与伊娃的病同样令毕加索痛苦的是他的狗——弗利卡也得了不治之症。这只一半德国牧羊犬血统、一半布列塔尼猎犬的狗从毕加索早年到巴黎时就一直陪伴着他。除了他和伊娃私奔的那

278

一小段时间，它永远都在他的身边。毕加索对动物的感觉出自直觉，而非感情用事；他直截了当地对待他的宠物，就像一个动物对待另一个动物那样。任何看到毕加索和他的狗的人都会被他们密切的关系所打动。没有逗它们的话，没有粗暴的命令。不管是别人的还是他自己的动物，都本能地知道毕加索想让它们干什么。他对此十分自豪。当他诱使一只小鸟走出笼子站在他的肩膀上时，或是召唤一些陌生的凶猛的猎犬来吃光他手里的食物，或是和一只猫头鹰建立友谊时，毕加索就像是将自己想象成俄耳甫斯这位写诗的神灵，他知道如何让动物在他的掌控之中。

毕加索，《吧台上的红酒杯》，1913年，油彩，拼贴和针别纸，21cm×21cm，毕加索博物馆。

15年后，一提起弗利卡，仍然会从这位艺术家的眼中看到悔恨的火光。"弗利卡去世了，"伊娃在5月14日给格特鲁德的信中继续写道，"我们之前去过佩皮尼昂（Perpignan）找我们能找到的最好的兽医，但是她［弗利卡］撑不过今年了，她是被其他的狗传染的，这意味着我们将继续看护她，但是已经没什么可做的了。对此我很伤心。巴勃罗也是。这不是什么令人愉快的消息，我希望巴勃罗能够重新回到工作中，这是唯一能够让他忘记悲痛的事。"[30] 毕加索请求当地的一个狩猎监督官（gardechasse）朝弗利卡的头上开了一枪。他永远不会忘记这个人的名字——"埃尔·鲁格托"（El Ruquetó），[31] 也不会忘记当时他的号啕大哭。

在毕加索的作品中没有什么公开的资料关于他父亲的去世或伊娃的病或是弗利卡的结局。但是，在他的图像中明显存在一种阴郁，缺乏了通常有的那种生气勃勃的精巧：例如，有着三角形头部和三角形吉他的系列拼贴画，它们都小到让人难以分辨。其中很多件作品中都有黑纱（大概毕加索那时候也戴过）和小孔，它们有时代表眼睛有时代表吉他上的音孔，但看上去都像是子弹孔。毕加索还没有用鸽子来纪念他的父亲；尽管我们可能应该记得他再次画了一只鸟，这不仅是一只死了的鸟，而且还吃得很饱，被制成了标本。工作是对他悲伤的治愈。他这段时间唯一一件大尺寸作品描绘了一个很高的戴着科尔多瓦帽的男人拿着一把吉他，这件作品曾属于格特鲁德·斯泰因，是对他父亲的深深怀念。不幸的是，毕加索在众多习作中具有的气势在这件作品中都显著地消失了。全黑的脸，伴随着幽灵般的交叉线，延伸进一顶高高的黑色帽子，看起就像在表示死亡。而右边那组不和谐的咖

毕加索，《树上塞满了鸟》（Stuffed Bird on a Branch），1913年夏，布面油画，33cm×15cm，私人收藏。

毕加索,《戴着装饰着葡萄的帽子的女孩头像》
(*Head of a Girl in a Hat Decorated with Grapes*), 1913 年
晚些时候, 布面油画, 55cm×46cm, 私人收藏,
日本。

毕加索,《人和吉他》, 1913 年, 布面油彩和蜡, 130cm×89cm, 现代艺术博物馆, 纽约,
安德烈·梅耶遗赠。

毕加索,《头像》, 1913 年, 裱糊纸和炭笔 硬纸板,
43.5cm×33cm, 苏格兰 国家现代艺术画廊, 爱
丁堡。

啡馆静物用的是淡紫色这种丧服颜色，可能是指堂·何塞在马拉加咖啡馆的全盛日子。

*　　　　*　　　　*

音乐家和乐器在毕加索作品中的再次出现让我们想起了德奥达·德·塞弗拉克和他的音乐随行人员统治了塞雷的文化生活。这可能是毕加索在这个夏天从描绘吉他手变成小提琴手的原因。出于幽默或任性，他让他的小提琴手将乐器斜跨过他们的膝盖，就像在轻弹吉他一样。这些音乐家们用手握住琴弓，手指紧紧地盘绕得像弹簧一样，琴弓上的倒刺就像斗牛用的短扎枪（banderilla）。还有一些描绘男人和女人拉奏大提琴或低音提琴的素描。再一次，音乐家们的头部和身体被伪装在他们自己的乐器中，而琴栓就是他们的眼睛。遗憾的是，毕加索并没有将这些天才的想法运用到油画中。如果在塞雷的作品中出现了一些滑稽演员的形象，那是因为流动马戏团在5月底来过这儿，正如马克思告诉坎魏勒那样："你能够轻易地理解我们在这些生龙活虎、吵吵闹闹的乡下观众身上发现的迷人之处，这些马戏团女骑手都如此令人心生敬佩，因为她们都是些诚诚恳恳地工作的母亲，那些有着大胡子的小丑的脸看起来就像是在立体主义工作室里画出来逗笑的。"[32]

不间断的雨天让毕加索没法在森林里散步，6月10日斗牛比赛那天却足够清朗。这让这位艺术家更为渴望，所以第二天，他就带上伊娃和马克思乘坐公车去了菲格雷斯，为了另一场斗牛比赛，跨过了西班牙的边界。伊娃有一个弱点在于有着朴素的爱国情感，在她寄给托克勒斯的一张卡片上写着："西班牙、美国、法国万岁。"[33] 从另一张她写给格特鲁德的卡片中可以看出她"don a mantilla"（戴着头巾），于6月29日的圣保罗日在塞雷为了斗牛比赛而加入他们："巴勃罗将会杀死一头公牛向你致敬。"[34] 他们在比利牛斯山的一些村庄中逗留，为了在广场上激昂地跳具有浓烈加泰罗尼亚色彩的萨达纳舞。乐队让马克思着迷。9年后（1922年），他出版了一部关于这个傍晚的散文诗献给毕加索——《向萨达纳舞和次中音管致敬》（*Honneur de la sardine et de la tenora*）。他第一次听见次中音管的声音时可被吓坏了。"在每一个［萨达纳舞］之前，管弦乐队都会用一种极度夸张的方式表演前奏。次中音管的奏响和着其他乐器的声音紧密地集中在一起。"[35] 在这个民众舞会

毕加索，《丑角》，1913 年夏，布面油画，
88.5cm×46cm，荷兰海牙现代博物馆。

（bal popilaire）的过程中，马克思声称他与一个金发的西班牙女孩和一个 15 岁的深肤色女孩约会——诗人的特权？——之后"黑夜里的大山中的寂静和悲伤再次涌向我们"[36]。

因为被斗牛深深吸引，毕加索、伊娃和马克思·雅各布在 6 月中旬再次回到西班牙，他们去了菲格雷斯和吉罗那（Girona）。一回到塞雷，毕加索和伊娃几乎立刻就决定回巴黎去（6 月 20 日）。他们带着马克思一起，中途在图卢兹逗留了几日，可能是为了去拜访亚瑟·于克［Arthur Huc，《图卢兹电讯报》（La Dépêche de Toulouse）的出版人，也是一位进步的藏家，曾买过毕加索的《煎饼磨坊》（Moulin de la Galette，1900）］；也是为了去奥古斯丁博物馆（Musée des Augustins）重新审视安格尔的《你将会变成真正的马克鲁斯》（译按，即《奥古斯都听维吉尔读埃涅阿斯纪》），这件作品的另一个版本曾启发了毕加索的《拿扇子的女人》（Woman with a Fan，1905）。[37]毕加索对这件作品的评论，据马克思所说（"是当着我们的面说的，并非无据"）非常令人困惑："安格尔，不是个十分诚实的艺术家。"[38]马克思要么是听错了，要么是误解了，要么就是没有领会这个反讽性玩笑的要点。由于这次旅行具有朝拜安格尔的性质（他们第二天在蒙托邦参观安格尔博物馆），又由于安格尔影响的痕迹不久就出现在毕加索的作品中，所以对这位启发毕加索下一轮风格转变的大师的诋毁不能当真。如果说毕加索的表现手法（facture）变得更加整洁，他的人体绘画变得更加柔软，他对细节的组织变得更加精确清晰，那都要大大地感谢"Ingres，artiste peu consciencieux"（安格尔这个不太诚实的艺术家）。

为何突然要去巴黎？据认为，毕加索得了小伤寒发烧了。[39]但是，以他对疾病的极度恐惧，如果他有什么不适，是不会停下来参观博物馆的。他也不会寄明信片给格特鲁德，写着："A demain"（明天见）。事情不会是那样的，我猜测，这次旅行的原因关乎伊娃的健康多过毕加索；他们必须见格特鲁德和艾利斯的原因在于找一个好专家。毕加索的病在 6 月 24 日一定已经好得差不多了，他写了一封信给阿波利奈尔，并建议见一次面。他确实生病了，但是不到两星期就好了。7 月 10 日，伊娃写信给格特鲁德，后者不久前和艾利斯一同前往西班牙度夏，现在在巴塞罗那，信中写道：

> 巴勃罗并没有好。医生诊断说他得了轻微的伤寒。[他]雇了一个夜班护士，因为他害怕我被传染——但是并没有。巴勃罗仍然很虚弱，每三个小时他的胃就需要做一次冰敷，因为病痛来自他的胃而不是脑袋，幸好如此……根据医生所说，巴勃罗在 12 天内都不会痊愈。

> 巴勃罗说你可能不会喜欢巴塞罗那，因为这儿正爆发流感，医生一度确信他得的也是流感……这些毛毯非常好，我用得很舒服。

让·奥古斯特·多米尼克·安格尔，《土耳其浴女》习作（ *Le Bain turc* ），约 1860—1862 年，纸本油画，25cm×26cm，安格尔美术馆，蒙托邦。

7 月 14 日，伊娃经由巴塞罗那的托马斯·库克（Thomas Cook）给格特鲁德又发了一份病情报告。[41] 这位医生刚来拜访过。毕加索的发烧减退了，但是这位医生没能准确诊断倒是一个麻烦。他没有伤寒的任何症状，现在怀疑在巴塞罗那得了马耳他热。7 月 18 日，伊娃报告说他"好多了并开始下床活动了"[42]；22 日，她又说"巴勃罗差不多康复了——他每个下午都起来活动。马蒂斯常来看看他怎么样了，今天他给巴勃罗买了一些花，大半个下午都跟我们在一起。他很和善"[43]。他也带来一些橘子。橘子对于马蒂斯就像苹果对于塞尚一样，他总是喜欢送朋友橘子。毕加索"似乎察觉出了这些暗语隐藏的意义"[44]，他并没有吃这些橘子，而是把它们放在壁炉台上的一个碗里，每当有来访者，他就会指着它们说："看，这是马蒂斯的橘子。"多年后，毕加索买下了他 1912 年气度非凡的《有橘子的静物》（ *Still Life with Oranges* ）一画来纪念这些礼物。[45]

马蒂斯，《有橘子的静物》，1912 年，布面油画，94cm×83cm，卢浮宫，毕加索赠送。

伊娃写信告诉格特鲁德，他们可能会在 8 月中旬回到塞雷，然后去巴塞罗那，"除非巴勃罗改变主意"。[46] 与此同时，与他们一同回到巴黎的马克思·雅各布"正在创作非常曼妙的诗"，而阿波利奈尔则变得越来越粗野（"mufle"）。"至于我，我在乐蓬马歇百货公司（Le Bon Marché）买了三个非常漂亮的胸针。"[47]

不管毕加索的病是马耳他热还是由他父亲过世、伊娃的病和弗利卡的死造成的身心失调反应，它都证实了他的忧郁症和对怪癖和节食的嗜好。从此以后，他喝酒比以往更加谨慎；至于毒品，

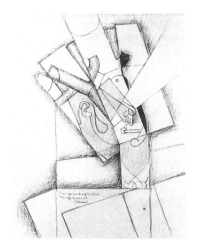

格里斯,《吸烟的人》(*The Smoker*), 1912 年, 纸本炭笔和红色粉笔, 72cm × 59cm, 雅克和娜塔莎·格尔曼收藏。

除了他在洗衣船零散地吸过几次鸦片, 他是讨厌它们的。除了工作, 烟草是毕加索唯一沉迷的东西, 对烟草的热爱至少直到他 80 多岁, 他的医生劝他用甘草代替烟草。

毕加索现在大大有名了, 因为他的健康状况被报道在报纸上。《独立报》这份法属加泰罗尼亚的主要刊物, 引述《费加罗报》(8 月 9 日)的报道说:

> 塞雷小镇迎来喜事。立体主义大师已经来这儿度假了。《费加罗报》所指的"立体主义者"很可能是巴勃罗·毕加索。现在在塞雷, 他身边聚集着画家埃尔班(Herbin)、布拉克[实际上在索尔格]、基斯林(Kissling, 原文如此)、阿舍尔(Ascher)、皮乔特、让(Jean, 原文如此)·格里斯和雕塑家戴维森(Davidson)。[48]

这位在 8 月初刚回到塞雷的艺术家对这次入侵并没有感到欢欣鼓舞。他不反对基斯林, 这个 22 岁的波兰人最近刚开始引起沙龙的注意(他在第二年用军刀和手枪与他的波兰同胞戈特利布(Gottlieb)的决斗让他成为蒙帕纳斯的英雄)。他也不反对美国雕塑家乔·戴维森和迈克尔·布伦纳(Michael Brenner), 他是通过格特鲁德认识他们的。(布伦纳正为了生意抛弃雕塑来塞雷和艺术家们签约。)他也不反对奥古斯特·埃尔班(Auguste Herbin), 他算是一个最严格的几何立体主义者, 曾是毕加索在洗衣船非常亲近的老朋友。然而, 洗衣船时期的另一位老朋友胡安·格里斯的问题就不一样了。由于与坎魏勒签约, 格里斯不知不觉招致了毕加索的愤怒。在他盲目热心地接受了立体主义第三人的称号后, 他相信他和他的新情人乔瑟特·赫平(Josette Herpin)会受毕加索夏季茶话会的欢迎, 或许还会代替缺席的布拉克——谁知道呢?毕加索将格里斯看作是一个未出师的巫师, 因而感到双重恐惧;一方面怕他掌握了巫师的秘密, 另一方面, 又怕格里斯入侵毕加索的保护区, 并将他自己在当地咖啡馆定位为一个立体主义论辩士, "对这个领域寸土必争",[49] 让毕加索觉得愚蠢不堪。毕加索的不快在他坐下听他这位先前的学生夸夸其谈时更加恶化, 他一般只是沉默, 偶尔加两句带刺的评论。

这些咖啡馆的讨论被马诺罗添油加醋，他对格里斯的反感就像是一个沉浸在经典传统中的热血、嘲弄的加泰罗尼亚人反感一个来自马德里的理智、缺少幽默感的现代主义者一样，而后者是更有想象力和创造力的艺术家。马诺罗尽他所能去鼓励毕加索怀疑这位以惊人速度进步的同胞，快得让他赶上了他的导师。比较一下格里斯戴礼帽的《吸烟的人》(The Smoker)中的倾斜、垂直的长方形与毕加索戴礼帽的头像中的结构和色彩就可以看出，格里斯已经接替布拉克的位置了。在两周之内，他们都一起呆在塞雷，但不太可能看过对方的作品：毕加索不会去看，格里斯也未必愿意给他看。值得赞许的是，毕加索在坎魏勒于10月份给他看了格里斯在塞雷的作品后，大为赞赏。后来，这两位画家和解了，但毕加索还是怨恨他唯一真正的学生：他实在是太优秀了。他开始后悔没有拥有任何格里斯的作品，并尽力劝说道格拉斯·库珀(Douglas Cooper)让出那件为乔瑟特·格里斯(Josette Gris)所画的大型纯灰色肖像画（1916年，现藏于普拉多博物馆），这件作品1920年代中期在他的作品中留下了印记。

283　　另一位老朋友拉蒙·皮乔特也刚到塞雷，对毕加索的平静造成了不一样的威胁。很少有人向毕加索展现像拉蒙和他充满艺术家、音乐家和作家的家人那样的友好。在巴塞罗那，拉蒙是毕加索的代理父亲，他们在拉蒙娶了杰曼(Germaine)之后又有进一步的关联了：杰曼是毕加索曾经的情人并造成了卡萨吉马斯(Casagemas)的自杀。[50]伊娃对费尔南多的不忠让这些老朋友们无法忍受。前一年，皮乔特一家说要带费尔南多来塞雷而迫使毕加索逃跑。今年，拉蒙亲自现身，很可能是独自一人，也很可能是为了逼迫富裕的毕加索接济费尔南多，她比以往生活得更困难。皮乔特逼得很紧。即使是最亲密的朋友对毕加索个人操守的批评也会强烈地激起他的愤怒，尤其当反映在他神圣不可侵犯的私生活、他与女人们的关系上时。我们所知道的一切就是毕加索"殴打了他朋友圈里的一个人"[51]——很有可能是皮乔特。他和伊娃立刻离开了，《吉尔·布拉斯》报道了这一事件。"在塞雷，他们都在客桌上为自己争取一个位置，可以理解毕加索的厌恶，他逃离了这个他发现的迷人的小地方。"[52]他第三次也是最后一次在塞雷的日子就这样结束了。

毕加索和伊娃在8月中旬回到巴黎。[53] 毕加索硬着头皮写了一封信给坎魏勒，后者这时正在罗马度假（8月19日），"我们发生了一些争吵，所以想回巴黎求得片刻清净。我们已经找到一间带公寓的工作室，非常宽敞并且充满阳光……在舍尔歇（Schoelcher）大街5号。我还买了一件卢梭的作品。以上就是新近发生的一切了。"[54]

毕加索，《风景：塞雷》，1913年春，裱糊纸，纸本色粉笔和炭笔，47.7cm×63cm，毕加索博物馆。

19

扶手椅中的女人

毕加索位于舍尔歇大街 5 号工作室的外面。

左页: 毕加索,《扶手椅中的女人》, 1913 年秋, 布面油画, 148cm×99cm, 萨莉·甘斯收藏, 纽约。

这个位于蒙帕纳斯中心的带公寓的工作室是毕加索随后三年生活的地方, 它比他之前住过的所有地方都要壮观。这座建筑是新的, 迎合了有钱而放荡不羁的人, 他们中有许多都是外国人, 是蒙帕纳斯的统治者。楼阶梯铺着地毯, 平台由吊着灯泡的裸体仙女青铜像照明, 沿楼梯装饰着石膏铸的埃尔金大理石雕塑。这些雕塑吸引着毕加索。他小时候临摹过它们, 并将之吸收进他 1906 年的《饮水池》(Watering place); 但是, 大多数来访者觉得它们浮夸, 简直不可原谅。甚至不久掀起古典风格新潮的让·科克托 (Jean Cocteau) 回想起来的也是他年少气盛的蔑视。他屏住呼吸飞奔上楼, 转移他的视线, 却在几秒钟后发现自己被毕加索的非洲雕塑大军吓得不轻, "我实在没法喜欢它们"[1]。

这个迷人的楼梯让伊娃印象深刻, 也让毕加索十分欢喜——越是让严肃的现代主义者震惊, 就越发如此。他将这座公寓用作工作室, 这儿"大得就像一座教堂"[2], 很快就靠着墙堆满了四五百张油画。从一张毕加索站在杂物堆中间的自拍照上看出, 其中占据主要地位的是《亚维农少女》。地板上堆满了废弃的画笔、调色板和颜料管, 以及一些报纸、小册子、电影票、烟草盒和其他残屑。现在所有的这一切都是潜在的艺术, 毕加索有极好的理由不扔掉一丝一毫。尽管垃圾在积累, 他的工作室也迅速变成了难以估料价值的藏宝阁。他一直喜欢把东西锁起来。

除了比拉斯帕伊大街的公寓大多了以外, 这里还明亮多了, 因为街对面从来都没有修过房子。喜忧总是参半的, 街对面是蒙帕纳斯公墓的犹太区, 一览无余。对一个众所周知非常迷信的人来说, 这确实是个奇怪的选择, 但这片景色并没有让毕加索退

285

缩。同一个公墓也连着他的前一个工作室。只有当伊娃得了绝症时，这片景色才名副其实地显得有些不祥。

毕加索是在 1913 年 10 月初搬进舍尔歇大街 5 号的。现在，有了更多的空间可供使用了，他重新开始了建设。应阿波利奈尔和谢尔盖·费哈特之邀，他让德雷堂拍下了最近一批作品和一些去年的作品。其中的 4 件作品刊登在新系列的《巴黎夜谈》第一期，据说在 40 个订户中，除了一个人之外，其他人都吓得纷纷取消了订阅。这是潘罗斯散布出来的又一个经久不衰的传说。[3] 阿波利奈尔的传记作家安德玛（Adéma）引用了至少五位没有取消的订阅者——让·塞弗（Jean Sève）、劳尔·杜飞、索尼娅·德劳内、斯图尔特·梅里尔（Stuart Merrill）和沃拉尔。[4] 一定还有其他人没有取消。更重要的是，这些革命性作品发表在一份不太有名的杂志上，但在随后几年中却对 20 世纪的雕塑产生了巨大影响。

马蒂斯在 7 月去探望了生病中的毕加索后，他们重新开始了彼此的友谊，这是两边爱管闲事的信徒们所极力压制的。（萨尔蒙是主要的搅事者，雅各布是主要的和事佬。）1912 年左右，他们的仇恨烟消云散。晚年的马蒂斯告诉修士雷西吉尔（Rayssiguier），他永远不会忘记某次在咖啡馆跟毕加索和他的密友们坐在一桌中，让他痛心的是，他们假装不认识他。[5] 毕加索一定是在炫耀他的茶话会。从现在起，这两位艺术家会定期了解对方的作品，比较和挑战对方的想法。毕加索后来发现，如果一个人没有意识到他们从对方身上吸收了多少东西以及他们有多少共同的想法，就无法真正理解他或马蒂斯在 1914 年之前的作品。[6] 马蒂斯在 1909 年搬到了伊西莱穆利诺（Issy-les-Moulineaux），这是一个离蒙帕纳斯有 10 分钟火车车程的郊区（他吹嘘说每天有 54 班）——还可以骑马。他甚至为毕加索和伊娃找到了合适的马。"我们和马蒂斯一同在克拉玛特（Clamart）森林里骑马，"毕加索写信告诉当时在格拉纳达的格特鲁德·斯泰因（8 月 29 日）。[8] 马蒂斯禁不住会喜欢这类闲言。没准他会认为这些新闻有可能缓和格特鲁德对他的怨恨？"毕加索就是一个骑手。我们一同外出骑马，这震惊了所有人"[9]——或者，正如戴克斯指出的那样，如果他没有向除了社会主义者议员马塞尔·桑巴以外每个人保密的话，可能会震

毕加索,《女人头像》,
1913 年 秋, 木 板 油
画,16cm×12cm,
乔治·蓬皮杜中心国家
现代美术馆,巴黎。

毕加索,《女人头像》,
1913 年,纸本蜡、蜡
笔,23cm×20cm,
毕加索后嗣。

毕加索,《扶手椅中的女人》习作,1913 年秋,纸本水粉和黑色粉笔,
32.7cm×27cm,毕加索博物馆。

马蒂斯,《白色和粉红色的头像》,1914 年,布面油画,75cm×47cm,
乔治·蓬皮杜中心国家现代美术馆,巴黎。

惊所有人。[10] 当他们关系得到和解的新闻传出时，的确让人们感到惊奇，但是先锋派没多久就适应了力量的新平衡。直到 1914 年之前，毕加索和马蒂斯至少在巴黎会被看作是一对双胞胎而不是现代艺术相互竞争的领袖。他们没有再互相抨击，而是尽力谦恭相待。当日本画家川岛理士郎（Riichiro Kawashima）问起毕加索是否喜欢马蒂斯时，毕加索"睁大了他明亮的眼睛说：'呃，[他]总是画漂亮而优雅的画。他的理解力很好。'除此之外他不会多说什么"。4 年后，当川岛问及马蒂斯毕加索怎么样时，答案是"他总是任性而变化莫测。但是他能够很好地理解事物"。[11]

毕加索，色情画，1903 年，卡片上棕黑色和蜡、蜡笔，13.3cm×9cm，私人收藏。

毕加索不太可能会喜欢去挑战，做一些马蒂斯比他做得更好的事，而马蒂斯总是为自己的骑术感到自豪。不过，这对于一个新的互惠互利的联盟来说只是小小的代价而已。他们的争论现在变得友好了。马蒂斯对他俩不同之处的总结多少有些太简单："毕加索打破形式；我则为形式服务。"[12] 当立体主义达到它晦涩难解的高峰时，马蒂斯坚决反对它；现在，他甘心接受毕加索，也甘心接受立体主义。尽管他从来没有真正地"打破形式"，马蒂斯 1914 年的一些作品都借鉴了立体主义，例如描绘他女儿玛格丽特的《白色和粉红色的头像》（White and Pink Head），以及《圣母院风景》（View of Notre Dame，有蓝色的底子）和《静物（仿德·希姆）》（Still Life，after de Heem）。还有大型镶嵌板《河边浴者》（Bather by a River，最初想画成《音乐》和《舞蹈》的姊妹篇），马蒂斯在这年夏季期间重新创作了这件作品，没想到又将它搁置了三年。这些作品借鉴了毕加索，对胡安·格里斯严格骨架的借鉴甚至更多（例如突出的黑色网格）。

像毕加索那样，马蒂斯也在考虑如何让他生命中的女人图像跟上他的风格变化。前一年冬天，他开始创作一件尺寸稍大的他夫人的肖像画，这是他为她创作的最后也可能是最优秀的一件作品，但是在 1913 年 5 月沙龙看过《黄色扶手椅中的塞尚夫人》（Madame Cézanne in a Yellow Armchair）后，他决定重新开始。在 1913 年的夏季和秋季期间，他一遍又一遍地涂掉又画，直到最后他完成了一个塞尚特征很明显的图像。肖像画中美丽而生动的东西消失了，艾米丽·马蒂斯（Amélie Matisse）对此不禁掩面而泣。不过，除了更新塞尚的图式，马蒂斯还想把他已步入中年的

毕加索，《扶手椅中的女人》习作，1913 年秋，纸本水彩和铅笔，31.2cm×25.2cm，下落不明。

马蒂斯,《马蒂斯夫人肖像》, 1913 年, 布面油画, 145cm×97cm, 艾尔米塔什博物馆, 圣彼得堡。

塞尚,《黄色扶手椅中的塞尚夫人》, 1893—1895 年, 布面油画, 80.8cm×67.5cm, 芝加哥艺术学院: 威尔逊·L. 米德基金。

妻子画成一位贵妇——优雅、高贵、富有。他将她的脸简化为一张风格化的灰色面具（可能因此, 毕加索才常常将灰色用做一种有活力的颜色）, 戴着一顶优雅的无檐花冠。他还让她的头和躯干微微倾斜, 似乎是一个高贵的人在还礼, 这种态度要求得到观赏者的某种尊重: 与其说是尊重她, 不如说是尊重她丈夫画的神圣肖像。

在眼巴巴看着马蒂斯夫人的肖像不可阻挡地成为杰作后, 毕加索准备创作一幅四分之三米长的作品, 与马蒂斯那件有着相似的尺寸和题材, 那就是《扶手椅中的女人》, 但是除上述之外其余方面都大相径庭。马蒂斯对他夫人的牺牲本质上是采取一种尊敬的态度, 而毕加索对他爱慕的情人却绝对不是这样。为了夸大伊娃的性特征, 他高调而温和地, 同时也是荒唐地依据她自己的生殖器来描绘她——使人想起他 1903 年画的一张色情素描。[13] 他用紫色椅子充满肉感、扣紧的扶手暗示阴唇, 将伊娃柔软粉色的身体塞进这个扶手当中, 就像他在早期素描中那样。他将她的脸描绘成一个垂直的裂隙, 我们从一件相关的习作得知, 这是另一图像双关语: 脸 = 阴道。甚至颜色都与之相同: 偏青的粉色、偏紫红的棕色, 以及红润的赭色。另一个异样的地方是毕加索谨慎地用一件无袖宽松裙盖住了伊娃的大腿, 但是又放肆地画了许多褶皱, 将注意力吸引到它所隐藏的缝隙, 用他最近的拼贴画《在乐蓬马歇》(*Au Bon Marché*) 中剪切的报纸来说, 是——"trou ici"（洞在这里）。至于伊娃那漂亮而尖尖的双乳, 是如此地像部落雕塑, 我们可以看到, 他是用另一副乳头将它们钉在她的身体上。

当伊娃看见她自己被设计成一个性器官时会掩面而泣吗? 她的确有理由落泪, 尤其因为毕加索为这个"肖像画"所作的更多的具象素描揭示出毕加索在用立体主义的需求调和她脆弱的美丽时毫无问题。从此, 伊娃大概意识到, 就像她大部分的继任者那样, 她迟早会在他爱人的灵魂熔炉中消耗殆尽。毕加索可能告诉过伊娃他在 13 岁时, 他的妹妹肯奇塔死于白喉时向上帝发过的誓（如果肯奇塔得到赦免, 他宁愿永远都不画画——他肯定早就违背了这个誓言）。[14] 看上去, 毕加索要再一次权衡他心爱的女人和艺术的分量。

289

不管伊娃是否享受着和毕加索在一起的生活（几年后，坎魏勒指控毕加索对她不好）[15]，他都非常高兴和她在一起。他对她性方面的事情无数次致敬暗示着她在这方面让他非常满意，并且只要她没有用生病来惹怒他的话，他将继续保持对她的忠诚和溺爱。这个宽敞得像教堂一样的工作室很快就充满了新作品，这使得他的自尊急速增进——自尊是他在和马蒂斯竞争时十分必要的东西。与此同时，拼贴画对他的作品有着巨大而令人兴奋的影响。它将他从严格约束的分析立体主义中解放出来，并且，通过为他提供如此多额外的选择而让他能够更加千变万化和多产。拼贴画还为毕加索的悖论、机智和嘲讽找到了出口。毕加索常常用双关语来处理他的图像（波吉［Poggi］把它比作"通变牌"[16]）。不过，既然他——更不说布拉克——已经建立起艺术家的权利，可以使用他喜欢的一切材料来做任何事情，他可以更公开地去探索幽默，取得比以往更大的效果；他还可以偶尔装一下诗人。看起来很简单的剪纸贴最后证明都是带着讽刺、玩笑和诗意计谋的圈套，它们跟雅里（Jarry）所写的任何事物一样具有讽刺性和颠覆性。[17]

典型例子是《静物"在乐蓬马歇"》拼贴画，它源于一家百货公司的盒子盖。我曾认为这些盒子可能装着伊娃在 7 月 22 日写给格特鲁德·斯泰因的信中提到的"三件漂亮的胸衣装饰"，但是卡梅尔确认了这件拼贴登记在坎魏勒于春季购买的一组作品当中。[18]我怀疑这之前还有一个盒子，里面装有《扶手椅中的女人》里那件带有刺绣的英国式无袖宽松裙。毕加索储藏了一些这样的盒子，尤其是装着和他生命中的女人相关物品的那几只。在这件拼贴画中，他将盖子作为静物的支撑物，用标签来暗示这只盒子，而这只盒子则象征着伊娃。右边的红酒杯就像宇航员那样自由漂浮在空间之中；位于左边的香水瓶则更像是放在地上的。盒子前边的裂缝中有两片报纸碎片拼出了一个代码信息："Lun B"，暗示着上方文字"Lingerie Broderie"（女性刺绣内衣）的韵脚；至于"trou ici"（洞在这儿）非常明显指向伊娃。这个看起来简单却具有欺骗性的作品和它那似乎粗俗的笑话引发出一场激烈而无结果的争论。[19]我自己的观点是，如果我们依据《扶手椅中的女人》来看待这件拼贴画的话，就可以解开它的秘密；毕加索在夏季期

毕加索，《静物"在乐蓬马歇"》，1913 年，油彩和裱糊纸硬纸板，23.5cm×31cm，科隆路德维希博物馆。

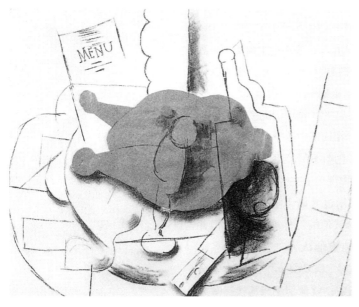

毕加索,《鸡、红酒杯、小刀和瓶子》,1913 年春,裱糊纸和炭笔纸本,
47cm×59cm,私人收藏。

毕加索,《小刀、叉子、菜单、瓶子和火腿》,1914 年
春,硬纸板上油彩和木屑,29.5cm×38cm,冬宫博
物馆,圣彼得堡

毕加索,《虚幻图》(*Vanitas*)(吉他、骷髅和报纸),
1914 年,布面油彩和灰尘,43.5cm×61cm,现代美
术馆,阿斯克新城。

间就开始思考《扶手椅中的女人》，我们可以看出，他在伊娃的生殖器部位画上她的无袖宽松裙的褶皱，相当于用颜料表明"trou ici"。在这件拼贴画中，毕加索将他的情人隐藏在一个盒子中，或是将她变成一个盒子，同时也暗示我们可以接近她。[20] 在《扶手椅中的女人》中，他将"trou"作为这整幅画的主题。

这些内涵丰富的主题需要内涵丰富的风格：因此就有了毕加索对画面的精雕细琢。拼贴画上装饰着从书中撕下的页面、装饰边框、活页乐谱、来访卡，以及有彩色图案的墙纸和包装纸。至于油画，毕加索将他的颜料和附加物混合在一起——石膏、砂砾、沙、咖啡渣，布拉克已经向他展示过该如何使用了。他的独特之处是进一步用念珠和假珍珠来镶嵌他的一件静物画。[21] 但并没有成功。感谢修拉，他转向了先前被他认为"过时"的点彩派。但是熟悉戈兹（Goetz）的《喧嚣》（Le Chahut），毕加索学会了将他的形式设置在一个空间元素当中，就像羽毛床那样稀薄柔软而充满弹性。1913 年冬，在花了数个晚上听他的新朋友塞维里尼赞美修拉拥有他所认为的大师级品质后，毕加索有了更好设计修拉图式的方法。吸引他的并不是修拉的点彩理论和光学计算；他想利用的是这位大师的点，不过是用他自己的新方式。于是他用女装裁缝把金属薄片缀到裙子上的精神来运用它们。毕加索色点的设置并没有形成像修拉的点彩主义那样的光线或者阴影。它们修饰着特定的物体和区域，使它们具有触觉性；它们还形成一种颤动的活泼表面，就像假木头和假大理石碎片所能做到的那样。

毕加索偶尔用些点彩使他图像上的机智锦上添花。在他为一个戴学生帽（学生们以前戴的鼓起的贝雷帽）的拉丁区学生画的嘲弄性头像中，就运用了点彩手法来加强效果。在格特鲁德·斯泰因得到的那件拼贴画的版本中，毕加索用弄皱的棕色纸来模仿学生帽；在随后的一个版本中，他进一步用油画模仿拼贴纸，对象的脸和袖子都采用了单色调的点彩手法。［注意学生的报纸"Le Journal"被缩短成"URNAL"，变成了"urinal"（小便器）的双关语。］毕加索继续用同样的手法对一只烤鸡进行了滑稽处理，烤鸡下面还撒着几块黑色的松露茵，因此它就变成了穿着半丧服的肉鸡（poularde demi-deuil）。毕加索用当初模仿学生帽的棕色纸来做

乔治·修拉，《喧嚣》，1889—1890年，布面油画，171.5cm×140.5cm，科勒·米勒博物馆，奥特洛。

毕加索，《学生和报纸》（*Student with Newspaper*）1913年，布面沙和油彩，73cm×59.5cm，私人收藏。

成这个烤得很好的小鸟的皮肤，之后他又做了第二个版本，在此版本中，他剪出一块画布，用油画来模拟拼贴画。同样具有幻觉性的是一件有火腿的静物——它被切开，露出粉色的瘦肉和白色的肥肉，外边的面包屑是用锯木屑做的，像烤过的颜色，既欺骗眼睛，又令人垂涎。这些作品表明艺术家受到了商店招牌的影响。

毕加索还在他的颜料中加入了灰烬，尤其是1914年初创作的《虚幻图》（*Vanitas*，吉他、骷髅和报纸），这就是说，是在伊娃第一次做癌症手术的时候。加了灰的颜料形成一种可触摸的黑色灵药，围绕在骷髅周围。代表伊娃的吉他由两个区域的木材花纹组成：后面的波浪形花纹暗示着头发；前面的阴道标示"trou ici"（洞在这里）——一个附加的钥匙孔表明了这一点。毕加索的眼睛看上去像是从骷髅的眼窝望出去的。这件《虚幻图》有可能是在圣灰星期三或大斋节期间创作的吗？日期刚好合适，主题和灰烬也吻合，这表明毕加索已经能够让典礼仪式来为他工作——如果有必要的话，还亵渎它们。

毕加索还将点彩主义运用在他的雕塑中。1914年春天，他用蜡做了一个苦艾酒酒杯，顶上是一个有沟槽的勺子，上面放着必不可少的一块糖——这是一个真正的勺子，可能是后来称为现成品的第一个案例。毕加索做了6个铜铸件。其中一个的表面厚厚地覆盖着一层像淡褐色蔗糖一样的东西，但实际上那是沙。剩下的部分是画的，从里到外，用平涂的颜色和五彩纸屑般的点来配合。每个铸件都有着非常不同的朦胧的单色调特征，这证明了一个理论，即这些雕塑是头像——表现的是倒霉诗人或苦艾酒这种"绿色女神"的其他受害者。[22]的确，这个勺子看起来有点像一个戴在俏皮天使头上的帽子；至于凸出的博乔尼式的凸缘将酒杯的平面扩展到包围它的空间当中，可以被视作鼻子、眉毛或嘴唇。但是毕加索坚持说他的酒杯只是酒杯而已。[23]它们也不是作为艺术品来构思的。它们可能是铜制的，不能用来饮酒，但它们是特殊的，每一部分都和真正的事物一样真实。如果其中有什么特殊寓意，那就是这些杯子代表着伊娃，就像吉他的共鸣箱那样。

"我要愚弄思想而不是眼睛，"毕加索告诉弗朗索瓦丝·吉洛，"在雕塑中也是如此。"[24]这在他新工作室里安装的一系列新作品

292

中尤其得到体现。这年初，毕加索用人像进行着实验：一个叫作《吉他手和活页乐谱》（*Guitarist with sheet music*）的小纸雕塑，格特鲁德拯救了它并将它放在一个玻璃盒子里；还有一个音乐家弹奏一个真吉他的精巧组合（第 253 页），但后来他把它拆掉了。这一次，他主要做静物，也即立体主义的通常物品，外加各种多边形的切块和食物（圆木做的香肠切片放在方木做的面包切片上）。但是和往常一样，它们都和解剖学相关。毕加索在堆满他家地板的垃圾中将这些集合物聚集在一起——罐头盒、木头边料、金属薄片、"跳动的"边穗、椅子腿等等——他会涂色并根据木器加工的粗糙与否偶尔加一些点彩。

　　其中的一两件作品是可以独立摆放的，但大部分都是浮雕，就像它们的原型——前一年做的纸板吉他那样，但它们比起纸板吉他来更少强调正面。用一种悖论的方式，毕加索把他的浮雕弄得很扁平，就好像要把它们变成油画一样；同时，他利用所有的方式来减少透视，让他绘画中的东西有着雕塑的重量。这些作品没有一件被卖出或是用更加耐用的材料复制，它们无论在高度还是技术智慧上都无法与毕加索更加重要的绘画作品相比——的确，粗陋是它们天然的本质。尽管如此，它们彻底改变了雕塑家的材料观念。就像戈尔丁（Golding）说的那样，"它们直接成了整个构成主义的精神后盾"。[25] 差不多一个世纪以后，它们都还在继续产生影响。

＊　　　　＊　　　　＊

　　在毕加索和伊娃搬去舍尔歇大街时，格特鲁德·斯泰因和艾利斯·托克勒斯从她们在西班牙的暑假中回来，做好充足的准备与列奥决裂。1913 年初，艾利斯在这对姐弟之间插入了裂缝，责备的纸条是姐弟俩主要的联系方式。列奥再也没有参加过著名的星期六晚会了。正如他在伦敦向他姐姐报告的那样，在她 39 岁的生日（1913 年 2 月 3 日）之后的几天："有很多匈牙利人、土耳其人、美国人和其他犹太人星期六来祝贺您的生日，但是我告诉他们，这是错误的一天，因为没有人会在家里。"[26] 争论的主要焦点在于毕加索的天才上。"毕加索的后期［也即立体主义］作品对我来说就是彻底厌恶。"列奥写信给梅布尔·富特·威克斯（Mabel Foote Weeks），"有人问我是否认为它是疯狂的。我很悲伤地说：

毕加索，《苦艾酒玻璃杯》，1914 年春，油彩着色的铜和糖金属过滤器，高度：21.6cm，现代艺术博物馆，纽约，伯特伦·史密斯女士捐赠。

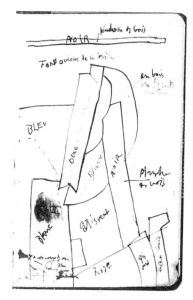

毕加索，《头像》，1913 年，速写本页上钢笔和墨水，13cm×8.5cm，毕加索博物馆。

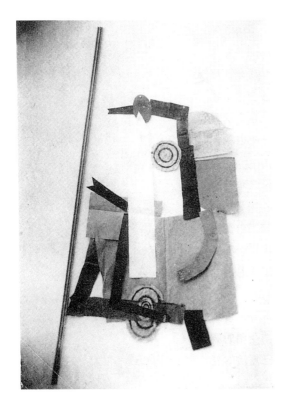

右上：毕加索，《桌上的小提琴和瓶子》，1915 年，木头、琴弦、钉子、油彩和炭笔，高度：45cm，毕加索博物馆。

左上：毕加索，《吉他和 BASS 瓶子》，1913 年，构造，木头着油彩（原始情况），高度：89.5cm，坎魏勒拍摄，路易斯·莱里斯画廊。

下：毕加索，《吉他手》，1913 年，构造（已毁），毕加索拍摄，毕加索档案。

'并不是，它还不至于如此有趣。它只是愚蠢而已。'"[27] 列奥对于格特鲁德的作品也抱以同样的态度。对彼此的仰慕和爱与其说变成了恨，不如说变成了强烈的恼怒。他们在很早以前就走向了各自不同的道路。

尽管艾利斯和她的"姐夫"（格特鲁德希望艾利斯这样对待列奥）之间的关系持续恶化，列奥发现她的存在"是上天派来的，因为她让这件事情发生得无声无息"[28]。这的确令人震惊，因为这对同胞兄妹都有自己不会有过失的错觉，都喜欢招惹对方，而他们在分割那丰富的藏品时却没有将对方扫地出门。因为两人不再说话，所以由艾利斯代理分配。最终，列奥得到所有雷诺阿和马蒂斯的作品，格特鲁德得到所有毕加索的作品；他们均分塞尚的作品。唯一的问题是塞尚画着苹果的小油画，姐弟俩都觊觎这件作品，而且列奥坚持要自己得到它。"我恐怕您得把苹果的失去看作是上帝的决定，"他如此写信告诉她。[29] 毕加索用了一件塞尚式的苹果水彩画来慰藉格特鲁德。[30]

格特鲁德·斯泰因和艾利斯·托克勒斯站在弗勒吕斯街 27 号，1914 年，

因为斯泰因姐弟从来没有被允许将弗勒吕斯街的会馆现代化，尤其是通上电，格特鲁德和艾利斯开始寻找新住处。1913 年圣诞前夕，她们宣布在精致繁复的巴黎皇宫（Palais Royal，后来科克托和柯莱特去世的地方）找到一处公寓，宽厚的女房东代理人允许她们给房子通电并进行大量的结构改造，让其适合这对比较富有但却极具野心的情侣来享受。"我们发现我们最喜欢这里了，"格特鲁德写信给梅布尔·道奇（Mabel Dodge），"所以我们要让自己更舒适一点。"

格特鲁德用一篇长达 150 页关于自己和列奥的冗长文章来庆祝她同胞兄弟的离开，命名为《两个人：格特鲁德·斯泰因和她的兄弟》（Two: Gertrude Stein and her Brother）。这篇文章直到格特鲁德去世后才发表，在这冗长的文字最后，格特鲁德已经陷入自恋狂而语无伦次了，并把这种自恋错误地看作是天才："当她工作时当她做她所做时，她感受到她所感受的。当她做她所做时她在工作。当她做她所做时，她感受到她所感受的……"等等等等，直到最后一连串对她自己的赞扬："她是表现的预临，有纯洁受胎的概念。她是扛十字架的预临。她是重生的预临……她是已复活的复活。她是预临和接受的召集。她既是羔羊也是狮子。"[32]

在预料到分离时，格特鲁德和列奥在十月份就决定出售三件杰出的毕加索作品:《球上的杂技演员》(*Young Acrobat on a ball*, 1905),《薄纱中的裸体》(*Nu à la draperie*, 1907)和《三个女人》(*Three Woman*, 1908)。坎魏勒给了20000法郎还加上《拿吉他的男人》(*Man with Guitar*, 1913)，这是这年初在塞雷创作的。为了填补她墙上的洞，格特鲁德随后从坎魏勒那儿买下了三件格里斯的静物画；她还买下了毕加索1902年的《蓝色房子》(*Blue House*, 1902)，之前这件作品在熊皮公司拍卖上没能成功达到它的最低价。坎魏勒在与斯泰因的交易中迅速地得到了极大的利润——利润高达几乎整整一倍。几周内，他以打破记录的16000法郎将《球上的杂技演员》卖给了莫罗佐夫，另外两件及时卖给了希楚金，因此它们包括在后者1913年的目录里。坎魏勒在年初为《三个女人》估算的价格为20000法郎，所以他不太可能以低于15000法郎的价格卖掉它。至于《薄纱中的裸体》，在他的一本存货簿上提到的价格是12000法郎，但是我们不知道这是他要的价还是接受的价。可以肯定地说，坎魏勒在这两件杰作中得到的不会少于25000法郎。

295

　　1914年4月初，列奥离开巴黎在佛罗伦萨外的塞蒂尼亚诺定居。在梅布尔·威克斯那儿，他没有隐藏他的痛苦:

> 　　我这个单纯的"老学派"的人就要去佛罗伦萨了，没有一件毕加索的作品，几乎没有马蒂斯的，只有两件塞尚的油画和水彩，还有16件雷诺阿的。对一位伟大的现代战斗中的领袖来说，这是一箱可笑的东西。但是有什么办法呢。战斗胜负已定。……塞尚和马蒂斯有着永远有趣的品质，毕加索如果继续发展他的天分而不是去探索他没有掌握的东西的话本来也是这样的。在这里，绘画的大致情况就是令人作呕地充满了立体主义－未来主义的废话。我不相信它可以长久持续，但是，因为它的效果很快被看穿，并且当它不再神秘就会变得无聊。就算是其中最杰出的代表，也顶多算是创新的探索罢了。[33]

　　对于他的姐姐，列奥尽力显得幽默打趣:"我希望我们以后可

华盛顿广场画廊，照片来自《早间电报》(纽约)，1914年12月6日。

以生活得幸福快乐，当我们欢欣地吸吮着各自的橘子时，我们可以保持我们各自应得的部分。"[34] 格特鲁德用一套厨房刀具作为恶意的告别礼物进行了报复。

*　　　　*　　　　*

坎魏勒在德国用来推广他的艺术家的画商网络发展得很好，于是他决定去开发另一个尚未开发的市场——美国。到那时为止，毕加索在美国的售卖是交给像格特鲁德·斯泰因那样友好的赞助人；或是弗兰克·哈维兰，他出于好心帮助委托任务和销售的努力有点让相关人士，尤其是艺术家不满；或是斯蒂格利茨，他的291画廊（背后有哈维兰的兄弟保罗的支持）举行的毕加索展览也不太成功。坎魏勒怎么办呢？291画廊太过业余的经营无法满足他高效率的标准。除此之外，斯蒂格利茨并没有把坎魏勒用作毕加索的主要资源，他更倾向于哈维兰兄弟。在格特鲁德·斯泰因的鼓动下，坎魏勒从一个势均力敌的阵营中选择了两个年轻人作为他的代表，他们同时也是斯泰因的门徒：一个是雕塑家迈克尔·布伦纳（Michael Brenner），另一个是画家罗伯特·柯迪（Robert Coady）——他们是最近开幕的华盛顿广场画廊（Washington Square Gallery）的合伙人，都是现代运动中炽热的领军人物。

布伦纳打结的头脑证实了格特鲁德对他的描述："这个雕塑家从来没有完成过任何东西……他有着令人羡慕的技术和太多的迷恋让他无法工作。"[35] 他的工作是留在巴黎整理库存，柯迪负责在纽约的事务。有一个富有的母亲提供支持，柯迪是这对搭档中更有趣和有进取心的一个。他是一个脸色阴郁的爱尔兰人，有着巨大的耳朵、红色的头发，"笑起来……不但不和蔼，反而显得冷酷"[36]，他崇拜塞尚到要翻译并出版沃拉尔关于他的著作。现在，他看待塞尚和其他他崇拜的现代艺术家都带着他另一个痴迷对象的扭曲眼光——那就是部落艺术。他的理论不止一点癫狂。

> 塞尚不是法国人，他作品的众多品质都来自他母亲的黑人血统。毕加索，尝试着贯彻塞尚的原则并将其作品建立在刚果的基础上，有着西班牙血统，这个血统和非洲血统相联系和融合。格里斯也是西班牙人，里维拉出身……西班牙……在几乎每一个为人所知的阶段都有黑人的元素。[37]

迈克尔·布伦纳，《格特鲁德·斯泰因肖像草图》
（*Portrait Sketch of Gertrude Stein*），1923—1924 年，
石膏，高度：39.1cm，赫希洪博物馆和雕塑公园，
史密森学会，迈克尔·布伦纳女士捐赠，1977 年。

罗伯特·柯迪，《宇宙心理志组织》
（*Cosmopsychographical Organization*），1916 年，抽象
拼贴画，基于《土壤》（*The Soil*）重做，1916 年
12 月。

尽管有这些怪癖，柯迪可以说是所有形式的原始主义和流行文化的先驱推广者，而不只是推广了坎魏勒的立体主义者。通过马克思·韦伯，他见到卢梭并买下了他的作品。除了经营非洲和大西洋的雕塑，他还是最早的美洲黑人艺术赞助人之一——据梅布尔·道奇·鲁汉所说，他拥有藏品的数量，尤其是儿童的素描，有几千件。除了原始主义，柯迪的"审美观包括了现代技术。"[38] 像莱歇那样，他在工业机器上发现了巨大的美，如汽锤、铁路机车、悬臂起重机，以及一些流行文化的表现形式，像商店铺面和广告牌。为了推广他的固定观念，柯迪创办了一本杂志，名叫《土壤》（*The Soil*），这本杂志发表过格特鲁德·斯泰因、查理·卓别林（Charlie Chaplin）、尼克·卡特（Nick Cater）的文章，塞尚、卢梭、麦克唐纳·莱特（MacDonald Wright）还有毕加索的绘画，还有那些受欢迎的新兴偶像、黑人拳击手和重型机械的照片。但是他以这样一种笨拙和刺激的方式来说明自己的观点让他的敌人多过朋友。现代主义同伴是他最喜欢攻击的目标。柯迪声称，马戏的小丑托托（Toto）比起皮卡比亚和布朗库西更有吸引力。至于格莱兹，他抱怨道，已经得了"梅青格尔炎症"（Metzingitis）。

1914 年 2 月 1 日，布伦纳和坎魏勒签订了一份合同，借此，华盛顿广场画廊成为北美唯一的毕加索、布拉克、格里斯、莱歇的销路，以 2500 法郎的保证金作为交换。随后便涨到 5000 法郎，一个月后，变成了 6000 法郎。这个协议——一个毕加索的非正式素描展开始，延续了 1911 年斯蒂格利茨的展览线索。因为华盛顿广场画廊根据协议在当年要办的，包括 10 月的格里斯的十件作品展、12 月的毕加索十件作品展都因为战争爆发而取消了，布伦纳和柯迪就被看作是弃权的人。但是，合同一签订，坎魏勒就委托了一些作品给他们；在逃往瑞士之前，毕加索也在坎魏勒的怂恿下寄给了他们一些作品，包括 1914 年那件描绘在绿色背景中戴着羽毛围巾的伊娃的作品（见 335 页），它们都没能卖出去。布伦纳写给毕加索的奉承信，出于讨好谈到了拳击，却很少说到这些委托作品，除了 1916 年卖出的 3 件素描。[39] 战争期间，柯迪的爱尔兰同僚和朋友，约翰·奎恩（John Quinn）成了这间画廊最好的客人之一：他买下了格里斯的早期杰作《咖啡馆里的男人》（*L'Homme au café*），并很可能成为少有的几个购买毕加索的客人之一。但是，柯迪太过理想主义，与此同时，又太过乖戾而无法成为一个成功的销售员。他更喜欢将坎魏勒的照片和德吕埃（Druet）的存货卖给热情的学生——这个活动有益于毕加索的（以及马蒂斯的）作品在美国的传播。这个合伙关系在 1918 年解除；柯迪在三年后去世。没有一件他的作品流传下来，除了一张拼贴插图，被坎魏勒和德吕埃拍成了照片，是一种立体主义和野兽派的混杂物，名字叫《宇宙心理学组织》（*Cosmopsychological Organization*）。[40] 对于这个狼狈的男人来说，这是一件再好不过的纪念品。

*　　　*　　　*

尽管毕加索在美国的市场直到战后才有进展，但是法国市场却在最后几个月的和平时期就起步了。因为莫罗佐夫付给坎魏勒 16000 法郎买下《球上的杂技演员》的事并未公开，所以毕加索 1914 年 3 月 2 日在巴黎拍卖出的 12650 法郎，被认为是一个新纪录，并得到了媒体的重视。这里说到的作品是那件著名的《滑稽演员》（*Saltimbanques*），是安德烈·勒韦尔在 1908 年通过莫林和萨戈花了 1000 法郎买的。勒韦尔是代表熊皮公司（Peau del'Our）行动的，这是一个由他和 12 位合伙人在 1904 年建立的藏家财团。每个股东每年都要给勒韦尔 250 法郎，为期 10 年，来为他提供每年 2750 法郎的年度预算购买现代作品。[41] 这个组织的名字来自拉封丹的寓言"熊与两个伙伴"，内容是两个诱捕动物者在还没有抓到一头熊之前就卖了一张很大的熊皮给一个毛皮商。这只熊逃脱了抓捕并悄悄对其中一个诱捕者说："在你没抓到熊之前就不要卖熊皮。"所有投资者都达成共识在 10 年后卖掉所有藏品。因此，就有了在德鲁沃酒店（Hôtel Drouot）的拍卖。因为勒韦尔是一个有着良好家庭背景的有进取心的人，在法国中产阶级上层（haute bourgeoisie）中的社交和商业关系以及公共关系的能力让他毫无困难地召集广泛的媒体报道，并将其发展为一个社会事件。他们拥有丰富的藏品目录，德鲁沃的两间最好的画廊已被打扫得干干净净，挂上了比平常更有吸引力的作品，还布置了鲜花。涉及的主要画家毕加索和马蒂斯没有来拍卖现场，但是艺术界的一大批人物都来了：像勒菲弗、卡恩、迪蒂耶尔那样的藏家；像阿波利奈尔、萨尔蒙、雷纳尔和反动却受欢迎的塔巴朗特（Tabarant）那样的批评家；像沃拉尔、德吕埃、伯恩海姆－热纳（Bernheim-Jeune）那样的法

"熊皮公司拍卖"在《新法兰西评论》（*La Revue Française*）上的报道，1914 年 3 月 15 日；坎魏勒的画廊的剪报收藏。

国画商；像坎魏勒、伍德、弗莱希特海姆和汤豪赛那样的德国画商；尤其是一个聪明的年轻策展人保罗·雅莫（Paul Jamot），来自卢浮宫，他的出现让人浮想联翩。除此之外，还有来自整个巴黎的业余收藏家，其中包括安托万·比贝斯科王子（Prince Antoine Bibesco），安托万·德·拉·罗什福科（Antoine de la Rochefoucauld）和保罗·波列特。

对于艺术市场来说，熊皮公司的拍卖确实是一个历史性的事件。这是第一次拍卖一批现代作品；更重要的是，它们卖得非常好。但是，萨尔蒙把这次拍卖看作"埃尔纳尼战役"（bataille d'Hernani），却又走得太远了。"埃尔纳尼战役"是维克托·雨果的反君主制戏剧在 1830 年上演的第一天晚上爆发的暴乱，这次暴乱帮助推翻了查理十世，并建立起先锋派（avant-garde）的概念。[12] 而熊皮公司拍卖进展得很有秩序。当毕加索的《滑稽演员》（估价为 8000 法郎）达到最高价 12650 法郎，超过最初售价的 12 倍时，公众的反应并不是嘘声而是喝彩。如果拍卖的是《亚维农少女》，事情就完全不同，但《滑稽演员》是一件象征主义绘画，到 1914 年，象征主义已经毫无震撼力了。毕加索的《三个荷兰女孩》（*Three Dutch Girl*），同样也创作于 1905 年，也以 5720 法郎的价格超过了预期。这次拍卖中唯一的立体主义作品，一件叫作《一碗水果》（*Bowl of Fruit*，1908）的小画，除了日期是在立体主义范围内，实际上和立体主义的关系并不大；否则波列特大概不会花 1250 法郎买下它。在这次拍卖中的 14 件马蒂斯的作品稍微有些"吃力"，但是总的来说勒韦尔操作得很稳妥，符合他作为一个投资集团领导的商业头脑。

坎魏勒急忙从拍卖室跑出来给毕加索报告消息：他的 12 件作品以将近 20000 法郎的总价全部卖出。因为勒韦尔创新地付给艺术家们收益的百分之二十，也就是众所周知的版税（droit de suite，6 年后收入法律当中），于是毕加索在版权中能够得到将近 4000 法郎的收入。与此同时，为自己的慕尼黑画廊买下《滑稽演员》的海因里希·汤豪赛（Heinrich Thannhauser）告诉媒体，他将支付两倍的价格。但这不过是兜售上的说辞而已！要不是他那进步的侄子（后来是搭档）齐格弗里德·罗森加特（Siegfried Rosengart）让他羞愧而被逼无奈，这位画商永远都不会出如此高的价钱。当战争的威胁排除了迅速盈利的希望，汤豪赛谴责罗森加特让他的画廊负担着这种累赘的珍品。"看看，我多么无奈地背负着这幅画，"他哀号着。[43] 不久当他有机会，他就用没有高过他买进的价格摆脱了这件作品。

熊皮公司拍卖让投资者在十年内获得了四倍的回报，其拍卖价格引起的宣传推动了现代绘画作品的出售，尤其是由坎魏勒和他的德国同行控制的作品，同时也增长了毕加索在法国内外的名气。这些新闻被西班牙和美国的报刊所登载，在毕加索的余生中，他都因被认为是名人而受累。为了感谢勒韦尔，毕加索给了他一件个人化的拼贴作品（包括一瓶巴斯啤酒，一个玻璃酒杯和一个烟草盒），里面有一张勒韦尔的来访卡，它被折起的一角表明这位到访者发现没有人在家。这件礼物中体现的体贴和微弱而善意的嘲弄是典型的毕加索式。1918 年，毕加索为勒韦尔画了一张安格尔式的肖像画；他在 1925 年勒韦尔的佩西耶画廊开业后给他作品出售；他还为他的《一位收藏家的回忆录》（*Souvenir d'un collectionneur*，1959）作卷首插图——除了《滑稽演员》还会是什么呢？

毕加索，《一碗水果》，1908 年秋，木板坦培拉，21cm×27cm，巴塞尔公共艺术藏品，巴塞尔，美术馆。

熊皮公司拍卖的政治反应就没有那么令人安心了。一家叫做《巴黎－南方报》（Paris-Midi）的极端保守的报纸将汤豪赛购买《滑稽演员》的事情说成是德国败坏法国的阴谋，从而鼓动了它的读者们的偏执。《巴黎－南方报》的专栏作家毛利斯·戴乐古（Maurice Delcourt）说："获得最高价格的都是那些外国人的荒诞粗糙的作品，都是那些德国人花钱并抬高的价格。"[44] 现代艺术是德国的秘密武器，戴乐古断言道。那些应该更清醒的法国年轻画家被教唆

毕加索，《一瓶巴斯酒，酒杯，小包烟草和名片》，1914 年，裱糊纸和铅笔 纸本，24cm×30.5cm，乔治·蓬皮杜中心国家现代美术馆，巴黎。

> 去模仿爱模仿的毕加索，他将所有事物都变成了杂烩；在发现没有什么可模仿后，他们陷入了 "le bluff cubiste"（虚张声势的立体主义）的泥潭。这样，我们国家传统的秩序和礼仪就会一点点消失，为此汤豪赛先生和他的同胞会十分开心，他们就会立刻停止购买毕加索；相反，他们会洗劫卢浮宫，那时的卢浮宫已无法抵抗软弱无力的假内行（effete snobs）和知识上的无政府主义者，他们都是不知情的共谋。德国人昨日浪费的钱财 [指熊皮公司拍卖] 将会变成绝妙的投资。[45]

299

毕加索，《安德烈·勒韦尔肖像》，1918 年，纸本铅笔，私人收藏。

相信这些煽动性言辞的人仍然为德雷福斯（Dreyfus）案的结果而刺痛：他们的耳朵太坚信这是犹太人和德国人为了颠覆法国文化而设置的特洛伊木马。坎魏勒东方政策的成功无疑鼓舞了偏执的沙文主义者。对危险有着敏锐反应的毕加索尝试着劝他的经纪人加入法国国籍，但却没有成功：因为入籍所需尽的服兵役义务与他的和平主义观念相左。毕加索的预言被证明是有理由的。认为立体主义是德国示威运动的观点在战争期间一遍又一遍地困扰着他，最终在 1917 年《游行》首演的当晚达到顶点，被门外汉和仇外的人揶揄为 "filthy Huns"（污秽的匈奴人）。毕加索、萨蒂和科克托被当众凌辱为 "les triosboches"（德国三人组）。

*　　　　*　　　　*

没有任何消息关于伊娃的病是否治好了，因为她一开始就决定要保守秘密。我们知道她咨询的专家的名字：卢梭医生（Dr. Rousseau），住在蒙帕纳斯大街 123 号。我们知道她在 1914 年上半年某个时候做过一次手术，可能是在 6 月中旬动身去亚维农之前，从长远来看这次手术并未成功。我们还知道医药费用非常昂贵。毕加索喜欢说他该把伊娃留给马库西斯，让他负担她的医药费来吓唬别人。[46] 再一次，毕加索用厌女症来让自己表现出男子气概，这是用来隐藏他非常不男子气概的怜悯的典型安达卢西亚方式。实际上，他当然很忧虑。

我们不知道伊娃到底得的什么样的癌症。那张钉着乳房的拼贴画《扶手椅中的女人》可能是在暗示这是乳房切除手术；甚至这件作品本身就是一件还愿物。[人们可以看到为什么现代的圣阿加莎（Saint Agatha，这位圣徒的标志是一对切除的乳房）会被超现实主义者挑选为亵渎神明的崇拜。]但是，对伊娃乳房的强调很可能只是一种固着心理或立体主义的发明。另一种可能是：因为她在 1913 年发过支气管炎，官方消息也说她死于肺结核，所以伊娃可能是得的肺癌。不管是什么原因，她的不健康都反映在她爱人随后两年的作品里。无忧无虑的腾飞和洛可可式的幻想都不像它们表面那样光鲜。毕加索对清晰和明亮色彩的使用通常预示着一种高度神经质的状态或是性关系变得令人厌烦或悲伤或扭曲的状态。它很少表示满足。

20

藏家、画商与德国画商团

D.-H. 坎魏勒在罗马酒店的阳台上，1913 年，布拉克拍摄，坎魏勒档案，路易斯·莱里斯画廊。

为了增强签约艺术家的专营权，坎魏勒从来都不允许毕加索或他的画廊中任何人（除了布拉克有一次例外）在他的画廊里展览。他也不允许他们的名声因为在沙龙立体主义者旁边展览而被玷污。最后的结果是，毕加索的作品对于巴黎艺术世界还没有他那令人难忘的异国名字令人熟悉。只有幸运的几个允许进入他工作室或是斯泰因一家楼阁的人，或是那些去过坎魏勒画廊看看他的墙上挂着些什么的人，或是在他的相册里看到有什么可卖的人（坎魏勒大部分存货通常都放在外面寄销），才能够跟得上他日益不为人知的风格。关于他作品的文章，尤其是朋友们写的，数量很少，启发性也不太大。对他作品的复制也十分稀少；直到 20 年后，才有一家艺术杂志用编年体的方式记录他的作品。毕加索喜欢坎魏勒为他设计的隐居形象。这与他日益与外界隔绝的生活和作品相吻合。他不喜欢少数立体主义者的装腔作势和自我鼓吹，更不喜欢那些自我推销的小丑和未来主义者的宣言。

301

既然他这么低调，为什么毕加索在大西洋两岸的现代主义者的圈子中，都被认为是现代主义运动的英雄，为什么他在反动的圈子中被广泛地认为是骗子、激进分子或小丑呢？这两个问题的答案都归结于坎魏勒东方政策（Ostpolitik）的成功：他积极推动跟他一样的进步年轻画商在德国策划展览，因此在法国以外为他的艺术家们建立了一批支持者和一个市场。这项策略的成功有一个非常危险的副作用。在德国产生越多对立体主义的喝彩，在法国就会产生越多的敌意。就跟现在一样，沙文主义和反犹主义联手庸俗主义，在战争爆发前，这些迫害过德雷福斯的偏执狂们开始将立体主义视为德国 - 犹太人破坏法国文化的阴谋。

左页：D.-H. 坎魏勒，1910 年秋，毕加索拍摄，毕加索档案。

这个颠覆性的新崇拜的主要推动者——坎魏勒、弗莱希特海姆（Flenchtheim）、汤豪赛（Thannhauser）难道不正是德国犹太人吗？

在进入坎魏勒的东方政策之前，让我们先看看毕加索的法国新藏家们。他们为数不多，并且都有着相同的富裕的法国人背景——上层中产阶级。这个组织的领导者与其说是藏家不如说是一个鼓舞者，实际是一个画商——安德烈·勒韦尔。尽管勒韦尔在马赛码头公司做一个世俗的常务董事工作，他却有不俗的品味和洞察力，这些品质把他引向了毕加索。他从18岁起就是拍卖沉迷者，在1895年开始竞拍现代主义作品，由沃拉尔和伯恩海姆作为其支持者。他的热情及时地感染了他的三位兄弟，他们分别是银行家埃米尔（Emile）、实业家雅克（Jacques）和律师莫里斯（Maurice），以及一些表兄弟，库尔尼厄男爵（Baron Curnieu）和他的两位银行家兄弟拉乌尔（Raoul）和马克思·佩尔格尔。［马克思后来成为毕加索的财务顾问，并且收藏了一批作品，包括蓝色时期的肖像画《塞莱斯蒂娜》。］勒韦尔和贝什·威尔、萨戈或他最喜欢的寻觅者，吕西安·莫林一起，带着他们去见沃拉尔和坎魏勒。在著名的熊皮公司拍卖后，他成为毕加索最亲近的顾问之一。

在坎魏勒那里收购了最多毕加索作品的人是一个叫做罗杰·迪蒂耶尔（Roger Dutilleul）的矜持年轻人：“［坎魏勒写道］法国中产阶级上层的精英，非常开明，非常挑剔，属于消失的时代，但却又极度有同情心。”[1]尽管出身名门，迪蒂耶尔并不是特别富有。他在还是学生的时候就开始收藏作品。后来，他开始经营水泥生意；在他的余生中，大部分的收入多来自现代主义绘画。出于一个偶然的机会，他走进了刚开始营业不久的坎魏勒画廊，并很开心地发现有他能买得起的东西。低价是最开始的吸引；但是，他很快培养出发现这个阶段最先锋的艺术的敏锐眼睛。迪蒂耶尔与一个印刷品收藏家哥哥住在一起，终身未婚，他将他全部的资源都花在了收藏上。“我的画就是我的孩子，”他曾这样说。[2]他其余的爱好就是集邮和解说桌球比赛。很明显他是一个执着的男人：一个温和的“邦斯舅舅”（Cousin Pons）。[3]

迪蒂耶尔的小房间里堆满了画作：从地板挂到天花板，堆在

莫迪里阿尼，《罗杰·迪蒂耶尔》，1918年，布面油画，100cm×65cm，私人收藏。这幅和背面页上的这些油画属于迪蒂耶尔的收藏。

布拉克，《拉罗舍居伊翁》（ *La Roche-Guyon* ），1909 年，布面油画，73cm×60cm，现代美术馆，阿斯克新城：吉纳薇和让·马苏雷捐赠。

毕加索，《瓶子和鱼》，1909 年，布面油画，73cm×60cm，现代美术馆，阿斯克新城：吉纳薇和让·马苏雷捐赠。

毕加索，《象棋游戏》（ *The Game of Chess* ），1911 年秋，布面油画，33cm×41cm，私人收藏。

家具上，也堆在壁橱里。画框有的是木条，有的是他重修表面以与作品相匹配的老花边。早期，他避免大一些的作品并致力于小尺寸作品，但却会收获最新的立体主义成果。迪蒂耶尔最初在坎魏勒那里买的画家是弗拉芒克和德兰，但是他很快就发现了毕加索和布拉克。毕加索在他心中一直是英雄，因为他更喜欢生硬、直觉和强烈的艺术。他将马蒂斯视作装饰品；尽管他将自己视作坎魏勒的学生，他却从来没有被坎魏勒的口若悬河所哄骗去购买胡安·格里斯的作品，这实在是太有头脑了。到 1914 年，迪蒂耶尔至少积累了 25 件毕加索的作品和几乎同样多的布拉克的作品，这些作品的年份从 1907—1914 年：这就是一个立体主义的微观世界了。在战争期间，他回家休假时，也持续从接管了坎魏勒的画商们手里购买作品。感谢他慷慨的实业家侄子，让·马苏雷（Jean Masurel），这些绝妙藏品的大部分都遗赠给了里尔阿斯克新城的现代艺术博物馆。

另一位同样重要的立体主义藏家是安德烈·勒菲弗（André Lefèvre），他和他的朋友迪蒂耶尔一样有着良好的家庭背景，但却比他更富有而没那么禁欲主义。勒菲弗喜欢文学和艺术，他组建了一个 19 世纪到 20 世纪主要文学的图书馆，包括一批普鲁斯特（Proust）收藏的校样，放在巴尔扎克的书柜里。1907 年，安德烈·勒韦尔带勒菲弗去了布鲁塞尔，当时那是黑人艺术（art négre）的主要市场，在这里他开始成为部落艺术的藏家；1910 年，他把他介绍给了坎魏勒，坎魏勒让他开始收藏毕加索、布拉克和德兰的作品。

勒菲弗直到一战后才有钱挥霍。在股票市场上的成功让他变成立体主义的大藏家之一，尤其是 1921—1923 年，在坎魏勒存货的大甩卖中，他购买了大量布拉克、格里斯、莱歇以及他最心爱的毕加索的作品。对他品味的主要影响来自马克思·雅各布，他后来将他所收藏的雅各布的素描和手稿都捐给了布列塔尼的坎贝尔（Quimper）博物馆，那里是这位诗人的出生地。1927 年，47 岁的勒菲弗已经赚足了钱来退休了，于是他把之后所有的时间都用在收藏上。在他的余生，这位谨慎的男人继续积累他最欣赏的现代主义大师的作品；他在年轻一代的艺术家身上同样投资巨大。直到 1965 年去世，勒菲弗拥有超过 300 件作品，其中包括 52 件

毕加索,《闭目养神》(*Repose*),1908 年,布面油画,81cm×65cm(以前系勒菲弗藏品),纽约现当代美术馆。

德兰,《保罗·波列特肖像》,1914 年,布面油画,101cm×73cm,格勒诺布尔美术馆。

毕加索的作品。其中的 30 件留给了现代艺术博物馆和法国其他的博物馆,条件是它们每 30 年就要联合展出一次。[4] 剩下的藏品在 1966—1967 年间分成三次连续拍卖,因此创了立体主义绘画的新纪录。艺术世界最初察觉到立体主义是现代运动的最强阵营就是从这些拍卖开始的。

勒菲弗的遗嘱执行人阿尔弗雷德·里歇(Alfred Richet),[5] 是另一个有教养的商人,同时也是一位藏家,尽管在某些方面不及勒菲弗。除了购买毕加索的作品,他也购买马克思·雅各布的水彩画。(雅各布业余素描的买家推测他买到了一件毕加索送给这位诗人的礼物。)里歇,雅各布称之为"一位受人尊敬的散文文体学家",[6] 因为两篇发表在《强势报》的文章(1928 年 11 月刊和 12 月刊)而值得被肯定,这两篇文章有助于我们理解是什么驱动了他和他很多的朋友(都是巴黎中产阶级的支柱)去购买先锋艺术。里歇说,他们的收藏是出于对知识和精神满足的渴望,而不是占有欲。尽管他们对金钱极其精明,在某些时候还会极其吝啬,但是像里歇那样的人都蔑视投机取巧或是将艺术作为投资的概念。他们从来没有想过要靠此来提高身份。里歇购买作品的动机是为了冒险或是好玩,从来都不是为了投资。他的说法是正确的。纯粹出于爱好的敏锐收藏家比那些以收藏为投资的人做得更好。就算算上通过膨胀、保险费用的增加和财产税的威胁,坎魏勒的早期顾客都会发现他们已经做了一个多么收益巨大的投资:里歇、迪蒂耶尔和勒菲弗将会活着看到他们的毕加索作品比起他们购买时的价格涨了起码 100 倍。

另两位非常不同的来自高级服装领域的巴黎藏家也值得提起:保罗·波列特(Paul Poiret)和雅克·杜塞(Jacques Doucet)。这两位先生通过收藏 18 世纪的绘画和装饰艺术起步。[实际上,自从赫特福德勋爵组建华莱士收藏馆(Wallace Collection)之后,杜塞可能是这个领域最杰出的藏家。]1912 年,两人都决定将他们 18 世纪的藏品出售并开始投资当代艺术。波列特的品味延伸到装饰艺术:劳尔·杜飞(Raoul Dufy)的纺织品和微型陶瓷花园,以及巴克斯特(Bakst)描绘俄罗斯芭蕾舞的浮夸作品。然而,他从工作室买了一些毕加索早期的作品和至少一件立体主义作品(在熊皮拍卖时)。1916 年,波列特也安排了《亚维农少女》的第

305

一次公开展览。他的姐姐杰曼·邦加德（Germaine Bongard）将她服装店的一部分改成了画廊并经营立体主义绘画。[7]他另外一个姐姐，妮可·克鲁尔（Nicole Groult）在还没有鼓动她的爱人，玛丽·洛朗森加入时，也涉足了立体主义作品的经营。

另一方面，杜塞将法国现代艺术最杰出的藏品聚集在一起（从马奈到修拉到毕加索、基里柯（Chirico）和杜尚），同时，也搜集19世纪到20世纪的文学、手稿和档案文献，建立了一个最具综合性的图书馆。他的顾问安德烈·布勒东（André Breton）和安德烈·苏亚雷斯（André Suares）建议杜塞把精力集中在杰作上。在没有验货的情况下，他以25000法郎的价格从毕加索那儿买下了《亚维农少女》（以月付2000法郎的方式分期付款），同时，他还购买了其他的一些毕加索的作品：玫瑰时期的重要作品《丑角头像》（Head of Harlequin，1905年），两件优秀的立体主义作品《拿着吉他的人》（Man with a Guitar，1912年）和《我的小美人》（Ma Jolie，1914年）等等。[8]毕加索永远都不会原谅杜塞从他那儿"偷走了"《亚维农少女》，他也不会原谅自己以25000法郎的价格卖给了杜塞，后者在1916年以20万法郎的价格转手卖掉了。他怎么能允许这个裁缝占了他的上风？他拒绝去杜塞家里，以免看到这幅画在他的楼梯上是多么相得益彰，并且在1925年拒绝让这位老人收购《舞蹈》（La Danse）。[9]

毕加索，《雅克·杜塞肖像》，1915年，纸本黑色粉笔，31.3cm×24.3cm，毕加索博物馆。

*   *   *

毕加索的作品在法国最好的收藏属于外国人：列奥和格特鲁德·斯泰因。感谢格特鲁德出色的宣传天赋——"为荣耀欢呼"就是她的战斗口号，由她的兄弟列奥开始而由她完成的收藏，被证实是毕加索在欧洲最有效的宣传工具，甚至风头传到了美国。不过，斯泰因的藏品和她最主要的竞争对手希楚金并不是一个重量级。确实，希楚金绘画的影响主要局限在莫斯科，但是莫斯科正在变成世界上最先进的艺术中心之一。通过每个星期天（从1909年春开始）开放他的宫殿给公众，并将俄国艺术家如塔特林（Tatlin）和马列维奇（Malevich）和毕加索、马蒂斯的最新作品放在一起展出，希楚金帮助他们为现代运动作出了重要贡献。

希楚金总是与别人分享他的审美反应，这种托尔斯泰式的决定是由悲伤激发的。1907年，他的第一任妻子突然去世了；之后，

毕加索，《有骷髅的静物》习作，1908 年，纸本水彩，水粉和铅笔，32cm×24cm，普希金美术馆，莫斯科。这幅油画和对面的这些油画属于希楚金的收藏。

一位兄弟服毒自尽；他的两个儿子，一个是聋哑人，也自杀了。[10]在寂寞中，这位虔诚的宗教徒（他是一个"老信徒"）在与日本的战争中收养了两个孤儿，他还会和参观者花很多时间讨论他的作品，并允许学生临摹。毕加索的艺术属于教堂，希楚金说[11]，因此在他的一些藏品中有朴素和灵性。

直到 1914 年战争爆发，希楚金每年都会收购 10 件左右毕加索的作品，其中很多都是非常重要的作品。但是他对这位艺术家作品的理解并不是一直都跟得上艺术家本人的步伐，就像毕加索向格特鲁德·斯泰因抱怨的那样（1912 年 9 月 18 日）："我离开的那天在坎魏勒那儿遇见了希楚金先生；他还没有买下像你有的那张大尺寸的红色作品。他不能理解最近的作品。"[12]但是，几月之内，希楚金的眼光就变得十分敏锐，他的品味也更加坚韧，如果不够勇敢，他就不会买下在战争爆发前收购的最后一件作品。最终，他的收藏包括了毕加索大部分早期作品，除了 1910 年的抽象作品。

希楚金是现代艺术敬业的说客，常常强迫他更为现实的朋友伊万·莫罗佐夫（Ivan Morozov）跟随他冒险的道路。莫罗佐夫出身于俄国洛克菲勒家族（Rockefeller），他还有两位有天分的兄弟，最后他继承了巨大的纺织生意和银行财富。米哈伊尔（Mikhail）是哥哥，是个多面手：他作为历史学家在莫斯科大学任教；作为一名纨绔子弟，他的传记电视剧播放了很多年；作为赌徒，他曾一瞬间输掉一百万金卢布；作为进步藏家，在他去世时（逝于 1904 年，享年 34 岁）拥有高更最好的塔希提作品以及其他同样杰出的后印象派作品。阿尔谢尼（Arseny）是最小的弟弟，同样是一个奇迹。在一次为整个军团举办的聚会上，他用了一具剥制的熊标本托起一个巨大的银盘，里面装满了鱼子酱。[13]后来在1909 年的某一天，当他和他的兄弟等待莫里斯·丹尼斯来监督他的一些画的悬挂时，阿尔谢尼随意地拿起一把放在旁边的左轮手枪。"如果我杀了自己会怎么样？"他一边问道，一边让自己的脑袋开了花。[14]

莫罗佐夫是第二个孩子，他就传统多了。他起初只收藏俄罗斯绘画，从 19 世纪的"巡回展览画派"（Wanderers）开始，到革命前的拉里奥诺夫（Larionov）、冈察洛娃（Goncharova）、夏加尔

（Chagall）结束。他最后拥有了 430 多件俄罗斯作品。仿佛是为了继承他哥哥的遗志，莫罗佐夫开始了第二轮的收藏，致力于米哈伊尔最喜欢的后印象主义。在接下来的 10 年中，他获得了（大部分从沃拉尔）13 件塞尚的作品，和一些高更与凡·高的作品。所有这些作品都值得称道，但是希楚金感到莫罗佐夫应该更勇敢地去接近现代艺术领域，所以在 1908 年，他把他介绍给了马蒂斯，并暗中促使他在 1913 年得到了三件摩洛哥题材的杰作。希楚金还敦促他购买毕加索的作品，但是莫罗佐夫并没有他的良师益友思想开放（也不如他有公德心：学生们抱怨说，他的收藏只向跟他一样的富翁开放）。他只收藏了三件毕加索的作品，其中两件是杰作：立体主义作品《沃拉尔肖像》（*Portrait of Vollard*）和玫瑰时期的核心作品《球上的年轻杂技演员》（*Young Acrobat on a ball*）。

＊　　　　＊　　　　＊

毕加索 1914 年前另一个大赞助人是一位捷克人：弗朗兹·克罗默尔博士（Dr. Vincenc Kramář）。他出生于一个富有的布拉格商人家庭，是个非常有教养的人，在维也纳著名的阿道夫·冯·希尔德布兰特（Adolf von Hildebrand）手下学习艺术史，写过一篇关于 13 世纪波希米亚哥特艺术的论文，也研究捷克的巴洛克艺术。但是他并没有限制自己对现代主义的理解，就像伯德（Bode）和贝伦森（Berenson）以及那时候大部分的艺术史家一样，他对过去历史的理解让他对当代艺术更有辨别能力。[15] 他对现代运动的热情通过他对建筑史的研究和高更的启示而培养起来。令人惊奇的是，克罗默尔直到 1910 年才到巴黎（那年他 33 岁），那时他从坎魏勒那儿买下德兰的塞尚式《蒙特勒伊风景》（*View of Montreuil*，1909 年）。第二年，他便集中注意立体主义。他的第一件毕加索的作品就是一个丑角的水彩画（1908 年），毕加索为了得到 1 件塞尚的杰作而将这件作品拿去拍卖赚钱（1911 年 5 月 22 日）。4 天后，克罗默尔走访了沃拉尔并买下了 1909 年的 1 件费尔南多头像雕塑。5 月 31 日，他在坎魏勒那里抢购了超过 3 件毕加索的作品和一件布拉克的。[16] 这些收购将让他和坎魏勒建立起一生的友谊。因此，不论何时新的一批毕加索作品到来，这位画商就会告知克罗默尔，他就会从布拉格乘下一班到巴黎的火车。次日清晨，他就会在画廊还未开业之前等在门口。1911 年 11 月，克罗

毕加索,《桌子与小提琴、玻璃杯》,1913 年,布面油画,65cm× 54cm,圣彼得堡艾尔米塔什博物馆。

毕加索,《拿扇子的女人》,1909 年春,布面油画,100cm×81cm,普希金美术馆, 莫斯科。

谢尔盖·希楚金的莫斯科豪宅的毕加索作品陈列室,1913 年。

默尔买了坎魏勒刚得到的5件毕加索的作品，之后便去沃拉尔的画廊购买了3件以上的作品，价格更为便宜。[17]

到1914年为止，克罗默尔收集到了主要的立体主义藏品：20件左右的油画作品，一组素描和版画，毕加索所做的铜雕，同样也有布拉克、莱歇和格里斯的作品。他坚持说他的藏品，尤其是毕加索的作品，都不是反映他个人的喜好。他的目标是为了教育公众"从立体主义中看出我们时代的先锋派在形成过程中最重要的一步……我想要展示立体主义并不是一种工作室的游戏……[而是]认真尝试去发现一种基于现实的新的造型概念"。[18] 在树立开明的现代赞助榜样的同时，克罗默尔孜孜不倦地在他编辑的当地艺术杂志和他组织的展览上推崇立体主义。[19] 他在鼓励捷克立体主义者方面也同样积极：菲拉（Filla）、库比斯塔（Kubišta）、普罗查卡（Procházka）和古弗兰（Gutfreund）。他强调，他们应该从立体主义的领导者那里得到线索，而不是"Ersatzkubisten"（沙龙立体主义者）。[20]

除了定期去坎魏勒和沃拉尔的画廊[21]，克罗默尔通过走访艺术家们的工作室，尤其是毕加索的，而紧跟着立体主义最新的发展。毕加索会向一小帮藏家交流这类新闻，并让他们互相竞争。正如我们所见，1912年，当他操纵格特鲁德·斯泰因再次购买他的作品时，他告诉她，克罗默尔已经看过并垂涎她喜欢的《我的小美人》。与此同时，坎魏勒经常谈及克罗默尔这个名字，让毕加索和布拉克觉得过份，他们时常拿这个捷克人跟这位画商开玩笑。

克罗默尔的档案包括无数与坎魏勒的通信，但是只有一封信来自毕加索：1911年5月27日，内容是把这位藏家介绍给伊格纳西奥·苏洛阿加（Ignacio Zuloaga），克罗默尔想看他收藏的格列柯的作品。[22] 克罗默尔是艺术史家马克思·德沃夏克（Max Dvořák）的同行，而德沃夏克是重新发现埃尔·格列柯的先锋者，并且发现了他和毕加索之间的密切关系。人们会好奇他是否意识到了《亚维农少女》与《末日幻象》之间的关系？

*　　　　*　　　　*

英国藏家就没有那么喜欢毕加索了。坎魏勒签约的艺术家中只有德兰赢得了他们的喜爱。他在风雅中将现代和传统相融合的这一点深深地吸引着英国的艺术爱好者。毕加索对他们来说太

弗朗兹·克罗默尔，约1910年，布拉格国家画廊。以下和对面的这些油画属于他的收藏。

毕加索，《丑角头像》，1908年，纸本水粉，62cm×47.5cm，布拉格国家画廊。

右上：毕加索，《静物和次中音管》，1911 年，布面油画，
61cm×50cm，布拉格国家画廊。

左上：毕加索，《扶手椅中的女人》，1909 年春，布面油画，
100cm×79.5cm，私人收藏，纽约。

右下：毕加索，《小提琴和锚》《阿弗尔留念》（*Souvenir du Havre*），1912 年 5 月，椭圆形，布面油画，81cm×54cm，布拉格国家画廊。

左下：毕加索，《扶手椅中的女人》，1910 年春，布面油画，
94cm×75cm，布拉格国家画廊。

超前了，就连蓝色时期和玫瑰时期也不例外。只有三四件他的立体主义作品在英国找到了买家，有人将这些交易与布鲁姆斯伯里（Bloomsbury）联系在一起。1911 年 10 月，克莱夫·贝尔，这位由有魅力的英国绅士变成的艺术批评家，与他的妻子瓦内萨在坎魏勒那里花 4 英镑买下了《柠檬和罐子》(Jars with Lemon，1907，很像毕加索用来和马蒂斯交换的那件作品）。[23] 一年后，瓦内萨·贝尔劝说他的崇拜者之一，剑桥数学家哈里·诺尔顿（Harry Norton）买下了 1 件 1910—1911 年创作的静物画[24]，这是坎魏勒借给格拉夫顿画廊（Grafton Gallery）举办第二届后印象派展览的 13 件毕加索作品之一，展览是由贝尔和罗杰·弗莱组织的。这次展览引起了《泼克》上的很多笑话和门外汉的抗议，但是除了诺尔顿的购买外，很少有作品出售。贝尔同样也诱使了另一个"布鲁姆斯伯里"——高兹沃斯·洛斯·狄更生（Goldsworthy Lowes Dickinson）买下了 1 幅优秀的毕加索为《梳头发的女人》(Woman Combing Her Hair，1906）所画的素描。罗杰·弗莱更有冒险精神。他在坎魏勒那儿买下的《男人头像》(Head of a man，1913）[25] 中的形象更加难以辨认，他还将之放入他们第二届格拉夫顿画廊群展中。这个谨慎的男人被格特鲁德·斯泰因感染了，他不论何时去巴黎总会给她打电话。弗莱曾经的情人，布鲁姆斯伯里著名的女主人奥托琳·莫雷尔女士（Lady Ottoline Morrell）也拥有一些毕加索优秀的素描，但是我还不能辨认出到底是哪些。她可能是在 1909 年去巴黎旅行时买下的，那次旅行是和富有的芝加哥赞助人艾米丽·查德伯恩夫人（Mrs. Emily Chadbourne）一同前往，后者带她去见了她的朋友们——斯泰因一家，也有毕加索、马蒂斯和他们的经纪人。

对于那些将自己视为先锋派的英国知识分子来说，这个记录真是耻辱，尤其耻辱的是，当 1914 年战争爆发时，至少一半在英国的毕加索作品都被挂在德国大使馆的墙上。[26]"英国的观众……还没有对形式的敏感性，"罗杰写给格特鲁德·斯泰因（1913 年 3 月 5 日），"他们把一个人的想法视作纯粹的想法，但是他们完全不能将它们带入图像之中。"[27] 这个情形很难在短时间内改变，20 年后，道格拉斯·库珀（Douglas Cooper）的收藏汇总了立体主义的发展，分别按照时间、主题、媒介分类，通过立体主义的四位

毕加索，《男人头像》，1913 年，上胶纸上油彩，炭笔，墨水和蜡笔，62cm×46.5cm（以前的罗杰·弗莱藏品），理查德·S. 蔡斯勒，纽约。

毕加索，《克拉丽贝尔·柯恩医生肖像》，1992 年。纸本铅笔，64cm×49.4cm，巴尔的摩美术馆；柯恩收藏。

主要艺术家：毕加索和布拉克，格里斯和莱歇。库珀认定，英国不值得拥有他的藏品，便将它们转移到了法国。

＊　　　　＊　　　　＊

至于毕加索的美国藏家（在美国而非巴黎），他们同样非常稀少。如果汉密尔顿·艾斯特·菲尔德的 11 件立体主义镶嵌板实现的话，情形就会截然不同了。菲尔德的缺乏胆识对于美国和立体主义来说都是一个悲剧。对毕加索的这类兴趣通常都能追溯到斯泰因一家，毕加索为格特鲁德提供了正在出售或退回的作品集（大部分是 1904—1906 年的作品），格特鲁德也让毕加索向她的朋友像哈丽雅特·莱维和柯恩姐妹（Cone sisters）提供这类作品集。[28] 柯恩姐妹是跟着格特鲁德开始收藏的，但结果却令人失望。1907 年后，她们几乎停止了购买毕加索的作品。就像列奥·斯泰因，她们对毕加索"荒唐"的立体主义感到惊恐。[29] 相反，她们开始收藏马蒂斯的作品，并穷其一生对他保有信仰。毕加索已经变成了他作品的勤奋推销员，其程度超过他承认的范围，他在 1908 年 1 月试着恳求她们回来，他通过格特鲁德，给她们寄了 1 幅多少有些肥胖的自画像作为礼物，上面写着"Bonjour Mlle. Cone."（您好，柯恩小姐）。通过她写给格特鲁德的信中令人作呕的随便语气可以判断出，埃特（Etta）将之视作玩笑："我收到一封来自亲爱的你的旧信，里面有毕加索可爱的素描和费尔南多（Fernando，原文如此）美好的祝愿。我确信他们是好人（Dey am sure nice folk）……告诉毕加索，费尔南多应该把他的肚子再揉小点儿。"[30] 除了 1905 年列奥的肖像画，迈克尔的儿子艾伦（Allan）的肖像画，以及 1922 年克拉里贝尔（Claribel）的肖像和一些早期次要的素描和铜雕，她们在 1907 年后收购的唯一作品是矫揉造作的《母亲和孩子》（*mother and child*，1922）。

来自费城的贪婪的阿尔贝特·巴尔内斯（Dr. Albert Barnes）一战前在巴黎整批收购了许多藏品，甚至他对毕加索和马蒂斯的兴趣也要归功于斯泰因一家。巴尔内斯是通过美国画家阿尔弗雷德·毛雷尔（Alfred Maurer）认识斯泰因姐弟的。这个气场强大的医生和气场同样强大的格特鲁德都被认为是想超过对方：据说他曾绕着餐桌追格特鲁德跑，"但并不是为了追求她，而是为了一件毕加索的作品，并以一个极好的价格将它买下"[31]；据说某次他

311

只想买一件马蒂斯的作品时，她让他买了两件。谣传巴尔内斯曾想以 5000 美金向迈克尔·斯泰因购买一件大尺寸的毕加索作品，但被回绝了。[32] 意识到自己在格特鲁德和迈克尔那儿棋逢对手，这位医生开始将橄榄枝伸向列奥，并雇他为自己的"顾问"。在以少得可怜的价格侵占了列奥所拥有的藏品后，巴尔内斯便解除了他的职务。

　　1913 年，巴尔内斯从沃拉尔那儿购买了一些优秀的蓝色时期和玫瑰时期的作品（包括巨大的《卖花的盲女》，他在这件作品上只花了 300 美金）。他后来还吹嘘自己直接从毕加索那儿以 1 美元一件的价格获得了 16 件 1905 年的马戏团场景素描。[33] 第二年，他还从坎魏勒那儿购买了 5 件毕加索的小尺寸立体主义作品。[34] 在列奥·斯泰因的影响下，巴尔内斯不久在《艺术与装饰》（*Arts and Decoration*）上发表了两篇文章拒绝立体主义。在第一篇文章中，他把毕加索推崇为"一位伟大的艺术家和画家"（而"马蒂斯比起画家来说更是一位杰出的艺术家"），并自封为"第一个收藏毕加索和马蒂斯的作品的美国人"[36]。尽管巴尔内斯把毕加索的风格视为"格列柯和塞尚精华的结合"，他却把立体主义贬低为"用立方体和公众开玩笑。"在第二篇文章——《立体主义：愿灵安息》里，阴谋和虚荣彻底蒙蔽了这位医生的双眼。立体主义就是"惨败"，这些画作"学院、重复、陈腐、呆板"，当然要抛开属于他的那些，正如他在另一篇长篇大论中指出的那样。巴尔内斯的品味是如此不稳定以至于他后来又重新开始购买毕加索的立体主义作品。[37] 然而，他看待毕加索的眼光永远没有和看待马蒂斯的眼光相等同。

　　除了像巴尔内斯和柯恩姐妹那样的藏家以外，一些年轻的美国画家在弗勒吕街斯泰因家会馆（Fleurus pavillon）的墙上发现了现代艺术。获得斯泰因一家星期六晚聚会的入场券并不成问题。"为了形式，还有在巴黎，你不得不建立一个套路，"格特鲁德说，"每个人都应该说出告诉他们这个聚会的人的名字。这是一个花架子，实际上每个人都能够进入。"[38] 马克思·韦伯通过斯泰因姐弟和毕加索、阿波利奈尔、卢梭保持着联系，这为他回纽约后赢得了先知的名声。受他影响而转向推崇毕加索的人主要是先锋摄影师和经办人阿尔弗雷德·斯蒂格利茨。[39] 韦伯教会了他一切，

毕加索，《小提琴、活页乐谱和瓶子》，1914 年春，椭圆形，布面油画，42cm×27cm，巴尔内斯基金会，梅里恩。

斯蒂格利茨说。[40]1911 年 3 月，在韦伯的大力推动下，他在纽约举办了第一场毕加索的作品展：83 件素描作品和水彩［这是哈维兰为斯泰肯（Steichen）和马吕斯·德·萨亚斯（Mariusde Zayas）在毕加索画册中挑选出来的］，挤满了他和斯泰肯的 291 画廊的三间小房间。

这个展览大概开启了毕加索在美国的道路[41]。实际上只有一件素描（蓝色时期主题）被卖出：汉密尔顿·艾斯特·菲尔德买下了它，他曾无数次参观这次展览，最终为它付了 11 美元。但是，在大都会博物馆（Metropolitan Museum）的斯蒂格利茨遗产展中，展出的一组主要的毕加索早期作品［包括 1910 年立体主义作品《站着的裸体》（*Standing Nude*），又名《逃离火灾》（*The Fire Escape*）］[42] 表明斯蒂格利茨为自己保留了一批作品。跟画廊有关的人像保罗·哈维兰，马吕斯·德·萨亚斯（墨西哥漫画家，后来出版了对毕加索的访谈）和艾格尼丝·恩斯特·梅耶（Agnes Ernst Meyer，被称为太阳女孩）也可能买过一些作品。这三人都变成了藏家：哈维兰收藏部落艺术，德·萨亚斯收藏布拉克和毕加索的立体主义，梅耶夫人收藏塞尚、布朗库西和少量毕加索。[43] 令人惊奇的是，这间画廊更为热心的支持者亚瑟·杰洛姆·艾迪（Arthur Jerome Eddy），这位来自芝加哥的敏锐的律师和批评家，同时也是一部口碑很好的著作《立体主义者和后印象主义者》（*Cubists and Post-Impressionists*，1914）的作者，却在买下创作于 1901 年、画着典型野兽派露齿微笑的女巫的作品后再也没有买下任何作品，后者最终落入阿伦斯伯格（Arensberg）的收藏当中。

尽管斯蒂格利茨出生于一个富裕的家庭（经营干货），他的岳父也是一位富有的啤酒制造商，他却常常哭穷。因为一些原因，他将他的 291 画廊当作公共服务而不是商业投资，所以生意不好并不让他烦恼。但是，这却让毕加索烦恼，觉得是出丑，他为此大大训斥了哈维兰一番。斯蒂格利茨随后又购买了毕加索的其他作品，但是在皮卡比亚和他的画商妻子于 1914 年第二次组织毕加索、布拉克和马蒂斯的展览后，他对立体主义的兴趣就大大减少了[44]，对皮卡比亚千变万化的作品的激情取而代之。一战后，斯蒂格利茨的先锋热情减退了，他将他越来越多难以抑制的天分用在摄影和他的情人乔治亚·奥基夫（Georgia O'Keeffe）与朋友约翰·马林（John Marin）的作品上。

　　画家亚瑟·B. 戴维斯（Arthur B. Davies）曾帮助组织过纽约军械库展览（1913 年 2—3 月），他是另一个毕加索在美国早期的赞助人。不像真正有现代思想的韦伯，戴维斯是一个阴谋家，他转向现代主义更多是为了自我推销而不是出于内心确信。他尝试用立体主义的现代性来活跃他那些卖弄风情的人体画和神秘的独角兽，产生的是一些非常"尴尬的混合物。"[45] 军械库展览在美国现代主义历史上有着至关重要的意义，但是它在加强毕加索的名气方面并没有什么作用。马蒂斯和布朗库西就受欢迎多了。戴维斯是唯一一个购买了一件毕加索作品的人［1908 年一件相对次要的水彩画《两棵树》（Two Trees），花费 243 美元］。过后不久，他又从坎魏勒那里购买了一件主要的立体主义作品——《有乐器的静物画》（Still Life with Musical Instruments，1913）；并且，在坎魏勒第一次拍卖时（1921 年），他买下了 1912 年创作的《女裸体》［Nude Woman，又名 "J'aime Eva"（我爱伊娃），223 页］。[46] 戴维斯在军械库展览中的角色更多地是牺牲品而不是英雄。他后来作为现代主义赞助人的角色"局限在向莉莉·布利斯（Lillie Bliss）和艾比·洛克菲勒（Abby Rockefeller）那样有钱的女性介绍收藏当代艺术的快乐上"[47]。

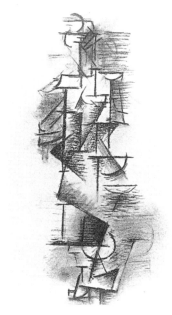

毕加索，《站着的裸体》（"逃离火灾"），1910 年，纸本炭笔，48.5cm×31cm，纽约大都会美术馆，斯蒂格利茨拍摄，刊登于《摄影》，1910 年 12 月。

　　　　*　　　　　*　　　　　*

313　　　直到坎魏勒与他的德国伙伴之间的大量通信被发现（最近于路易丝·赖瑞斯画廊［Galerie Louise Leiris］仓库发现）[48]，才让我们能够评估坎魏勒的东方政策的全领域和复杂性。但是，感谢约翰·菲尔德（John Field），他详尽地询问了坎魏勒 30 年前有关德国联盟的事情，以及佩佩·卡梅尔更近一些的研究，现在将这些不熟悉的故事拼凑起来是可行的。[49]（为了简便起见，细节都放入注释中。）因为已经立足的德国画商不愿意展示任何跟立体主义一样激进的东西，其中甚至还有非常进步的卡希雷尔一家（Cassirers），他们在印象派的收藏方面非常在行，以至于他们的座右铭据说就是"通过马奈和莫奈赚钱"[50]，这使得坎魏勒不得不去其他地方寻找能够帮他实施他雄伟蓝图的代表。不过他不费力气就找到了他们。很多和他同辈和相同背景的年轻人更喜欢将他们遗传自父

毕加索，《风景》（两棵树），1908 年，纸本水粉，48cm×63.5cm，费城美术馆：路易斯和沃尔特·阿伦斯伯格收藏。

辈的财务头脑运用到艺术经营而不是小麦、煤或服装上。这让他们能够在严厉的犹太父亲们看重的 tachles（有利润的投资）和理想主义的犹太儿子们看重的 shmonzes（精神关怀）之间进行协调。[51]

这些人分别是来自杜塞尔多夫的阿尔弗雷德·弗莱希特海姆（Alfred Flechtheim），他出身于一个历史悠久的粮商家庭；柏林的雨果·波尔斯（Hugo Perls），他通过跟随他的家人进入律师行业而起家；慕尼黑的贾斯丁·汤豪赛（Justin Thannhauser），他的父亲海因里希从服装定制生意转行到经营画作。这些人当中，阿尔弗雷德·弗莱希特海姆是最进步的一位。为了有足够的资金支持他对现代艺术的激情，在回到杜塞尔多夫经营家族产业之前，他苦心经营在巴黎、莫斯科、布加勒斯特、安特卫普、伦敦和利物浦之间的粮食生意，同时也努力将当地的艺术社团德国西部艺术爱好者和艺术家特别联盟（Sonderbund Westdeutscher Kunstfreund und Künstler）转变为同类团体中世界上最开明的组织之一。

在弗莱希特海姆去巴黎的旅程中，他认识了伍德和圆顶派，最重要的是，认识了毕加索那位自杀的朋友维格尔（Wiegels），他也来自杜塞尔多夫。弗莱希特海姆早在萨戈那儿就已经遇到过毕加索了，不过是伍德真正地把他俩连在一起。朋友们印象中的弗莱希特海姆是一个狂热的人，有古怪的外表以及难以抑止的魅力。毕加索喜欢他，因为他对毕加索的作品有忘我的热情，而且会说西班牙语。弗莱希特海姆用第二人称单数给他写信，这是坎魏勒和伍德从来没有做过的。毕加索把工作室能卖的作品都卖给了他，包括玫瑰时期的经典作品《蓝色男孩》（*Blue Boy*，1905）。到 1911 年，弗莱希特海姆对毕加索的个人收藏在德国是数量最多的。[52] 感谢伍德，让他成为坎魏勒的朋友，后来成为他在德国的主要代表。

弗莱希特海姆对警察和运动员有偏爱，当被问及这个世纪最重要的艺术事件时，他毫不犹豫地回答是马克斯·施梅林（Max Schmeling）最近一场拳击比赛[53]，尽管如此，弗莱希特海姆娶了一位门当户对的犹太女人——贝蒂·戈尔德施米特（Betti Goldschmidt），但是不久他就因为将她的全部嫁妆用以买毕加索、布拉克、吉里欧（Girieud）和弗里茨（Friesz）等人的作品而让她的家族蒙羞。两年后，当他在特别联盟（Sonderbund）组织了盛

奥托·费尔德曼，《阿尔弗雷德·弗莱希特海姆在打电话》，1911 年，纸本铅笔，35cm×23.5cm，科隆路德维希博物馆。

大的国际展览（包括 16 件毕加索的作品）时，他被同时推崇为英雄和恶棍。弗莱希特海姆的梦想是在粮食生意上大捞一笔，然后在巴黎作为一个私人经纪人像伍德或戈兹那样去购买和出售绘画

314 作品，同时还要保持他的业余者身份。但他从未实现这一梦想。弗莱希特海姆曾帮助策划在汤豪赛的慕尼黑画廊举办的第一次毕加索回顾展，这次展览让德国成为欧洲最热衷毕加索的国家，之后，他就破产了，个中原因他都记录在日记里。[54] 他的父亲和叔叔做了不明智的投资，使得整个家族生意濒临破产，更不说年轻的弗莱希特海姆了。他那些壮丽的藏品，包括了凡·高的《轻步兵》(Zouave)，5 件塞尚的、2 件高更的，以及一些修拉、卢梭和蒙克的，还有 10 来件毕加索的作品（其中包括《蓝色男孩》《狡兔酒吧》[Au Lapin Agile] 和 5 件立体主义作品），加起来至少值 15 万马克，但是没有人，甚至他那 "lieber beau père"（亲爱的岳父）戈尔德施米特也不准备将其作为抵押品。弗莱希特海姆要怎样才能够解决他所负担的 3 万马克债务呢？就在这时，他还不幸地与漂亮的瑞典艺术家尼尔斯·德·达代尔（Nils de Dardel）坠入爱河；其结果是，贝蒂威胁要离开他。弗莱希特海姆断定，解决他的灾难的唯一方法就是自杀。他从他的妻子和父母的利益出发，购买了一大笔人身保险，并计划在 1914 年 3 月遭遇一场致命"事故"。不过突然一切都得到了好转。9 月，杜塞尔多夫博物馆以 4 万马克的价格买下他的凡·高作品；圣诞节前，他的朋友保罗·卡希雷尔（Paul Cassirer）和卡尔·施特恩海姆（Carl Sternheim）让他摆脱了粮食生意的麻烦并帮他在杜塞尔多夫开了一间画廊。几个月之内，它的利润让他在柏林开了第二间画廊，这间画廊最终变成了他的总部。在他最后的日记里（1914 年 8 月 5 日），弗莱希特海姆为自己还活着，并开辟了新事业，赢回了他的自尊、财富和妻子而庆贺；同时他也痛惜战争的爆发。"一切都结束了，"他写道。他错了。他在战争中令人吃惊地作为军人拥有了成功的事业，战后，弗莱希特海姆成为他那个时代最有冒险精神的现代主义画商，直到纳粹在 1937 年将他驱逐到英国。

与弗莱希特海姆将推动现代艺术视作使命不同，汤豪赛父子的首要兴趣在于赚钱。在关闭跟布拉克尔一起开的古板的慕尼黑画廊后，海因里希·汤豪赛（Heinrich Thannhauser）开启了新投

毕加索，《读报的人》，1914 年夏，铅笔在弗莱希特海姆画廊展览开幕邀请函上，杜塞尔多夫，1913 年 12 月，16cm×12.7cm，毕加索博物馆。

毕加索，《拿梨的女人》（费尔南多），1909 年夏，布面油画，92cm×73cm，佛罗伦内·M. 舍伯恩的财产。这幅油画和对面页这些油画在 1914 年以前都属于弗莱希特海姆的收藏。

资，那就是现代画廊（Moderne Galerie）。因为他对现代主义了解甚少，他便让儿子贾斯丁（Justin）先后在柏林、佛罗伦萨和巴黎学习艺术史，在巴黎时他玩弄了圆顶派并买下了第一件毕加索。为了给新事业正名，汤豪赛加入了康定斯基的新艺术家联盟（Neue Künstlervereinigung），该联盟后来变成了青骑士（Blaue Reiter）。青骑士的第二次群展（1910—1911 年）展出了 3 件毕加索的纸上作品。[55] 为了更广泛的宣传，父亲和儿子允许未来主义者在他们的画廊举办主要的德国聚会——这一定会成为新闻头条。汤豪赛父子把未来主义者的丑闻成功开发到最大化，然而又散发开脱性的卡片，上面写着 "Ohne Verantwortung der Galerie"（"画廊不承担任何责任"）。这些卡片用来消除慕尼黑市民的疑虑；他们害怕像保罗·克利那样的年轻艺术家。

同样冷幽默式的推广是汤豪赛父子决定在 1913 年 1 月举办的首个全规模毕加索回顾展。这次展览包括了 114 件物品：三分之二是油画（29 件来自坎魏勒，13 件来自弗莱希特海姆），剩下的分别是水彩、素描和版画。在目录前言中，海因里希·汤豪赛特意将毕加索跟表现主义和未来主义甚至立体主义隔离开来；他还站出来反对宣言。虚伪让汤豪赛父子罪有应得地受到来自马克思·拉斐尔的攻击，拉斐尔是一位哲学家、经济学家和美术史家，他也是毕加索的朋友和立体主义的粉丝。在以前引用过的他谴责佩希斯坦（Pechstein）攻击立体主义为理智和理论的东西的信中，拉斐尔趁机谴责"那些野心勃勃的人，他们学会了……调动媒体和展览来推动宣传和生意。""艺术的美国化，"他预言性地补充说。[56] 为了公正对待汤豪赛父子，不得不说，他们的先锋展览所产生的宣传为毕加索在中欧的名声建立和作品销售作了许多贡献。当毕加索被问到为什么他从来没有参观过这个展览或其他任何法国以外的展览，尤其是当马蒂斯意识到个人出席的重要性时，毕加索说，他太忙而没有时间离开他的工作室，再说，这个国家的语言他也无法明白。

波尔斯家族开始介入毕加索名誉的上升是在 1910 年，那时，曾创办了柏林博物馆的现代版画部的医学博士和艺术批评家库尔特·格拉泽（Curt Glaser）和他的柏林地方官表兄雨果·波尔斯（Hugo Perls）一同娶了两姐妹——艾尔莎·科尔克（Elsa Kolke）

毕加索，《拉小提琴的女人》，1911 年春，布面油画，92cm×65cm，私人收藏，克雷菲尔德。

毕加索，《拿曼陀铃的女人》，1911 年，布面油画，100cm×65cm，贝耶勒收藏，巴塞尔。

毕加索，《死鸟》，1912 年，布面油画，46cm×65cm，普拉多博物馆，马德里。

和凯特（Käthe）——正一起度蜜月。在回柏林的路上，他们在巴黎逗留了几日，并参观了各种各样的私人藏品，包括画商乔斯·伯恩海姆（Josse Bernheim）的藏品，他们对这里的一组毕加索蓝色时期的作品印象深刻。[57] 他们还见了伍德，伍德卖给了他们一件马特·德·索托（Mateu de Soto）的肖像画，还有坎魏勒，他卖给了他们一件 1908 年的人体画。雨果的儿子，后来成为纽约主要画商和藏家的克劳斯（Klaus）说，他的父亲从来没有真正地喜欢立体主义：1912 年，伍德寄给他《坐着的绿衣女人》（*Seated Woman in Green*，1909）让他试看，并建议让他把这件作品挂在起居室以便习惯它——他们在巴黎看见这件作品时就像"被雷劈了一样"震惊——但是他们还是在几个月后把它寄回去了。[58] 毕加索的早期作品一直都是雨果·波尔斯的最爱，以至于他放弃了法律行业而成为一个业余商人，精通蓝色时期和玫瑰时期。为了资源，他利用了沃拉尔，因为沃拉尔储存了很多毕加索的早期作品，不像坎魏勒那样，经营更多的是立体主义。他声称"有差不多 4 打蓝色时期的作品"——包括《拿烟斗的男孩》（*The boy with a Pipe*）和《皮尔丽特的婚礼》（*Les Noces de Pirrette*）——经他的手卖了出去。[59] 波尔斯作为一个个体画商是非常优秀的，他和他的妻子凯特最后（1923 年）在柏林的观景楼街（Bellevuestrasse）开了一间画廊并继续着重经营毕加索的早期作品。

朱勒·帕斯金，《贾斯丁·K.汤豪赛和鲁道夫·莱维玩扑克牌》，1911 年 12 月 24 日，印度墨水和纸本彩色铅笔，23cm×29cm，古根海姆博物馆，纽约，贾斯丁·K.汤豪赛捐赠，1978 年。

＊　　　＊　　　＊

在更为节制的层面上，有很多年轻的美术史学家、画家、批评家和音乐家都利用他们的假期开了很多暂时的小画廊。这些人中的大多数都向慕尼黑移动，那是德国传统的艺术中心。他们的幸存可以反映公众对现代主义的支持程度。因为这些画商的顾客很少像汤豪赛的顾客那样富有，他们需求的是更为廉价的产品。坎魏勒因此鼓励毕加索和其他的艺术家更多样化：印刷品和插图书籍对并不富裕的年轻情侣有吸引力。他从经验中获益：作为塔尔迪厄银行（Tardieu）的学徒，他购买了塞尚、图卢兹－劳特累克（Toulouse-Lautrec）和马奈的石版画和铜版画。坎魏勒意识到，印刷可以帮助现代艺术的宣传；它们也可以给画商和艺术家带来额外的收益。毕加索在 1907 年得到一个小巧的手动印刷机，但是直到 1909 年他才使用，还是因为坎魏勒催促他完成两件铜版

317

画的制作——由铜版技师尤金·德拉特（Eugène Delâtre）推动制作，印制出版了100份。直到战争造成铜板稀缺之前，他都一直继续立体主义铜版画的制作。（布拉克同样如此，在1907到1912年之间，他创作了10件铜版画，尽管其中只有两件得到出版，同样每件印制了100份。）立体主义版画和雅各布的《圣马托雷》这本书一样，坎魏勒将它们和油画一起转移到了德国和东欧的画廊寄卖，不仅卖得好，还帮助他推动东方政策的执行。当战争爆发时，坎魏勒储存的版画连同他剩下的财产都被扣押了。但是版画最终证明对他来说就是金矿：二战结束后，他向市场大量出售毕加索的版画，从中收益匪浅，版画与油画一同竞争着市场。

毕加索，《拿着烟斗的男人头像》，1912年，蚀刻版画，13cm×11cm，私人收藏。

但是，回到1912年的慕尼黑，那时，被保罗·克利称赞其为献身于现代艺术的汉斯·高兹（Hans Goltz）开了新艺术（Neue Kunst）画廊。高兹是第一个在他画廊的橱窗展示立体主义作品的画商，展出的大概是从坎魏勒那里借来的毕加索作品之一。[60]在科隆，坎魏勒主要的同行是奥托·费尔德曼（Otto Feldmann），他是一位作家兼艺术家（他为弗莱希特海姆所画的精彩素描见313页），在1912年也开了一间画廊，名叫莱因艺术沙龙（Der Rheinische Kunstsalon）。一年后，在汤豪赛父子1913年回顾展的作品被送往斯图加特（Stuttgart）之前，他接管了其中的大部分。因为这次展览让他大受鼓舞，费尔德曼在柏林开了一间画廊分店——新画廊（Die Neue Galerie）。1913年12月，就是在这里，他完成了他最富有想象力的行动：举办了一次关于"Picasso und Negerplastiken"（毕加索和黑人雕塑）的展览。展览包括了1907—1913年间的53件油画作品和13件素描，其中的39或40件都借自坎魏勒。[61]因为没有得到这次展览的目录，我们没有这些部落雕塑的数量、名称或来源的确切细节；我们也不知道它是由据说写了目录前言的伍德组织的，还是由已经计划好将之写入自己的先锋书籍《黑人艺术》（Negerkunst，1915）的卡尔·爱因斯坦（Carl Einstein）组织的，爱因斯坦同时也是坎魏勒的朋友和导师。

除了作为毕加索作品的第二大规模的展览，这次展览还涉及一个重要的问题——对现代艺术有着重要影响的原始主义，这是那个世纪初的德国和法国画家和现在的美术史家都很关心的问题。令人惊奇的是，这个巡回展览竟然被遗忘了。[62]表现主义者

山姆和米莉，来自恩斯特·路德维格·基尔希纳（Ernst Ludwig Kirchner）的德累斯顿工作室的舒曼马戏团（Schumann Circus）演员，1910年；基尔希纳拍摄，博利格尔·凯特勒照片档案。

和他们的编年史作者更倾向于忘记这一事实，即马蒂斯和野兽派，更不说毕加索和立体主义者在他们之前早就发现了非洲雕塑。为了努力确立表现主义者的优先权，基尔希纳（Kirchner）试图通过改变他作品上的日期来伪造记录。桥社（Brücke）的艺术家觉得，原始主义是他们的保护区，为了证明这一点，他们尽力过上了土著人的生活。基尔希纳的德累斯顿工作室里杂乱地堆满了异国纺织品和神物，使得那儿就像是一个巫师医生的住所；黑克尔（Heckel）帐篷式的阁楼里填满了部落面具、葫芦和原始鲁特琴（lute），这些都来自他在喀麦隆的哥哥。在对他们自己认同的原始人（Urmensch）进行研究时，他们中的有些人曾去到原始人居地朝圣：诺尔德（Nolde）将自己当作现在的高更，加入了前往新几内亚（New Guinea）的探险中；佩希斯坦（Pechstein）曾去过帕劳群岛（Palau）；施密特·罗特卢夫（Schmidt Rottluff）到过挪威的最北端。所有这些对于弗莱希特海姆来说都是诅咒，因为他认为现代艺术发源于巴黎而不是慕尼黑和德累斯顿，并且，他将表现主义者贬低为"贴广告的人"（bill-posters）。他意识到，尽管毕加索外出最远也没有超过特罗卡德罗，但已慢慢成了一个可怕的萨满巫师。

还有一个名字明显缺席了坎魏勒的德国"出口"（outlet）花名册，那就是艾沃斯·瓦尔登（Herwarth Walden），他是柏林狂飙（Sturm）画廊和杂志的拥有者，是一个魅力超凡的人，同时也是中欧先锋艺术的无政府主义英雄。"完全缺乏造型敏感使得［瓦尔登］犯了最严重的错误。"这是坎魏勒拒绝他的借口。[63] 瓦尔登是柏林每一个进步运动的领头人，包括政治、文学以及艺术：他是表现主义和未来主义的积极推动者，也是康定斯基、奥斯卡·柯柯什卡（Kokoschka）和夏加尔的早期拥护者。经过授权，他展出了被坎魏勒称为替补立体主义者（Ersatzkubisten）的艺术家作品，包括德劳内、格莱兹、梅青格尔、勒·福柯尼耶等等。但为什么以前没有展出过呢？德劳内在形式上启发了克利和马克（Macke）；其余人在德国也有一系列追随者。坎魏勒显然感觉到了瓦尔登的威胁——这是一个自由的灵魂，即使辨别力稍差，但比他开放。他还感到的威胁在于瓦尔登将纪尧姆·阿波利奈尔作为他品味的仲裁人。这位诗人不断教促瓦尔登去推广的巴

318

毕加索展览选画一组，1913—1914

左上：毕加索，《全身裸体》，1907
年春，布面油画，93cm×43cm，
米兰当代艺术博物馆，尤克尔收藏。

左下：毕加索，为最终版本的《三个
女人》所作习作，1908 年春，纸本
水粉，51cm×48cm，蓬皮杜艺术
中心，巴黎。

右下：毕加索，《芥末瓶和女人》，
1909—1910 年 冬，布 面 油 画，
73cm×60cm，荷兰海牙现代博物馆。

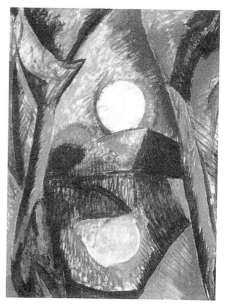

右上：毕加索，《风景，日落》，1908 年 8 月，装裱在布面
上的纸本水粉，62.5cm×47cm，私人收藏。

右上：毕加索，《Kub 肉汤冻》，1912 年，木板油画，27cm×21cm，下落不明，坎魏勒拍摄，路易斯·莱里斯画廊。

左上：毕加索，《朗姆酒瓶子》，1911 年，布面油画，61cm×50cm，雅克和娜塔莎·格尔曼收藏。

中上：毕加索，《水牛比尔》，1911 年春，布面油画，46cm×33cm，私人收藏。

中中：毕加索，《钢琴上的贝壳》(Shells on a Piano)，1912 年春，椭圆形，布面油画，24cm×41cm，下落不明，坎魏勒拍摄，路易斯·莱里斯画廊。

左下：毕加索，《有小胡子的男人头像》，1912 年春，布面油画，61cm×38cm，现代美术馆，巴黎。

右下：毕加索，《吉他》，1912 年夏，椭圆形，布面油画，72.5cm×60cm，挪威国家博物馆，奥斯陆。"毕加索与黑人雕塑"展览作品选，1913—1914 年。

黎艺术家，要么是对坎魏勒的诅咒，要么更糟，是对他签约的艺术家的诅咒。（与德兰一起，瓦尔登实际上购买并出售了一件库尔贝的作品。）坎魏勒不想让有关他手下的艺术家的评论出现在瓦尔登的《狂飙》杂志那"布满大错"的页面上。他也不准备借任何作品给狂飙画廊1912年举办的毕加索早期素描展，或另一个1913年的展览，在该展览中毕加索很不光彩地和阿尔贝特·布洛赫（Albert Bloch）凑成一对。坎魏勒拒绝与瓦尔登合作证实他心胸有些狭隘。

鲁道夫·格鲁斯曼（Rudolf Grossmann），《鲁道夫·莱维和威廉·伍德在圆顶咖啡馆》，约1910年，纸本钢笔，下落不明。

＊　　　　＊　　　　＊

　　毕加索在德国的成功，威廉·伍德和坎魏勒同样功不可没。一位是拒绝清教主义的普鲁士知识分子，另一位是拒绝财富的犹太知识分子，两人成为一生的朋友。他们的不同正好形成互补。坎魏勒醉心于经营，尤其是立体主义，除了音乐以外他几乎排除了任何东西。尽管同样严肃，伍德更像是变色龙和群居者；他喜欢巴黎人的放荡生活，并为之写了一本书。他为自己能够成为一名藏家而感到自豪。经营是顺便做做的事情：这个他沉迷的职业却是父母都反对的，还为此断了他的津贴。但是，多亏了他作为普鲁士人的一丝不苟、学者风度和绅士的光环，他的业余身份从来没有被质疑过。在弥留之日，他将自己描述为"文人"。实际上，他远超于此。

321　　除了作为圆顶派的领袖，伍德还在每个星期天主持自己的沙龙。在这个非正式的法国－德国人沙龙里，聚集了艺术家（毕加索、布拉克、玛丽·洛朗森、德劳内、杜飞以及各种各样的圆顶派成员，如基斯林［Kisling］），混杂着来自欧洲各国的收藏家、作家、学者和学生。伍德位于圣路易斯（Ile Saint-Louis）的时髦公寓是这个时代审美品味的缩影：

玛丽·洛朗森，《尼尔斯·德·达代尔肖像》，1913年，布面油画，92.5cm×73cm，玛丽·洛朗森博物馆，长野。

　　　　褐色的锦缎，沉重而色彩丰富的暗色陶器，一个迷人的埃及面具，极度现代，一个朴素的圣母像和一个圣塞巴斯蒂安像。墙上有毕加索的建筑艺术：狂喜、悲伤、烦恼；还有哥特式物品，平衡而有罗马味……大概是布拉克所作；以及卢梭精妙绝伦的风景画；玛丽·洛朗森的油画。[64]

毕加索，《女人头像》，1908 年初，镶嵌板上水粉，27cm×21cm，下落不明（之前属于德国伍德公司的收藏），坎魏勒拍摄，路易斯·莱里斯画廊。

伍德忽略掉的唯一装饰物是来自海德堡（Heidelberg）的学生旗。在巴黎，他由英俊的贴身男仆康斯坦特（Constant）照顾；在巴黎之外的桑利斯（Senlis），由一个有天分的管家塞拉菲娜（Séraphine）照料，后来他把她作为一位素人画家推出。在桑利斯的家里还有两个情人。他们一起组建成一个家庭，伍德是"爸爸"；瑞士作家兼画家古斯塔夫·海尔斯通（Gustaf Hellstrom）是"妈妈"；弗莱希特海姆的朋友尼尔斯·德·达代尔（Nils de Dardel）是"Da-di-da-da"——他们的"宝贝"。战争爆发后，格特鲁德·斯泰因相信这个"家庭"是间谍的巢穴。在所有人中，她应该是最了解情况的人。

伍德崇尚年轻——因为年轻充满了力量和迷惑。对他学生时期在海德堡的怀念激发他写了两本早期小说[65]，与其说是严肃小说，不如说是感情的放松。他对年轻而魅力非凡的毕加索的崇拜和依恋，既是出于英雄崇拜，也是出于审美敏锐。艺术家对伍德的激情支持感到满意，但偶尔又会抱怨这位崇拜者没能跟上他的步调。在一段黑格尔式的推论之后，这位充满思想的普鲁士人常常会接受那些在最初震惊或迷惑了他的东西，比如1913年立泼灵的使用，并继续收藏毕加索的作品，还催促他的朋友们跟随他的步伐。不像其余大部分画商那样，伍德在推动立体主义的过程中毫无私心，在他的私人藏品和存货之间也有着不寻常的明显差别。他从来没有把他最喜欢的作品——毕加索、布拉克和卢梭摆上货架。当他的财产在1914年被扣押时，他的15件毕加索的作品都在其中，包括《范妮·泰利耶》（Fanny Tellier，1910）、《诗人》（The Poet，1911）、《拿次中音管的男人》（Man with Tenora，1911）等杰作[66]，还有那件著名的他自己的肖像。

伍德的小圈子包括一些年轻的同性恋者，他总是催促这些人去收藏毕加索。他们对自己的性取向都很少保密，因此他们对现代主义的态度可能比较开放。除了伍德和弗莱希特海姆以外，还有很多其他一些德国人、奥地利人和斯堪的纳维亚人，他们被前卫艺术吸引，并不是出于赶时髦、目光敏锐或标新立异，而是出于一种创新冲动：他们急迫地将毕加索树立为现代艺术的反叛领袖。这些人中有罗尔夫·德·马雷（Rulf de Maré），他是尼尔斯·德·达代尔一个富有的瑞士朋友（后来变成了他的爱人），也

毕加索，《瓶子、吉他和烟斗》，1912 年秋，布面油画，60cm×73cm（之前属于德·马雷的收藏），弗柯望博物馆，埃森市。

是伍德命中的冤家。在经过一段时间，德·马雷变成了更次要但是却更有冒险精神的佳吉列夫（Diaghilev）。战后，他和下一个情人，闪耀的舞蹈家和舞蹈编导简·波林（Jean Börlin）在一起了，波林"短暂的一生都是热烈、孤独的，永远充满着创造力"[67]，他们为瑞士芭蕾公司（Ballet Suédois）上演芭蕾——其中有莱歇和辛德拉斯的《世界的创造》（*Création du Monde*）与皮卡比亚和萨蒂的《间歇》[*Relâche*，由雷内·克莱尔（René Clair）创作了其中的幕间节目]。这些芭蕾的对现代主义的推动远超过《游行》。作为业余音乐家的德·马雷通过收藏西班牙大师的作品开始收藏事业，其中包括三件埃尔·格列柯的作品。他很快发展到库尔贝、马奈和修拉，从 1914 年开始，在弗莱希特海姆那里购买毕加索，尤其是耀眼的《狡兔之家》（*Au Lapin Agile*，1905）、一件为《亚维农少女》所画的习作和两到三件立体主义作品:《拿曼陀铃的女人》（315 页）和现藏于埃森市（Essen）福克旺博物馆（Folkwang Museum）、创作于 1912 年的出色静物画。[68] 战后，德·马雷在坎魏勒拍卖时购买了很多作品，同时也从他的朋友弗莱希特海姆那儿买了许多，最后形成了斯堪的纳维亚最好的毕加索藏品。

另一个出现在巴黎艺术圈（约 1910 年）的富有的年轻外国人是阿方索·卡恩（Alphonse Kann），他是一个英籍奥地利人，奢侈地生活在圣日耳曼昂莱（Saint Germain en Laye）——"几乎超过了上流社会的人，"据洛克所说。[69] 卡恩从 1908 就开始收藏凡·高和塞尚的作品。但是到 1912 年，他购买了毕加索这个阶段最进步的作品。[70] 就像伍德那样，卡恩也从他的藏品中获利。除了财富，他还继承了丰富的生意头脑和艺术敏锐；在近乎 30 年的时间里，他将艺术市场玩得就像股票市场一样，在 19 世纪和 20 世纪的艺术中来来回回。在面对纳粹威胁的时候，卡恩撤退到伦敦，留下了他大部分藏品，其中包括德加、毕加索和布拉克的代表作，都被戈林（Göring）没收并用以交换老大师的作品。有一些毕加索的作品在战后由他的家人重新找回；其他的作品都落到他的男妓手里。

跟伍德最亲近的藏家是爱德华·徐尔蒙特（Edward Suermondt），他是亚琛（Aachen）一个赞助艺术的贵族家庭的后裔，在那里有一间博物馆就以他出名的叔叔的名字命名。徐尔蒙特曾去过牛

毕加索，《鸽子和蛋在鸟巢里》，1912 年春－夏，布面油画，33cm×41cm（之前属于阿方索·卡恩的收藏），下落不明，坎魏勒拍摄：路易斯·莱里斯画廊。

毕加索，《新桥》（*The Pont Neuf*），1911 年春，布面油画，33cm×24cm（之前属于爱德温·徐尔蒙特的收藏），私人收藏。

津，后来去了海德堡，在这里他遇见了比他年长 10 岁的伍德。在伍德的催促下，这个年轻人放弃了法律而在沃尔夫林（Wölfflin）的门下学习艺术史，他的博士论文就是关于博斯的研究。他后来在巴黎加入了伍德并成为圆顶派的成员。他也被带到毕加索和布拉克的工作室和斯泰因的星期六聚会，在这些地方，他都是被格特鲁德描述为双脚并拢鞠躬而"在人群中出类拔萃"英俊年轻人之一。[71] 徐尔蒙特比其他圆顶派成员更富裕；在他只有二十几岁时，他就可以在伍德的帮助下敏锐地收藏毕加索的作品。[72] 战争期间，徐尔蒙特得了肺病，并因病退役。1919 年，他终于结婚了，还生下一个女儿。4 年后，他便去世了。这些藏品由他的女儿继承，他的女儿后来嫁给了弗莱希特海姆的杜塞尔多夫的伙伴——亚历克斯·沃梅尔（Alex Vömel）。这些作品很早就出售了，但是沃梅尔画廊依然存在。[73]

毕加索在德国有记载的少数藏家之一是梅希蒂尔德·利希诺夫斯基（Mechthilde Lichnowsky）公主，她同时是小说家、诗人、剧作家、埃及学家以及大使夫人。出身于阿尔科·兹内伯格（Arco Zinneberg）女伯爵家庭，于 1904 年嫁给了查理斯·马克思·利希诺夫斯基（Charles Max Lichnowsky）王子，这位王子于 1912 年作为德国大使被派往伦敦。维吉尼亚·伍尔芙（Virginia Woolf）形容他为"缺乏思想的人"，他的波兰血统赋予他乡下白痴的知觉，"所以他比聪明人都［看得］更远"。[74] 罗杰·弗莱写信给伍尔芙的朋友高兹沃斯·洛斯·狄更生，说他发现这位夫人"非常单纯、直率、天真无邪和热衷于艺术，当然是用一种德国人的方式，太过机智"[75]。布鲁姆斯伯里文化圈对这位公主跟弗莱的亲密而渐生嫉妒：她甚至为他的欧米伽工作坊（Omega Workshop）工作。利希诺夫斯基公主声称当她第一次看见毕加索的时候"就爱上了"。[76] 她连续买了至少 3 件也可能是 6 件他的作品[77]。1914 年（就在宣战前后），她决定从汤豪赛那儿购买 3 件以上重要作品，包括《滑稽演员》（*Saltimbanques*）。[78] 在她的回忆录里，这位公主声称曾发电报向他的丈夫要钱。"同时也基于愚蠢的冲动歌颂我的新激情……我［向赫塔·科尼希（Hertha Koenig）］提到我的发现和购买它们的打算。"[79] 赫塔·科尼希是另一个有钱的妇人，在乌克兰拥有一家甜菜加工厂，她也写诗和小说，像利希诺夫斯基公主那样，支持里

323

尔克（Rilke）。利希诺夫斯基公主轻率地带她去了汤豪赛画廊，24小时后，利希诺夫斯基的钱款到了，但是已经太晚了。这位公主想让我们相信，赫塔·科尼希背着她买下了她要买的东西。但是，从一封里尔克写给赫塔的信中可以确定，是他劝她买下《滑稽演员》的："这是我们时代最有决定性的作品之一。你难道不拯救并保存它吗？在艺术贸易价位太高之前，需要有合适的手和合适的墙。"[80] 至于利希诺夫斯基公主拥有的毕加索作品，她将它们借给了一家柏林博物馆。令罗杰·弗莱尴尬的是，她始终与他保持联系。当在西方战线为教友派信徒工作时，他被发现在物品中有一封来自她的信，并以间谍身份被拘留。1928 年，在她的丈夫死后，这位公主重新拿回她的毕加索作品，将它们卖给了汤豪赛，接着嫁给了一个英国人。

赫塔·科尼希战时的大部分时间都在她家族位于威斯特法利亚（Westphalia）的"好伯克尔"房子里度过。她将《滑稽演员》留在了她慕尼黑的公寓里，把这间公寓借了她的朋友们，其中就有里尔克。里尔克在这里度过了战争期间那段尤其痛苦的日子（1915 年 6—10 月），里尔克的乡愁被激发出来，他想念毕加索，也想念他在巴黎街头看见的小丑演出，并由此写下了他的《杜伊诺哀歌》中的第五首（献给赫塔）。[81] 当纳粹开始镇压现代艺术时，科尼希夫人便将《滑稽演员》和其他毕加索的作品在 1934 年左右都卖还给汤豪赛，从此，她的收藏只局限在中世纪雕塑上。

更有冒险精神的女人是洛特（Lotte），她是保罗·冯·门德尔松－巴特霍尔迪（Paul von Mendelssohn-Bartholdy）的妻子。除了早期收藏凡·高和卢梭以外，她最早在 1910 年购买了毕加索的《煎饼磨坊》（*Moulin de la Galette*，1900）。汤豪赛将这件作品卖给了她，大概后来他又买回来并作为私人藏品，最后转让给了古根海姆博物馆。起先，门德尔松－巴特霍尔迪夫人只收藏早期作品。但是，弗莱希特海姆鼓励他去尝试新东西，在 1914 年前，她便开始了立体主义的收藏：毕加索的所谓《女人头像》（*Head of a Woman*，1909 年）和《阿尔女孩》（*Arélsienne*，1912 年，240 页）。[82] 门德尔松－巴特霍尔迪夫人还买下了一些布拉克的杰出立体主义作品：一件精致的 1910—1911 年的静物画和暴风雨背景的《海港风景》（*Harbor Scene*，1909 年，157 页）。一战后，她给弗莱希特海

毕加索，《女人头像》，1909 年春，水粉和黑色蜡笔纸本，61.8cm×47.8cm（之前属于门德尔松收藏），芝加哥艺术学院。

毕加索，《拿曼陀铃的女人》，1909 年早期，布面油画，92cm×73cm，圣彼得堡艾尔米塔什博物馆。

姆的《缩影》（*Querschnitt*）写稿并继续收藏现代作品，包括几幅毕加索更晚一些的作品，直到 1930 年代，纳粹强迫她和丈夫向英国寻求避难，就像弗莱希特海姆一家一样。为了维持生活，他们将他们的毕加索作品卖还给汤豪赛，剩下的大部分藏品都卖给了瑞士军火商埃米尔·布尔勒（Emil Bührle）。

*　　　　　　*　　　　　　*

　　和德国人相比，奥地利藏家对毕加索的吸引力有些无动于衷，除了一个例外：胡戈·冯·霍夫曼斯塔尔（Hugo Von Hofmannsthal）——诗人、学者、历史学家和歌剧作家，他利用他在《蔷薇骑士》（*Der Rosenkavalier*）中赚取的版费从汤豪赛那儿买下了毕加索大胆突破的自画像《我，毕加索》（*Yo Picasso*，1901 年）。[83] 但是在不远的布达佩斯，也出现一个色彩丰富得有些滑稽可笑的藏家——马克赛尔·内梅什［Marczell Nemes，或者像他喜欢的那样，叫做德或冯·内梅什（de or von Nemes）］，很像霍夫曼斯塔尔剧本中的一个角色。1910 年，这个梵尼罗（Faninal，《蔷薇骑士》中的暴发户）在木材和煤矿中赚够了钱来支撑他的慈善事业从而隐藏他神秘的正牌皇家顾问出身。不像大部分人将艺术收藏看作是一种体现快速而简单的社会进步的手段，内梅什拥有出人意料的好眼光和令人惊奇的先进品味。唯一的麻烦是，他开始将自己视作一位艺术家并修复自己的作品。这个梵尼罗直到 40 岁（约 1906 年）才开始收藏蒙卡奇（Munkácsy）和少数荷兰大师的作品，但是一两年后，他发现了埃尔·格列柯，从此打开了他发现"杰出艺术"的眼睛。于是他立刻倾尽所有去购买从伦勃朗到夏尔丹再到印象派、后印象派的所有东西。

　　到 1910 年，内梅什跟上了毕加索的步伐——立体主义时期的毕加索。伍德把他比作"马贩子"但又不得不钦佩他"令人震惊的敏锐"[84]，以及他直接和一幅画坠入爱河的能力。这是指《坐着的绿衣女子》（*Seated Woman in Green*，1909），伍德刚从坎魏勒那儿买下这件作品几天后，内梅什就在 1910 年参观了他的画廊。通过他的很多代理人之一，内梅什向伍德出了四次价单，并在伍德拒绝后变得十分暴躁。内梅什在坎魏勒那儿就幸运多了，他在这里购买了毕加索同样重要的代表作《拿曼陀铃的女人》（*Woman with Mandolin*，1909）。[85] 这件和另外三件毕加索的作品，与马蒂斯、

325 鲁道夫·赫尔曼（Rudolf Herrmann），"堕落艺术"展览海报，部落面具后面是弗莱希特海姆的轮廓，1938年，工艺美术博物馆，汉堡。

鲁奥和凡·东恩同年在布达佩斯的"艺术家之家"（Müvészház）展出。除了是狂热奢侈的藏家以外，内梅什还是"出手阔绰的冒险家，他在巴伐利亚（Bavaria）买下了城堡，在威尼斯买了宫殿，还在巴黎买了几座房子，他买这些东西就像其他人买一顶帽子和伞那样随意"。[86] 不久他就欠了一大笔债——那些鼓励他犯错的巴黎商人向他讨债了。通过坎魏勒，他将毕加索的《拿着曼陀铃的女人》卖给了希楚金，但是他太过沉迷收藏而无法自拔。1918年后，他继续挥霍，不过规模小一点。他的遗产拍卖（1933年）中没有一件毕加索的作品；大概他将它们私下处理了。[87]

*　　　　　*　　　　　*

　　起因于坎魏勒东方政策的收藏没有一桩幸存[88]。那些在一战后没有分散的藏品最后都成了纳粹谴责"entartete Kunst"（堕落艺术）的牺牲品；或者，因为更有眼光的藏家和画商都是犹太人，他们的藏品都被没收了。那些想要将他们的藏品运出德国的藏家都不得不将之卖掉来维持生活。画商比起藏家要幸运得多，他们中的大多数都可以在纽约或瑞士重新开自己的画廊。比如，汤豪赛通过从变成难民的顾客手中重新买回作品而让生意蒸蒸日上。由于纳粹的掠夺，德国藏家在推动毕加索宣传时所扮演的先锋角色变得毫无记录。讽刺的是，坎魏勒和他的伙伴们卖到德国的大部分毕加索的代表作都流到了美国。最终，美国藏家和博物馆馆长通常都被认为是毕加索名誉的建立者。但是，我们不能将德国放在一边，尤其当我们考虑到斯泰因姐弟也是德国出身的时候，他们的父亲是在1841年从巴伐利亚移民美国的。

325

21

亚维农，1914 年

《女人与鸡》，普罗旺斯桑顿雕塑，彩色俑，私人
收藏。

左页：毕加索，《酒吧里的男人》，1914 年夏，布
面油画，238cm×167.5cm，私人收藏。

"现在的艺术家都被赶到南方去了，"阿波利奈尔告诉他的读
者们（1914 年 6 月 14 日），

> "他们不再在布列塔尼（Brittany）或巴黎周边地区度
> 假，就像很多上一代的艺术家那样，画家们现在都向往普
> 罗旺斯。他们甚至抛弃了比利牛斯（Pyrenees）；塞雷再也
> 不是立体主义的圣地了……在参观了纳韦尔（Nevers）后，
> 德兰现在在尼姆（Nimes）。毕加索将于后天加入他，布拉
> 克准备在亚维农附近的索尔格定居。这个地区毫无疑问将
> 会接纳更多其他的画家，其中就有吉里欧（Girieud）、朗伯
> 德（Lombard），可能还有弗里茨（Friesz）、马蒂斯和爱德华
> （Edouard）［谢尔盖？］·费哈特（Férat）。"1

阿波利奈尔对新趋势的判断是正确的，只是细节错了。德兰没有
去尼姆而是去了亚维农，毕加索和伊娃在 6 月 15 日加入他。2 在
和德兰夫妇度过一日之后，毕加索夫妇（伊娃现在自称为毕加索
夫人）就前往附近的塔拉斯孔（Tarascon），他们希望在这里找一
间房子来度夏。毕加索以前在附近旅行时得知了这个地方，他认
为这是一个可以安心工作的好地方。他还记得这里著名的 santons
（普罗旺斯彩绘泥人）。塔拉斯孔离蒙法斐（Montfavet）非常近，
德兰就在这里找到一间房子，离索尔格也非常近，布拉克将于 7
月 5 日到达（从巴黎骑自行车来）。与此同时，这里还足够大，可
以避免立体主义曾经非常需要的和布拉克之间频繁的交往——毕
加索再也不需要这种交往了，而且布拉克的马塞尔和德兰的艾利

斯始终将伊娃视为篡权者，伊娃也更希望避免这种交往。

塔拉斯孔实际上仍然是一个慵懒的普罗旺斯小镇，处于亚维农和阿尔（Arles）的中间，并跨过从博凯尔（Beaucaire）流来的罗纳河（Rhone）。就像博凯尔一样，这里也守护着罗纳河谷的入口，形成一个风道，米斯特拉尔就在这里咆哮着。来到这里非常容易（这里是尼姆－圣雷米和亚维农－阿尔铁路线的交接点），也纯天然未遭破坏。像其他小镇一样，这里也曾经受亚维农教皇的统治，有着宽容的传统；它也被吹捧为犹太区。这儿主要的拱廊街非常像奥尔塔；那些装着百叶窗的赭色房子、中世纪的城堡和壁垒，更不说中世纪的排水道，都让人想起西班牙小镇。所以这里完全缺少关注，除了偶尔的戏弄公牛活动和一个纪念该镇保护者圣玛莎的节日——圣玛莎（Saint Martha）是拉扎勒斯（Lazarus）和柏桑尼的玛丽（Mary of Bethany）的姐姐。（带着在普罗旺斯传道的任务，玛莎因为用圣水屠杀了毁灭村庄的恶龙"塔拉斯克"而获得荣誉。）毕加索和伊娃所居住的塔拉斯孔皇家酒店的确是一个舒适的地方，但是却没有地方让毕加索工作。并且，和其他南部省市的小镇一样，这里也没有可以租的房子——意思是，没有合适的，因为：伊娃是一个迫切需要住房的租客，还坚持要一些家庭便捷条件。"塔拉斯克毁灭了一切，"毕加索向阿波利奈尔抱怨道，"但是到 28 日的圣玛莎节，我们将会驯服它。"[3]

塔拉斯克并没有变得温和。在搜寻房子失败后，毕加索和伊娃重新回到亚维农投宿努维尔大酒店（Grand Nouvel Hotel），这家饭店位于共和广场旁，临近教皇宫。这次的选择令他们比较满意。6 月 23 日，伊娃写信给格特鲁德·斯泰因说："今天早上，巴勃罗在这里找到一间有些西班牙风格的合适房子。他不得不去看望那个有钱的（共济会会员）还有些迷人的房子主人，他已经 85岁了。他以为巴勃罗是一个油漆工，还想着帮他找工作。这次我们找到的房子有点家的感觉；那种放荡不羁的酒店生活并不适合我们。"[4]两天后（6 月 25 日），毕加索给格特鲁德和艾利斯寄了一张虚构的狗的素描，狗的名字叫作"肉肠"（Saucisson），还告诉她们，他和伊娃就在那天搬到了圣伯纳德（Saint Bernard）街14 号。[5]

除了跟阿波利奈尔和雅各布保持联络并告知他们自己的所在

328

爱德华·安东尼·马塞尔，《米斯特拉尔的崇拜》，在毕加索寄给阿波利奈尔的明信片上，1914年6月，毕加索博物馆。

上左：塔拉斯孔堡，在伊娃和毕加索格特鲁德·斯泰因和艾利斯·托克勒斯的明信片上，1914 年 6 月 25 日，耶鲁大学贝尼克珍本与手稿图书馆。

中左：塔拉斯孔的普罗旺斯牛仔，在毕加索给格特鲁德·斯泰因的明信片上，1914 年 6 月 14 日，耶鲁大学贝尼克珍本与手稿图书馆。

上右：教皇宫，亚维农，在毕加索给格特鲁德·斯泰因的明信片上，1914 年 9 月 9 日，耶鲁大学贝尼克珍本与手稿图书馆。

中右：圣马尔特医院，亚维农，明信片，约 1910 年，市政档案，亚维农。

下：德兰，毕加索圣伯纳德街的房子，亚维农，1914 年，布面油画，私人收藏。

地，毕加索还给他们寄了印着爱德华·安东尼·马塞尔（Edouard-Antonie Marsal）平庸作品《米斯特拉尔的崇拜》（Apotheosis of Mistral）的一套明信片（这位有名的普罗旺斯诗人在那年初刚去世），并承诺给他们每人各画一张。一个星期左右之后（7月4日），阿波利奈尔从慕尼黑回信过来，这封信比以往都要长，解释了他刚构想出的诗律的新形式：那些"表意文字"［ideogram，他很快改为"图形诗"（calligram）］的诗歌，其外形来自用它们的内在主题而不是已经被接受的一些韵律形式。信中还附了一个让毕加索愉快的例子："烟斗和画笔。""你会在下一期的《巴黎夜谈》中看到更多，"诗人承诺道。[6] 诗人的图形诗引起了毕加索的好奇，但却并没有给他留下深刻的印象。当几年后被问及它们是否是对拼贴画的回应时，这位艺术家不屑地耸了耸肩。

圣伯纳德街的建筑已经被毁掉了，但是德兰曾为它画过一幅画（罗杰·弗莱买下了这件作品），所以我们有了记录。它看起来就像伊娃说的那样，是迷人的西班牙风格，墙壁刷白，围着一个小院子。这是让毕加索感到骄傲的一个形象：马赛克拼成的地板，可能启发了他静物画中不断增加的马赛克式点彩主义。毕加索用一间照明不好的阁楼当工作室。"要习惯在这里作画实在是一件困难的事，"他告诉坎魏勒。[7] 窗户看上去很小；这整栋房子还处于圣玛特（Saint-Marthe）酒店令人生畏的立面阴影之中（长达200码）。这个阴森的18世纪建筑最初是一间孤儿院兼济贫院，后来变成了兵营，最后几乎废弃了，除了一个侧翼被改作艺术学校。毕加索住所后面有一座小教堂式的房子位于医院的尾部，那是医院的太平间。在医院的另一边，壁垒若隐若现，由维欧勒·勒·杜克（Viollet-Le-Duc）重新在顶部修建了堞口。连接壁垒的是出租马车车夫喂养马的马厩和停放出租马车的地方。回忆起亚维农，毕加索说，曾经有一个马车车夫让他画一张广告牌子，写上"Fumier à vendre"（出售肥料），他后来想到用点彩主义的花饰画一个色彩斑斓的广告牌。他催促我找出这个广告牌。"现在它一定非常值钱。"因为我住得离那儿很近，所以我也试过，但是在40年后，这个广告牌的线索已经没有了。

为了做家务，伊娃雇用了一个女仆；但是，正如她告诉格特鲁德·斯泰因那样，她对这个女人产生了非常深的感情——这是她一天中大部分时间唯一的同伴——以至于她无法强迫自己使唤她。[8] 因为对这些事情的强迫症，伊娃最后只好自己下厨和做大部分家务。（毕加索画的那个令人难忘的、脸部分叉、穿着普罗旺斯服装的干扁老太婆是否有可能就是那位女仆呢？）伊娃还用缝补自己的长袜和毕加索的短袜来消磨时间，当战争爆发时，她就为军队缝套头露脸帽（Balaclavas）。伊娃写给格特鲁德和艾利斯的信中透露着一种温暖幸福的感受，但却不太可信。她小心翼翼地保守着自己健康状况的秘密，这实际上是一个反复出现的烦恼源头；她还小心翼翼地让那些喜欢打听的好心人相信自己能够胜任工作，正忙着做一个模范伴侣和最终的妻子，同时也是男人最需要和最值得的女人。虽然伊娃也很担心——在这方面她比费尔南多好多了，尽管毕加索明显地爱慕着她，但很难相信像他那样喜欢嫖妓的人从来没有享受过亚维农最臭名昭著的魅力——妓院，（据雅各布所说）这里的妓院跟法国任何地方一样多。[9] 说它是《亚维农少女》的灵感来源也是错误的。

说圣伯纳德街的房子属于马克思·雅各布的亚维农祖母，同样被证明是杜撰的。在一封写给坎魏勒的信的边缘，毕加索记录到，这里是雷内·赛沙（René Seyssaud）的出生地，他是一个非常次要的野兽派画家，毕加索曾在沃拉尔和伯恩海姆的画廊中见过他的作品。[10] 赛沙和他的朋友奥古斯特·沙博（Auguste Chabaud，他同样在伯恩海姆的画廊中展出作品，也参加过军械库展览）也可以从伊娃向艾利斯·托克勒斯描述的艺术家中辨认出来："巴勃罗认识了一些亚维农画家，还常常去看他们。"[11] 毕加索主要联系的当地艺术家是友好的马赛人皮埃尔·吉里欧。吉里欧是萨尔蒙和帕科·杜里奥的密友，也是狡兔酒吧的支柱，他那件色彩丰富的金刚鹦鹉的油画就挂在毕加索那件齐名的作品旁。吉里欧还在1911年创作了一件笨拙的高更式的伊娃肖像画，并于同年在秋季沙龙展出。[这届沙龙的开幕式启发了毕加索描绘阿尔弗雷德·朗伯德（Alfred Lombard）的讽刺漫画，朗伯德是吉里欧的朋友，也是一位亚维农画家；见 208 页。]阿波利奈尔在他的艺术批评中经常提起吉里欧，但是从来没有温和待他过。毕加索似乎对"颇有希望"但现在却被遗忘了的亨利·杜塞（Henri Doucet）更感兴趣，他是在他的信中唯一提到过的当地画家：他是在 1914 年 11 月，被动员入伍几个月后在行动中去世。

上面提到的都是一些联系松散的画家、诗人、收藏家和音乐家，他们来自法国南部和西南部，并没有形成一个社会运动，但是通过某种方式，利用当地的爱国主义来从事现代艺术事业。他们中的一些人，如赞助人——纳尔博纳的莫里斯·法布尔（Maurice Fabre）、图卢兹的亚瑟·于克（Arthur Huc）、贝济耶的古斯塔夫·法耶特（Gustave Fayet），都是毕加索的早期藏家；一些人是他在塞雷认识的；还有一些是在亚维农刚遇见的。这些人都是外省人，并以此自豪。他们都很有进取心：是崇拜塞尚、凡·高和高更的先锋者。立体主义可能并不全合他们的胃口，但是他们很开心在他们之中有立体主义重要的开拓者。亚维农同样鼓吹自己的艺术运动，那就是十三人群体（Groupe de Treize），他们试图在当地画作中逐渐加入新生活元素——这是他们显然没能成功实现的事业。这些画家和其他来自远如蒙彼利埃和艾克斯普罗旺斯等省市的画家都会聚集在富人咖啡厅（Café Riche）。毕加索跟随着他们；他的一些邮件就是用富人咖啡厅的信纸写的。就是在这里他遇见了分别从索尔格和蒙法斐来的布拉克和德兰；他们来了以后，同样在这里他会和马塞尔和艾利斯相遇。

至于布拉克（在 7 月 15 日的一封写给坎魏勒的信中）提到的毕加索经常去拜访的那位"亚维农社会名流"[13]，只有一个人符合要求：法哥·德·巴龙切利（Folco de Baroncelli），雅翁侯爵（Marquis de Javon），他的祖先在 14 世纪跟随教皇来到亚维农。当地大多数的贵族对于毕加索来说都太过沉闷古板而难以引起他的兴趣，但是巴龙切利是一个正合他心意的人。正是巴龙切利对卡马格（Camargue）地区的公牛和马的激情让他忽视了自己的财富，包括亚维农雄伟的，似乎已荒废的鲁尔宫（Palais du Roure）。在毕加索遇见他之时，他已经失去了大部分的财产；但是，他最近继承了米斯特拉尔（Mistral）的职责，成为费利布里热协会的领导人——这个社会团体是这位诗人和他的朋友在 1854 年建立起来保护普罗旺斯的语言、传统和民俗的，他本人也已经成为当地的传奇。

巴龙切利非常矮小、五官清秀、皮肤黝黑，看起来很像印度人，以至于当坐牛（北美印第安人部落首领）和水牛比尔一

毕加索，《老女人》，1914 年，纸本铅笔，29.8cm×20cm，毕加索后嗣。

皮埃尔·吉里欧，《莱斯博斯岛》（*Lesbos*），1910 年，布面油画，下落不明。

法哥·德·巴龙切利，约 1900 年，鲁尔宫图像志档案（iconographiques du Palais du Roure），亚维农。

起来到卡马格时，据说坐牛将他作为部落的荣誉会员，赠予他"忠诚之鸟"（Faithful Bird）的称号和鹰的羽毛做成的"软帽"（bonnet）。毕加索的朋友让·雨果（Jean Hugo，画家，维克多·雨果的曾孙）向大家回忆了巴龙切利：

> 他那双小巧的双手上戴满了戒指。在为他的亲戚或其他什么人戴孝时，他穿了一件天鹅绒衬衫，和一条很紧密的棉布长裤，并和他的随从一样，戴着宽边帽……他说起话来戴着亚维农特有的唱歌般迷人的声音，这让他非常自豪。他的行为举止很优雅。他总是表达着无限的敬意……[14]

巴龙切利大部分时间都住在卡玛格盐水湖中的一个小岛上，他用芦苇和茅草搭建了一个小屋，小屋周围有着野牛和马群，更不说那些他溺爱的牛仔了。在他高大的白色马背上（"骑手越矮小，马要越高，"他曾这样说），他把时间都花在赶拢牛群和主持戏牛（cockade）与其他跟卡玛格的生活息息相关的民俗节日上。对公牛的崇拜是罗纳河三角洲在大批旅客玷污这里之前的特色，这使得崇拜太阳神的毕加索对这个地区永远充满好感。40 年后，当他又开始去看尼姆和阿尔地区的斗牛运动时（通常都会经过亚维农），他很喜欢谈起他第一次通过巴龙切利知道的普罗旺斯和郎格多克的公牛传统。

就像牛群那样，成群结队的吉普赛人会来往于海边的圣玛丽朝圣教堂而经过亚维农，这让毕加索想起安达卢西亚。晚上，悲调的声音会从壁垒外的营地上传来。在他去参观卡玛格的有火烈鸟的盐水湖时，他又想起去瓜达尔基维尔河（Guadalquivir）的盐沼时的场景，这片盐沼位于塞维利亚南部，同样是令人向往的放纵的朝圣之地——罗西奥（Rocío）。这里的光线也让人想起西班牙。西班牙的艺术家们，包括毕加索，很少对模拟太阳光感兴趣。但是在普罗旺斯，凡·高和更近一些的野兽派总是将自己的调色盘对准光线。现在，毕加索也跟随传统。可能是他工作室里的黑暗和室外的阳光形成了鲜明的对比，可能还有伊娃的病和战争的迫在眉睫激励着他去调亮和鲜艳调色板，并赋予最后阶段的立体主义前所未有的闪耀。

333

卡马格骑士，伊娃给格特鲁德·斯泰因的明信片，1914 年 6 月 28 日，耶鲁大学贝尼克珍本与手稿图书馆。

毕加索，《酒吧里的男人》，1914 年，纸本铅笔，30cm×20cm，毕加索后嗣。

创作过程中的《酒吧里的男人》，1914 年，毕加索拍摄，毕加索档案。

毕加索，《桌边的夫妇》，1914 年夏，纸本铅笔，49.5cm×38cm，毕加索后嗣。

海边的圣玛丽朝圣教堂的船列。

"现在，我只创作大尺幅的油画，"毕加索在 7 月 21 日写信给坎魏勒，"更确切地说……是在想着画它们。我已经开始了一件相当不错的作品……事情在不断进展中，我希望好上帝不要让它们停下来。"[15] 只有一件真正的大尺寸作品（238cm×167.5cm）保存下来:《酒吧里的男人》（the Man at a Bar，1914，通常被描述成"一个坐着的拿着玻璃杯的男人"）。这是毕加索最富有进取心和实验性的后期立体主义作品，也是完成度最少的作品之一。这件作品直到很久以后才签名（为了确认作品的本真性而不是完整性），表明它曾为了重画被放置一边，但后来却没有再改动过。这件作品的图像非常模棱两可，以至于帕劳相信它是为了再现两个而不是一个人物形象。[16] 实际上只有一个人物:不是坐着而是依靠在一个基座或是柜台上，就像我们在很多前期草稿中看到的那样。[17] 毕加索给了手臂和腿太多离谱的自由:一个鳍状的左胳膊被涂成白色，正准备拿一只玻璃杯;右边那只胳膊像一段蓝色的结肠，蜿蜒在整个画面当中，尾部拼接着一只长着几个小手指的球形的手。双腿摇晃着悬挂在空中:左腿在先前的手稿中很容易辨认出来，在最后的作品中变得就像缠绕在服务员胳膊上的餐巾一样。（我们显然在富人咖啡厅里。）整个画面中最容易辨认的区域是这个男人漫画般的脸部:一个头发从中心分开的矩形 [18]，阴囊形状的眼睛，阴茎形状的鼻子平分着小胡须，长着珍珠般小牙齿的嘴和一个巨大的曼陀罗（Mandala）形状的耳朵。毕加索在作品中对身体各部分采用的夸张变形启发了米罗在他对 18 世纪油画的超现实主义阐释中做同样的事，比如《1750 年米尔斯小姐肖像》[Portrait of Mistress Mills in 1750，根据乔治·恩格尔哈特（George Engleheart）的版画绘制]。米罗扩展和加大了米尔斯小姐头上的帽子的弓形（作品右上方），与毕加索在亚维农那件作品中扩展和加大同一位置的男人的耳朵非常相似。

毕加索似乎没能将《酒吧里的男人》改到令他满意，于是他为头脑中的大画布作品尝试另外的想法，其中有一些画的是一个裸体男人和一个裸体女人在桌子的一边懒洋洋地靠在一起的不雅组合，当毕加索用很多素描来描绘一个特定主题时，他通常都不能成功将它们变成油画。他只是让他的图形想象力自由发挥，把

胡安·米罗，《1750 年米尔斯小组肖像》（Portrait of Mistress Mills in 1750），1929 年，布面油画，116.7cm×89.6cm，纽约现代美术馆，詹姆斯·思罗尔·索比（James Thrall Soby）遗赠。

自己看作是造物主，着手重新设计人类，尽管很少按照自己的形像来设计。他在比例和身体部位上都耍了粗暴的小把戏，将头部设想成瓶盖，将手设想成有生命的东西和无生命的东西（爪子、蹄子、鳍以及琴栓、门把手和流苏），把脚设想成桌椅腿，把胳膊设想成精致而扣紧的扶手椅。他还在诸如肠、胸部和双眼、躯干和瓶子等等很多物体的长度和肢体上作双关语。这是尚未成型的（avant la lettre）超现实主义。同年晚些时候，当天气变得更加凉爽，伊娃一定披了一件狐狸皮，上面装饰着玻璃珠眼睛，它的嘴巴咬着尾巴形成扣子。在一件女人素描中（显然是伊娃），她的肩上就披着这件那时十分流行的配饰，毕加索为了好玩，将狐狸的尖脸和穿戴者活的尖脸以及蜷缩在她旁边的德国牧羊犬的更尖的脸形成对比。在他的其他一些素描中，艺术家喜欢开一些小玩笑，即用猪鼻状的扣子来代替女人的鼻子。

毕加索，《披着狐狸毛的伊娃和哨兵》（Eva in a Fox Fur with Sentinelle），1914 年，纸 本 铅 笔，31.5cm×23.5cm，毕加索后嗣。

那件描绘一个拿着玻璃杯的男人的大尺寸未完成作品可以被看作是亚维农时期的杰作《年轻女孩肖像》（Portrait of a Young Girl，如画布后面所写）的序曲。就像前一个夏季的杰作《扶手椅中的女人》那样，这件作品与其说画的是伊娃，不如说与她有关。还应看到，它和马蒂斯也有关，尤其是他那件杰出的交响乐布景般的《红色工作室》（Red Studio，1911 年），这件作品中的家具、雕塑、油画和工作室小摆设都浮在一层血红色的颜料当中。《红色工作室》向毕加索展示了他能够怎样运用一块强烈的颜色（亮绿而非亮红）来作为空间元素。色彩，在之前的案例中证明很难与立体主义相调和，现在终于证明了是一个解决问题的手段而不再是问题。毕加索不是要把空间画得有触觉感，把形式融入其中，他现在用了一块很大的饱和色——这块颜色是平的，但也有深度和实质——就像《红色工作室》表明的那样，所有种类的东西都能够悬浮起来或是在某种程度上溶解在颜料的错觉深度当中。

毕加索发明了一种技术来进一步加强这幅画的矛盾平面性。他从纸上剪下皮草围巾、手套、帽子等物品，然后用颜料在布上加以模拟，还在某些区域加上阴影，这样它们看起来就像盘旋在颜料表面上方一样。就像布拉克 1909—1910 年创作的著名静物画中的视错觉钉子一样，这种技术让毕加索对立体主义手法和拼贴

伊娃和哨兵，1914 年，毕加索档案。

上左：毕加索，《年轻女孩肖像》，1914 年夏，布面油画，130cm×97cm，乔治·蓬皮杜中心国家现代美术馆，巴黎。

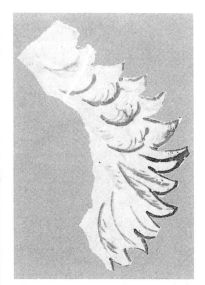

毕加索，与《年轻女孩肖像》有关的剪下的片段，1914 年，毕加索博物馆。

上右：《羽毛围巾》，纸本水粉，24cm×13cm。

下左：《燃烧的木材》，描图纸上油画，15cm×8.5cm。

下中：《灯泡》，铅笔画于纸的两面，10cm×5.8cm。

下右：《灯泡》，纸本油画，12cm×7.2cm。

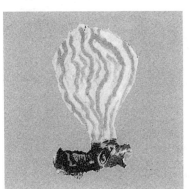

毕加索，《绿色静物》，1914 年夏，布面油画，60cm×79.5cm，现代艺术博物馆，纽约，莉莉·P. 布利斯收藏。

毕加索，《有黑樱桃酒瓶子的静物》，1914 年夏，布面油彩和炭笔，38cm×46cm，约翰·哈伊·惠特尼女士收藏。

马蒂斯，《红色工作室》，1911年，布面油画，181cm×219.1cm，现代艺术博物馆，纽约，西蒙·古根海姆女士资助。

画的功能作了一个讽刺的评论。这个"肖像"中奇怪的是，除了一只浅桃色的手（另一只手戴着手套）以外，伊娃脆弱的身体消失了——消失在背景当中，就像她自己会在18个月之后真正消失一样。和H.G.威尔的《看不见的人》（Invisible Man）一样，衣物是我们从她身上唯一能够看见的东西：一顶用花朵、丝带和带斑点的面纱装饰的帽子（那个时代非常流行厚重的斑点面纱）；一条皮草围巾、带花边的胸襟、两只蓝色袖管，在画面最中间，根据纸本速写来判断，应该是伊娃在乐蓬马歇百货商场购买的花边胸衣。

从剪下来的电灯泡素描（有些有一根灯丝，有些用会聚性的红线来表现温暖），我们可以认出神秘的热气球形状的图案（左下角）。在最终的作品中，毕加索通过将之附在一个滑稽的木头上，并把它放在壁炉前（画面左边绿色底子上的锯齿状黑色裂口），从而将它从光源转变成了热源。但是它看起来仍然有些模棱两可，就像这件作品中的其他物件一样，尤其是那个单色调和三维的东西：这个灰色的立方体钉在壁炉的黑色孔洞外面。这块古怪的灰色表面上是壁炉架的一部分，实际上却表明，所有一切都并非处在表层的绿色颜料和漂亮的点彩主义片段之下。

337

马蒂斯的《红色工作室》和《蓝色静物》（Blue Still Life）的影响同样可以解释为什么同时期另一件杰作《绿色静物》（Green Still Life，藏于MoMA）中的物体和装饰母题看起来像是被吸收进了一片绿色颜料的泳池当中。报纸与桌布融在一起，桌布与桌子融在一起，桌子与墙融在一起。从艺术家之前在画面上留下的笔触泄漏的信息上可以判断出，有些物品已经被覆盖了。其余的亚维农时期的作品就没有那么单色调而且更富有装饰性了；这种风格被误导性地称为洛可可立体主义。"有装饰"（Decorated）实则更为准确："有装饰"（decorated）并非"装饰性"（decorative）。这些作品是晚期立体主义中最抒情的例子：色彩丰富、诙谐、无限的创造性，用一种闪光法画成，使人想起毕加索早期接受的"矫饰主义"（preciosismo）训练——模仿闪光的表面，这种表现方法使19世纪的西班牙画家如玛利亚·福尔图尼（Marià Fortuny）能够展示他们的精湛技巧。[19]可能毕加索想要向他的情人表明他可以画得多么诱人，在他作品中突然出现的甜蜜通常反映出猛增的柔

布拉克站在贝沙湾别墅外，索尔格，1914年，劳伦斯档案。

情。否则怎么解释他画的这些令人垂涎的小饼干、奶油蛋糕、薄片、松脆饼和水果（苹果、石榴、带叶的梨子和一些开胃的柠檬切片），以及阿尼斯·德·莫罗（Anis del Mono）有楞面的酒壶和包着稻草的内格丽达（Negrita）郎姆酒瓶像丑角一样有菱形；即使像烟斗、纸牌和报纸那样历史悠久的立体主义主题都展现着异乎寻常的感觉吸引力（sensuousness）。

巧妙地融入的装饰元素表明毕加索对胡安·格里斯最近的作品盯得很紧，然而绘画上的精细则反映出他受到布拉克生动画面技法的持续恩惠：毕加索将会更有想象力地探索这种技法——最终引起布拉克的怨恨。要是我们能够就这两位艺术家在他们联系非常紧密的这一最后阶段的作品进行一番比较，从毕加索在立体主义内部和外部取得的巨大飞跃这一角度描画一下他们的差异，该有多好！可是不能：1914年的整个夏季，布拉克都在重新装修他在索尔格的新房子——作为一个受过高级训练的手艺人，他坚持自己做所有东西——实际上没有画一幅画。只有在7月25日，入伍前的一个星期，他才告诉坎魏勒："我真高兴我能够租下这栋房子并最终定居于此。这间工作室非常漂亮。我在墙上挂了一些我留在这里的画，已经可以在这里工作了。"[20] 实际上，布拉克在战争中受的伤几乎让他失明，直到伤好以后，他才在这间工作室工作。

亚维农静物画中的创新，其主要来源就在毕加索刚过去的那个时期：尤其是彩绘过的青铜苦艾酒杯和同年初在巴黎画的相关作品。他自己保留了所有苦艾酒作品，除了一件卖给了坎魏勒，他应该拍下了所有得到的作品的照片给他以更新这位艺术家的记忆。毕加索非常注重他的记忆——"这是画家最有用的助手，"他曾这样说过。鉴于他有着巨大的产量，所以他非常依赖于黑白照片提供的记录——他既不会重复自己画成功的东西，也不会重复画得失败了的东西——也要依赖这些照片的帮助，来使他重建在他的严格过程中变得无法理解的步骤（尤其是对他来说无法理解的步骤）。所以，就有了他在战争爆发前大概是写给坎魏勒最后的信中的焦虑："我收到了很多照片，并期盼下一批照片的到来。它们拍得挺好。德雷堂最近有点感觉了。但是这些小玻璃杯实在糟糕，很难从它们中间理解到什么。"[21]

毕加索，《3 个玻璃杯》，1914 年，纸板油画，
30cm×15.5cm，毕加索博物馆。

这些小玻璃杯是很多亚维农静物画的核心图像原型。毕加索很有必要回忆起它们折射光线的不同方式。从此以后，高脚杯（verres à pied），通常都有凹槽，在毕加索的图像库中代替了乐器。的确，它们如此频繁地重复着，以至于观众不得不把这些脆弱的玻璃酒杯，连同其细腰般的腿和轮廓优美的杯口，看作一种隐喻，代表对伊娃的脆弱、性感和被动。（我们还可以回想起毕加索在 1910 年为塞万提斯的玻璃男爵故事画的插图，那个年轻人相信自己的身体是用玻璃做的。）毕加索再也不会将伊娃描绘成吉他了。这些玻璃杯让毕加索可以玩透明和不透明的矛盾游戏，更不用说点彩主义了，通过用点彩来表现点彩，就好像是一种伪装形式，他把对象变成了原子。当毕加索回到巴黎看见零乱摆放在拉斯帕伊大街上的伪装好的大炮车队时，他转头告诉格特鲁德·斯泰因："我们就是干这种事的人。"[22] 在战争期间的很多时候，点彩主义都是他的伪装。

*　　　　*　　　　*

在夏季期间——我们不知道确切的时间——毕加索开始做一种图像相对性的实验，这一实验引起他作品根本上的改变。这个实验采取的形式是用一幅小尺寸的、方形的、自然主义的画来描绘艺术家的工作室，该画在毕加索去世之后才为人所知。焦点是一个拿着浴巾的裸女。在女孩的右边，用铅笔勾勒了一个穿着工作服斜倚在一张桌子边的男人，他坐着，双眼凝视着空间。在女孩后面，是一幅放在画架上的风景画和一个悬挂在布拉克式视错觉钉子上的调色板——表明这些看起来自然主义的形象实际上处于一种立体主义空间。毕加索将这个女孩描绘成艺术家的模特，但是她显然就是伊娃：她有着在其余表现她的作品中同样的小骨架和同样的女孩子气。至于未完成这点，我同意戴克斯说它是故意的观点。[23]毕加索想要对比油画和素描，以及立体主义的空间和透视法的空间。

毕加索，《玻璃杯和瓶子》，1914 年，纸本铅笔，
37.8cm×49.6cm，毕加索博物馆。

因为这是一个工作室主题，这个坐着的男人便被视为一个艺术家：毕加索或跟他相似的人。[24]这是错误的。这个人并不是一个艺术家：他是一个无名的塞尚式"玩牌者"的形象，是南方的人格化。他是咖啡馆里留胡子男人的兄弟，跟他们一样——看书、抽烟、喝酒、弹吉他或玩纸牌，或是像在这里一样，做着白

塞尚，《拿烟斗的人》，1890—1892年，布面油画，91cm×72cm，普希金美术馆，莫斯科。

毕加索，《坐着的人和艺术家的模特》，1914年夏，布面油彩和铅笔，58cm×55.9cm，毕加索博物馆。

让·奥古斯特·多米尼克·安格尔，安德洛墨达习作，约1819年，布面油画，45.8cm×37cm，哈佛大学福格美术馆，格伦维尔·L.温思罗普遗赠。

日梦——他是毕加索过去的三个夏季中在法国南部不断重复描绘的人。在塞尚式农民和安格尔式裸女这两个模特之间的差异是有寓意的：它反映出这两位主导着这一变革时期的 19 世纪大师之间的差异。在毕加索晚年所作的艺术家–模特结构中，他将自己置入图画当中并用创作活动作为生殖活动的隐喻。但是，在这里，他仍将自己置于图画之外。如果这些形象看起来是疏远的，就像是在一个不同的扭曲时空当中，那是因为它们彼此之间没有关系，而只与毕加索有关；就像是所有工作室作品中最优秀的作品之一——《摆姿势的人》（*Les Poseuses*）中那样，模特只与修拉有关。

这个工作室场景可能还与德兰相关。他和毕加索再一次频繁联系，我们可以从德兰画的亚维农的房子得知。与此同时，毕加索得到一件德兰的优秀作品，描绘了一个披着披肩的女孩（1914）——是因为这个女孩的脸和他为格特鲁德·斯泰因画的肖像太像的缘故吗？[25] 同样，毕加索还狡猾地向德兰建议，他们应该在德兰厨房中松动的瓷砖上各自画静物画，再将它们拼成一块四重镶嵌板。这样他们就可以将这个镶嵌板在 6 月 25 日送给坎魏勒作为生日礼物。[26] 通过比较毕加索的强硬小静物画发现，德兰在立体主义的尝试使人想起邓肯·格兰特和瓦内萨·贝尔（Venessa Bell）的优雅装饰画。

德兰从另一次与毕加索的交锋中显现出更多的荣誉。巴斯克画家伊图里诺（Iturrino）的第一次展也是在沃拉尔画廊举办的，他经过亚维农时，毕加索为他画了一张令人震惊的素描肖像——这个脸部看上去很戏剧化的人仿佛戴着一个栩栩如生的面具，嫁接在一个综合立体主义身体上——而德兰则为他画了他最好的肖像画之一。德兰几乎不能够再好地画出这样一张传统再现主义的作品了。他的肖像画可能有助于催促毕加索尝试另一种具像画法。在这个夏季期间，除了工作室油画，他还画了很多自然主义的素描：水果、墨水瓶以及免不了的玻璃杯，还有一些关于一个上了年纪的健身教练的习作，他时而穿着衣服，时而又裸露着，表现得就像一个专业模特。毕加索甚至可能和德兰共用同一个模特。尽管德兰的手头功夫不佳，轻快但无力，但是他时常提倡写生。他还一直将塞尚的神圣名字挂在嘴边，而我们在毕加索的作

德兰,《伊图里诺肖像》,1914 年,布面油画,92cm×65cm,
乔治·蓬皮杜中心国家现代美术馆,巴黎。

毕加索和德兰,《静物》,1914 年夏,瓷砖表面着油彩,54cm×54cm,(合在一起),耶鲁大
学画廊:飞利浦·L.古德温·B.A.1909 年,收藏(詹姆斯·L.古德温,1905 年,亨利·塞奇·古
德温,1927 年,和里士满·L.布朗,1907 年捐赠)。

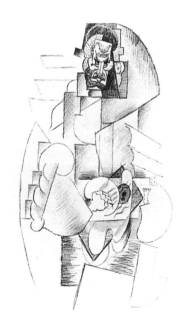

毕加索,《戴帽子弹吉他的人》(伊图里诺),1914 年夏,纸本水彩和铅笔,49.7cm×38cm,
伯格鲁恩画廊,巴黎。

德兰,《戴围巾的女孩》, 1914 年, 布面油画,
61cm×50cm, 毕加索博物馆。

品中可以一再看到塞尚的影子。

　　布拉克显然太忙着装修他的新房子而无暇频繁见毕加索。但是, 正如他在 7 月 25 日写给坎魏勒的信中说的那样, 他希望毕加索能够再次成为他的邻居:"毕加索来拜访过我一次。他仍喜欢索尔格。他想在这里寻找某样东西。"[27] 非常有趣的是, 毕加索表达了同样的愿望, 不过那是在一个月前, 向德兰表达的, 后者同样向坎魏勒保证(6 月 21 日)说:"毕加索可能很快就会变成我的邻居。"[28] 毕加索给坎魏勒和格特鲁德的信中并没有提到他在这方面的任何意愿。他显然选择保持距离, 伊娃也是。追求者现在看起来变成了被追求者。立体主义实际上已发展完毕, 毕加索再也不需要一个合作伙伴了。

342

22

战争爆发

343

"如果多一点立体主义，也就是说多一点现代观念，战争就不会发生了。"[1]

（阿波利奈尔，1915 年，11 月）

毕加索，《玻璃杯和苏士酒瓶（苏士酒）》，1912 年秋，裱糊纸，水粉和炭笔，64.5cm×50cm，华盛顿大学画廊，圣路易斯，大学购买，肯德销售基金，1946 年。

除了对战争爆发的恐惧，不管是在毕加索或他朋友的信件或评论中都没有证据证明他在意识形态上站在哪一边。热心社会主义的坎魏勒在毕加索的观点中没有看到一丝社会主义的痕迹；他说毕加索是不关心政治的——仅仅是一个无政府主义者，因为他是一个自由精神，一个西班牙人。在毕加索的法国警方档案中没有相反的材料，除了一个事实，那就是他曾经有一个室友——佩雷·马纳奇（Pere Mañach）自称是无政府主义者。[2] 但是，不关心政治的姿态并不代表没有一种或另一种政治倾向。一般来说，毕加索是一个自由的人道主义者，只在一件事情上坚持到底：他曾经是并永远是一个和平主义者。这在一战期间可不是容易的事。和平主义者通常会被贬低为叛国贼或逃避者，甚至像阿波利奈尔那样进步的人也会这样做。

很多年后，毕加索在跟戴克斯的一次谈话中证实了他的和平主义：

一天，我带了《玻璃杯和苏士酒瓶》（*The Glass and Bottle of Suze*，拼贴画）[的一张照片给毕加索]，因为在里面我发现有反对巴尔干战争的大型游行示威活动的报道（估计有 4 万人到 10 万人参加游行），这次游行示威于 1912 年 11 月 17 日在圣吉尔维草场（Pré-Saint-Gervais）举行，这是巴黎的一

左页：毕加索，给安德烈·萨尔蒙的信，装饰着旗子和"法国万岁"，1915 年 5 月 6 日，水粉，水彩和纸本印度墨水，17.5cm×11.1cm，毕加索博物馆，阿兰·玛索夫妇（Alain Mazo）捐赠。

个近郊，一个叫做红帽子山丘（Butte du Chapeau Rouge）的地方。当时有德国、俄罗斯、法国社会主义者、无政府主义者和和平主义者发表演讲，还有赞同的叫喊："抵制战争！"（"A bas la Guerre！"）"社会革命万岁！"（"Vive la revolution sociale！"）在法国，这是社会主义党反战斗争史上的一个重大事件……我问毕加索是否有意使用这些［报纸上剪下的］言论，他说："当然……因为这是一件有成千上万人参与的重大事件……噢，是的，我在报纸上发现了那个报道，这是用来表明我反对战争的方式。"[3]

当戴克斯问毕加索为什么将他的和平主义埋藏在一件直到1922年才露面的拼贴画中时，这位艺术家大笑着说，"因为，我知道人们后来会发现并理解它。"[4]根据戴克斯所说："毕加索并不打算制造一次声明来宣布他的政治思想。事实是，这在他的艺术中某个时刻扮演的是私人角色。"[5]

毕加索的和平主义是与生俱来的——可能是原始的。他确信战争和战士都是愚蠢和邪恶的，这种信仰源于他的安达卢西亚传统，正如与之相对的男子气概也同样来自该传统一样。据大卫·吉尔莫（David Gilmore）说，在安达卢西亚，暴力，尤其是张牙舞爪的暴力，被看作是粗鲁。[6]安达卢西亚人对礼仪有着非常高的推崇，并强调自我约束和自我控制。这是很有必要的，因为安达卢西亚男人大都好斗。但是他们的武器是嘲笑而不是刀或枪。他们将身体上的争斗直接转移在动物身上，那就是公牛，或者转移在女性身上，那就是性。"强调的完全是性方面的积极主动而不是拳击本事……在安达卢西亚，强健、斗争和运动冒险都被强烈地贬低。"[7]毕加索的和平主义被一种信念加强，那就是他的艺术比所有其他方面的考虑都更重要，他的幸福，更不说他的生命，必须永远置于绝对安全之中。在当时的情况下，他如果要像几位外籍艺术家一样加入外籍军团（Foreign Legion），不会有什么问题；加入法国国籍也没什么阻碍，就像他怂恿坎魏勒这样做一样。但毕加索却从没有动心，就像坎魏勒也因为同样的理由从未动心一样：这样会卷入不堪设想的兵役当中。

至于回西班牙，也不在考虑之列。那里的生活太土。除此之

毕加索和哨兵，1914 年，毕加索档案。

外，因为法国人会把毕加索的一切都归功于法国，他不能在他的入籍国法国需要他的时候离开它。并且还要考虑到伊娃的健康状况：她不会希望离开她的祖国。总而言之，留下来极为必要，即使关于外国人的官方规定比以往更加严厉和琐碎。

毕加索对战争迫近的第一反应与众不同地务实。预料到坎魏勒画廊的关闭和他作品市场的暴跌后，他和伊娃在宣战（7 月 30 日或 31 日）前一两天跑回巴黎取回了他在银行里所有的钱。"这一招很妙"（C'était le coup de maître），谢尔盖·费哈特写信给索菲奇时这样说。[8] 据马蒂斯所说，总数超过了 10 万金法郎。[9] 毕加索农民般对待金钱的方式引发了他将金块藏在床底的谣言。[10]

除了市民恐慌——成千上万的法国人在战争前夕争先恐后地涌向银行——毕加索还有另一个赶往巴黎的紧急原因。外国人，尤其是来自西班牙的画家、作家和学生，比起以往更加有政治和文化颠覆的嫌疑，被纳入更严密的监视。身份证有效、托关系和将钱握在手中同样重要。就像格里斯在战争爆发之日从科利乌尔写给坎魏勒的信中说的那样："外国人，被召集到市政厅去揭露他们最私密的秘密，被卷入因为身份证无效而被罚款和诉讼当中，有些人还被以驱逐相威胁。"[11] 毕加索对于当局的恐惧在小雕像事件中就加剧了，他急着想要遵照法律条文。同样令他担心的是，坎魏勒因为一批在夏初交出的作品（包括苦艾酒酒杯铜雕）还欠着他 20000 法郎。因为这位画商起初的度假将会变成放逐，毕加索有理由担心他的钱的命运，就像他不久还要担心他最近作品的命运一样。他大部分的朋友都离开了巴黎。格特鲁德和艾利斯在伦敦；但是，毕加索和伊娃的门房让他们能够去弗留拉斯（Fleurus）大街检查绘画托架的安置。

最多 24 小时后，毕加索就和伊娃拿着储备金回到了亚维农。345 他按时和被动员的布拉克和德兰去了车站。作为爱国的后备军人，他们两人都毫无愧疚地赞同战争，迫不及待地准备战斗，这和毕加索相反，毕加索并不隐瞒自己的观点。"我再也没有见过［布拉克和德兰］了，"毕加索告诉坎魏勒。后者后来用了几年的时间来解释这句俏皮话（boutade）是一个隐喻："他当然还见过他们，但是……他的意思是说他们再也不是以前的他们了。"[12] 不管是不是隐喻，这些言辞都被对待得太过严肃。毕加索和布拉克

法兰西银行外拥入的人群，巴黎，1914 年 7 月末的几天。

的亲密的确减弱了，但是亨利·霍普（Henry Hope，写布拉克专著的先锋作家）错误地断言毕加索和布拉克"在战前有些个人矛盾"[13]。雷顿（Leighten）对这个传说添加了东西："据说，［毕加索］和布拉克在亚维农火车站的月台上发生的争执……很可能与毕加索的和平主义有关，或者无论如何与他拒绝加入战争有关。"[14]毕加索和布拉克向我保证他们是以最友好的方式分别的。正如布拉克从前线给马塞尔的信中表明的那样[15]，布拉克继续向毕加索寄去饱含深情的信，从来没有把他包括进被他激烈苛评的逃避者之列，比如德劳内就在其中。"你记得［德劳内］是怎样絮絮叨叨他的爱国主义，"谢尔盖·费哈特写信给索菲奇，"在动员召集的那天，这个私生子就逃到了比亚里茨（Biarritz），还因为一些心脏问题获得遣送而从中受益。"[16]另一个被贬为逃避者的是格莱兹，他刚开始加入了军队，但是在 1915 年娶了朱丽叶·罗什（Juliette Roche）之后，通过她有着政治权势的父亲让自己复员，好让他们一起前往纽约。[17]（如果布拉克开始攻击胡安·格里斯，并不是因为他是逃避者——和毕加索一样，他也拥有西班牙国籍——那是因为布拉克感到"这个前卡通画家"强行挤进立体主义，并在某种程度上因为不需要参战而占据了布拉克的位置。）尽管战争期间，不管是社会、政治还是艺术观念，毕加索和布拉克都会向不同的方向发展，并对对方出言不逊，但是他们之间的纽带却从来没有隔断。根据多拉·玛尔，毕加索最持久的男性友谊，除了那些他在四只猫酒馆的密友外，就是布拉克了。[18]

至于这个团体中那些需要赡养的人，布拉克把马塞尔安排在索尔格的新家中，直到事态更稳定。德兰把自己的狗"哨兵"（Sentinelle）给毕加索照看，但是在战争灾难期间，他将自己的妻子，毕加索曾经的情人委托在马蒂斯的保护之下。与此同时，她留在蒙法斐，她的姐姐在这里加入了她，她们"不断徘徊，就像被折磨的灵魂一样"。[19]想要生活得更好的艾利斯发现自己非常缺钱，就像其他依靠坎魏勒获得收入的人一样——不过显然毕加索不在此之列。

艾利斯·德兰，D.-H. 坎魏勒拍摄，在德兰波拿巴大街的公寓，1914 年，坎魏勒档案，路易斯·莱里斯画廊。

＊　　　　　＊　　　　　＊

对于坎魏勒来说，战争来的时候正是他第一次尝到成功滋味的时候。实际上几乎所有巴黎最好的年轻画家都被他收入麾下。

卢西娅和丹尼尔－亨利·坎魏勒在他们乔治桑大街的公寓，1913年，坎魏勒档案，路易斯·莱里斯画廊。

德兰，《卢西娅·坎魏勒夫人肖像》，1913年，布面油画，92cm×73cm，乔治·蓬皮杜中心国家现代美术馆，巴黎。

他们的作品，尤其是毕加索的，获得了世界范围的关注并有着良好的市场，尤其是在德国和俄罗斯。坎魏勒向他毫无信心的家庭证明，他在他的领域就像他的家庭在他们的领域里那样成功。他和他的妻子搬到一个更大的公寓当中（乔治桑街），他在这里建立了一个日益增长的私人收藏，包括凡·东恩为他画的肖像画，和德兰为他妻子画的肖像画以及非洲雕塑。

尽管坎魏勒为自己的眼光感到自豪，他还是拒绝考虑战争爆发的可能。["我直到最后一分钟都不愿相信"（"Je n'ai pas voulu y croire jusqu'à la dernière minute"）][20] 7月底，他，他的妻子和小泽特（Zette）去了巴伐利亚阿尔卑斯山脉（Bavarian Alps）登山度假。当德国人开始召集后备军人时，他才发现被征入皇帝军队的危险。他急忙和家人穿过瑞士并前往意大利。对于战争爆发，坎魏勒说，"真是件要命的事儿，带来的创伤难以言表，因为对我来说为德国去拼命是不可能的事。"[21] 确实也是"创伤"，因为他希望给他的艺术家带来名气和财富的梦想，更不说他作为立体主义教父的梦想，也因此落空了。直到35年后成功才会再次眷顾坎魏勒。二战后，毕加索重新让坎魏勒做他的经纪人，因此让他能够最终从他的精明中受益匪浅，赚取了大量财富，还赢得了比起其他现代主义画商更多的威望。这位艺术家对坎魏勒的判断力有着完全的信任，所以他总是将最机密的生意委托给坎魏勒，但是他永远不会再让他获得任何真正的控制权。

回到战争刚爆发的第一个月。还停留在意大利的坎魏勒显得不知所措。他必须万事谨慎，因为害怕德国当局可能会因为逃兵役罪惩罚他，并没收他委托给慕尼黑和杜塞尔多夫的作品。与商业伙伴和家庭成员的沟通必须秘密进行。坎魏勒与法国当局的问题更糟。没有什么能阻挡他回巴黎要求归还他的财产——有着他的藏品的公寓和他存货的画廊——前提是他需要加入外籍军团：这是一个违反他和平主义的选择。他还可以接受布伦纳和柯迪的提议，将他和他的存货运往美国，在这里继续经营他们的画廊。如果他动作够快的话，这是最好的解决方式。和以往一样谨慎的坎魏勒最终选择流亡到中立的瑞士，在这里他能够依靠他的老朋友赫尔曼·鲁普夫的施舍度日，他曾在这个伯尔尼的男子服饰经销商初到巴黎时为他提供住宿。流亡意味着他拥有的所有东西都将会被扣押。他的存货被搬到了雷恩街一个潮湿的仓库里，直到在坎魏勒请求下，它们才又重新运回已不再属于他的画廊里。如果他的大部分艺术家不是在前线为他们的生命而战斗，他们可能会抵制政府没收他们的新作。因为不在前线，毕加索比其他人更加愤慨；他开始为扣押作斗争，这件事他完完全全怪在坎魏勒头上。

在伯尔尼定居后，坎魏勒以画商的身份注册，因此他可以协商他从之前的合作伙伴如弗莱希特海姆和汤豪赛那儿拯救回来的一切物品的出售。不幸的是，除了鲁普夫和他的朋友哈多恩（Hadorn）外，很少有瑞士人对现代艺术感兴趣。挫折中，坎魏勒参加了伯尔尼大学的一个哲学课程。他重新读了康德（Kant）和黑格尔（Hegel），并沉浸在阿洛伊斯·李格尔（Alois Riegl）、沃林格（Worringer）和沃尔夫林（Wölfflin）的思想当中，如他的战时文稿表明的那样。[22] 在鲁普夫这位社会主义顽固分子的影响下，坎魏勒赞成他大部分散漫的左派观点，但没有到确信无疑的地步。他显然被鲁普夫教条主义的朋友罗伯特·格里姆（Robert Grimm）吓跑了；这个热血的激进者努力尝试将他和拉德克（Radek）与季诺维也夫（Zinoviev）放在一起，但没有奏效。尽管坎魏勒太过谨慎而无法与布尔什维克党人（Bolsheviks）混在一起，但是他还是与另一些颠覆分子建立了一生的友谊：与他一起流亡的艺术家，如保罗·克利、汉斯·阿尔普（Hans Arp）、年轻的罗马尼亚诗人特里斯坦·查拉（Tristan Tzara），1916年，他曾在苏黎世（Zurich）的伏尔泰咖啡馆（Café Voltaire）掀起达达运动。坎魏勒赞同该运动的虚无主义，但是不赞同它的破坏偶像主义，尤其是当直接攻击他神圣不可侵犯的艺术家时。"狗屎做的教堂"（Cathedrals made of shit）就是达达主义者后来形容立体主义的词汇。

1916年，坎魏勒在他极其有创意的《立体主义之路》中表达了他新发现的观念，这是对他的立体主义主观而教条的叙述。《路》充满了启发性思想，其中的一些甚至超越了它们的时代，但是这些思想并没有令毕加索或布拉克满意。当它1921年终于在法国出版时，毕加索和布拉克都抱怨它太过理论化，太过德国化——这是日耳曼人的黑话，毕加索曾用他的左轮手枪连续射击

坎魏勒的《立体主义之路》封面，设计基于路易斯·马库西斯1910年圣心堂油画。

莫迪里阿尼，《胡安·格里斯》，约1915年，布面油画，55cm×38cm，纽约大都会美术馆：阿德莱德·弥尔顿·德·格鲁特小姐遗赠，1967年。

以叫人闭嘴。沙文主义者攻击立体主义是受了德国人的鼓动，这
也会大大增加毕加索对德国精神科学（Geisteswissenschaft）的所
有华丽甲胄的厌恶。我推测，令毕加索生气的还有，坎魏勒一开
始拒绝接收所有卡达凯斯绘画，只留了一幅，现在却又挑选出卡
达凯斯绘画来特别赞赏——它们被认为"打破了形式"。这篇文章
是在孤立环境下写的，其价值不可避免地会打折扣，他当时没有
任何档案和照片可以参考，更不用说接触相关艺术家了。但是，
考虑到他只有少量卖给鲁普夫的画和自己的记忆可参考，坎魏勒
的研究还是出乎意料地可信。

坎魏勒签约的艺术家中处境最糟的是胡安·格里斯。因为他
逃避了兵役，所以不能回到西班牙，也不能回巴黎，因为他（毫
无根据地）害怕他的回程票不再有效。与此同时，他在科利乌尔
陷入了身无分文的困境中，那里的当局用驱逐来威胁他。幸运的
是，格里斯在马德里认识科利乌尔一户人家的儿子，他们拯救了
他；否则，他和他的妻子就要挨饿了。同样幸运的是，毕加索天
生的仁慈胜过了仇恨，他给格里斯寄了钱。同样在科利乌尔的马
蒂斯也站出来帮助他，还有格特鲁德·斯泰因，她在几个月前开
始收藏格里斯的作品。她给格里斯寄了 200 法郎，并在马蒂斯的
帮助下提出了一个方案，即她和住在巴黎的美国画商布伦纳每个
月付给他 125 法郎来交换他的画。格里斯，这个谨小慎微到愚蠢
的人写信给他被放逐的经纪人坎魏勒来获得继续进行这个公平安
排的允许。坎魏勒援引他们的合约并拒绝任何交换。坎魏勒坚持
他所有的作品都依照合同属于自己。"如果所有东西都属于你，"
格里斯用一种精神异常的语气回复到，后来他还为此道歉，"我就
停止工作，或是将我全部的产出都交给敌产保管处。"[23] 在一些不
得体的讨价还价之后，坎魏勒同意每个月寄 125 法郎给格里斯在
马德里的姐姐，她会把存款寄往巴黎。尽管这个计划让格里斯可
能面临与敌人做交易的指控，但也让坎魏勒有仍在经营的假象。
这个怯弱的艺术家欺骗格特鲁德相信他的钱都是家里人寄来的，
因此再也不需要她的帮助。当她发现真相时，格特鲁德理所当然
地震怒了，并且在战争结束前都拒绝对这位艺术家的任何帮助。
1915 年 4 月，格里斯悄悄摆脱了坎魏勒合约的束缚，与莱昂斯·罗
森伯格（Léonce Rosenberg）签约。

348

至于阿波利奈尔，战争的爆发引发了一系列事件，最后以他的死亡告终。7月底，他去了多维尔（Deauville）为《漫画》杂志的一个配插图的闲谈专栏工作。他是坐作家安德烈·鲁韦尔（André Rouveyre）由专职司机驾驶的车去到那里的，同行的还有一对宠物蟾蜍，分别叫 Di 和 Do，他起初很排斥但随后就迷上了它们。[24] 7月31日深夜，当宣布总动员时，他们还在赌场。听到消息后，他们立即就开车回了巴黎，途中在位于枫丹白露的鲁韦尔的房子停留片刻，阿波利奈尔在这里匆忙完成了一篇尖酸刻薄的文章，"La Fête manquée（有缺憾的节日），"其中写道对"聚会结束"的沉思，他引用了前一个早晨看见的预兆："一个惊奇的黑人穿着银蓝色和暗粉色的长袍，骑单车穿过多维尔的大街小巷……直达海滩。最后他到达海里，似乎潜了进去。瞬间他就只剩下一个海绿色的穆斯林头巾，渐渐被……海浪吞没了。"[25] 阿波利奈尔还写了一首迷人的诗：《小汽车》（La Petite Auto），关于他从多维尔开车来的过程。结尾是这样的：

我们抵达巴黎

当动员的海报贴上了墙

我的朋友和我明白

这辆小汽车将带我们驶向新纪元

尽管两人已是壮年

我们却犹如新生 [26]

尽管对于阿波利奈尔来说并没有参军的必要，因为朋友们已经邀请他在西班牙或瑞士度过战争时光，他却急着要参军。但是在 8 月 24 日，他的申请却被延后了，可能是因为他有囚犯的前科。没有任何兵役或记者的义务，阿波利奈尔可以自由离去享受生活，就像他那时唯一知道的那样。在获得通行证之后，他于 9 月 3 日动身前往尼斯，并立即同一个出身优越的荡妇路易斯·德·科伊妮（Louise de Coligny，被称为 Lou）开始过山车一般的感情，她是一个游离在性冷淡、邪恶和蔑视之间的人。当被她戏弄性的反复无常彻底激怒时，阿波利奈尔回到了招募办公室。这一次，他被炮

毕加索,《炮兵纪尧姆·德·特洛维茨基》(*Guillaume de Kostrowitzky Artilleur*),1914年,纸本墨水,23cm×12.5cm,私人收藏。

德兰作为自行车兵,1914年8月。G.泰拉德(G.Taillade)档案.

兵部队接受了;更重要的是,被卢(Lou)所接受,虽然时间短暂,但她却成为他忠实的奴隶——非常乐意去吸食鸦片,被他鞭打、被他进行肛交,正如在他写给她极其直白的情诗里写的那样:比如,对卢的九窍的冗长叙述:"O Portes de ton corps/Elles sont neuf et je les ai toutes ouvertes。"("噢,你身体的大门 / 它们有九个,但我已开启了全部。")[27] 他们的感情太过热烈而难以延续。在绝望中,阿波利奈尔在一个训练强度高的装甲部队当志愿兵,并在纪律和训练中找到某种安慰。与此同时,他继续给卢写心醉神迷的诗。

阿波利奈尔写给毕加索的战时信很少且间隔时间很长。但是,毕加索的信却幸存下来,它们令人感动地温暖和深情。1915年2月7日,这位艺术家给诗人寄了一些伪装的建议:"我要给你一些炮兵的建议。即使被漆得很灰,飞机都能识别出炮兵和大炮,因为它们的形状还是没变。相反,它们应该用非常明亮的颜色,红一块、黄一块、绿一块、蓝一块、白一块,就像小丑那样。"[28] 最后以 "Je te [原文如此] embrasse mon vieux frère"("拥抱你,我的兄弟")结尾。几个月后,毕加索用他自己的一首图形诗签名,比起阿波利奈尔的"烟斗和画笔"更为简洁:把他的手画成一面三色旗,题写着"我的手化为旗帜祝福你好运。"("To wish you good day my hand becomes a flag.")[29]

阿波利奈尔的同胞路易斯·马库西斯和阿道夫·巴斯勒(Adolphe Basler)也加入了法国军队。"[马库西斯] 昨天来看我并向我展示了他的军士长肩章,"格里斯写信给雷纳尔,"他后来火冒三丈,因为我不小心称呼他为'下士'。"[30] 巴斯勒有着更为严肃的震怒理由,但不是对格里斯。战争爆发前,以业余画商的身份工作,靠艺术批评贴补家用,在一次去纽约的途中,非常愚蠢地将一组重要的毕加索素描作为一小笔贷款的担保品给了斯蒂格利茨。现在,巴斯勒变成了身无分文的法国兵,贪婪的斯蒂格利茨正想方设法占有他的毕加索作品。[31] 另一个波兰人,曾经与巴斯勒签约的基斯林,现在在外籍兵团当志愿兵,后来因负伤而退役。谢尔盖·费哈特仍然是俄罗斯公民,作为护理兵签约,并在巴黎的意大利军队医院工作。美国画商布伦纳同样作为担架员加入了护理团队。甚至莫迪里阿尼也尝试加入军队,但是被证明身体条件差得太远。保加利亚人帕斯金（Pascin）去了纽约，他在那里得到了美国国籍。皮卡比亚在法国军队充分利用了他的开车技术，直到他也决定去纽约为止。夏加尔，在维特伯斯克（Vitebsk）被抓起来，此后便待在俄罗斯，直到十月革命以后，成为当地造型艺术委员。塞维里尼刚娶了保罗·福特（Paul Fort）的女儿，染上了肺结核；他描绘旗帜、飞机、枪和口号的爱国主义组画作品，无疑是对法国沙文主义的让步。刚新婚的玛丽·洛朗森因为和她的德国男爵逃到西班牙而尤其招毕加索和布拉克厌恶，更不说她的前夫阿波利奈尔了。她在这里度过了剩下的战争时间，跟她的丈夫一样，美化她和一群西班牙女士和绅士们一起的生活和娱乐方式，和皮卡比亚夫妇、格莱兹夫妇以及其他战争的逃难者一起外出游玩。

尽管像毕加索那样深刻地反对战争，马蒂斯还是尝试去参军，"［他］被复审了 3 次，但还是因为眼睛的原因而没能去成，"格特鲁德告诉亨利·麦克布莱德。[32] 在别处她凭想象说毕加索的洗衣船邻居埃尔班"个子太小所以被军队拒绝。他可怜地说他带的包裹跟他自己一样重……他因不适合当兵而回了家，那时他快要饿死了"[33]。但这不是真的，斯泰因声称梅青格尔因为"个子不达标"被拒绝也不是真的。

350　　　至于毕加索在军队的朋友，布拉克很快就成为少尉；德兰驻扎在诺曼底的利西厄，被训练成自行车骑手，"但是至今为止却因为一条腿而卧病不起"[34]；弗拉芒克在勒阿弗尔的一家军事油漆商店工作；雷纳尔和萨尔蒙都在现役中——萨尔蒙破产了，靠毕加索和其他朋友的施舍度日。莱歇，毕加索最近对他的作品有所改观并能勉强接受了，他证明自己是蒙帕纳斯艺术家中最勇敢的一个。直到他在 1917 年因中毒而退役，莱歇一直都是工程部的工兵，并参与了最激烈的战役：凡尔登、埃纳河、阿尔贡。只要在能画画的时候，他都会画（有时还是在贝壳上）。在法国 1916 年 10 月反击之前，他在凡尔登画的素描，因为是在危险中画的，所以非常生动。在那些他后来在工作室里画的作品中——《牌局》（La Partie de cartes）和《挖掘工》（Les Foreurs）——比起其他现代主义艺术家，他将机械化的战争表现得更有力量。战争启发莱歇"机械元素"（éléments méchaniques）的概念，这个概念让他将女

莱歇（左）在战壕中，1916 年，私人收藏。

毕加索，《带着法国军帽的士兵头像》，1911—
1915 年，布面油画，63cm×51cm，私人收藏。

人强健的大腿视觉化为明亮的炮筒圆柱体。莱歇将塞尚著名的格言转换成机械美学。在他的余生，莱歇都喜欢叙述他那位以勇敢和多情著名的妻子珍妮（Jeanne）的英雄事迹：她在年轻女仆基基（Kiki，后来被赞美为"蒙帕纳斯的基基"，是基斯林、曼雷和很多人的情人）的帮助下打扮成一个法国兵，来到凡尔登，想和她的"男人"在战渠里睡一觉。她后来被拘捕，眼看就要被当做间谍枪毙的时候，终于发现了正在防空壕里画画的莱歇。在春宵一刻之后，她回到蒙帕纳斯，成为女英雄。[35]

＊　　　　　　＊　　　　　　＊

"亚维农"比起其他地点在毕加索的立体主义作品中出现更为频繁的事实证实了他对这个城镇的独特情感。"我们考虑留在这里直到战争结束，"毕加索写信告诉格特鲁德·斯泰因和艾利斯·托克勒斯（9 月 11 日）[36]，她们此刻仍在英国。比起在巴黎被狂轰乱炸，她们显然更宁愿流放到伦敦。考虑到毕加索反对战争的观念，他在信中（尤其是写给阿波利奈尔的信）装饰着三色旗和好战口号的做法令人惊奇。伊娃肯定是一个沙文主义者；但是我推测这些随手表露的爱国想法，无非是迎合现在所说的政治正确而已。在差不多同样的精神驱使下，毕加索创作了他在亚维农最好的静物画之一：一个粗俗的花瓶饰以交叉的三色旗和文字"Vive la…"（……万岁），他狡猾地把缺少的部分留给观者补全。毕加索对好战者唯一的回应，可能就是反讽性地运用爱国主义的俗套。

"我们并没有穷困潦倒，"毕加索写给格特鲁德的信继续说，"我甚至还可以偶尔工作了，但是当我一想到巴黎，一想到我的房子和所有我们的东西都在那里时，我就焦虑不安。"[37]毕加索实际上正全神贯注地工作着。9 月 22 日，被军队拒绝的马克思·雅各布写信给仍在意大利的坎魏勒："格拉尼斯［Glanis，一个加入法国军队的年轻希腊画家］给我带来了亚维农的消息。我们的毕加索似乎正在创作一些他从来没有创作过的好作品呢。"[38]对此毫无疑问，亚维农适合他。这里没有被空袭的危险，巴黎在 8 月 30 日就遭到了第一次空袭；尽管德国人推进到了离巴黎 20 英里处，但那儿离普罗旺斯有几百英里。现在，作为马恩战役（9 月 6—10 日）的结果，敌军被迫撤退。

352

351

费尔南德·莱歇，《牌局》（La Partie de cartes）习作，1915 年，纸本钢笔，19cm×13.5cm，私人收藏。

卡罗·卡拉，《霞飞的角穿过两个德国立方体刺入马恩》（Joffre's Angle of Penetration on the Marne Against Two German Cubes），1914 年，纸本裱糊纸，新闻用纸，邮票，铅笔，炭精笔蜡笔，墨水和白色，25.5cm×34.3cm，私人收藏。

毕加索，《纸牌、酒杯和朗姆酒瓶》（"Vive la..."），1914—1915 年，布面油彩和沙，54cm×65cm，私人收藏。

耶路撒冷圣门，亚维农，贴有"KUB"的海报，明信片，约1914年，市政档案，亚维农。

抢夺美极乳制品，巴黎，1914年8月。

不管外国人离前线有多么远，他们也无法避免沙文主义扫荡法国。右翼"法兰西行动"（Action Francaise）的狂热领导人，例如莱昂·都德［Léon Daudet，普罗旺斯最著名的作家阿尔丰斯·都德（Alphonse Daudet）的儿子］正让仇外情绪热烈沸腾着。甚至法国国籍的人也不安全。据马克思·雅各布说，可怜的马塞尔（仍未与布拉克结婚）发现自己暂时"作为间谍被拘留在亚维农，最后在没有被强暴的情况下得到释放"[39]。艾利斯·德兰也被拘留了。外国发音名字的店铺的店主都被迫在店头加上解释性公示标语和"法国万岁"的旗子，不然就会有被抢夺的危险；无辜的摄影师以间谍的罪名被指控，有一个差点被以私刑处死。毕加索放低姿态以避免麻烦，但是由于是立体主义者，以及之前左翼和右翼门外汉的攻击目标，他有理由保持警惕。

在战争爆发期间，间谍狂热爆发得极为离奇，对于毕加索来说，形势更为险恶："KUB肉汤事件（l'affaire du bouillon KUB）"。为了宣传他们著名的肉汤，德国美极（Maggi）公司的法国分公司在全法国显眼的地方架起了成百上千的巨型海报。由于字母"K"很少用于法语，所以"KUB"这个词具有明显的德国内涵；除了巨大的字母KUB，这些广告牌还写有只跟管理有关的代码数字。[40] 对于军队中的偏执分子来说，这些引人注目的事物的位置是一种计谋，相关数字的真正目标是提供邻近目标、资源供给等信息以方便德国军队。令人惊奇的是，甚至法国内政部长都赞同这些疯狂的想法。他命令每个省长去毁坏或涂掉所有的KUB广告，尤其是铁路沿线、高架桥和道岔的广告牌。报纸号召摩托车手和自行车手出去消灭这些"阴险"的标志牌。600多人在里尔（Lille）示威，高唱爱国歌曲撕毁广告牌。全法国的孩子们都陷入了相同的狂暴中，被当地的偏执者所煽动。与此同时，警察不考虑更严肃的责任，却去抓捕一些美极的销售员，不仅以间谍的名义，还以他们可能混入有毒牛奶来毒害法国婴儿的名义。

毕加索也有警觉的原因，因为他两年前曾在一件风景画中使用了KUB的海报（240页），并在很多立体主义作品中将这个单词作为视觉或口头的双关语。［布拉克也是如此，他的一件在莫扎特或库布里克（Mozart/Kubelick）海报前的小提琴静物画中也使用了相同的双关语。] 更重要的是，毕加索曾被沃克塞尔公开攻击为 "le chef des messieurs cubists, quelquechose comme le père Ubu-KUB."（"立体主义先生们的首领，像于布王—— KUB 之父那样的东西"）[41]，如果一张简单的海报能够被解释成向敌人发送的信号，那么他那些运用了他们的文字片段晦涩难懂的图像代码、看起来像图表还十分受德国人喜爱的作品又怎么说呢？[42] 确实，这些画商很快就会被贬低为德国特工，他们用立体主义来潜入法国文化并从内部摧毁它。这些暴动者中最坏的一个是个反动的反犹主义者，叫作托尼·托勒（Tony Tollet），他曾演讲攻击"德国犹太的巴黎画商联盟对法国艺术的影响"：

约瑟夫·艾马德，《立方体大师的假期》（Les Vacances du Maître Cube），刊登于《巴黎生活》的卡通，1912 年 7 月 13 日，国家图书馆，巴黎。

> ［他开头道］我想要告诉你们画商联盟对法国艺术的决定性和有害的影响。我想向你们展示他们败坏法国品味的策略……以及他们是怎样把带有德国文化特点的作品——点彩主义、立体主义和未来主义等等——强加在我们假内行的品味上。所有事物——音乐、文学、绘画、雕塑、建筑、装饰艺术、时装，所有一切——都在遭受着我们敌人致命的毒气的破坏性影响。[43]

毕加索变得逐渐易辨认和安格尔式的图式被看作是对沙文主义攻击的回应。[44] 其中可能有一些联系，但我很怀疑，就像我怀疑将毕加索的古典主义看作是由战争的混乱引起的落后的"回归秩序"（rappel à l'ordre）这一看法。在这个背景中，我们永远不应忘记毕加索对于他"现代生活的画家"的身份有明确的意识，也明确意识到他的使命是逆行而不是随波逐流。让他的艺术向当代时尚或美的、品味的标准靠拢是无法想象的。他将永远为自己远远先进于时代精神而自豪。

*　　　　*　　　　*

尽管亚维农离前线十分遥远，这座城市在战争上还是很用力。从阿尔萨斯和洛林前来的难民被安置在学校、工厂和阿罕布拉电影院和皇宫剧院。其他的建筑都被征用为军用医院（包括毕加索房子对面的医院），已经挤满了伤兵。军队驻扎在市政厅、市政剧院、法院、教皇宫，更不说车库和马厩了。社会画家贾克–艾弥尔·布朗许（Jacques-Emile Blanche）生动地记录了战争爆发最初几星期这里的生活（1914年9月19日）：

> 昨天还看上去如此有天主教色彩的亚维农今天就要面对遍布每个角落的军队。我从来没有看见过如此多穿着制服的人。亚维农是一个处理炮灰的工厂。
>
> 这里有大量外籍军团和（所有种类的）军队：俄罗斯人、波兰人、意大利人、希腊人、埃及人；两支穿着红色和蓝色制服的小队正在演习；其中还夹杂着一些黑人和黑白混血儿。如果你向车站方向推进，就会发现印度士兵。从早到晚、从晚到早，蔚蓝海岸线都向前线提供着从东部和远东前来的武装部队，亚历山大军团，展示着各种颜色的皮肤和各式各样的武器。托马斯·库克（Thomas Cook）的代表们为他们的毫无用处而向我们，也就是他们的老顾客道歉。阿尔比恩（Albion，英格兰或不列颠的雅称）之前那些戴着卡其色绑腿和帽子、佩戴左轮手枪和枪套的游客，现在统治了巴黎－里昂－地中海沿线的火车站，让他们从喜马拉雅来的同志到香槟区［Champagne district，一个主要的战争地区］去旅游，在巴黎待几天，随后可能就是基督教土地上的一个坟墓。疯狂至极！[45]

布朗许继续质疑亚维农的撒拉森（Saracen）城墙阴影下停着那么多匹克·弗里因斯饼干公司和亨特利（Huntley）、帕尔梅尔（Palmer）的大货车是否显得不庄重。在战争爆发第二个月，他在普罗旺斯最后的小插曲之一是看见两位截腿伤兵正在米斯特拉尔掀起的强烈白色灰尘中试用他们的新木质义肢。 354

以上是毕加索和伊娃的亚维农生活的背景。尽管他们决定在这里生活到战争结束，这座小镇却开始被集结成扎营基地。毕加索给还在伦敦的格特鲁德和艾利斯寄去了一张明信片，上面是一个兵团正离开亚维农奔赴前线："我们都对法国充满了热情，"毕加索写道，伊娃添加道："法国万岁。"[46]他们两人开始重新考虑是否留在这里。到10月，巴黎看起来开始远离危险。离开巴黎的人们陆续返回。10月6日，毕加索写信给格特鲁德说他可能会在15

日和 20 日之间去首都[47]；他在等待一张支票的消息，可能是坎魏勒欠他的 20000 法郎。这是痴心妄想。这位画商仍躲在锡耶纳；根本不可能回到法国，那里的当局已经扣押了他的个人财产和他画廊的存货；也不能回德国，在那里和平主义者可能会被抓起来甚至枪毙，看起来也不可能为他的妻子、他的私生子和他自己拿到在瑞士定居的签证。与此同时，坎魏勒继续支付着他在巴黎的画廊的租金，他那些被没收的存货又重新回到这里储存。如果这位画商还有钱给他的房东，为什么不能给他的艺术家呢？毕加索仍抱有希望，但是这个渴盼已久的支票却一直未能实现，他越发显得焦虑了。

毕加索很快就有了更为急迫的理由回巴黎。10 月中旬，伊娃在年初做过手术的癌症又复发了。在 10 月 19 日的一封他俩写给格特鲁德的信中，伊娃让刚从伦敦回来的格特鲁德去找找她的专门医师卢梭博士是否还在巴黎——如果有必要的话，让她的女仆去确认一下。"请尽快，"毕加索补充道，"她的手术仍然没有让她痊愈。我们已经在这里看过了医生，但是因为对他一无所知，我们没有足够的信心。可能我们要回巴黎找到专门医生将她的病完全治愈。"[48] 一个星期后，伊娃写信给艾利斯："我没有生病；不过我还是要在巴黎看医生。我们考虑在三周内回来。我希望德国飞机没有那么令人恐惧。"[49] 她给米尔德里德·奥尔德里奇（Mildred Aldrich）寄去了友好的问候，但对艾利斯·德兰颇有微词，她在一个星期前回到了巴黎："我不知道她为什么想要布伦纳的地址，可能是为了完成一件'coup de trafalguar'［见不得人的事］。如果你再次看见她，不要让她知道我们要回来。她很快就会发现的。"伊娃再也不会同情玛丽·洛朗森："跟你一样我觉得她就是一个白痴，她会去天堂的。"[50]

11 月 14 日，毕加索给格特鲁德寄了一封信，信中有一张剪下来的鹰的拼贴画和部分美国国旗，他告诉格特鲁德他们将会乘坐星期二（11 月 17 日）晚上的火车回巴黎，并在第二天去拜访她。[51] 他说他已经积累了很多画布、文件夹和素描本、画架、画笔和颜料，已经开始打包。然后就是一些要去探望的动物：德兰的狗"哨兵"，还有他自己和伊娃的三只猫。回到巴黎，他感到离战争更近一些——尤其是，作为一个 35 岁的壮年男子却没有穿制

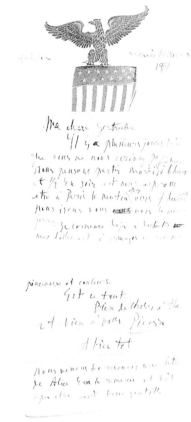

毕加索，写给格特鲁德·斯泰因的装饰着美国国旗的信，1914 年 11 月 14 日，耶鲁大学贝尼克珍本与手稿图书馆。

355

服，自然是甘拜下风的女人们的主要目标。就像格特鲁德说的那样："旧时光已经结束了。"[52]

毕加索寄给格特鲁德·斯泰因的明信片，展示了正在离开亚维农前往前线的军团，1914 年 9 月 11 日，耶鲁大学贝尼克珍本与手稿图书馆。

23

战时巴黎

毕加索在战争爆发前记录下他朋友的行踪，毕加索档案。

左页：毕加索，《男人和狗》（舍尔歇街），1915年春，蚀刻版画和雕刻，27.8cm×21.8cm，毕加索博物馆，从窗户（左上）望向蒙帕纳斯坟场到埃菲尔铁塔。

回到巴黎，毕加索决心从敌人财产保管人的手中，将坎魏勒被没收的他的大量立体主义作品夺回来。正如我们看到的，所有东西都回来了，储存在维农路（rue Vignon）的画廊——所有东西，除了摄影底片由摄影师本人——德雷堂保存在自己的工作室。[1]因为毕加索出售了大部分物品，他不能合法地要回坎魏勒的存货。但是，很多油画、素描和雕塑都没有支付，毕加索坚持说这是他的财产并应该退还给他。他还感到，他比敌人财产保管人有更强的道德理由要回坎魏勒从他那里获得的作品。这些作品难道不能提供给藏家吗？

毕加索需要一个有胆量的律师，还有谁是比年初熊皮公司拍卖的组织者安德烈·勒韦尔更适合推荐的呢？除了是机智而公平的商人外，勒韦尔还是一位信仰艺术家权利的先锋者；他在法国机构的许多层次上都有掌权的熟人。勒韦尔推荐亨利·达内，并在12月2日，带毕加索去了他位于里谢利厄（Richelieu）街85号的办公室。直到有一个查封人被任命处理坎魏勒的案子之前，他们都束手无策。与此同时，法律状况也模糊不清。12月28日，达内写信告诉毕加索，尼克尔（Nicolle）先生被任命处理这位画商的扣押品。[2]六个星期后（1915年1月21日），勒韦尔告诉毕加索，达内已经成功地让尼克尔开始清点坎魏勒的存货，还有一大笔欠这个画廊的钱［其中希楚金欠了"很大一笔"，莱昂斯·罗森伯格（Léonce Rosenberg）欠了12000法郎］。[3]鉴于立体主义的神秘性质，以及坎魏勒很多交易都是在德国谈判的，所以事情比查封人想象的要复杂得多。他们一完成清点（大约在5月中旬？），达内就设法让毕加索还没有付款的作品免除扣押——但却没有成

357

功。他也没能让查封者支付因他们而欠的20000法郎。

这些挫折彻底激怒了毕加索，他对坎魏勒的感情也变为仇恨。他选择忘记这位画商曾为他做的服务，只记住那些消极的事情：他在危急时刻的小气量、没有买很多他的新作以及沃拉尔前来拯救他。沉积的怨恨像洪水一样扑来。毕加索凶恶地谈论清算这间画廊，起诉和让坎魏勒破产——用尽一切报复的手段。令他惊奇的是，这位艺术家发现他在这件事情上的态度是完全孤立的。没有一个他的立体主义同僚（布拉克、莱歇和格里斯）或是前野兽派画家（德兰和弗拉芒克）像毕加索那样控诉，他们用恬淡寡欲的优雅接受了他们的损失。"因为我们大部分人都在战争前线，"布拉克说，"有更急迫的事情要忙。"[4]

坎魏勒在战争爆发的第一个星期写给毕加索寄到亚维农的信没保存下来。（它们可能被交给达内了。）这位画商显然承诺会尽可能快地付给毕加索欠20000法郎的欠款并加上利息。在1920年的一封长长的自我辩解信中，坎魏勒抱怨毕加索拒绝回信。他可以理解这是迫于对法国当局的害怕：毕竟，和敌人通信是重罪。"但是后来，"这位画商接着说，"你就开始了对我的起诉，并且从那时开始，你似乎就在用非常没有道理的怨恨来纠缠我。"[5]

坎魏勒的首席顾问，瑞士货币兑换商尤金·雷尼耶（Eugène Reignier）曾居住在巴黎，正试着让事情和解——不过却没有成功。毕加索把所有事情都用最坏的解释。当被告知坎魏勒在法国银行的账户早已一无所有时，毕加索推断他携款而逃了；然而政府强行暂停了银行，这间对坎魏勒有承诺信用额度的银行也被迫暂停所有事务。更糟糕的是，不仅希楚金和莱昂斯·罗森伯格，其余很多债权人都拒绝付清贷款；因此就导致资金不足。坎魏勒认为毕加索没有权利为一个不能怪他的形势责备他。对毕加索来说，他认为坎魏勒非常应该受到指责：他没有任何预见性。他为什么不在还有时间的时候将他的存货运出去，就算不去纽约，也可以去瑞士啊？至少，他可以考虑让还没有付钱的作品退还到艺术家手中。在这点上毕加索是有道理的。如果他在接下来的10年继续抱怨坎魏勒，那很明显是因为当他第一次来到巴黎时，被无道德的画商残忍地剥削，只能从最黑暗的一面来审视坎魏勒的行为。确实，到1914年，毕加索比起这位画商麾下的任何人都要

胡安·格里斯，《D.-H.坎魏勒肖像》，1921年，纸本铅笔，32.5cm×26cm，乔治·蓬皮杜中心国家现代美术馆，巴黎。

富有，但是他曾经比他们都穷。这就是为什么财产妖怪把他置于如此恐慌之中，这也是为什么他感到让坎魏勒成为他憎恨和害怕的替罪羊是公平的。"Le marchand‐voilà l'ennemi"（"商人就是敌人"），这是他在 1918 年对莱昂斯·罗森伯格的指控，并暗指坎魏勒，其实是发自内心的呐喊。[6]

比控诉坎魏勒更为急迫的事情是找一个人代替他。在接下来的两年中，他都在不断搜寻。沃拉尔是毕加索一直给予最高评价的画商，但却再也无法合作了。他因为战争关掉了画廊，并冒充"学者"来致力于在奢华的《艺术书》(livres d'art) 中纪念他的朋友塞尚和雷诺阿，在法国情报部门的保护下去西班牙和瑞士四处演讲。[7] 现在，沃拉尔有足够的钱来过简单却奢侈的生活，而不再牺牲他珍贵的藏品。他比起以往对与艺术家签约的兴趣更少了。但是，有两位在战前刚刚起步的巴黎画商正迫切想要代替沃拉尔和坎魏勒：他们是莱昂斯·罗森伯格和保罗·纪尧姆。

罗森伯格从 1913 年开始购买毕加索的作品，在战争爆发前，他已拥有了 20 件重要的毕加索作品、10 件布拉克的作品，5 件格里斯的作品和 20 件埃尔班的作品。[8]1914 年，罗森伯格作为联络官加入了法国陆军航空队，但是他的任务一点也不繁重，他打算让自己的画廊在整个战争期间也正常运作。他的野心是接管坎魏勒全部四个立体主义者，并将他们重新组织在他的艾佛特现代画廊旗下。1915 年 4 月，罗森伯格和格里斯签约了。他请假来接受画作，在表面喷漆（通常是在胶合板包装箱的那一面，因为画布既缺乏又很贵），但难以有时间风干：因此格里斯的许多架上油画会出现裂缝和变形。罗森伯格通过勒韦尔主动联系毕加索，很快就开始定期地向他购买作品。同年末，毕加索为罗森伯格创作了一件唯美的安格尔式素描肖像，画中的罗森伯格身着制服，挺拔地站在他刚买下的《滑稽演员》作品前。这件素描的质量反映了对这位模特的某种尊重，他的确拯救了因为坎魏勒的流亡而处于经济困难中的艺术家。罗森伯格用尽一切办法哄骗毕加索长期合作。但是，正如这位艺术家很快发现的那样，罗森伯格只是一个绣花枕头。就像一位立体主义历史学家所写的那样：

他的知识面很广但却肤浅……他声称从立体主义中已经

没有什么可学的了，但是画家们很快意识到他对于立体主义的本质和深度只有很浅的了解。他充满热情地投入的东西最后在理论洞察力和经济稳定方面极其脆弱。[9]

罗森伯格"对我们来说太没有用了，"阿波利奈尔在参观了他的画廊后写信告诉马克思·雅各布（1916 年 3 月 14 日），"真是可悲，那些最为正牌的东西看上去却像垃圾……毕加索的作品放置的位子一点也没有对。在这种气氛中，杰作（chefs d'oeuvre）都沦为了点缀（hors d'oeuvres）。"[10] 毕加索也有同样的结论，1917 年后，他越来越少地卖给罗森伯格。在一定的时候，他更年轻更专业更有洞察力的弟弟保罗取代了莱昂斯的位置，并从他的眼光、天分和他哥哥的失败中获益匪浅。保罗最终偷走了他哥哥所有最好的艺术家。

为了避免被指责手足相争，保罗·罗森伯格让他的搭档约瑟夫（约瑟）·黑塞尔 [Joseph（Jos）Hessel]，向毕加索暗送秋波。尽管玛丽·洛朗森早在 1915 年 2 月份从马德里写信告诉洛克，说毕加索和"我的画商黑塞尔"签约了，[11] 但是什么都没有发生，直到 1917 年 7 月，这位艺术家才同意让内森·维尔登斯坦因（Nathan Wildenstein）支持的由黑塞尔、保罗·罗森伯格（莱昂斯拒绝加入）和乔治·伯恩海姆组成的财团代表自己。[12] 与此同时，毕加索变得比以往更擅于出售他的作品。1915 年底，洛朗森再次从马拉加写信给洛克："这毫无疑问将我激怒了，有人从巴黎写信告诉我毕加索的财富越积越多了。"[13]

罗森伯格的主要竞争对手是保罗·纪尧姆。他是一个银行收账员的儿子，最初为一间汽车修理厂工作，这件修理厂从非洲进口生橡胶来制作轮胎。一天，这些橡胶货物中包括了一个额外津贴——一件来自加蓬的雕塑。这件雕塑改变了纪尧姆的一生。他变得十分沉迷于用他赚取的工资来投资这种陌生的艺术形式。在这个过程中，他与做部落艺术生意的非洲经营者取得了联系并以进口者和"经营者"的身份与他们交易。在他 21 岁之际（1912 年），纪尧姆把卑微的出身抛之脑后，彻底地改造自己。作为一个极为温和而充满自信、并对公共关系有着巨大天赋的年轻人，他开始着手向马克思·雅各布和阿波利奈尔抛出橄榄枝。他看待非

毕加索，《安布鲁瓦兹·沃拉尔肖像》，1915 年 8 月，纸本铅笔，46.5cm×32cm，纽约大都会美术馆，以利沙·维特斯收藏（以利沙·维特斯基金，1947 年）。

毕加索，《莱昂斯·罗森伯格肖像》，1915 年，纸本铅笔，45.7cm×33cm，私人收藏。

360

洲艺术的眼光与进军非洲和大西洋以及现代艺术市场的雄心令他们俩十分惊叹，因此决定将他介绍给他们的画家和藏家朋友。

毕加索也对他印象深刻，据摩勒"男爵"所说，他帮助纪尧姆实现了他的第一次成功。1913 年独立沙龙中的基里柯大大地吸引了毕加索的兴趣，他让阿波利奈尔找到这位画家。他们一起拜访了基里柯的地下室工作室，"对眼前所见着了魔，于是他们决定尽自己所能来推广他的作品。"[14] 他们选择了默默无闻的纪尧姆来推销同样默默无闻的基里柯，他正计划在 1914 年 2 月开一间画廊。经过一番推动，纪尧姆和这位艺术家签约，并承诺每个月付给他 100 法郎来购买他全部的作品。

战争关闭了纪尧姆的第一间画廊；战争让他进入又退出军队，进入又退出另一间画廊。到 1915 年底，他的事业开始走向成功。尽管时间短暂，马克思·雅各布为他找到了一个后援——一个在古物方面极有远见的人，叫作约瑟夫·奥托尼亚（Joseph Altounian），并将它介绍给了莫迪里阿尼和德兰，这位出色的经纪人对他们的声望作出了巨大的贡献。纪尧姆还和另一块试金石保持联系，即正在前线的阿波利奈尔。1915 年末，他问这位诗人怎样才能最好地和坎魏勒的立体主义者们签约。

乔治·德·基里柯，《保罗·纪尧姆肖像》，1915 年，布面油画，79cm×57.2cm，格勒诺布尔美术馆，阿尔贝特·巴尔内斯捐赠，1935 年。

> ［阿波利奈尔回复道］我害怕坎魏勒的画家们都已经签约了，尤其是毕加索，不过你还可以试试。我认为毕加索每年要保证 50000 法郎。其他人要少一些，但是去看看受伤的布拉克中尉吧，他正在莫里斯饭店疗养。[15]

阿波利奈尔还向安德烈·勒韦尔再次确认，他在 1916 年 2 月 17 日回复说：

> ［莱昂斯·］罗森伯格和保罗·纪尧姆能够成功真是让我惊叹，两人做得都不错。我喜欢前者的果断和信仰。我对后者不太了解，但是我已有机会欣赏他的品味，正如我从他那里购买的东西证明的那样，他是有眼光和保证的。[16]

比起将自己束缚在与其中一两个画商身上，毕加索更喜欢让

穿军装的保罗·纪尧姆，1914 年，保尔·吉约姆档案，巴黎。

他们互相争斗——至少在开始的时候。除此之外，他还对纽约抱有希望——并不是对柯迪和布伦纳，他们总是夸夸其谈却又卖得很少，永远都在偿还他们的债务，毕加索是对马吕斯·德·萨亚斯（Marius de Zayas）抱有希望，把他视为朋友。和他在 291 画廊的搭档斯蒂格利茨一起，德·萨亚斯正在开启一项新事业——291 画廊的一个更加商业化的版本，被称作现代画廊（Modern Gallery）。在背后支持它的是皮卡比亚、保罗·哈维兰和他们有力的前同僚艾格尼丝·恩斯特，她已经和银行投资者尤金·梅耶结婚了。在战争爆发的几个星期前，德·萨亚斯和梅耶夫人一起前往巴黎为毕加索、布拉克和原始艺术的展览收购作品。在坎魏勒和皮卡比亚的业余画商妻子加布里埃尔·巴菲特（Gabrielle Buffet）之间，他收集了 18 件毕加索的作品和一些布拉克的。德·萨亚斯准备离开巴黎时，战争即将来临。有先见之明的保罗·纪尧姆又在他的行李箱里尽可能多地加了一些部落雕塑；德·萨亚斯也带回了足够多的作品来举办一场卢梭展。尽管他们最初的展览并没有带来经济上的成功，但是现代画廊的理想主义伙伴们在道义上感受到他们应该继续支持现代主义。所以德·萨亚斯在 1915 年 10 月底回到巴黎，轻松地说服毕加索再寄卖 7 件立体主义作品，包括 1914 年的立体主义杰作《年轻女孩的肖像》（Portrait of a Young Girl，335 页），还有 1915 年的圆木浮雕：当时叫作《花园静物》（Still Life in a Garden）。[17]

德·萨亚斯发现立体主义作品很难卖给美国藏家。连曾渴望成为立体主义的赞助者的汉密尔顿·艾斯特·菲尔德也没有任何兴趣。毕加索因为作品在巴黎卖得更好，所以将更重要的作品都从纽约运了回来。几个月后（1916 年 9 月 14 日），他给德·萨亚斯寄了一封友好但却很务实的信讨论剩下尚未售出的作品：5 件油画（价值 2500 法郎）和 6 件素描（价值 2000 法郎）。

> 因为我想尽快敲定这笔交易……价格是总共 3700 法郎，请你马上寄来。如果你不同意，我希望你将它们寄回来……我把寄到美国的那件肖像卖掉了，就是那件坐在壁炉前的扶手椅中、戴着羽毛围巾的女人肖像，我正在询问价格。您的朋友向您友好地握手，爱您，毕加索。[18]

马吕斯·德·萨亚斯在 291 画廊，1913 年，斯蒂格利茨拍摄，德·萨亚斯档案，塞维利亚。

毕加索，《玻璃杯、烟斗、骰子和梅花 A》（《花园静物》），1914 年夏，着油彩的木头和罐头，直径：34cm，毕加索博物馆。

毕加索没有提到另一件他刚卖掉或正准备卖掉的作品，那就是德·萨亚斯寄还给他的《戴圆顶硬礼帽的男人》（*Man in a Bowler Hat*，1915，369页），买家是同一人：那就是毕加索敏锐的新朋友尤金·埃拉苏里斯（Eugenia Errazuriz）。

不过，感谢德·萨亚斯的热情，让现代画廊也获得一些成功。沃尔特·阿伦斯伯格（Walter Arensberg）一家在这间画廊的两个展览之一中，买下了意义重大的《坐着的裸体》（*Seated Nude*，1910）和各种各样次要的作品。毕加索在美国最大的藏家是爱尔兰裔美国律师约翰·奎恩（John Quinn），从他的巴黎代理人、无处不在的洛克手中进行了大部分交易。同样，德·萨亚斯还打算卖给他极为重要的水粉画《森林中的五个裸体》（*Five Nudes in a Forest*，1908，这是不朽的《三个女人》的源头），以及1910年的立体主义头像。

具有讽刺意味的是，奎因最重要的毕加索作品不是通过像德·萨亚斯或斯蒂格利茨那样的现代主义布道者，而是通过一个有事业心的女人——哈丽雅特·C. 布赖恩特（Harriet C. Bryant）获得的，她更多地是一个装潢师和古董商而不是画商。1915年初，布赖恩特小姐委托沃尔特·佩琪（Walter Pach），一位年轻的美国画家和评论家，也是奎因的顾问，去巴黎为她打算3月份在她经营的卡罗尔画廊（Carroll Galleries）举办的展览寻找现代绘画作品。作为一个艺术学生，佩琪常去狡兔酒吧，洛克说，在这里，无休止地唱着"粗鲁的旋律"，让酒吧的常客们厌烦得想哭。[19] 佩琪可能在那里遇见过毕加索并且肯定还学会了怎样吸引沃拉尔，因为他打算劝说这位最固执的画商——比起以往更加固执，现在他关掉了他的画廊并用作品交换黄金——这让卡罗尔画廊拥有了5件毕加索的作品委托出售。[20] 沃拉尔肯定怀疑过是奎恩在背后支持，他以暗中操作著名；否则，他不可能如此积极。事实的确如此，在卡罗尔画廊展览开幕之前，奎恩写信给他，向他推荐布赖恩特小姐的建议并愿意买下所有5件毕加索的作品。沃拉尔接受了。同年晚些时候，奎恩有了第6件油画，一件早期立体主义静物画，可能是这位画商在1909年毕加索从奥尔塔回来时在他手里购买的。奎恩总共花了21500法郎来收购作品。两年后，他以12000法郎的价格从沃拉尔那里买下1906年的代表作《两个裸

363

右：毕加索，《坐着的裸体》，1910 年秋，布面油画，98.5cm×77cm，费城美术馆，路易斯和沃尔特·阿伦斯伯格收藏。

左上：毕加索，《站着的女性裸体》，1910 年春，布面油画，97.7cm×76.2cm（约翰·奎恩的正式收藏）。阿尔布雷特·诺克斯画廊（Albright-Knox），纽约州水牛城。

左下：毕加索，《有乐器和水果碗的静物》，1913 年，布面油画，100cm×81cm（以前为阿瑟·B.戴维斯收藏，修复前拍摄），私人收藏。

体》，并因此成为毕加索在美国最大的藏家，比起他曾提到的竞争对手——"粗野的巴尔内斯博士（brute Dr. Barnes）"有辨别力多了。奎恩的收购是一个历史趋势的征兆：美国正在代替德国成为传播毕加索作品的主要市场。

*　　　　　*　　　　　*

乔治·德·基里柯，《毕加索与谢尔盖、海伦和利奥波德·叙尔瓦奇用餐》，1915年，纸本钢笔，32.5cm×23.5cm，德双信托基金（Desshau Trust）。

这时的毕加索有足够理由担心伊娃的病了。1915年1月中旬，她做了另一次手术，也没能够成功治好她的癌症。2月7日，毕加索告诉阿波利奈尔，伊娃已经在一个私人疗养院住了一个月。"我非常担心，都无法抽出时间写信给你，但是现在她看上去好些了，我会更频繁地写信给你的。"[21] 在手术后的那几天，毕加索与海伦·奥丁根和谢尔盖·费哈特一同进餐。他们有一部电话，所以他可以和伊娃的医生们保持联系。"那就是为什么我不能来与你共进午餐和晚餐，"他向格特鲁德·斯泰因和艾利斯·托克勒斯解释说。[22] 和"这些俄国人"一起生活有更多的好处。尽管谢尔盖在意大利医院工作到很晚，海伦仍然打算招待遗留在蒙帕纳斯的知识分子。客人们都会带着迷人的女伴。

因为伊娃被困在私人疗养院，毕加索开始四处寻找情妇。候选人可不缺乏。他对艾琳·拉古特（Irène Lagut）充满了幻想，但是她属于谢尔盖，所以他没有纠缠她——至少目前没有。后来出现了她的一个朋友，是一个画家和布景设计师，叫作海伦·佩尔德瑞特（Hélène Perdriat），她是洛克的情妇之一［他叫她"王后"（La Reine）］。她的"风流"众所周知。但是毕加索对一夜风流并不感兴趣；他在寻找的人，不仅要迷人，更要足够聪明来掌握他的兴趣所在，还要能够理解他的工作是第一位的。所以，他忙着秘密地进行一场恋情，如果发展顺利，将会在祭坛前结束。

这里说的女孩，戈比·德佩尔（Gaby Depeyre），住在附近拉斯佩尔大街一栋房子的顶楼。他们是怎样遇见的我们不知道。安德烈·萨尔蒙声称曾怂恿毕加索去一家当地的卡巴莱歌舞厅去看她唱歌和跳舞。他曾用"Gaby la Catalane"（加泰罗尼亚的戈比）提到过她。[23] 但是萨尔蒙一点也不可靠。戈比是一个巴黎人：一个开放的蒙帕纳斯女孩，大概是伊娃或艾琳·拉古特的朋友。关于这段恋情是何时开始的，谢尔盖在1915年12月13日写信告诉索菲奇，伊娃快要死了，但是毕加索"在7个月前就有新的女人了"。[24] 我推测他们遇见的时间还要早点，应该在 1 月或 2 月伊娃做手术的时候。两边都需要谨慎。毕加索不会想让伊娃听说关于他的一场严肃交往。戈比也不会希望她的另一个爱人，赫伯特·莱斯皮纳斯（Herbert Lespinasse）尴尬地知道她的出轨，尽管他很可能早就知道了，莱斯皮纳斯是一个美国出生的版画家和诗人，她最终嫁给了他。

　　戈比第一次遇见毕加索时已经 27 岁了。她那带着古典轮廓的柔弱美启发了许多轮廓清晰的画，如一面希腊镜子背面的装饰图案。这段时间，毕加索为他的情人描绘的是自然主义的素描肖像，这些肖像的目的在于取悦她而不是扩展他的艺术疆土。不再公开表达他的爱意，就像他之前对伊娃做的那样，通过在立体主义静物画中刻下"Ma Jolie"（我的小美人）和其他爱的记号（大部分都被卖了），毕加索这次是私下地向戈比表达他的激情。在这些肖像素描和水彩画的边缘，他都加上了情书长度的题铭，只给她一个人看。因为他不能冒险在工作室留下任何关于戈比的信息让伊娃发现，毕加索实际上将这一套小画送给了她，她将这些作品一直隐藏了整整 40 年。直到生命的最后，戈比才决定出售她的毕加索纪念品，并愚蠢地抹掉了很多示爱的信息，但是它们已经足够表明毕加索的爱是多么脆弱了。他证明自己对爱的悲伤（chagrin d'amour）更加脆弱。

　　毕加索为戈比画的 3 件普罗旺斯夏季的室内作品反映出他们在 1915 年夏季或秋季一定秘密地去了那里。确实没有他在这个时候离开巴黎的记录，但是这些房间的田园风格——陶瓷盆、有灯芯草垫的椅子（rush-bottomed），普罗旺斯式衣柜（babuts），一捆捆葡萄藤做成的引火物（serment de vigne），马赛地板砖（tommettes de Marseille）还有开放式的壁炉上放着带有铁架的烹煮罐——这一切都证明是在南方。毕加索不会带戈比去塞雷、索尔格或亚维农，因为害怕被认出来。相反，他可能去了一个新的安静的海边，或者是在圣特罗佩未遭破坏的渔村，那个除了几个画家和戈比未来的丈夫外尚未被人发现的地方？[25] 作为最早在此定居的人之一，赫伯特·莱斯皮纳斯在卡诺比尔斯（Canoubiers）海湾买下了一栋美如画的房子，蒙帕纳斯的精英们，像基斯林和他的基基、帕斯金夫妇和刚结婚的尼尔斯·德·达代尔夫妇都喜欢

戈比·德佩尔，约 1915—1916 年，毕加索档案。

毕加索，《回来吧，我的爱……》（Reviens mon amour...），1916 年，纸本水彩，17.5cm×13cm，毕加索博物馆。

来这里放松。[26] 在被主人的左轮手枪唤醒后，客人们会去寻找水和柴，一天中剩下的时间或乘坐莱斯皮纳斯的渔船，或裸着身体在他的海滩游玩。不管莱斯皮纳斯有没有在这里，戈比可能都来过一次。对毕加索来说，他渴望着逃离巴黎，逃离伊娃病情的阴影，逃离在战争最残酷的时候不是一名士兵的耻辱，除了清新而散发活力的地中海海湾，还有什么更好的避难所呢？毕加索的主要问题是找一个令人信服的离开伊娃几天的好借口。

关于这次度蜜月似的旅行更吸引人的记录是一件描绘普罗旺斯厨房的水彩画，上面写有思念性的题词，同样也是水彩。毕加索描绘了"那个通往卧室的小楼梯"，并以"*Je t'aime de toutes les couleurs*"（我用每种颜色来爱你）结束，后面还加上了"JE T'AIME"（我爱你），用 6 种不同的颜色写了 6 次。典型的毕加索式想象力、迷恋、孩子气才能想出这类表达情感的巧妙方法，另一种方法是：他的名字巧妙地缠绕着她的名字，书法式的缠绵。

除了室内和肖像素描，毕加索还给了戈比很多恋爱纪念品：一些小型的装饰镶嵌板，它们可能是用来刺绣的；一串相称的木质念珠，每一件都是用不同的几何母题精心描绘而成；还有一组贝壳大小的水粉画（一件有寓意的肖像，戈比在一个飞在空中的小天使下面，还有三件温和的立体主义静物画——是同主题的复杂小变体）。显然他设法去讨好戈比天真的眼睛；它们也表明毕加索在协调再现主义（representationalism）、装饰和综合立体主义的要求上再也没有任何困难。[有意思的是，毕加索给戈比那件唯一重要的作品《牡丹花》（*Peonies*，1901）[27] 是非常传统的。]这组微型作品的每一件后面都有不同的爱的宣言，戈比——或是毕加索？——把这组作品跟他们两人的照片装在一个框子里。中间的标志性母题再次宣告了"JE T'AIME"（我爱你）。毕加索从来没有向伊娃表达过如此意味深长的示爱，也没有用如此多情的题字向任何其他女人表达过赞美，更不说这种独有的风格了。

在一件他给戈比的素描自画像中，毕加索取笑地将自己描绘成一个传统的像秘密追求者一样的人，一手拿着帽子，另一手拿着一盒巧克力。他正凝望着工作室的窗户，心上人正从窗户望向外面，等待着迪亚戈·里维拉（在背景）离开，这样她就可以向毕加索示意现场已安全。值得注意的是，资产阶级的礼节通常都

367

365

上左：毕加索，《普罗旺斯厨房》，1916 年，纸本水彩，
17.5cm×15.3cm，毕加索博物馆。

上中：毕加索，《普罗旺斯餐厅》，1916 年，纸本水彩，
17.5cm×11cm，毕加索博物馆。

上右：毕加索，《普罗旺斯卧室》，1916 年，纸本水彩，
17.5cm×13cm，毕加索博物馆。

下：毕加索，戈比·德佩尔，1915—1916 年，纸本铅笔，
28.5cm×22.5cm，毕加索后嗣。

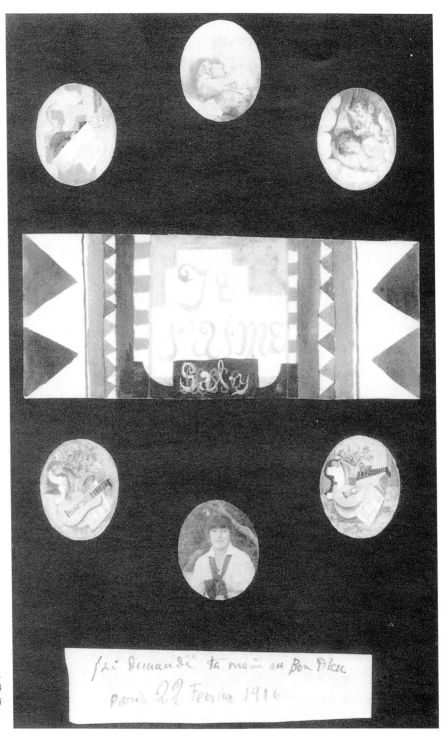

毕加索,《我爱戈比》(Je t'aime Gaby),
1916 年 2 月 22 日,纸本水彩和照片拼
贴（每个椭圆形: 4.2cm×3.5cm；有
注释的卡片: 6.5cm×17.5cm, 3cm×
13.2cm）,毕加索博物馆。

呈现在了他为戈比画的素描中。她看起来非常适合这位艺术家身上出现的新古典主义；但是，他为她发明的俗语在甜腻的晚期雷诺阿和更为收敛的安格尔两种古典主义中交替。这段时间还创作了一件老大师风格的作品，画面上有三个很像戈比的裸体在一片风景之中，这是毕加索从雷诺阿的《帕里斯的评判》获得启发的——这个主题与他的私生活相关。在战后不久，他购买了两件雷诺阿的肥胖的裸女，证实了毕加索对成熟的印象派最香艳阶段的反常偏爱。这种奇怪的品味使人想起瓦格纳（Wagner）晚年的告白："我仰慕罗西尼（Rossini），但不要告诉瓦格纳的崇拜者。"[28]

＊　　　　＊　　　　＊

　　现在，他大部分的密友，除了马克思·雅各布，都在战斗中，毕加索帮几乎已经不存在了。而非常依赖陪伴和朋友支持的毕加索只好和出没在圆顶咖啡厅和园亭咖啡厅或海伦·奥丁根舞会的一般朋友聚会，他们大多是外国人。离去的都是背后骂人的最亲密朋友。在蒙帕纳斯的战时时光是令人绝望的，令人恼怒却又分神。那些被流放者包括了一些意大利人，其中有塞维里尼，要不是毕加索、马克思·雅各布和格特鲁德·斯泰因出钱把他送到巴塞罗那拉蒙·雷万托（Ramon Reventó）一家治疗，他恐怕已死于肺结核了。

368　　莫迪里阿尼也是一个问题，比以往更严重，因为相信鸦片和大麻那样的毒品能够激发艺术家想象力的亚历山大医生，他的精神控制者，也应征入伍了。据马克思·雅各布所说，莫迪里阿尼当时正和"一位杰出的英国诗人［碧翠斯（Beatrice）·］黑斯廷斯（Hastings）生活在一起：后者喜欢酗酒、音乐（是一位钢琴家）、放浪不羁、优雅、德兰士瓦（Transvaal）式装扮，身边围绕着艺术边缘的一帮土匪"[29]。黑斯廷斯［原名艾米丽·艾利斯·黑格（Emily Alice Haigh），出生在南非而不是英国］以"狂野的殖民地女孩"出名。她作为记者在巴黎为 A.R. 奥拉奇（A.R. Orage）的《新时代》（New Age）工作，通过在床头板上刻凹槽来记录她无数的情人。她也因为出席贵芝艺术舞会穿了一件莫迪里阿尼在她的身体上画的错视画裙子而出名。除了成为莫迪里阿尼时间最长的情人以外，黑斯廷斯也当过艾兹拉·庞德（Ezra Pound）、凯瑟琳·曼斯菲尔德（Katherine Mansfield）、奥拉奇和雷蒙德·拉迪

毕加索，《求婚者自画像》，纸本钢笔和墨水，15cm×11.5cm，萨拉加斯帕尔，巴塞罗那。

毕加索，《美惠三女神》，1915—1916 年，纸本铅笔，23.5cm×23.5cm，毕加索后嗣。

阿米地奥·莫迪里阿尼在洗衣船，1915年，可能由保罗·纪尧姆拍摄。

莫迪里阿尼，《碧翠斯·黑斯廷斯》，1916年，布面油画，65cm×46cm，私人收藏。

盖（Raymond Radiguet）的情人，还和安德烈·布勒东、温德姆·刘易斯（Wyndham Lewis）和毕加索有过短暂接触。毕加索显然在阿波利奈尔请假回来时把她介绍给了他。

> ［黑斯廷斯写道］这让我从毕加索那儿获得了一幅画作为礼物，他"出于永恒的感激"画在我的浅黄色手提包上。这幅画有着红色的星星、黑色的玻璃杯、绿色的葡萄和一些精致的白色和灰色的东西，可能是一张桌布或云中寺院——这得取决于你怎么看。[30]

阿波利奈尔利用了一些黑斯廷斯的特点——尤其是她的乱交——来塑造他根据真人改编的小说《怀孕的情人》（*La Femme assise*）中的角色莫德（Maude），一个漂亮的英国尤物。对莫德的爱促使以毕加索为原型的角色巴勃罗·卡诺里斯（Pablo Canouris）后来差点自杀。《怀孕的情人》多少有些事实依据。但是，在这部小说中的莫德的角色上，阿波利奈尔也加入了艾琳·拉古特的特点，这让人迷惑，因为以艾琳为原型的角色叫作艾尔维（Elvire），是小说中的主角。阿波利奈尔这样做的原因将会在第25章中澄清。黑斯廷斯是早期的女性主义者，写过一些优秀的书籍，包括一部关于一个癌症病房的小说，叫作《六夫人》。在黑斯廷斯变成酒鬼之前，人们就把她忘了，但值得把她从湮没中拯救出来。1943年，她把自己和她的宠物老鼠一起用煤气毒死了。

在马克思·雅各布和安德烈·萨尔蒙的压力下，毕加索开始喜欢上莫迪里阿尼和他的作品，还买下一件主要作品，并且不止一次为他当模特，不过当画布紧缺的时候，他把买来的这件作品涂盖了。[31] 但是他对莫迪里阿尼的酗酒和常常拿他开玩笑并没有耐心。"他为什么常常在蒙帕纳斯喝得烂醉，"他曾这样问道，"从来没有在林荫大道上？"[32] 某天晚上（1916年7月或8月），莫迪里阿尼来到毕加索的工作室，喝完一整瓶莫罗茴香酒（Anis del Mono）。当时在场的汉斯·阿尔普写信告诉茜拉·蕾贝（Hilla Rebay），他"匍匐在地板上，嘟囔着所有他看到的野蛮人"。[33]

还有"形而上"的基里柯。当德国人逼近巴黎，希奥尔希奥（Giorgio）和他的弟弟安德里亚［Andrea，后来以阿尔贝托·萨维尼奥（Alberto Savinio）的名义写作、作曲和画画]，还有他们的母亲跟保罗·纪尧姆在诺曼底避难。就像大多数避难者一样，他们在德国人停留马恩后回到了巴黎。直到他和弟弟于1915年夏季加入意大利军队，基里柯都比后来他承认的更多地见到毕加索，通常是在海伦·奥丁根的晚会上。基里柯在漫画中记录了下来，画面上，男爵、她的情人叙尔瓦奇（Survage）、谢尔盖和毕加索一起在卢梭的自画像前共进午餐。尽管毕加索对基里柯作品的赞赏可以追溯到1913年，但是直到1915年他才看见这位他曾称作"le peintre des gares"（火车站画家）的艺术家是怎样帮助他从立体主义转向现代概念上的古典风格的。为了发掘基里柯的影响，我们只需要比较一下他描绘赤裸着上身的父亲的可怕肖像——《孩子的大脑》和毕加索的《戴圆顶硬礼帽的男人》就可以知道了：这是一个嘲弄性的"杜邦先生"（Monsieur Dupont）的形象，他反穿着马甲，并带着小胡子假笑。[34] 在毕加索作品中羽毛形状的眉毛是对基里柯粘乎乎的父亲像中，那些羽毛般的睫毛和体毛的嘲弄性借鉴。在毕加索版本的画面右上角顶部影射阴茎的形状，那是对《孩子的大脑》中右上角那个阴茎形状的红色烟囱的模仿。我怀疑这是一种暗讽，承认在基里柯作品前景中那张阴茎状的书签，跟在毕加索画的忏悔的玛格达琳的书中标出一个位置的那根手淫的手指（参见118页），二者之间有一种呼应关系。在其他作品中，毕加索利用了基里柯作品的空白框架和有框架的图像，并用它们来表示一个图片在另一个图片中产生的平面性；同样也反讽性地用来强调事物，赋予它们高度真实的面貌——阿波利奈尔对此还没有发明"超现实"（sureal）这个术语。基里柯似乎并不认可毕加索对他隐晦的赞美。不久，基里柯就开始反对友好地对他的现代主义者。最终，毕加索也反对基里柯，但是并不反对他的早期作品。1936年，他从保罗·艾吕雅那儿得到了一本"形而上"素描簿和一些手稿。

至于毕加索的西班牙朋友，他更喜欢那些留在西班牙、不会有求于他的人，而不喜欢留在巴黎的人。他仍然会见加泰罗尼亚雕塑家加尔加略（Gargallo），后者于1912年定居巴黎。但是他开始避免见到胡安·格里斯，这个"魔法师的学徒"，以及皮乔特，他站在费尔南多那边。毕加索一直都被南美洲所吸引，1915年到

乔治·德·基里柯，《孩子的大脑》，1914年，布面油画，80cm×65cm，斯德哥尔摩现代博物馆。

毕加索，《戴圆顶硬礼帽的男人》，1915年，布面油画，130cm×89.5cm，芝加哥艺术学院：Leigh B. Block 女士捐赠，以纪念 Albert D.Lasker。

1916 年期间，他频繁地和曼纽尔·奥尔蒂斯·德·萨拉特（Manuel Ortiz de Zarate）见面，这位西班牙征服者的波希米亚狂妄后裔曾在智利有强大的力量。为了逃离他的家庭，奥尔蒂斯移民到了意大利，以模仿圭多·雷尼（Guido Reni）的祭坛画并将它们卖给教区牧师为生。他曾在 1904 年于罗马遇见莫迪里阿尼，后者鼓励他去巴黎。在巴黎，他逐渐成为蒙帕纳斯的重要人物和次要的立体主义画家。阿波利奈尔称奥尔蒂斯为"在巴黎唯一的巴塔哥尼亚人（Patagonian）"[35]。马克思·雅各布非常欢迎他，因为他也自称有幻象。[36] 一位叫做艾米丽·勒·热纳（Emile Le Jeune）的瑞士朋友形容他坐在园亭咖啡厅的阳台上，想象着"一个黄金年代……画家只需要描绘一幅画就可以拿到钱"[37]，一种尚未成型的观念艺术。毕加索因为奥尔蒂斯的睿智、热心和高昂的精神而喜欢他。他们俩都向对方使出顽皮的一面，就像毕加索和马诺罗曾做过那样。

1914 年春，奥尔蒂斯带了年轻的墨西哥立体主义画家迪亚戈·里维拉（Diego Rivera）去毕加索的工作室，里维拉当时正在贝什·威尔（Berthe Weill）画廊举办他的第一次个展：

莫迪里阿尼，《迪亚戈·里维拉》，1914 年，纸本墨水和彩色蜡笔，30cm×22cm，私人收藏。

> ［里维拉写道］我去了毕加索的工作室，激动得像见耶稣基督一样。这次采访真是了不起。毕加索的工作室堆满了他的杰作……至于这个人……感觉他的周围有一圈光晕。我的朋友们和我都全神贯注地盯着他的作品看了几个小时……他让我们看他最隐秘的素描本……毕加索让我留下来跟他共进午餐，午餐后，他和我一起去了我的工作室。在这里，他看了我从开始到最后的每一件作品……我们一起吃了晚饭，并彻夜交谈。我们的话题是立体主义——它到底要完成什么，已经完成了什么，作为一种"新"艺术形式的未来是什么。[38]

370

从此，毕加索成为里维拉的"大师"。一两个月后，里维拉去了西班牙。因为战争，他直到 1915 年春天才回到巴黎。当他再次出现时，毕加索给了他热情的欢迎——他不久就会后悔。里维拉的情人是俄罗斯画家马勒维娜（·沃罗波夫）（Marevna［Vorobov］），她大概因为毕加索对她的进步毫无反应而憎恨毕加索，她说在长长的关于他们技术问题的讨论中，里维拉变得深信毕加索想偷走他的立体主义想法。因为里维拉的理论来源于格莱兹和梅青格尔，涉及了很多与四维相关的讨论——而这一切对于毕加索都是诅咒，所以这是不可能的。"我讨厌他，巴勃罗，"里维拉可能这样告诉马勒维娜，"如果他从我这拿走什么东西，他还是毕加索，但是对于我，他们总是说我抄袭他。总有一天我会把他抛弃，或者我会回墨西哥去。"根据里维拉所说，他们几乎打了起来："[毕加索]看到我拿起墨西哥棒……威胁着要敲爆他[的脑袋？]时就走了。"[39]里维拉的控诉有一点道理，将在第26章阐明。

最后是这些俄国人，他们中的大多数都留在巴黎，就好像预感到十月革命的爆发一样。几年后，毕加索察觉到在他娶奥尔加·科克洛瓦（Olga Khokhlova）很久之前，他在跟巴黎的俄国人打交道时有那么多的俄国因素对他产生影响，以至于有个理发师以为他是俄国人。"我身上有他们的气味，"他说。[40]谢尔盖和海伦让毕加索第一次尝到俄式奢侈的味道。甚至传言海伦和他在这段时间有过短暂恋情；[41]但是，考虑到他和戈比的纠缠以及她和叙尔瓦奇的暧昧，他们俩的恋情更可能是发生在战争之前。与此同时，一个更为活跃和古怪的俄国女人开始在蒙帕纳斯扮演统治角色：精力旺盛的小玛丽·瓦西利耶（Marie Wassilieff）。

在俄国女沙皇的赞助下，瓦西利耶来到了巴黎（1905年前后）学习艺术。"我和圣母玛利亚一样美丽，"她告诉一个访谈者。[42]还有一次自夸：她曾经被一个矮小的老男人搭讪，后来发现这个老男人原来是卢梭。他把她带到工作室，为她拉奏小提琴，并向她求婚。"我不能这样做，"瓦西利耶说，"他的呼吸是那样沉重；他浑身散发着死亡的气息。"[43]通过她的好朋友兼手相家同行马克思·雅各布，瓦西利耶参观洗衣船并结识了毕加索。她还短暂地进入过马蒂斯学院：这个经历启发她在1912年创办了自己的俄罗斯学院（Académie Russe），后来被称为瓦西利耶学院。学院教授是费尔南德·莱歇，在他手下的学生们不管什么时候让他修改作业，他们都要付他5法郎。在战争关闭了她的学校后，这个不知疲倦的女人白天当护士，晚上把她在缅因街的工作室经营成小餐厅为贫穷的艺术家和作家服务。（毕加索以前的朋友帕科·杜里奥在蒙马特经营了一个相似的小餐厅。）

感谢瓦西利耶的天分和精力，她的小卖部立刻就成功了。作为主要经营汤的厨房，允许它在咖啡厅宵禁后继续长时间营业，尽管不能提供红酒或烈酒，但它还是提供了。这间餐厅很快就发展成了一个"国际化文化中心"，人们可以在这里便宜地吃饭喝酒交朋友。瓦西利耶在墙上挂着毕加索、莫迪里阿尼、莱歇、夏加尔和各式各样他自己的手工艺品——伪非洲雕塑和按照常客的形象做成的滑稽娃娃（包括毕加索）。为了驱散战争的阴郁，她用彩色纸来包裹灯光，鼓励人们表演滑稽短剧。雅各布时刻准备好表演有同性恋倾向的歌或舞蹈。毕加索喜欢扮演斗牛士，他用桌布当作披风，一个把食指支在耳朵上的女孩扮演正在发力的公牛。为了博得观众的欢呼，他会用一把想象的剑来操纵她。在醉酒和嗑药之后，孤芳自赏的莫迪里阿尼会慢慢裸露身体，再隆重地背诵但丁或洛特雷阿蒙（Lautréamont）的诗。（"噢，美丽的文艺复兴青年！"据说英国和美国的女孩会这样叹息。）[44] 音乐是从来都不会缺少的——古典、流行或匪夷所思的风格［撒丁（Zadkine）的"骆驼的探戈"或非洲的鼻笛表演］，政治争论和打斗也是不会缺少的。只有当她的小餐厅快要出事时，娇小的瓦西利耶才会停止喧闹。

瓦西利耶的其中一个常客和情人是托洛茨基（Trotsky），他对毕加索作品的崇拜可能就来自他在小餐厅的见面。瓦西利耶与托洛茨基的联系将会带来灾难性的后果。1917 年，她被指控是革命间谍并被软禁；甚至她的私生子都被迫与她分开。（婴儿由费尔南德和珍妮·莱歇照看。）最终，她摆脱了所有指控，小餐厅也从关闭中拯救了出来。对于毕加索和他的蒙马特帮的幸存者，瓦西利耶喧闹的夜晚分散了大家对战争的恐惧，将客人们带回了还没有允许游客进入前在狡兔酒吧的老时光。还有哪里比这儿更好地让像布拉克和莱歇那样伤病退役的艺术家们聚会呢？

*　　　　*　　　　*

尽管毕加索改变了生活模式，在这段惨淡的时间里，他最信任的朋友还是格特鲁德·斯泰因和艾利斯·托克勒斯。她们分享许多小道消息，擅于保守秘密，因此，她们被信任知晓伊娃的病情细节——这些细节除了她们毕加索谁也没说过。因为弗勒吕斯大街（Fleurus）离舍尔歇大街只有几分钟远，这两家人在冬天和春

莫迪里阿尼，《玛丽·瓦西利耶》，约 1915 年，布面油画，72cm×54cm，私人收藏。

天德国人再次袭击巴黎时也频繁地来往着。1915 年 3 月的一个夜晚，他们四人在斯泰因家里用餐时，空袭警报响了起来，这是第一次齐柏林飞艇（zeppelin）攻击。因为格特鲁德的亭子并不是防空的，他们便在看门人更为坚固的角落里避难。在白白等待许久后，他们回到了工作室。在一张点着蜡烛的桌子边，格特鲁德和毕加索一直交谈到凌晨两点，那时艾利斯的"膝盖就像诗歌和散文中形容的那样碰撞在一起"[45]。伊娃刚从一个诊所回来，试图在沙发上挨着她睡，新来的布列塔尼女仆收拾盘子。

372 　　艾利斯对轰炸感到十分不安，同时，格特鲁德也对收入的短缺和花费的飙升感到不安，因此她们决定去西班牙，在那里生活既便宜又安全。战争让她现金短缺，所以格特鲁德不得不卖掉藏品中的一幅画。她的兄弟迈克尔，比起毕加索更支持马蒂斯，让她轻松作出选择。战争前夕，他将 19 件马蒂斯作品运往柏林展览；尽管它们是一个中立的美国人的财产，也被德国人扣押了。作为安慰，迈克尔现在让格特鲁德以 4000 法郎的价格把她最后的马蒂斯作品《戴帽子的女人》（femme au chapeau）卖给他，这是她和列奥最初藏品的基石。她接受了。毕加索该为没有更多他的作品牺牲掉而感到安慰。

　　3 月中旬，格特鲁德和艾利斯以及她们的女仆珍妮动身前往巴塞罗那，之后去了马略卡岛的帕尔马（Palma de Mallorca），她们在这里租下了一栋设备齐全的房子。她们为自己能拥有一个巨大的花园和顽皮的猎鹿犬［她们称它为波利比·布顿·赫伯鲁·雷纳克（Polybe Bouton Geborue Reinach）］而感到高兴不已，最重要的是，她们仍然在一起，并在这里生活了一年左右。在马略卡岛旅居期间，格特鲁德写了"她的'难读'著作中最真实和易懂的文章"[46]，还有一些公开的性片段，在这些描述中，她将艾利斯形容成"她的甜心、她的小鸽子、她的同性宝贝、她亲爱的妻子。书中有很多'女性'（Mrs）的亲吻和爱抚，还有来自她前夫的保证：他将会守信用、真实、努力、繁荣、成功、富有和钟爱她"[47]。格特鲁德和艾利斯重新回到巴黎已是 1916 年 6 月底了，她们在红十字会的工作允许时，继续见毕加索。但是，在帕尔马的那一年，格特鲁德成为艾利斯忠贞的丈夫，她和毕加索之间的联系开始瓦解——两年后，这位艺术家的婚姻将会加快他们关系

从蒙马特看到的齐柏林飞艇袭击巴黎的景象，
1915 年 3 月 21 日。

的瓦解。尽管她并没有停止收藏（大部分是胡安·格里斯的），格特鲁德再也没有买任何毕加索的作品了；尽管他们惺惺相惜，她再也不会成为他的心腹——他的"哥们"了。对毕加索来说，他发现越来越难以接受格特鲁德把她自己视为天才的观点。在情感上艾利斯会最终替代她。

*　　　　*　　　　*

在毕加索帮最初的主要成员中，豁免兵役的人是马克思·雅各布。当德国军队越来越逼近巴黎，这位诗人感到他最好为他藏在昂吉安（Enghien）一位朋友费拉塞尔（Fillacier）家的手稿做一些事。这个小镇是巴黎人仍会去冒险的地方，还没有受到威胁；不过，雅各布决定坐有轨电车来开启这次伟大的拯救任务。费拉塞尔的房子被证明是一个和平而富裕的绿洲。他在这里度过了 1 个月，整理他过去 10 年的工作并在当地一家医院帮忙。当德国人在马恩停止侵占时，雅各布带着 300 首他最喜欢的诗重新回到巴黎。其中最好的一些诗于 1917 年编成《骰子盒》（*Le Cornet à dés*）出版。尽管只在有限的范围内，但这部文集将会给他带来主流诗人的荣誉。回到巴黎，雅各布尝试去从军，就像他的 3 个兄弟所做的那样，但他还是失败了。他的经济总是岌岌可危，而现在比以往更为严重。战争将他大部分的朋友都分散了，也摧毁了对于贫困诗人来说，作为传统避难胜地的上流社会。雅各布不得不想一些新策略：通过自称失业的裁缝（这是他父亲的生意），他开始有获得福利的资格。与此同时，他经常在玛丽·瓦西利耶或是在格特鲁德·范德比尔特·惠特尼（Gertrude Vanderbilt Whitney）为巴黎挨饿的艺术家和作家设立的餐厅里吃非常便宜的东西（一顿三道菜的饭只需 65 分）。

雅各布解决战争苦恼的方式是战时乱交。他的传记作家安德鲁（Andreu）微妙地展开了这一段：马克思把他"寻欢的欲望"增加到极致。[48] 雅各布写信告诉在战争中受伤很严重的莫里斯·雷纳尔：艺术家餐厅允许人们不顾体面地表达他们的自然本能，让他们能够忘记国籍和其他担忧。雅各布越多地陷入他认为罪恶的东西，他对魔鬼的害怕就更为顽固，他赎罪的需求就越发强烈。对他来说，逃离这个恶性循环的唯一方法就是改变信仰。自从在 1909 年圣显之后，雅各布就非常渴望被天主教会接受。但是，教

373

堂不会接受一个被认为是"坏家伙"（mauvais sujet）的人的：爱自吹自擂的骗子、瘾君子、放荡的同性恋者，如果没有更糟糕的话，还是一个褴褛的乞丐和犹太人。

1914年底的某个傍晚，雅各布在一家咖啡厅里向朋友们重新叙述了他进教会的困难，邻桌一个亲切的矮子宣称没有任何真正的问题：他只要去拜访一下巴黎的大主教——红衣主教阿梅特（Amette），他将会安排一切。当雅各布反对说他太过渺小而不能企求红衣主教的帮助时，这个叫作皮卡（Pica，碰巧是毕加索对佳吉列夫的昵称）的矮子将他介绍给锡永圣母院的院长，该圣母院主要负责犹太人的入教，这位院长错将他认作一个叫做维戈勒尔（Vigourel，大概是拉斯帕伊大街酒吧的经营者）的人——雅各布提起了他的圣显的事，做了忏悔并接受了教诲。"有时候我饱含泪水不知所措，"他在1914年11月写信给雷纳尔，"我感到我的风格正在受天主教的影响。"[49]

费兰德神父总有"没完没了"的训诲，他告诉雅各布，他的信仰主要是情感而不是理智上的。雅各布并不这样认为。在他谈论自己信仰的转变时，雅各布说："我相信上帝，因为我曾看见过他。"[50]同样，他相信自己也见过地狱："有一种药草能让我看见恶魔。我在喝了那种草药［莨菪］的酒就会看见恶魔。我必须相信我看见的东西……我的描述和其他人的描述是一样的。"[51]雅各布对恶魔不可抑制的害怕在他转向爱上帝的过程中扮演了重要的角色。[52]但是我们永远不要忘记这位诗人的宗教情感从1909年开始就根深蒂固地存在于对毕加索矛盾的激情中；他还很容易将他所爱的人跟撒旦和上帝相等同——有时是同时看作撒旦和上帝——这取决于这个他爱的人对他常常不太和善的态度。

信仰的转变并非一帆风顺。如果相信雅各布的话——这一次比以往任何时候都更加困难——他和三个女人一起为庆祝圣灵感孕节（Immaculate Conception）放荡了一整天，"其中一个经历了一次精神崩溃"。[53]还有其他诸多问题，比如有失美德，道德上的拷问和怀疑，交放荡朋友的问题，雅各布没有他们就活不下去，尽管（或者说因为？）他们有"可怕的"恶习。这些压力引发了另一次圣显：这次是在蒙马特的电影院里，当时正在放映保罗·费瓦尔（Paul Feval）的电影《黑衣人帮》（*La Bande des habits noirs*）。

马克思·雅各布在他圣邦瓦的修道院房间，1922年6月。

毕加索，《马克思·雅各布》，1915年，纸本铅笔，私人收藏。

A mon frère
Cyprien Max jacob
Souvenir de son
Bapteme.
Jeudi 18 Février 1915
Pablo

毕加索在托马斯·坎佩斯的《效法基督》上的题词，该书作为洗礼的礼物送给马克思·雅各布，1915年2月18日，市立图书馆，奥尔良。

突然，屏幕看上去切换成了一张薄片，在上面有一个非常像1909年出现的那个耶稣的人影出现在雅各布面前，不过这次在他的斗篷下还有一些孩子。"我只能说这是我对孩子的感情得到了他的好感，他正再次给我他的庇护的新证据。"[54]

圣显不会博得教会的好感，除非它们是由杰出的牧师或神经错乱的女孩经历的。雅各布的洗礼反复地拖延着。他的指导者被召回，需要另外找一个；教堂需要维修；他选择的教母西尔韦特·费拉塞尔（Sylvette Fillacier）不能被接受；他的教父毕加索无法追溯他受过洗礼的证据。这是神父在测试他的诚意吗？非常有可能。雅各布的朋友中很少有认真看待他转变信仰的，更不说他的圣显。毕加索是少数几个认真对待此事的人。但这件事也没有减少他的嘲弄。"一个优秀的天主教徒，"他后来这样告诉马克思，"是那种有着很大的公寓、有家庭、仆人和汽车的人。"[55]他力劝常被人冒犯的雅各布以菲亚克（Fiacre）的名字受洗，这是园丁的守护圣徒的名字，后来出租马车也以此命名。这位圣人也因为治疗"圣菲亚克疣"（le fic saint Fiacre）——意思是说，痔瘘而知名。[56]因此毕加索的建议是对雅各布的同性倾向的嘲笑暗示；也暗指他早期诗歌中有一首关于一匹停在大饭店前的出租马车的马。因为它是献给毕加索的，所以这首诗被叫作"毕加索的马"（le cheval de Picasso）而闻名。[57]四年后，雅各布在去看《三角帽》（Le Tricorne）首映的路上被马车碾压并伤得很重，毕加索又提到此事。"所以你被一个菲亚克压了，"毕加索说。"你看我就是个先知。"雅各布受了很严重的伤，他回答说不是一辆马车而是一辆私家汽车。[58]

除了接受训导，雅各布还为毕加索当模特，让他创作了他第一件也是最好的一件安格尔式肖像素描。"真是英俊，"他写信告诉阿波利奈尔（1915年1月7日），"既像我的祖父又像一个加泰罗尼亚老农，还像我的母亲。"[59]毕加索向阿波利奈尔大量展示过他自己的素描和漫画，但并没有把这件素描给雅各布：他一定会把它卖掉的，就像他卖掉了这位艺术家给他的所有东西一样。但是，第二年毕加索就会动怜悯之心给他一个新版本，正式签上名字。预测到它最终会出现在市场，这位艺术家在1933年或1934年雅各布请求施舍10000法郎时把它拿了回来。"可以，"毕加索回答道，"但是请归还你有的我的素描。"[60] 自从《亚维农少女》以来，还没有一件毕加索的作品像这件 1915 年高度完成的肖像画那样在他的追随者中引起恐慌。当它于 1916 年在《活力》[Elan，奥尚芳（Ozenfant）的杂志] 发表时，那些教条主义的立体主义者猛烈地抨击它为反革命的一步——就像雅各布转向信仰天主教一样落后。

终于，在 1915 年 2 月 18 日，锡永圣母院小教堂接纳了雅各布。他没有用菲亚克这个名字，而是用了毕加索的第七个名字——西普里安（Cyprien），因为它和魔法相关。（安提俄克的西普里安和科林斯的西普里安都玩魔术；Cypris 也是维纳斯的另一个名字，因此对于这个前法师来说有着神秘的意义。）毕加索将托马斯·肯皮斯（Thomas à Kempis）的《效法基督》(imitation of Christ) 送给他的教子，并题字道："献给我的兄弟西普里安·马克思·雅各布。他的洗礼纪念。"伊娃没能出席这个典礼：她在医院里。几天后，雅各布要拜见巴黎的大主教，这大概要感谢皮卡的介入。他为了这种场合特意借来了毕加索的大礼帽——毕加索在这顶帽子里面大大地写着自己的名字——他还在洗衣船门口拍照纪念。4 月前，毕加索和雅各布再次分开了。4 月 24 日，这位艺术家写信给阿波利奈尔："我时常去看望雅各布。我们的狗咬了他的手。他已经恢复了。这次咬伤还启发了一首诗。"[61]

*　　　　*　　　　*

1915 年剩下的日子，伊娃在医院里进进出出。11 月初，她最后一次回到疗养院。毕加索尽管对疾病和死亡非常恐惧，但表现得极为关心。他每天都会乘地铁去奥特伊（Auteuil），坐在她的床前，看着她死去。12 月 9 日，他写信给还在马略卡岛的格特鲁德·斯泰因：

> 在你离开后如果我从来没有写信给你请不要惊讶。但是我的生活就像地狱一样——伊娃仍然病着，健康每况愈下，现在她已经在疗养院住了一个月了……我生活得太痛苦了，我都没有办法工作了。我每天都要来回疗养院，有一半时间都花在坐地铁上。我实在没有心情给你写信。
>
> 但是我画了一件滑稽演员的作品，我认为并且很多人认

戴着高帽子的马克思·雅各布，1915 年，毕加索档案。

上：毕加索，《修女》，1915 年，速写本页上铅笔，20cm×13.5cm，玛丽娜·毕加索收藏，克鲁治国家画廊，日内瓦。

下：毕加索，《有莫罗茴香酒瓶的静物》，1915 年秋，布面油画，46cm×54.6cm，底特律艺术学院，罗伯特·H. 坦拿希尔遗赠。

为这是我画过的最好的作品。[62]

　　这件优秀的"滑稽演员"作品是毕加索哀悼正在死去的伊娃的，下一章会详细讨论。甚至在这段时间创作的静物画都反映出她死亡的逼近。比如，在《有莫罗茴香酒瓶的静物》（*Still Life with Bottle of Anis del Mono*）中，毕加索萨满教徒般地将梅花 A 的白底子涂上了最黑的黑色。梅花 A 在传统意义上表示幸运，但是对毕加索（和阿波利奈尔）来说，它代表肛门。在毕加索最喜欢的书《一万一千鞭》里，阿波利奈尔描写了炸弹在一家妓院里爆炸，以及被留下的妓女是怎样用淫荡的姿势躺着，"梅花 A 向那些好色的士兵的目光展示了……一场壮观的屁眼。"[63] 这幅画还包括了一个隐秘编码的自画像：他自己作为一个滑稽演员伪装在拟人化的莫罗茴香酒瓶中，酒瓶上的小块面被转换成菱形。另外一件跟伊娃的死亡相关的重要作品是描绘了一个坐着看报纸的女人，她戴着一顶带有淡紫色面纱的精致帽子——这是哀悼的传统象征装扮。画面上用了一只巨大的白色的鸟装饰，看上去就要活过来飞向天堂似的。

　　毕加索显然把素描本带去了疗养院，通过一幅描绘戴着头巾的修女的素描就能判断（使人想起他的第一件代表作《科学与仁慈》中那个装扮成护士修女的男孩）。他还画了穿着睡衣的病入膏肓的伊娃，那件睡衣和她在《扶手椅中的女人》里那件无袖衬衣有着一样的扇形边缘。像那件她戴着帽子、有鸟的作品一样，伊娃的脸毫无生气，像一块砖，用一个阴茎形状的大鼻子装饰着。她被按透视法缩短得就像布雷拉的那幅曼塔纳（Mantegna）的《死去的耶稣》，她的脚底蹬向我们，好像在暗示她注定会"脚朝前"离开这个房间。[64] 能够表明这不是一具尸体的唯一标志是伊娃的右手正叠在脑后——跟另一件在这种场合下所作的画里描绘的一样，这一切同样证明了他的痛苦、精神混乱和为伊娃会离开他而生气。毕加索无法原谅任何亲密的人死去。

　　伊娃比想象中离去得还要快——1915 年 12 月 14 日，"几乎没有任何痛苦，"正如谢尔盖·费哈特写信告诉索菲奇那样。[65] 毕加索"可能是一位杰出的艺术家，"玛丽·洛朗森写信给洛克，"同样他也是一个可怜的人。在随之而来的孤独之后，也不会是有趣

毕加索，《戴着帽子坐着的女人和切入画面的白色鸟》（伊娃），1915—1916 年，布面油画，80cm×65cm，私人收藏。

毕加索，《临终前的伊娃》，1915 年，纸本铅笔，16cm×24.5cm，私人收藏。

了。"[66] 她的葬礼就像一个黑色幽默。伊娃的家人都被这些长相奇怪、放浪不羁的哀悼者震惊了，他们都是毕加索帮剩下的人，伊娃的家人是第一次见他们。但是令所有人不快的是马克思·雅各布的行为。胡安·格里斯尤其不满，他向雷纳尔报告了此事[67]。尽管天主教最近接纳了马克思，但是他表现得丝毫不像一个好的皈依者。他是在考验上帝的耐心吗？那天非常冷，葬礼随从人员花了很长时间从疗养院到公墓。途中，马克思一再停下来喝酒。他喝越多的酒，讲的笑话就越可怕。同时，他还喜欢上了赶灵车的马车夫。在坚持让这个男人在伊娃的墓前加入到哀悼者的祈祷后，他和他跑了。毕加索狂怒不止。他报复性地允许从 6 月就开始向他示爱的让·科克托代替雅各布成为他的弄臣。

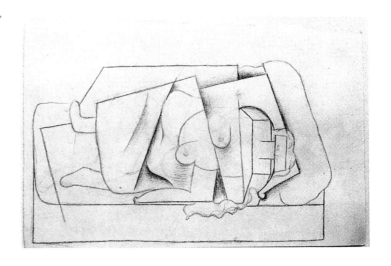

24

毕加索和科克托

罗梅尔·布鲁克斯，《让·科克托肖像》，1914 年，布面油画，250cm×133cm，乔治·蓬皮杜中心国家现代美术馆，巴黎。

在伊娃去世后几个月，1916 年春天，一个叫做阿瑟尔·萨托 379
（Axel Salto）的丹麦批评家参观了舍尔歇大街的工作室并记录下他的印象：

> ［毕加索］穿着一件草绿色的毛衣和宽松的棕色天鹅绒长裤，这正是法国艺术家喜欢的穿着。他虽然不高大但却像斗牛士一样健壮。他的肤色灰黄，两只狡黠的黑眼睛靠得很近；嘴唇厚实而挺拔。他让我想起一匹有着良好脖形的阿拉伯赛马。人们说他有股神秘的力量，能用他的目光杀人；他们还说了其他一些奇怪的事情。有一些关于他的大量超自然的传闻。他本人却很友善，向我展示他所有的财产，包括一个西洋镜，只要通过它看东西就会看见一个繁星满布的天空，还有许多天使在飞。我还看了亨利·卢梭一件描绘欧洲贵族一起站在一个华盖下的作品……还有德兰和马蒂斯的作品以及塞尚的水彩画。他自己的第一件作品挂在床头，是他 12 岁的时候画的：画面上有一个穿着朱红色衬衫的金发女孩。纤细的面貌刻画得很仔细……［并且］它呈现出一种明显的自豪……稍后创作的《亚维农少女》被挂在工作室……毕加索现在已经 34 岁了，据说已经……开始了新阶段的发展，开辟了无法预测的艺术形式……人们感到他的潜力和棋盘上的组合一样变化多端。[1]

左页：《自画像》毕加索拍摄在他舍尔歇的工作室，1915—1916 年，毕加索档案。

*　　　　　*　　　　　*

所以毕加索和这位年轻的文艺花花公子让·科克托之间的差

异就跟蒙帕纳斯和资产阶级住宅区之间的巨大文化差异一样，他们更像是住在两个完全不同的城市而不是相隔几千米远。如果不是为了重新将自己塑造成一个现代主义者的科克托没有下定决心把毕加索卷入他的诡计中，他们可能永远不会相遇。起初，他指望格莱兹将他介绍给立体主义者，因为后者的未婚妻朱丽叶·罗什是他的朋友，而立体主义者是唯一和先锋派同义的团体。科克托的计谋是要说服格莱兹为他画一件穿着制服的全身肖像画。但结果却不尽人意。"机智而优异，"皮卡比亚说，"不过但愿我能知道它画的是一个老太太还是一盆花。"[2]1915年初，科克托意识到他最好向毕加索自我引荐，后者正被传言要回到古典主义。因为他从来没有见过这位艺术家，他开始四处寻找中间人。正巧有一个候选人可用：埃德加德·瓦雷斯（Edgard Varèse），他是他那个时代在理论上最先进的作曲家，他的目标是要捕获音乐中的第四维。科克托是在战前遇见瓦雷斯的，后者从洗衣船时代就认识毕加索了，当毕加索和马诺罗围绕立体主义和古典主义展开争论时，他就在工作室（大约1912—1913年）。这次争吵是这样结束的，当时马诺罗"指着毕加索的一幅立体主义女人［说］：'无论如何，尽管有你的立体主义，巴勃罗，你无法让我不跟你在同一个时代。'"[3]

埃德加德·瓦雷斯，约1917年，

　　科克托追求毕加索的第一步是写信（1915年3月13日）给他的画家朋友瓦伦丁·格罗斯（Valentine Gross）要到瓦雷斯的地址，他那时是她的情人。科克托有正当的理由去接近他：他正在计划一个《仲夏夜之梦》的"革命性"作品，想要瓦雷斯来做音乐总监并将他选择的各种各样"添补曲目"进行改编：萨蒂（Satie）的《五个鬼脸》（*Cinq Grimaces*）以及拉威尔（Ravel）、斯特拉文斯基（Stravinsky）、弗洛朗·施米特（Florent Schmitt）和瓦雷斯自己的四部音乐作品。但是，最重要的是，科克托想要这位作曲家把他介绍给毕加索。

　　毕加索和科克托的会面此前据说是在1915年12月。[4]但是，毕加索一封有时间记录的信说明他们在7月5日就已经见过面了："尊敬的毕加索先生，不知我是否有幸能够在星期三早晨来拜访您？我需要向您请教一个关于我们的俄国赞助人的细节。"[5]因此他们的第一次相遇肯定是在几天，也可能是一两个星期之前，瓦

瓦伦丁·格罗斯，约1912年，私人收藏。

尼金斯基在《牧神的午后》，1912年，阿道夫·德·梅尔拍摄，国家图书馆。

雷斯因肺病退役后，于6月初和科克托联系，并在月底离开巴黎回去保养了。关于毕加索和科克托见面的说法有分歧。科克托说瓦雷斯带他去了舍尔歇大街的工作室。[6] 瓦雷斯说他们去了科克托太太的公寓，因为她的儿子生病了。[7] 在这点上我相信瓦雷斯。

对于科克托来说，这是"他生命中最好的相遇"。他非常敬畏"这双像螺丝刀般能够穿透的可怕的眼睛，它的智慧就像从喷壶的喷嘴中一涌而出"[8]——所以一度保持沉默。而毕加索也不是善言的人。"我们当时沉默了很久，"科克托在1960年告诉卡巴纳（Cabanne），"瓦雷斯不能理解我们为什么看着彼此却不说一句话。当毕加索说话时，他的句法是视觉化的。人们立刻就可以看到他在说些什么。"[9] 科克托一直在找寻一位"男神"来让他崇拜。他的前一个英雄是魁梧的战斗机飞行员罗兰·加洛斯（Roland Garros），曾带他穿越敌方战线进行侦查飞行，在4月份被敌人击落，遭到拘留。毕加索完美地符合科克托的期望。他"岂止是奇才，简直是一个奇迹……他出现在一个女性时代之后，女性时代的魅力是可以讨论的"[10]。他在和毕加索的初次见面中得到了什么？卡巴纳（Cabanne）曾这样问过他。科克托回答说："这是一次充电。"[11]

至于毕加索，据马克思·雅各布说，他根本不想和科克托发生关系，此刻的雅各布正在各类奢侈品杂志上进行他的庸俗的事业，因嫉妒而不赞成他们交往。科克托却并没有因此气馁，相反，毕加索的冷漠唤醒了他的智谋。他开始诱骗毕加索到他的友谊当中。他把给他的小礼物留在舍尔歇大街的门房那儿，使用了一系列毕加索闻所未闻的讨好办法。（到1916年他在信中称呼毕加索为"巴勃罗·德·毕加索殿下"。）如果科克托再正经一点，而毕加索不那么习惯受到科克托这位诗人兼弄臣的注意，就会产生反作用。艺术家很快发现这位有着无限乐趣的年轻人的陪伴正好是他在虚弱之时需要的安慰：在对戈比·德佩尔的隐秘之爱和对伊娃的悲悯之间的艰难抉择。此外，毕加索也生病了，似乎是胃溃疡，他用了一年左右的时间来恢复。

科克托的确魅力十足、外表华丽、活泼善变、足智多谋：是一个凑合得过去的诗人和专栏作家，还是一个让人炫目的雄辩者。甚至伊迪丝·华顿（Edith Wharton）都说她"除了他没人能让她想起华兹华斯所说的'幸福就是在黎明还活着'"[12]。但是也有很多人觉得他急于求成、轻佻、奸诈、势利——他是一个装腔作势的人,其出名的主要原因是因为一部非常谐趣的书,叫做《轻浮的王子》(*Le Prince frivole*),以及《蓝色的上帝》(*Le Dieu bleu*)的概念,这是为佳吉列夫设想的一部矫揉造作的东方芭蕾,但却失败了。[13]26岁时,科克托打算激怒他想要征服的大部分上流社会的人,还有大部分文学界,但除了普鲁斯特。普鲁斯特将他作为"奥克塔夫(Octave)"引进他的伟大小说中,这个角色是一个富有的制造商的公子,有一个外号叫做"陷入困境"(In the soup)。[14]普鲁斯特将奥克塔夫形容成一个"引起了当代艺术革命、其成就不亚于俄罗斯芭蕾舞团的人"。[15]

在"蜕变"的痛苦过程中,科克托很幸运地和瓦伦丁·格罗斯建立了良好的友谊:这是一个来自布伦的年轻而有天赋的美人——"我的天鹅,"他如此称呼她(她有很长的脖子)——她画过一系列关于尼金斯基(Nijinsky)和其他舞者在舞蹈中的素描:更有价值的是将特定的运动和特定的音乐酒吧相匹配。感谢她的音乐和艺术敏感,瓦伦丁将自己培养成一个拥有文学和音乐沙龙的名人。她属于那种让人信赖的女性之一;同时也是被称为"la petite soeur des riches"(富人家的小妹妹)这样一个不断上升的女性群体的引领者。因为瓦伦丁如此喜欢科克托,她知道,如果她把这个参加她周三晚宴的聪明的年轻人强加于莱昂-保罗·法尔格(Léon-Paul Fargue)、瓦莱里·拉博(Valéry Larbaud)、加斯东·伽利玛(Gaston Gallimard),他就会消失。当很早就认识他的弗朗索瓦·莫里亚克(François Mauriac)责备科克托毫不留恋地离开他之前的朋友,这位诗人回答说:"如果我回头,我就会变成糖柱。"[16]另一个老朋友,马塞尔·儒昂多(Marcel Jouhandeau)评论他为"l'ange du mensonge"(说谎的天使)。至于他阿谀奉承的安德烈·纪德(André Gide),同样也反对他。纪德让科克托改变他做作的手迹;他也鼓励情人亨利·伊翁(Henri Ghéon)谴责科克托出版的诗集:"为了在这些天才之间辨别到底那些是他自己的,哪些又是他借鉴的,真是需要足够的耐心来分析。"[17]

甚至佳吉列夫都保留他的看法。尽管他称科克托为"小让"(Jeanchik),并向他发出挑战来"震惊"他——要是毕加索的话就会做的有效果得多——这位导演却并不是真心相信他（据斯特拉文斯基），不管是作为合作者还是朋友。他尤其怨恨科克托追求他心爱的尼金斯基的方式，并且不论何时这位舞者让男按摩师开始为他按摩时突然出现。[18] 尼金斯基的胞妹布罗尼斯拉娃·尼金斯卡（Bronislava Nijinska）也不赞成她的哥哥被这个有着"凹陷的红润脸颊、厚重的黑卷发、高高的额头和一双大大的黑眼睛"的年轻人所影响，"他总是穿得十分优雅，用唇膏提升他的肤色"。她特意问了这个人是谁，他为什么化妆。"这是典型的巴黎风格，"尼金斯基告诉她，"他建议我做同样的事情……在我的脸颊和嘴唇上涂脂抹粉。这就是诗人，让·科克托。"[19] 科克托的邻居舍维尼伯爵夫人（Comtesse de Chevigné）——普鲁斯特就是部分以她为原型塑造奥莉安·德·盖尔芒特（Oriane de Guermantes）的——也在科克托蹲下身去爱抚她的博美狗时把狗赶开了。"小心点，"她轻蔑地嘀咕，"我可不想它涂脂抹粉。"[20]

在追求人格面貌的时候，科克托细心培育并最终认同于罗马尼亚的贵族诗人伯爵夫人安娜·德·诺阿伊（Anna de Noailles）——一个令人却步的虚伪而造作的神圣怪物。他如此紧密地模仿她的手迹如此逼真，乃至于她从他那里收到一个气压传送的信件时，这位伯爵夫人宣称这是她第一次与自己通信。当科克托在某些圈子里被称为"男安娜"，他马上就翻脸不认他的女恩人了。在她面前他仍然是一幅拍马逢迎的姿态；一旦背着她，他就开始模仿她，指责她是一个愚蠢的小偷，她唯一的目的就是为了讨人喜欢。科克托发现，如果他想要以站在新浪潮峰顶的形象出现，他就不得不抛弃已经过时的榜样角色和由之产生的图像。

科克托下一个理想的美，艾蒂安·德·博蒙特伯爵［Comte Etienne de Beaumont，拉迪盖（Radiguet）的奥格尔伯爵（Comte Orgel）］，是更加完美而合适的人选，在他门徒的性格上留下不可磨灭的印记。科克托是在 1913 年认识博蒙特的，他也十分华贵、造作，几乎和普鲁斯特的夏吕斯（Charlus）、罗伯特·德·孟德斯鸠（Robert de Montesquiou）一样挑剔。然而，他认为自己是上流社会（gratin）最进步的成员。也有一些道理：1920 年代，他成为现代绘画和音乐，尤其是毕加索和萨蒂的主要赞助人。从此以后，科克托尽他所能去模仿这位伯爵讲究而有贵族气派的外表

（在毕加索的画像中得以完美地体现），他高贵的声音，尤其重要的是，他恶意的机智。在他的妻子伊迪丝（Edith）去世后的第二天，博蒙特向她最好的三位朋友发电报说："A très bientôt ma petite chérie"（亲爱的，一会儿见），署名是伊迪丝。[21]

＊　　　　＊　　　　＊

当战争爆发时，科克托加入了红十字会。从监督牛奶在火车站的分配开始，他设法换到一个时髦的救护单位。这是由米希亚·科德布斯基（Misia Godebski）经营的，她是一个强大的狮子女猎人，之前和塔迪·纳塔松［Thadée Natanson，《白色评论》（La Revue Blanche）的主管］结婚。米希亚的第二任丈夫是媒体巨头阿尔弗雷德·爱德华兹（Alfred Edwards），后来和加泰罗尼亚壁画家何塞·玛丽亚·泽特（José María Sert）结婚。在她跟爱德华兹离婚的过程中，她说服了巴黎时装店铺借给她送货的车队。米希亚坐在一辆巨大的梅赛德斯车里带路，由政治漫画家和时尚插图画家保罗·依瑞布（Paul Iribe）驾驶，驾驶员穿得就像深海潜水员，保罗·波列特就坐在他的旁边。[22]穿着一套由波列特设计的改良海军制服的科克托也在车上，米希亚的队伍向惨遭蹂躏的城市兰斯挺进。科克托说，大教堂的废墟就像"破旧的花边堆成的山"或是"一个被泼了硫酸的女人"。[23]他震惊地目睹了一个牧师用一把小刀拗开一个垂死士兵的下颚，就是为了行最后的圣餐礼。

回到巴黎，科克托和依瑞布推出了一本名为《格言》的时尚宣传杂志。[24]尖锐而强硬的腔调是为了吸引沙文主义读者的最坏的恐惧和偏见，更不要说负责动员的当局了。科克托甚至有个称为"Atrocites"（暴行）的专栏。正如斯蒂格马勒（Steegmuller）所观察到的那样，他充分利用了"战时唯一有些暴力的行为，即没有证明的德国军队在比利时干的事——砍断孩子们的手"。[25]他还将自己推荐给极端沙文主义者莱昂·都德（Léon Daudet，他伟大的朋友吕西安的兄弟），通过严厉斥责《玫瑰骑士》（Der Rosenkavalier）低劣不堪"，以及（在一篇未署名的文章中）斥责亲法的艺术赞助人凯斯勒（Kessler）伯爵，还批判"德国鬼子施特劳斯（boche Strauss）和奥地利人霍夫曼斯塔尔（Hofmannsthal）"。[26]科克托批判施特劳斯和霍夫曼斯塔尔是因为他们的佳吉列夫芭蕾——《约瑟夫传奇》（La Légende de Joseph，1914）引起了轰动，

安娜·德·诺阿伊和艾蒂安·德·博蒙特，1914年，私人收藏。

在德国轰炸之后兰斯大教堂起火，1914年9月19日。

穿军装的科克托，约1916年，私人收藏。

而他自己的《蓝色的上帝》（*Dieu bleu*，1912）却是失败之作。同样自私的行为是对马克斯·莱因哈特（Max Reinhardt）的攻击，批评他在柏林上演奢华的"盎格鲁－撒克逊"（Anglo-Saxon）式"仲夏夜之梦"。"在战争中的巴黎，有一群人正计划着回答莱因哈特，"他写道，"他们（除了科克托还有谁？）向我们承诺令人激动的新排演和法国音乐……为我们的盟友莎士比亚。"[27]同样愤世嫉俗的是科克托对瓦格纳的贬低，尤其着眼于他在第二次世界大战期间与德国相处的战略：以《特里斯坦与伊索尔德》（*Tristan and Isolde*）为基础制作了一部名为《永恒的回归》（*L'Eternel Retour*）的电影。

1914年12月，科克托恢复了救护工作，这一次是和艾蒂安·德·博蒙特（Etienne de Beaumont）的豪华装备部队一起。[28]"像阿根廷警察"那样的制服是博蒙特为他的队伍所构想的，这个团队打扮得"就像一个马戏团"，据与他们同行的伯纳德·费伊（Bernard Faÿ）所说。[29]他们第一晚入住的酒店是英国总司令部。博蒙特和科克托当晚便引起了轰动，因为他们下来吃饭的时候，各穿一件黑色和粉红色的丝绸睡衣，还各自带着一根黄金脚链。到达前线，救护车非常受欢迎，因为他们配备了淋浴。科克托负责监督这个设施，为轻步兵和塞内加尔的神枪手拍照，还偶尔引诱他们，甚至写了关于他们的诗，名为"淋浴"（La Douche）。[30]最终引发了一个丑闻。一个嫉妒心强的摩洛哥警官（goumier）因科克托钟情于他的一个男人而被激怒了，威胁要将这个轻浮的诗人撕成碎片。要不是博蒙特的甜言蜜语和冷静外交，这一事件可能最终在军事法庭或是以他被谋杀结束。

科克托在前线，约1916年，私人收藏。

休假期间，科克托努力去设计更严肃的形象。他尽一切努力让自己为他过去作为一个社会宠物的身份保持距离，就是为了将自己融入现代主义。这涉及以一种准政治的方式将巴黎的文化情境视觉化，也即划分"艺术上的右派和左派，这是彼此之间不了解，又毫无理由地彼此轻蔑，而它们实际上是完全可能握手言和的"[31]。科克托有一个简单的解决方案：让佳吉列夫转向现代绘画；使现代艺术家尤其是毕加索接受芭蕾舞的奢侈美学；哄骗立体派从孤立中走出来并说服他们放弃"与世隔绝的蒙马特民俗如烟斗、香烟盒、吉他和旧报纸"[32]。科克托感到，只有一个人能够协调左派和右派，那就是他自己。他自己就是这座桥——也就是新桥（Pont Neuf）——连接着资产阶级和波希米亚人，把自己变成"现代主义的教授"。

为了启动这个过程，科克托需要一个引人注目的工具，因此还有什么比他作为对莱因哈特的英国 – 法式还击而设想的滑稽剧"仲夏夜之梦"更好的武器呢？他打算把这个剧放在太阳马戏团（Cirque Médrano）上演，由三个著名的小丑，弗拉泰利尼（Fratellini）兄弟扮演丑角。与莱因哈特不同，科克托作了大量的削减，为了让音乐剧切合时事和爱国，随从都穿上盟军制服，希波吕托斯（Hippolytus）戴着弗里吉亚帽，忒修斯（Theseus）为"一位噩梦般的法国上将"。在装饰方面，科克托同时考虑了洛特（Lhote）和格莱兹（Gleizes）。洛特最近开了一家商店卖路易斯·菲利普（Louis-Philippe）和比德迈风格的家具，他不胜任这事——"一个被好画家忽略掉的糟糕画家，"勒韦尔迪曾如此评价他。[33] 格莱兹做了一些服装设计并提出充满想象力的将"舞台场景"投射到彩色地板布的方式，但却没有坚持去实现它们。在他和朱丽叶·罗什（Juliette Roche）结婚两天后，他们就逃到了纽约。所以科克托把希望寄托在毕加索身上。既然他进入工作室了，他就用尽了他所有的魅力和智慧、口才和恭维来说服这位艺术家参与他融入了马戏团和滑稽剧的现代芭蕾舞或戏剧作品计划。那时还没有任何关于《游行》（Parade）的谈论；科克托想让毕加索参与他那个版本的《仲夏夜之梦》。[34]

*　　　*　　　*

他的朋友没有为毕加索迅速屈服于科克托的魅力感到惊讶。毕加索在躁狂工作的间歇中，需要轻松逗乐，最重要的是，现在他被他自己和伊娃的病，以及因为大多数朋友都在前线所引发的孤独而感到沮丧万分。科克托正好提供了他所需要的分心。这位诗人对悖论的敏感非常符合毕加索的口味：他有能力提出一个想法，并将把它上下颠倒，从后往前，从内而外，扭曲或转换它，让它消失和重现，仿佛他就是一个魔术师。即使他的批评者也承认他机智灵活，还有他的模仿虽平庸拙劣但时有新意。就连挑剔的纪德也十分着迷于科克托对其医务人员（ambulancier）生活的描述，描绘他如何模仿军号，弹片的声响和一个红十字会女士的尖叫，"我被承诺有五十个伤员……我想要我的五十个伤员。"[35]

阿尔贝特·格莱兹，为希波吕忒（Hippolyta）在《仲夏夜之梦》中所作服装设计，1914年，纸本水粉，27cm×21cm，里昂美术馆。

由于他英勇的交谈能力，科克托有时会和奥斯卡·王尔德相提并论。虽然他缺乏王尔德那种理智的完整和慷慨的心，他也是同样有能力去让最顽固和外行的同伴充满力量。作为一个经常出席1950年代科克托华丽表演的人，我只能说我从未找到一个跟他一样健谈的人。

科克托沉迷于叫人画肖像。作为一个非常年轻的人，他为贾克-艾弥尔·布朗许、巴克斯特（Bakst）、罗梅尔·布鲁克斯（Romaine Brooks）等等很多艺术家当过模特。现在，他下了决心让毕加索为他画一幅新"安格尔式"的画像。他清楚地知道，一个阴险的模特可以轻易地用甜言蜜语哄骗住艺术家的信任。带着这个目的，他出现在舍歇尔大街的工作室（可能在1915年7月初，如果科克托声称他第二次访问是正确的话），在他的雨衣下穿着小丑的服装。毕加索不喜欢被强迫。他用含糊的承诺拒绝了这个纠缠不清的诗人，留下了小丑装。[36] 夏天过去了，却没有任何肖像的迹象。9月25日，科克托尝试一种不同的策略。"我必须要得到我的肖像，"他写道，"因为我要死了。"他还附上了一些军队烟草凭单——这是非常受欢迎的：烟草在当时极其短缺——此外，他还说他"在为纽约写很多关于他（毕加索）的东西"（无法追溯）。[37] 在某些方面，科克托了解到毕加索正在画一个丑角。这有可能是他的画像吗？他在1916年2月6日写信给这位艺术家。[38] 如果相信科克托的话，这幅画的确是画的他，或者开始画的是他。然而，这可能是他自己一厢情愿的想法。毕加索恐怕会把它变得越来越抽象，直到它不再能够辨认。最符合科克托描述的作品是杰出的黑色底子上的《丑角》（Harlequin），这是毕加索在伊娃去世前几个月开始创作的。实际上刚开始时的确是科克托的画像，但它最终变成了毕加索的寓意画像。钻石图案的服装显然启发了艺术家周期性对丑角的认同：不是科克托所想象的幽默的即兴喜剧人物，而是中世纪传奇中的"herlequin"——一个从地狱逃离的灵魂。毕加索的《丑角》也有另一个来源，即他自己最近两个舞者的水彩画。连续的习作将这些舞者更加密切地描绘在一起——就像是在歌舞酒店或舞台圆形地板的聚光灯下，有时会被左右包厢里的观众观察到。如果戈比在蒙帕纳斯的一个歌舞酒店表演，萨尔蒙说，那个不断摆动的女孩就极有可能是她。

387

385

右: 莫迪里阿尼,《让·科克托》, 1915 年, 布面油画, 97cm×80cm, 亨利和罗斯·帕尔曼联合基金会。

左上: 贾克-艾弥尔·布朗许,《让·科克托》, 1912 年, 布面油画, 91cm×72cm, 鲁昂美术馆。

左下: 莫里斯·基斯林,《让·科克托在工作室》, 1916 年, 布面油画, 73cm×60cm, 小皇宫, 日内瓦。

右上：马蒂斯，《有金鱼的室内 》，1914 年，布面油画，146.5cm×
112.4cm，现代艺术博物馆，纽约，弗洛伦·M. 舍伯恩和塞缪尔·马克思
（Samuel A.Marx）捐赠。

左上：毕加索，《小丑》，1915 年秋，布面油画，183.5cm×105cm，现代艺
术博物馆，纽约，莉莉·P. 布利斯遗赠。

右下：毕加索，《舞者》，1915—1916 年，横格
纸上铅笔，27.3cm×21cm，毕加索博物馆。

左下：毕加索，《舞者》，1915—1916 年，纸本
铅笔，29cm×22.5cm，毕加索博物馆。

当毕加索处理大画布时，他将这对舞伴融合成一个小丑（那是他自己和戈比？或者伊娃？）。这个女孩所剩下的只是两三层的影子，每层都在一根稍微倾斜的轴上，小丑的五颜六色的火箭般的身体也叠加在这根轴上。他的瓶盖形状的头部和基里柯的傀儡一样已经不像人了；小巧的露出牙齿的嘴巴因为龇牙咧嘴的笑而显得更加可怕，眼睛都小得跟珠子似的，像鸟的眼睛一样。小丑的手几乎看不见：极小的爪子，一个白色，一个黑色，拿着一个留下神秘空白的矩形——看上去就像一块画布或一面镜子或维罗尼卡面纱的一个变体。因为它看似未完成，（至少在书面上）没有人讨论过这个矩形包含一个绘画含义上的重要线索：右边未上色的区域无疑是一件侧面自画像。当马蒂斯看到这件作品，他认为它是毕加索迄今为止最好的一件——尤其重要的是，正如他恰当评论的那样，它在某个重要的方面源自他的《有金鱼的室内》（ *Interior with Goldfish*, 1914）。马蒂斯的这件作品也藏于纽约现代艺术博物馆，但是这两件加密的自画像之间的本质联系已经变得难以辨认了。[39] 一个非常潦草的速写揭示了马蒂斯最初设想的是画布右边的人物，但却将之削减成最小的立体主义作品。[40] 关于这幅画的自我指涉性质，唯一的线索是那块白色的矩形，这个矩形代表一个调色板，艺术家的拇指明显地卡在里面——这是借用了塞尚的一个特性。在这两大竞争对手的作品中有一些非常动人的东西，他们通过神秘的方式进行秘密的交流。通过以立体主义的方式描绘自己，马蒂斯开始歌颂这个他曾经贬低的运动，像他现在承认的那样，立体主义"鞭策他达到某些他最好的时刻"。[41] 毕加索会立即承认这个白色的矩形是从塞尚拿着调色板的自画像中引用而来，它是用一种狡猾的、阴谋的挖苦来回答敬意。同样动人的是毕加索既隐藏又引入了对自己的注意，与伊娃的致命疾病和战争的黑暗形成了强烈对比。他使用小丑来暗示哀悼的方式是如此典型，让在黑暗中的我们觉得就属于这片黑暗——受难地（Golgotha）、无人之地或巴尔·布里尔舞厅（Bal Bullier）。

马蒂斯，为《有金鱼的室内》的第一个想法所作的粗略的素描，在寄给查尔斯·卡穆安的明信片上，1914 年秋，卡穆安档案。

塞尚，《拿调色板的自画像》，1885—1887 年，布面油画，92cm×73cm，布尔勒基金会，苏黎世。

＊　　　　＊　　　　＊

科克托于 1915 年底回到急救工作中，他徒劳地等待着毕加索的答复。"我们训练大老鼠像狗那样直坐起来作揖"，他在 1916 年 2 月 2 日写信给瓦伦丁，但是"一句也没有从毕加索那传来。自

388

受伤的阿波利奈尔，1915 年，保罗·纪尧姆拍摄，国家图书馆。

阿波利奈尔，《谢尔盖·费哈特》在意大利医院，1917 年，纸本水彩，下落不明。

从他从事拼贴画以来他已经忘记如何写信了"（这可能是指他和戈比之间的恋情而不是他发明的艺术创作方法）。[42] 科克托的恶作剧仍激怒军队：他不仅带军队吉祥物，一头雌山羊去散步，还在长纱布绷带非常紧缺的时候用来当作他的皮带。当他在 3 月底因为复活节离开军队时，科克托发现毕加索比以往任何时候都更需要安慰。3 月 17 日下午 4 点，阿波利奈尔严重受伤。一个弹壳碎片刺穿了他的头盔。"我没有意识到我被击中了，"他说，"我继续看报［《法兰西信使》(Mercure de France)］，直到血突然喷出来。"[43] 起初受伤似乎并没有很严重。一旦弹壳被清除，伤口就可以开始愈合。直到谢尔盖·费哈特将阿波利奈尔颇有必要地送到巴黎的意大利医院，他却意外瘫痪了。5 月 9 日，诗人必须进行环锯手术。早已崩溃的毕加索跟阿波利奈尔的医生检查药物。当被告知他们使用的是南美草原的草药制成的智利"奇迹"软膏，"值得信赖的香膏"，他大大地松了口气。[44]

阿波利奈尔的缺席有利于科克托培养和毕加索的友谊。失宠的马克斯·雅各布也是。尽管科克托也是毕加索的弄臣但他一有机会就贬损毕加索先前的弄臣雅各布。"克劳德·屁眼（Claude Anus），"他在一封给格莱兹的信中如此称呼他，"一个爱管闲事的家伙，喜欢在圣器室周围乱跳……善良却肮脏。"[45] 在给瓦伦丁的信中，他将雅各布比作一个修道院园丁，"把肮脏的书籍走私给修女们"。[46] 他总是小心地赞美雅各布的写作，但又不失时机地嘲笑它"后面的商店味道"。[47]

"上帝讨厌谷克多，"雅各布向马利坦（Maritain）抱怨道，[48] 但马克思很快就会动怜悯之心，还为他之前的敌人提供许多帮助。应该表扬的是，当纳粹党卫军在第二次世界大战结束之际逮捕了雅各布时，科克托是与德国进行交涉的少数几个朋友之一。在持续了一个多月的复活节休假期间，科克托成为毕加索的莱波雷洛（Leporello）。

> ［他］一直带我去圆顶咖啡馆，［科克托在几个月后向瓦伦丁抱怨道］。我从不多呆片刻，尽管圈子（也许我应该说立方体）会奉承地欢迎我。手套、手杖和衣领都让这些穿着衬衫的艺术家感到震惊——他们总是把这些当作低能的象

征。在咖啡厅周围坐太久会导致思想贫乏。[49]

尽管如此，科克托还是会呆足够长的时间来和他所谓的"左派"保持有用的联系，其中就有莫迪里阿尼和基斯林，他们都在圆顶咖啡馆顶层的工作室里着手为他画一幅肖像。莫迪里阿尼为他画的众多素描中的一幅上还有题词："我，签名者，这件素描的作者，发誓再也不会在战争期间喝醉酒。莫迪里阿尼。"[50]因为咖啡馆关门的时间早，科克托有时会带毕加索去见他聪明的朋友们。这位艺术家对此并不反感。在大房子里他感到自在。他也是高贵的血统；更重要的是，他的叔叔萨尔瓦多娶了马加拉贵族。"我将和公爵一起吃饭，"他如此结束他的一则笔记。[51]通过科克托，毕加索得到了一段至关重要的友谊：那是智利上流社会的一个有钱女人，尤金尼亚·埃拉苏里斯，她为他坠入了柏拉图式的恋爱，并因此在毕加索那里购买了一些最伟大的新作，还帮助他进入巴黎社交圈。

在他漫长的复活节休假期间，科克托尽一切所能去推进他的芭蕾舞/剧院项目。在他没能让佳吉列夫、斯特拉文斯基等人对他早期的《大卫》（David）芭蕾舞剧感兴趣，已经开始彩排的《仲夏夜之梦》又遭取消后，他更是无所畏惧，着手将这两个流产的项目——圣经奇观滑稽剧和莎士比亚作品的滑稽剧——回收再利用到一个马戏团芭蕾舞滑稽剧。科克托希望此剧有充分的娱乐性，足以吸引老于世故的右派分子，又足够挑衅和现代，可以保证毕加索跟同样急迫的埃里克·萨蒂（Erik Satie）的合作。因为说服瓦伦丁·格罗斯组织一次晚宴就可以让他们见面，于是科克托讨好这位作曲家。4月份的某个时候，他去听了萨蒂和里卡多·比涅斯表演四手联弹的《梨形曲》（morceaux en forme de poire）。之后，他立即要求萨蒂参与芭蕾舞团合作，暂时被称为《游行》。这位作曲家以为科克托只是想把他的选段改编得适合芭蕾舞，他写信告诉瓦伦丁说他希望"可敬的科克托不会使用我的旧片段。说正经的，你不觉得我们应该做一些新东西吗？"[52]萨蒂最终会这样做。与此同时毕加索对他的承诺犹豫不决。可能是他像萨蒂那样怀疑科克托的想法需要削减或打磨？他们太自命不凡而难以激发信心："可能《游行》提取了所有马戏团、音乐厅、旋转木马、公

389

毕加索,《让·科克托》,1916年5月1日,纸本铅笔,私人收藏。

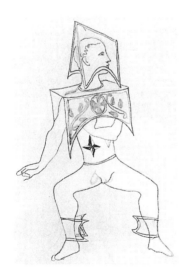

让·科克托,为《大卫》所做的服装设计,1914年,纸本钢笔和墨水、蜡笔和色粉笔,25.7cm×20cm,阿切尔·M.亨廷顿艺术画廊,得克萨斯大学奥斯汀分校。

共舞厅、工厂、港口、电影等等散发出的无意识情感。"[53]

5月1日,在他休假结束前一两天,科克托的愿望最终实现了。毕加索为他画了肖像:不是油画而是素描,不是穿着小丑服装而是穿着制服。之后,这位优雅的医务人员便返回前线。他的部队被命令前往索姆准备7月大进攻,所以5月第三周期间,佳吉列夫短暂逗留巴黎时,科克托已不在那里。他缺席时,他们共同的朋友,尤金尼亚·埃拉苏里斯带着这位导演第一次拜访了毕加索。佳吉列夫为他的作品感到困惑,为面朝墓地的景色深感沮丧,不过却对这个人印象深刻。他们讨论了什么,我们并不知道。毕加索仍然对这个不可信的芭蕾领域有保留意见——尤其是在这个项目的严肃性和可行性都值得怀疑的情况下。

*　　　　*　　　　*

在索姆的前几周,科克托经历了大屠杀——"死人狩猎——恐怖地发现可怜的人被打成肉浆……那些摇摇欲坠的棚屋在呻吟"——之后崩溃,显然是受到战争创伤或子弹冲击。[54] 7月8日,他因病返回巴黎,在那里,尽管倍受头晕、抽搐、头痛和巨大的疲劳的折磨,他还是把自己扔进一个非比寻常的斗争中——为《游行》而斗争。8月11日,他自负地写信给身在瑞士的斯特拉文斯基:"在一个星期之内我要回到我在索姆的岗位上,大炮就像巴克斯特或立体派艺术家伪装出来的,震惊了整个皮卡第(Picardy)。"[55] 同时,他和他出身名门的母亲用尽了一切办法来延长他的病假,防止他回到前线。他没有和瓦伦丁谈论"回到我的岗位"。相反,他抱怨说"没有人会认出我来。我黯淡的眼睛、可怜的头发,一切都被索姆摧残了"。[56] 终于在11月24日,在他母亲的朋友,法国外交部政治事务主任菲力浦·贝特洛(Philippe Berthelot)的帮助下,科克托获得了一份在战争信息办公室的轻松工作。之后,他会有胆量声称他"离开了战争",因为他已经受够了。这份享受让他恶心,他说。"我一发现,就利用生病来离开。"[57]

除了精神损失,科克托还有另一个不回到前线的紧迫理由。他的《游行》项目已经激怒了他的老朋友和时而为敌的米希亚·泽特(Misia Sert)。预料到这个女人的虚荣和诡计多端带来的问题,科克托采取预防措施来让她认为《游行》真是她的想法。然

390

而，与佳吉列夫在西切斯（Sitges）过了一个夏天回来后——她声称自己是他唯一能够依靠的女人——米希亚意识到科克托欺骗了她。在默许更年轻、更漂亮、更有才华的瓦伦丁·格罗斯的同时，他诱骗"她的"萨蒂为一个疑似改编自《大卫》的芭蕾舞剧编写新的音乐，《大卫》是佳吉列夫和斯特拉文斯基在 1914 年否决的芭蕾舞剧。他怎么敢这样做？作为音乐裁决者的她，判定只有萨蒂的早期音乐片段可用于芭蕾舞。她和佳吉列夫要从他身边带走《游行》，她告诉科克托，并且"已经和萨蒂整个重新开始了"[58]。萨蒂被暗示他已度过巅峰期的说法激怒了，开始反击这个被他和同伴们称为"布鲁图斯大婶"（Tante Brutus）和 "la faiseuse d'anges"（俚语"打胎者"）的女人，因为她喜欢从背后捅她的朋友们来让他们的方案流产；也称她为特鲁法尔丁（Truffaldin）大婶，因为她表现得就像即兴喜剧中奸诈的奴才。[59]

皮埃尔·奥古斯特·雷诺阿，《米希亚·纳坦松》，1904 年，布面油画，92.1cm×73cm，国家画廊，伦敦。

米希亚通过明显小题大作地描绘正在康复的阿波利奈尔来让科克托感到恐慌。因此科克托拒绝陪毕加索去医院探望受伤的诗人。他写信给格莱兹："[阿波利奈尔]，他那玻利瓦尔的胡子、他的伤疤和十字军功章都让人烦透了……我爱毕加索。人们试图让我们彼此对抗，但我拒绝听从他们的搬弄是非，还有那些指责他'偷了他们的发明'的朋友们。"[60]毕加索尚未见到米希亚，他对这个阴谋漠不关心。萨蒂的立场非常坚定：8 月 8 日，他写信告诉瓦伦丁："真的发生了！我和特鲁法尔丁决裂了。真是个婊子！"[61]与此同时，米希亚也重整势力。她说服了斯特拉文斯基让科克托采用一点他，或者说她的想法。科克托，正如他告诉瓦伦丁（8月 13 日）的那样，没有让路。"这是伟大艺术狗咬狗最激烈的时刻，"他写道，"在适当的时候，模棱两可的话逐渐消退……唯留下甜蜜和光明。"[62]推托确实即将消失。十天之内，科克托奇迹般地设法从毕加索那儿得到一个明确的承诺，从而克服了佳吉列夫的疑虑，让斯特拉文斯基中立，这样胜利就不会降临"特鲁法尔丁大婶"了。

*　　　　*　　　　*

科克托是如何让《游行》的谈判圆满成功的从来没有得到充分解释。妒忌斯特拉文斯基的萨蒂，显然会尽他所能来破坏米希亚的计划。她在《游行》诞生时所扮演的坏仙女的角色一

贾克－艾弥尔·布朗许，《尤金尼亚·埃拉苏里斯肖像》，1890 年，纸本色粉笔，163.8cm×97.8cm，私人收藏。

直是公认的。但是没有人意识到那个让科克托反败为胜的好仙女：尤金尼亚·埃拉苏里斯。科克托在战争之前就认识尤金尼亚了。1915 年，他曾敦促他在伦敦的母亲去拜访她。"她那著名的美丽之中还有一种康士坦丁神父（Abbé Constantin）的魅力。"他告诉他的母亲，"她还拥有一些著名画家所作的油画［其中包括萨金特、欧尔佩（Orpen）和博蒂尼（Boldini）］。"[63] 尤金尼亚返回巴黎后，科克托就带她一起去见了毕加索。一段友好的感情（amitie amoureuse）迅速在两人之间发展。除了对这位艺术家的激情——"她用含情脉脉的眼睛看着他，"洛克在他的日记里写道（1916 年 7 月 21 日）——实际上尤金尼亚也对他最近的作品充满了热情。毕加索很享受她的陪伴，喜欢跟她说西班牙语，但是考虑到年龄差距、她的虔诚和其他纠葛，并没有爱恋的问题。她取代海伦·奥丁根在他的生命中的位置，在某种程度上，甚至代替了格特鲁德·斯泰因。

作为佳吉列夫和斯特拉文斯基的亲密朋友和偶尔的赞助人，尤金尼亚处于一个独一无二的地位，可以将《游行》从米希亚的干预中拯救出来；她的确拯救了它——更多地是为了毕加索而不是科克托。也可能是为她自己：她不喜欢米希亚；毕加索也是，尽管之后在他的妻子的坚持下，他有时会接受她的邀请。毕加索对米希亚的报复是概念上的。在他为《游行》所作的一个设计中，他在法国经理的夹芯板上装饰的单词好像是音乐会的广告。它写着："Grand Con［cert］Miss Cert Merd"（赛尔·梅尔小姐的大音乐会）。当然，它并没有被最终使用。米希亚到底长什么样？我曾经问毕加索。我们碰巧已经看到《卡米耶》（Camille）中的嘉宝，那是《茶花女》（La Dame aux camélias）的电影版。"还记得那个扮演嘉宝朋友的纵容的老保姆吗？"他说，"那简直就是活生生的米希亚。"关于她曾编造的他们曾经是情人的故事，说到这里就够了。

尤金尼亚在毕加索心中的地位从他可能给了她可以说是战争年代最重要的作品《坐着的男人》（Seated Man，1916）就能看出（见第 26 章）。他还卖给她另外两件代表作品，著名的《年轻女孩的肖像》（Portrait of a Young Girl，1914）和《戴圆顶硬礼帽的男人》（Man in a Bowler Hat，1915）。超过其他任何人之处，是尤金尼亚曾短暂地改变过毕加索，无论是好是坏，他都从蒙帕纳斯放浪者变

毕加索，为《游行》中法国经理的服装所作习作，1917 年，纸本铅笔，27.8cm×22.6cm，毕加索博物馆。

成了随和优雅的狮子，马克思·雅各布称他这段时间为"公爵夫人时期"。她带他去了巴别塔舞会，也即艾蒂安·德·博蒙特在他的府邸举办的舞会。（这个舞厅辜负了它的名字，科克托说："埃拉苏里斯夫人与毕加索用西班牙语喋喋不休，谢尔盖［·佳吉列夫］和马辛（Massine）一起用俄语聊天，萨蒂和我用白葡萄酒交谈！"）[65] 她在 1917 年带他去谒见她的朋友——西班牙国王时为他打扮；她主持他和佳吉列夫的芭蕾舞女演员——奥尔加·科克洛瓦之间的婚姻；此外，除了她在比亚里茨的别墅，还有什么地方更适合毕加索夫妇度蜜月呢？

威廉·欧尔佩，《尤金尼亚·埃拉苏里斯肖像》，约 1900 年，布面油画，76cm×63.5cm，私人收藏。

当尤金尼亚遇到毕加索时，她刚满五十岁。[66] 她出生在老智利银矿家庭，人们相信，至少毕加索相信，她有印加人的血统。她是一个大美人，嫁给了何塞·托马斯·埃拉苏里斯（José Tomás Errazuriz），一位业余风景画家。在对智利上流社会感到窒息后，这对新婚夫妇搬到了欧洲，他们在威尼斯度过了一个夏天，在那里她的美貌迷住了萨金特，之后，他们便在巴黎定居下来。在服装和装饰上，尤金尼亚鄙夷八九十年代虚有其表的风格和烦琐装饰，转而采用极简主义风格使自己显得与众不同。在这方面，她是她的未来对手、盛期已过的米希亚的对立面，米希亚那挂满天鹅绒的房间塞满镀金的家具、石英的加利恩帆船（galleon），和由雷诺阿、劳特累克（Lautrec）、伯纳德和维亚尔（Vuillard）所作的自己的肖像。

1900 年后，尤金尼亚夫妇搬到了伦敦。当俄罗斯芭蕾舞团 1911 年的第一次胜利巡演到达伦敦后，尤金尼亚让佳吉列夫再也无法离开她，后者极其重视她的口味。她后来帮助他成为现代绘画的藏家，包括毕加索为马辛（Massine）画的作品。他还指望她支持——就像他在米希亚那儿做的那样——筹募基金活动，以及后来所说的公共关系。1913 年，她在丈夫去世后回到法国，尤金尼亚恢复了她现代主义裁决者的角色。当普鲁斯特在最后一卷中提到当时的社交名媛（"被艺术感动就像是被天堂的恩典所感动一般"）住在"充满了立体派作品的公寓里，这位立体派画家只为她们而活，她们也只为他而活"时 [67]，他是在依据自己的经验写作。他碰巧在尤金尼亚搬到新家时（艾蒂安·德·博蒙特名下的一个府邸）去拜访了她，她当时正在拆封毕加索送或卖给她的立体派绘画。

尤金尼亚拥有发现天才的天赋。通过佳吉列夫，她认识了斯特拉文斯基，便开始将他当作她的作曲家。在战争期间，她每月寄给他一千法郎；如果迟到，这位作曲家就会向米希亚抱怨，后者就会（至少有一次）寄给他二千法郎。她还为他提供日益稀缺的烟草。作为回报，他给了她一个写满代表作的笔记本，并交出了不错的成绩。后来，尤金尼亚将布莱斯·辛德拉斯（Blaise Cendrars）作为她的诗人，将为她设计了在比尼亚德尔马的智利度假别墅的勒·柯布西耶（Le Corbusier）作为她的建筑师。[68] 当然，毕加索是她的画家。

在争夺《游行》的过程中，尤金尼亚将会发现成功并不那么多地取决于项目的发起人科克托，甚至佳吉列夫也不信任他，而是取决于更有创造力的毕加索。但毕加索不会主动加入。他有充分理由担心与"颓废"的俄罗斯芭蕾舞团有任何关联（他甚至从来没有见过现场），而同样"颓废"的科克托可能给"现代生活的画家"带去不光彩。如果尤金尼亚能够让毕加索停止拖延并加入《游行》当中，是因为她知道佳吉列夫会走在前面。通过她很酷的方式，尤金尼亚像米希亚擅长把人们分开一样，擅长把人们聚集在一起。她还有对现代主义敏感的优点，这就是为什么对当代艺术的理解没有把握的佳吉列夫会向她寻求指导。尤金尼亚和科克托采取了什么步骤我们不知道。在所有方面他们都占了上风。毕加索只会说尤金尼亚一直很有帮助。当俄罗斯芭蕾舞团于1917年5月11日彩排时，这两位敌对女士都大出风头。保罗·莫兰朗（Paul Morand）对比了她们："米希亚戴着银制头冠，打扮得花枝招展……埃苏拉夫人则身着西班牙修女服饰。"[69]

＊　　　　＊　　　　＊

1916年8月24日，科克托和萨蒂给瓦伦丁寄了胜利的明信片，确认毕加索已经同意负责装饰了。《游行》终于成为现实。"毕加索蜕变了，"他在一周后给瓦伦丁写了一封长一点的信，"正在经历一场变换——星期六晚上我们就开始真正的工作。"[70]

393

米哈伊尔·拉里奥诺夫，《斯特拉文斯基、佳吉列夫、科克托和萨蒂》，约1917年，纸本钢笔，私人收藏。

25

艾琳·拉古特

毕加索，《艾尔维·帕拉迪尼》(You-You)，1916年，纸本印度墨水，22.5cm×27.5cm，毕加索后嗣。

毕加索和帕格内特，科克托拍摄的照片局部，1916年8月12日。

左页：艾琳·拉古特，约1915年，省建筑遗产局，芒通。

戈比拒绝毕加索的求婚是对他的骄傲令人痛心的打击，使他的孤立感更加痛苦。他总是很难独自行动。所以，再一次，他寻求一位妻子。两个耀眼的年轻女性最近刚进入了他的生活：艾尔维·帕拉迪尼（Elvire Palladini）[1]，绰号为悠悠（You-You），以及伊米莲·帕格内特·简斯洛特（Emilienne Pâquerette Geslot），被称为帕格内特——她是波列特的明星模特之一。悠悠是一个长相狂野的美人，毕加索很爱描绘她的人体，她把自己献给了他。没有帕格内特的素描被确认，但她出现在科克托1916年8月12日为毕加索和他的一些朋友拍的愉快的快照中（其中有马克思·雅各布，莫迪里阿尼，基斯林，萨尔蒙）。[2]帕格内特是典型的巴黎模特——高，酷，穿着极度时尚并且"人很好"，格特鲁德·斯泰因曾这样说过[3]，后者于1916年6月刚从马略卡岛回来，正和毕加索联系。这位艺术家并不考虑娶悠悠或者帕格内特。但当他的下一个妻子，谢尔盖·费哈特的双性恋情妇，艾琳·拉古特，对他来说难以触及时，就像经常发生的那样，她们就会给毕加索以安慰。

如果我们知道艾琳复杂的过去，她和毕加索的情事就更容易理解了。关于此事的主要资源是小说《坐着的女人》，阿波利奈尔描写了其中匪夷所思的桥段——他是毕加索诱骗该女孩的共谋者。尽管涉及一些摩门教徒的不协调次要情节，这部小说［有许多暂时性的标题："艾尔维的小丑"（Les Clowns d'Elvire）、"贝朗尼奇想曲"（Les Caprices de Bellone）、"蒙帕纳斯的艾琳"（Irène de Montparnasse），"战时巴黎"（Paris pendant la guerre］，应该是来自真实的生活，艾琳本人提供了故事和插图。[4]在人们能够确定的范围内，这部直到 1920 年阿波利奈尔死后两年才出版，并且版本编辑非常粗糙的小说，还算尊重她和毕加索的感情事实。[5] 不过，我们还应考虑到厌女症和苛求对作家最后两年生活的折磨。他并没有从好的角度看待艾琳，就像她完全有理由期待的那样，她的合作者把她描绘成一个卖弄风骚的女孩——一个无原则贪图寻欢作乐的女孩，就和其他寻欢作乐的女孩一个样。尤其侮辱的是他将艾琳等同于书名中《坐着的女人》。这与其说是毕加索最喜欢的主题之一（虽然这也是），还不如说是在阿波利奈尔年幼时流行于欧洲的瑞士五法郎伪币上有寓意的形象。标题意味着尽管她们有魅力，像艾尔维 / 艾琳那样的解放妇女是一文不值的假货。

艾琳·拉古特和卢比·科尔布，约 1915 年，P.M.A. 收藏

396　　　阿波利奈尔的偏见有两个可能的原因。在看到艾琳不断鼓励和让毕加索气馁，接受和拒绝他的求婚后，曾经也被痛苦拒绝的受害者阿波利奈尔可能想用为他老朋友受损的自尊心复仇的方式为自己复仇。阿波利奈尔也有他自己的资本与艾琳周旋——这个理由解释了他对她女同性恋身份的强调。"她用男人的方式喜欢女人，"他说。再一次，在《坐着的女人》结尾时，他列举了她目前的六个恋人。除了尼古拉斯 / 谢尔盖，他列出了皮埃蒙特的小丑和一个无臂的荣誉军人。她不喜欢他们中的任何一个，阿波利奈尔声称；她唯一的真爱是两个女人。其中一个叫做科拉伊（Corail），是以红发的卢比·科尔布（Ruby Kolb）为原型的。在成为阿波利奈尔的情人不久后，卢比就和艾琳一起去了布列塔尼，这位诗人在那里加入了他们。或许他们之间是三角恋吗？回到巴黎，这两个女人每个星期六晚上都会去马戏团，并抱着对方的腰拍照。卢比·科尔布被称为"红色美人"，她和诗人在他去世 6 个月之前结婚，她更为人所知的是作为阿波利奈尔的遗孀杰奎琳。

在《坐着的女人》中，毕加索被称为巴勃罗·卡诺里斯（Pablo Canouris）（一个西班牙 / 阿尔巴尼亚画家，他的眼睛跟鸟儿的眼睛一样，"双手是天蓝色的"[6]；艾琳是艾尔维（就像毕加索的女朋友悠悠）；谢尔盖·费哈特是尼古拉斯·瓦里诺夫（Nicolas Varinoff）；海伦·奥丁根是戍勒斯基妮（Teleschkine）公主；阿波利奈尔把自己称为阿纳托尔·德·圣塔利斯德（Anatole de Saintarist）。然而，阿波利奈尔坏心眼的叙述并不是我们唯一对艾琳的信息来源。首先，直到最近，她在芒通的一个养老院里

米哈伊尔·拉里奥诺夫，《阿波利奈尔和卢比》，1915 年，纸本铅笔，42cm×27cm，私人收藏。

活得很好（她于 1994 年去世，享年 101 岁）。像很多有着辉煌过去的老太太那样，艾琳并不特别乐意提供消息。幸运的是，她参与了两个主要的采访——一个是玛丽－珍妮·迪里（Marie-Jeanne Durry）的《法兰西文学》（*Les Lettres Françaises*，1969），另一个是在 4 年后的法国电视台（也就是说，在她 80 岁）——她在这两个采访中提供了令人信服的事件版本，尽管是经过删减的。[7] 如果艾琳对毕加索有所保留，我们还应记得做这个采访的时候他还活着。她不想冒犯他。幸运的是，在她和毕加索相爱时写给毕加索的一些信幸存下来，在这些信中可以确认，她的故事证明和阿波利奈尔的版本非常接近。

艾琳告诉我们，1893 年 1 月 3 日，她出生在迈松斯－拉菲特（Maisons-Laffitte）附近的一个小村庄，距离巴黎大约 12 英里，她的家庭是来自侏罗省的农民。（因此格特鲁德·斯泰因说她是"一个来自山里的非常可爱的女人，想要自由"。）[8] 她父亲是一个邮差。在十五岁离开学校后，她便在邮局工作——这和她想要的自由相去甚远。她很快就由一位当地医生把她从这桩苦差事中解放出来，他诱惑了她，并把她带去巴黎。她的父母让警察控告他侵犯未成年人，但艾琳拒绝作证，因此他被判无罪。艾琳那孩子气的笑声中透露着一份深沉的美丽，她非常乐意让她的诱惑者鼓励她去尝试早熟的味道，包括群交以及和其他女人性交。医生向她介绍一位上了年纪的俄罗斯人（据阿波利奈尔说，他是在蒙特卡罗偶然结识他的）。她让我们相信他是因她和他最近自杀了的女儿相似而着了迷，于是他带她一起住在圣彼得堡。

艾琳把她的保护者形容成一个一流的律师，他是俄罗斯国家杜马主席罗江科（Rodzianko）的好朋友。在把她转手给 26 岁的大公爵之前，他都让她保持着可人的风格，根据《坐着的女人》，这位公爵十分富有且品行不端，有着一大群漂亮男孩随从、受虐狂上将、堕落的中年女商人。这听起来太像阿波利奈尔的色情杰作《一万一千鞭》而不能完全相信。但是我们从通常消息灵通的艾利斯·阿丽卡（马库西斯的波兰妻子）那儿获得了信息，艾琳确实被"卖给"俄罗斯贵族，她患了伤寒失去了头发，他们就用三等车票把她送回了巴黎。[9] "乡愁"是艾琳回来的原因。在过境时她被拉下了火车，她说是因为她的证件没有审查通过，而且她

397

还是未成年人。因为她已有 20 岁，一定是以另一个不可信的理由拘留了她。不管怎样，她声称一位"我认识的大公爵的副官"救了她，他告诉当局，他将对她负责，并和她一同去了巴黎。

艾琳在 1913 年春天回到法国后去了蒙帕纳斯，（根据阿波利奈尔）在一个音乐厅工作。在那里，她和一个歌舞女郎〔在《坐着的女孩》中叫做马维斯·波得瑞尔（Mavise Baudarelle）〕坠入爱河：事实上她是毕加索和阿波利奈尔以及《巴黎夜谈》常常聚会的拉斯帕伊大街酒吧老板的两个女儿之一，这两位女儿姓维格沃（Vigoureux，有精力充沛之意），所以被称为"元气姐妹"。沿着这条街就是谢尔盖·费哈特与他的"姐姐"共享的公寓。艾琳一搬进维格沃家里就抓住了谢尔盖的眼睛。她不仅是一个美人，还刚从圣彼得堡来。尽管她是同性恋，她仍与他坠入爱河，并搬进了他舒适而隐蔽的工作室。[10]8 月，她陪同谢尔盖和他"姐姐"去索尔格拜访布拉克，海伦开始不喜欢谢尔盖美丽的工人阶级情人。

尽管谢尔盖对艾琳很好，但是在他编辑《巴黎夜谈》和出席他苛刻的"姐姐"的宴会时，还是会经常独自离开她好几天。艾琳对此并不介意——至少一开始是这样的——因为她可以画素描和油画。她开始临摹挂在工作室里的卢梭作品，并很快变成一个不太优秀的假素人画家。阿波利奈尔沉迷于她的作品。在 1917 年艾琳展览的愚蠢前言中，他将她描述为"独一无二的艺术女魔头之一，她将我们时代不断涌出的巨大不确定性一扫而空。"[11]他告诉她，如果你不被当作恶魔，你就不会引起人们注意。

谢尔盖的朋友们——毕加索、阿波利奈尔和马克思·雅各布——都非常喜欢艾琳。她性感、活泼，还是个魔鬼舞蹈演员，喜欢在巴尔·布里尔舞厅结束她的夜晚。她就是"新女孩"的化身——不顾后果、无阶级、无道德——出现在战争期间。然而，她却又令人惊讶地深情和忠诚（而不是诚实）于她给予保护、要求甚少的爱人。直到战争爆发，谢尔盖自愿参加医院勤务兵时，问题出现了。她被日复一日地独自丢在炎热窒息的工作室里；唯一的生命迹象是从门房的鹦鹉那儿时而发出的尖叫："啊，好冷啊！""我太无聊了，以至于我和我的家人言归于好并和他们一起度过了一些时间。"[12]6 月 24 日，她从迈松斯－拉菲特写信告诉阿尔登格·索菲奇（Ardengo Soffici），显然声称结婚了来安抚他

艾琳·拉古特，《艾维尔的小丑》（Les Clowns d'Elvire）出版简介中的插图，1916 年，P.M.A. 收藏

海伦·奥丁根，私人收藏。

阿尔登格·索菲奇，约1914年，索菲奇档案。

们。占有欲强的海伦继续坚持要谢尔盖所有的空闲时间都和她在一起。

> 我感到我完全被抛弃了［艾琳在1915年8月11日再次写信给索菲奇］。谢尔盖已经三个星期没有跟我一起吃过饭了……人们都设法把我们分开。他的话都是别人强迫的。我知道他爱我，但却是自私的。他的姐姐借口说餐馆的膳食对他来说太差，所以我被惩罚独自在外……我还没准备好扮演牺牲者的角色，但是这就是我生活的样子，这对一个22岁的女孩来说可不有趣。[13]

海伦比以往更加怀恨在心。她假装生病，这样谢尔盖就会在她的公寓而不是他的工作室里过夜。1916年2月，艾琳写信告诉索菲奇说，她再也不会快乐了，她被独自丢在家里，直到深夜谢尔盖厌倦而精疲力尽地从医院回来。[14]（根据阿波利奈尔的小说）他声称要在战争期间远离性，但却持续跟和他一起工作的女人们关系暧昧。谢尔盖对艾琳的态度是如此殷勤，因此他可能有意无意地让她接近了毕加索（正如晚年时，像艾吕雅、潘罗斯那样令人仰慕的朋友也会让自己的女人去接近杰出的人）。在谢尔盖要去西方前线为一个俄国流动医院部队工作时，他宣称有很多东西要买并且有义务和他的姐姐共进晚餐。"巴勃罗"（我们又回到《坐着的女人》）会带艾尔维／艾琳去他在当地电影院的私人包厢吗？他和他的朋友们就习惯在这里夜复一夜地看"幽灵"（Fantômas）系列电影或《纽约奥秘》（Mystères de New York）。

艾琳很容易被毕加索诱惑。然而，她的忠诚的本质，更不要说她其他的风流韵事和精神自由的愿望，让她不太可能会离开像谢尔盖这样一个随和的保护者，而转向另一个尽管充满魅力，却又有疯狂占有欲的人。至于毕加索，他还没兴趣开启另一段随意的感情；他想要一个妻子——艾琳且只有艾琳——他已准备好不择手段得到她。神力的假设对他来说总是与生俱来，特别是现在他开始被视为一个古典学者。为什么不当一个经典的天神角色？为什么不像朱庇特（Jupiter）把自己变成一只公牛拐走欧罗巴那样拐走艾琳？难怪奥维德的《变形记》后来会启发一系列版画和

毕加索的别墅，雨果街22号，蒙鲁日。

一些非凡的素描。

阿波利奈尔非常乐意充当毕加索的同谋。减轻他脑部压力的手术让他容易产生暴力情绪的波动，但是想到能够表现得像他的偶像萨德侯爵（Marquis de Sade）的一部小说中的一个角色那样，就让他士气大增。他随后就描写了这一事件。其实在某种程度上他已经这样做了：1907 年，阿波利奈尔发表了一个叫做《阿尔巴尼亚人》（L'Albanais）的故事，这个故事基于他的阿尔巴尼亚朋友，法伊克·孔尼萨（Faik Konitza）身上发生或没有发生过的事。[15] 它写的是一个男人只能通过拐骗另一个女孩来将自己从难以平静的激情当中解放出来。阿波利奈尔意识到，生活可以反映艺术，就像艺术可以反映生活那样。所以他再次将"阿尔巴尼亚人"——诱拐艾琳的蓝图——插入他基于这件事所作的真人真事的小说，就好像它是在"毕加索的"过去发生的一个事件。像毕加索那样，阿波利奈尔以自己为素材。

有一段时间，毕加索渴望离开空洞的舍歇尔大街工作室，这里充满了对伊娃的记忆，工作室外又是一大片坟冢——这对一个容易忧郁和黑色迷信的人来说极不适宜。他还渴望远离狂乱的蒙帕纳斯中心——一连串的咖啡厅：圆顶咖啡馆、园亭咖啡馆、穹顶咖啡馆——他在这些地方越来越多地成为令人嫉妒的对象。夏季期间，他发现了能够让他的心灵平静和诱拐艾琳的藏匿地：一栋丑得著名的别墅，藏在一排大钉一般的栅栏后面。这栋别墅的主人是一个律师，并位于蒙鲁日（Montrouge）这个交通便利的郊区边缘，离蒙帕纳斯只有一两站地铁远。

女装设计师兼藏家雅克·杜塞，后来买过《亚维农少女》，给予毕加索的"蒙鲁日庄园"（château de Montrouge）最好的描述：是那种在男子服装业做得不错的上了年纪的小资产阶级梦想中的房子，有着

> 几间朝向郊区街道的狭小房间，一个小小厨房花园来挂晾衣物，两三行蔬菜由毕加索的进取的女仆照料，她希望实现养兔子的珍贵梦想，但获得一对兔子后，[被]警犬[叼走了]……毕加索在这里是快乐的。他画了很多素描却很少创作油画……我有一个模糊的想法：他是在倒退，将立体主义

毕加索，《在蒙鲁日的自画像》，1917 年，纸本黑色粉笔和水彩，私人收藏。

格特鲁德·斯泰因和艾利斯·托克勒斯在他们的战时工作期间拜访一家医院，约 1918 年，耶鲁大学贝尼克珍本与手稿图书馆。

399

艾琳·拉古特，《毕加索肖像》，约1916年，纸本墨水，21cm×16cm，私人收藏。

阿波利奈尔的图形诗，载第一次"巴黎夜谈"展览图录，展览名为"利奥波德·叙尔瓦奇的油画，艾琳·拉古特的素描和水彩"，在邦加德夫人的画廊举办，1917年1月，巴黎历史图书馆，阿波利奈尔全宗。

抛给他恐慌的追随者们，这些人缺乏他那样伟大的天分，不知道该做什么。[16]

除了隐居，维克多雨果街22号有着通往阿尔克伊（Arcueil）的优势，毕加索的旧相识和新伙伴埃里克·萨蒂就住在这里。现在他们一起为《游行》而工作，他们常常在灯火管制的时候陪着对方在家里度过，加强和改善科克托的庸俗的现代剧本。在分手时，他们会脱帽，正式和对方道别——"晚安，毕加索先生"、"晚安，萨蒂先生"。直到1916年10月他在舍歇尔街的房子租赁期满后，毕加索才正式搬到蒙鲁日。[17]同时他用这个地方来做秘密事务。尤金尼亚·埃拉苏里斯为他找到一个打杂女佣，并给了他"一条精妙绝伦的玫瑰粉色丝绸床单"。"它们是从哪里来的，巴勃罗？格特鲁德·斯泰因问道。啊，毕加索满意地说，这是一位女士送的。是一个众所周知的智利上流社会女人给他的。这真是一个奇迹。"[18]同样奇迹的是她9月28日给他的钱包。这位艺术家将永远保存它，它至今仍和他的其他物品一起保存在毕加索博物馆。

在马略卡度过了一年多之后格特鲁德回到巴黎，她会意识到她在某种程度上已被取代了吗？尤金尼亚没有自称为天才，但是她非常有教养，极度富有，对现代绘画有着和格特鲁德一样的感知能力。更重要的是，她会对毕加索付出所有。格特鲁德全副武装的自我意识可能会阻止她意识到，她的天才伙伴已找到了另一个女性保护人。无论如何，现在凡尔登战役已经结束，她和艾利斯都要为战争尽自己的一份力。大约在毕加索前往罗马时，她们乘坐被他们称为"阿姨"（Auntie）的福特货车去组织美国医疗补给分配给军队医院。在他们路过普罗旺斯时，这两个女人探访了还在恢复期的布拉克，这令他十分尴尬。他抱怨说她们"穿着男侦查员制服，戴着绿色面纱和殖民地帽子"[19]；在亚维农的时候吸引了太多注意，以至于警方要求看他和她们的证件。这让布拉克十分愤怒。

1916年8月的某天，毕加索和阿波利奈尔约艾琳出来。正如她告诉她的一个采访者那样，他们带她从一个酒吧到另一个酒吧，从一个餐馆到另一个餐馆，给她灌香槟，"直到，不知道怎么回事或为何，我发现自己在蒙鲁日"[20]。毕加索把她锁在这里，

400

就像十一年前当他第一次带费尔南多·奥利维耶一起生活时把她锁起来那样。正如阿波利奈尔的毕加索角色巴勃罗·卡诺里斯用他沉重的西班牙口音说的那样："Pour aboir braiement une femme, il faut l'aboir enlebée, l'enfermer à clef et l'occouper tout le temps."（"要真正拥有一个女人，你必须绑架她，把她锁起来，然后把你所有的时间都花在她身上。"）毕加索被证明是一个无能的狱卒。就像他后来告诉多拉·玛尔那样，艾琳设法解开百叶窗上的螺栓，逃回谢尔盖那里。[21] 然而并没有持续很长时间。这些百叶窗也不能防住贼。不久就发生了一起入室盗窃。让毕加索感到欣慰的是，他们拿走的只是他的银器，而不是艺术作品。

在采访中，艾琳刻意模糊掉对她的绑架，特别是日期。她暗示说它结束了与毕加索的短期恋情。事实上，这件事在他们的关系中持续了好几个月；不久之后，她便回到蒙鲁日和他一起生活。给索菲奇的信表明了这段感情在 1916 年春天就开始了，过山车般地持续到 1917 年初。[22] 这次绑架的惨败似乎让毕加索比以往任何时候都更加坚定地要让艾琳远离谢尔盖。甜言蜜语间杂着骚扰和威胁。

毕加索的甜言蜜语在很大程度上推进了艾琳作为一个艺术家的职业生涯，这在一定程度上是成功的。他坚持要她离开最近刚刚注册的朱利安美术学院。学院教学将使她倒退，他说。"尤其会发展你的缺点。"[23] 于是她这样做了：但并没有任何进步。然后他说服画廊对她的作品感兴趣。从此以后，艾琳会发现她的作品挂在毕加索的旁边。她声称这让她尴尬：她不想表现得有利益关系（巴结毕加索），但显然就是如此。她爱慕者的名声也沾染到她身上，让她仿照玛丽·洛朗森创作的不高明的作品也有了需求。毕加索甚至看到，在 1916 年 7 月第一次展出《亚维农少女》时，她的作品也包括在内。

[一位女记者记录了展览开幕日]战争爆发后，画家没有再用古怪的服装恐吓资产阶级。优秀的小女画家现在穿着衣裙套装，剪着清爽的发型，还戴着粉红色的精致帽子。在他们中间是他们的导师毕加索，戴着一顶英国帽子，用他的智慧和幽默谈论着艺术。这里至少有一个人没有装作是被误

艾琳的裸体照片，约 1914 年，发现于毕加索的物品中，毕加索档案。

毕加索，《裸体》，1916 年，速写本页上铅笔，32cm×24cm，毕加索后嗣。

解的艺术家。他热情地吹嘘着……一个年轻初学者的才华，她的名字叫艾琳，并且十分漂亮。"［她的作品］是一种启示，"他说。[24]

因为甜言蜜语和定情信物未能赢得戈比的心，毕加索决定围攻艾琳时凭借不可抗力。《坐着的女人》对事情发生的那天晚上的叙述比较接近事实，艾尔维／艾琳将她的崇拜者锁在她的公寓外，尤其是"巴勃罗式"大男子主义暴力和幼稚的哄骗组合，在这些浓重的安达卢西亚人的口音中，我们听到："Elbirre, oubrre-moi, je te aime, je te adore et si tu ne m'obéis pas, je te touerrai avec mon rebolberr."（"开门，艾尔维，我爱你，我喜欢你，如果你不服从我，我就用我的左轮手枪杀了你"——大概这把著名的左轮手枪曾经是属于雅里的，毕加索住在蒙马特曾用来吓跑无聊的人。）"爱，就是我。爱是和平，我是爱，因为我是中立的，他［瓦里诺夫／谢尔盖］代表着战争。战争不是爱，是仇恨。所以你该恨他该爱我，我的小艾尔维。开门，为崇拜你的巴勃罗打开你的门。"

毕加索，《裸体》，1916年，细节，速写本页上铅笔，32cm×24cm，毕加索后嗣。

这是阿波利奈尔的版本。现在让我们听听艾琳的版本。1916年9月15日，她从布列塔尼的贝诺代（Bénodet）写信给索菲奇，谢尔盖就是在这里带她从折磨中恢复的。如果这封信听起来像是她向谢尔盖而不是索菲奇证明自己，那是因为可能谢尔盖正在她的肩膀后看着：

　　我有一个可怕但同时非常愚蠢的经历。当毕加索看见他让我离开谢尔盖的尝试失败后，就太认真地爱上我，并依赖于最低劣的花招。
　　毕加索偷走了我的裸体照片，这是我从来没有给谢尔盖看过的，因为害怕他会揍我下地狱。（毕加索）总是挥舞着它对我说："这总有一天将会非常有用。"最后，当谢尔盖的姐姐从尼斯回到家时，他到她的身边说："艾琳是妓女。你只需要看看她拍照时穿了什么就知道了。她给谢尔盖戴了绿帽子。甚至我都和她睡觉了。"他尽他所能把我扔到街上，这样我就会被迫去和他一起生活。他是人们能够想象到的最卑

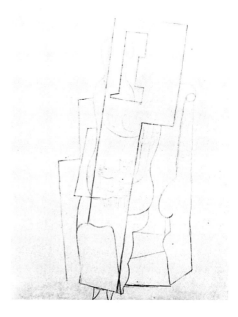

毕加索,《艾琳·拉古特》,1915—1916 年,纸本铅笔和蜡、蜡笔,49cm×31cm,毕加索后嗣。

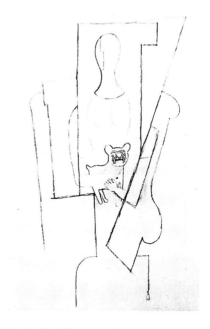

毕加索,《艾琳抱着猫》(上)和《艾琳抱着狗》(下),画于艺术家的工作室,1916 年,速写本页上铅笔,各 32cm×24cm,毕加索后嗣。

毕加索，《扶手椅中戴帽子的女人》，1915—1916 年，
纸本水彩和蜡笔，22.5cm×17.5cm，私人收藏。

毕加索，《情人》，1923 年，布
面油画，130.2cm×97.2cm，
国家画廊，华盛顿特区。

毕加索的《奥尔加肖像》X 射线照片（1923 年），显现
出一张 1915—1916 年的《坐在扶手椅上的女人》，法
国博物馆研究实验室。

毕加索，《奥尔加肖像》，1923 年，
布面油画，116cm× 80.5cm，
毕加索博物馆。

鄙的人。还有很多很多的细节，但是把它们全写下来是不可能的。幸运的是，谢尔盖不相信任何一件事，因为他知道毕加索的手法，以及他是如何在每一个展览都把他的作品挂在我的旁边的。我作品的成功可能在很大程度上得归功于此，因此我对绘画厌恶至极。获得成功的手段是如此肮脏；这完全取决于一个人的后台而不是一个人的作品。

这个故事已拖延数月。现在，我和谢尔盖在这里已经呆了三个星期来获得片刻休息了。[25]

艾琳被毕加索用照片敲诈的故事版本和《坐着的女人》如此紧密，很难不相信阿波利奈尔对余下戏剧的解释，尤其是因为它是一年后在贝诺代写的，艾琳在他身边。卡诺里斯／毕加索的确把他的威胁付诸实施。他向忒勒斯基妮／奥丁根展示了有损艾琳名誉的照片和信，后者欣喜地把它们给了她兄弟。弟弟急忙回家处理他情人的证据。"他告诉她，否认这些指控是无用的，巴勃罗本人已经确认了它们，他会出去以便她打包手提箱离开。"当瓦里诺夫／谢尔盖回来时，他闻到了一股强烈的煤气味，并发现工作室的门从里面锁着。在门房的帮助下，他闯了进去：艾尔维／艾琳正躺在煤气炉附近窒息了。他们找来了医生，她还难以恢复知觉。她设法让瓦里诺夫相信巴勃罗的指控全是假的，这只是让她离开他的花招的一部分；于是他们暂时和解了。

鉴于阿波利奈尔非常亲近毕加索，他不可能编造这个故事。当他的热情被激发出来时，毕加索会非常无情。马克思·雅各布曾透露过悲剧的一幕，他当时也在布列塔尼〔和利亚纳·德·普吉和她的丈夫普林斯·吉卡（Prince Ghyka）在一起〕。"在贝诺代时有他在身边，"马克思写信告诉他的朋友奥托尼亚，"谢尔盖拥有悲剧性的艾琳，反复无常的艾琳，逃不了的艾琳——我不能说更多了。"[26] 除了对这个故事知情，马克思知道艾琳有多么任性。她的确非常任性，在告诉索菲奇她悲哀的故事后，她回到巴黎重新开始她与毕加索的恋情。在某些时候，谢尔盖也想要自杀，阿波利奈尔不得不"把他关在壁橱里，以防止他伤害自己"。[27] 这个不幸的戴绿帽子的人如此尊重毕加索的天才，以至于他总是会原谅他。毕加索喜欢这点。

在接下来的四个月，似乎出现了进一步的分裂，进一步的和解。玛丽－珍妮·迪里（艾琳的采访者之一）引用了一封毕加索在 1916 年 11 月 30 日写给艾琳的信，不过现在已经丢失了。[28] 她让他悲伤，非常悲伤，毕加索说，但是他不据此针对她。为了忘记她，他一直在痛苦地努力保持和她的距离，但是现在，既然她已经给他这样一张甜蜜的便条，他期待第二天就去看望她。艾琳似乎并不准备让她任何一个情人——温柔的白俄罗斯人或又蛮又黑的西班牙人——挣脱掉她的钩。毕加索习惯在信的底部用他的作品来操纵他生活中的女人，这次用水彩画了一个穿着红色裙子的艾琳，骑着一匹飞腾的白马奔向太阳，而毕加索则穿着熟悉的红、白、绿相间的小丑服装追逐她。你的小丑可以提供的帮助是无限的，他似乎在说。从这一描述来看，这幅水彩与他正在为《游行》布景画的草图有关。

收到这封信后，艾琳搬去和毕加索同住了几个星期——在 1916 年 12 月初到 1917 年 1 月中旬之间。我们几乎没有看到一个人，艾琳说：

> 有狗，猫，鸟……真的，我们不断有人来……马克思来和我们共进午餐，科克托与我们共进午餐，因为在这一点上我们要……或者说毕加索决定要娶我。我不是完全赞成这个想法。当时他正在为《游行》做装饰……结婚后（证婚人是阿波利奈尔和科克托），我们就要离开去罗马。不过，我逃走了。我回到了谢尔盖身边。[29]

关于艾琳的一些素描，描绘他坐在火炉旁的高背椅上，她手里抱着一只猫，或是她的白色牛头犬鲍勃，使人想起这个郊区隐匿处舒适而亲密的生活。对于这种生活，正如瓦伦丁未来的丈夫让·雨果（Jean Hugo）对毕加索的称呼那样，这位"蒙鲁日的安达鲁"（L'Andalou de Montrouge），"穿着他的登山帆布鞋、腰带和帽子"，非常满意。[30] "蒙鲁日的安达鲁"显然为他精致的爱巢感到骄傲。

是的，毕加索在他们恋情的过程中为她画了肖像，艾琳说，但是她离开他的时候把它还给了他。我找不到任何这样的绘画。然而，还有一些关于她的具象绘画；1916 年画的多幅《坐着的女人》，有时戴着艾琳喜欢的漂亮帽子，显然是她。她唯一承认的其他绘画（在一个年轻男人旁边）是著名的《情人》（Lovers，华盛顿国家美术馆）——创作日期可以追溯到 1923 年，那时她离开毕加索已经 6 年了。[31] 这说明他们的恋情在 1922—1923 年又重新开始了，那时他已开始厌倦婚姻生活了。

在第一次与毕加索分手后（1917 年），艾琳也没有留在谢尔盖·费哈特身边很久。不久她就开始了与雷蒙德·拉迪盖（Raymond Radiguet）的感情，雷蒙德是一个惊人的 17 岁作家，艾琳还为他的诗集作插图，显然得到了他情人科克托的祝福。1921 年她搬到了圣雅克郊区的一个工作室，成为年轻作曲家乔治·奥里克的情人。这个时候她的装饰和服装在围绕科克托和"屋顶上的公牛"（the Boeuf sur le Toit）夜总会的小世界里已取得了些许成功。再次与毕加索做朋友后，艾琳不出意料地又让他失望了。她决定一劳永逸地丧失宝贵的自由，嫁给一个不喜欢她放浪不羁的朋友们的固执外科医生。根据多拉·玛尔，毕加索继续纠缠艾琳。[32] 1940 年代，她需要的自由卷土重来，并为了一个女人离开了这位医生。

最近发现，1923 年奥尔加的肖像画在 X 光线下出现了叠加的图像，这可能与艾琳有关。画框上的一个标签显示，布拉克将这件作品运给当时在塞雷的毕加索——可能是在 1912 年，他与伊娃私奔后。在明显的一个穿着红、黑、蓝相间的衣服的坐着的女人下面，有立体主义图像微弱的痕迹。[33] 这个图像包括一个皮草披肩，就像在 1915 年完成的某些关于伊娃最终的水彩画。不过，它也像一些 1916 年画的艾琳。这个迷人但令人发狂的尤物在 1923 年退出后，毕加索很可能想用一层厚厚的白颜料来掩盖他在战争期间混乱的感情，然后在上面画上他妻子的体面形象。

如果说毕加索描绘艾琳比其他的情人少，这很好理解。艾琳从根本来说无法对他奉献出自己的身体和灵魂。除非他在情感和身体上占有了一个女人，否则毕加索不能吸收她的形象；瞄准面相分析，图像性爱，更别说令人厌恶的操纵——在可耻的性心理解剖过程后将其神化——这些都使他妻子的肖像具有撕心裂肺的张力，如奥尔加，玛丽－泰蕾兹·瓦尔特（Marie-Thérèse Walter），或多拉·玛尔。再进一步思考：在他 1915—1916 年的

艾琳·拉古特，《两个女人和鸟》，约 1917 年，纸本水彩，24cm×16cm，私人收藏。

作品中，毕加索关心的是探索和表达自己的感觉，而不是别人的。1916 年，是他与艾琳关系纠结的一年，也是他作品最黑暗和混乱的一年，但又何尝不是整个世界最黑暗和混乱的一年呢？毕加索是一个和平主义者，他个人生活的悲伤、孤独和异化在前线不断升级的大屠杀中被极端地放大。他在 1945 年的声明中表示，虽然他从来没有画过，但是战争存在于一战和二战中他所创作的每一件作品中。[34] 除了一些把阿波利奈尔描绘成战士的滑稽素描，毕加索的作品中唯一明显与战争相关的事物出现在一件早期作品中（1911 年前后），其中有些部分毕加索在 1915 年重新画过（见 350 页）。他留下了足够多的土黄色立体主义颜料在表面，可以自由形成抽烟斗戴着法式军帽的战士的轮廓。其结果是形式变形的技巧实践而不是与战争相关的声明。隐秘的寓意式的方法总是最适合毕加索。还有什么比他 1915—1916 年创作的《丑角》和《坐着的男人》中召唤出的黑夜灵魂的力量更能确认此点的呢？

26

毕加索的"不为人知的杰作"

毕加索,《扶手椅中的女人》,1915—1916年,纸本水粉和水彩,30cm×23cm,私人收藏,法国。

毕加索第一次尝试逃脱立体主义的努力是失败而零星的:紧张,我们能够想象,还带着怀疑与恐惧。几乎整个一战期间,立体主义图像都在让位于欺骗眼睛、栩栩如生的图像。然而,这位艺术家拖长了作为古典主义者的重生,并不意味着立体主义在他的发展中就应当被视为一个有限的章节。立体主义走入了地下。毕加索在他余生都将继续专注于他和布拉克的发现,他最有原创性的绘画和雕塑往往证明就是根植于它们。

在具像实验的过程中,毕加索一直专注同一个主题——乐器和一些与咖啡馆生活有关联的东西:瓶子、玻璃杯、报纸、烟斗——这些已构成他本人和布拉克的立体主义储备仓。至于人物,他主要限制在另一个立体主义图像上,即坐着的男人。以前,毕加索画的坐着的男人还有依稀可辨的身份。他们是诗人、斗牛爱好者或吉他手,他们都被打上通常的立体主义标记。(再早一些,在蓝色时期,毕加索曾象征地用他坐着的男人来寓意性地表示相反的感觉:盲人表示观看、饥肠辘辘的人表示味觉,等等。)然而,在1911年之后毕加索创作的坐着的男人并不具有象征或讽喻意义;他就是一种人体模型,他就是毕加索自己感觉的投射(就如塞尚的苹果一样)。

毕加索战时作品中坐着的女人就不如男人这么多了,且不再是匿名的。她们大部分都能辨别出是这位艺术家生命中的女人——伊娃、戈比、艾琳。她们也不会在咖啡馆或者其他的一些公共场合被画。毕加索喜欢把这些女人锁藏起来,因此都是在家里画的,她们往往裸身躺在安乐椅上。毕加索以过分迷信的方式赋予扶手椅很深的象征意义。50年后,他告诉马尔罗,"当我在

407

左页:毕加索,《坐着的男人》,1916年,布面油画,200cm×132cm,私人收藏。

画一个安乐椅中的女人时，安乐椅意味着年迈或者死亡，对吧？所以，对这个女人来说太糟糕了。要不然这里的椅子是用来保护她们的，就像黑人雕塑一样。"[1] 从这个角度看，我们能假定 1913 年所画的伊娃中唇状的安乐椅意味着死亡，而艾琳所坐的蒙鲁日那把巨大的全面包裹的扶手椅，则暗示着保护。当包扎着厚实绷带的阿波利奈尔在同一件家具上画像时，可能既意味着死亡又暗示保护。

相比起伊娃或者艾琳的安乐椅来说，这个坐着的男人那又硬又小的椅子并不比他自己更重要。但就像一个简单的旋律可以激发出复杂的变奏一样，坐着的男人也可以产生一系列复杂的素描，基本主题变得不再重要。人们能够感受到，与它们真正有关的是绘画作为一个连续的行为：一个创作过程，这个过程正如艺术家展示的那样，自己滋养自己。通过成系列（en série）地画素描习作，毕加索总是希望能明白他的眼睛和手是怎样与他的想象相协调的。但是他说他从来没有实现过。

"他们比以前更好，不是吗？"毕加索挑逗地跟坎魏勒说道[2]，那时（1914 年春天），他正给他看两幅有关坐着的男人的具像素描，它们显然是对最近巴黎的塞尚展览的回应。将自己视为立体主义经理人的坎魏勒，对这种反革命的扭转并不掩饰自己的失望。一两年后，当他在瑞士收到的照片表明到 1917 年，古典风格已经蔓延到毕加索的油画时，他感到彻底的惊恐。[3] 不管怎样，坎魏勒的被迫缺席将这位艺术家从遵循立体主义轨道的压力中解放出来了。确实，这些最初的古典风格表现在某种程度上可以被视为一种刺激这位他开始厌恶的画商的方式。在未来三年，毕加索会通过反复描绘他坐着的男人来不知疲倦地探索各种向他敞开的选择。关于这个主题的素描数量是油画的一百倍，这一事实说明了毕加索对此有多么的痴狂，也证明了战时颜料和画布的短缺。

毕加索画的坐着的男人有时双臂交叉，有时拿着乐器。但是大多数时候都把他画成将左手肘部支在桌子上，若有所思或茫然地用手托着他的下巴。他的另一只手紧握住一个烟斗，通常看上去就像战时的假肢。只有男人能画烟斗，毕加索说；女性没有权利这样做，因为她们不吸烟。一般说来，烟斗被握在裆部，有一定的男子气概的意义；它的作用是在不确定性别时把人物标识为男性。

　　毕加索对塞尚的感情应该是完全充满崇敬的，在我看来，只有在 1910 年之前是这样。后来，毕加索更加专注于挑战和嘲弄，以这位导师为标准来衡量自己，他想要同化和逃避这位导师的影子。在不同的时期，他都会承认塞尚是母亲，父亲甚至祖父，但他也贬低他，认为对自己而言，塞尚不过是哈皮格涅斯（Harpignies，巴比松画派最后和最无聊的幸存者）而已。[4] 当然，他是开玩笑的，但是塞尚必须被超越，被驱除，在隐喻的意义上被杀死，就像他的父亲。当他将塞尚的典型形象提交给更加无情的立体主义转换时，毕加索想要做的就是这个事情。

　　我们通常可以说出这些素描是在哪里画的：在亚维农画的形象显然是农场的工人，这些劳工有放松的、乡村的样子，而在巴黎画的往往看起来有城市感。这些细微的差异相当重要，但是它实际上需要的只是在毕加索为生理和着装的细节所设计的立体主义速记上做一些最小的调整，例如钢笔或铅笔的几个笔触。有无衣领可以将这个基本的坐着的男人塑造为一个穿西装的市民或者普罗旺斯的农民。在再现方面这样做不需要太多简洁和巧妙的变形，但会更加费力。毕加索对沃拉尔和马克思·雅各布用安格尔的巧妙手法画得很细致的素描，需要坐很久，在这个过程中，这位艺术家似乎一劳永逸地内化了坐着的男人的形象。这些细致的肖像也使得毕加索扩展了假衣领和紧扣的背心这类符号语言，当他出于嘲弄的心情想把坐着的男人变成资产阶级的象征时可以随手拈来。

410

　　"打倒风格！"毕加索用一种更加救世主的情绪宣布道，"上帝有一种风格吗？他创造吉他、小丑、达克斯狗、猫、猫头鹰、鸽子。就像我一样。大象和巨鲸，很好——但是大象和松鼠呢？这是真正的大杂烩！他创造了根本不存在的东西。我也是。"[5] 我们应该注意毕加索的呼喊。我们不应该从风格对比的角度来看他的"坐着的男人"，而应该将这些交替模式看作是一枚硬币的正反面。当安塞美（Ansermet）对毕加索从立体派素描转向自然主义素描感到惊讶时，这位艺术家回答说："但是你没有看见结果都是一样的吗？"[6] 毕加索总是出于自己的目的来使用素描；他总是想使他的图形能力发展到一个灵活和多样的高度，从而使得风格问

毕加索，《扶手椅中的阿波利奈尔》，1916 年，纸本铅笔，31cm×23cm，私人收藏。

左上：毕加索，《坐着的男人》，1914 年夏，纸本钢笔和棕黑色墨水，20.9cm×21.8cm，毕加索博物馆。

右下：毕加索，《酒吧的人》，1914 年，纸本铅笔，48cm×38cm，毕加索后嗣。

左下：毕加索，《坐着的男人》，1914 年，纸本铅笔，31.3cm×23.8cm，玛丽娜·毕加索收藏，克鲁治国家画廊，日内瓦。

右下：毕加索，《坐着的男人》，1916 年，速写本页上铅笔，31cm×24cm，毕加索后嗣。

毕加索，《坐着的男人》，1914年，纸上铅笔，30cm×20cm，毕加索后嗣。

毕加索，《坐着的男人》，1915年，纸本铅笔和印度墨水，20cm×13.5cm，玛丽娜·毕加索收藏，克鲁治国家画廊，日内瓦。

题不再会出现。作为古典主义者，他倾向于首先从素描的角度来考虑他的艺术，而素描首先从线的角度来考虑：线条是如此有张力和清晰以至于它不需要二次轮廓（如塞尚通常做的那样）或是添加阴影或排线。正是这种令人眼花缭乱的线性灵巧和多功能性使他能够让他的硬币（立体派在一边，古典主义在另一边）保持极快的旋转速度，以至于是哪一面已经不再重要。风格显得无关紧要：用毕加索的话来说，如果总是同样的词汇和相同的语调说同样的事情，就没有人会注意。[7]

轻巧是另一桩让毕加索头疼的事。他说，为了不滑入轻巧，他不得不让事物对他来说变得尽可能困难。一个例子是几幅坐着的男人素描中有很多腿；其中一些多达十条（人的、椅子的、桌子的）。许多艺术家会尽力避开这样一个困难的构图问题；毕加索却用它来展示图形上的独创性，历史上的其他艺术家都没有这种独创性，可能只有达·芬奇例外。腿的多数性使艺术家可以沉迷于极端复杂的对位法，使正负空间相互交替，直到使人眼花；同时还可以玩一种别出心裁的图像双关手法，使坐着的男人可以动的腿脚跟椅子、桌子的木质腿相互变换。另一种独特的手法是：毕加索给坐着的男人画一个折叠式的袖套，看起来像是由一节一节的肘组成的。有时候他直接使用另一种图像双关手法，把扶手椅（例如他工作室里的那把）的臂弯画成坐在椅子上的男人的臂弯。有时候他实际上是从雅里那里将这种手法借用过来的，在雅里最早的一些图像中，手臂像肠子一样变成许多圈。[8]用身体的一部分模仿或戏拟另一部分，是毕加索经常使用的手法。

这些素描让毕加索把眼睛、手和想象力都尽最大限度地协调，但是它们也让他围绕一个主题转，越来越接近，想创作一件代表作。毕加索关于这个主题第一件大尺寸版本的作品是《酒吧的男人》（*Man at a Bar*），背景里贴着亚维农海报，这是在第21章中就讨论过的充满野心却失败的作品：这件作品中的扭曲是向米罗的超现实主义演绎看齐的。在毕加索再次尝试以这个充满在他脑海的主题来做一件代表作时，会有一年之久。在1915年初夏的某个时候，他正好画完了《戴圆顶硬礼帽的男人》之后，就准备了一块最大的画布来创作坐着的男人，这一次画的是在户外。这件杰作占用了他超过一年的时间，在这个过程中，他通过一遍又

411

一遍地画，直到坐人彻底消失来驱走这个强迫性的主题。在这个过程中他也驱走了立体主义。两三个月后，毕加索开始他另一幅伟大的战时油画，藏于 MOMA 的《丑角》。随着伊娃的癌症进入晚期，他也开始将精力集中在这两件作品。《丑角》在伊娃去世前完成；《坐着的男人》遭受了一系列连续的重画，在这个过程中，毕加索用一系列相关的素描和水彩画来尝试其效果，还有一些静物画（壁炉架上的吉他），采用拟人手法，跟大画布中消失的形象有惊人的相似之处。

　　10 月底，毕加索感到这两件大型作品都已完成了。1914 年 11 月 3 日，他写了一封信给莱昂斯·罗森伯格，确认出售他的《丑角》和《坐在灌木里的男人》（Man Seated in Shrubbery，《坐着的男人》最初的名字）以及画着舞者的三件水彩画，共计 8500 法郎（4500 法郎到账；剩余将于 1 月底支付）。[9] 罗森伯格收到了《丑角》，但毕加索不愿意交付其他的绘画：他需要返工。几个月过去了，终于在 1916 年 4 月 14 日，毕加索再次通知罗森伯格说这幅画准备好了；但最后又没能交出。[10] 随后又进行了进一步的重画。在顶部一些地方添加了相当大的附加物，之前画布上钉在画架侧面的区域被用来形成一个白色的边缘，并增强了平面性。直到最后罗森伯格也没有得到这幅画。1916 年 11 月 22 日，毕加索给这位画商寄去一个公函确认"经双方协议，我们已经取消了出售《坐在灌木里的男人》（4000 法郎），我曾答应要交付给你"[11]。他决定将这件作品赠送给他母亲的化身尤金尼亚夫人，他说他"甚至不会把这幅画赠给他的父亲"[12]。

　　他太看重尤金尼亚了，因此毕加索如此慷慨，但我对此表示怀疑。尽管他对他的作品很慷慨，但毕加索是不可能赠送一幅和《亚维农少女》取得同样突破的画的。礼物的故事很可能是为罗森伯格考虑而设计的虚构，来掩盖将其出售给别人的事实，而这个人不仅是一个非常亲密和仗义的朋友，还是先锋派口味的主要仲裁者。为什么要将这幅对他来说非常重要的画作的命运留给一个他越来越不信任的画商呢？这桩交易失败后，这位画商继续向法院告毕加索，但很快就输给了他更为精明有效率的哥哥，保罗·罗森伯格，后者将作为毕加索（和布拉克）的主要经销商，直到 1939 年。通过主持坎魏勒被迫出售的在 1921—1922 年的存货，莱

阿尔弗雷德·雅里，《乌布王》，1896 年，发表于《批评》（La Critique）的平版印刷，24cm×32cm。

412

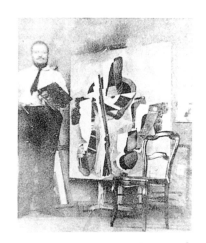

里维拉在他的工作室和画架上的《萨帕塔风景》，1915 年。

毕加索和正在画的《坐着的男人》自拍照，1915年秋，毕加索档案。

昂斯·罗森伯格将会永远丧失毕加索的友好。布拉克用拳头让他感受到这份感受。

　　这件大型作品还没有用 X 光检查。然而，毕加索自己在两个不同的场合下给它们拍了照片：看上去第一次是在完成前后拍的，1915 年 9 月或 10 月，第二次已签上了名字，也就是在一年之后了。在第一张照片中，这幅画是忠实于它最初的标题的，即坐在灌木中的男人。我们可以看到，为了突出纪念碑般的效果，毕加索把他的坐着的男人放了户外，并将他封闭在一个巨大的锥形脚手架般的直线围成的平面中，衬着树叶和一片天空。在这幅画的早期状态中那个坐着的男人更容易识别出来，可以由马丁·路易斯·古兹曼（Martín Luis Guzmán）证实，他是一名在潘乔·比利亚（Pancho Villa）革命运动中的作家和英雄。在和迪亚戈·里维拉于 1915 年 8 月参观毕加索的工作室后，古兹曼报告说，这个形象"用手托着脸颊，给人留下难以磨灭的印象"[13]。但情况已不再是这样。

　　任性而自负的里维拉却没有那么多好感。为了明白为什么，我们必须回到 1914 年的春天，那时里维拉拜访了毕加索，并被他看到的东西惊得不知所措。在一年之内，里维拉的爱变成了恨。1915 年的夏天，在长时间逗留在西班牙后回来和看过《坐着的男人》后，他指责毕加索剽窃了他：尤其是剽窃了他 1915 年的《萨帕塔风景》[Zapatista Landscape，即《游击队员》（The Guerrilla ）]。这件"墨西哥胜利纪念品"，正如里维拉所称，是一件户外静物作品。它包括一顶草帽，步枪，墨西哥披肩，子弹带和弹药箱像金字塔一样堆积在山脉的背景下："内战和革命的装备存在于艺术家独立意识的天蓝色领域。"[14] 为了将他的反叛战利品融入风景当中，里维拉在侧面用一块块白色和绿色在黑色的底子上渐变来模仿植物。里维拉戒心重重地保护着这种表现方式：这几乎是他唯一对立体主义的原创贡献。因此当毕加索继续推进，在 1915 的两件静物画中借鉴了此方法，将他的静物画对象从工作室搬到户外时，他是如此狂怒。在《坐着的男人》中，他将这个形象置于一个花园当中，显得更加芬芳四溢。（后来毕加索将会通过将静物摆在一张桌子上，桌子身后是一个敞开的窗户，窗户外是天空或海洋或邻近建筑物，来协调室内和室外。）

里维拉自以为另一种手法也是他的创意——通过它们的缺席，也就是说，轮廓和影子来描绘对象。[15] 毕加索作品中一个明显的例子就是在前面提到的《风景中的静物》上有一块令人困惑的白色轮廓，像一个冰淇淋蛋卷。正如一件相关素描证实的那样，它表现的是水果盘中的一串葡萄。里维拉在他1916年的《有花的静物》(*Still Life with Flowers*，藏于大都会博物馆）中使用了非常相似的图案。这一次情况完全不同：毕加索早在1905年就在《丑角之死》里用负空间描绘了一只狗，并一次又一次在立体主义作品中使用这种方法。

414　　　通过指责毕加索剽窃，鲜为人知的里维拉出名了；更糟糕的是，他给了立体派黑客以借口来对这位他们受到如此多恩惠的艺术家关上工作室的门。不管何时毕加索出现，他们就会装作害怕他要抢他们小工作室里的秘密。"半开的大门之外没完没了的闲谈时我是在场的，"科克托说出了当毕加索带着他去蒙帕纳斯工作室时发生了什么。"过去，我们不得不等到［艺术家们］最终锁上他们的最新作品。他们只是互相不信任。这种围攻状态滋养了圆顶和园亭咖啡厅的沉默。我记得有一个星期每个人都在窃窃私语，不知究竟是谁偷了里维拉在黑色上画渐绿的树的手法。"[16] 甚至马克思·雅各布也忍不住取笑毕加索偷走里维拉的小伎俩。在他向纽约杂志《291》投稿的两篇极其滑稽的编年体文章《艺术家的生活》(*La Vie artistique*) 中的第二篇，他让他虚构的艺术评论家对一个虚构的女画家说，"我看过你的一个墨西哥战利品，我还以为是毕加索的呢。如果这是我产生的误解，那就证明您的作品非常厉害。"[17]

　　　这个由里维拉引起的大惊小怪或许可以解释为什么，在改造他的杰作过程中毕加索消除了大部分的树叶。艺术家没有为偷窃感到内疚，尤其是从一个在他这儿偷窃了更多更多东西的人。他用里维拉的商标就像他可能使用了一点引起他注意的壁纸一样。此外他充分利用了它的矛盾之处：它可以把室内变成室外，或者模糊两者的区别。除了挪用里维拉的绿叶，毕加索让他的坐着的男人有一种在室外的感觉，这是通过利用一行行的巨点（它们不是点彩主义）来暗示奇妙新现象，即摩天楼（skyscraper）的窗子——由人类创造的最高的东西。这些摩天大楼的"窗户"极大

迪亚戈·里维拉,《萨帕塔风景（游击
队）》[*Zapatista Landscape*（ *The Guerrilla* ）],
1915 年, 布面油画, 144cm×123cm,
国家美术馆, 墨西哥城。

毕加索,《风景中的静物 》, 1915 年,
布面油画, 62cm×75cm, 阿尔古尔·
H. 梅多斯（ Algur H. Meadows ）收
藏, 梅多斯博物馆, 南卫理公会大学,
达拉斯, 德克萨斯州。

地提高了我们对这个无定型图形规模的知觉；它们为《坐着的男人》的巨型衍生品——《游行》中的经理做了同样的事情。是格特鲁德·斯泰因打开了毕加索看到摩天楼的眼睛，那还是几年前，她第一次给他看了"摩天大楼的第一张照片"。它的规模令他惊讶不已。"我的天，他说，难以想象一个情人让他亲爱的人踏完所有的楼梯来他顶层工作室的猜忌和痛苦。"[18]（毕加索的工作室在顶层，戈比也是。）他还有另一个摩天大楼材料的来源：在伯吉斯（Burgess）发表"巴黎野人"的那期《建筑实录》（*Architectural Record*）中，有关于摩天楼的文章，配有大量插图。

毕加索把这些画有点的片段运用到其他许多方面：建立图像节奏，也联合事物，就像他和布拉克将许多异质对象统一成立体派静物画一样。最重要的是他运用了点——白底黑点、黑底白点，或是多种颜色的点——作为伪装的一种形式，就像他告诉阿波利奈尔炮兵应该做的那样（见第 349 页）。（具有讽刺意味的是，法国军队的伪装单位也对现代艺术有兴趣，以至于把他们团的吉祥物称为"毕加索"和"马蒂斯。"）[19] 除了伪装坐着的男人，这些点将他掩盖在画家的神秘元素之中，神秘的根源不仅在艺术中也在文学里：特别是巴尔扎克笔下的"不为人知的杰作"（Le Chef d'oeuvre inconnu）。

巴尔扎克笔下的故事令毕加索着迷，就像让塞尚着迷那样。他认同作品的主角，一位疯狂的老天才，并为他画过最好的书籍插图。在他生命的最后，当他回到来自过去的主题和题材时，毕加索再次在《不为人知的杰作》中找到了灵感。这个故事写的是一位虚构的拥有无与伦比技巧的 17 世纪艺术家，叫做弗杭霍夫大师（Master Frenhofer），他逗弄了他的朋友，普桑（Poussin）和波尔伯斯（Porbus），因为他告诉他们，他已经为了完善一件叫做《淘气的美人》（*La Belle Noiseuse*）的杰作秘密工作了十年，画面完美无暇地描绘了一个完美无暇的女人，充满了"难以形容的东西，也许就是灵魂本身，就像阴霾那样围绕着身体。"两位年轻艺术家都非常渴望看到这件作品。当老弗杭霍夫终于允许他们去他的工作室时（在大奥古斯汀街，毕加索之后在这里拥有一个工作室），他们震惊地发现什么都没有看到。

416

家庭保险公司大楼（1893—1894 年），百老汇，纽约，《建筑实录》，1910 年 5 月。

前线的法国炮，1915 年夏，被伪装成媒体所描述的"未来主义的树"。

自拍像，毕加索拍摄于他的工作室，1915—1916 年，包括作品创作过程中的《酒吧里的男人》（上左和右），《独柱桌上的吉他》（下左）和《坐着的男人》（下右），毕加索档案。

只有混乱堆砌的颜色和大量难以捉摸的线条形成一面颜料的死墙……随着他们来到跟前，他们在画布的一角发现一只裸露的脚从混乱的色彩中浮现出来，若有若无的色调和模糊的影子制造出一片昏暗而无形的雾。这种生动微妙的美把他们惊艳得如痴如醉……"这里"波尔伯斯摸着画布继续说道，"就是我们艺术的终级限度。"[20]

毕加索，《坐着的男人》，1915—1916 年，纸本水粉，26.5cm×21cm，约翰·哈伊·惠特尼女士收藏。

毕加索的作品和弗杭霍夫一样难以辨认。除了两只残留的眼睛和烟斗交待形象的性别外，毕加索的不为人知的杰作——这是这幅画所再现的东西——中唯一能够辨认的元素是一块小脚尖。那么，这个深埋在看似摩天大楼里坐着的男人是谁呢？正如这一阶段另一件杰出的作品《丑角》那样，这个主题是自我指涉的（self-re-ferential）。毕加索总是说，这是一幅关于绘画活动的绘画——一种巫术活动。这位艺术家玩了一个消失的把戏；他融入了广阔无边的黑暗画面中，带着立体主义跟他一起。值得注意的是，他拍摄自己在这个坐着的男人面前比任何其他作品都要频繁——这是自恋的，从《坐着的男人》之前的作品，1914 年的《酒吧里的男人》前所拍的照片中就可以判断出。在这些照片中的第一张里，毕加索戴着他的帽子但下半身脱得只剩下内裤。第二张照片中他赤裸上身，而紧身的内裤，可以说是暴露性的。然而，还有另一个角度体现出自恋，急迫地将自己用照片叠加在这件杰作上，类似于急迫地将隐秘的自画像叠加在《丑角》上，也就是说，将他的自我附加在上面。虽然这件壮丽的作品在某种意义上标志着立体派的结束，正如《亚维农少女》标志着立体派的开端一样，但它却是相对鲜为人知的——很少展出，甚至科克托也不例外，讽刺的是，多年来，他是这位艺术家的朋友中唯一一个，能够看到"坐在花园里的年轻人"消失并"让位于毕加索独自统治的线条、形式和色彩的绝妙隐喻。他的其他造诣都不能与之相比"。[21] 他将这件作品吸收进一件有关毕加索的漫画，并将他模仿马拉美的《颂歌》（Ode，写于 1916 年）第一部分奉献给唤醒它。[22] 如果说《坐在灌木里的男人》很少得到进一步的关注，很大程度上是因为这幅画有好运挂在一系列极其私人的收藏中。尤金尼亚夫人将它让给了艾蒂安·德·博蒙特，后者将它

让·科克托，《立体主义者毕加索》，约 1917 年，纸本石墨铅笔，26cm×19cm，私人收藏。

留给了他的侄子亨利，亨利又将它转让给了它现在的拥有者。大 417
多数学者都是在 1981 年《坐着的男人》被租借到纽约现代艺术博
物馆回顾展时第一次看到这件杰作的。

毕加索，为巴尔扎克的《看不见的杰作》（*Chef d'œuvre inconnu*）所作插图，1927 年，蚀刻版画，19.4cm × 27.8cm。

毕加索，《弗杭霍夫工作室场景》（*Scene in Frenhofer's Studio*）（347 组画，第 64 号），1968 年 5 月 5 日，版画，41.4cm × 49.6cm。

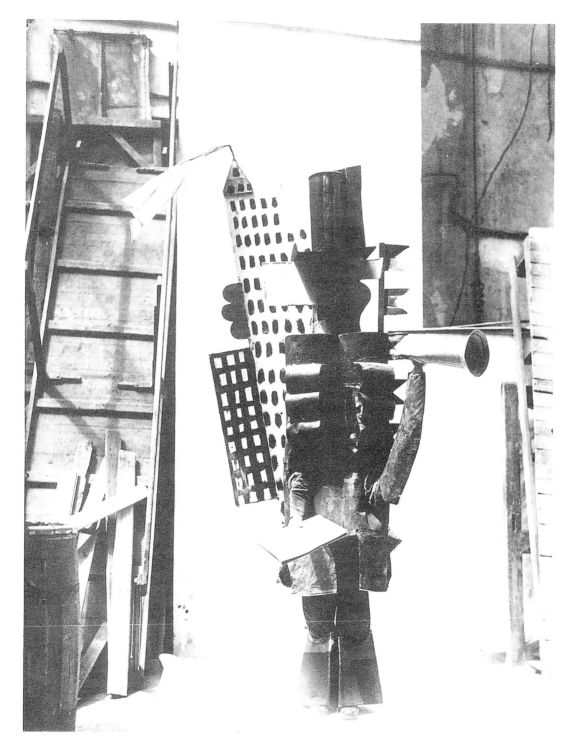

27

《游行》

萨蒂和瓦伦丁·格罗斯,1916 年 8 月,科克托拍摄,私人收藏。

"《游行》是你的一种肖像。所以,让我把它献给你。"[1]　　419

（科克托写给萨蒂的信,1916 年 12 月）

在 1916 年 9 月的第一个星期,佳吉列夫来到了巴黎,推进他的《游行》团队的工作。与往常一样,资金十分短缺,他忽略掉了应签署的必要合同,但至少毕加索和萨蒂可以开始工作了。随着科克托不断给他展示更多奇异的点子,毕加索开始产生了一些疑惑——他怀疑科克托在漫长、漆黑的回家路上给萨蒂分享了这些点子。很快,科克托就感觉到了有一个在针对他的阴谋。

让萨蒂知道（他在 9 月 4 日对瓦伦丁写道）,如果你能穿透初始的重重迷雾,就能看清我真的是对《游行》有作用的,他和毕加索也不是唯一的参与者。我认为《游行》是一种戏剧的创新,而不是一个单纯的音乐的"借口"。萨蒂围着毕加索手舞足蹈,还高喊着"我就是要跟随你!你是我的导师!"这一事让我很受伤。[2]

但萨蒂仍旧这样做。

背着科克托对《游行》进行修改是为了让《游行》变得更好（他在 9 月 14 日对瓦伦丁写道）,毕加索有很多点子,我认为这些点子比让的更好。真不幸啊!我支持毕加索!科克托并不知道!该怎么办呢?毕加索让我一路前行并跟随着让的文本。毕加索本人将依照另一个文本,这是他自己的文

左页:《游行》中的美国经理,1917 年,国家图书馆。

本——一个令人震惊的、享有声望的文本……在知道了毕加索绝佳的主意后，我感到阵阵的心碎，因为我被迫去写作那些让的主题。不够精彩啊！不够奇妙啊！该怎么办？该怎么办？写信给我，给我建议吧。我快要疯了。[3]

狡诈的萨蒂完全知道什么是必须要做的。他给科克托写了一个便条告诉他毕加索有了"一些关于《游行》的不寻常的新点子。"[4]由此促成了一次聚会，9月20日，萨蒂告诉瓦伦丁一切都安排好了——"科克托知道一切。他和毕加索达成了一致。真是幸运！"[5]这个策略奏效了。不用担心萨蒂，科克托向瓦伦丁自夸道（9月22日）："我可以向你保证。好人苏格拉底（萨蒂）正介入我和毕加索之间——由于用词的不同，他担心我们各自为政，各说各话。毕加索和我决定对萨蒂撒个谎，这样萨蒂就不知道我们的意图了"。[6]当然，科克托才是那个被骗的人。毕加索和萨蒂继续瞒着他将《游行》消减到最基本的部分，直至芭蕾舞剧的首演。1921年，科克托多少替自己报了一点仇。当罗尔夫·德·马雷（Rolf de Maré）希望毕加索为瑞典芭蕾舞团的《埃菲尔铁塔的婚礼》（Les Mariés de la Tour Eiffel）设计布景时，科克托否决了这个方案。他说道，毕加索的创意"过于震撼"，"过分吸引了观众的注意力。"[7]德·马雷，这位毕加索的好友，同时也是他作品的主要收藏者，将会深深地懊悔使用艾琳·拉古特的方案，而不是毕加索的。

尽管他已经完成了《家具音乐》的写作，萨蒂并不准备把自己作的曲子作为科克托二手噪音主义的背景：用机械的噪音模仿着现代生活的喧嚣。诗人认为，立体主义的纸拼贴和欺骗眼睛的错觉手法也可以服务于同一目的。萨蒂也不喜欢"由放大孔产生"[8]的语言和听觉的增强（一种现代生意招揽者的扩音器与古代预言者面具的混合物）。毕加索也持有同样的保留意见。装饰的效果仅仅停留在装饰的层面，这一前景对他一点也没有吸引力，特别是对于这样一个巧妙的总体艺术（Gesamtkunstwerk）而言，该作品的目的是将科克托塑造为先锋派的明星。毕加索同意年轻诗人皮埃尔·勒韦尔迪（Pierre Reverdy）的观点。皮埃尔把科克托描述为"这个时代的广告人"，并问他为什么走了这么远的路且起步

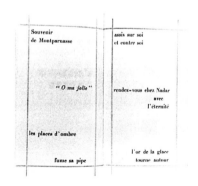

科克托，《毕加索颂歌》（L'Ode à Picasso）开头两页，1919年。

谢尔盖·佳吉列夫，约1915年，萨莎拍摄。

为时已晚，他仍然要将其他人向前推进。[9]

　　似乎作为一种调和的姿态，萨蒂同意在配乐中合并一些"让的噪音"——火车声，警报声，飞机的声音，左轮手枪的枪击声等等。但他一点都不掩饰厌恶之情。并且，在毕加索和佳吉列夫的默许下，这些噪音没有出现在首演上。当科克托意识到他被出卖了的时候，他暴跳如雷，悲叹道他的杰作被不可挽回地伤害了。令萨蒂恼怒的是，他成功地在1921年的芭蕾舞剧复演上恢复了一部分声音。"科克托在使用那些1917年就用过的无聊诡计，"萨蒂向瓦伦丁抱怨道（1920年12月），"他把我和毕加索搅得像一团浆糊般混乱。他已经进入狂热的状态。《游行》是他一个人的。好吧，我认了。但他为什么不把这可怜的芭蕾舞剧的装饰、服装和谱曲的工作都一人承担下来呢？"[10]毕加索就没有那么宽容了。当科克托没能完成分配给他的任务时，毕加索给了他"une bonne paire de gifles"（一记狠狠的耳光）。安德烈·纪德，这位在首演后来到演出后台的人在日记中写道："科克托心神不宁地在舞台两侧踱步，显出一副老态。他完全意识到了整部剧的布景和服装都是由毕加索完成的，音乐是由萨蒂主导的，但他怀疑毕加索和萨蒂是否真的没有站在他那边。"[11]

　　为了讨好毕加索，科克托开始着手为他写一首《颂歌》（Ode）。到10月中旬，这首时髦的作品就完成了。诗人不断地向愿意聆听的人背诵这首诗。毕加索有何反应已无据可考。现代主义者对此表示不屑一顾。唯一例外的是安赫尔·萨拉加（Angel Zarraga），他是一位流行的装饰画家，毕加索也很喜欢他。他给洛克发了一份报告："科克托熟练地把握着自由联想的令人震惊的天赋……非常朴实，也许朴实得太刻板了。"[12]（萨拉加的信更加有趣，其中描述了一件让人难以置信的毕加索的童年逸事：他怎样把小小的子弹壳填满墨水，然后系在苍蝇上，这些苍蝇会在房间里飞行，把墨水滴到同学们的练习本和老师光秃秃的头上）。作为职业生涯的一步，《颂歌》在1919年的发表没有成功。科克托厚颜无耻地试图抄袭马拉美（Mallarmé）"掷一次骰子永远不会消除偶然性"的图版印刷创意，过分地讲究对"抽象"空间和音乐共鸣的使用，由此引发了达达主义者和超现实主义者的"科克托恐惧症"（"Cocteauphobia"）。本杰明·佩雷特（Benjamin Péret）把

421

科克托比作"天使的粪便",而拉迪盖作为"铲子"（pelle，字面上的意思为铲，同时也可以意指法式接吻）则想把它挖出来。安德烈·布勒东严厉地苛责他"以那些上层人的尸体为生"。[13] 在苏波（Soupault）和艾吕雅的帮助下，他将看到科克托成为"巴黎最令人讨厌的人"。

除了"幕后音"和特效以外，毕加索还为《游行》中现代主义的肤浅所困扰。他费了很大力气才把作品中的象征主义痕迹净化掉。而他在《游行》中看到的，无非是一种华而不实、伪装在未来主义形式中的象征主义。这对他来说无疑是一个诅咒。同时，它也太文学化，太超越世俗了。科克托想把他的表演者——中国魔术师，美国小女孩，杂技演员——包裹在一种矫揉造作的噱头中，这就回到了《彼得鲁什卡》（Petrouchka），佳吉列夫关于街头艺人的讽喻芭蕾舞剧。直到毕加索坚定立场，科克托才有意通过唤起他的角色生命中完全不同的维度来强调"隐伏的元素"——这一维度处在"导演室的另一侧"。[14] 附在萨蒂最初配乐上隐伏的舞台指令是让魔术师模拟割开自己的喉咙，引起传教士的尖叫，传教士的眼睛和舌头都被扯下来了。美国小女孩［戴着白色珍珠的玛丽·碧克馥（Mary Pickford）］将被期望表演"蒸汽船拉格舞"（Steamboat Rag）［最初被称作"泰坦尼克拉格舞"（Titanic Rag）］，这是萨蒂从欧文·柏林（Irving Berlin）那里改编来的，加上了一个伴随的打字员，用一台摩斯密码机打出SOS，打字机的啼嗒声伴着一个脱离肉体的声音"方块……嗒……嗒……嗒……嗒……在第一百层楼上，牙医的办公室里，天使筑着他的安乐窝……嗒……嗒……嗒……泰坦尼克……咚……咚……泰坦尼克照得很亮，沉入了汹涌的波涛下……冰激凌，汽水……嗒……嗒……"非常贫乏的台词。

这些"拓展角色"的小策略把毕加索变成了多余的。他以前从未为剧院工作过，但是他对剧场有一种与生俱来的敏感。一次又一次，这种敏锐的直觉在他的绘画中也有呈现，不止在人物画中，《亚维农少女》就是最明显的例子，而且在静物上也有体现。毕加索拥有一种能够将世俗的冲突戏剧化的方法，将一个水果盘和水罐转化为在画布"舞台"上明星般的表演者：镀金外框的拱形舞台更加强化了这一视觉印象。他愿意把他的图像搬上真实的

阿波利奈尔，《小鸟用手指唱歌》，1916年，纸本铅笔水彩，16cm×10.8cm，毕加索博物馆。

舞台，尤其是当他发现他能够利用剧场，而不是被剧场利用的时候。《游行》——他的《游行》，与科克托的有着明显区别的《游行》——将给毕加索提供一个承担装饰但远胜于装饰的机会。在剧场中，尤其是在巴黎最大的广场之一的夏特勒广场，他能够比在工作室里取得更大的效果；能比以往更自由地在三维空间里工作；也能探索他在1912—1913年间用纸板建构所完成的突破。《游行》的准备工作在罗马展开，就是一个额外的奖励：他能借机躲过战争，也能放下他与艾琳时断时续的羁绊，在地中海作短暂的休憩，并且，谁知道呢，也许还能找一个妻子。

9月，佳吉列夫已经给了《游行》的合作者们5个月的时间来做预备工作，在他们动身去罗马之前的这5个月，《游行》的各项布景与服装都应该被确定下来。与往常一样，毕加索把所有的事都拖到了最后。然而，当佳吉列夫于1月初回到巴黎时，他赞同毕加索做出的小模型。[他感冒了，所以"毕加（索）"不得不把他的作品搬到爱德华七世酒店。]1月11日，艺术家签署了一份契约：

422

> 确认我们的口头协议，让我同意承担芭蕾舞剧《游行》的物品（布景、幕布、服装和道具），这部舞剧是让·科克托和埃里克·萨蒂的。
>
> 我将制作所有必要的设计和模型，并且，我会亲自监督所有这些工作的完成。
>
> 所有这些工作都要在1917年3月15日前完成。
>
> 以上这些工作，我的薪酬为5000法郎。并且，如果我必须去罗马，还需另外再加1000法郎。所有的素描和模型都是我的财产。
>
> 在设计和模型开始运输时就必须付我一半的薪酬，另一半在首演时结清。[15]

科克托非常焦躁，担心不能按时准备就绪，因此毕加索不得不表现得非常坚定，告诉他"我几乎每天都在忙这件事，我不希望有人来打扰我"[16]，以让他宽心。到了2月12日，所有事情都已准备妥当。萨蒂给身在纽约的洛克带去口信说他已经完成了他

毕加索，为《游行》的幕布所作习作，1916—1917 年，纸本水彩，27.3cm×39.5cm，毕加索博物馆。

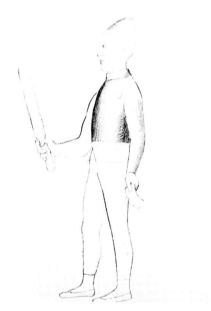

毕加索，《经理和丑角》，1916 年，速写本页上铅笔，22.9cm×30.5cm，毕加索后嗣。

毕加索，《丑角》（自画像？），1916 年，纸本铅笔，30.5cm×22.9cm，毕加索后嗣。

自己的工作（严格来说并不是，他还需要完成管弦乐的编曲）；并且"毕－毕加－加索的美丽装饰、服装和幕布"（beau decor, costumes & rideau de Pic-Picas-Casso）也已准备妥当。[17] 在这些项目中，有一个为垂挂的幕布所做的设计模型。伟大的收藏家和时装设计师雅克·杜塞来到蒙鲁日时，这是毕加索唯一向他展示的《游行》的状况。"这不是带小丑的立体主义，"杜塞向洛克汇报时说道（1917 年 3 月 31 日）。[18] 最终使用了多少蒙鲁日的材料，我们无从知晓。当毕加索抵达罗马后，他开始每天不间断地和舞蹈编辑马辛以及整个团队一起工作，画场景和制作服装，他要从根本上修改设计稿并迸发出大量的新想法。

毕加索将立体派元素与具像元素并置，使《游行》爆发出了更大的能量。从杜塞可能看到的那张速写和蒙鲁日一个速写本中画得很漂亮的一些素描（也包含着大量艾琳的坐像）来看，毕加索开始使用了相对具像化的习语——这种习语与其说可以追溯到安格尔，不如说应追溯到他玫瑰时期的作品和历史悠久的喜剧形象，一般认为芭蕾舞即是来自后一传统。科克托在他最初的处理中没有提到小丑，所以他们应该是出自毕加索的建议——可能跟科克托当时留在毕加索工作室里的服装有关。因为有一个小丑像他自己，所以这位艺术家甚至可能将《游行》中的一个角色设想成他自己的投影：也许是与经理形成好玩的一对，他这样设计，使科克托的脚本更有结构。"（佳吉列夫）是一个多么有力的人，"毕加索对布劳塞（Brassaï）说道，"他总是手握指挥棒，当有人不服从他，他就用指挥棒打他们。"[19] 这可能解释了一个令人费解的敦实的小丑画稿（留着大胡须，其他方面就和毕加索颇相似），用他的指挥棒威胁着一个戴高顶圆礼帽的经理。最后，蒙鲁日的草图并没有在《游行》中派上用场。相反，它们为大量诱人的水粉画和油画的小丑坐像铺平了道路，一种综合了立体派的平面性和视错觉塑造的表现方式，但这一次没有悲剧性、自我指涉的弦外音。

毕加索忙着为《游行》工作时，那幅倾注了他去年一年心血的油画《坐着的男人》还在舍歇尔大街工作室里。他还没有把它交给尤金尼亚·埃拉苏里斯——甚至可能还在继续画它。在允许他另外一件"不为人知的杰作"（Le chef d'oeuvre inconnu）、迄

424

那时为止没有展示过的《亚维农少女》在夏天展出时[20]，毕加索可能想把《亚维农少女》在9年前开启的革命以另一件巨大的、矛盾的、模糊不清的杰作圆满结束。同时，在创作三个巨人经理（后来减少到两个）中的那些打动萨蒂的"新奇想法"也是基于《坐着的男人》。马辛记得毕加索是在罗马为这些形象做的小模型，但它们应该是看了德佩罗为佳吉列夫的另一台芭蕾舞剧《夜莺之歌》（Le Chant du Rossignol）所做的大型纸板构造之后画的工作草图。在德佩罗的帮助下，毕加索能够为他的经理做出可以动的结构，这些经理们几乎和加泰罗尼亚巨人一样大（Catalan gegants，混凝纸做的列队行进的人物，他在1902年曾向巴塞罗那的一家报纸描述过）。[21]1973年，在乔佛里（Joffrey）芭蕾舞团对《游行》的复兴中，虽然经理们抢了马辛编舞的风头，但是他们仍然撑起了科克托脆弱的脚本，照应了情节。他们还通过使表演者看上去脆弱和娇小而为表演增添了一个感伤的调子，这是毕加索在嘲讽专横的佳吉列夫。如果有人足够幸运，能够在理查德·巴克尔（Richard Buckle）1955年于伦敦举办的佳吉列夫展览上见到毕加索的构造原作——虽然有点损坏——那么他就会对经理们所具有的强烈效果有更深的印象。[22]它们是一个启示：是毕加索将绘画和雕塑融合起来最富有想象力的尝试之一。从那以后，它们似乎就被破坏了。

《游行》中的法国经理，1917年，

＊　　　　　＊　　　　　＊

为了挽救阿波利奈尔消沉的精神，毕加索和这位诗人的一些朋友［马克思·雅各布，勒韦尔迪，胡安·格里斯，布莱斯·辛德拉斯和比利时诗人保罗·德尔梅（Paul Dermée）］决定在1916年的最后一天办一场宴会来拥戴他。借口是他部分自传体真人真事的幻想小说《被暗杀的诗人》（Le Poète assassiné）的出版，尽管它已经出版了好几个月了。阿波利奈尔的这本书是从早先的8个项目合并而来的，其中一些可以追溯到1903年。这部合成的大杂烩尽管也是天才之作，但却和毕加索的作品相关。情节的结尾是阿波利奈尔似的诗人克龙尼曼达尔（Croniamantal）被谋杀，他的艺术家朋友"勒瓦索·德·贝宁"（L'Oiseau de Benin，毕加索）为他竖起纪念碑。被谋杀后的第二天，勒瓦索·德·贝宁和特里斯托斯·巴叶莉内特（Tristouse Ballerinette），玛丽·洛朗森以及其他悲伤的朋

右上：莫迪里阿尼，《阿波利奈尔》，约 1916 年，纸本
铅笔，17.5cm×11.2cm，私人收藏。

左上：艾琳·拉古特，《骑马的阿波利奈尔》，1916 年
11 月 28 日，纸本钢笔和墨水，P.M.A. 收藏。

左下：阿波利奈尔"两幕一序的超现实主义戏剧"——
《蒂蕾西亚的乳房》中的表演者，1917 年，P.M.A. 收藏，
服装由谢尔盖·费哈特设计。

友一起在默东森林（Bois de Meudon）里找了一块空地，挖了一个形状像这位诗人的洞，并在周围砌一面墙。这个概念——预示着大地艺术——将会在毕加索委托设计阿波利奈尔纪念碑时出现在毕加索脑海，而委员会拒绝了一个又一个富有想象力的方案。

426 　　为了这次宴会，朋友们在位于曼恩大道的奥尔良宫租了一个豪华的房间，召集了不大不小的一群崇拜者来参与这个巨大且相对于战时短缺来说算得上奢华的午餐。阿波利奈尔发现马克思·雅各布发明的一些嘲弄性的菜名具有攻击性并坚持要改变：例如，"模仿饼干"（Bisquits de mimetisme）被改成"在立体派、俄尔甫斯派、未来派的作品之外"。客人包括萨尔蒙、纪德、科克托、辛德拉斯、费内翁（Fénéon）、保罗·福特、儒勒·罗曼、雅克·科波（Jacques Copeau）、布拉克、马蒂斯、弗拉芒克，而令人惊讶的是，还有巴克斯特。毕加索带着悠悠。这并不意味着他和艾琳分手了。她可能是出于谨慎而没有来；大多数客人是谢尔盖的朋友。

　　宴会以混战结束："站成几行的人们彼此尖叫，"格里斯写信告诉雷纳尔。[23]第一个发言者是阿尔弗雷德·莫梯埃（Alfred Mortier）夫人——是一个胸部很大的沙文主义者，以奥雷尔（Aurel）的名义写过非常无聊的著作，被愤怒地轰了下去。下一个发言者，P.-N. 罗纳德（P.-N. Roinard）也是这样，因为他拿出了一个不祥的长卷手稿。只有流行小说家雅克·狄索德（Jacques Dyssord）的话能够听清。与此同时，在战争中失去了一条胳膊的辛德拉斯与一位记者发生了争斗，然后蔓延到立体主义、俄尔甫斯主义和未来主义这些敌对派系。萝卜和少量的面包飞穿过房间。阿波利奈尔终于通过背诵一首诗和制作烤面包让大家平静下来。阿波利奈尔写信告诉正在凡尔登战壕里的雷纳尔，他的晚餐正是它应该有的样子："镁光灯、爆炸、危险、简洁，处于突发的边缘。空气里充满险恶的挑衅。"[24]科克托渴望着平和阿波利奈尔对他的偏见，用两张分开的明信片给他寄去一个谄媚的消息，建议会面一次，同时取笑巴克斯特："那个巨大的，温柔的，穿着黄色靴子的蛞蝓对这次宴会有着难以忘怀的记忆。他错过了黑人的突进和谢赫拉莎德（Shéhérazade）的自杀……魏尔伦和阿波利奈尔的宴会万岁。马拉美葬礼的可笑宴会万岁。"[25]

　　赞美雨点般散落在阿波利奈尔包扎着绷带的头上。为对他表示敬意，一群初露头角的诗人，以勒韦尔迪为首，创办了一份评论，《北南线》（*Nord-Sud*，以连接"艺术和文学双中心"的蒙马特和蒙帕纳斯的地铁线命名）。年轻的崇拜者每周二晚上都聚集在花神咖啡馆向他致敬；编辑们围着他要稿子；他的书的销售量在不断增加。但这一切都没有重新燃起阿波利奈尔的能量或天才。事实证明他远不是一个先锋派的领袖，他关于桑给巴尔岛出生率的诙谐文学"抒情戏剧"（drame lyrique）——《蒂蕾西亚的乳房》（*Les Mamelles de Tirésias*，由谢尔盖·费哈特布景；由艾琳·拉古特负责服装；海伦·奥丁根提供排练空间）的唯一一次上演，引发了一群自命不凡的立体主义艺术家的抗议，包括格里斯、海登、基斯林、洛特、利普希茨，梅青格尔、里维拉、塞维里尼。他们声称，这公认脆弱的作品对他们"造型研究"（recherches plastiques）的反映非常糟糕，让现代主义运动声名狼藉。阿波利奈尔深受伤害，体现在他写给格里斯的信中：

427

> 我通知你，我们的友谊结束了。我不承认人们能够以我不知道的原则为名义来谴责艺术或文学领域中的这种或那种美学……我是严肃对待你我之间的事情的。我从来没有在关键时刻抛弃我的朋友。如果他们在感觉我受到攻击时抛弃，那么他们就不再是我的朋友。这就是为什么我对你说再见……与此同时别忘了这个剧是超现实主义的，而立体主义这个词已经被严格取消了。[26]

阿波利奈尔认为是布莱斯·辛德拉斯——原是朋友——在背后攻击他。他很可能是对的。这位单臂的辛德拉斯没有后悔当初嘲笑一位"荣誉军人"（mutilé de guerre）。无论如何，战争结束后的伤员因为数量太多而不再具有神圣性。"我被阿波利奈尔荒唐的傲慢吓坏了，"辛德拉斯写道，"他就像一个破脚盆。他的伤疤并不光彩，是他的胜利放出的新鲜的屁。不要认为阿波利奈尔的屁有多重要。"[27]

*　　　　*　　　　*

阿波利奈尔宴会后两周（1917 年 1 月 14 日），"画家布拉克的追随者"在玛丽·瓦西利耶（Marie Wassiliett）工作室组织了宴会来庆祝这位艺术家在经过一个漫长而痛苦的康复期后从军队获得

谢尔盖·费哈特，为阿波利奈尔的《蒂蕾西亚的乳房》封面所作习作，拉丁版本，1918 年，私人收藏。

自由。这次宴会的狂乱和阿波利奈尔那次几乎一样，不过乐观多了。组织者由毕加索、阿波利奈尔、胡安·格里斯、马克斯·雅各布、梅青格尔、勒韦尔迪、保罗·德尔梅、瓦西利耶、马蒂斯和他的前学生瓦尔特·哈尔沃森（Walter Halvorsen）组成。他们把客人限制在35人以内，每人六法郎。瓦西利耶可能让碧翠斯·黑斯廷斯（Beatrice Hastings）"确定最后的客人名单"[28]，恐怕是出于对她的前情人莫迪里阿尼的尊重。黑斯廷斯坚持要把她的新男友，雕刻家阿尔弗雷多·比那（Alfredo Pina）带来，这必定会导致麻烦。果然，晚餐结束时，喝得酩酊大醉的莫迪里阿尼带着一群不请自来的艺术家和模特冲进了工作室，却不料撞上了挥舞着左轮手枪的好嫉妒的比那。在他开枪之前，只有五英尺高的瓦西利耶把莫迪里阿尼推下楼梯。为了防止进一步的猛然发作，毕加索和他的客人，奥尔蒂斯·德·萨拉特锁上了房门，把钥匙藏好，直到马蒂斯说服他们把它还给瓦西利耶。[29]从那以后，每个人都守规矩起来，也不喝过头了。

玛丽·瓦西利耶，《布拉克宴会》，1917 年 1 月，克劳德·伯恩斯收藏。

　　瓦西利耶为布拉克和马塞尔在装饰上下了很多功夫：粗糙的帘子、黑色的桌布、红色的餐巾纸、白色的盘子和月桂花环。主菜是火鸡。瓦西利耶用她的哥萨克"小鱼舞"招待客人，马克思·雅各布"则用了他最聪明和机智的方式模仿一位上校和布拉克的母亲"[30]。每个人都跳舞直到天亮，尤其是贵宾和德兰，他们在早上六点依然欢腾，挥舞着他们吃剩的火鸡骨头。毕加索表现得难有的天真，据瓦西利耶未发表的回忆录说："为他的帕格内特唱一些歌或其他什么东西。"[31]艾琳可能出于谨慎又没有来，或者她终于回到谢尔盖那儿了？

　　工作室里高度的不祥，让人想起的《波希米亚》的第一幕，为紧张提供了一个逃避阀——愧疚和幸灾乐祸折磨着许多没有参加过战斗的客人。但只是暂时的。阿波利奈尔和布拉克的头部已经受伤，这是他们失去最多的地方，再多的崇拜都无法减轻他们的痛苦和愤怒。阿波利奈尔，曾被授予十字勋章，最后几乎瘫痪；布拉克，曾两次在特别公报中被提名表扬，也获得了法国荣誉军团勋章和十字勋章，他的创伤让他几乎瞎了，彻底改变了他的性格。尽管他享受外在的追求，但是布拉克一直是一个内向的人，他现在更加内向，最终发展成一个习惯于幻想的人，越

布拉克在亨利·劳伦斯的工作室，1915 年，劳伦斯拍摄，劳伦斯档案。

429

布拉克在他索尔格的工作室，1917年，劳伦斯档案。

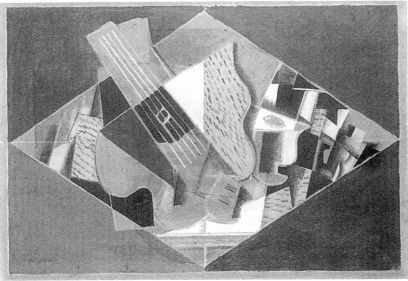

布拉克，《有吉他和玻璃杯的静物》1917年，布面油画，60cm×92cm，科勒·米勒博物馆，奥特洛。

来越多把绘画等同于诗歌。这出现在他的格言里——"病床旁沉思的水果"——这是理解他的立体主义以及后立体主义的关键。布拉克头部的伤引起了一个形而上的过程，这将把他领向一种"néant"（不存在）的状态。"我有一个伟大发现，"他在许多年后说，"我不再相信任何事物。对象对我来说是不存在的，除了它们之间、以及它们和我之间存在的一种和睦关系。当一个人达到这种和谐时，就达到了一种'思想上的不存在'（intellectual néant）——我只能将之描述为一种平和的状态——它使得一切事物成为可能并各安其分。"[32] 这样的观念会让毕加索极其不耐烦。"接着，他会乞灵于第四维了！"

　　布拉克对毕加索的态度不可避免地发生了变化。他，尤其是马塞尔被毕加索说布拉克是他的"前妻"这样随便的俏皮话而伤心生气，他们在亚维农车站告别后从未再见过对方。然而，如果他们不再像过去那样保持密切联系的话，那不是因为仇恨，而是因为布拉克长期住在索尔格，他在那里仍然有一所房子。布拉克受伤时，毕加索感到备受打击。疾病像死亡一样令他沮丧。不过他拜访了他在医院和莫里斯酒店的"伙伴"（pard），他在那里得到休养，这些休养在他重操绘画时很有帮助。毕加索总是认为布拉克是他最亲密的男性朋友，但这并不意味着反之亦然。在以后的岁月里，当他们住得远时，毕加索总是焦急地询问布拉克的消息，布拉克却很少这样。鉴于布拉克增加的保守主义和与世隔绝，他的冷酷在预料之中。退伍军人的阴影也起到了一定作用。尽管那段岁月已经过去，布拉克怎么能不怨恨登山伙伴在他深陷战壕中时去追求名誉和财富呢？不管他的感受怎样，布拉克几乎从来不把它们发泄在毕加索身上。相反在一年左右之后，他将它们发泄在另一个未曾从军的西班牙人，胡安·格里斯身上。他觉得格里斯溜进了他掌舵的立体主义；事实也的确如此。他曾是这样一个可敬的人，这次却表现得有些卑劣。在使用格里斯的许多方法来开启他 1917 年的作品后，他拒绝他的作品和格里斯挂在同一个画廊。对一直是布拉克狂热崇拜者的格里斯来说，这种拒绝是很难承受的。

　　当他离开医院恢复了绘画后，布拉克最难适应的是立体主义的余波。带着勇气但并不完全成功地重建与毕加索相等的地位，他着手创作一幅很大的综合立体主义《音乐家》。虽然窄了点，但是它比毕加索的《坐着的男人》高了8英寸；它们在构图、观念和表面润色上有着明显的相似。甚至有相同的五彩纸屑般的点彩和更大的"摩天大楼"（skyscraper）点作对比；安放眼睛的头部的形状就像一块三角板。最明显的区别是音乐家瘦长而僵硬，和一点"沙龙"立体主义的味道，布拉克确实已见过梅青格尔，但僵硬也可能是战争纪律遗留下来的。不可避免的是，与毕加索的相似之处是非常显著的——多得以至于我忍不住怀疑，不管是有意还是无意，布拉克是否会最后一次不将自己和他的登山同伴拴在一起。不管怎样，这个实验没有效果。布拉克的未来成就在很大程度上是他自己的，毕加索也是这样。

430

＊　　　　　　＊　　　　　　＊

　　布拉克宴会前一周，阿波利奈尔的专栏作家朋友路易丝·福尔-法维耶（Louise Faure-Favier），曾访问过瓦西利耶的工作室，并称她遇到的艺术家只讨论他们的工作。她将此归因于毕加索，"他们中的佼佼者，他不再有经常和他的门徒们玩保龄球（billes）的快乐大师的气息。甚至年轻艺术家艾琳小姐，美丽的王后，现在也只有一个目标，就是在绘画方面取得更大进展。"[33] 显然，他们两个还在一起，更重要的是，还打算结婚，从一封信毕加索在1月15日写给科克托的信就能判断："我的护照上显示我三天之内必须离开法国（我昨天才拿到它）……我想我们明天就离开。我要给佳吉列夫留个信，把这件事告诉他。"[34] 这个"我们"大概是指艾琳。因为出境签证将不再对下个月的罗马之行有效，毕加索一定还有另一个紧迫的理由离开法国。还有什么带他的未婚妻去见他巴塞罗那的母亲、姐姐和老朋友之外的事呢？

　　作为他家庭的支柱，毕加索仍处于不辜负他地位的压力下——结婚并生一个儿子兼继承人。他一直注重将他的头两个未婚妻，费尔南多和伊娃，带去见他的父母，在这年晚些时候，他将会把他最终娶的女人，奥尔加带去见玛丽亚夫人。毕加索肯定想和艾琳做同样的事。他们实际上是否去了西班牙我们不知道。在我自己看来，他们从来没有这样做；被父母接受以及由此隐含的约束会使艾琳害怕，自由的精神将使她永远和毕加索分手；他们没有去巴塞罗那，也没有在罗马度毕加索设想的蜜月旅行，她

布拉克，《音乐家》，1918年，布面油画，221.3cm×113cm，巴塞尔美术馆公共艺术藏品。

遗弃了他——大约在 1 月 16 日。

科克托后来自恋地想使罗马之旅对他有利。在 1960 年代的一次电视采访中，他声称毕加索对他说："因为我们要蜜月旅行了，所以我们会告诉格特鲁德·斯泰因。"因此他们拜访了格特鲁德，据说毕加索宣布，"哇！（Voilá！）我们要开始我们的蜜月之旅了。"[35] 言下之意是说科克托正在代替艾琳作为准新娘。格特鲁德的记忆有点模糊但明显不同。"有一天，毕加索和一个人走了进来，靠在他的肩膀上的是一个苗条优雅的青年。这是让，巴勃罗介绍说，让·科克托。我们正要动身去意大利……他对即将前往罗马充满憧憬。"[36]

毕加索，《艾琳·拉古特》，1917 年，纸本铅笔，27.5cm×23cm，毕加索后嗣。

萨蒂本也要陪同科克托和毕加索去这个他喜欢叫作"罗姆"（Rhum）的城市。他已经从佳吉列夫的预付款中花了很多钱买行李——一些这个从未旅行的人不需要的物品。在最后一刻他决定不去进行这次伟大的冒险。他更喜欢安全地呆在他位于阿尔克伊（Arcueil）的隐居处，没有人被允许无故进入。科克托说，萨蒂是

431 "一个瓶子，永远都不应该去摇"[37]。此外，还可能有一个他留下的原因。萨蒂对自己的穷困很敏感，他被科克托和佳吉列夫约定的条款激怒了：

> 鉴于《游行》剧本的重要性，合作者都同意，只有科克托先生在每次出演后收取版税，直到总数达 3000 法郎——他同意将这笔总金额转让给埃里克·萨蒂。超过这个金额之后的版税，将由作曲家和剧本作者分摊。[38]

年轻富有的科克托比贫困的老萨蒂拿的钱多，然后用慈善来哄骗他，这一约定带来的羞辱呈现在写给瓦伦丁的一封苦信中：

> 科克托绝对是暴发户和一坨屎。我再也！永远！也不想见到他。他即使变成蛆虫也不及……我的懊恨程度，亲爱的朋友，我无法向你赞美这只可恶的鸟，还是如此难搞的鸟。这不是申斥。这是事实——太伤心了……就像一个人的两条腿都长了冻疮！[39]

让·科克托，《毕加索》，1917 年复活节，纸本钢笔和墨水，巴黎市立博物馆。

阿尔弗雷德·法鲁赫，《埃里克·萨蒂》，毕加索寄给阿波利奈尔的明信片上，1918 年 9 月 22 日，毕加索档案。

瓦伦丁还从科克托那儿收到了一份报告（2 月 15 日）："我们明天离开，没有萨蒂。不可能带着 'étrange paquet avec papates'［这袋怪土豆］……。部长问［萨蒂］，'你知道罗马吗？'……他回答说，'知道名字，只知道名字。'"[40] 萨蒂很高兴留下来。他仍然有《游行》的管弦乐编曲要写；还要为"苏格拉底的一生"（Life of Socrates）配乐，这是王妃埃德蒙·德·波利尼亚克委托的。这一次他声称已经找到了完美的合作者——"永远不要对一个梦纠缠不休"——柏拉图。

"毕加索笑了，"科克托在说起他们的罗马之行时表示，"当他看到我们的画家朋友（教条主义的立体派）……在火车行远时身体逐渐变小。"[41] 科克托比任何人都更准确地评估了毕加索离开蒙帕纳斯的重要性。在过去的 18 个月，他一直是去工作室里最勤劳的游客，他看着毕加索把《坐着的男人》变成了典范时，慢慢地放下了立体主义的帷幕。立体主义——科克托一语双关地称之为"角度的倾斜"（la chute des angles）——确实减少了。甚至把综合立体主义推到新高度的格里斯，都在试图将他的作品从其理论的负担中解放出来。同时，坚持者继续在将事物系统化。例如里维拉，已经想出一个神秘的创造图像的精巧设计，他称之为"物"（la chose），这种装置可以使任何图像呈现一种真正的立体主义外观。这是一种暗箱，是由"视片"（sight vanes，玻璃和明胶做成的移动平板）构成的。发明者声称它可以让他发现第四维度的秘密。

然后就有了被称为"里维拉事件"（l'affaire Rivera）的纠纷。在一顿莱昂斯·罗森伯格在拉佩劳斯（Lapèrouse）为他的艺术家准备的晚餐后，这群客人转移到安德烈·洛特（André Lhote）华丽的工作室，对立体派绘画的纯粹性和完整性有一套强有力观点的勒韦尔迪发表了一场长篇大论。在确定自己被攻击后，里维拉给了他一记大耳光，勒韦尔迪尖叫着去扯里维拉的头发。为了停止争斗，梅青格尔建议决斗。于是里维拉伸出和解之手，但勒韦尔迪拒绝，并无礼地离开。"这是本季度最严重的事件，"马克思·雅各布向杜塞报告说，"有必要明确地表态。勒韦尔迪那边有布拉克、格里斯和毕加索，里贝拉（雅各布对里维拉的称呼）那边也许会有梅青格尔、洛特、玛利亚·古蒂埃（Maria Goutierres）、马勒维娜。"[42] 工作室这种愚蠢的争吵是立体主义解体的症状。

432

不仅是争吵不休的小派系。反动分子还攻击立体派为"亲德"主义。也许因为在阿波利奈尔的宴会上被轰了下去，奥雷尔（Aurel）夫人进一步在一本名为《战后艺术中爱的诫命》（The Commandment of Love in Post-War Art）的伪善小册子中用她的沙文主义来反对现代法国艺术。（"当我看到［我们的艺术］在德国（en Bochie）被模仿时，我意识到了为什么……在促进［它］时，德国帮助我们消灭了我们正直的资源。"）[43] 很快野蛮的达达派将出现在大门口，尽管离皮卡比亚发表他反对立体主义的宣言还有 3 年。他的妻子在经营作品方面做得很好，而他却敢于指责立体主义艺术家腐败：他们"把黑人雕塑变成了立方体，把小提琴、报纸、大便和年轻女孩的形象变成了立方体，现在正在把钱变成立方体"。[44]

奥尔加·科克洛瓦在《火鸟》（The Firebird）中扮演 12 位公主中的一位，1916 年，毕加索档案。

关于罗马快车留在巴黎的那些"逐渐减少的立体主义者"就说到这里。在等着毕加索的是什么？通过带他去罗马，《游行》将完全改变他的生活。佳吉列夫芭蕾舞公司为他提供了一个杰出的新茶话会，最重要的是，提供了一个新娘奥尔加·科克洛瓦（Olga Khokhlova），这是毕加索将会在一段时间内用激情和占有欲去爱的一个人，并且用他厌恶女性的方式，爱到恨。她那冷酷、忧郁的美丽和轻盈的舞蹈演员的身体将被证明是他突然出现的古典风格的完美工具。她也在另一个方面改变了毕加索。在奥尔加的要求下，他尽其可能地穿上了惯常的礼服。老朋友不需要担心。不久，毕加索就对这种伪装失去耐心，他挂了一张声明在他工作室的门上："我不是绅士。"

同样重要的是，罗马之旅将会把毕加索带回地中海。抚育了他的内陆海总是再三重燃他的精神，更不要说他对古代世界的热情了。现在他终于来到罗马，更重要的是，去了那不勒斯，这种激情会逐渐占据他的作品。正如他先是挪用了基督教艺术的圣火，之后又挪用了部落艺术的圣火，毕加索现在着手挪用的不仅仅是古典风格的服饰（庞贝壁画、镜子背后的雕刻，弗拉维安半身像，阳物崇拜的护身符和其他可以行奇迹的手工物件），他还运用了他们神圣的力量。"代祷人"（intercesseurs）是他之前所信仰的东西——部落神灵以及在早期生活中给予他庇护的圣徒——将会给赫尔墨斯、密特拉神等更多的神让路。在他们的支持下毕

毕加索，《浴者》，1918年夏，纸本铅笔，23cm×
31.9cm，哈佛大学福格美术馆，保罗·J.沙切斯
（Paul J.Sachs）捐赠，1900年，作为证明给我的
朋友 W.G.拉塞尔·艾伦。

加索会唤醒地中海沿岸依然特有的混杂着雄壮和温柔、嗜睡和凶
猛的动物。毕加索再也不将自己神化为基督，而是神化为主持厄
琉息斯秘仪（Eleusinian mysteries）的狄奥尼索斯；神化为将自己
变成一头公牛的朱庇特；神化为寻找新的变形技巧的皮格马利翁。
他总是不让主题和模式相适应：古典的题材或主题不一定以古典的
方式来处理，反之亦然。正如他一再说过的那样，这是同一回事。

科克托向古典风格的转向就像把外套翻过来穿那样简单。在
几个月内寄给瓦伦丁的两张埃尔金大理石雕的明信片中，他说
"这讨厌的装饰带占满了整个毕加索的楼梯。它是官方大理石戏
剧的拟人化"（1916年9月12日）[45]，他向古典主义卑躬屈膝就
好像他一直都是它的狂热崇拜者一样。在这个过程中，他用另一
套审美的陈词滥调来修饰他的思想。有人说，就像一个理发师把
阿波罗的石膏像放在他的商店橱窗里一样。要求遵守规则对于毕
加索是太过分的规定。他仍然将自己视为艺术的反叛领袖："一个
新的大卫"——正如他告诉阿道夫·巴斯勒的——将站起来，把
艺术已经陷入其中的"样式主义"扫除干净。当说到弗拉芒克
时，他说，"我想负责断头台的任务。"毕加索继续说道，"当我
一回到家，我就要开始画《贺拉斯兄弟》了！……是的，是时候
了。"[46] 这与其说是"回归秩序"（rappel à l'ordre），不如说是"回
归革命"。

毕加索对古典美规范表面上的尊重往往是讽刺或说说而已。
他树立规范往往是为了更好地将之拆卸或者嘲笑它们——比方
说，他会粗暴和随心所欲地对待传统上认为神圣不可侵犯的比
例。当然，一种古典习语使毕加索偶尔显得怀旧或有爱心或因占
有而自豪（如早期为奥尔加画的肖像那样），但他画中人物的目光
和举止经常都有某种东西，表明在这些田园生活中，比起奢侈、
宁静和欢悦，更多的是倦怠。仙女们互相之间太关注对方。男人
已经醒来；焦躁不安，他们在投掷石块。很快就会有追逐，刚开
始乐趣非凡，之后就不好玩了，最后在黑暗的酒神森林中以黑暗
的酒神活动结束。毕加索用神一般的纵容来描述这些场景：在奥
林匹斯山上强奸不是犯罪。就好像他想证明普鲁塔克（Plutarch）
是错误的，想证明，既然毕加索回到了古典场景，"伟大的潘神"
就不会死了。

433

注释

引言：毕加索帮

1　Parmelin, 106.

2　参见卷一，327.

3　Stein 1933, 59.

4　Adéma, 117.

5　Seckel, 59.

6　Liane de Pougy, *Mes cahiers bleus*（《我的蓝色手册》, Paris: Plon, 1977）, 193-4.

7　Guillaume Apollinaire, *Journal intime*（《私密日记》, Paris: Editions du Limon, 1991）, 145.

8　阿波利奈尔实际上让 Raoul Dufy 为 *Le Bestiaire ou Cortège d'Orphée*（《动物小唱，或俄耳甫斯的随从》, 1911）画了插图。

9　Salmon 1961, 100.

10　Seckel, 51.

11　参见卷一，180.

12　Daix 1995, 380.

13　Luhan, 30.

14　波德莱尔的话引自 Christian Geelhaar, "The Painters who had the right eyes: on the reception of Cézannes Bathers（具正法眼的画家：论塞尚浴女的接受）," 载 Mary Louise Krumrine, *Paul Cézanne: The Bathers*（《保罗·塞尚：浴女》, London: Thames and Hudson, 1990）, 285.

01 "现代生活的画家"

1　展览《亚维农少女》由 Hélène Seckel 策划，先后在巴黎的毕加索博物馆（1988 年 1 月 26 日—4 月 18 日）和巴塞罗那的毕加索博物馆（1988 年 5 月 10 日—7 月 14 日）展出。

2　修订和扩充后的英文版展览图录随后由纽约现代艺术博物馆于 1994 年出版；见 Rubin, Seckel, Cousins. Leo Steinberg 的文章 "The Philosophical Brothel"（哲学妓院）首次发表于 *Art News*（New York）71:5（9 月）和 71:6（10 月）, 1972; 见 Steinberg.

3　Herbert T. Schwarz, *Picasso and Marie-Thérèse Walter, 1925—1927*（《毕加索与玛丽·特蕾丝·瓦尔特》, Montmagny, Quebec: Editions Isabeau, 1988）, 116.

4　Steinberg 在 "明显的不精确" 上比 Cooper 有过之而无不及，可以从他提到 Cooper 素描的背面时看出来：见 "The Algerian Women and Picasso at Large（阿尔及利亚女人及一般意义上的毕加索）," *Other Criteria*（《另类准则》, New York: Oxford University Press, 1972）, 168; 以及他那篇实至名归的文章《哲学妓院》（见 Steinberg）。在《另类准则》那篇文章中他正确地宣称这幅素描 "对 20 世纪艺术的历史具有重大的意义"，但却基于错误的理由。他把该素描看作是毕加索想 "在同一图像中把正面和背面结合在一起" 的第一个例子。由于没有注意到她上衣背部带纽扣的开口，Steinberg 不仅把衣着得体的费尔南多误认为是一个媒体，而且把她的 "屁股"（他的用词）错看成了她的骨盆。当他 1988 重新发表这篇文章时（Steinberg, 56），他悄悄地把标题由《站立的裸体》改成了《站立的女子（穿骑服的女子）》。这也是错误的，不过不是 Steinberg 的错：他取自 Gary Tinterow 为福格美术馆的毕加索素描展图录 *Master Drawings by Picasso*（《毕加索的大师素描》, Cambridge, Mass., 1981）所写的条目。毕加索在一张相关速写上特意标明 "costume-tailleur（定制服装）"。这是指定制套装，而不是指骑服。费尔南多应该不会有骑服。

5　Baudelaire, 432.

6　同上，430-2.

7　Daix 1995, 97-8.

8　Baudelaire, 434.

9　卷一，470.

10 同上，471.

11 Salmon 1912; 译文见 Rubin, Seckel, Cousins, 244.

12 Rubin, Seckel, Cousins, 45, 130 n.153.

13 关于这幅画的购买情况，参见卷一，429.

14 当我在 *New York Review*（New York）（1987 年 4 月 23 日），40-7，发表 "Picasso's Apocalyptic Whorehouse（毕加索的启示录妓院）" 一文首次公布这一材料时，引出的问题是苏洛阿加是否可能将这幅画作为财产运往西班牙而不是巴黎。鉴于埃尔·格列柯和毕加索之间的相似，尤其是在尺寸和格式上，答案似乎不言自明。我的预感现在得到了证实，Seckel 和 Cousins 发表了一封信，时间为 1907 年 6 月 14 日，是苏洛阿加写给 Paul Lafond 的，后者写过一篇关于他的收藏的文章。该信证实，"我的藏品分成了两部分。最好的东西在巴黎这里，其余的在 Eibar。"（见：Rubin, Seckel, Cousins, 151.）由于《末日幻象》是苏洛阿加藏品中的埃尔·格列柯精品，并且作为插图出现在该文章中，所以没有进一步的理由对此加以怀疑。

15 1880 年，在普拉多博物馆修复人员更换内框的过程中，该画已经坏掉的整个顶部和左边一条边被移除。参见 Richard Mann, *El Greco and His Patrons*（《埃尔·格列柯和他的赞助人》，Cambridge: Cambridge University Press, 1986），142-3.

16 沃拉尔档案中有一张毕加索的收据——11 幅画售价 1100 法郎——时间为 1907 年 9 月 14 日。特别感谢 Gerrard White 让我注意到这一文献。

17 根据 Annette Rosenshine，毕加索获得第二间工作室，是施泰恩一家的缘故。Max Jacob 也回忆说，毕加索在他的工作室下面租了一间光线很差的工作室。参见 Rubin, Seckel, Cousins, 148 n.1.

18 Burgess, 408.

19 Leo Stein, 174.

20 另一种可能性是毕加索根据照片创作，像马蒂斯当时做的那样，尤其是利用了《学院习作》（*L'Etude Académique*）上的裸体习作，这是一份面向艺术学生的杂志，发行于 1904 到 1908 年；参见：Elizabeth Hutton Turner, "Who is in the brothel of Avignon? A case for context（是谁在亚维农妓院？一个语境中的案例）," *Artibus et Historiae* 9（1984），139-57.

21 Wilhelm Boeck and Jaime Sabartès. *Picasso*（London: Thames and Hudson, 1955），38.

22 Rubin, Seckel, Cousins, 57-8, 130 n.169. Mary Mathews Gedo 在 "Art as Exorcism: Picasso's *Demoiselles d'Avignon*（作为驱邪的艺术：毕加索的《亚维农少女》）" 中认为，这一疾病就是梅毒，见 *Arts Magazine*（New York）55:2（1980 年 10 月 15 日），83 n.55.

23 在卷一，238，我提到毕加索把《海边的女人》给冯特博纳医生，是因为医生给毕加索的一位女朋友治了病。Francesc Fontbona 友善地纠正了这个错误，并提供了他叔祖非正式地透露给家人的诊断书。

24 参见卷一，218-19. 在毕加索档案中的毕加索个人财物中，有一个他在巴黎第一年的通讯本。本子上列有 Dr. Julien［原文如此］，chaussée d'Antin 12（朱利安大夫，安顿大道 12 号）。

25 毕加索致坎魏勒，1933 年 12 月 2 日；见 Daniel-Henry Kahnweiler, "Huit Entretiens avec Picasso（与毕加索的八次访谈），" *Le Point*（《观点》，Souillac and Mulhouse）7:42（1952 年 10 月），24.

26 Otero 1984, 31.

27 Rafael Santos Torroella, "Sobre un artículo de Lluís Permanyer: 'Les demoiselles d'Avignon,'（路易·佩曼尼埃的谨慎表述：《亚维农少女》）" *Hoja de Lunes*（《星期一资讯》，Barcelona）（1982 年 1 月 25 日），16.

28 这些亦真亦假的身份，作为工作室闹剧的一部分，50 年之后还在 La Californie 别墅上演，那里的工作室显眼地挂着《亚维农少女》的丑陋壁毯——"beaucoup plus fort que l'originale（比原作好多了），" 这是艺术家在面笑美国博物馆馆长时经常说的话。那些胆敢向他询问这位妇女身份的书呆子肯定要倒霉。如果毕加索心情好，他会列出一串新名单——de Gaulle 夫人，他的陶匠的妻子，Gina Lollobrigida。如果他心情不好，询问者会碰一鼻子灰。

29 Otero 1984, 31.

30 Gilot, 84.

31 Toklas 1963, 35.

32 Daix 1993, 71.

33 Salmon 1956, 221.

34 同上。佩尔兰对这首歌曲印象如此深刻，乃至在一战被轰炸时还用它来转移战友的注意力。

35 Kahnweiler 1946, 9.

36 Guillaume Apollinaire, *Guillaume Apollinaire: Journal Intime, 1898—1918*（阿波利奈尔：私密日记），Michel Décaudin 编（Paris: Limon, 1991），42. 这则日记是 1907 年 2 月 27 日写的。

37 Stallano, 15. 感谢 Peter Read 为我弄到这个出版物。

38 皮埃尔的生平信息见 Willard Bohn, "Géry Pieret au bord du Pacifique," *Que Vlo-ve* 22（1987 年 4—6 月），8-11，以及 Stallano.

39 Alice Halicka, *Apollinaire familier*（《阿波利奈尔的密友》，Paris: La Table ronde, 1952 年 9 月），93.

40 Fleuret, 181.

41 同上，176.

42 Olivier 1933, 183.

43 Stallano, 27.

44 "这位艺术批评家和他的室友……盖里·皮埃雷彼此以 '你'（tu）称呼，尽可能亲密地生活在一起。一个美好的世界"，《法兰西之声》

（*La Voix française*）。"如果 M. 阿波利奈尔为他的秘书提供了床，那些熟悉波兰习俗的人会知道这没有什么好奇怪或罪恶的东西",《世纪》（*Le Siècle*）. 参见 Stallano, 22.

45　Steegmuller 1963, 166.

46　Géry Pieret 的叙述最初发表于 *Paris-Journal*（1911 年 8 月 29 日）.

47　Apollinaire 1915 年叙述的译文见 Steegmuller 1963, 167.

48　Stallano, 17.

49　Malraux, 11.

50　Alfred H. Barr, Jr., *Picasso: Forty Years of His Art*（《毕加索：艺术 40 年》, New York: The Museum of Modern Art, 1939）, 59–60.

51　战争的爆发推迟了毕加索否认申明的发表。它直到 1942 年才发表在 Zervos《作品全录》卷二的前言中。

52　Zervos 的译文见 Rubin, Seckel, Cousins, 216.

53　Pierre Daix, "Il n'y a pas d'art nègre dans Les Demoiselles d'Avignon（《亚维农少女》中没有黑人艺术）," *Gazette des Beaux Arts*（Paris）, ser. 6, 76:1221（1970 年 10 月）, 247–70.

54　Pierre Daix 与本书作者及 Marilyn McCully 的谈话。

55　Françoise Gilot 与本书作者的谈话。

56　Romuald Dor de la Souchère, *Picasso à Antibes*（Paris: Fernand Hazan, 1960）; 译文见 Rubin, Seckel, Cousins 1994, 216.

57　10 号笔记本中只有一个素材跟《亚维农少女》，尤其是左边第二个少女有关，同时也跟另一件尺寸较大，部落风格明显的《帷幕前的裸体》（*Nu à la draperie*）有关。

58　我能认出的不到 14 件。可能还有另外一些。斯泰因和她的妹妹保存着裱在油画布上的 6 件，其余的卖给了收藏家朋友。其中包括巴尔的摩的 Cone 姐妹和 Horace Titus, 后者收集了毕加索的, 以及 Juan Gris 为他妻子 Helena Rubinstein 画的一些纸上作品。

59　顺便说一句，毕加索为我定出了这些速写本中最好的作品，我把它们作为插图刊在 *Pablo Picasso: Watercolors and Gouaches*（《毕加索：水彩与水粉》, London: Barrie and Rockliff, 1964）, 30.

60　Leo Stein, 175.

61　进一步的讨论参见 Rubin 1984, 各处。

62　Florent Fels, "Opinions sur l'art nègre（对黑人艺术的看法）," *Action*（Paris）3（1920 年 4 月）, 23–7; Cocteau 对同一问卷的回答也同样显得不屑一顾："黑人艺术已变得和马拉美的日本风（japonisme Mallarméen）一样无聊了。"

63　Florent Fels, "Chronique artistique: Propos d'artistes—Picasso（艺林纪事：艺术家谈话——毕加索）," *Les Nouvelles littéraires*（《新文学》, Paris）, 2:42（1923 年 8 月 4 日）; 译文见 Rubin, Seckel, Cousins, 216.

64　Gilot, 266.

65　毕加索致 Leo Stein, 1907 年 4 月 27 日（Beinecke 图书馆）.

02 雷蒙德

1　参见 Seckel, 60; 亦见 Salmon 1956, 328.

2　André Salmon, *La Négresse du Sacré-Cœur*（《圣心教堂的女黑人》, Paris: Gallimard, 1968; 初版于 1920）, 167.

3　Seckel, 60.

4　Salmon 1956, 328–9.

5　Palau i Fabre 1990, 46–7.

6　大约一年之后画的两张相关素描（Z.VI.1010, PF.II.304），表明毕加索受叠罗汉启发，想创作一件颇有野心的作品：一群包裹得很严实的人，顶上有一对裸女，而不是一个男孩。这种对未来主义动态的尝试没有下文。同样，1917 年一个以叠罗汉为主题的民间芭蕾舞计划，由毕加索装饰，Eugeni d'Ors 提交给 Diaghilev, 也没有下文了。

7　不可思议的是，这幅画很像 Sepik 中部一个 Chan 族人的双重面具，尽管在已知到达欧洲的物品中还没有这样的面具。参见：例如 Alfred Bühler, Terry Barrow, Charles P. Mountford, *Oceania and Australia: The Art of the South Seas*（《大洋洲和澳大利亚：南海的艺术》, London: Methuen, 1962）, 68, 其中有一个面具，现藏巴塞尔，收集于 1956 年。

8　毕加索与本书作者的谈话; 亦参见卷一, 417–8.

9　Salmon 1956, 329.

10　Z.XXVI.262

11　Seckel, 60. 注意最初的叙述——Henri Herz, "Contribution à la figure de Max Jacob（关于马克思·雅各布其人）," *Europe* 489（1970 年 1 月）, 137–41——稍微有点区别。

12　Salmon 1956, 329.

13　Seckel, 64 n.39.

14　Fernande 致 G. Stein, 1907 年 8 月 8 日（Beinecke 图书馆）。

15　Daix 1988A, 514. Palau i Fabre 1990, 68 奇怪地把这些名字归为毕加索的宠物。

16　五个头像被拍过 X 照片，但全图没有拍过。

17 参见: 例如 William Rubin, 载 Rubin, Seckel, Cousins, 130–3; David Lomas, "A Canon of Deformity: *Les Demoiselles d'Avignon* and physical anthropology（变形的准则:《亚维农少女》与体质人类学）," *Art History*（Norwich）, 16:3（1993 年 9 月）, 424–6; 以及 Michael Leja, "'Le Vieux Marcheur' and 'Les Deux Risques': Picasso, Prostitution, Venereal Disease, and Maternity, 1899–1907," *Art History*（Norwich）8:1（1985 年 3 月）, 66–81.

18 Chapon, 332.

19 Rubin, Seckel, Cousins, 224.

20 Vallentin, 149.

21 Uhde 1938, 142.

22 Kahnweiler 致 G. Stein,［1933］（Beinecke 图书馆）.

23 坎魏勒的拜访重述于 Kahnweiler 1946, 9, 以及 Kahnweiler 1961, 44.

24 D.-H. Kahnweiler, "Picasso et le Cubisme"（毕加索与立体派, Lyon: Musée de Lyon, 1953）; 译文见 Rubin, Seckel, Cousins, 238.

25 Brassaï, *The Artists of My Life*（我生命中的艺术家）, Richard Miller 译（London: Thames and Hudson, 1982）, 206, 208.

26 Françoise Gilot 告诉本书作者说, 根据毕加索的说法, 坎魏勒和戈登是在伦敦相遇的, 戈登是在伦敦而不是巴黎工作; 毕加索之所以迷恋 Godon 这个名字, 是因为它来自 "Goddam", 指百年战争中与英国合作的法国人。

27 Jean Lorrain, *Poussières de Paris*（Paris, 1899）, 143–4.

28 毕加索可能还知道 Loïe Fuller "蛇舞" 的一个版本, 似乎是在水上表演的（舞者在船上, 由探照灯在岸上照明）, 1895 年表演于 Sitges 的 "现代节"（Festa Modernista）。

29 Baer 17.

30 Daix 1993, 78.

31 Daix 1988A, 518.

32 参见卷一, 385. Rubin 1984, 268 把这种描绘看作是他自己的手运用萨满术力量的早期图像。

33 毕加索可能也想到了费尔南多的手, 尤其是因为我们知道她有 "拿破仑式的食指, 如果不是比中指长的话, 至少一样长"。Stein 1933, 19.

34 Daix and Rosselet, 185 n.28.

35 Salmon（1912 年）宣称, "假期打断了这一痛苦的实验。回来以后, 毕加索在大画布上重新开始工作。" Rubin, Seckel, Cousins, 245.

36 Christopher Green 认为,《收割者》的灵感来源是对 Gósol 的回忆。参见 "Figure into Landscape into *Tableau-Objet*: Placing Picasso's Cubist Landscapes," *Picasso Landscapes 1890—1912*（Barcelona: Museu Picasso, 1994）, 29.

37 画中有两个滑稽演员, 一个很高, 一个很矮, 现在属于 Barnes 的藏品。Rouart 在 1907 年春几次写信给毕加索, 讨论该画的购买, 也发出了邀请。

38 Eugène Rouart 致 Picasso, 1907 年 7 月 10 日; 见 Rubin, Seckel, Cousins, 152.

39 Rubin, Seckel, Cousins, 150.

40 Alice Derain 告诉 Denys Sutton 说毕加索与德兰在夏天去了亚维农。没有证据表明他们两人去过那里, 除了德兰遗孀的回忆, 她当时还是 Maurice Princet 的妻子。那个夏天德兰大部分时间在 Côte d'Azur 的 Cassis。

41 Stein 1933, 64.

42 参见卷一, 417.

43 Schneider, 207（引用 Gaston Diehl）.

44 Kahnweiler 1920, 7.

45 Salmon 1912; 译文见 Fry, 85.

46 Vallentin, 150.

47 Fernande 致 G. Stein, 1907 年 9 月 19 日（Beinecke 图书馆）.

03 塞尚与毕加索

1 Daix 1995, 181.

2 Fernande 致 G. Stein, 1907 年 8 月 8 日（Beinecke 图书馆）.

3 Fernande 致 G. Stein, 1907 年 8 月 24 日（Beinecke 图书馆）.

4 Fernande 致 G. Stein, 1907 年 9 月 2 日（Beinecke 图书馆）.

5 在这段时期写给 Gertrude Stein 的三封信（1907 年 9 月 2 日, 16 日, 19 日）中, 费尔南多用了 Belvallé 这个姓（有一次拼写为 Belvalet）来署名, 可能是为了纪念她和她 "婶婶" 的和解。但她的朋友认为这是她的真名。两年前, 阿波利奈尔的画家朋友 E.-M. Poullain 向诗人写道: "你知道费尔南多叫做 Bellevallée。毕加索叫她美丽山谷的百合, 马克思他们不高兴。"（Tu sais que Fernande s'appelle Bellevallée. Max qui est fâché avec eux appelle Picasso le lys dans la belle vallée.）见 Peter Read, *Picasso et Apollinaire: Les métamorphoses de la mémoire 1905/1973*（《毕加索与阿波利奈尔: 记忆的变形, 1905/1973》, Paris: Jean-Michel Place, 1995）, 30. 我们知道费尔南多的母亲叫 Lang, Belvallé 可能是她养父母的名字。但这一点不可能得到证实——她的养父母一家在 Réaumur 街做生意, 但这一名字没出现在该地配件制造商的姓名地址录上。也有可能这是费尔南多亲生父亲的名字, 不过我们不知道他的身份。

6 参见第 1 章注释 16。

7   Stein 1933, 19.

8   同上。

9   Level 于 1907 年底买下了《滑稽演员》(Saltimbanques)；在一张 1908 年 1 月 24 日的便条上，Level 说要为这幅画配个框子；FitzGerald, 275 n.37.

10   关于熊皮公司 1914 年拍卖的出色描述见 FitzGerald, 15-46.

11   Fernande 致 G. Stein, 1907 年 9 月 16 日（Beinecke 图书馆）。

12   卷一，464.

13   Simon, 48-9.

14   同上，58.

15   同上，63.

16   一战以后，Annette 回到欧洲。Alice 看出 Gertrude 在回避她，但已经无所谓了:她去苏黎世找 Jung 医生，以消除 Stein"医生"造成的损伤。后来 Annette 和 Gurdjieff 有过短暂交往，1960 年代在贝克利落脚，在那里不仅有一位学生追随她，还有一位给她做致幻治疗的分析师也追随她。

17   Fernande 致 G. Stein, 1907 年 9 月 16 日（Beinecke 图书馆）。

18   Stein 1933, 25.

19   同上，95.

20   同上，12.

21   Harold Acton, *More Memoirs of an Aesthete* (《一位唯美主义者的更多回忆》, London: Methuen, 1970)，175.

22   Schapiro, 11.

23   Parmelin, 72.

24   Schapiro, 15.

25   "用圆柱体、球体、圆锥体来处理自然，把一切纳入适当的透视，使一个物体或一个平面的每个面都朝向一个中心点。"Cézanne 致 Bernard, 1904 年 4 月 15 日；见 Rewald, 301.

26   Gilot, 124-5.

27   展览图录列举了 56 件作品，但最后加进来的作品没有包括在图录中。

28   Rainer Maria Rilke, *Letters on Cézanne* (《关于塞尚的信》)；Clara Rilke 编，Joel Agee 译（London: Jonathan Cape, 1988)，78.

29   同上，43.

30   同上，28-9.

31   同上，46.

32   同上，47.

33   同上，57-8.

34   同上。

35   参见卷一，336-7.

36   Brassaï, 79.

37   Parmelin, 114.

38   Christian Zervos, "Conversation avec Picasso（与毕加索的谈话）," *Cahiers d'art* (《艺术手册》) X:7-10 (1935)，178.

39   在 1907 年秋季沙龙的展览图录中，伦敦国家画廊的《大浴女》(*Grandes Baigneuses*, 190-006) 被编为 17 号，费城美术馆的《大浴女》(*Grandes Baigneuses*, 1899-1906) 被编为 19 号。

40   Cézanne 致 Roger Marx, 1905 年 1 月 23 日；见 Rewald, 313.

41   布拉克与本书作者的谈话。

42   参见卷一，408-9.

43   W. H. Auden, "Woods（森林）," *Collected Shorter Poems* (《短诗选》, New York: Random House, 1967)，257.

44   毕加索与本书作者的谈话。

45   Stein 1933, 22.

46   同上。

47   Daix 1988B, 143.

48   《三个女人》的第一个版本和为《友谊》画的速写不太可能是塞尚展览开幕后 10 天左右完成的，尤其是鉴于毕加索曾对 Cooper 申明说《森林中的裸体》——《三个女人》主题的首次露面——创作于 1907 年秋。

49   Kahnweiler 1920, 7.

04 画家聚集地

1   Vallier, 14.

2   Marcelle Braque 与本书作者的谈话。

3   Uhde 1928, 39.

4   Vallier, 13.

5   关于布拉克的家庭背景，参见 Richardson 1959.

6   Vallier, 13.

7   Richardson 1959, 3.

8   这个圈子在 1908 年组织过一次重要的野兽派画展。

9   Vallier, 13.

10   Claude Lepape and Thierry Defert, *Georges Lepape ou l'élégance illustrée* (Paris: Herscher, 1983)，22.

11   Stein 1933, 61.

12   同上.

13   Olivier 1933, 103.

14   Laurencin 致 Roché, 1906 年 4 月 12 日 (Ransom Center).

15   Laurencin 致 Roché, 1906 年 4 月 28 日 (Ransom Center).

16   Laurencin 致 Roché, 1906 年 6 月 13 日 (Ransom Center).

17   Laurencin 致 Roché, 1906 年 8 月 [23 日] (Ransom Center).

18   在他的个人地址本上，毕加索列出的名字是 Paul Filippi [原文如此]（估计应为 Paulette），地址是 35 avenue des Gobelins (Archives Picasso).

19   Paul Fort, *Mes Mémoires: toute la vie d'un poète* (1872–1943)（《我的回忆：一个诗人的一生》，Paris: Flammarion, 1944)，44.

20   Salmon 1957, 71.

21   同上。

22   Jean Mollet, *Les Mémoires du baron Mollet* (《摩勒男爵回忆录》，Paris: Gallimard, 1963)，93-4.

23   Olivier 1933, 76.

24   Roché Carnet 26:15, 1906 年 5 月 18 日 (Ransom Center).

25   Roché Carnet 47:5, 1909 年 4 月 22 日 (Ransom Center).

26   Olivier 1933, 43.

27   Roché Carnet 32:21, 1906 年 12 月 23 日 (Ransom Center).

28   Laurencin 致 Roché, 1907 年 7 月 11 日，Carnet 37:4 (Ransom Center).

29   Faure-Favier, 51.

30   Apollinaire 1977, 256.

31   Marie Laurencin, *Le Carnet des Nuits* (《夜晚笔记本》，Geneva: Pierre Cailler, 1956)，40.

32   Olivier 1933, 85-7.

33   Pierre, 16.

34   同上，72.

35   关于洛朗森介入阿波利奈尔和洗衣船群体的敏锐分析，见 Julia Fagan-King, "United on the threshold of the twentieth-century mystical ideal: Marie Laurencin's integral involvement with Guillaume Apollinaire and the inmates of the Bateau Lavoir (20 世纪初神秘理想的联合：玛丽·洛朗森介入阿波利奈尔和洗衣船住户)." *Art History* (Norwich) 11:1 (1988 年 3 月)，88-114.

36   Fagan-King 说是 9 个；同上，97.

37   Salmon 1956, 177.

38   另一个可能的联系是费尔南多的"领养妹妹" Antoinette，野兽派画家 Othon Friesz 的情妇，布拉克和她在安特卫普渡过了 1906 年的夏天，但费尔南多对这段关系保持沉默。据 Olivier 1933, 16，费尔南多说这个女孩是"我的一个嫁给画家的近亲。"

39   Salmon 1961, 182.

40   Richardson 1959, 5.

41   布拉克与本书作者的谈话。

42   Richardson 1959, 6.

43   布拉克与本书作者的谈话。

44   参见卷一，306.

45   Clive Bell, *Since Cézanne* (《自塞尚以来》，London: Chatto and Windus, 1922)，211.

46   Derain, 98.

47   Salmon 1961, 179.

48   Vlaminck and F. Sernanda, *D'un lit à l'autre* (《到处是床》，1902)；and Vlaminck, *Tout pour ça* (《一切为此》，1903).

49   Shattuck, 61.

50   See Derain.

51   德兰签过一张收据，沃拉尔以 3300 法郎买了 89 张画和 80 件素描 (Archives Vollard).

52　Freeman, 179.

53　这一评论启发了 Gertrude Stein 的 "Sacred Emily（神圣的艾米利），" 其中首次出现了 "玫瑰是一朵玫瑰是一朵玫瑰是一朵玫瑰" 这样的话；见 Simon, 279, n.79.

54　Derain, 154.

55　Derain 致 Matisse, 1906 年 3 月 8 日；见 Freeman, 201.

56　引自 Georges Duthuit, "Le Fauvisme（野兽派），" *Cahiers d'Art*（《艺术手册》）IV（1929），29.

57　RoseAnna Warren, "A Metaphysic of Painting: The Notes of André Derain（绘画形而上学：关于安德烈·德兰的笔记），" *The Georgia Review*（《乔治评论》，Athens）32:1（1978 年春），141.

58　Derain, 146–7.

59　Maurice Vlaminck, *Tournant Dangereux*（《危险的转折》，Paris: Stock, 1929），98.

60　Purrmann 致 Barr, 1951 年 3 月 3 日；载 Alfred J. Barr, *Matisse, His Art and His Public*（《马蒂斯的艺术和公众》，New York: The Museum of Modern Art, 1951），94 n.3, 533.

61　Golding, 140 n.2, 把德兰《浴者 I》上中间形象的面具式的脸看作是综合塞尚和部落艺术的第一个例子；他认为它的灵感来源于 Paul Haviland 收藏的刚果面具，他是毕加索的朋友 Burty Haviland 的兄弟。但 Flam 认为这种说法 "显然无法接受，因为在该画中……没有非洲的影响。" 见 Jack Flam, "Matisse and the Fauves," in *"Primitivism" in 20th Century Art* I（New York: The Museum of Modern Art, 1984），219.

62　Kahnweiler 1961, 45–6.

63　Golding 认为他们可能在德兰的雕塑工作室一起工作过。

64　Apollinaire 1913, 16.

65　参见卷一，306.

66　Linda Dalrymple Henderson 好心地向我提供了 Princet 的生平信息。

67　Derain, 221.

68　Jennifer Mundy, "Conservative Art can also be Good Art（保守的艺术也可以是好艺术），" *The Art Newspaper*（London）（1991 年 1 月），14.

05 三个女人

1　Toklas 1963, 35.

2　Olivier 1988, n.p.

3　Stein 1933, 27–8.

4　Toklas 1963, 35.

5　Olivier 1933, 133.

6　同上，133–4；参见卷一，325.

7　Stein 1933, 20.

8　这块木板的一部分丢失了好多年；现在已经被合在一起了。

9　卷一，316.

10　Toklas 1963, 36.

11　Stein 1933, 26.

12　Toklas 1963, 133.

13　同上，36.

14　Daix 1992, 311, 最终澄清了这一点。

15　布拉克与本书作者的谈话。

16　Z.II*.5 和另一幅相关习作也对布拉克有影响。

17　Olivier 1933, 97–8.

18　Seckel, 65.

19　Fernande 致 Gertrude Stein 的一封信，未署日期，但显然写于她与毕加索分开那段时期（1907 年秋），证实：她将带 Vorvane 女士，即 Marcelle，于下周五去喝茶（Beinecke 图书馆）。因此毕加索帮可能在 1907 年底之前就认识 Marcelle。

20　Françoise Gilot 与本书作者的谈话。

21　Kahnweiler 致 G. Stein，［1933］（Beinecke 图书馆）。Denise Laurens 也证实，Marcelle 和她的婆婆，Henri Laurens 的妻子，一直是好朋友，不过 "Marcelle 在认识布拉克时还不自由。"

22　Judith Cousins 与 Marilyn McCully 的谈话报告说，Carl Einstein 是布拉克和马塞尔 1920 年代初结婚时的证人。

23　Daix 1995, 143.

24　Burgess, 401.

25　Stein 1933, 64.

26　同上，65.

27　同上，18.

28　Pierre Daix, "Derain et Braque（德兰与布拉克），" *André Derain: Le peintre du "trouble moderne"*（《安德烈·德兰："现代麻烦"的画家》, Paris: Musée d'Art Moderne de la Ville de Paris, 1994），78.

29　布拉克 1908 年 2 月的任命可以从一张 "L.M." 写给他的明信片得到证实；Cousins, 349. Freeman, 109, 指出毕加索也画过 "L.M."。

30　Burgess, 405.

31　Cousins, 351.

32　Fernande 致 G. Stein, 1910 年 6 月 17 日（Beinecke 图书馆）.

33　Inez Haynes Irwin, 1908 年 4 月 14 日；见 Rubin, Seckel, Cousins, 156.

34　Burgess, 408; 401; 406.

35　Burgess 致 Inez Haynes Irwin, 1908 年 5 月 22 日；见 Rubin, Seckel, Cousins, 156.

36　Burgess 致 Inez Haynes Irwin, 1908 年 5 月 29 日；同上。

37　在卷一，324，我认为 Wiegels（他在绘画上的签名为 G. Wiegels）的古怪外貌可能导致毕加索年轻的《滑稽演员》看起来像双性恋。Gautherie-Kampka 不同意这一点，理由是 Wiegels 正式要求将住址由杜塞尔多夫更换为巴黎是在 1906 年 8 月 3 日，也就是说，是在《滑稽演员》之后。不过这不能排除 Wiegels 在 1906 年之前就住在巴黎。参见 Annette Gautherie-Kampka, "Le Cercle des artistes du café du Dôme: 1903–14（圆顶咖啡馆的艺术家圈子），" 博士论文（Lyon: Université Lumière, 1993）。

38　Olivier 1988, 228. 亦参见卷一，324.

39　Olivier 1988, n.p.

40　1908 年 3 月，毕加索痛苦得知他的叔叔萨尔瓦多——他还是个学生时背叛过的那位杰出的医生——病得很厉害。他写信给他的侄子 Concha 和 María："我刚刚收到 Lola 的来信，告诉你你的父亲病得很重，你可以想象我刚刚听到这个消息时的景况。如果有任何新的发展请每天给我写信，因为我一直很担心。"（复制件保持于 Ricardo Huelin y Ruiz-Blasco, Pablo Ruiz Picasso［Madrid: Biblioteca de la Revista de Occidente, 19751, 404.］毕加索的叔叔于 1908 年 3 月 31 日去世。

41　Daix 1995, 203.

42　基于风格上的理由，Anatoli Podoksik 后来宣称这些 memento moris（死亡纪念画）出现于 1907 年后期，也就是说，在 Wiegels 自杀之前的 6 到 9 个月；Podoksik, 154。这一次我不同意他的观点。在这幅完成得更加充分的"死亡纪念画"中有一面镜子，映出为波士顿《站立的裸体》（1908 年春）所画的带框的速写，指向一个更晚的日期。至于不寻常的表现主义风格和不协调的色彩，既不是 1907 年后期也不是 1908 年夏天的典型特征。

43　卷一，324.

44　Olivier 1933, 73.

45　Olivier 1988, n.p.

46　这幅素描似乎也是为一件小青铜雕塑所画的预备性速写。

47　J. B. de C. M. Saunders and Charles D. O'Malley, *The Illustrations from the Works of Andreas Vesalius of Brussels*（《布鲁塞尔的安德烈·维萨里的作品插图》, Cleveland: World Publishing, 1950），29.

48　参见 Daix 1988B.

49　Marilyn McCully 指出，尽管马蒂斯的这幅画在英语中以《有海龟的浴者》而知名，但实际上画的是一种普通的地中海乌龟（Testudo graeca 或 Testudo hermanni），通常作为家庭或画室的宠物领养。约 1911 年，马蒂斯学校的模特 Cécile（Lucie）Vidil 在她爱人 Per Krogh 的画室拍了一张裸体照，站在一只小乌龟旁边（Klüver and Martin, 42）；费尔南多也说过，从 1909 年起，毕加索在 Clichy 街画室养的是两只狗，三只猫和一只乌龟（Olivier 1988, n.p.）。

50　Picasso 致 the Steins, 1908 年 5 月 26 日（Beinecke 图书馆）.

51　Picasso 致 Leo Stein, 1908 年 6 月 14 日（Beinecke 图书馆）.

52　同上。

53　Baldassari, 177.

06 布瓦街

1　Picasso 致 Steins 兄妹，1908 年 8 月 14 日（Beinecke 图书馆）.

2　Malraux, 137.

3　Sarrazin, 13.

4　村民们也同样看不起毕加索。他们叫他 "barbouilleur"（画匠）；Sarrazin, 14.

5　Olivier 1988, n.p.

6　Lanchner and Rubin, 61.

7　同上，11.

8　Malraux, 135.

9　Lanchner and Rubin, 48.

10 Madsen, 65–6.

11 Cousins, 353.

12 Vallier, 14.

13 引自 John Russell, *Georges Braque*（London: Phaidon, 1959）, 8.

14 Braque 1957.

15 同上。

16 William Rubin 和 Leo Steinberg 在其交锋文章中对"过渡"（passage）的地位进行了比较详尽的讨论和争辩: Leo Steinberg, "Resisting Cézanne: Picasso's *Three Women*（抵制塞尚：毕加索的《三个女人》）," *Art in America*（New York）66:6（1978 年 11—12 月）, 115–33; William Rubin, "Pablo and Georges and Leo and Bill（巴勃罗与乔治, 利奥与比尔）," *Art in America*（New York）67:2（1979 年 3—4 月）, 128–47; Leo Steinberg, "The Polemical Part（争论部分）," 同上, 114–27.

17 Alfred J. Barr 是第一个用英语对"过渡"进行定义的人, 见其 *Cubism and Abstract Art*（《立体主义与抽象艺术》, New York: The Museum of Modern Art, 1936）; 进一步的讨论见 Daix 1995, 672–3.

18 Vallier, 16.

19 Olivier 1988, n.p.

20 同上。

21 Fernande 致 Apollinaire, 1908 年 8 月 21 日; 见 Caizergues and Seckel, 69.

22 同上, 70.

23 Olivier 1988, n.p.

24 Vallentin, 157.

25 Picasso 致 the Steins, 1908 年 9 月 13 日（Beinecke 图书馆）。

07 立体主义的到来

1 尽管 Kahnweiler 显然改变了他的展览日程, Monod‑Fontaine 1984B, 98 还是追踪到了一个展览图录, *Peintures de Pierre Girieud. Grès de Francisco Durio*（《吉里欧的绘画, 杜里奥的粗陶》, 1908 年 10 月 25 日—11 月 14 日）; 进一步的讨论见 Cousins, 436 n.65.

2 印刷品上第一次提到"cubes"（立方体）是 Vauxcelles 为坎魏勒的布拉克作品展写的评论（*Gil Blas*, 1908 年 11 月 14 日）。第一次实际提到"cubism"（立体主义）这个方便但容易引起误解的术语, 是 Charles Morice 写的一篇糊涂文章（*Mercure de France*［《法兰西信使报》］, 1909 年 4 月 16 日）, 文章指责布拉克"整个就是过于专注而又考虑不周地推崇塞尚——且不谈 Cubism（立体主义）——的牺牲品。"进一步的讨论见 Cousins, 435–6 n.62.

3 Vallier, 18.

4 Guillaume Apollinaire, *Mercure de France*（《法兰西信使报》）, 1909 年 1 月 16 日。

5 Vallier, 18.

6 Golding, 15. 关于立体主义历史的进一步详尽讨论, 见 Golding 文献丰富而又思想深刻的研究。

7 Picasso 致 de Zayas, 1923; 见 Fry, 168.

8 Gilot, 272.

9 毕加索与本书作者的谈话。

10 Roger Allard, "Die Kennzeichen der Erneuerung in der Malerei（绘画创新的标志）," *Der Blaue Reiter*（《青骑士》, Munich, 1912）, 35–40; 见 Fry, 70.

11 Picasso 致 Zervos, 1935; 见 Ashton, 10.

12 Richardson 1959, 9.

13 *Paris‑Journal*（巴黎报）, 1912 年 1 月 1 日; in Cousins, 388.

14 Vallier, 14–16.

15 同上, 16.

16 同上。

17 Golding, 7.

18 Apollinaire 1913, 23.

19 Cousins, 355.

20 参见卷一, 392.

21 Albert Kostenevich, "Russian Collectors of French Art: The Shchukin and Morozov Families（法国艺术的俄罗斯收藏家：希楚金和莫罗佐夫家族）," *Morozov and Shchukin—The Russian Collectors*（《希楚金和莫罗佐夫——俄罗斯收藏家》, Essen: Museum Folkwang, 1993）, 72–3, 引用了 Pavel Muratov 一篇 1908 年的文章, 文章列举了希楚金收藏中的重要作品: 但没有毕加索的。

22 参见 Shchukin 致 Matisse 的信, 1908 年 5—7 月; 见 Kostenevich and Semyonova, 161–2.

23 Olivier 1933, 119.

24 同上。

25 同上。

26 杰奎琳·毕加索与本书作者的谈话。

27 Olivier 1933, 118.

28 Cousins, 359.

29 关于肖像身份的进一步讨论，见 Lanchner and Rubin, 126.

30 Picasso 致 Florent Fels（*Propos d'artistes*《艺术家谈话》）；译文见 Shattuck, 67.

31 Judith Cousins and Hélène Seckel, "Eléments pour une chronologie de l'histoire des *Demoiselles d'Avignon*（《亚维农少女》基本编年），" 载 *Les Demoiselles d'Avignon* 2（Paris: Musée Picasso, 1988），562.

32 同上，33–4.

33 Madsen, 84.

34 Leo Stein, 191.

35 同上，182.

36 Stein 1933, 103.

37 Mellow, 139.

38 Shattuck, 66.

39 Laporte, 31.

40 Olivier 1933, 68.

41 同上。

42 Salmon 1956, 57.

43 除了叙述中提到的这些名字，客人还包括布拉克，雷蒙，杰曼·皮乔特和她的妹妹和妹夫（Fornerod 一家），阿赫罗一家，雷内·达利兹，雅克·瓦扬，几乎可以肯定还有威廉·伍德和他的新娘索尼娅，她很快就移情德劳内了。胡安·格里斯住在洗衣船，他和马诺罗也可能在场。

44 Olivier 1933, 69.

45 同上。

46 Seckel 68, 69 n.35.

47 Olivier 1933, 92.

48 同上，66.

49 Shattuck, 61.

50 同上。

51 Seckel, 69 n.31.

52 Léger 与本书作者的谈话。

53 这件作品被认为是 1908 年创作的《异国风景》（*Paysage exotique*，在 Dora Vallier 为卢梭所编的作品全集中编号为 217）。

54 Daix and Rosselet, 241.

55 Edward Fry 后来向我展示了一张为这幅画创作的素描照片，结果是根据一张已经丢失的素描所画的伪作。

56 John Klein, "New Lessons from the School of Chatou: Derain and Vlaminck in the Paris Suburbs（夏杜学校的新课：巴黎郊区的德兰和弗拉芒克），" 见 Freeman, 141.

57 Jane Lee 最先指出这一点，见其 "L'Enchanteur pourrissant（《腐朽的魔术师》)," *Revue de l'art*（《艺术评论》，Paris）82（1988），60 n.9.

58 同上，52.

59 参见卷一，225.

60 Baldassari，图 77.

61 Ansen, 34.

62 Christian Geelhaar 是根据《酒吧狂欢》（*Carnaval au bistro*）来研究这幅画的第一位学者，他后来觉得为《狂欢》素描边缘所画的静物习作是《桌上的面包和水果盘》的起点。Rubin 认为"边缘速写是在《桌上的面包和水果盘》期间画的。"在 Rubin 的敦促下，Geelhaar 后来改变了看法。这一次我认为他是对的，而且认为两幅习作的并列可以解释圣餐这个主题。见 Rubin 1983, 624.

63 Daix and Rosselet, 252.

64 布拉克与本书作者的谈话。

65 Baldassari, 112.

66 Daix 1995, 519, 提到 Dominique Bozo 已指出这幅画跟布拉克和阿波利奈尔的联系。

67 Willard Bohn, "In Pursuit of the Fourth Dimension: Guillaume Apollinaire and Max Weber（追寻第四维度：阿波利奈尔和马克斯·韦伯），" *Arts Magazine*（New York）54（June 1980），166–9.

68 Albert Gleizes, 1912 年 10 月 4 日；见 Henderson 1983, 61.

69 同上，53.

70 Braque 1957.

08 重游霍尔塔

1   Fernande 致 Toklas, 1909 年 5 月 15 日（Beinecke 图书馆）。

2   同上。

3   Fernande 和 Picasso 致 G. Stein, 1909 年 5 月 16 日（Beinecke 图书馆）。

4   同上。

5   所谓番石榴（Guayaba）群体，1901 年在 riera Sant Joan 集会，毕加索和 Carles Casagemas 在这里共用一间工作室，1903 年在 Angel de Soto 集会。1908 年，为了建设 Via Laietana，这栋建筑，连同毕加索和 Casagemas 在 1901 年画的错觉壁画，被拆除了。

6   O'Brian, 171.

7   卷一，498 n.29.

8   这些素描看起来如此超前，以至于 Palau 把为《新桥》（Le Pont Neuf）画的一幅习作（1911 年春）也误认为是这一系列中的一幅；PF.II, 135.

9   Daix 1993, 94.

10   参见 165 页.

11   Fernande 和 Picasso 致 G. Stein, 1909 年 7 月［下旬］（Beinecke 图书馆）。

12   Membrado 在霍尔塔地区是一个常见的名字，并不是所有叫这个名字的人都有亲缘关系。Tobies Membrado 是 Joaquim Membrado 的兄弟，但这对兄弟显然与 Josefa Sebastià Membrado 没有关系（尽管我在卷一第 105 页认为有这种可能性），后者是 Joaquim Sebastià Andreu 的女儿，1898 年毕加索初次到霍尔塔时曾画过她。

13   Fernande 致 Toklas, 1909 年 6 月 15 日（Beinecke 图书馆）。

14   Fernande 致 Toklas, 1909 年［7 月］（Beinecke 图书馆）。

15   Fernande 致 Toklas, 1909 年 6 月 28 日（Beinecke 图书馆）。

16   Fernande 致 Toklas, 1909 年 6 月 26 日（Beinecke 图书馆）。

17   同上。

18   同上。据 Palau i Fabre 1991, 19, 当这个傻瓜（tonto）进入当地酒吧时，他会径直用拇指和拳头跟费尔南多打招呼，她也会回应。

19   Fernande 致 Toklas, 1909 年 6 月 26 日（Beinecke 图书馆）。

20   同上。

21   Fernande 致 G. Stein, 1909 年［7 月下旬］（Beinecke 图书馆）。

22   Malraux, 138.

23   Picasso 致 G. Stein, 1909 年 6 月 24 日（Beinecke 图书馆）。

24   Palau i Fabre 1991, 20 说，毕加索告诉他，他在霍尔塔场景中画了棕榈树，因为它们的效果很好。

25   霍尔塔没有砖厂；相反，被描绘的建筑据说在当时是一系列橄榄油榨油厂，当地人叫做"工厂"。另一方面，MariaLluisa Borràs 提出，确实有一座砖厂，不过位于 Tortosa 的 Ebro 河，毕加索和费尔南多去霍尔塔时在那里停留过；见 Albert Kostenevich, *Impressionisti e post-impressionisti dai musei sovietici*, 2（《苏联博物馆中的印象派和后印象派》，Lugano: Thyssen-Bornemisza Foundation, 1987），126. 不过，Borràs（和 Palau）用来跟砖厂产生关联的烟囱，也可以是用来烧橄榄枝叶的烟囱。这些烟囱仍然是当地农村的特色。

26   Fernande 致 Toklas, 1909 年 6 月 15 日（Beinecke 图书馆）。

27   这个挽着胳膊的男人图像，通常认为是在这一年的早些时候画的，但它们跟 Z.II*. 166 画的是同一个人，而毕加索告诉 Daix 后者是在霍尔塔画的（Daix and Rosselet, 246），因此它们可能是在同一时期画的。霍尔塔的毕加索中心认为该模特是 Manuel Pallarès 的弟弟 Salvadoret。但当时的照片表明 Salvadoret 是一个大耳朵、削肩的年轻人，跟所谓运动员的体格殊不相似。

28   国民警卫队的照片现藏毕加索档案（Archives Picasso）。这里不能复制这张照片，因为毕加索博物馆马上会出版关于毕加索在霍尔塔的书。

29   Paul Hayes Tucker, "Picasso, Photography and the Development of Cubism（毕加索，摄影与立体主义的发展）," *Art Bulletin*（New York），64:2（1982 年 6 月），293, 首次指出毕加索对过渡效果的使用与摄影相似，这种效果在摄影中被"被称为晕影……即照相机可以产生的各种模糊效果。"类似的效果在毕加索的绘画和照片中也很明显，其中屋顶逐渐消失于其他区域，其他区域则逐渐消失于天空。

30   Stein 1933, 91.

31   McCully, 64.

32   Stein 1933, 90.

33   Rubin 1983, 645.

34   Palau i Fabre 1990, 144, 提出画家融合了"锥体的原始观念，其灵感来自圣芭芭拉山"，把它跟费尔南多的脸联系起来。他还比较了山的扭曲和她脖子的扭曲。

35   Leighten, 111.

36   Baldassari, 192.

37   Daix 1995, 186.

38   茴香酒瓶和其他一些静物物品，包括一个公鸡形状的大肚瓷罐（饮器，水或酒从尾部注入，从嘴部吸饮），出现在毕加索的一本霍尔塔速写本中（Picasso Heirs）。

39   卷一，102-3.

40　Pallarès 享年 98 岁，1974 年去世。

41　Roberto Otero 与本书作者的谈话。

42　Picasso 致 the Steins, 1909 年［7 月］（Beinecke 图书馆）．

43　James Joll, *The Anarchists*（《无政府主义者》, London: Eyre & Spottiswoode, 1964），236.

44　Temma Kaplan, *Red City—Blue Period: Social Movements in Picasso's Barcelona*（《红色城市—蓝色时期：毕加索在巴塞罗那时的社会运动》, Berkeley: University of California Press, 1992），99-101.

45　卷一，72-3.

46　Picasso 致 the Steins, 1909 年［7 月］（Beinecke 图书馆）．

47　Picasso 致 the Steins, 1909 年［8 月］（Beinecke 图书馆）．

48　Picasso and Fernande 致 the Steins, 1909 年［7-8 月］，（Beinecke 图书馆）．

49　Fernande 致 G. Stein, 1909 年［7 月中旬］（Beinecke 图书馆）．

50　Fernande 致 G. Stein,［8 月下旬］（Beinecke 图书馆）．

51　Fernande 致 G. Stein, 1909 年 9 月 7 日（Beinecke 图书馆）．

09 告别波希米亚

1　卷一，456.

2　1930 年代末，毕加索对冈萨雷斯说，对于早期的立体主义绘画，"只需要把它们切开——色彩是不同透视，即平面之间从哪一边靠近的唯一指示物——然后根据色彩的指示将它们组合起来，就可以发现它们是以'雕塑'的形式呈现的"；引自 Marilyn McCully, "Julio González and Pablo Picasso: A Documentary Chronology of a Working Relationship（胡里奥·冈萨雷斯与毕加索：工作关系文献编年），" *Picasso: Sculptor/Painter*（《毕加索：雕塑家／画家》, London: Tate Gallery, 1994），219.

3　毕加索拥有这一维纳斯的两个铸件；我们不知道他是什么时候买到的。

4　这位画商在 1910 年买下了这件石膏雕塑并立即将之铸造成了青铜。

5　1950 年代末，巴黎画商 Heinz Berggruen 从 Ullman 藏品中买到了两件石膏原作中的一件。Ullman 是从 Edouard Jonas 那里买来的，后者是从 Vollard 的姐妹继承的遗产中买来的。通过允许第二次翻制成青铜（1959 年）——编号从 1 到 9——毕加索收回了原作和第三个铸件。

6　Daix 1977, 105, 和 Werner Spies, *Picasso: Das plastiscbe Werk*（《毕加索的雕塑作品》, Stuttgart: Gerd Hatje, 1983），53, 认为这些石膏作品早于大头像。跟 Rubin 1972, 203 n.2 一样，我认为它们晚于它。Karmel, 272 n.18, 认为它们制作于 1911 年。

7　Palau i Fabre 1990, 165, 误认为这件作品是自画像。

8　Rubin 1984, 340 n.182.

9　Kahnweiler 1949, 3.

10　Olivier 1933, 139-40.

11　斯泰因姐弟买的是《山上的房子》、《埃布罗的霍尔塔》（Z.II*.161）、《水库》（Z.II*.157）和《一个女人的头像和肩部》（Z.II.*167）。Haviland 于 1909 年买下《霍尔塔的工厂》（Z.II*.158），但据 Podoksik, 176, 希楚金在 1910-11 买这幅画时，它在坎魏勒手里。

12　Picasso 致 Apollinaire, 1910 年 1 月 10 日；见 Caizergues and Seckel, 75.

13　Stein 1933. 96.

14　Olivier 1933, 135.

15　同上，136.

16　Françoise Gilot, "From Refuse to Riddle（从拒绝到谜语），" *Art and Antiques*（New York），（1992 年夏），57.

17　Olivier 1933, 137.

18　同上，135.

19　Olivier 1988, n.p.

20　Olivier 1933, 135, 153.

21　同上，153.

22　Fernande 致 G. Stein, 1910 年 6 月 17 日（Beinecke 图书馆）．

23　Olivier 1933, 143.

24　Stein 1933, 110.

25　Fernande, Picasso, Cremnitz, Ramon and Germaine Pichot 致 Gertrude, 1909 年 12 月 29 日（Beinecke 图书馆）．

26　Olivier 1933, 139.

27　同上，154.

28　同上，144.

29　同上。

30　Andreu, 56.

31　Olivier 1988, 242.

32　Andreu, 57.

33　同上，57–8.

34　Max Jacob, *La Défense de Tartuffe*（《伪君子的辩护》, Paris: Gallimard, 1964）, 108.

35　Seckel, 70.

36　Leroy C. Breunig, "Max Jacob et Picasso（雅各布与毕加索）," *Mercure de France*（《法兰西信使》）1132（1957 年 12 月 1 日）, 594.

37　关于各种说法的进一步讨论，参见 Seckel, 71.

38　同上，72.

39　Seckel, 73 n. 17.

40　同上。

41　Picasso 致 Xavier Gonzales（1938）; 见 Daix 1995, 782.

42　布拉克与本书作者的谈话。

43　卷一，186.

44　毕加索的工作室似乎有两个曼陀铃：一个长颈，一个稍短。Karmel, 120.

45　Vallier, 16.

46　Z.XXVI.390; Daix and Rosselet, 250.

47　Penrose, 165.

48　同上。

49　《泰利埃公馆》（*La Maison Tellier*）是莫泊桑最有名的故事之一，讲的是一位鸨母为她的姑娘们组织的一次郊游。Vollard 在 1935 年出版了一个豪华版，用德加的妓院版画做插图（1958 年毕加索买到了部分插图）。

50　Penrose, 165.

51　Pepe Karmel 与本书作者的谈话。

10 卡达凯斯，1910 年

1　Gibson, 145.

2　Fernande 致 G. Stein, 1910 年 6 月 17 日（Beinecke 图书馆）. Klüver and Martin, 37, 把马蒂斯及其家人的一张照片定为 1910 年夏拍摄于 Collioure。

3　Picasso 致 Apollinaire, 1910 年［6 月 29 日］; 见 Caizergues and Seckel, 76–7.

4　同上，12–13.

5　Gibson, 144.

6　这栋房子临水，在赫布斯广场（plaça ses Herbes）附近。帕劳（Palau i Fabre 1990, 488）错误地认为该房子是在拉奥拉广场（plaça de Federic Raholá）中央。

7　Fernande 致 G. Stein, 1910 年 7 月 14 日（Beinecke 图书馆）.

8　Dawn Ades, *Dalí*（《达利》, London: Thames and Hudson, 1982）, 39.

9　Gibson, 144.

10　同上。

11　Palau i Fabre 1990, 487.

12　尽管毕加索档案（Archives Picasso）没有记录表明达利真的每年都寄卡片，但 Pichot 的侄子声称有一个家庭掌故：有一年毕加索没有收到卡片，他很焦虑（Antoni Pixtot［他的名字用的是加泰罗尼亚拼法］与 Marilyn McCully 的谈话）。

13　Palau（Palau i Fabre 1990, 488）, 是由 Alice Derain 告知的。

14　Fernande 致 G. Stein, 1910 年 7 月 14 日（Beinecke 图书馆）.

15　布拉克与本书作者的谈话。

16　Karmel, 91.

17　同上。

18　X 照片与立体主义的相关性最先是由 Stephen Kern 提出的，见他的 *The Culture of Time and Space*: 1880-1918（《时间和空间的文化》, London: Weidenfeld and Nicolson, 1983）, 147。进一步的研究参见 Henderson 1988。

19　Henderson 1988, 324.

20　MP Carnets 1.20, 2r.

21　Daix and Rosselet, 258, 目录将作品标注为《划船的人》（*Man Rowing*）。

22　Anne Carnegie Edgerton, "Picasso 's 'Nude Woman' of 1910（毕加索 1910 年的"裸体女子"）," *Burlington Magazine*（London）, 122:928（1980 年 7 月）, 499–503.

23　例如，被 Palau 标名为《帆船与波浪的阿拉伯图案》（*Arabesque of Sails and Waves*）的那张素描（PF.II.534）, 画的就是一种老式的半圆柱体的吸墨纸：一种办公用品。

24　Seckel, 76, 84 n.3.

25 Cousins, 367.

26 坎魏勒写给毕加索："*Vous avez dont ce qu'ily a à faire en changeant la 'justification.' Si le rectangle noir sur la page blanche, vous paraît trop petit, on pent l'enlargir y et l'allonger. Faites - moi done un dessin du rectangle comme vous le voyez sur une feuille de papier du format.*
je viens de voir Braque à qui j'ai montré le prospectus. Il trouve le caractère très joli et comme moi il est d'avis qu'il n'est pas trop petit"（Archives Picasso）。

27 Andreu, 70.

28 Palau 把莲座解释为"莱奥妮小姐的脸的轮廓，转变为一种升华了的、奇幻的玫瑰……一艘船粘在头部"（Palau i Fabre 1990, 183）。

29 毕加索在 7 月初抵达时马上给德兰寄了一张明信片："*Nous sommes dejà a Cadaques. Je espere que tespromesses des visites vont se realiser. Pour arriver ［？］ici se tres facile si tu veux je te donnerai des detailles.*"感谢 Jane Lee 为我复制了这份文献（Derain Archives, Chambourcy）。

30 Salvador Dalí, "Sant Sebastià（圣塞巴斯蒂安），" *L'Amic de les Arts*（Sitges）16（1920 年 7 月 31 日）；见 Gibson, 183.

31 Salmon 把德兰的风景跟埃尔·格列柯的《托莱多风景》联系起来，后者曾在 1908 年秋季沙龙的回顾展中展出。他甚至祝贺这位艺术家恢复了埃尔·格列柯应得的荣誉。参见 Jane Lee, *Derain*（《德兰》, Oxford: Phaidon, 1990），33.

32 卢西安·弗洛伊德记得毕加索为他哼唱过"蒂珀雷里"并宣称这是他的最爱。

33 Olivier 1988, 240.

34 Brassaï, 238.

35 同上。

36 Fernande 致 G. Stein, 1910 年 8 月 10 日（Beinecke 图书馆）。

37 Cousins, 368.

38 Fernande 致 Toklas, 1910 年 8 月 12 日（Beinecke 图书馆）："*En ce moment est ici avec nous un ami d'enfance de Pablo de Barcelone lequel est revenu avec nous.*"

39 Rubin 1989, 64. Rubin 认为毕加索在离开卡达凯斯之前就开始了两个较窄镶嵌板的工作。

40 Fernande 致 G. Stein, 1910 年 7 月 14 日（Beinecke 图书馆）。

41 Kahnweiler 1920, 10. 如果 Kahnweiler 不是凭记忆写作（战争的爆发将他困在瑞士，无法看到他的照片记录），他可能会更加谨慎，不至于把这件"打破封闭形式"的重要作品定为在卡达凯斯创作。

11 立体主义的订件与肖像

1 我受惠于 William Rubin，他是第一位挖掘出 Field 委托项目的学者（见 Rubin 1989, 63-9）并且辨认出了该系列中的各种绘画（有些是重绘）。Hamilton Easter Field 的堂兄弟 John Field 也友善地向我提供了他家族及该项目的有关信息。

2 Bolger, 87.

3 同上，82.

4 据 John Field.

5 Bolger, 87.

6 关于批评界对 1910 年沙龙上马蒂斯的反应，见 Flam, 282.

7 毕加索通常采用标准的法国画布规格，如下（单位为厘米）：

No.	Figure（F）	Paysage（P）	Marine（M）
0	18×14	18×12	18×10
1	22×16	22×14	22×12
2	24×19	24×16	24×14
3	27×22	27×19	27×16
4	33×24	33×22	33×19
5	35×27	35×24	35×22
6	41×33	41×27	41×24
8	46×38	46×33	46×27
10	55×46	55×38	55×33
12	61×50	61×46	61×38
15	65×54	65×50	65×46
20	73×60	73×54	73×50
25	81×65	81×60	81×54
30	92×73	92×65	92×60
40	100×81	100×73	100×65
50	116×89	116×81	116×73
60	130×97	130×89	130×81
80	146×114	146×97	146×89
100	162×130	162×114	162×97
120	195×130	195×114	195×97
［编号	人物（F）	风景（P）	海景（M）］

8   Daix 1977, 115n.19.

9   McBride, 3.

10   Stieglitz 致 Hamilton Easter Field, 1911 年 10 月 21 日（Beinecke 图书馆）。

11   在能够找到的坎魏勒著作或画廊记录中，似乎没有任何其他地方提到菲尔德委托项目。

12   McBride, 3.

13   后来 Field 和 Laurent 认为这些镶嵌板卖给了俄罗斯收藏家（Bolger, 87），实际上一幅都没卖。

14   只有伍德的肖像可能是在春天完成的（赶上了伍德的画廊 5 月份在 Notre‐Dame‐des‐Champs 街为毕加索举办的作品展）。

15   费尔南多 1910 年 6 月 17 日写给 Gertrude Stein 的一封信（Beinecke 图书馆），证实毕加索在画沃拉尔肖像。

16   Uhde 1938, 155.

17   Gilot, 49.

18   卷一，199.

19   同上，195.

20   Olivier 1933, 144.

21   Breunig, 122–3.

22   同上，123。

23   Dora Maar 致本书作者的信证实了这一点。

24   Gilot, 73.

25   同上。

26   Ashton, 64.

27   Dora Maar 与本书作者的谈话。

28   Rubin 1984, 310.

29   Baldassari, 118.

30   Gris 致 Picasso, 1917 年 5 月 31 日；Gris 致 Picasso, 1917 年 8 月 7 日（Archives Picasso）。

31   Kahnweiler 1961, 61.

32   Salmon 1961, 278.

33   Severini, 149.

34   第 14 章有讨论。

35   1912 年 10 月在 Boëtie 画廊举办的展览，被称为"黄金分割"，包括"普托"（Puteaux）群体（较有名者如 Gleizes, Marcel Duchamp 和 Jacques Villon）。展出了三十多位画家的作品，其中许多画家都参加了前一年表明立体主义立场的独立沙龙展。尽管 Delaunay 和 Le Fauconnier 没有参展，但 Gris 被算在这一群体内。

36   Salmon 1961, 277.

37   Cocteau, *Le Passé defini* II（Paris: Gallimard, 1953），159.

38   毕加索与本书作者的谈话。

39   Francis Berthier, "La merveilleuse et grande aventure de Roger Dutilleul," in *La Collection Dutilleul*（《迪蒂耶尔收藏》，Paris: Galerie des Arts,［1983］），60.

40   Gris 致 Kahnweiler, 1920 年 2 月 17 日；见 Kahnweiler 1956, 78.

41   Stein 1933, 111.

42   Olivier 1988, 240.

43   同上，243.

44   同上，242.

45   同上，241.

46   同上。

47   Stein 1933, 136.

48   Fernande 致 G. Stein, 1911 年 7 月 5 日（Beinecke 图书馆）。

12 在塞雷的夏天，1912 年

1   Picasso 和 Fernande 致 Apollinaire, 1911 年 8 月 24 日；见 Caizergues and Seckel, 88.

2   Picasso 致 Fernande, 1911 年 8 月 8 日；见 Olivier 1933 法文原版的复制件。

3   Picasso 致 Braque, 1911 年 7 月 25 日；见 Cousins, 376.

4   同上，375–6.

5   对构图的描述见毕加索 1911 年 7 月 25 日致布拉克的信，部分引文见 Rubin 1989, 54 n.3。

6   Picasso 致 Braque, 1911 年 7 月 25 日；见 Cousins, 375.

7 我的这一看法受惠于 Michael Raeburn。

8 Braque 致 Kahnweiler, 1911 年 9 月；见 Cousins, 380.

9 Picasso 致 Braque, 1911 年 7 月 25 日；见 Cousins, 376.

10 日本的脱衣舞女把某种色情动作称为"拉手风琴"，可能与此相关。

11 Olivier 1988, 232. 费尔南多提到 Déodat de Séverac 与 Henri Bloch 有联系，也就是说，在 1905 年左右。Déodat 致 Picasso 现存最早的信是 1908 年（Archives Picasso）：Déodat 鼓励毕加索（和德兰夫妇）与他去 Carcassonne 度假。

12 关于毕加索塞雷绘画中 cobla 乐器最准确的研究，见: Lewis Kachur, "Picasso, popular music and collage Cubism（1911-12），" *The Burlington Magazine*（London）35:1081（1993 年 4 月），252-60.

13 Olivier 1988, 226.

14 Karmel, 156-8, 注意到了素描和照片之间的联系。

15 例如，Z.VI.1161, Z.XXVIII.154, Z.VI.1147, Z.XXVIII.28, Z.XXVIII.168

16 魔鬼桥（Pont du Diable）的传说如下：一名工程师曾两次尝试在泰什（Tech）河上建一座桥，但都没有成功，魔鬼提议说，他（魔鬼）可以在夜里建造桥，但是他要第一个通过桥的人的灵魂。当他工作时，魔鬼唤起了甜美的加泰罗尼亚音乐，这样市民就不会醒来。黎明时，工程师想挫败魔鬼的计划，就让一只黑猫过桥；猫叫醒了公鸡，这让魔鬼吓了一跳，以至于他没能把最后一块石头放上去。因为他被欺骗，魔鬼告诉工程师说他要把桥拆掉。之后塞雷的人们又建造了两座桥，让魔鬼的预言无法成真。

17 Gilot, 76.

18 Vallier, 16.

19 Rubin 1989, 56 n.35.

20 Karmel 与本书作者的谈话。

21 Richardson 1959, 26.

22 Rubin 1989, 24, 把他描述为一个手风琴手，但艺术家向 Hope, Cooper, Leymarie 和我本人证实说他是一个吉他手。布拉克告诉我们中的一些人说，这里提到的酒吧是在马赛，告诉另外一些人说是在勒阿弗尔（Le Havre）。勒阿弗尔的可能性大些，因为他 1911 年经常去那里见他的父母，但从 1910 年 10 月起就没去过马赛。

23 Picasso 致 Fernande, 1911 年 8 月 8 日；参见前面的注释 2。

24 Cousins, 382.

25 毕加索把这封信误定为 8 月 17 日。布拉克在 15 日写信，说他计划 17 日到里摩日（Limoges）。

26 Golding, 91.

27 MoMA Symposium, 110.

28 布拉克对这幅版画非常满意，以至于还根据它画了一幅油画，叫做《吧台》（Romilly 117）。

29 Rubin 1989, 45. 坎魏勒著作的前 4 章以一个较短的版本出版，名为"立体主义"（Der Kubismus），见 *Die Weißen Blätter*（Zurich-Leipzig），（1916 年 9 月），209-22. 著作本身出版于 1920 年。参见 Fry 160. 进一步的讨论见 Mark Roskill, "Braque's Papiers Collés and the Feminine Side to Cubism（布拉克的纸拼贴与立体主义的女性一面），" MoMA Symposium, 223.

30 根据 Dora Maar 与本书作者的谈话。

31 转引自 Rubin 1989, 44. 这篇文章随后构成 Soffici 一本先驱著作的基础，即 *Cubismo e altre*, 出版于 1913 年。Soffici 的文本又被改编为 Aksenov 的一个俄文版，出版于 1917 年（其封面是 Soffici 的俄罗斯女朋友、艺术家 Alexandra Exter）。

32 Rubin 1989, 43.

13 小雕像事件

1 Pieret 致 Apollinaire,［1911 年］；见 Stallano, 20.

2 Fleuret, 177.

3 同上。

4 Pieret 致 Apollinaire［1911 年］；见 Stallano, 20.

5 Pieret 致 Apollinaire, 1911 年 5 月 8 日；同上。

6 Steegmuller 1963, 170.

7 Fleuret, 184.

8 Apollinaire 致 Gide, 1911 年 6 月；见 Adéma, 187.

9 Apollinaire 致 Picasso, 1911 年 7 月 24 日；见 Caizergues and Seckel, 85.

10 阿波利奈尔在《晨报》的一次访谈中（Le Matin, 1911 年 9 月 13 日）声称 Pieret 在 8 月 21 日永久地离开了他在 Gros 街的公寓。

11 Steegmuller 1963, 168.

12 Olivier 1933, 147-8.

13 Steegmuller 1963, 174.

14 同上，175.

15 Salmon 1956, 117. Pieret 的信随后消失了。据各种报道，它们最后是在巴黎警察局手里。

16 Steegmuller 1963, 176.

17 Olivier 1933, 149.

18 同上。

19 Penrose, 178.

20 Gilbert Prouteau（*Paris Presse*, 1959 年 6 月 20 日）；见 Steegmuller 1963, 188.

21 Daix 1993, 141-2.

22 Roché Carnet 51:1（Ransom Center）.

23 Adéma, 153.

24 Cecily Mackworthy, *Guillaume Apollinaire and the Cubist Life*（《阿波利奈尔与立体主义生活》, New York: Horizon Press, 1963）, 140.

25 Serge Férat 致 Soffici, 1912 年 7 月 24 日（Soffici Archive）.

26 Robert Couffignal, *L'Inspiration biblique dans l'œuvre de Guillaume Apollinaire*（《阿波利奈尔著作的书籍灵感》, Paris: Minard/Lettres Modernes, 1966）, 139.

27 Steegmuller 1963, 198.

28 同上。

29 "Le Satyre masqué," "Le Vol de la Joconde," *Le Passant*（Paris）, 4（1911 年 11 月 18 日）.

30 Stallano, 13, 说他那篇文章的署名是 "Jouven" 或 "Jean Loupoigne."

31 Les Treize, "Les Lettres. Les poètes et les presages（信件，诗人和预言），" *L'Intransigeant*（《强势报》, 1924 年 7 月 27 日）, 2.

32 Halicka, 47.

14 其他立体主义者：披着孔雀羽毛的乌鸦

1 Steegmuller 1963, 187.

2 Breunig, 114.

3 同上，183.

4 参见卷一，333.

5 Breunig, 151.

6 Umberto Boccioni, Carlo D. Carrà, Luigi Russolo, Giacomo Baila, Gino Severini, "The Exhibitors to the Public（展览者致公众），" 1912 2 月 5 日；译文见 Joshua C. Taylor, *Futurism*（《未来主义》, New York: The Museum of Modern Art, 1961）, 127.

7 Kahnweiler 1961, 46.

8 Robbins 1985, 13.

9 同上，18.

10 Cousins, 380.

11 McCully, 92.

12 Cabanne, 143.

13 同上。

14 Cousins, 381.

15 Golding, 149.

16 Fry, 59-60.

17 Kahnweiler 致 Robbins；见 Robbins 1964, 17 n.13.

18 Assouline, 176.

19 Pierre, 52.

20 Assouline, 177.

21 Robbins 1985, 19.

22 同上。

23 Robbins 1964, 30.

24 据 Douglas Cooper.

25 Vallier, 19.

26 Daix 1995, 813.

27 Albert Gleizes and Jean Metzinger, "Cubism"（1912）；见 Robert L. Herbert, *Modern Artists on Art*（《现代艺术家论艺术》, Englewood Cliffs, N.J.: Prentice-Hall, 1964）, 4.

28 布拉克与本书作者的谈话。

29 Caizergues and Seckel, 94.

30　Apollinaire 致 Soffici, 1912 年 1 月 9 日（Soffici Archive）.

31　晚年的索尼娅·德劳内明确告诉约翰·菲尔德，她和她丈夫一直认为毕加索就是"一坨屎"。

32　Stein 1933, 98.

33　Mellow, 98.

34　Breunig, 67.

35　同上，212.

36　Madsen, 75–6.

37　Stein 1933, 98.

38　Madsen, 91.

39　正如德劳内肯定知道的那样，修拉在 20 年前就用点彩法对埃菲尔铁塔进行了"解构"。

40　参见卷一，448.

41　Golding, 149.

42　19 世纪早期 Gobelins 织毯厂厂长 M.-E. Chevreul 在 1839 年就写了专著《色彩的和谐与对比原理》（*Principles of Harmony and Contrast of Colors*）。

43　Madsen, 100.

44　参见卷一，274.

45　因为战争的原因，该书直到 1918 年才出版，题为《图形诗》（*Calligrammes*）。

46　阿波利奈尔对"新精神"（l'esprit nouveau）的使用出现在他 1917 年为《游行》进行的著名辩护中。

47　Picasso 致 Apollinaire,［1913 年 2 月 27 日］；见 Caizergues and Seckel, 100–1.

15 我的小美人，1911—1912 年

1　Olivier 1988, 250.

2　Severini, 115–35.

3　Olivier 1933, 169.

4　Severini, 151.

5　同上，150.

6　Elizabeth Cowling and Jennifer Mundy, *On Classic Ground: Picasso, Léger, de Chirico and the New Classicism 1910–1930*（《古典根基：毕加索、莱歇、基里柯和新古典主义》, London: Tate Gallery, 1990）, 195.

7　同上。

8　Sabartès, 314.

9　同上。

10　Picasso 致 Kahnweiler, 1912 年 6 月 12 日；见 Cousins, 395.

11　Sabartès, 314, 最先引用歌词"哦，玛农，我的小美人，我的心对你说好"（O Manon, ma Jolie, mon cœur te dit bonjour）作为《我的小美人》（*Ma Jolie*）的来源。Maurice Jardot 在 *Picasso: Peintures 1900–1955*（《毕加索的绘画》, Paris: Musée des Arts Décoratifs, 1955）, no. 28 中，识别出这个叠句来自"最新的歌"（Dernière chanson），这是当时一首有名的歌，由 Harry Fragson（1911 年）根据 Herman Finck《在影子中》（Dans les ombres）中的一个母题写成。

12　Stein 1933, 111.

13　Picasso 致 G. Stein, 1912 年 4 月 30 日（Beinecke 图书馆）.

14　Picasso 致 G. Stein, 1912 年 5 月 1 日（Beinecke 图书馆）.

15　Picasso 致 G. Stein, 1912 年 5 月 8 日（Beinecke 图书馆）.

16　Stein 1933, 141.

17　Picasso 致 Kahnweiler, 1912 年 6 月 12 日；见 Monod-Fontaine 1984B, 110.

18　Gilot, 74. 关于《有藤椅的静物》的进一步讨论，见 MoMA Symposium, 150–1, 186–7.

19　Daix 1993（法文版）, 120.

20　Cabanne, 151.

21　Braque 致 Marcelle, 1912 年 4 月 27 日；见 Cousins, 389.

22　Apollinaire 1913, 23.

23　Severini, 141；由 Jennifer Franchini 翻译，译文见 Gino Severini, *The Life of a Painter*（《画家的一生》, Princeton, N.J.: Princeton University Press, 1995）, 96.

24　Daix 1995, 130.

25　同上。

26　Linda Nochlin, "Picasso's Color: Schemes and Gambits（毕加索的色彩：图式与策略）," *Art in America*（New York）, 68:10（1980 年 12 月），

112.

27　Nochlin（同上）提醒我们，贝壳是传统朝圣，也即徒步旅行的标记；因此毕加索的《落后者》（*retardataire*）会画到它们。

28　Toklas 1954, 30.

29　Severini, 151-2.

30　Picasso 致 Braque, 1912 年 5 月 18 日；见 Cousins, 390.

31　Michael Stein 致 G. Stein, 1912 年 6 月 19 日（Beinecke 图书馆）.

32　Leo Stein 致 G. Stein, 1912 年 5 月 29 日（Beinecke 图书馆）.

33　同上。

34　Laporte, 44.

35　Daix and Rosselet, 312.

36　Severini, 139.

37　Serge Férat 致 Soffici, 1912 年 10 月 21 日（Soffici Archive）.

38　Fernande 致 Apollinaire,［1912—18 年 7 月 11 日］；见 Caizergues and Seckel, 212.

39　Roland Dorgelès, *Le Figaro littéraire*（《文学费加罗》，Paris），（1962 年 12 月 29 日）；见 Olivier 1988, 251.

40　参见卷一，311.

16 索尔格，1912 年

1　Picasso 致 Kahnweiler, 1912 年 5 月 20 日；见 Cousins, 391.

2　Picasso 致 Kahnweiler, 1912 年 5 月 24 日；见 Monod-Fontaine 1984A, 166.

3　同上。

4　Picasso 致 Kahnweiler, 1912 年 5 月 25 日；见 Monod-Fontaine 1984B, 110.

5　Picasso 致 Braque, 1912 年 5 月 25 日；见 Cousins, 392.

6　Picasso 致 Braque, 1912 年 5 月 30 日；同上，393.

7　Picasso 致 Kahnweiler, 1912 年 6 月 1 日；同上。

8　毕加索的绘画清单复制在 Monod-Fontaine 1984A, 166-7.

9　Picasso 致 Kahnweiler, 1912 年 6 月 5 日；见 MoMA Symposium, 342.

10　Picasso 致 Kahnweiler, 1912 年 6 月 7 日；见 Cousins, 394.

11　画家 Joaquim Sunyer 在 1904 年费尔南多遇见毕加索时是她的爱人；参见卷一，312.

12　Picasso 致 Kahnweiler, 1912 年 6 月 12 日；见 Cousins, 394-5.

13　同上。

14　Picasso 致 Kahnweiler, 1912 年 6 月 17 日；同上，395.

15　Picasso 致 Kahnweiler, 1912 年 6 月 19 日；同上，396.

16　Picasso 致 Kahnweiler, 1912 年 6 月 20 日；同上

17　布拉克 "针对斯泰因的证词"（Testimony against Gertrude Stein）；见 McCully, 64.

18　关于毕加索塞雷和索尔格绘画羊皮纸式的涂抹修改的讨论，参见 see Karmel.

19　毕加索 1933 年 12 月 2 日与坎魏勒的谈话；译文见 Rubin, Seckel, Cousins, 223.

20　Picasso 致 Kahnweiler, 1912 年 6 月 25 日；见 Cousins, 397.

21　Picasso 致 Kahnweiler, 1912 年 6 月 26 日；同上。

22　Picasso 致 Braque, 1912 年 6 月 27 日；同上。

23　卷一，221.

24　Daix 1993, 405 n.19.

25　Z.XVIII.267, 299-305.

26　Palau i Fabre 1990, 261.

27　Palau i Fabre 1990, 316, 说坎魏勒去索尔格想把 "壁画" 搬回巴黎。关于这一点，没有证据。

28　Picasso 致 Kahnweiler, 1912 年 7 月 9 日；见 Cousins, 399.

29　Picasso 致 Braque, 1912 年 7 月 10 日；同上。

30　同上，400.

31　Rubin 1984, 305 和 n.168.

32　Malraux, 13.

33　Vallier, 14.

34　Braque 致 Kahnweiler, 1912 年 8 月 16 日；见 Cousins, 402.

35　据 Denise 和 Claude Laurens 与本书作者以及 Marilyn McCully 的谈话。

36　Braque 致 Kahnweiler, 1912 年 8 月 24 日；见 Cousins, 402.

37　Vallier, 14.

38　Rubin 1989, 23.

39　Gilot, 76–7.

40　Braque 致 Kahnweiler, 1912 年 9 月 27 日；见 Cousins, 404.

41　Picasso 致 Kahnweiler, 1912 年 8 月 21 日；见 Cousins, 402.

42　Daix 1993, 406.

43　Braque 致 Kahnweiler, 1912 年［9 月 16 日］；见 Cousins, 403.

44　Picasso 致 G. Stein, 1912 年 9 月 18 日（Beinecke 图书馆）.

45　Picasso 致 Kahnweiler, 1912 年 9 月 17 日；见 Cousins, 403.

46　Braque 致 André Verdier；见 Rubin 1989, 40.

47　Fry, 147.

48　Duncan Grant 致 Clive Bell, 1914 年 2 月 26 日；见 Richard Shone, *Bloomsbury Portraits*（《布鲁姆斯伯里肖像》，London: Phaidon, 1993），130. 感谢 Richard Shone 让我注意到这封信。

49　Picasso 致 Braque, 1912 年 10 月 9 日；见 Cousins, 407.

50　Daix and Rosselet, 287.

51　参见 Leighten, 121–42. 关于这件作品的一种更加开明、更注重语境的解读，见 Weiss, 11–12, 后者把注意力引向"作为拼贴的显著内容和品质"的"短暂性和双关语"。

52　Cousins, 412.

53　这一年的早些时候（4—5 月），在巴塞罗那的 Dalmau 画廊，以黄金分割群体艺术家为主，举办过一个展览。展览中有杜尚《下楼梯的裸体》。

54　Picasso 致 Braque, 1912 年 10 月 31 日；见 Cousins, 410.

55　Cousins, 411.

56　同上。

57　MoMA Symposium, 153.

58　Braque 致 Kahnweiler, 1912 年 8 月 24 日；见 Cousins, 403.

59　布拉克与本书作者的谈话。

60　同上。

61　Elizabeth Cowling, "The fine art of cutting: Picasso's papiers collés and constructions in 1912–14（剪切的艺术：毕加索的纸拼贴和构造），" *Apollo*（London），（1995 年 11 月），16 n.7.

62　同上，15.

63　卷一，110.

64　André Salmon, *La Jeune sculpture française*（《年轻的法国雕塑》，Paris: Albert Messein, 1919）；见 Elizabeth Cowling and John Golding, *Picasso: Sculptor/Painter*（London: Tate Gallery, 1994），57.

65　André Salmon, *L'Air de la Butte*（《山丘之歌》，Paris: La Nouvelle France, 1945），82.

66　Vanessa Bell 致 Duncan Grant, 1914 年 3 月 25 日；Bell, 160.

67　同上。

68　Baldassari, 107, 认为照片是在毕加索的洗衣船工作室拍摄的，但没有证据能表明这一点。

17 蒙帕纳斯的生活

1　Jacob, 95.

2　Breunig, 409.

3　Klüver and Martin, 11.

4　Palau i Fabre 1990, 306–7, 认为艺术家 1912—13 年作品中的垂直骨架来自这一建筑的显著特征，即半木结构。

5　有关他们关系的另一解释是，他们由同一个奶妈带养。

6　Jacob, 26–7.

7　Olivier 1933, 174.

8　同上。

9　Serge Férat 致 Soffici, 1912 年 7 月 24 日（Soffici Archive）.

10　Billy, 84–5.

11　Jacob, 26.

12　同上。

13　Faure-Favier, 15.

14　Stein 1933, 158.

15　Rubin 1972, 91.

16　只有一幅玻璃上的油画保存下来，《小提琴和报纸》（Z. II**. 764）。

17　Jeanine Warnod, *La Ruche & Montparnasse*（《蜂巢公寓与蒙巴纳斯》，Geneva/Paris: Weber, 1978），34.

18　同上，60.

19　Marevna, 179.

20　Olivier 1933, 127–8.

21　Fernande 致 G. Stein, 1911 年 4 月（Beinecke 图书馆）.

22　Picasso 致 Roché, 1911 年 4 月 7 日（Ransom Center）.

23　Z.XXVIII. 17, 18, 32. 1966 年，毕加索为 Zervos 认同了这些素描中的一幅，后者准备把它增补进目录全编；参见 Roberto Otero, *Forever Picasso*（《永远的毕加索》），Elaine Kerrigan 译（New York: Abrams, 1974），121.

24　Picasso 致 Kahnweiler, 1912 年 7 月 25 日；见 Cousins, 401.

25　Georges Carpentier, *Ma vie de boxeur*（《我的拳击手生涯》，Amiens: Leveillard, 1921），26.

26　Karmel, 180.

27　Cousins, 382.

28　Roché Carnet 47:6, 1909 年 4 月 25 日（Ransom Center）.

29　参见卷一，327.

30　André Salmon, *Paris-Journal*（1911 年 10 月 13 日）；见 Karmel, 180.

31　Claude Meunier, *Ring Noir*（《黑人拳击场》，Paris: Plon, 1992），49.

32　同上，48.

33　同上，48 n.1.

34　Fabian Lloyd［Cravan］, *L'Echo des sports*（《运动回声报》），1909 年 6 月 10 日.

35　法国油画的具体尺寸见第 11 章注释 7，第 457 页。

36　Assouline, 189.

37　比较一下马蒂斯与 Bernheim-Jeune 于 1909 年 9 月所签的合同：油画 450 到 1875 法郎不等，视尺寸而定；此外，马蒂斯还得到每幅出售作品的 25%；参见 FitzGerald, 32–3.

18 塞雷与巴塞罗那

1　G. Stein 致 Mabel Dodge Luhan, 1912 年 12 月；见 Luhan, 29.

2　Picasso 致 G. Stein, 1912 年 12 月 23 日（Beinecke 图书馆）.

3　MP Carnets I.17, 3r.

4　Edward F.Fry, "Picasso, Cubism and Reflexivity（毕加索，立体主义与反思性），" *Art Journal*（New York），47:4（1988 年冬），306 n.30.

5　据 Karmel 的说法，一个 75 页的速写本，至少有 200 张这样的素描。参见 Karmel, 259ff.

6　Alexander Babin 与 Marilyn McCully 的谈话。

7　Kahnweiler 致 Picasso, 1913 年 3 月 4 日（Archives Picasso）.

8　卷一，284. Baldassari, 17–18, 确定毕加索最初是从一张照片开始创作这幅画的。

9　Kahnweiler 致 Picasso, 1913 年 3 月 4 日（Archives Picasso）.

10　Kahnweiler 致本书作者。

11　Picasso 致 Kahnweiler, 1913 年；见 Monod-Fontaine 1984A, 170.

12　Picasso 致 Kahnweiler, 1913 年 3 月 29 日；见 Cousins, 416.

13　Picasso 致 Kahnweiler, 1913 年 4 月 11 日；同上。

14　Seckel, 96.

15　同上，107 n.4.

16　同上，98.

17　同上。

18　同上，107 n.9.

19　同上，98.

20　同上。

21　同上，85 n.24.

22　Andreu, 89–90.

23　*Gil Blas*（1913 年 9 月 2 日）；见 Cousins, 422.

24   Picasso 致 Braque，1913 年 4 月 23 日；见 Cousins, 416.

25   Derain 致 Kahnweiler，1913 年 7 月 11 日；见 Cousins, 420.

26   据毕加索的侄子 Xavier Vilató 与本书作者的谈话。

27   卷一，82.

28   据 Jacqueline Picasso 与本书作者的谈话。

29   Eva 致 G. Stein，1913 年 5 月 14 日（Beinecke 图书馆）.

30   同上。

31   Palau i Fabre 1990, 249.

32   Seckel, 102.

33   Eva 致 Toklas，1913 年 6 月 11 日（Beinecke 图书馆）.

34   Eva 致 G. Stein，1913 年［6 月］（Beinecke 图书馆）.

35   Seckel, 179.

36   同上，101.

37   卷一，422.

38   Seckel, 103, 108 n.24.

39   Daix 1993, 132.

40   Eva 致 G. Stein，1913 年 7 月 10 日（Beinecke 图书馆）.

41   Eva 致 G. Stein，1913 年 7 月 14 日（Beinecke 图书馆）.

42   Eva 致 G. Stein，1913 年 7 月 18 日（Beinecke 图书馆）.

43   Eva 致 G. Stein，1913 年 7 月 22 日（Beinecke 图书馆）.

44   Schneider, 269.

45   毕加索从他的朋友 Mopse Sternheim（作家和收藏家 Carl Sternheim 的女儿）那里买下该画，不久她就被带往纳粹集中营，还好她在那里幸存了下来。

46   Eva 致 G. Stein，1913 年 7 月 22 日（Beinecke 图书馆）.

47   同上。

48   L'Indépendant（《独立报》，Perpignan），1913 年 8 月 9 日；见 Cousins, 421.

49   Kahnweiler 1946, 16.

50   参见卷一，180-1.

51   Daix 1993, 408 n.23.

52   Gil Blas，1913 年 9 月 2 日；见 Cousins, 422.

53   在一封 8 月 16 日写给坎魏勒的信中，格里斯说毕加索已经离开了塞雷；见 Kahnweiler 1956, 1.

54   Picasso 致 Kahnweiler，1913 年 8 月 19 日；见 Cousins, 421.

19 扶手椅中的女人

1   Steegmuller 1986, 137.

2   Arvid Fougstedt, Svenska Dagbladet，1916 年 1 月 9 日；译文见 Klüver, 46.

3   Penrose, 190.

4   Adéma, 232.

5   Schneider, 733.

6   参见卷一，417.

7   Matisse 致 Simon Bussy，1911 年 5 月 20 日；见 Schneider, 732.

8   Picasso 致 G. Stein，1913 年 8 月 29 日；见 Cousins, 422.

9   Daix 1993, 133.

10   同上。

11   Jack Flam, Matisse: A Retrospective（《回顾马蒂斯》，New York: Levin, 1988），294.

12   Schneider, 734.

13   卷一，280（中上）.

14   同上，49-50.

15   Françoise Gilot 与本书作者谈话。

16   MoMA Symposium, 107.

17   参见卷一，359-67.

18   Karmel 与本书作者谈话。

19 MoMA Symposium, 79–90.

20 关于该作品性内涵的进一步讨论，参见 Weiss, 29.

21 毕加索博物馆中的《玻璃杯与香烟盒》（MP 44）.

22 据 Ron Johnson，见其未刊手稿"毕加索与诗人"。

23 Werner Spies, *Picasso: Das plastische Werk*（《毕加索的雕塑作品》，Stuttgart: Gerd Hatje, 1983），74.

24 Gilot, 321.

25 John Golding, "Introduction," in *Picasso: Sculptor/Painter*（London: Tate Gallery, 1994），22.

26 Mellow, 200.

27 同上，201.

28 同上，202.

29 Leo Stein 致 G. Stein, 无日期（Beinecke 图书馆）.

30 参见卷一，397.

31 Mellow, 206.

32 Gertrude Stein, *Two: Gertrude Stein and Her Brother and Other Early Portraits*（《二：格特鲁德·斯泰因和她的弟弟以及其他早期肖像》，New Haven: Yale University Press, 1951），88, 108–9.

33 Leo Stein 致 Mabel Weeks, 1914 年 4 月（Beinecke 图书馆）.

34 Leo Stein 致 G. Stein, 无日期（Beinecke 图书馆）.

35 Stein 1933, 115.

36 Zilczer 1986, 33.

37 Zilczer 1975, 84.

38 Zilczer 1986, 32.

39 Zilczer 1975, 80.

40 同上，85.

41 FitzGerald, 270 n.2, 注意到有 13 个合伙人。11 支投票股中的 2 股被分开。因为 Level 是毕加索的崇拜者，所以基金最终拥有他的 12 件作品，其中最重要的是 1905 年的巨幅《滑稽演员》（*Saltimbanques*），他是通过 Moline 和 Sagot 买到的。

42 Salmon 1956, 259–60.

43 据 Angela Rosengart 与本书作者的谈话。

44 Maurice Delcourt, "Avant l'lnvasion（入侵之前），" *Paris-Midi*, 1914 年 3 月 3 日.

45 同上。

46 据 Dora Maar 与本书作者的谈话。

20 藏家、画商与德国画商团

1 Assouline, 91.

2 Dutilleul 描述过他早期结识坎魏勒并受其影响，见 Roger Dutilleul, "L'art et l'argent. La parole est aux collectionneurs," *Art présent*（1948 年专号）. 感谢 Savine Faupin 让我注意到这一点。关于 Dutilleul 和其他收藏家的进一步讨论，参见 Malcolm Gee, *Dealers, Critics and Collectors of Modern Painting: Aspects of the Parisian Art Market Between 1910 and 1930*（《现代绘画的画商、批评家与收藏家：1910—1930 年间巴黎艺术市场的一个方面》，New York and London: Garland Publishing, 1981）.

3 巴尔扎克同名小说（1847 年）中的主人公，《人间喜剧》中"巴黎生活场景"之一。

4 除了毕加索，勒费弗的遗产还包括 30 件莱歇，23 件格里斯，21 件劳伦斯，15 件莫迪里阿尼，15 件米罗，15 件马松，6 件布拉克（其中包括他的立体主义杰作，1914 年的《拿吉他的男人》），5 件克利和许多次要艺术家的作品，他们是 20—30 年代坎魏勒在毕加索、布拉克、莱歇抛弃他投奔保罗·罗森伯格之后才接手的。

5 Richet 的女儿 Michèle 在 Musée Picasso 开馆之前就是那里的工作人员。作为首要荣誉保管员（conservateur en chef honoraire），她负责博物馆的第一个藏品目录。

6 Max Jacob, *Les propos et les jours: Lettres 1904-1944*（《谈话与光阴：1904—1944 年书信集》），Didier Gompel-Netter and Annie Marcoux 编（La Pierre-qui-vire: Zodiaque, 1989）.

7 战争期间，Germaine Bongard 在她位于 Penthièvre 街的房子里开设了 Thomas 画廊。第一个展览（1915 年 12 月）包括毕加索、德兰、马蒂斯、莱歇、基斯林和莫迪里阿尼的作品。

8 Z.VI.686；Z.II*.354；Z.II**.527.

9 Chapon, 312.

10 Kostenevich and Semyonova, 11.

11 参见卷一，393.

12 Picasso 致 G. Stein, 1912 年 9 月 18 日（Beinecke 图书馆）.

13　Beverly Whitney Kean, *All the Empty Palaces: The Merchant Patrons of Modern Art in Pre-Revolutionary Russia*（《所有的空宫殿：俄罗斯革命前现代艺术的商人赞助人》, New York: Universe, 1983）, 108.

14　Ambroise Vollard, *Recollections of a Picture Dealer*（《一位画商的回忆》）; Violet M. Macdonald 译（Boston: Little, Brown, 1936）, 132.

15　Kramář 是立体主义领域的第一位学者和收藏家, 1921 年出版了《立体主义》（*Kubismus*）, 一部立体主义的历史, 紧跟着坎魏勒最近发表的叙述。

16　关于这些收购的细节, 参见 Jiří Kotalík, "Pablo Picasso a Praga（毕加索在布拉格）," 以及 *Cubisme a Praga: Obres de la Galeria Nacional*（《布拉格的立体主义：国家画廊的影子》）中的图录, Barcelona: Museu Picasso, 1990.

17　参见 Geelhaar, 30–1, 那里对于 Kramář 支付的价钱给出了细节, 同等大小的作品坎魏勒支付的价格高于沃拉尔。

18　Hoffmeister, 239–40.

19　Kramář 依靠坎魏勒的库存和他自己不断扩充的藏品, 帮助该艺术家群体（Skupina výtvarných umělců）在 1912, 1913 和 1914 年举办过展览。1913 年的展览中毕加索的作品多达 13 件。

20　捷克斯洛伐克 1919 年获得独立, Kramář 被任命为随后的国家美术馆（Národní Galerie）的馆长。因为他的藏品最终会进入该博物馆, 他自己只买了三件重要的毕加索作品（包括 1909 年的《有桥的风景》）。不过, 他 1960 年去世之后, 一些毕加索的小画被秘密转给了他的家人。

21　Kramář 也买过 Sagot 的作品（他在自己的艺术杂志上写过悼念后者的文章）; 参见 Hoffmeister, 329.

22　Picasso 致 Kramář, 1911 年 5 月 27 日（Národní Galerie, Prague）.

23　Z.II*.32; Vanessa Bell 致 Virginia Stephen,［1911 年 10 月 19 日］; 见 Bell, 109.

24　Z.II*.241.

25　Z.II**.431.

26　曾经买过高更和康定斯基重要作品的牛津收藏家 Sir Michael Sadler, 也买过几件毕加索的作品, 但购买日期不明。

27　Roger Fry 致 G. Stein, 1913 年 3 月 5 日（Beinecke 图书馆）.

28　参见卷一, 404. 柯恩（Cone）姐妹有一个兄弟, 叫摩西（Moses）。他从不买毕加索的作品, 但在 1906 年, 他的妻子买了一幅毕加索为《有面包的女子》画的素描（1906 年）。

29　柯恩藏品中唯一有点"困难"的毕加索作品, 即为 1907 年《有帷幔的女子》画的习作, 是 1930 年代早期 Etta Cone 从格特鲁德·斯泰因手里买的, 目的是为了摆脱经济困难。

30　Brenda Richardson, *Dr. Claribel & Miss Etta: The Cone Collection*（《克拉丽贝尔大夫与埃特小姐：柯恩收藏》, Baltimore: Museum of Art, 1985）, 101. 参见卷一, 410.

31　Ira Glackens, *William Glackens and the Ashcan Group*（《威廉·格拉肯斯和垃圾箱团体》, New York: Crown, 1957）, 216.

32　Harriet Levy 把一幅毕加索和一幅马蒂斯搞混了。引自 Howard Greenfield, *The Devil and Dr. Barnes: Portrait of an American Collector*（《魔鬼与巴尔内斯博士：一位美国藏家的画像》New York: Marion Boyars, 1989）, 44–5.

33　同上, 46.

34　1907 年的两件头像（Z.II*.11 和 12）和 1908, 1911–12 及 1914 年的三件静物（Z.II*.95, Z.II*.322 和 Z.II**.495）。

35　Alfred Barnes, "How to Judge a Painting（如何判断一幅画）," *Arts and Decoration*（《艺术与装饰》）5:6（1915 年 4 月）, 217–20, 246–50; "Cubism: Requiescat in Pace（立体主义：愿灵安眠）," *Arts and Decoration* 6:3（1916 年 1 月）, 121–4.

36　马蒂斯和毕加索的作品已经进入各种美国收藏, 包括 Harriet Levy, Alfred Stieglitz 和 Cone 姐妹。

37　在 1923 年坎魏勒的第三次被迫出售中, Durand-Ruel 为 Barnes 买了 4 件重要的纸上作品。

38　Stein 1933, 13.

39　斯蒂格利茨转向毕加索也是因为另一位伟大的美国摄影师爱德华·斯泰肯的煽动, 他从 1900 年起就经常去巴黎, 是斯泰因姐弟沙龙的常客。

40　Leonard, 47.

41　批评界的反应并不像想象的那样愚蠢或庸俗。确实,《纽约环球报》（*The New York Globe*）的 Arthur Hoeber 把这些素描描绘为"疯子的胡言乱语"（1911 年 3 月 29 日）,《纽约世界》（*New York World*, 1911 年 4 月 16 日）称赞它们是"艺术世界中城镇里的新震颤", 而《晚世界》（*Evening World*）的批评家（1911 年 4 月 1 日）则发现毕加索可以"完美且漂亮地像米勒或德加那样画画", 甚至在其"奇怪的几何形乱涂乱抹中……肯定有某些东西对未来有很大影响"; 这些评论也见于《摄影工作》（*Camera Work*）36（1911 年 10 月）。

42　Z.II*.208.

43　Watson, 80. 据 John Field 说, Meyer 夫人 1914 年从坎魏勒那里买了"一幅最近的静物"。

44　斯蒂格利茨后来的收购包括 1902 年题献给萨瓦特斯（Sabartès）的油画《熨烫的女人》, 1909 年分块面的青铜雕塑《费尔南多头像》以及一张相关素描, 一件 1912 年的拼贴画《酒瓶和玻璃杯》, 和一些精致的早期素描。

45　Watson, 173.

46　Z.II*.54（《两棵树》）; Z.II**.364（《裸体女子"我爱伊娃"》）; Z.II**.759（《有乐器和水果碗的静物》）。

47　Watson, 173. 戴维斯去世后, 他的财产 1929 年 4 月被拍卖, 正值大萧条的高峰。塞尚水彩画的成交价为 100 美元, 毕加索的素描（包括现藏于纽约现代艺术博物馆的 1906 年的重要作品《两个裸体》）成交价为 60 美元和 70 美元, 马蒂斯青铜雕塑成交价为 90 美元。

48　由于纸张坏了, 因此无法提供。

49　其中一些材料见 John Richardson, "Picasso und Deutschland vor 1914（1914 年之前的毕加索与德国）," *20 Jahre Wittrock Kunsthandel*（《维特

罗克艺术交易 20 年》），Düsseldorf: Wolfgang Wittrock Kunsthandel, n.d. [1994]，10–31.

50　Lustige Blätter 1899；插图见 Flechtheim, 98.

51　Peter Demetz, 见 Walter Benjamin, *Reflections: Essays, Aphorisms, Autobiographical Writings*（《反思：论文，片断，自传材料》，New York: Harcourt Brace Jovanovich, 1978），ix.

52　除了《蓝色男孩》（*Blue Boy*）（Z.I.271），还包括同样画于 1905 年的《拿花瓶的男孩》（*Boy Holding a Vase*，Z.I.272），1906 年的《饮水池》（*The Watering Place*，Z.I.265）和《两兄弟》（*Two Brothers*，Z.I.304），以及 1911 年的《拿曼陀林的女人》（*Woman with Mandolin*，Z.II*.270）。

53　Flechtheim, 21.

54　Flechtheim 1913–14 年的日记发表于 *Neue deutsche Hefte*（《新德意志手册》，Gütersloh）135:3, 1972, 44–60.

55　Pierre Daix and Georges Boudaille, *Picasso: The Blue and Rose Periods*（《毕加索：蓝色和玫瑰色时期》），Phoebe Pool 译（Greenwich, Conn.: New York Graphic Society, 1967），列出了两件作品（Z.I.200, 224），认为它们参加了 Thannhauser 画廊 1909 年举办的展览，可能是第一次 N.K.V. 展览。John Field 从坎魏勒的笔记本中认出 1910 年参加展览的三件作品中的两件，即 Z.II*.41 和 Z.II*.140（图录中有插图）。第三件是一幅静物素描。

56　McCully, 91–2.

57　尽管 Perls 坚持说他们看见了毕加索蓝色时期的作品，但没有关于艺术家有早期作品在 Bernheim 画廊的任何记录。感谢 Hector Feliciano 向我指出这一点。

58　有关"闪电画"（Blitzbild，现藏 Eindhoven 的 Von Abbe 博物馆）的故事，是由 Hugo Perls 在他的回忆录《为什么卡米拉是美的？关于艺术，艺术家和艺术交易》中讲述的（*Warum ist Kamilla schön? Von Kunst, Künstlern und Kunsthandel*, Munich: Paul List, 1962, 14–15），尽管按他的记忆该画是由坎魏勒而不是伍德寄送的。他同时也暗示，他自己拥有该画，并把它卖给了荷兰博物馆。但该画在 1914 年之前回到了伍德手里，并且包括在从他那里扣押的作品的拍卖中。

59　Hugo Perls 与 John Field 的谈话。

60　接受坎魏勒供货的其他慕尼黑画商包括时尚玩家 Georg Caspari——作曲家，小提琴手和戏剧批评家——他于 1913 年在旧 Eichthal 宫开设了一家经营 19 和 20 世纪绘画的画廊。画廊开张后不久，坎魏勒把 1903 年的《Soler 夫人肖像》（Z.I.200）寄给他，他卖了 3500 法郎（比沃拉尔出售蓝色时期绘画所挣的还多）。Caspari 于 1914 年 3 月举办的一个展览包括几件蓝色时期的作品：1901 年后期的《有雕塑的 Mateu de Soto 肖像》（Z.I.94, 属于 Hugo Perls），1902 年的《坐在罩巾中的女子》（Z.I.119, 属于 Gertrude Stein）；参见 "Munich letter（慕尼黑来信），" *American Art News*（New York）12:26（1914 年 4 月 4 日），5。另一家专营毕加索蓝色时期作品的慕尼黑画廊是新艺术沙龙（Neue Kunstsalon），由 Max Dietzel 和 Paul Ferdinand Schmidt 开办。

61　据 John Field 说，坎魏勒在他的第二个笔记本里举了 40 件作品（以及 46 张照片），它们在 1913 年 11 月 14 日被寄往柏林新画廊的"毕加索展"。Michael Raeburn 将这些材料与 Daix/Rosselet 给出的信息加以比较，使得大多数作品可以被明确确定：Z.II*.12, 11, 22（？），40, 41, 42, 103, 57, 78, 77, 148, 141, 147, 104, 211, 247, 291, 249, 271, 267, 251, 245, 292, 250, 255, 309, 310, 282, 275, 295, 303, 320, 286, 244, 254, 314, 359, 357；Z.II**.426, 384.

62　在柏林之后，Feldmann 的《毕加索与黑人雕塑》展览移至德累斯顿的 Emil Richter 画廊展出，后者是桥社的主要经销商之一。后者增加了 14 件玫瑰色时期的素描，是从坎魏勒和其他人（可能是 Flechtheim）那里借来的。后来（2—3 月），展览经过调整又在维也纳的 Miethke 画廊展出。1914 年 4 月，展览来到苏黎世的一家新画廊，属于 Gottfried Tanner, 系 Bernheim-Jeunes 的一个表弟；5 月，展览到达最后一站，即巴塞尔的艺术厅（Kunsthalle）。这个迄今没有文献记录的展览，其发现归功于 John Field 的研究。

63　Kahnweiler 1946, 205 n.22.

64　Uhde 1928, 35.

65　*Vor den Pforten des Lebens*（1902）；*Gerd Burger*（1903）. Uhde 也写过一本关于《巴黎》的小书（1904 年），以印象派画家的作品为插图。

66　Z.II*.235, 285, 288；插图见 151, 188, 104 页。

67　Michel Fokine 语，引自 Häger, 280.

68　Z.II*.270；Z.II**377.

69　Roché Carnet 73, 1916 年 6 月 10 日（Ransom Center）.

70　Kann 买了 1911 年漂亮的小幅作品《静物》（Z.II*.283），1912 年的《小提琴（美人伊娃）》（Z.II*.342）、《巢里的鸽子和蛋》（Z.II*.346），以及 1915 年的大幅作品《小丑》（Z.II**.555）。

71　Stein 1933, 96.

72　Suermondt 的毕加索作品包括 1901 年的《坐着的小丑》（Z.I.79），1911 年的《写字台》（*L'Escritoire*，Z.II*.232），1911 年的小幅《新桥》（Z.II*.248），三到四幅其他的油画和一些素描。他还拥有卢梭的芭蕾舞式《足球运动员》和布拉克的两幅壮观的静物（1909 年），现均藏古根海姆博物馆。

73　据 John Field 说，Uhde 的收藏家朋友中有一位来自西里西亚的年轻富有的土地拥有者，Paul（Oscar?）Huldschinsky, 他的老大师作品收藏十分可观。他买的第一件现代领域的作品是从伍德那里买来的《花片》（1901 年，D.B.V.28），非常丑陋，但他最终拥有至少 10 件毕加索的纸上作品，这些都没有出现在 Huldschinsky 藏品的拍卖图录（1928, 1931 年）上。另一位这样的收藏家是 Münster 的 Franz Kluxen（也列在图录上，名字写作 Boldixen 的 Kluxen。Boldixen 是北海的一个岛，我们对他了解甚少。不过，如果 Field 对他的收藏的描述是正确的，那么他就是 1914 年之前德国最早（他开始于 1910 年）和最严肃的毕加索买家之一。Kluxen 的每一幅画都标示了艺术家早期发展的一个重要阶段：一幅最早的静物；一幅 1904 年的《少女肖像》，可能是蓝色时期著名的《戴头罩的女孩》（*Girl with the*

Helmet of Hair，Z.I.233）；1907 年有杂乱条纹的《瓶花》（Z.II*.30）；1909 年《戴黑帽的女子》（Z.II*.178），最终到了 Bienert 手里；以及 1911 年《拉小提琴的女子》（Z.II*.256），后来卖给了另一个早期收藏家 Krefeld 的 Hermann Lange。可能还有一些素描。到 1920 年，所有能够追溯到 Kluxen 的毕加索作品都已易手。Kluxen 可能是战争或艰难时世的牺牲品。

74　Virginia Woolf, *The Diary of Virginia Woolf* 1（《弗吉尼亚·伍尔夫日记》，London: Hogarth Press, 1977），146.

75　Roger Fry 致 Goldworthy Lowes Dickinson，1913 年 5 月 31 日；Denys Sutton, *Letters of Roger Fry* 2（《罗杰·弗莱书信》，London: Chatto & Windus, 1972），370.

76　Lichnowsky, 190.

77　Princess Lichnowsky 的毕加索藏品可能包括 1904 的《苏珊·布洛赫肖像》（*Portrait of Suzanne Bloch*, Z.I.217），1905 年的《蓝色男孩》（*Blue Boy*，Z.I.271），是 Flechtheim 直接从毕加索手里购买的，以及一件 1905 年的"圣母"。

78　另外两件毕加索作品可能是《盲人的午餐》（*Blind Man's Meal*, Z.I.168）和《睡觉的丑角》（*Sleeping Pierrot*）：或许就是伍德曾经借给里尔克的《小丑之死》（*The Death of Harlequin*，Z.I.302）。

79　Lichnowsky, 190.

80　Rilke 致 Hertha Koenig，1914 年 11 月 4 日；见 Geelhaar, 73.

81　参见卷一，336-7.

82　Mendelssohn-Bartholdys 的收藏包括 1903 年的《女子头像》（Z.I.206）和《Angel de Soto 肖像》（Z.I.201）；1905 年的《拿烟斗的男孩》（Z.I.274）和 1906 年的《牵马的男孩》（Z.I.264），还有 1909 的《女子头像》（Z.II*.140）和 1912 年的《阿尔女孩》（*Arlésienne*, Z.II*.356）。

83　卷一，192.

84　Uhde 1938, 153.

85　《坐着的绿衣女人》（*Seated Woman in Green*, Z.II*.197）；《拿曼陀铃的女人》（*Woman with a Mandolin*, Z.II*.133）。

86　Uhde 1938, 154.

87　一战前收藏毕加索的唯一一个其他的匈牙利人是 Ferenc Hatvany 男爵：一幅蓝色时期的《母与子》（D.B.XI.21），他给了 Szépmüvészeti Múzeum，可能还有一幅 1909 年画有站立裸体的水粉画（D.R.247）。

88　毕加索在汉堡受到很高的评价，该地的收藏家有 Max Leon Flemming，是 Uhde 和 Flechtheim 的朋友，他拥有 5 到 6 件毕加索的作品；一位名叫 Rauert 的律师，他从慕尼黑的 Georg Caspari 那里买了蓝色时期的《Mateu de Soto 肖像》（Z.I.94）；一位名叫 Henry Simms 的收藏家，他借了两幅毕加索给汤豪赛 1913 年的展览（一幅 1903 年的油画和一幅 1908 年的"西班牙小丑"）；还有 Oscar Troplowitz 医生，他把一批印象派作品和 1902 年《喝苦艾酒的人》留在艺术厅（Kunsthalle），艺术厅持有这批作品，直到被希特勒没收，并于 1939 年在 Lucerne 的 Fischer 画廊作为"堕落艺术"拍卖。在法兰克福，Ludwig 和 Rosy Fischer 买了两幅杜伊勒里花园场景（1901）中的一幅，这是 Thannhauser 从巴黎跟《哀悼者》（*The Mourners*, Z.I.52；也画于 1901 年）一起买来的。在科隆，Pierre Leffmann 拥有 1904—05 年的巨作《演员》（Z.I.291），但于 1912 年转让给了另一位收藏家。正是在这一年，坎魏勒把 1903 年的大幅、沉闷、有情节的人物画《索莱尔一家》（*Soler Family*, Z.I.203）卖给了 Wallraf-Richartz 博物馆，这是极少数纳粹真正喜欢的毕加索作品之一；但他们还是谴责它的出售。从科隆的第四届国际特别联盟展（International Sonderbund, 1912 年）——该展览引发了纽约的军械库展览——上，一位出身威廉系族来自杜塞尔多夫的建筑师，Wilhelm Kreis，买下了 1903 年蓝色时期被称为《悲剧》（Z.I.208）的大幅画作。Kreis 把这件作品卖给了波鸿的 Schubert 先生；它最终通过 Chester Dale 到了华盛顿的国家美术馆。

在 Wuppertal-Elberfeld 也有几个收藏家。到 1913 年，出生于纽约的画家 Adolf Erbslöh 拥有一件甚至可能有两件 1907—08 年的静物；杰出的银行家 August von der Heydt 男爵——一个进步的收藏家，尽管与皇帝关系密切——有一件 1901 年的《穿披风的男人》（*Man in a Cloak*, Z.I.16）和一件玫瑰色时期描绘马戏团一家的水彩画（Z.I.281），他后来把这两件作品捐给了 Wuppertal 以他的名字命名的博物馆；在其他情况下很有鉴别力的收藏家 Julius Schmits 拥有 1901 年粗陋的《母与子》（Z.XXI.290）。在 Breslau，根据 Schlesisches 博物馆举办的《布雷斯劳私人藏现代艺术作品》（*Werke moderner Kunst aus Breslauem Privatbesitz*）展的《指南》（*Cicerone*）报告，至少有一件未识别的毕加索作品。在德累斯顿，最主要的现代艺术收藏家是 Flechtheim 的朋友 Ida Bienert。她的首次购买是在 1914 年之前。一战期间，她买了早期立体主义的《戴黑帽的女子》（Z.II*.178），该作品之前属于 Franz Kluxen。

21 亚维农，1914 年

1　Breunig, 406.

2　Picasso 致 Apollinaire，1914 年 6 月 13 日："Nous partons demain …"（我们明天出发……）；见 Caizergues and Seckel, 111.

3　同上，112.

4　Eva 致 G. Stein，1914 年 6 月 23 日（Beinecke 图书馆）.

5　Eva 致 G. Stein，1914 年 6 月 25 日（Beinecke 图书馆）.

6　Caizergues and Seckel, 119.

7　Picasso 致 Kahnweiler，1914 年 7 月 21 日；见 Cousins, 430.

8　Eva 致 G. Stein，1914 年 11 月 10 日（Beinecke 图书馆）.

9　Seckel, 63 n.18.

10　Picasso 致 Kahnweiler，1913 年 7 月 21 日；见 Monod-Fontaine 1984B, 122.

11　Eva 致 G. Stein, 1914 年 10 月 26 日（Beinecke 图书馆）.

12　在 1912 和 1913 年，Girieud 和 Lombard（在塞尚的诗人朋友 Joachim Gasquet 的帮助下）试图在马赛组织一个五月沙龙，但不是很成功。

13　Braque 致 Kahnweiler, 1914 年 7 月 15 日；见 Cousins, 429.

14　Hugo, 148-9.

15　Picasso 致 Kahnweiler, 1914 年 7 月 21 日；见 Monod-Fontaine 1984B, 123.

16　Palau i Fabre 1990, 408.

17　一幅为 "男人在酒吧"（不是在 Zervos）这一构图所画的素描可以证实这一分析；参见 Marilyn McCully, *Picasso: A Private Collection*（《毕加索：私人藏品》, London: Cacklegoose Press, 1993），94-5.

18　Palau（Palau i Fabre 1990, 408）把头发误认为是皇冠（"毕加索意识形态学识的一个公开寓言，掩盖在宗教里"），因而认为艺术家在使用双关手法。

19　参见卷一，18.

20　Braque 致 Kahnweiler, 1914 年 7 月［25 日］；见 Monod-Fontaine 1984B, 123.

21　Picasso 致 Kahnweiler, 1914 年 7 月 21 日；见 Cousins, 430.

22　Stein 1933, 23.

23　Daix 1995, 681.

24　我大大受益于 Kenneth Silver 敏锐的研究《身体的精神》（*Esprit de corps*, 见 Silver），但不能接受他把这个坐着的男人辨识为一位艺术家，也不认为他发表的裸体素描（67 页）是为这个女孩画的习作。这件素描画的是 Gaby Depeyre，因此至少是一年以后画的。Musée Picasso 把这件绘画的名字标为《画家和他的模特》（*The Painter and His Model*）——在我看来也是不正确的。

25　德兰 1914 年的《Lucie Kahnweiler 肖像》（Musée National d'Art Moderne, Paris），也借鉴了 Gertrude Stein 肖像。

26　Zervos 和其他人错误地把这件油画著录为木板。

27　Braque 致 Kahnweiler, 1914 年 7 月 25 日；见 Cousins, 430.

28　Derain 致 Kahnweiler, 1914 年 6 月 21 日；见 Cousins, 428.

22 战争爆发

1　Apollinaire 致 Madeleine Pagès, 1915 年 10 月 19 日；见 Guillaume Apollinaire, *Tendre comme le souvenir*（Paris: Gallimard, 1952），263.

2　我的一位不愿透露姓名的线人，他曾查阅过毕加索 1914 年之前的警方档案。

3　Daix 1992, 74-6.

4　同上，76.

5　同上。

6　David D. Gilmore, *Aggression and Community: Paradoxes of Andalusian Culture*（《进攻与团契：安达卢西亚文化的悖论》, New Haven: Yale University Press, 1987），131.

7　同上。

8　Serge Férat 致 Soffici, 1914 年 8 月 5 日（Soffici Archive）.

9　Gris 致 Kahnweiler, 1914 年 10 月 30 日；见 Cousins, 432. FitzGerald, 278 n.65, 发表了毕加索保存在一个小速写本中的这一记录，速写本现在属于 Marina Picasso。其中的条目涵盖 1913 年的最后 4 个月和 1914 年全年；所有条目，除了一个 100 法郎，都是用 k 表示坎魏勒（Kahnweiler）。条目如下：1913 年 10 月 15 日，15850.15 法郎；1913 年 11 月 15 日，4950 法郎；1913 年 12 月 22 日，3250 法郎；1914 年 4 月 4 日，5688 法郎；1914 年 5 月 11 日，1650 法郎；以及 1914 年 6 月 8 日，12400 法郎。因为坎魏勒（1913 年 3 月 4 日）同意以 27250 法郎的价格选一批近期作品和几幅早期素描，毕加索 1913 年的收入至少有 51400 法郎——非常可观的数目。6 月 8 日的支付是毕加索从坎魏勒那里收到的最后一笔款项，直到战后，他才收到这位画商 1914 年以来欠他的 20000 法郎（连同利息）。

10　Douglas Cooper 告知本书作者。

11　Gris 致 Kahnweiler, 1914 年 8 月 1 日；见 Kahnweiler 1956, 6.

12　Kahnweiler 1961, 59.

13　Henry R. Hope, *Georges Braque*（《乔治·布拉克》, New York: The Museum of Modern Art, 1949），74.

14　Leighten, 144.

15　这些书信还没有提供给学者；不过布拉克的继承人 Claude 和 Denise Laurens 已经证实了其要点。

16　Serge Férat 致 Soffici, 1914 年 8 月 5 日（Soffici Archive）.

17　Juliette Gleizes 告诉 John Field 说，她也说服她的父亲设法免除其他四位画家的兵役，包括梅青格尔和皮卡比亚。亦参见 Silver, 413 n.27.

18　Dora Maar 与本书作者的谈话。

19　Marcelle 致 Braque, 1914 年 8 月 3 日；见 Cousins, 431.

20　Kahnweiler 致 Derain, 1919 年 9 月 6 日；见 Monod-Fontaine 1984B, 123.

21　Kahnweiler 1961, 66.

22　Yve-Alain Bois, "Kahnweiler's Lesson（坎魏勒的教训），" *Representations*（《表征》, Berkeley），（1987 年春），33-68.

23　Gris 致 Kahnweiler, 1914 年 11 月 6 日；见 Kahnweiler 1956, 16.

24　Margaret Davies, *Apollinaire*（《阿波利奈尔》, New York: St Martin's Press, 1964）, 246.

25　同上, 247.

26　"La Petite Auto（小汽车）" 最初发表在 *Calligrames: Poèmes de la Paix et de la Guerre*（《图形诗：和平与战争之诗》）, 1918.

27　Apollinaire 把 "En allant chercher des Obus" 附在一封 1915 年 5 月 13 日致 Louise de Coligny 的信中。

28　Picasso 致 Apollinaire, 1915 年 2 月 7 日；见 Caizergues and Seckel, 129.

29　Picasso 致 Apollinaire, 1915 年 4 月 24 日；同上, 133.

30　Gris 致 Raynal, 1915 年 2 月 15 日；见 Kahnweiler 1956, 25.

31　战争期间 Stieglitz 粗暴对待 Basler 的证据可以从他们 1915 年的通信中看出（Beinecke 图书馆）, 其中毕加索素描的欠款是一再讨论的话题。

32　G. Stein 致 McBride, 1915 年 1 月 20 日（Beinecke 图书馆）.

33　Stein 1933, 159.

34　G. Stein 致 McBride, 1915 年 1 月 20 日（Beinecke 图书馆）.

35　Jeanne Léger 从前线带回来的素描 40 年后由 Douglas Cooper 发表。*Fernand Léger: dessins de guerre 1915–1916*（《莱歇：战争素描》, Paris: Berggruen, 1956）.

36　Picasso 致 G. Stein, 1914 年 9 月 11 日（Beinecke 图书馆）.

37　同上。

38　Jacob 致 Kahnweiler, 1914 年 9 月 22 日；见 Max Jacob, *Correspondance*（《通信集》）I, François Garnier 编（Paris: Editions de Paris, 1953）, 99.

39　Seckel, 115 n.26.

40　Jean Jacques Becker, *1914: Comment les Français sont entrés dans la guerre*（Paris: Presses de la Fondation National des Sciences Politiques, 1977）, 505–8. 感谢 Michael Raeburn 让我注意到这篇文章。关于战争爆发及其对法国艺术家影响的出色描述, 见 Silver。

41　独立沙龙（1912 年）期间, Louis Vauxcelles（在 Gil Bias）给格里斯的《毕加索肖像》取绰号为 "Père Ubu-Kub"; Cousins, 389.

42　10 月 27 日, 阿波利奈尔写信给 André Level, 说他遇到 "一位波兰画家, 他说他被带到了 Nîmes, 由于是一位立体主义者, 被像间谍一样铐了起来。他的素描被误认为是计划、图表等等。" 见 Level, 8.

43　Silver, 8.

44　见 Silver, 71 等。

45　Jacques-Emile Blanche, 1914 年 9 月 19 日, *Cahiers d'un Artiste: Juin-Novembre 1914*（《艺术家手册：1914 年 6—11 月》, Paris: N.R.F., 1915）, 205–6.

46　Picasso and Eva 致 G. Stein, 1914 年 9 月 11 日（Beinecke 图书馆）.

47　Picasso and Eva 致 G. Stein, 1914 年 10 月 6 日（Beinecke 图书馆）.

48　Picasso and Eva 致 G. Stein, 1914 年 10 月 19 日（Beinecke 图书馆）.

49　Eva 致 Toklas, 1914 年 10 月 26 日（Beinecke 图书馆）.

50　同上。

51　Picasso 致 G. Stein, 1914 年 11 月 14 日（Beinecke 图书馆）.

52　Stein 1933, 142.

23 战时巴黎

1　因为这些照片储存在 Délétang 的房子里, 所以它们没有被扣押。因此坎魏勒的珍贵档案完好无损地保存在 Louise Leiris 画廊。

2　Henri Danet 致 Picasso, 1914 年 12 月 28 日（Archives Picasso）.

3　André Level 致 Picasso, 1915 年 1 月 21 日（Archives Picasso）.

4　布拉克与本书作者的谈话。

5　Kahnweiler 致 Picasso, 1920 年 2 月 10 日（Archives Picasso）.

6　FitzGerald, 3.

7　1915 年 3 月 27 日, Gertrude Stein 写信给 Henry McBride: "战争对 [Vollard] 来说不算什么。他说战争给了充分的时间去完善他的 [塞尚] 手稿, 他已经为此工作五年了"（Beinecke 图书馆）。

8　Christian Derouet, *Juan Gris: Correspondance, Dessins 1915–1921*（《格里斯的通信和素描》, Valencia: IVAM Centre Julio González, 1990）, 79 n.19.

9　同上, 13.

10　Apollinaire 致 Jacob, 1916 年 3 月 14 日；见 Seckel, 128.

11　Laurencin 致 Roché, 1915 年 2 月 19 日（Ransom Center）.

12　进一步的讨论见 FitzGerald, 87–90.

13　Laurencin 致 Roché, [1915 年], Carnet 65（Ransom Center）.

14　Jean Mollet, "Les Origines du Cubisme: Apollinaire, Picasso et Cie.," *Les Lettres Françaises*（《法国文坛》, Paris, 1947 年 1 月 3 日）。在他不可靠

和反现代主义的 *Memorie della mia vita*（《我一生的回忆》，初版于 1945 年）中，Chirico 给了一个非常不同的描述。他不仅不承认毕加索早期的鼓励，还谴责他。Mollet 对事件的详细描述更为可信。

15 Apollinaire 致 Paul Guillaume，1915 年 7 月 1 日；见 Jean Bouret，"Une amitié esthétique au début du siècle: Apollinaire et Paul Guillaume 1911–1918 d'après une correspondance inédite," *Gazette des Beaux-Arts*（《美术报》，Paris）ser.6, 76:1224（1970 年 12 月），373–99.

16 Level 致 Apollinaire，1916 年 2 月 17 日；见 Level, 78.

17 传统上把 Z.II**.830 定为 1914 年的作品，但很可能作于 1915 年，那时毕加索开始使用里维拉的树叶渐变法。

18 Picasso 致 de Zayas，1916 年 9 月 14 日（Rodrigo de Zayas Archives, Seville）。感谢 Francis M. Naumann 让我注意到这封信和他有关 de Zayas 的资料翔实的文章（见 de Zayas）。

19 Roché 致 Quinn，1922 年 7 月 11 日；见 B. L. Reid, *The Man from New York: John Quinn and His Friends*（《从纽约来的人：约翰·奎恩和他的朋友》，New York: Oxford University Press, 1968），207.

20 Z.I.96, 115, 202, 336；Z.II*.194.

21 Picasso 致 Apollinaire，1915 年 2 月 7 日；见 Caizergues and Seckel, 128.

22 Picasso 致 G. Stein and Toklas，[1915 年 1 月]（Beinecke 图书馆）.

23 Palau i Fabre 1990, 466.

24 Serge Férat 致 Soffici，1915 年 12 月 13 日（Soffici Archive）.

25 毕加索告诉我，他在圣特罗佩（Saint-Tropez）被"发现"之前很久就知道它了。

26 参见 Klüver and Martin, 144–5.

27 Pierre Daix 把这件作品认作 1901 年 Vollard 展览中的 28 号，见 Daix 1993（法文版），442.

28 Ansen, 17.

29 Seckel, 115 n.4. 关于 Hastings 生平的信息，参见 Stephen Gray, "A Wild Colonial Girl: Reconstructing Beatrice Hastings," *Current Writing*（Durban）6:2（1994），115–26,蒙作者惠爱，让我注意到这一点。

30 *New Age*（London）9（1915 年 7 月 1 日）.

31 毕加索后来买了莫迪里阿尼的《坐着的褐衣女孩》（*Jeune fille brune, assise*, 1918），现藏巴黎的 Musée Picasso.

32 Halicka, 65.

33 Hans Arp 致 Hilla Rebay，1916 年[7 或 8 月]；见 Joan M. Lukach, *Hilla Rebay*（New York: Braziller, 1938），17.

34 Daix 1993, 145.

35 Klüver, 48.

36 Seckel, 137 n.13.

37 Klüver, 48.

38 Favela, 76, 80.

39 Marevna, 181–2.

40 Picasso 致本书作者.

41 Cabanne, 171.

42 Youki Desnos, *Les Confidences de Youki*（Paris: Fayard, 1957），43.

43 同上，44.

44 Marevna, 62.

45 Stein 1933, 157. 两次齐柏林飞艇（zeppelin）袭击发生在年 3 月 22 日。

46 Mellow, 222.

47 Simon, 99.

48 Andreu, 96.

49 Jacob 致 Raynal，1914 年 11 月 30 日；见 Andreu, 97.

50 Andreu, 98.

51 Gerald Kamber, *Max Jacob and the Poetics of Cubism*（《雅各布与立体主义诗学》，Baltimore: The Johns Hopkins Press, 1971），xxii.

52 同上。

53 Andreu, 99.

54 Andreu, 100.

55 Seckel, 124 n.15, 指出毕加索不会在 1921 年前说这种话。

56 同上，113–14.

57 参见卷一，464.

58 Hélène Henry, "Max Jacob et Picasso: Jalons chronologiques pour une amitié: 1901–1944," *Europe*（Paris），492–3（1970 年 4—5 月），206.

59 Jacob 致 Apollinaire，1915 年 1 月 7 日；见 Seckel, 116.

60 Seckel, 139 n.48.

61 Picasso 致 Apollinaire，1915 年 4 月 24 日；见 Caizergues and Seckel, 132.

62 Picasso 致 G. Stein，1915 年 12 月 9 日（Beinecke 图书馆）.

63　Ron Johnson 在其未发表的研究中指出了这一点。参见 Johnson.

64　Palau i Fabre 1990, 460.

65　Serge Férat 致 Soffici, 1915 年 12 月 13–14 日（Soffici Archive）.

66　Laurencin 致 Roché,［1916 年］（Ransom Center）.

67　Gris 致 Raynal, 1915 年 12 月 18 日；见 Seckel, 121.

24 毕加索与科克托

1　McCully, 125–6.

2　Pharamousse［Picabia］, "Odeurs de partout," 391, I, 4.

3　毕加索的话引自 Varèse 几年后的讲座；参见 Varèse, 54.

4　Billy Klüver 发表了科克托早期与毕加索的通信，可以使我们对他们初次会面的日期进行修正；参见 Klüver, 89 n.94.

5　Cocteau 致 Picasso, 1915 年 7 月 5 日（Archives Picasso）；这个俄国门徒究竟是谁尚不清楚。

6　科克托在 "Lettre á Paris（巴黎信札）," Du（Zurich）（1961）中说，他是被 Varèse 带到毕加索的工作室去的；Cooper, 16 n.6.

7　Cooper, 16 n.6.

8　Jean Cocteau and André Fraigneau, *Entretiens*（《对话录》, Paris: Editions du Rocher, 1988）, 21.

9　Cabanne, 176.

10　同上。

11　同上。

12　Steegmuller 1986, 71.

13　科克托的第二本诗集 *Le Prince frivole*（《轻佻的王子》）写于 1910 年。*Le Dieu bleu*（《蓝色上帝》）1912 年由佳吉列夫的俄罗斯芭蕾舞团首演。

14　Painter II, 162.

15　同上，163.

16　Steegmuller 1986, 149.

17　同上，60.

18　Monique Lange, *Cocteau: Prince sans royaume*（《科克托：没有国王的王子》, Paris: Jean–Claude Lattès, 1989）, 128.

19　同上，126.

20　Steegmuller 1986, 53.

21　据本书作者。

22　Jacques‑Emile Blanche, *Jean Cocteau, Correspondance*（《科克托往来书信》, Paris: La Table ronde, 1993）, 39 n.c.

23　Jean Cocteau, *Thomas l'imposteur*（《伪善者托马斯》, Paris: Editions de la Nouvelle Revue Française, 1923）, 61；Abbé Mugnier, *Journal: 1879–1939*（《日记》, Paris: Mercure de France, 1985）, 277.

24　《格言》（*Le Mot*）从 1914 年 11 月 18 日起不定期发行，直到 1915 年 7 月 1 日。

25　Steegmuller 1986, 130.

26　同上，129.

27　同上，132.

28　据 Faÿ, 32, 科克托 1914 年 12 月在部队服役（Steegmuller 不同意 Fay 的说法；参见 Steegmuller 1986, app. III）。

29　Faÿ, 30.

30　Steegmuller 1986, 142.

31　同上，138.

32　同上，139.

33　Christopher Green, *Cubism and Its Enemies*（《立体主义及其敌人》, New Haven and London: Yale University Press, 1987）, 11.

34　据 Louise Varèse: "我记得，Varèse 曾经提到毕加索加入过［《仲夏夜之梦》］团队"（Varèse, 116）.

35　Steegmuller 1986, 123.

36　参见 Cooper, 19 n.19. 毕加索向 Cooper 证实，科克托曾穿着小丑服装，该服装成为他画室的道具之一。

37　Cocteau 致 Picasso, 1915 年 9 月 25 日（Archives Picasso）.

38　Cocteau 致 Picasso, 1916 年 2 月 6 日（Archives Picasso）.

39　当我首次注意到 1915 年《小丑》中隐含的侧面像时，我想看看是否有其他人说过这一点。Rubin 1972 和现代艺术博物馆的其他出版物都没有提及。因此，我惊讶地发现，Kirk Varnedoe 在《毕加索与肖像画》中自画像部分的一个注释中提到，"这一侧面像的可能［原文如此］存在⋯⋯对于现代艺术博物馆那些研究这件作品的人来说，一直都是很感兴趣的问题"，见 *Picasso and Portraiture*（New York: The Museum of Modern Art, 1996）, 177 n.43.

40　Matisse 致 Camoin, 1914 年［10 月下旬］: "我正在画一幅画，是一幅金鱼，我正在重画；还有一个人，手里拿着调色盘在看金鱼。" Flam, 397.

41　Flam, 362.

42　Cocteau 致 Valentine Gross, 1916 年 2 月 2 日; Steegmuller 1986, 145, 认为 "collage（拼贴）" 可能是指毕加索的新画或 "跟他粘（collé）在一起的" 新朋友。

43　Adéma, 285.

44　Billy, 113.

45　Cocteau 致 Gleizes, 1916 年 8 月 13 日（Gleizes archives, Musée National d'Art Moderne, Paris）。

46　Cocteau 致 Valentine Gross, 1916 年 8 月 13 日; 见 Steegmuller 1986, 164.

47　同上。

48　O'Brian, 219.

49　Cocteau 致 Valentine Gross, 1916 年 8 月 13 日; 见 Steegmuller 1986, 163-4.

50　Steegmuller, 150 n*.

51　Cooper, 326.

52　Satie 致 Valentine Gross, 1916 年 4 月 25 日; 见 Steegmuller 1986, 147.

53　Cocteau 致 Stravinsky, 1916 年 8 月 11 日; 同上, 162.

54　Cocteau 致 Valentine Gross, 1916 年 7 月 8 日; 同上, 157.

55　Cocteau 致 Stravinsky, 1916 年 8 月 11 日; 同上, 159.

56　Cocteau 致 Valentine Gross, 1916 年 9 月 12 日; 同上。

57　同上, 122.

58　同上, 162.

59　同上, 163 n*.

60　Cocteau 致 Gleizes, 1916 年［8 月］; 同上, 164.

61　Cocteau 致 Valentine Gross, 1916 年 8 月 8 日; 同上, 163.

62　Cocteau 致 Valentine Gross, 1916 年 8 月 13 日; 同上, 164.

63　Jean Cocteau. *Lettres à sa mère I: 1898–1918*（《朋友往来书信》, Paris: Gallimard, 1989）, 164, 165 n.4. Pierre Caizergues 注意到 L'Abbé Constantin 是 Ludovic Halévy 一本小说（1882）中的人物, 小说描写的是纯朴、善良人的生活。

64　Roché Carnet 74, 1916 年 7 月 21 日（Ransom Center）。

65　Cocteau 致 Misia Sert［1916 年］; 见 Steegmuller 1986, 169.

66　参见 John Richardson, "Eugenia Errazuriz," *House and Garden*（New York）（April, 1987）, 76–84.

67　Painter II, 340.

68　别墅一直没有建成。一名学生在日本建造了一个版本, 居然是用茅草做屋顶。

69　Paul Morand, *Le Journal d'un attaché d'ambassade: 1916–1917*（Paris: Gallimard, 1996）, 236.

70　Cocteau 致 Valentine Gross, 1916 年 8 月 24 日, 以及 1916 年 8 月 31 日; 见 Steegmuller 1986, 165.

25 艾琳·拉古特

1　Palau i Fabre 1990, 467, 宣称 Palladini 来自一个意大利演员家庭, 尽管没有给出任何证据。

2　Cocteau 的 21 张快照复制品, 见 Klüver.

3　Stein 1933, 169.

4　只有一张插图发表出来: 见 Societé Littéraire de la France（法兰西文艺协会）1917 年的图录。

5　《坐着的女人》（*La Femme assise*）集中了阿波利奈尔好几年搜集的材料。与摩门教徒（一夫多妻主义者, 跟 Elvire/Irène 的故事关系不大）相关的章节写成的时间远远早于该书的其他部分。据 Michel Décaudin 关于《坐着的女人》的 "注释"（Apollinaire 1977, 1329-35）, 首次提到一本关于摩门教徒的小说是 André Billy 在 1912 年 11 月 7 日的《巴黎 - 南方报》（*Paris-Midi*）上, 作者声称 "阿波利奈尔已经选定了他下一部小说的题目: 摩门教徒与达恩分子（La Mormonne et le Danite）" Jacques Doucet 在图书馆集刊上的论文证实, 很多关于摩门教徒、远西地区和美洲印第安人生活的笔记都收集于 1911—1914 年, 这些笔记后来全都出现在《坐着的女人》中。此外, 关于战争爆发前蒙巴纳斯的段落, 已经发表在 *Mercure de France*（《法兰西信使报》, 1914 年 3-4 月）。
阿波利奈尔直到后来才开始写 Irène Lagut 的故事。André Salmon 在 1917 年 4 月 7 日的《觉醒》（*L'Eveil*）上宣称: "纪尧姆·阿波利奈尔已经写完了《战争期间巴黎的蒙巴纳斯的艾琳》（*Irène de Montparnasse ou Paris pendant la guerre*）。" 后来（1917 年 8 月 26 日）阿波利奈尔写信给 Jacques Doucet 说他完成了那本名叫《坐着的女人》的小说。阿波利奈尔去世后, 一个编辑水平不高的版本出版于 1920 年; 一个修订版出版于 1948 年。

6　阿波利奈尔的 Pablo Canouris（毕加索）这个角色改编自一个名为 "L'AlBanais"（阿尔巴尼亚人）的故事, 该故事最初发表在《获月》（*Messidor*）上（1907 年 9 月 7 日）。他打算把这个故事再次用到《刺客诗人》（*Le Poète assassiné*）里（1916）, 但改变了主意。这个故事是基于阿波利奈尔的另一个朋友, 阿尔巴尼亚人 Faïk bég Konitza, 讲述他如何爱上了一个不忠的英国女朋友, 差点自杀, 为了克服这种无望的爱, 他履行巴尔干半岛一个的古老习俗, 从科隆（《坐着的女人》中是从布鲁塞尔）的街道上引诱了一个年轻女孩。他对他的同胞说"真正属于我们的女人是我们得到的人，我们驯服的人。"

7　Durry, 6-7, 和 Lagut. Irène Lagut 也于 1993 年被 BBC 拍了纪录片，当时正值她 101 岁生日。

8　Stein 1933, 169.

9　Alice Halicka 与 John Field 的谈话。

10　在一封 Serge Férat 1913 年 8 月 17 日写给 Soffici 的信中（Soffici Archive），他说"Irène 将会写信"；这就是说，那个时候，Irène Lagut 不仅跟 Férat 住在一起，而且她已经是 Soffici 的朋友。

11　Guillaume Apollinaire, preface to *Peintures de Léopold Survage; Dessins et Aquarelles d'Irène Lagut*（《艾琳的素描和水彩画》前言，Première exposition des "Soirées de Paris"），Chez Madame Bongard, 1917 年 1 月 21—31 日。

12　Irène Lagut 致 Soffici, 1915 年 6 月 24 日（Soffici Archive）。

13　Irène Lagut 致 Soffici, 1915 年 8 月 11 日（Soffici Archive）。

14　Irène Lagut 致 Soffici, 1916 年 2 月 10 日（Soffici Archive）。

15　参见注释 6。

16　Jacques Doucet 致 Roché, [1916 年]（Ransom Center）。

17　毕加索躲躲闪闪，显然想隐藏一个事实，即他从夏季以来就把蒙鲁日的房子用作约会的场所。这就解释了为什么他直到 10 月才把新地址告诉他的各位朋友。Henri - Pierre Roché 在 1916 年 9 月 4 日的日记中写道："[毕加索] 将搬到蒙鲁日。这样更好。一栋属于公证人的房子……对他来说是一样的"（Ransom Center）。

实际搬迁是在下一个月：毕加索写给 Max Jacob 说，"我正深陷在搬家事务中，你来得正是时候，可以帮我一下"（O'Brian, 217）。10 月 14 日 André Level 写给 Picasso 说，"乔迁大吉"（Archives Picasso）；在一封日期不详但应写于 10 月 7 日之后的信中 Cocteau 对 Misia Sert 说："毕加索正在搬家——我在帮他，阿波利奈尔也在帮他"（Steegmuller 1986, 168）。

在毕加索的文件中，有一份正式的住址更改（从 Schœlcher 街到 Victor Hugo 街），日期为 1916 年 10 月 19 日（Archives Picasso）。

18　Stein 1933, 169。施泰恩从 Mallorca 回到巴黎的时间应该是英军在 Verdun 战役中发动攻击之后（也即 8 月初）；造访毕加索肯定是在她和 Alice 再次在巴黎定居下来后不久。

19　McCully, 64.

20　Lagut, 23.

21　Dora Maar 与本书作者的谈话。

22　Irène 首次提到与毕加索的交往是在一封写给 Soffici 的信里，时间为 1916 年 9 月 15 日（那时她已经与谢尔盖在布列塔尼待了三周左右）。她为没有回复他两个月前写给她的信而致歉，但说毕加索的事让她无法分心（Soffici Archive）。

23　Lagut, 11.

24　Louise Faure-Favier, "Echos - Vernissage（开幕式回声），" *Paris-Midi*（《巴黎 - 南方报》，1916 年 7 月 15 日），2. 有三件 Irène Lagut 的作品列在昂坦沙龙（Salon d'Antin）（1916 年 7 月 16—31 日，Barbazanges 画廊）的图录：68,《笼子》；69,《瓶花》；70,《肖像》。

25　Irène Lagut 致 Soffici, 1916 年 9 月 15 日（Soffici Archive）。

26　Max Jacob 致 the Altounians, 1916 年 9 月 3 日（Fonds Joseph Altounian）。

27　Adéma, 158.

28　Durry, 7-9.

29　Lagut, 23-4.

30　Hugo, 134.

31　Lagut, 25.

32　Dora Maar 与本书作者的谈话。

33　参见 L. Faillant - Dumas 基于法国博物馆研究实验室（Laboratoire de recherche des musées de France）拍摄的 X 光照片所写的报告，载 *Une Nouvelle Dation*（Paris: Réunion des Musées Nationaux, 1990），28.

34　Peter D. Whitney, "Picasso Is Safe（毕加索是安全的），" *San Francisco Chronicle*（《旧金山纪事》），1944 年 9 月 3 日；转引自 Alfred H. Barr, Jr., *Picasso: Fifty Years of His Art*（《毕加索艺术 50 年》，New York: The Museum of Modern Art, 1946），223.

26 毕加索的"不为人知的杰作"

1　Malraux, 138.

2　Kahnweiler 1961, 74.

3　Cabanne, 196.

4　Basler, 12.

5　Malraux, 18.

6　Daix 1995, 196.

7　Malraux, 18-9.

8　感谢 John Field 向我指出这一点。

9　Picasso 致 Léonce Rosenberg, 1915 年 11 月 3 日（Rosenberg Archive）.

10　Picasso 致 Léonce Rosenberg, 1916 年 4 月 14 日（Rosenberg Archive）.

11　Picasso 致 Léonce Rosenberg, 1916 年 11 月 22 日（Rosenberg Archive）.

12　"J'aime tant que je ne l'aurais pas donnée même à mon père." 毕加索语，转引自 Hugo, 279.

13　Favela, 109.

14　Favela, 107–8.

15　同上，130.

16　同上，110.

17　Max Jacob, "La Vie artistique（我的艺术家生涯），" *291*, 12（1916 年 2 月）；见 Seckel, 126.

18　Stein 1933, 50.

19　Schneider, 733.

20　Honoré de Balzac, *Le Chef d'œuvre inconnu*（《不为人知的杰作》，1845 年版）（Paris: Garnier‑Flammarion, 1991），69–70.

21　Jean Cocteau, *Picasso*（Paris: Stock, 1923），11.

22　Jean Cocteau, "L'Homme assis（坐着的人），" 载 *L'Ode à Picasso: poème 1917*（《毕加索颂：1917 年诗》，Paris: A la Belle Edition, 1919）.

27 《游行》

1　Cocteau 致 Satie, 1916 年 12 月（Patrimoine de la Ville de Menton）.

2　Cocteau 致 Valentine Gross, 1916 年 9 月 4 日；见 Steegmuller 1986, 167.

3　Satie 致 Valentine Gross, 1916 年 9 月 14 日；同上。

4　Satie 致 Cocteau, 1916 年 9 月 15 日；见 Cooper, 333.

5　Satie 致 Valentine Gross, 1916 年 9 月 20 日；见 Steegmuller 1986, 167.

6　Cocteau 致 Valentine Gross；1916 年 9 月 22 日；见 Steegmuller 1986, 168.

7　Häger, 29.

8　Steegmuller 1986, 165.

9　Seckel, 139 n.53.

10　Satie 致 Valentine Gross, 1920 年 12 月 13 日；见 Cooper, 20.

11　Steegmuller 1986, 232.

12　Angel Zarraga 致 Roché, 1916 年 10 月 23 日（Ransom Center）.

13　参见 Alexandra Parigoris, "Pastiche and the use of tradition（拼凑与传统的使用），" *On Classic Ground*（《在古典的基础上》，London: Tate Gallery, 1990），306.

14　Cooper, 20.

15　Richard Buckle, *Diaghilev*（《佳吉列夫》，London: Hamish Hamilton, 1979），321.

16　Picasso 致 Cocteau, 1917 年 2 月 1 日；见 Cooper, 327.

17　Satie 致 Roché, 1917 年 2 月 12 日（Ransom Center）.

18　Jacques Doucet 致 Roché, 1917 年 3 月 31 日（Ransom Center）.

19　Brassaï, 184.

20　《亚维农少女》1916 年 7 月在昂坦沙龙（Salon d'Antin）展出；见 Rubin, Seckel, Cousins, 164ff.

21　卷一，247.

22　这些服装是由 Colonel de Basil 的遗孀借来的，她是佳吉列夫的继任者。

23　Gris 致 Maurice Raynal, 1917 年 1 月 10 日；见 Kahnweiler 1956, 44.

24　Apollinaire 致 Maurice Raynal, 1917 年 1 月 27 日；见 Adéma, 298.

25　Cocteau 致 Apollinaire；见 Pierre Caizergues and Michel Décaudin, *Correspondance Guillaume Apollinaire, Jean Cocteau*（《阿波利奈尔与科克托往来书信》，Paris: Jean‑Michel Place, 1991），15.

26　Apollinaire 致 Gris, 1917 年 6 月；见 Adéma, 315.

27　Blaise Cendrars 致 Hélène d'Oettingen；见 Adéma, 302.

28　Pierre Sichel, *Modigliani: A Biography of Amedeo Modigliani*（《莫迪里阿尼传》，London: W.H. Allen, 1967），404.

29　Klüver and Martin, 71.

30　Seckel, 142.

31　同上。

32　Braque 1957.

33　Louise Faure‑Favier, *Paris‑Midi*, 1917 年 1 月 9 日，2.

34　Picasso 致 Cocteau, 1917 年 1 月 15 日；见 Cooper, 326.

35　Steegmuller 1986, 174.

36　Stein 1933, 172.

37　Ornella Volta, *Satie/Cocteau: Les Malentendus d'une entente*（Bordeaux: Le Castor Astral, 1993），29.

38　同上，28.

39　Satie 致 Valentine Gross, 1917 年 2 月 15 日；同上，29.

40　同上。

41　Cooper, 21.

42　Seckel, 150 n.43.

43　Silver, 404 n.13.

44　Picabia, "Manifeste Dada," *391* 12（1920 年 3 月），译文见 William A. Camfield, *Francis Picabia: His Art, Life and Times*（《皮卡比亚：艺术、生活与时代》，Princeton, N.J.: Princeton University Press, 1979），140.

45　Steegmuller 1986, 137.

46　Basler, 13.

图书在版编目（CIP）数据

毕加索传. 卷二，1907—1916 /（英）约翰·理查德
森著；阳露译 . —杭州：浙江大学出版社，2017. 5
（启真·艺术家）
书名原文：A life of Picasso: volume II: 1907–1916

ISBN 978−7−308−14749−1

I.①毕… II.①约… ②阳… III.①毕加索
(Picasso, Pablo Ruiz 1881–1973) —传记 IV .
①K835. 515. 72

中国版本图书馆 CIP 数据核字（2017）第 077154 号

毕加索传. 卷二，1907–1916
[英] 约翰·理查德森 著　　阳露 译

责任编辑	叶　敏	
装帧设计	蔡立国	
出版发行	浙江大学出版社	
	（杭州市天目山路 148 号 邮政编码 310007）	
	（网址：http://www.zjupress.com）	
排　版	北京大观世纪文化传媒有限公司	
印　刷	北京中科印刷有限公司	
开　本	787mm×1092mm　1/16	
印　张	39	
字　数	576千	
版印次	2017年5月第1版　2025年2月第2次印刷	
书　号	ISBN 978-7-308-14749-1	
定　价	108.00元